Kollisionsrechtseinheit und Sachrechtsvielfalt im Binnenmarkt

Berliner Schriften zum internationalen, ausländischen und deutschen Privatrecht

Herausgegeben von Prof. Dr. Helmut Grothe, Freie Universität Berlin

Band 15

Zur Qualitätssicherung und Peer Review der vorliegenden Publikation

Die Qualität der in dieser Reihe erscheinenden Arbeiten wird vor der Publikation durch den Herausgeber der Reihe geprüft.

Notes on the quality assurance and peer review of this publication

Prior to publication, the quality of the work published in this series is reviewed by the editors of the series.

Thilo Schmidt

Kollisionsrechtseinheit und Sachrechtsvielfalt im Binnenmarkt

Internationales Lauterkeitsrecht nach Artikel 6 Rom II-Verordnung

PETER LANG

Bibliografische Information der Deutschen Nationalbibliothek
Die Deutsche Nationalbibliothek verzeichnet diese Publikation in der Deutschen Nationalbibliografie; detaillierte bibliografische Daten sind im Internet über http://dnb.d-nb.de abrufbar.

Zugl.: Berlin, Freie Univ., Diss., 2019.

D 188
ISSN 2364-4370
ISBN 978-3-631-81405-5 (Print)
E-ISBN 978-3-631-84962-0 (E-Book)
E-ISBN 978-3-631-84963-7 (EPUB)
E-ISBN 978-3-631-84964-4 (MOBI)
DOI 10.3726/b18157

PL Academic Research ist ein Imprint der Peter Lang GmbH.

Peter Lang – Frankfurt am Main · Bern · Bruxelles · New York · Oxford · Warszawa · Wien

Diese Publikation wurde begutachtet.

www.peterlang.com

Vorwort

Diese Arbeit wurde im Wintersemester 2017/2018 vom Fachbereich Rechtswissenschaft der Freien Universität Berlin als Dissertation angenommen. Mein Dank gilt zunächst meinem Doktorvater Univ.-Prof. Dr. Helmut Grothe für die Annahme dieser Arbeit, den Freiraum, den er mir zur Arbeit an der Promotion einräumte sowie die Aufnahme dieser Arbeit in die von ihm herausgegebene Schriftenreihe. Frau Univ.-Prof. Dr. Heike Schweitzer danke ich für ihr zügig erstelltes Zweitgutachten. Besonders herzlich danke ich denjenigen, die die Mühe auf sich genommen haben, die Arbeit aufmerksam Korrektur zu lesen – allen voran Kathrin und Joachim. Ihre wertvollen Hinweise waren mir eine große Hilfe.

Inhaltsübersicht

Inhaltsverzeichnis

Abkürzungsverzeichnis

a. A.	andere Ansicht
a. E.	am Ende
Abl.	Amtsblatt
Abs.	Absatz
AC	Law Reports, Appeal Cases, Hause of Lords and Privy Council
AcP	Archiv für die civilistische Praxis
AEUV	Vertrag über die Arbeitsweise der Europäischen Union
AJCL	The American Journal of Comparative Law
All ER	The All England Law Reports
AnwBl	Anwaltsblatt
Art.	Artikel
ASA	Advertising Standards Authority
Aufl.	Auflage
B2B	Business to Business
B2C	Business to Consumer
BB	Betriebs-Berater
BCAP	Broadcast Committee of Advertising Practic
BGBl.	Bundesgesetzblatt
BGH	Bundesgerichtshof
BGHZ	Entscheidungen des Bundesgerichtshofs in Zivilsachen
BPRs	Business Protection from Misleading Marketing Regulations 2008
BT-Drucks.	Drucksache des Deutschen Bundestages
BVerfG	Bundesverfassungsgericht
BVerfGE	Entscheidungen des Bundesverfassungsgerichts
bzw.	beziehungsweise

CA	Court of Appeal
CAP	Committee of Advertising Practice
CC	Code Civil
CCons	Code de la Consommation
Ch. D.	Law Reports, Chancery Division
CMLRev.	Common Market Law Review
CPRs	Consumer Protection from Unfair Trading Regulations 2008
CR	Computer und Recht
DB	Der Betrieb
DRiZ	Deutsche Richterzeitung
EBLR	European Business Law Review
EdinLR	Edinburgh Law Review
EG	Europäische Gemeinschaft
EGV	Vertrag zur Gründung der Europäischen Gemeinschaft
Einf.	Einführung
Einl.	Einleitung
EIPR	European Intellectual Property Review
EU	Europäische Union
EuGH	Europäischer Gerichtshof
EuGVO	Verordnung (EG) Nr. 44/2001 des Rates vom 22. Dezember 2000 über die gerichtliche Zuständigkeit und die Anerkennung und Vollstreckung von Entscheidungen in Zivil- und Handelssachen, ABl. L 12/1 v. 16.1.2001
EuGVÜ	Übereinkommen von Brüssel vom 27. September 1968 über die gerichtliche Zuständigkeit und die Vollstreckung gerichtlicher Entscheidungen in Zivil- und Handelssachen, ABl. L 299/32 v. 31.12.1972.
EuLF	The European Legal Forum
EuR	Europarecht
EurRevPL	European Review of Private Law
EUV	Vertrag über die Europäische Union

EuZA	Europäische Zeitschrift für Arbeitsrecht
EuZW	Europäische Zeitschrift für Wirtschaftsrecht
EVÜ	Übereinkommen von Rom über das auf vertragliche Schuldverhältnisse anzuwendende Recht von 1980 (konsolidierte Fassung), ABl. C 27/34 v. 26.1.1998
EWG	Europäische Wirtschaftsgemeinschaft
EWHC	High Court of England and Wales
EWS	Europäisches Wirtschafts- und Steuerrecht
f./ff.	folgende
FamRZ	Zeitschrift für das gesamte Familienrecht
Fn.	Fußnote
FS	Festschrift
FSR	Fleet Street Reports
GEDIP	Groupe européen de droit international privé
GPR	Zeitschrift für Gemeinschaftsprivatrecht
GRUR	Gewerblicher Rechtsschutz und Urheberrecht
GRUR Ausl.	Gewerblicher Rechtsschutz und Urheberrecht. Auslands- und Internationaler Teil (bis 1966)
GRUR Int.	Gewerblicher Rechtsschutz und Urheberrecht. Internationaler Teil
h. M.	herrschende Meinung
Harvard LRev.	Harvard Law Review
Hrsg.	Herausgeber
Hs.	Halbsatz
ICLQ	International and Comparative Law Quarterly
IIC	International Review of Intellectual Property and Competition Law
IJLIT	International Journal of Law and Information Technology
insb.	insbesondere
Iowa LRev.	Iowa Law Review

IPR	Internationales Privatrecht
IPRax	Praxis des Internationalen Privat- und Verfahrensrechts
iVm.	in Verbindung mit
JBl	Juristische Blätter
JIPLP	Journal of Intellectual Property Law and Practice
Journal BL	Journal of Business Law
JPIL	Journal of Private International Law
Jura	Juristische Ausbildung
JuS	Juristische Schulung
JZ	Juristenzeitung
K&R	Kommunikation und Recht
KG	Kammergericht
KummJur	Kommunaljurist
LG	Landgericht
lit.	litera
m. w. N.	mit weiteren Nachweisen
MMR	Multimedia und Recht
NILR	Netherlands International Law Review
NJW	Neue Juristische Wochenschrift
Nr.	Nummer
NVwZ	Neue Zeitschrift für Verwaltungsrecht
OFT	Office of Fair Trading
ÖJZ	Österreichische Juristenzeitung
OLG	Oberlandesgericht
OLGR	OLG-Report
PVÜ	Pariser Verbandsübereinkunft vom 20. März 1883 zum Schutz des gewerblichen Eigentums
QB	Law Reports, Queens Bench Division
QBD	Law Reports, Queens Bench Division (vor 1890)

RabelsZ	Rabels Zeitschrift für ausländisches und internationales Privatrecht
RdA	Recht der Arbeit
Reg.	Regulation
RegE	Regierungsentwurf
RIW	Recht der internationalen Wirtschaft
Rn.	Randnummer
Rom II-VO	Verordnung (EG) Nr. 864/2007 des Europäischen Parlaments und des Rates vom 11. Juli 2007 über das auf außervertragliche Schuldverhältnisse anzuwendende Recht („Rom II"), ABl. L 199/40 v. 31.7.2007
Rs.	Rechtssache
S.	Seite
SCLR	Southern California Law Review
Sec.	Section
Slg.	Sammlung der Rechtsprechung des Gerichtshofes und des Gerichts erster Instanz
StAZ	Das Standesamt
SZIER	Schweizerische Zeitschrift für internationales und europäisches Recht
TILJ	Texas International Law Journal
TMG	Telemediengesetz
TRIPS	Übereinkommen über die Trade Related Aspects of Intellectual Property Rights
Tulane LRev.	Tulane Law Review
u. a.	und andere
UWG	Gesetz gegen den unlauteren Wettbewerb
v.	vom
vergl.	vergleiche
VersR	Versicherungsrecht
Vorb.	Vorbemerkung

VSchDG	EG-Verbraucherschutzdurchsetzungsgesetz
wbl	Wirtschaftsrechtliche Blätter
WLR	The Weekly Law Reports
WRP	Wettbewerb in Recht und Praxis
WuW	Wirtschaft und Wettbewerb
YLJ	Yale Law Journal
YPIL	Yearbook of Private International Law
z. B.	zum Beispiel
ZEuP	Zeitschrift für Europäisches Privatrecht
ZEuS	Zeitschrift für Europarechtliche Studien
ZfRV	Zeitschrift für Rechtsvergleichung, Internationales Privatrecht und Europarecht
ZIP	Zeitschrift für Wirtschaftrecht und Insolvenzpraxis
ZRP	Zeitschrift für Rechtspolitik
ZUM	Zeitschrift für Urheber- und Medienrecht
ZVglRWiss	Zeitschrift für Vergleichende Rechtswissenschaft
ZZP	Zeitschrift für Zivilprozeß
ZZP Int.	Zeitschrift für Zivilprozeß International. Jahrbuch des Internationalen Zivilprozeßrechts

Einleitung

A. Einführung in das Thema

Die Grenzen von Staaten bilden nicht die Grenzen der Wirtschaft. Getragen von dem wachsenden Einsatz moderner Informations- und Kommunikationstechnologien entfalten sich weltweit grenzüberschreitende Wirtschaftsräume. Vor allem das Internet wirkt als Katalysator. Zum einen bieten Unternehmen ihre Waren oder Dienstleistungen zunehmend nicht nur in ihrem Herkunftsstaat an. Immer häufiger werden Produkte grenzüberschreitend vermarktet. Zum anderen richten auch die Nachfrager den Blick immer häufiger in das Ausland. In einem Wirtschaftsraum konkurrieren damit Anbieter aus unterschiedlichen Staaten um Kunden, die ebenfalls in verschiedenen Staaten sitzen. Besonders das Gebiet der Europäischen Union entwickelt sich zu einem grenzüberschreitenden Wirtschaftsraum. Innerhalb der Union werden Handelshemmnisse abgebaut und der freie Verkehr von Waren und Dienstleistungen gefördert, um den europäischen Binnenmarkt weiterzuentwickeln.

Doch selbst dem weitgehend einheitlichen Wirtschaftsraum des europäischen Binnenmarktes entspricht kein einheitlicher Rechtsraum. Grundsätzlich regelt jeder Mitgliedstaat selbst, welchen rechtlichen Rahmen er wirtschaftlichem Handeln setzt. Dabei beschränkt er sich nicht auf privatrechtliche Vorschriften, etwa aus dem allgemeinen Vertrags- und Deliktsrecht sowie aus spezielleren Vorschriften des Kartell-, Lauterkeits-, Urheber- und Markenrechts; die Regelungen entstammen auch dem öffentlichen Recht, wie etwa dem Gewerbe-, Wirtschaftsverwaltungs- und Strafrecht. Diese Vorschriften unterscheiden sich von Rechtsordnung zu Rechtsordnung. Insbesondere lauterkeitsrechtliche Fragen sind in den Mitgliedstaaten trotz einzelner Angleichungsmaßnahmen wie der Richtlinie 2005/29/EG über unlautere Geschäftspraktiken weiterhin verschiedenartig geregelt. Vor allem die Divergenzen zwischen den nationalen Rechtsordnungen rechtfertigen es, den einheitlichen Wirtschaftsraum in separate nationale Märkte zu zergliedern. Daher besteht auch der Binnenmarkt aus nationalen Teilmärkten.

Überschreitet wirtschaftliches Handeln Staatsgrenzen, wird es nicht nur mit einer Vielzahl von Vorschriften lediglich einer, sondern mehrerer Rechtsordnungen konfrontiert. Um die Regelungshoheit konkurrieren insbesondere die Rechtsordnungen des Herkunfts- und des Marktstaates. Die Entscheidung darüber, welche Rechtsordnung auf welche Teilaspekte eines Falles anzuwenden ist, trifft das Kollisionsrecht (auch internationales Privatrecht genannt)[1], welches im Staat des international zuständigen Gerichts herrscht. Diese Kollisionsrechte können sich unterscheiden und denselben Fallaspekt jeweils einer anderen Rechtsordnung

1 Vergl. zum Begriff *Kropholler*, IPR, § 1 I; *von Hoffmann/Thorn u. a.*, IPR, § 1 Rn. 34.

zuweisen. Daraus resultiert die Gefahr einer Entscheidungsvielfalt, die besonders im europäischen Binnenmarkt droht, da dort in der Regel für denselben Fall Gerichte in unterschiedlichen Staaten international zuständig sind. Gemäß Art. 5 Nr. 3 EuGVO[2] bestimmt die Tatortregel, dem Kläger bei unerlaubten Handlungen die Wahl zwischen den Gerichten am Handlungs- oder am Erfolgsort zu belassen[3]. Die Tatortregel gilt auch für Lauterkeitsdelikte. In jedem Fall steht dem Kläger nach Art. 2 Abs. 1 EuGVO daneben der allgemeine Gerichtsstand am Sitz des Beklagten offen. In der Folge können die international zuständigen Gerichte denselben Fall unter Zugrundelegung jeweils unterschiedlicher Kollisionsrechte nach unterschiedlichen Sachrechten unterschiedlich beurteilen.

In der drohenden Entscheidungsvielfalt wurde ein Entwicklungshemmnis für den europäischen Binnenmarkt gesehen. Nachdem dem europäischen Gesetzgeber durch den Vertrag von Amsterdam[4] in den Artt. 61 lit. c), 65 lit. b) alt. 1 EGV die Kompetenz zugewiesen wurde, unter bestimmten Voraussetzungen Maßnahmen auf dem Gebiet des Kollisionsrechts zu treffen, erließ dieser auf der Grundlage der neuen Kompetenz am 11. Juli 2007 die Verordnung (EG) Nr. 864/2007 des Europäischen Parlaments und des Rates über das auf außervertragliche Schuldverhältnisse anzuwendende Recht („Rom II")[5] (siehe dazu Teil 1: A.: Entwicklung und *travaux préparatoires*). Zeitlich erfasst sie schadensbegründende Ereignisse ab dem 11. Januar 2009[6]. Sachlich vereinheitlicht sie unter anderem das internationale

2 Verordnung (EG) Nr. 44/2001 des Rates vom 22. Dezember 2000 über die gerichtliche Zuständigkeit und die Anerkennung und Vollstreckung von Entscheidungen in Zivil- und Handelssachen, ABl. L 12/1 v. 16.1.2001.

3 EuGH v. 30.11.1976, Rs. C-21/76 (Handelskwekerij G. J. Bier v. Mines de Potasse), Slg. 1976, 1735.

4 Vertrag von Amsterdam zur Änderung des Vertrags über die Europäische Union, der Verträge zur Gründung der Europäischen Gemeinschaften sowie einiger damit zusammenhängender Rechtsakte, ABl. C 340/1 v. 11.7.1997, in Kraft getreten am 1.5.1999.

5 Verordnung (EG) Nr. 864/2007 des Europäischen Parlaments und des Rates vom 11. Juli 2007 über das auf außervertragliche Schuldverhältnisse anzuwendende Recht („Rom II"), ABl. L 199/40 v. 31.7.2007.

6 Der Beginn des zeitlichen Anwendungsbereiches wurde wegen redaktioneller Unstimmigkeiten zwischen Art. 31 und 32 Rom II-VO von Teilen der Literatur bereits auf den zwanzigsten Tag nach ihrer Veröffentlichung im Amtsblatt und damit auf den 20. August 2007 gelegt; vergl. zur Diskussion *Dickinson*, Rome II, Rn. 3.315 ff.; *Dickinson*, Temporal Application; *Bücken*, IPRax 2009, 125 ff.; *Glöckner*, IPRax 2009, 121 ff.; *von Hein*, ZEuP 2009, 6, 10 f.; *Schulze*, IPRax 2011, 287 f.; der EuGH hat nunmehr nach einem Vorlagebeschluss des englischen High Court (Homawoo v GMF Assurance SA & Ors [2010] EWHC 1941 (QB)) in Übereinstimmung mit den Schlussanträgen des Generalanwalts Paolo Mengozzi v. 6.9.2011 (Rs. C-412/10 (Homawoo), noch nicht in Slg.) entschieden, dass die Verordnung erst auf schadensbegründende Ereignisse anzuwenden sei, die ab dem 11. Januar 2009 eingetreten sind, EuGH v. 17.11.2011, Rs. 412/10 (Homawoo); EuZW 2012, 35 ff., noch nicht in Slg.

Lauterkeitsrecht. Dazu bestimmt im Wesentlichen Art. 6 Abs. 1 Rom II-VO, auf außervertragliche Schuldverhältnisse aus unlauterem Wettbewerbsverhalten das Recht des Staates anzuwenden, in dessen Gebiet die Wettbewerbsbeziehungen oder die kollektiven Interessen der Verbraucher beeinträchtigt worden sind oder wahrscheinlich beeinträchtigt werden. Künftig entwickelt sich das Lauterkeitskollisionsrecht damit nur noch auf europäischer Ebene[7] – es herrscht Kollisionsrechtseinheit.

Ob das Verhalten der Marktbeteiligten lauter ist, wird dagegen unverändert von nationalen Sachrechtsordnungen reguliert, die sich in großen Teilen fundamental unterscheiden können. Auf dem Gebiet des sogenannten Lauterkeitsrechts bzw. des Rechts gegen den unlauteren Wettbewerb gibt es keine einheitlichen Sachnormen, wie sie etwa die Wettbewerbsregeln nach den Art. 101 ff. AEUV (ex. Art. 81 ff. EGV) für das Kartellrecht zur Verfügung stellen. Der traditionelle Lauterkeitsschutz des horizontalen Wettbewerbsverhältnisses zwischen Mitbewerbern wurde vom europäischen Gesetzgeber bislang nicht ausgestaltet. Das Vertikalverhältnis zur Marktgegenseite und insbesondere zum Verbraucher ist lediglich in Teilen durch Richtlinien angeglichen. Sie überlassen den Mitgliedstaaten aber weitreichende Freiheiten im Bereich der Rechtsdurchsetzung. Demgemäß ist der Verbraucherschutz mal öffentlich-rechtlich geregelt und unterliegt der Aufsicht von Behörden, mal ist er dagegen Teil des zivilrechtlich ausgestalteten Lauterkeitsschutzes und kann auch von Mitbewerbern durchgesetzt werden – es herrscht Sachrechtsvielfalt.

B. Gang der Untersuchung

Die neue Kollisionsrechtseinheit provoziert eine Reihe grundlegender Fragen. Problematisch ist bereits, ob das neue Lauterkeitskollisionsrecht den Voraussetzungen der Kompetenzgrundlage genügt. Die Untersuchung dieser Frage bildet den ersten Hauptteil der vorliegenden Arbeit (siehe dazu Teil 1: B.: Gemeinschaftskompetenz zur Vereinheitlichung des internationalen Lauterkeitsrechts). Insbesondere ist dabei zu prüfen, inwieweit die Vereinheitlichung in Form der Anknüpfung an den Marktort unter der umfassenden Einbeziehung von Sachverhalten mit Drittstaatenbezug kompetenzgemäß den Binnenmarkt fördert. Dabei ist auch der Umgang mit dem sogenannten Herkunftslandprinzip zu klären.

Zudem führt die Sachrechtsvielfalt, die das Kollisionsrecht erst notwendig macht, bei der Bildung von einheitlichen Anknüpfungsgegenständen zu einem Auslegungsproblem. Die Auslegung des Begriffs „unlauteres Wettbewerbsverhalten" bildet den zweiten Hauptteil der vorliegenden Arbeit (siehe dazu Teil 2: Sachrechtsvielfalt und Anknüpfungsgegenstand). Der Gesetzgeber hat den Begriff des unlauteren Wettbewerbsverhaltens nicht definiert. Damit muss er von Wissenschaft und Rechtsprechung konkretisiert werden. Ist es bereits schwierig, innerhalb nur einer Rechtsordnung das Lauterkeitsrecht gegenüber benachbarten Rechtsgebieten abzugrenzen, vervielfachen

---

7 Vergl. *Wagner, G.*, IPRax 2008, 1 („damit bricht eine neue Zeit an").

sich die Probleme, wenn der einheitlichen Auslegung mehrere Rechtsordnungen mit jeweils unterschiedlichem Lauterkeitsverständnis zugrunde gelegt werden müssen. Das Dilemma besteht darin, dass einerseits die Kollisionsrechtsvereinheitlichung nur deswegen notwendig ist, weil sich die nationalen Sachrechte maßgeblich voneinander unterscheiden, andererseits gerade diese Unterschiede die funktionale Qualifikation auf der supranationalen Ebene erheblich erschweren[8].

Die Auslegung erfolgt in drei Schritten. Zunächst wird abstrakt geklärt, was als Gegenstand der Qualifikation unter den kollisionsrechtlichen Begriff des unlauteren Wettbewerbsverhaltens subsumiert wird und ob als einheitlicher Auslegungsmaßstab möglicherweise eine Qualifikationsverweisung auf die lex fori oder die lex causae ausreichend und angemessen ist (siehe dazu Teil 2: A.: Qualifikation). Danach wird rechtsvergleichend die sachrechtliche Bedeutung des Lauterkeitsbegriffs dargestellt und aus den lauterkeitsrechtlichen Teilen internationaler, europäischer und nationaler Sachrechte ein unionsautonomes Referenzmodell vom Lauterkeitsrecht gebildet (siehe dazu Teil 2: B.: Unlauteres Wettbewerbsverhalten in vielfältigen Sachrechten). Dabei ist besonders die Identifikationsproblematik bei der Isolierung der lauterkeitsrechtlichen Teile der jeweiligen Sachrechtsordnungen zu beachten, da sich ein unionsautonomes Bild vom Lauterkeitsrecht nur aus denjenigen Vorschriften ergeben kann, die nach einem unionsautonomen Verständnis einen lauterkeitsrechtlichen Gehalt aufweisen.

In einem dritten Schritt wird der Begriffsinhalt schließlich für die Ebene des Kollisionsrechts erschlossen (siehe dazu Teil 2: C.: Unlauteres Wettbewerbsverhalten im einheitlichen Kollisionsrecht). Vor dem Hintergrund der Sachrechtsvielfalt wird das Selbstverständnis der herrschenden Meinung kritisch untersucht, die der Auslegung des Anknüpfungsgegenstandes eine Schutzzwecktrias unter Einschluss des Verbraucherschutzes zugrundelegt. Dabei ist besonders auf Konflikte einzugehen, die sich aus dem sachrechtlichen Nebeneinander von hoheitlichen und privatrechtlichen Sanktionsmitteln ergeben können.

Mit den Begriffen Binnenmarkt, Kollisionsrecht und Lauterkeitsrecht sind die relevanten Problemfelder schlagwortartig benannt. Sie entstammen unterschiedlichen Rechtsgebieten und werden wissenschaftlich aus unterschiedlichen Blickwinkeln gewürdigt. Bei der Untersuchung des internationalen Lauterkeitsrechts nach Art. 6 Rom II-VO spielen sie jedoch alle eine tragende Rolle. Bereits vor über 20 Jahren bemerkte *Remien* zum europäischen Kollisionsrecht treffend: „Europäisches Privat- und Wirtschaftsrecht kann man nicht mehr nur als Rechtsvergleicher, Europarechtler, Kollisionsrechtler oder Privat- und Wirtschaftsrechtler betreiben, alle diese Eigenschaften müssen zusammenkommen. Einfacher macht dies die Dinge indes nicht."[9] Die nachfolgende Untersuchung muss Schwerpunkte setzten. Sie nähert sich der Problemballung aus der Perspektive des internationalen Privatrechts und der Rechtsvergleichung.

---

8 *Sonnenberger*, in: FS Kropholler, S. 240.
9 *Remien*, RabelsZ 62 (1998), 627, 628.

Teil I: Kollisionsrechtseinheit im Binnenmarkt

Die Rom II-VO vereinheitlicht das Kollisionsrecht nicht nur im, sondern insbesondere auch für den Binnenmarkt. Im Folgenden wird untersucht, inwieweit das internationale Lauterkeitsrecht nach Art. 6 Rom II-VO dem Binnenmarkt gerecht wird. Begonnen wird mit einem Blick auf die historische Entwicklung der Sonderkollisionsnorm in ihrem sachlichen Kontext, um ein grundlegendes Bild vom europäischen Lauterkeitskollisionsrecht zu gewinnen (A). Zum relevanten Kontext gehören insbesondere die Überlegungen, die zum Grundkonzept der gesamten Verordnung geführt haben, sowie die Vorstellungen der beteiligten Kreise zum Umgang mit dem Herkunftslandprinzip und Streudelikten. Das Resultat muss auf einer ausreichend breiten Gemeinschaftskompetenz ruhen (B).

A. Entwicklung und *travaux préparatoires*

I. Historische Ausgangslage der Vereinheitlichung des internationalen Privatrechts im Binnenmarkt

Die Wurzeln der Rom II-VO lassen sich bis in das Jahr 1967 zurückverfolgen[10]. Damals verhandelten die Mitgliedstaaten der Europäischen Wirtschaftsgemeinschaft auf der Grundlage des damaligen Art. 220 EWG[11] ein Übereinkommen, um untereinander in Zivil- und Handelssachen die gerichtlichen Zuständigkeiten zu vereinheitlichen und die grenzüberschreitende Vollstreckung richterlicher Entscheidungen zu vereinfachen. Die Verhandlungen führten zum Übereinkommen

10 *Siehr*, BB 1973, 569; *König*, EuR 1975, 289, 292; *Kohler, C.*, ZEuS 2001, 547, 582; *Kreuzer*, RabelsZ 65 (2001), 383, 398; *Dickinson*, EBLR 13 (2002), 369; *Wilderspin*, in: Systemwechsel, S. 77; *Posch*, YPIL 6 (2004), 129, 133; *Heiss/Loacker*, JBl 2007, 613, 614; *Handig*, GRUR Int. 2008, 24; *Kreuzer*, in: Gemeinsames Privatrecht, S. 480 weist darauf hin, dass die erste Initiative für eine staatsvertragliche Vereinheitlichung des IPR auf Pasquale Stanislao Machini zurückgeht, der bereits 1867 von der italienischen Regierung mit ersten Schritten in diese Richtung beauftragt worden sei; die IPR-Vereinheitlichung in der EG jedoch wurde 1967 durch die Beneluxstaaten angestoßen, S. 486; zum (vor-)historischen Hintergrund siehe auch *Czepelak*, EurRevPL 2010, 705, 706 f.; zur historischen Dimension des europäischen Kollisionsrechts siehe *Gebauer*, JZ 2011, 213 ff.

11 Art. 293 EGV; aufgehoben durch Art. 2 Ziffer 280 Vertrag von Lissabon zur Änderung des Vertrags über die Europäische Union und des Vertrags zur Gründung der Europäischen Gemeinschaft, ABl. C 306/1 v. 17.12.2007.

von Brüssel (EuGVÜ)[12], dessen Regelungen nunmehr in der EuGVO[13] (auch Brüssel I-VO genannt[14]) fortbestehen. Zwar war das Kollisionsrecht kein Gegenstand der damaligen Verhandlungen, was auch nicht verwundert, da Art. 220 EWG das Kollisionsrecht nicht aufführte[15]; die Regierungen Belgiens, der Niederlande und Luxemburgs vertraten aber bereits damals die Auffassung, dass auch das Kollisionsrecht dringend zu harmonisieren sei[16]. Am 8. September 1967 forderte daher *Joseph Van Der Meulen* als Ständiger Vertreter Belgiens die Kommission im Namen der Beneluxstaaten auf, das Kollisionsrecht in der Europäischen Wirtschaftsgemeinschaft zu vereinheitlichen[17].

In der Folge ließ die Kommission[18] durch eine Gruppe von Regierungssachverständigen untersuchen, welche Auswirkungen die Harmonisierung der mitgliedstaatlichen Kollisionsrechte hätte. Naheliegend ergab sich vor allem ein Vorteil: der Gewinn an Rechtssicherheit[19]. Solange das Kollisionsrecht nicht vereinheitlicht sei[20], hinge der Ausgang eines Rechtsstreits davon ab, bei welchem Gericht ihn die Parteien anhängig machen. Verschiedene Gerichte würden ihren jeweiligen unterschiedlichen Kollisionsregeln zu unterschiedlichen Sachrechten folgend denselben Rechtsstreit unterschiedlich entscheiden. Das Übereinkommen von Brüssel vereinheitliche zwar die Vorschriften über die gerichtliche Zuständigkeit, lasse dabei aber in vielen Fällen die Parteien das Gericht und insoweit auch das

---

12 Übereinkommen von Brüssel von 1968 über die gerichtliche Zuständigkeit und die Vollstreckung gerichtlicher Entscheidungen in Zivil- und Handelssachen, ABl. L 299/32 v. 31.12.1972.

13 Verordnung (EG) Nr. 44/2001 des Rates vom 22. Dezember 2000 über die gerichtliche Zuständigkeit und die Anerkennung und Vollstreckung von Entscheidungen in Zivil- und Handelssachen, ABl. L 12/1 v. 16.1.2001.

14 Zur Terminologie und Bezeichnung der Verordnungen nach „Rom" und „Brüssel" siehe MüKo UWG-*Mankowski*, IntWettbR Rn. 32.

15 „Soweit erforderlich, leiten die Mitgliedstaaten untereinander Verhandlungen ein, um zugunsten ihrer Staatsangehörigen folgendes sicherzustellen:... - die Vereinfachung der Förmlichkeiten für die gegenseitige Anerkennung und Vollstreckung richterlicher Entscheidungen und Schiedssprüche", Art. 220 EWG; für eine implizite Einbeziehung des Kollisionsrechts *Basedow*, in: Systemwechsel, S. 19.

16 Die Beneluxstaaten hatten sich untereinander bereits am 11. Mai 1951 auf ein Übereinkommen für ein *loi uniforme* über das internationale Privatrecht geeinigt.

17 *Giuliano/Lagarde*, ABl. C 282/1, 1980, S. 1.

18 Generaldirektion Binnenmarkt und Rechtsangleichung.

19 *Giuliano/Lagarde*, ABl. C 282/1, 1980, S. 4 f.; *Lando*, RabelsZ 38 (1974), 6, 15; *Kreuzer*, in: Gemeinsames Privatrecht, S. 486; allgemein wird die Rechtssicherheit als herausragendes kollisionsrechtliches Interesse der Parteien betont, *Schack*, in: Liber Amicorum Gerhard Kegel, S. 190.

20 Tatsächlich existierten wesentlich unterschiedliche nationale Kollisionsregeln innerhalb der Union insbesondere hinsichtlich der außervertraglichen Schuldverhältnisse, *Posch*, YPIL 6 (2004), 129, 131 f.

anwendbare Kollisionsrecht frei wählen[21]. Der Ausgang eines Rechtsstreits könne aber nicht von dieser Wahl abhängen; ein Forum-Shopping sei zu verhindern[22]. Die Kollisionsrechtsharmonisierung sei bereits aus diesem Grund die „natürliche Fortsetzung" des Übereinkommens von Brüssel[23]. Daneben komme hinzu, dass das Übereinkommen von Brüssel neben der Zuständigkeit auch die Anerkennung und Vollstreckung von gerichtlichen Entscheidungen zwischen den Vertragsstaaten sichere[24], so dass Urteile auch zur Gewährleistung ihrer Anerkennung nach möglichst einheitlichen (Kollisions)-regeln getroffen werden sollten[25]. Diese Kernargumente für eine europäische Vereinheitlichung des Kollisionsrechts wurden im späteren Entwicklungsverlauf aufgegriffen und immer wieder angeführt[26].

Begonnen werden sollte die Harmonisierung mit den wirtschaftlich wichtigsten Bereichen des Kollisionsrechts; mit denen, die man als besonders wichtig für das gute Funktionieren des gemeinsamen Marktes erachtete, bei denen „die Unterschiede zwischen den einzelstaatlichen Rechtsordnungen und das Fehlen einheitlicher Kollisionsnormen den Personen-, Waren-, Dienstleistungs- und Kapitalverkehr zwischen den Mitgliedstaaten ohne jeden Zweifel beeinträchtigen"[27]. Zu diesen Bereichen wurden insbesondere das Kollisionsrecht der körperlichen und unkörperlichen Gegenstände, das der vertraglichen und außervertraglichen Schuldverhältnisse sowie das der Form von Rechtsgeschäften und des Beweises

---

21 Im Fall von außervertraglichen Schuldverhältnissen insbesondere bei Distanz- und Streudelikten, die nach einem weiten Verständnis vom Tatort gem. Art. 5 Nr. 3 EuGVÜ sowohl am Handlungs- als auch am Erfolgsort erhoben werden können: EuGH v. 30.11.1976, Rs. C-21/76 (Handelskwekerij G. J. Bier v. Mines de Potasse), Slg. 1976, 1735 und EuGH v. 7.3.1995, Rs. C-68/93 (Shevill v. Press Alliance SA), Slg. 1995, I-415.

22 *Giuliano/Lagarde*, ABl. C 282/1, 1980, S. 5; *Nadelmann*, AJCL 1976, 1, 3; *Siehr*, BB 1973, 569, 570.

23 *Giuliano/Lagarde*, ABl. C 282/1, 1980, S. 5; *Lando*, RabelsZ 38 (1974), 6, 7.

24 *Nadelmann*, AJCL 1976, 1, 3.

25 *König*, EuR 1975, 289, 291.

26 Zum Beispiel bereits *Kropholler*, JZ 1983, 905, 907; des Weiteren *Wagner, R.*, EuZW 1999, 709; *Basedow*, in: Systemwechsel, S. 40 f.; *von Hein*, ZVglRWiss 102 (2003), 528, 536 u. 537; *Leible/Engel*, EuZW 2004, 7, 8; *Sonnentag*, ZVglRWiss 105 (2006), 256, 263; *Thiede/Ludwichowska*, ZVglRWiss 106 (2007), 92, 94; *Staudinger, A.*, AnwBl 2008, 8; *Sujecki*, EWS 2009, 310, 311; (Wiener) Aktionsplan des Rates und der Kommission, ABl. C 19/1 v. 23.1.1999, S. 2; Vorschlag der Kommission, KOM(2003) 427 endg., S. 5 f. u. 7; Standpunkt des Europäischen Parlaments, ABl. 157E/371 v. 6.7.2005, Erwägungsgrund 4; Gemeinsamer Standpunkt, ABl. C 289E/68 v. 28.11.2006, Erwägungsgrund 6 und schließlich auch Erwägungsgrund 6 Rom II-VO; a. A. dagegen *Dickinson*, Rome II, Rn. 2.63 ff., der diese Kernargumente ausdrücklich als für eine Kompetenzbegründung unzureichend zurückweist.

27 Th. Vogelaar, Vorsitzender der Gruppe von Regierungssachverständigen, zitiert in: *Giuliano/Lagarde*, ABl. C 282/1, 1980, S. 4.

gezählt. Hier sollte das Kollisionsrecht der Mitgliedstaaten in einem Übereinkommen mit universellem Geltungsbereich vollständig vereinheitlicht werden[28].

Die Gruppe der Regierungssachverständigen konzentrierte sich zunächst auf den Bereich der vertraglichen und außervertraglichen Schuldverhältnisse. Hierfür formulierte sie einen ersten Vorentwurf eines Übereinkommens, den die Kommission 1972 veröffentlichte[29]. Umgesetzt wurde der Vorentwurf nicht. 1973 traten den Europäischen Gemeinschaften im Zuge der Norderweiterung das Vereinigte Königreich, Dänemark und Irland bei. Die neuen Mitgliedstaaten entsandten jeweils ihre Regierungssachverständigen in die Gruppe. Sie benötigten Zeit, um den Vorentwurf in ihren Regierungen und interessierten Kreisen zu beraten. Im März 1978 beschloss die Gruppe, das Übereinkommen „aus Zeitgründen" ausschließlich auf vertragliche Schuldverhältnisse zu beschränken und zunächst diesen Teil fertig zu stellen[30]. Das Ergebnis ist das Übereinkommen über das auf vertragliche Schuldverhältnisse anzuwendende Recht (EVÜ), aufgelegt zur Unterzeichnung am 19. Juni 1980 im Rom[31]. Das Projekt zur Harmonisierung des Kollisionsrechts der außervertraglichen Schuldverhältnisse ruhte derweil.

Hinsichtlich des außervertraglichen Teils wurde das Verheinheitlichungsvorhaben erst mit der Vergemeinschaftung der justiziellen Zusammenarbeit in Zivilsachen durch den Vertrag von Amsterdam[32] wieder aufgenommen. Erst der Vertrag von Amsterdam schuf mit seinem Inkrafttreten am 1. Mai 1999 mit den Artt. 61 lit. c), 65 lit. b) alt. 1 EGV die Gemeinschaftskompetenz für Maßnahmen im internationalen Privat- und Zivilverfahrensrecht[33], indem er die Materie aus

---

28 *Giuliano/Lagarde*, ABl. C 282/1, 1980, S. 6; *Kreuzer*, in: Gemeinsames Privatrecht, S. 486 f.

29 Abgedruckt in RabelsZ 38 (1974), 211 ff.; dazu insbesondere *Giuliano/Lagarde*, ABl. C 282/1, 1980; *Nadelmann*, AJCL 1973, 584 ff.; *Nadelmann*, AJCL 1976, 1 ff.; *Siehr*, BB 1973, 569 ff.; *von Overbeck/Volken*, RabelsZ 38 (1974), 56 ff.; *Kropholler*, ZfRV 1975, 16 ff.; *Cavers*, SCLR 1975, 603 ff. (zum Teil über die vertraglichen Schuldverhältnisse); *König*, EuR 1975, 289 ff.

30 *Giuliano/Lagarde*, ABl. C 282/1, 1980, S. 7; *Leible/Engel*, EuZW 2004, 7; MüKo BGB X-*Junker*, Rom–II Vorb. Art. 1 Rn. 4 f.; *Kreuzer*, in: Gemeinsames Privatrecht, S. 487.

31 Übereinkommen von Rom über das auf vertragliche Schuldverhältnisse anzuwendende Recht von 1980 (konsolidierte Fassung), ABl. C 27/34 v. 26.1.1998.

32 Vertrag von Amsterdam zur Änderung des Vertrags über die Europäische Union, der Verträge zur Gründung der Europäischen Gemeinschaften sowie einiger damit zusammenhängender Rechtsakte, ABl. C 340/1 v. 11.7.1997, in Kraft getreten am 1.5.1999.

33 Dazu insbesondere *Basedow*, EuZW 1997, 609; *Basedow*, CMLRev. 37 (2000), 687 ff.; *Basedow*, in: FS Juenger, S. 175 ff.; *Basedow*, in: Systemwechsel, S. 19 ff.; *Besse*, ZEuP 1999, 107 ff.; *Schack*, ZEuP 1999, 805 ff.; *Hess*, NJW 2000, 23 ff.; *Israël*, Maastricht Journal 2000, 81 ff.; *Müller-Graff/Kainer*, DRiZ 2000, 350 ff.; *Kohler, C.*, ZEuS 2001, 575 ff.; *Leible/Staudinger, A.*, EuLF [D] 2001, 225 ff.; *Wagner, R.*, IPRax 2002, 75, 84 ff.; *Dohrn, H.*, Kompetenzen, passim.

der zwischenstaatlichen dritten Säule der EU[34] in einen Titel IV des dritten Teils des EGV („Visa, Asyl, Einwanderung und andere Politiken betreffend den freien Personenverkehr") in die Gemeinschaftspolitik überführte[35]. Bereits die Aussicht auf die Kompetenz motivierte den Rat der Europäischen Union. Ohne das Inkrafttreten abzuwarten, einigte man sich unter der österreichischen EU-Präsidentschaft im Rat kurz nach der Unterzeichnung des Vertrages von Amterdam auf eine Entschließung, die die „Aufnahme der Beratungen über die Erforderlichkeit und die Möglichkeit der Ausarbeitung eines Übereinkommens über das auf außervertragliche Schuldverhältnisse anzuwendende Recht (Rom II)" vorsah[36]. Ein knappes Jahr später folgte der Wiener Aktionsplan des Europäischen Rates (Justiz und Inneres) und der Kommission, der festlegte, wie die neuen Bestimmungen des Amsterdamer Vertrags über den Aufbau eines Raums der Freiheit, der Sicherheit und des Rechts bestmöglich umzusetzen seien[37]. Gemäß dem Aktionsplan sollte binnen zweier Jahre nach Inkrafttreten des Vertrags von Amsterdam ein Rechtsakt „betreffend das auf die außervertraglichen Schuldverhältnisse anzuwendende Recht (Rom II)" erstellt werden[38]. Das Ziel wurde erst wesentlich später erreicht.

---

34 Darin waren den Mitgliedstaaten weitgehend eigenständige Handlungs- und Steuermöglichkeiten belassen. Als Rechtsinstrument war neben gemeinsamen Standpunkten und Maßnahmen der völkerrechtliche Vertrag vorgesehen. Die Verträge konnten vom Ministerrat der Europäischen Union ausgearbeitet und den Mitgliedstaaten zur Annahme empfohlen werden. Den Mitgliedstaaten blieb dabei die Letztentscheidung vorbehalten, vergl. *Linke*, in: FS Geimer, S. 541; die EG-Kommission und das Parlament besaßen lediglich Beteiligungs- bzw. Anhörungsrechte, *Hess*, NJW 2000, 23, 25.

35 *Von Hoffmann*, in: European PIL, S. 31 f.; *Pfeiffer*, NJW 1999, 3674 („epochales Ereignis"); *Boele-Woelki*, in: Liber Amicorum Kurt Siehr, S. 61 f. („changed nature of private international law"); *Hess*, NJW 2000, 23; *Jayme*, IPRax 2000, 165 („Ein ganzes Jahrtausend steht zur Disposition und wird über Bord geworfen."); *Hess*, IPRax 2001, 389, 390 („Paradigmenwechsel"); *Kohler, C.*, ZEuS 2001, 575, 577 (die „dritte Generation" des europäischen Kollisionsrechts); *Linke*, in: FS Geimer, S. 542; *Mansel*, in: Systemwechsel, S. 1 ff. („Systemwechsel im europäischen Kollisionsrecht"); *Wagner, R.*, IPRax 2002, 75, 84 (Eingang in die „internationalprivat- und verfahrensrechtliche Geschichte"); Streinz-*Leible*, Art. 65 EGV Rn. 1; *Fiorini*, ICLQ 57 (2008), 696 („it radically reformed the position and status of private international law"); Grabitz/Hilf I-*Röben*, vor Art. 65 EGV Rn. 1; wegen der zahlreichen Souveränitätsvorbehalte der Mitgliedstaaten dagegen zweifelt an einer echten Vergemeinschaftung *Israël*, Maastricht Journal 2000, 81, 86; noch weiter geht *Schack*, ZEuP 1999, 805 ff., der dem dem neuen Titel IV jede Bedeutung abspricht.

36 Entschließung des Rates, ABl. C 11/1 v. 15.1.1998, Abschnitt I, 5.1.d).

37 (Wiener) Aktionsplan des Rates und der Kommission, ABl. C 19/1 v. 23.1.1999.

38 (Wiener) Aktionsplan des Rates und der Kommission, ABl. C 19/1 v. 23.1.1999, S. 10.

II. Divergierende Lösungsvorschläge für das internationale Lauterkeitsrecht

Die Rom II-VO entwickelte sich über eine Reihe von Entwürfen[39], die in der rechtswissenschaftlichen Literatur und von den betroffenen Wirtschaftskreisen intensiv diskutiert wurden. Auf den ersten Vorentwurf der Gruppe der Regierungssachverständigen von 1972[40] folgten:

- der Entwurf der *Group européen de droit international privé (GEDIP)* von 1998[41],
- ein früher interner Ratsentwurf von 1999[42],
- der Vorentwurf der Kommission von 2002[43],
- der offiziell das Rechtsetzungsverfahren einleitende[44] Vorschlag der Kommission von 2003[45],
- der nach einem Bericht des Rechtsausschusses unter der Berichterstatterin *Diana Wallis*[46] umfassend abweichende[47] Alternativvorschlag

39 Überblick bei *Dickinson*, Rome II, Rn. 1.44 ff.; MüKo BGB X-*Junker*, Rom II Vorb. Art. 1 Rn. 1 ff.; *von Hein*, in: FS Kropholler, S. 555 ff.; *Posch*, YPIL 6 (2004), 129, 133 ff.

40 Siehe oben S. 7 Fn. 29.

41 Vorschlag der GEDIP, abgdr. IPRax 1999, 286 ff.; zum Vorschlag der GEDIP *Jayme*, IPRax 1999, 298; *Sonnenberger*, in: FS Henrich, S. 590 f.; *Kreuzer*, RabelsZ 65 (2001), 383, 399 f.; *von Hein/Kropholler*, in: Law and Justice, S. 337; *von Hein*, in: FS Kropholler, S. 556 f.

42 Ratsdokument 11982/99; eingehend zum Ratsentwurf *Wagner, R.*, EuZW 1999, 709 ff.; *Sonnenberger*, in: FS Henrich, S. 588 f.

43 Preliminary Draft Proposal v. 3.5.2002, abrufbar unter http://ec.europa.eu/justice/news/consulting_public/rome_ii/news_hearing_rome2_en.htm; abgedruckt in *Leible*, Neue Medien, S. 181 ff.; RabelsZ 67 (2003), 1 ff. dazu *Dickinson*, EBLR 13 (2002), 369 ff.; *Hamburg Group for Private International Law*, RabelsZ 67 (2003), 1 ff.; *Spickhoff*, in: Bedeutung des IPR, S. 103 ff.; zahlreiche weitere Stellungnahmen einschließlich ihrer Zusammenfassung durch die Kommission sind unter der angegebenen Internetadresse abrufbar.

44 *Huber/Bach*, IPRax 2005, 73.

45 Vorschlag der Kommission, KOM(2003) 427 endg.; aus dem äußerst breiten Echo in der rechtswissenschaftlichen Literatur beispielsweise *Leible/Engel*, EuZW 2004, 7 ff.; *von Hein*, ZVglRWiss 102 (2003), 528 ff.; *Benecke*, RIW 2003, 830 ff.; *Fuchs*, GPR 2003, 100 ff.; *Posch*, YPIL 6 (2004), 129, 138 ff.; *Stone*, EuLF [D] 2004, 213 ff.; *Carruthers/Crawford*, EdinLR 9 (2005), 65 ff.; *Carruthers/Crawford*, EdinLR 9 (2005), 238 ff.; *Fricke*, VersR 2005, 726, 737 ff.; *Huber/Bach*, IPRax 2005, 73 ff.; *Symeonides*, in: FS Jayme, S. 935 ff.; *Wagner, G.*, IPRax 2006, 372 ff.

46 Bericht des Parlaments, PE 349.977v03-00, A6-0211/2005.

47 *Posch*, YPIL 6 (2004), 129, 146 („far-reaching amendments and revisions that go to the heart of the Draft Regulation, substantially changing the approach to international tort law taken by the Commission"); *Wagner, R.*, EuZW 2006, 372, 373 („tiefgreifende Umgestaltung"); *von Hein*, VersR 2007, 440 („grundlegend" verändert).

des Europäischen Parlaments von 2005[48],
- der auf ihrem ursprünglichen Konzept verweilende[49] Vorschlag der Kommission von 2006[50],
- der größtenteils auf dem Konzept der Kommission beruhende[51] Gemeinsame Standpunkt des Rates von 2006[52]
- sowie schließlich der im Vermittlungsausschuss erzielte Kompromiss von 2007[53].

Die Entwürfe machen Lösungsvorschläge, die allgemein für das internationale Recht der außervertraglichen Schuldverhältnisse und speziell für das internationale Lauterkeitsrecht inhaltlich teilweise grundlegend divergieren. So war insbesondere das formelle Gesetzgebungsverfahren zwischen den Jahren 2003 und 2007 durch eine Kontoverse geprägt, die vor allem zwischen der Kommission und dem Rat auf der einen und dem Parlament auf der anderen Seite ausgetragen wurde[54]. Für das Lauterkeitskollisionsrecht wesentlich von Bedeutung sind die besonders umstrittenen Standpunkte zum strukturellen Grundkonzept der Anknüpfungsregeln (1), zum Beitrag der Verordnung für die Verwirklichung des europäischen Binnenmarktes und zur Berücksichtigung des Herkunftslandprinzips (2) sowie zur Schaffung von Sonderanknüpfungen für Streudelikte (3) und unlauteres Wettbewerbsverhalten (4).

1. *Grundkonzept der Anknüpfungsregeln*

Umstritten war bereits das strukturelle Grundkonzept der Verordnung. Im Verlauf der Entwicklung kristallisierten sich früh zwei grundsätzlich unterschiedliche Ansichten zur Offenheit der kollisionsrechtlichen Anknüpfung und dem dabei zu gewährenden Ermessensspielraum heraus[55]. Die Vorschläge unterschieden sich

---

48 Standpunkt des Europäischen Parlaments, ABl. 157E/371 v. 6.7.2005; zu den Lesungen im Parlament vergl. insbesondere *Wagner, R.*, in: FS Kropholler, S. 715 ff.; das Mitentscheidungsrecht des Parlaments bedauernd *Koziol/Thiede*, ZVglRWiss 106 (2007), 235 ff.

49 *Von Hein*, VersR 2007, 440; *von Hein*, in: FS Kropholler, S. 562 f.; MüKo BGB X-*Junker*, Rom–II Vorb. Art. 1 Rn. 17.

50 Geänderter Vorschlag der Kommission, KOM(2006) 83 endg.; dazu kritisch *Koziol/Thiede*, ZVglRWiss 106 (2007), 235 ff.

51 *Wagner, G.*, IPRax 2006, 372, 374; *von Hein*, VersR 2007, 440.

52 Gemeinsamer Standpunkt, ABl. C 289E/68 v. 28.11.2006; dazu insbesondere *Sonnentag*, ZVglRWiss 105 (2006), 256 ff.; *von Hein*, VersR 2007, 440 ff.

53 Einigung Vermittlungsausschuss, Ratsdokument 9713/07; zum Verfahren im Vermittlungsausschluss umfassend *Wagner, R.*, in: FS Kropholler, S. 715 ff.; vom Rat am 28. Juni 2007 gebilligt, Voting Result, Ratsdokument 11313/07; vom Parlament am 10. Juli 2007 angenommen, Legislative Entschließung des Parlalments, P6_TA(2007)0317, A6-0257/2007.

54 *Junker*, NJW 2007, 3675, 3676.

55 *Wagner, Rolf*, EuZW 1999, 709, 711 bereits zu divergierenden Ansichten während der ersten Arbeiten im Rat.

danach, ob und inwieweit das Kollisionsrecht der Verordnung der traditionellen IPR-Methode im klassischen Verständnis *Savignys*[56] entsprechen oder sich statt dessen an modernen anglo-amerikanischen Ansätzen orientieren sollte wie etwa dem *„policy weighting“* des *Restatement Second*[57].

Dem klassischen Verständnis entspricht es, nach rein internationalprivatrechtlichen Kriterien unbeeinflusst von materiellrechtlichen Erwägungen die räumlich angemessenste Sachrechtsordnung zu wählen, was im Interesse der Vorhersehbarkeit in einer festen Grundanknüpfung konkret normiert wird, von der lediglich in eng begrenzten Ausnahmefällen abgewichen werden darf. Daneben bestehen spezielle Kollisionsnormen für besondere Deliktstypen. Dem folgten nicht nur der erste Vorentwurf der Sachverständigengruppe von 1972, sondern vor allem die Vorschläge von Kommission und Rat[58]. Gemäß der Grundanknüpfung sollten deliktische Schuldverhältnisse an den Erfolgsort und ausnahmsweise den Ort des gemeinsamen gewöhnlichen Aufenthalts angeknüpft werden, wobei auf einen anderen Ort mit wesentlich engerer Verbindung ausgewichen werden konnte, insbesondere bei einem bereits bestehenden Rechtsverhältnis zwischen den Parteien. Speziell Lauterkeitsdelikte sollten an den Marktort angeknüpft werden.

Das moderne Konzept erhebt dagegen lediglich abstrakt die „engste Verbindung“ zum wesentlichen Anknüpfungsmerkmal, um eine ausreichende Flexibilität im Einzelfall zu gewährleisten, wobei die engste Verbindung für bestimmte Fälle durch – teilweise ebenfalls sehr abstrakte – Vermutungen konkretisiert wird. Diesen Ansatz verfolgte bereits die GEDIP, die von der Kommission zu einer Studie für ein Übereinkommen[59] über das auf außervertragliche Schuldverhältnisse anzuwendende Recht angeregt worden war[60]. Deren Vorschlag lehnte sich an das Anknüpfungssystem für vertragliche Schuldverhältnisse unter dem EVÜ an[61]. Darin diente das Prinzip der engsten Verbindung (*„les liens les plus étroit“*) als

---

56 Staudinger EinlIPR (2003)-*Sturm, F./Sturm, G.*, Rn. 56 weisen jedoch darauf hin, dass die traditionelle, klassische IPR-Methode zu Unrecht mit Savigny verbunden werde.

57 Dazu *von Hoffmann/Thorn u. a.*, IPR, § 2 Rn. 40 ff.; siehe zu amerikanischen IPR-Theorien im 20. Jahrhundert auch *von Bar/Mankowski*, IPR Band I, § 5 Rn. 81 ff.; *von Hein/Kropholler*, in: Law and Justice, S. 317 ff.; Staudinger EinlIPR (2003)-*Sturm, F./Sturm, G.*, Rn. 62 ff.

58 *Benecke*, RIW 2003, 830, 836 insbesondere zum Kommissionsvorschlag („wie ein roter Faden“).

59 Die *GEDIP* musste von der damaligen ermächtigungsrechtlichen Situation ausgehen, die vom Fehlen einer gemeinschaftsrechtlichen Normsetzungskompetenz für das Kollisionsrecht geprägt war.

60 MüKo UWG-*Mankowski*, IntWettbR Rn. 19 („ohne offiziellen Auftrag“); *Sonnenberger*, in: FS Henrich, S. 576 („reine Privatarbeit“); *Wilderspin*, in: Systemwechsel, S. 79; MüKo BGB X-*Junker*, Rom–II Vorb. Art. 1 Rn. 8.

61 *Jayme*, IPRax 1999, 298; *Sonnenberger*, in: FS Henrich, S. 590; *Kreuzer*, RabelsZ 65 (2001), 383, 400; *Wilderspin*, in: Systemwechsel, S. 79; *Leible/Engel*, EuZW 2004, 7; *von Hein*, in: FS Kropholler, S. 556; EU-Wirtschaftsrecht-*Kreuzer/Wagner, Rolf*, R Rn. 51; MüKo BGB X-*Junker*, Rom–II Vorb. Art. 1 Rn. 8.

wesentliche Grundanknüpfung. Das Prinzip wurde bei deliktischen Schuldverhältnissen durch widerlegbare Vermutungen[62] zugunsten des gemeinsamen gewöhnlichen Aufenthaltsorts oder des Tatortes konkretisiert. Zudem wurden spezielle Vermutungen für spezielle Deliktstypen aufgestellt. Neben Verletzungen des Persönlichkeitsrechts und der Umwelt gehörte dazu unlauterer Wettbewerb („*concurrence déloyale*"). In den Fällen unlauteren Wettbewerbs wurde vermutet, dass das Schuldverhältnis mit dem Ort am engsten verbunden sei, an dem der betroffene Markt sich befindet („*le pays dont le marché est concerné*"). Im Gesetzgebungsverfahren bevorzugte auch das Europäische Parlament eine flexible Kodifikation nach dem Prinzip der engsten Verbindung[63]. Der Parlamentsentwurf nannte nach US-amerikanischem Vorbild[64] eine Reihe von weiteren Gesichtspunkten, die abschließend eine offensichtlich engere Verbindung begründen. Dazu zählten nicht nur der gemeinsame gewöhnliche Aufenthaltsort und ein bereits zwischen den Parteien bestehendes Verhältnis, sondern auch teils vage[65] oder sachrechtspolitische[66] Kriterien wie „das Erfordernis der Sicherheit, Vorhersehbarkeit und Einheitlichkeit des Ergebnisses", „der Schutz legitimer Erwartungen" und „die dem anzuwendenden ausländischen Recht zugrunde liegende Politik und die Konsequenzen der Anwendung dieses Rechts"[67]. Insbesondere Fälle des unlauteren Wettbewerbs sollten darunter fallen.

Die Entscheidung zwischen beiden Konzepten wirkt sich vor allem darauf aus, wie flexibel die Anwendung im Einzelfall sein kann (a) und inwieweit neben den reinen internationalprivatrechtlichen Interessen andere Schutzanliegen berücksichtigt werden können (b).

a) Flexibilität der Anknüpfungsregeln

Beide Konzepte stehen exemplarisch für das unterschiedliche Maß der notwendigen Flexibilität bei der Anknüpfung im Spannungsverhältnis zwischen Rechtssicherheit und Einzelfallgerechtigkeit[68]. Das traditionelle System fester Kollisionsregeln

---

62 EU-Wirtschaftsrecht-*Kreuzer/Wagner, Rolf*, R. Rn. 52.

63 Bericht des Parlaments, PE 349.977v03-00, A6-0211/2005, S. 41; insbesondere auch Erwägungsgrund 8 im Standpunkt des Europäischen Parlaments, ABl. 157E/371 v. 6.7.2006, S. 372: „Das Bedürfnis nach Rechtssicherheit muss allerdings stets dem übergeordneten Bedürfnis, in jedem einzelnen Fall eine gerechte Entscheidung zu treffen, untergeordnet werden, weswegen den Gerichten ein Ermessensspielraum einzuräumen ist."

64 *Von Hein*, in: FS Kropholler, S. 560 f.

65 *Posch*, YPIL 6 (2004), 129, 147.

66 *Von Hein*, VersR 2007, 440, 441; kritisch auch *Wagner, G.*, IPRax 2006, 372, 373.

67 Art. 4 Abs. 3 lit. a) bis e).

68 *Von Hein*, in: FS Kropholler, S. 555 („Schlüsselfrage des europäischen Kollisionsrechts"); *Symeonides*, AJCL 2008, 173, 179 („perennial tension"); siehe auch *Hamburg Group for Private International Law*, RabelsZ 67 (2003), 1, 13.

konkretisiert die Anknüpfungsmerkmale für eine Reihe von Anknüpfungsgegenständen; dagegen überlässt das moderne Konzept die Präzisierung der engsten Verbindung weitgehend dem Rechtsanwender im Einzelfall.

Eine Entscheidung zwischen beiden Methoden kann nur nach Abwägung ihrer jeweiligen Vor- und Nachteile getroffen werden. Für ein offenes Anknüpfungskonzept spricht zunächst eine Reihe guter Gründe. Vor allem ermöglicht es ein hohes Maß an Gerechtigkeit auch im Einzelfall. Deswegen feierten Teile der Literatur insbesondere den Vorschlag der GEDIP als ein Meisterstück europäischer Kollisionsrechtsschöpfung[69]. Der Vorschlag sei „elegant, durchdacht und flexibel“[70] und balanciere insbesondere das Verhältnis zwischen Anpassungsfähigkeit und Rechtssicherheit beinahe perfekt aus[71]. Starre Anknüpfungszwänge können demgegenüber im Einzelfall zu unpassenden Ergebnissen führen. Teilweise werden darin Hemmnisse für den Binnenmarkt gesehen, die dem grenzüberschreitenden Handel sogar mehr schadeten als eine angeblich hinzunehmende Rechtsunsicherheit[72]. Daneben bieten flexible Anknüpfungsmöglichkeiten auch andere Vorteile. Sie verringern die Möglichkeit zur Manipulation der für die Anknüpfungsmerkmale relevanten faktischen Gegebenheiten und können den Opferschutz stärken, der gerade bei Aufgabe des Ubiquitätsprinzips geschwächt wird[73]. In der Praxis können flexible Anknüpfungsmöglichkeiten sogar zu mehr Rechtssicherheit führen als starre Regelungen[74]. Denn durch die von vornherein bestehende Flexibilität wird verhindert, dass Gerichte im Einzelfall rechtsschöpfend tätig werden, um unerträgliche Ergebnisse zu vermeiden, die bei sturer Befolgung der starren Regel auftreten können[75].

Das System einer festen Grundanknüpfung, der im Interesse sachgerechter Ergebnisse für spezielle Deliktstypen spezielle Anknüpfungen zur Seite gestellt werden, führt zudem nicht automatisch zu mehr Rechtssicherheit. Denn dabei muss geklärt werden, welche Delikte unter die Sonderanknüpfungen fallen und wie die einzelnen Sonderanknüpfungen voneinander abzugrenzen sind[76]. Das gilt erst recht bei einer Verordnung, die autonom auszulegen ist, bei der aufgrund ihrer Neuheit jedoch auf wenig Erkenntnisse zurückgegriffen werden kann, die insoweit

---

69 *Symeonides*, in: FS Jayme, S. 936 („as close to perfection as humanly possible“).

70 *Symeonides*, AJCL 2008, 173, 177 („[E]legant, sophisticated, and flexible“).

71 *Symeonides*, AJCL 2008, 173, 180.

72 *Dickinson*, EBLR 13 (2002), 369, 372.

73 *Benecke*, RIW 2003, 830, 837.

74 *Benecke*, RIW 2003, 830, 837; *Dickinson*, EBLR 13 (2002), 369, 372; *Hartley*, ICLQ 57 (2008), 899, 908 verweist zudem auf die notwendige Komplexität einiger fester Regeln, die zu Unsicherheit führten.

75 *Symeonides*, AJCL 2008, 173, 180 verweist insoweit auf die negativen Erfahrungen mit dem US-amerikanischen Kollisionssystem („no system can ‚mecanize judgment‘ “); *Kropholler*, IPR, § 4 II 2. c) warnt vor „Tricks“ wie der unredlichen Qualifikation oder einem vorschnellen Rückzug auf den *ordre public*.

76 *Benecke*, RIW 2003, 830, 834; *Baratta*, YPIL 6 (2004), 155, 156.

Sicherheit und Orientierung bieten könnten. Insbesondere mit Blick auf den Begriff des unlauteren Wettbewerbsverhaltens erscheint fraglich, ob der Anknüpfungsgegenstand mit der notwendigen Sicherheit definiert werden kann[77]. Eine offene und flexible Regelung würde zumindest das Qualifikationsproblem entschärfen.

Bei der Anwendung von offenen Vermutungsregeln ändert sich dagegen an der Beurteilung der eigentlichen Abgrenzungsprobleme nichts[78]. Eine flexible Regelung löst das Qualifikationsproblem nicht, sondern verlagert es lediglich auf den Rechtsanwender. Denn selbst wenn auf ausdrücklich ausformulierte Sonderregeln verzichtet wird, müssten die sachgerechten Sonderanknüpfungen für Sonderdelikte eben im Rahmen der offenen Ausweichklausel gegen die allgemeine Erfolgsortanknüpfung durchgesetzt werden[79]. Insbesondere weisen die speziellen Fälle der Lauterkeitsdelikte kollisionsrechtlich Besonderheiten auf, die bei der Anknüpfung zu würdigen sind. Diese Abgrenzungsarbeit kann der Gesetzgeber selbst vornehmen, indem er die Sonderregeln für spezielle Deliktstypen von vornherein ausformuliert[80]. Die Schematisierung ist kein besonderes Problem des Kollisionsrechts; es stellt sich in der gesamten Rechtsordnung[81]. Auch methodisch ist es nicht einsichtig, warum eine Ausweichklausel, die ihrer Natur nach gerade für besondere Ausnahmefälle konzipiert ist, im Gegensatz dazu eine ganze Reihe von speziellen, aber dennoch standardisierbaren Deliktstypen fassen soll[82].

Im Ergebnis hat man sich daher zu Recht nicht an den offenen angloamerikanischen Ansätzen orientiert[83]. Dort führte der Ansatz selbst bei der gemeinsamen Grundlage des Common Law zu einem kollisionsrechtlichen Chaos[84]. Bereits die Kommission erkannte, dass die in Europa angestrebte Rechtssicherheit

---

77 Vergl. die Kritik in den Stellungnahmen zum Vorentwurf der Kommission von *ABN AMRO*, Consultation, S. 1; *British Bankers' Association*, Consultation, S. 2; *Dickinson*, EBLR 13 (2002), 369, 376.

78 *Wagner, G.*, IPRax 2006, 372, 381.

79 Gleichermaßen wurde der Verzicht auf Sonderanknüpfungen für spezielle Deliktstypen im ersten Vorentwurf der Sachverständigengruppe von 1972 kritisiert. Mangels Sonderanknüpfungen stellen sich zwar keine Qualifikationsprobleme. Dennoch müssen die Anknüpfungsbesonderheiten und -probleme der speziellen Deliktstypen vom Rechtsanwender gelöst werden; vergl. *Von Overbeck/Volken*, RabelsZ 38 (1974), 56, 65; *Nadelmann*, AJCL 1976, 1, 13.

80 Diese Aufgabe der Rechtsprechung zu überlassen, hält *Leible*, in: Gemeinschaftsrecht und IPR, S. 42 für „nachgerade naiv"; *Buchner*, GRUR Int. 2005, 1004, 1009 spricht hinsichtlich der lauterkeitsrechtlichen Grundanknüpfung von einer begrüßenswerten „normativen Klarstellung".

81 MüKo BGB X-*Sonnenberger*, Einl. IPR Rn. 32.

82 *Wagner, G.*, IPRax 2006, 372, 381.

83 Dagegen spricht *Weller*, IPRax 2011, 429, 435 f. von einer Annäherung des Europäischen Kollisionsrechts an US-amerikanische Theorien.

84 *Kropholler*, ZfRV 1975, 256; ausführlich *von Hein/Kropholler*, in: Law and Justice, S. 317 ff.; kritisch auch *von Bar/Mankowski*, IPR Band I, § 6 Rn. 91.

damit nicht erreicht worden wäre[85]. In rechtskultureller Hinsicht stehen sich die Mitgliedstaaten noch wesentlich ferner als die Gliedstaaten der USA[86]. Das vorrangige Ziel der Rom II-VO besteht jedoch gerade darin, das Funktionieren des Binnenmarktes durch mehr Rechtssicherheit zu verbessern. Rechtssicherheit wird mit einer Verordnung, die in vielen unterschiedlichen Rechtsordnungen angewendet wird, jedoch nur dann geschaffen, wenn bereits der Gesetzgeber möglichst detaillierte Regelungen aufstellt und die notwendige Konkretisierung im Einzelfall nicht dem unterschiedlich geprägten Rechtsanwender überlässt. Auch der EuGH hätte wegen der Restriktion des Vorlageverfahrens gemäß Art. 68 Abs. 1 EGV[87] sowie allgemein der Langwierigkeit von Vorabentscheidungsverfahren allenfalls in ferner Zukunft für Klärung sorgen können[88]. Insoweit muss es begrüßt werden, wenn sich letztendlich das System der festen Grundanknüpfungen durchgesetzt hat[89]. Das wird sogar von den Anhängern des offenen Anknüpfungskonzepts eingeräumt[90]. Auch das Parlament akzeptierte schließlich im Vermittlungsverfahren eine feste Grundanknüpfung mit Ausnahme- und Ausweichmöglichkeit[91] in dem

---

85 Geänderter Vorschlag der Kommission, KOM(2006) 83 endg., S. 4 f.

86 *Von Hein*, VersR 2007, 440, 441.

87 *Wagner, R.*, IPRax 2007, 290, 292. Das Argument spielte zumindest damals beim Erlass der Verordnung eine Rolle, als das Vorabentscheidungsverfahren tatsächlich noch beschränkt war; die Beschränkungen waren jedoch bereits früh zahlreicher Kritik ausgesetzt, vergl. *Basedow*, CMLRev. 37 (2000), 687, 695; *Basedow*, in: Systemwechsel, S. 27 f.; *Israël*, Maastricht Journal 2000, 81, 86 f.; *Müller-Graff/Kainer*, DRiZ 2000, 350, 352; *Kohler, C.*, ZEuS 2001, 575, 579; *Leible/Staudinger, A.*, EuLF [D] 2001, 225, 226 f.; *Pache/Knauf*, NVwZ 2004, 16, 18 („mit den Grundsätzen europäischen Rechtsschutzes und europäischer Rechtsstaatlichkeit unvereinbar"); *Jayme/Kohler, C.*, IPRax 2006, 537, 550; Mitteilung der Kommission v. 28.6.2006, KOM(2006) 346 endg.; sie wurden letztendlich mit Aufhebung des Art. 68 durch Art. 2 Ziffer 67) S. 1 Vertrag von Lissabon zur Änderung des Vertrags über die Europäische Union und des Vertrags zur Gründung der Europäischen Gemeinschaft, ABl. C 306/1 v. 17.12.2007 gestrichen.

88 *Leible*, in: Gemeinschaftsrecht und IPR, S. 40; *Jayme/Kohler, C.*, IPRax 2007, 493, 502 konstatieren darüber hinaus, dass die Bereitschaft der nationalen Gerichte zur Einholung von Vorabentscheidungen zu verkümmern scheint; und trotz der Ausweitung der Vorlagebefugnis durch die Streichung des Art. 68 EGV durch den Vertrag von Lissabon hält sich die Anzahl der kollisionsrechtlichen Vorlagen an den EuGH in Grenzen, *Mansel/Thorn u. a.*, IPRax 2011, 1, 2; für eine statistische Analyse zur Nutzung des Vorabentscheidungsverfahrens siehe *Rösler*, EuR 2012, 392 ff.

89 Im Ergebnis auch *Kohler, C.*, IPRax 2003, 401, 410; MüKo UWG-*Mankowski*, IntWettbR Rn. 24; *Wagner, G.*, IPRax 2006, 372, 386; *von Hein*, VersR 2007, 440, 441; *Leible*, in: Gemeinschaftsrecht und IPR, S. 40; *Kramer*, NIPR 2008, 414, 424; *Sonnenberger*, in: FS Kropholler, S. 236; zweifelnd *Posch*, YPIL 6 (2004), 129, 147.

90 *Symeonides*, in: FS Jayme, S. 937.

91 Die Notwendigkeit, den Gerichten im Interesse der Einzelfallgerechtigkeit einen Ermessensspielraum einzuräumen, sollte lediglich noch in einem Erwägungsgrund festgeschrieben werden, Legislative Entschließung des Parlaments, P6_TA(2007)0006, A6-0481/2006, ABl. C 244E/194 v. 18.10.2007, Erwägungsgrund 14.

Wortlaut, wie er sich letztendlich in Art. 4 Rom II-VO niedergeschlagen hat[92]. Im Rahmen der allgemeinen Ausweichklausel bleibt in begrenzten Ausnahmefällen[93] genügend Spielraum, um von der Grundanknüpfung abzuweichen[94]. Damit kann dem Bedürfnis nach einer angemessenen Einzelfallbehandlung Rechnung getragen werden, ohne das Ziel der Verordnung zu konterkarieren, der Praxis im Interesse der Rechtssicherheit präzise Rechtsanwendungsregeln zu überlassen[95].

b) Internationalprivatrechtliche Interessen und besondere Schutzanliegen

Die Offenheit der Anknüpfung betrifft nicht nur das Verhältnis von Flexibilität und Einzelfallgerechtigkeit, sondern daneben auch die Frage, inwieweit neben den reinen internationalprivatrechtlichen Interessen auch andere Erwägungen bei der Anknüpfung eine Rolle spielen dürfen[96]. Gerade die sehr offenen Vermutungsregeln („Ermessensleitlinien“[97], bloße „Approaches“[98]) zur Konkretisierung der „engsten Verbindung“, zu denen nach den Vorstellungen des Parlaments auch äußerst abstrakte Gesichtspunkte gehören sollten, würden es dem Rechtsanwender ermöglichen, in die argumentative Abwägung für oder gegen die Anwendung einer bestimmten Rechtsordnung neben die reinen kollisionsrechtlichen Interessen auch solche materiellrechtlicher Art zu stellen und damit nicht nur die räumlich, sondern auch die sachlich „beste“ Norm zu wählen[99].

Der Gesetzgeber hat sich jedoch bewusst gegen den „better-law“ approach entschieden: weder die Politik, die dem anzuwendenden nationalen Recht zugrunde liegt, noch die Konsequenzen seiner Anwendung sollen kollisionsrechtlich von Relevanz sein[100]. Wurde eine entsprechende Regelung vom Parlament noch

---

92 *Von Hein*, in: FS Kropholler, S. 563.

93 Art. 4 Abs. 3 Rom II-VO wird durch die Tatbestandsmerkmale „Gesamtheit“ der Umstände und „offensichtlich“ engere Verbindung eingeschränkt; allgemein wird von einer restriktiven Auslegung der Ausweichklausel ausgegangen, Vorschlag der Kommission, KOM(2003) 427 endg., S. 13; *Benecke*, RIW 2003, 830, 834; *Huber/Bach*, IPRax 2005, 73, 76; *Kozyris*, AJCL 56 (2008), 471, 481 („extraordinarily exceptional“); MüKo BGB X-*Junker*, Rom–II Vorb. Art. 1 Rn. 41.

94 *Weintraub*, Texas Int LJournal 43 (2008), 401, 405 sieht selbst in diesem begrenzten Ermessensspielraum eine ernstzunehmende Gefahr für die Rechtssicherheit.

95 *Wagner, R.*, in: FS Kropholler, S. 729.

96 *Weintraub*, TILJ 43 (2008), 401, 405; dazu umfassend *von Hein*, in: FS Kropholler, S. 564 ff., der insbesondere die Dépeçage sowie die Berücksichtigung von materiellrechtlichen, personalen, subjektiven und ökonomischen Kriterien diskutiert.

97 *Wagner, G.*, IPRax 2006, 372, 378; ebenso *Posch*, YPIL 6 (2004), 129, 146 f. („Such presumtions entrust great discretionary power to judges“).

98 *Von Hein*, VersR 2007, 440, 441.

99 *Von Hein*, VersR 2007, 440, 441.

100 *von Hein*, in: FS Kropholler, S. 565; gegen den „better-law“ approach im Rahmen der Rom II-VO mit sachlichen Argumenten *Kozyris*, Am. J. Comp. L. 56 (2008), 471, 474 ff.

ausdrücklich vorgeschlagen[101], ist sie von Kommission[102] und Rat[103] abgelehnt worden, was vom Parlament letztendlich akzeptiert wurde[104].

Damit entspricht die Rom II-VO dem klassischen Verständnis vom Kollisionsrecht und ruht insoweit auf einer den Mitgliedstaaten gemeinsamen europäischen Tradition[105], wie sie von *Savigny* begründet worden war[106]. Insbesondere wird deutlich, dass die „ratio legis principalis"[107] des Anknüpfungssystems weiterhin im Prinzip der engsten Verbindung liegt, welches auch die Spezialanknüpfungen als typisierte engste Verbindungen repräsentieren[108]. Dem anwendbaren Sachrecht gegenüber verhält sich die Anknüpfung neutral. Bis auf wenige Ausnahmevorschriften[109] soll nicht auf das materiell-inhaltlich beste, sondern auf das in räumlich-funktionaler Hinsicht angemessenste Recht abgezielt werden[110]. In diesem Bestreben folgt die Rom II-VO auch der Leitidee vom internationalen Entscheidungseinklang[111].

---

101 Standpunkt des Europäischen Parlaments, ABl. 157E/371 v. 6.7.2005, Art. 4 Abs. 3 lit. e).

102 Geänderter Vorschlag der Kommission, KOM(2006) 83 endg., S. 5.

103 Gemeinsamer Standpunkt, ABl. C 289E/68 v. 28.11.2006, Art. 4 Abs. 3.

104 Legislative Entschließung des Parlaments, P6_TA(2007)0006, A6-0481/2006, ABl. C 244E/194 v. 18.10.2007.

105 *Posch*, YPIL 6 (2004), 129, 144 („based on a common European tradition in this field and thus appear to be well-founded"); *von Hein*, VersR 2007, 440, 441; *Jayme/Kohler, C.*, IPRax 2007, 493, 497; *Kramer*, NIPR 2008, 414, 420 („The Savignian paradigm thus prevailed."); *Kozyris*, AJCL 56 (2008), 471, 479 f.; *Sonnenberger*, in: FS Kropholler, S. 236; Rauscher-*Unberath/Cziupka*, Einl. Rom II–VO Rn. 34.

106 A. A. *Weller*, IPRax 2011, 429, 433 ff., der von den klassischen Anknüpfungsprinzipien zu unterscheidende Anknüpfungsprinzipien des Unionsrechts verwirklicht sieht; zweifelnd auch *Schaub*, JZ 2005, 328, 335 f., wenngleich sie doch im Savigny'schen Ansatz den „methodischer Ausgangspunkt des europäischen Kollisionsrechts" erblickt.

107 *Kreuzer*, RabelsZ 65 (2001), 386, 433.

108 *Von Hein*, ZVglRWiss 102 (2003), 528, 547; *Kramer*, NIPR 2008, 414, 419 insbesondere hinsichtlich Art. 4 Abs. 2 Rom II-VO; *Schaub*, JZ 2005, 328, 332; *Leible*, in: Gemeinschaftsrecht und IPR („an erster Stelle… bei der Ausgestaltung der Rom II-VO merklich hervortritt"); MüKo BGB X-*Junker*, Rom–II Vorb. Art. 1 Rn. 38; a. A. *Weller*, IPRax 2011, 429, 434 insbesondere zur Rom I-VO.

109 Insbesondere Art. 7: *Symeonides*, in: FS Jayme, S. 938; *von Hein*, in: FS Kropholler, S. 564.

110 *Leible/Engel*, EuZW 2004, 7, 11; *Stone*, EuLF [D] 2004, 213, 217; *Stone*, EU PIL, S. 338 f.; *Symeonides*, in: FS Jayme, S. 937 f.; *Symeonides*, YPIL 9 (2007), 149, 150 („jurisdiction-selecting"); *Baetzgen*, Binnenmarkt, S. 18; *von Hein*, in: FS Kropholler, S. 564 f.; *von Hein*, ZEuP 2009, 6, 9; *Sonnenberger*, in: FS Kropholler, S. 236; ausführlich zur Integration der Ausweichklausel in das klassische Kollisionsrechtsverständnis *Hirse*, Ausweichklausel, passim.

111 *Von Hein*, ZEuP 2009, 6, 9.

2. *Berücksichtigung des Herkunftslandprinzips*

Mit dem sogenannten Herkunftslandprinzip[112] wurde in unterschiedlicher Ausgestaltung mehrfach versucht, innerhalb der Union den grenzüberschreitenden Handel zu fördern und damit den Binnenmarkt weiterzuentwickeln. Ausgangspunkt war immer die Zielsetzung der Warenverkehrs- und Dienstleistungsfreiheit: Gemäß der Rechtsprechung des EuGH[113] sollen die in einem Mitgliedstaat rechtmäßig hergestellten und in Verkehr gebrachten Produkte in alle anderen Mitgliedstaaten eingeführt werden können, auch wenn dadurch Vorschriften im Bestimmungsland verletzt werden[114]. Dementsprechend wurde versucht, binnenmarkthemmende Vorschriften des Bestimmungslandes (nicht nur öffentlich-rechtlicher, sondern auch privatrechtlicher Natur) durch die Regelungen des Herkunftslandes zu überlagern. Dabei wurde das Herkunftslandprinzip teilweise direkt aus den Produktfreiheiten abgeleitet, überwiegend jedoch lediglich in bestimmten Sekundärrechtsakten gesehen. Umstritten ist vor allem die genaue Wirkungsweise der unter dem Stichwort „Herkunftslandprinzip" diskutierten Instrumente. Der gewünschte „Überlagerungseffekt" wird in Abstufungen als vollständige kollisionsrechtliche Verdrängung des Bestimmungslandrechts bis hin zu lediglich dessen sachrechtlicher Anpassung an das Herkunftslandrecht im Einzelfall interpretiert. Nach der Darstellung der Sekundärrechtsakte, die bereits vor der Rom II-VO das Herkunftslandprinzip etablierten (a), werden die Vorschläge beschrieben, die im Rahmen der Rom II-VO zum Umgang mit dem Herkunftslandprinzip gemacht worden sind (b). Das Verhältnis des Herkunftslandprinzips zur Marktortanknüpfung wird weiter unten bei der Untersuchung der Binnenmarktfunktionalität der Rom II-VO untersucht[115].

a) *Herkunftslandprinzip außerhalb der Rom II-VO*

Im Sekundärrecht wurde das Herkunftslandprinzip in einzelnen zivilrechtlichen Bereichen jeweils unterschiedlich ausgeformt[116]. Im Detail unterscheiden sich

---

112 Das Herkunftslandprinzip wird teilweise als „Ursprungslandprinzip" oder auch „Sitzlandprinzip" bezeichnet, zur Terminologie siehe *Sack*, WRP 1994, 281, 288.

113 Insbesondere EuGH v. 20.2.1979, Rs. C-120/78 („Cassis de Dijon"), Slg. 1979, 649.

114 Zur Herkunft des Herkunftslandprinzips siehe *Roth, W.-H.*, RabelsZ 55 (1991), 623, 664 f.; *Leible*, in: Neue Entwicklungen, S. 72 f.; *Brömmelmeyer*, GRUR 2007, 295, 300; *Baetzgen*, Binnenmarkt, S. 109 ff.

115 Siehe unten S. 98 (Wie: Binnenmarktangemessenheit der Marktortanknüpfung).

116 Insbesondere das „Sendelandprinzip" der Richtlinie 2010/13/EU über audiovisuelle Mediendienste; ebenso das Herkunftslandprinzip der Richtlinie 2000/31/EG über den elektronischen Geschäftsverkehr; in abgeschwächter Form auch in der Richtlinie 2005/29/EG über unlautere Geschäftspraktiken; Richtlinie 2001/37/EG über die Herstellung, die Aufmachung und den Verkauf von Tabakerzeugnissen; Richtlinie 2006/123/EG über Dienstleistungen im Binnenmarkt; Überblick über die Entwicklung bei *Glöckner*, WRP 2005, 795, 796 f.

die Ausformungen vor allem in ihrem jeweiligen Anwendungsbereich, der auf jeweils unterschiedliche Produkte beziehungsweise Medien sowie Rechtsgebiete beschränkt ist. Am weitesten geht insoweit das Herkunftslandprinzip der Richtlinie 2000/31/EG über den elektronischen Geschäftsverkehr[117]. Es erfasst im Grundsatz jede zivil-, öffentlich- und strafrechtliche Regelung[118], die die Online-Tätigkeit berührt[119]. Damit wirkt es sich insbesondere auf das Gebiet des Lauterkeitsrechts aus[120]. Gemeinsam ist den sekundärrechtlichen Ausformungen des Herkunftslandprinzips[121] dagegen im Wesentlichen der Regelungsgehalt[122]. Aus Perspektive der Mitgliedstaaten sind zwei Regeln typisch: Erstens kontrolliert jeder Mitgliedstaat die bei ihm niedergelassenen Anbieter selbst anhand seines eigenen Sachrechts. Zweitens darf er Anbieter aus anderen Mitgliedstaaten nicht in der ihnen jeweils garantierten Verkehrsfreiheit beschränken, weswegen Importverbote unzulässig sind. Aus Sicht der Anbieter ist damit sichergestellt, dass ihre Tätigkeit im Anwendungsbereich des Herkunftslandprinzips ausschließlich dem Recht des Herkunftslands unterliegt.

Da der Regelungsgehalt darin liegt, einen Sachverhalt nach räumlichen Kriterien einer bestimmten Rechtsordnung zuzuordnen, scheint auf den ersten Blick eine Regel des Kollisionsrechts vorzuliegen[123]. Dennoch ist es insbesondere hinsichtlich der Richtlinie 2000/31/EG über den elektronischen Geschäftsverkehr höchst umstritten, ob und wie der Verweis auf die Rechtsordnung des Herkunftslandes kollisions- oder sachrechtlich gestaltet ist[124]. Entsprechend unterschiedlich wurde

---

117 Im deutschen Recht wurde das Herkunftslandprinzip der Richtlinie umgesetzt in § 3 Abs. 2 TMG.

118 Insbesondere beschränkt sie sich nicht auf den Bereich des öffentlichen Rechts, sondern erfasst auch das Gebiet des Privatrechts, was hinsichtlich des Herkunftslandprinzips einen Konflikt mit dem internationalen Privatrecht erst ermöglicht, *Hellner*, EurRevPL 2004, 193, 199 ff.

119 *Hoeren*, MMR 1999, 192, 194 f.; *Thünken*, IPRax 2001, 15, 17; *Spindler*, RabelsZ 66 (2002), 633, 639, 645 ff.; zum Anwendungsbereich siehe auch *Spickhoff*, in: Bedeutung des IPR, S. 109 ff.; umfassend auch *Hörnle*, IJLIT 12 (2004), 333, 335 ff.

120 *Hoeren*, MMR 1999, 192, 194 f.; *Mankowski*, ZVglRWiss 100 (2001), 137, 153; *Grundmann*, RabelsZ 67 (2003), 246, 271 f.; jurisPK-BGB-*Wurmnest*, Art. 6 Rn. 10; zum insoweit relevanten Rechtsbegriff der „kommerziellen Kommunikation" siehe *Bodewig*, GRUR Int. 2000, 475, 476 f.

121 Richtlinie 2000/31/EG über den elektronischen Geschäftsverkehr; Richtlinie 2010/13/EU über audiovisuelle Mediendienste.

122 *Ohly*, WRP 2006, 1401, 1403.

123 *Leible*, in: Neue Entwicklungen, S. 78.

124 „[E]ine der dunkelsten Stellen" der Richtlinie, *Hoeren*, MMR 1999, 192, 195; „Chameleon-like", *Dickinson*, Rome II, Rn. 16.04; umfassend wird der Streitstand dargestellt bei *Spindler*, RabelsZ 66 (2002), 633, 644 ff.; MüKo UWG-*Mankowski*, IntWettbR Rn. 48 ff.; Staudinger IntWirtschR (2010)-*Fezer/Koos*, Rn. 579 ff.; MüKo BGB XI-*Drexl*, IntUnlWettbR Rn. 53 ff.

er in den nationalen Rechtsordnungen umgesetzt[125]. Während die eine Ansicht im Herkunftslandprinzip des Art. 3 Richtlinie 2000/31/EG in unterschiedlichen Schattierungen[126] eine Kollisionsnorm erblickt[127], wirkt es nach der Gegenansicht lediglich auf der Ebene des Sachrechts, indem es das kollisionsrechtlich anwendbare Recht des Bestimmungslandes immer dann beschränkt, wenn es strenger als das Recht des Herkunftslandes ist[128]. Nach einem Vorabentscheidungsersuchen durch den BGH[129] hat der EuGH nunmehr die kollisionsrechtliche Interpretation des Herkunftslandprinzips zurückgewiesen[130]. Art. 3 Richtlinie 2000/31/EG untersage es den Mitgliedstaaten lediglich, den freien Verkehr von Diensten der Informationsgesellschaft einzuschränken und verlange keine Umsetzungen in Form einer speziellen Kollisionsregel.

b) Herkunftslandprinzip in der Rom II-VO

Über die Berücksichtigung des Herkunftslandprinzips im Rahmen der Rom II-VO gingen die Wünsche auseinander. Insbesondere die Vertreter der Wirtschaft

---

125 *Jayme/Kohler, C.*, IPRax 2002, 461, 463 berichten, dass das Herkunftslandprinzip in Dänemark und den Niederlanden kollisionsrechtsneutral umgesetzt sei; anders dagegen Frankreich, Österreich und Luxemburg, wo die Umsetzung laut *Mankowski*, IPRax 2002, 257, 262 eindeutig kollisionsrechtlich erfolgte.

126 Vertreten wird die Ausgestaltung des kollisionsrechtlichen Herkunftslandprinzips als Gesamt- oder Sachnormverweisung oder als Günstigkeitsprinzip.

127 *Mankowski*, ZVglRWiss 100 (2001), 137 ff.; *Mankowski*, IPRax 2002, 257 ff.; MüKo UWG-*Mankowski*, IntWettbR Rn. 48 ff.; *Thünken*, IPRax 2001, 15, 20; *Leible*, in: Neue Entwicklungen, S. 80 ff.; *Grundmann*, RabelsZ 67 (2003), 246, 266 ff.; *Spickhoff*, in: Bedeutung des IPR, S. 120; *Kegel/Schurig*, IPR, S. 682; *Leible/Engel*, EuZW 2004, 7, 17; *Glöckner*, WRP 2005, 795, 801 (allerdings nur bei „Exportsachverhalten"); *Schaub*, JZ 2005, 328, 331; *Deinert*, EWS 2006, 445, 448 (für das Herkunftslandprinzip der Dienstleistungsrichtlinie); *Michaels*, in: FS Kropholler, S. 163 (als Neuauflage der Theorie wohlerworbener Rechte); vorsichtiger vertritt *Spindler*, RabelsZ 66 (2002), 633, 665 eine hybride Auffassung und spricht von einer Beeinflussung und Überlagerung des Kollisionsrechts, die „ähnlich wie ein kollisionsrechtliches Prinzip" wirke.

128 *Bodewig*, GRUR Int. 2000, 475, 479 f. („mehrstufige Prüfung"); *Fezer/Koos*, IPRax 2000, 349, 352 f.; Staudinger IntWirtschR (2010)-*Fezer/Koos*, Rn. 555 ff.; *Glöckner*, ZVglRWiss 99 (2000), 278, 305 f.; Harte/Henning-*Glöckner*, Einl. C Rn. 32 ff.; *Piekenbrock*, GRUR Int. 2005, 997, 1003; *Koos*, WRP 2006, 499, 503; *Dickinson*, Rome II, Rn. 16.10; *Sack*, WRP 2008, 845, 855 ff.; MüKo BGB XI-*Drexl*, IntUnlWettbR Rn. 62 ff.; vorsichtiger *Ohly*, GRUR Int. 2001, 899, 902 (sachrechtliche Wirkung mit „kollisionsrechtlichem Mindestgehalt").

129 Vorabentscheidungsersuchen des BGH (Beschluss v. 10.11.2009, VI ZR 217/08, GRUR 2010, 261 ff.) an den EuGH v. 1.6.2010, Rs. C-509/09 (eDate Advertising), ABl. C 134/14 v. 22.5.2010.

130 EuGH v. 25.10.2011, verb. Rs. C-509/09 und C-161/10 (eDate Advertising und Martinez), Rn. 68, noch nicht in Slg.; dem folgend LG Karlsruhe v. 16.12.2011, 14 O 27/ 11 KfH III, Rn. 54.

richteten bereits früh Bedenken gegen die allgemeine Anknüpfung an den Erfolgsort[131] und sprachen sich stattdessen für die Hinwendung der Rom II-VO zu einem kollisionsrechtlichen Herkunftslandprinzip aus[132]. Innerhalb der Kommission war es zwischen den Generaldirektionen heftig umstritten, wie und ob die Verordnung das Herkunftslandprinzip berücksichtigen solle[133]. In der Literatur wurde die Grundanknüpfung an den Erfolgsort allgemein begrüßt[134] und nahezu[135] einhellig

131 *BDI*, Stellungnahme, S. 3; *British Bankers' Association*, Consultation, S. 2; *BITKOM*, Stellungnahme, S. 1 f.; *AMAZON*, Consultation, S. 3 f.; wenn auch zumindest grundsätzlich begrüßend *Deutscher Industrie- und Handelskammertag*, Stellungnahme, S. 1 f.

132 *ABN AMRO*, Consultation, S. 2; *BDI*, Stellungnahme, S. 7; *BITKOM*, Stellungnahme, S. 3; *Bundesverband deutscher Banken*, Preliminary Draft Proposal, S. 2; *International Federation of the Phonographic Industry*, Comments, S. 2 f.; außerdem auch für das internationale Vertrags- und Verbrauchervertragsrecht, siehe die Hinweise bei *Mankowski*, ZVglRWiss 100 (2001), 137, 142.

133 *Jayme/Kohler, C.*, IPRax 2000, 454, 465 („Die Aufgabenverteilung innerhalb der Kommission trägt nicht zu einer kohärenten Entwicklung bei."); *Kohler, C.*, ZEuS 2001, 575, 586; *Kohler, C.*, in: FS Jayme, S. 458 (GD Binnenmarkt als Verfechterin des Herkunftslandprinzips, während die GD Justiz und Inneres im Kollisionsrecht dem herkömmlichen Ansatz verfolge); *Siems*, GPR 2003, 66, 71; Streinz-*Leible*, Art. 65 EGV Rn. 16; *von Hein*, ZVglRWiss 102 (2003), 528, 561; *Basedow*, EuZW 2004, 423; *Mankowski*, IPRax 2004, 385, 390 („politischer Minimalkompromiss zwischen den Generaldirektionen Binnenmarkt einerseits und SanCo (Gesundheit und Verbraucherschutz) andererseits mit der Generaldirektion Justiz und Inneres als Schiedsrichter"); *Dickinson*, Rome II, Rn. 1.59 („debate as to the so-called ‚country-of-origin' principle would dominate discussions within the Commission, and would almost de-rail the entire process"). MüKo BGB X-*Junker*, Rom–II Vorb. Art. 1 Rn. 10; allgemein begrüßt *Sonnenberger*, RIW 2002, 489, 491 die Befassung mehrerer GD'en bei einem Vorhaben, um sowohl den Aspekt des Verbraucherschutzes als auch denjenigen des Wettbewerbs ausreichend berücksichtigen zu können.

134 *Von Hein*, ZVglRWiss 102 (2003), 528, 543; *Wagner, G.*, IPRax 2006, 372, 376 f. („das einzig sachgerechte Anknüpfungsmoment"); *Leible/Engel*, EuZW 2004, 7, 10 f. ausdrücklich sowohl bei Distanz- als auch bei Streudelikten; *Stone*, EuLF [D] 2004 („entspricht... der optimalen Lösung"); *Huber/Bach*, IPRax 2005, 73, 76; *Fricke*, VersR 2005, 726, 739 begrüßt die Stärkung des Schutzes des Geschädigten durch die Aufgabe des Handlungsortes; *Sonnentag*, ZVglRWiss 105 (2006), 256, 266 f.; *Hohloch*, YPIL 9 (2007), 1, 8; *Benecke*, RIW 2003, 830, 834 dagegen kritisiert die mit der Zurückweisung des Ubiquitätsprinzips verbundene Verringerung des Opferschutzes; *Fuchs*, GPR 2003, 100, 101 f. weist auf die damit bei Streudelikten verbundenen Schwierigkeiten hin; *Koziol/Thiede*, ZVglRWiss 106 (2007), 235, 236 kritisieren die Erfolgsortanknüpfung als „bedenklich"; *Symeonides*, in: FS Jayme, S. 953 f. kritisiert die Anknüpfung an den Handlungsort, soweit dort strengere Haftungsstandards herrschen.

135 Für die kollisionsrechtliche Anknüpfung an das Herkunftsland war soweit ersichtlich nur die *Hamburg Group for Private International Law*, RabelsZ 67 (2003), 1, 19 f.; *Institut für ausländisches und internationales Privat- und Wirtschaftsrecht der*

der Standpunkt vertreten, auf der kollisionsrechtlichen Ebene die traditionelle Anknüpfung an die engste Verbindung nicht durch ein rechtspolitisch fragwürdiges[136] und rechtsdogmatisch unklares Herkunftslandprinzip zu beeinflussen[137].

Alle konkreten Vorschläge für eine Rom II-VO gingen auf Ebene des Kollisionsrechts entsprechend dem Grundkonzept vordergründig von der traditionellen Bestimmung der engsten Verbindung und damit grundsätzlichen Geltung des Bestimmungslandprinzips aus und knüpften demgemäß zum Beispiel an den Erfolgsort oder den Marktort an. Die Bestimmungslandanknüpfung an den Marktort ist jedoch nicht nur das Gegenteil einer kollisionsrechtlichen Herkunftslandanknüpfung[138], sondern widerspricht zumindest faktisch auch einer sachrechtlichen Berücksichtigung des Herkunftslandrechts[139]. Damit entstand zwischen der traditionellen Ausgestaltung des Kollisionsrechts der Rom II-VO und dem binnenmarktfunktionalen Herkunftslandprinzip ein Spannungsverhältnis. Die Spannung wurde zwar gesehen, aber nicht zufriedenstellend aufgelöst. Versucht wurde die Klärung des Verhältnisses zwischen Kollisionsrecht und Herkunftslandprinzip, indem letzterem versteckt über eine Vorrangregelung ein Vorrang vor dem Kollisionsrecht zugestanden und insoweit eine gewisse Geltung verliehen wurde[140]. Zwar unterschieden sich die Vorschläge für eine Vorrangregelung in ihrem Wortlaut und ihrer systematischen Einbettung in die Rom II-VO. Sie glichen sich jedoch darin, dass die Art des Vorrangs und seine Wirkungsweise immer unklar blieben. Keine der Vorrangregelungen benannte das Herkunftslandprinzip als Kollisionsnorm, sondern beschränkte sich entsprechend der unklaren Rechtsnatur des Herkunftslandprinzips vorsichtig auf unbestimmte Umschreibungen[141].

Im Verlauf der Entwicklung der Rom II-VO wurde das Herkunftslandprinzip immer weiter zurückgedrängt. Den weitestgehenden Geltungsanspruch billigten

---

Universität Heidelberg, Stellungnahme, S. 11 (vor allem im Bereich des Wettbewerbsrechts).

136 *Bodewig*, GRUR Int. 2000, 475, 482 f.; *Basedow*, EuZW 2004, 423, 424; *Mankowski*, IPRax 2004, 385 ff.; vorsichtig auch *Spindler*, RabelsZ 66 (2002), 633, 704 ff.

137 *Leible/Engel*, EuZW 2004, 7, 17; *Stone*, EuLF [D] 2004, 213, 216; *Stone*, EU PIL, S. 336; *Buchner*, GRUR Int. 2005, 1004, 1010.

138 *Bernhard*, EuZW 1992, 437, 441; *Thünken*, IPRax 2001, 15, 17; *Mankowski*, ZVglRWiss 100 (2001), 137, 157 f.; *Mankowski*, IPRax 2004, 385, 395 („diametral entgegengesetzt"); *Spindler*, RabelsZ 66 (2002), 633, 693 f.; *Hellner*, EurRevPL 2004, 193, 194; *Deinert*, EWS 2006, 445, 447 u. 451 („in offensichtlichem Widerspruch").

139 *Buchner*, GRUR Int. 2005, 1004, 1010 („Etikettenschwindel"); Staudinger IntWirtschR (2010)-*Fezer/Koos*, Rn. 595.

140 *Mankowski*, IPRax 2004, 385, 390 („Es höhlt die Rom II-VO aus."); *Basedow*, EuZW 2004, 423 („mit unbestimmten Formulierungen"); *Buchner*, GRUR Int. 2005, 1004, 1010.

141 Erwägungsgrund 35 z. B. differenziert nunmehr zwischen „Kollisionsnormen" und „Bestimmungen, die zum reibungslosen Funktionieren des Binnenmarktes beitragen sollen".

dem Herkunftslandprinzip sowohl der Vorentwurf[142] als auch der Vorschlag der Kommission von 2003[143] zu. Die Vorschläge gingen zwar grundsätzlich vom traditionellen Bestimmungslandprinzip aus, bevorzugten aber zumindest für bestimmte Bereiche ein wohl kollisionsrechtlich zu verstehendes Herkunftslandprinzip. Danach sollten von der Verordnung unberührt bleiben: „Gemeinschaftsrechtsakte für besondere Bereiche, die in dem jeweils koordinierten Bereich die Erbringung von Dienstleistungen und die Lieferung von Waren *den nationalen Bestimmungen unterwerfen*, die im Hoheitsgebiet des Mitgliedstaats anwendbar sind, *in dem der Dienstleistende niedergelassen ist*, und die in dem koordinierten Bereich eine Beschränkung des freien Verkehrs von Dienstleistungen und Waren aus einem anderen Mitgliedstaat gegebenenfalls nur unter bestimmten Bedingungen erlauben."[144] Für weitere Einzelheiten und zur Erläuterung wurde auf die binnenmarktspezifischen Grundsätze der „gegenseitigen Anerkennung" und der „Herkunftslandkontrolle" verwiesen[145]. Dennoch wurde die Regelung zum Verhältnis zwischen den Kollisionsregeln der Rom II-VO und dem Herkunftslandprinzip als unklar kritisiert[146].

Auch das Parlament bevorzugte zunächst einen Vorrang des Herkunftslandprinzips vor dem Bestimmungslandprinzip. Es formulierte den Vorrang zwar breiter und beschränkte ihn nicht mehr auf Waren und Dienstleistungen, beanspruchte aber auch nicht mehr mit der vorangegangenen Klarheit, ihn auf der Ebene des Kollisionsrechts durchzusetzen[147]. Gemäß dem Entwurf von 2005 sollte die Verordnung Rechtsakte der Gemeinschaften nicht berühren, „die Vorschriften enthalten, durch die ein Beitrag zum reibungslosen Funktionieren des Binnenmarkts geleistet werden soll, soweit sie nicht zusammen mit dem Recht angewendet werden können, das sich nach den Bestimmungen des internationalen Privatrechts ergibt."[148] Ein zusätzlicher Erwägungsgrund begründete die Regelung damit, dass es „im Interesse der Kohärenz des Gemeinschaftsrechts geboten" sei, die „Grundprinzipien des Binnenmarkts" nicht zu berühren[149]. Bezogen wurde die Regelung vor allem auf die Richtlinien „Fernsehen ohne Grenzen" und „Elektronischer Geschäftsverkehr"[150].

142 Preliminary Draft Proposal v. 3.5.2002, Art. 23 Abs. 2.
143 Vorschlag der Kommission, KOM(2003) 427 endg., Art. 23 Abs. 2.
144 Vorschlag der Kommission, KOM(2003) 427 endg., Art. 23 Abs. 2 (Hervorhebungen durch den Verfasser).
145 Vorschlag der Kommission, KOM(2003) 427 endg., S. 31.
146 Stellungnahme des EWSA, ABl. EG C 241/1 v. 28.9.2004, S. 4; *von Hein*, ZVglRWiss 102 (2003), 528, 560 f.; *Leible/Engel*, EuZW 2004, 7, 17; *Stone*, EuLF [D] 2004, 213, 216.
147 Vgl. zu beiden Aspekten *Michaels*, JPIL 2006, 195, 200 f.
148 Standpunkt des Europäischen Parlaments, ABl. 157E/371 v. 6.7.2005, Art. 1 Abs. 3 lit. d).
149 Standpunkt des Europäischen Parlaments, ABl. 157E/371 v. 6.7.2005, Erwägungsgrund 6.
150 Bericht des Parlaments, PE 349.977v03-00, A6-0211/2005, S. 17.

Die Änderungen wurden von der Kommission in ihrem modifizierten Vorschlag vollständig übernommen[151].

Seit dem Gemeinsamen Standpunkt des Rates wurde die Regelung für den Umgang mit dem Herkunftslandprinzip jedoch in die Erwägungsgründe verdrängt[152]. Zwar stellte der Rat ausdrücklich fest, dass die von Parlament und Kommission vorgeschlagene Regelung zum Vorrang der Binnenmarktförderbestimmungen inhaltlich nicht zu beanstanden sei[153]. Dennoch strich er den entsprechenden Artikel und formulierte lediglich den Erwägungsgrund in die heutige Form des Erwägungsgrunds 35 (allerdings ohne Nennung der Richtlinie 2000/31/EG) um[154]. Das sei ausreichend, um die Vorstellungen von Parlament und Rat hinsichtlich des Vorrangs des Herkunftslandprinzips inhaltlich abzudecken[155]. Die Kommission sah dagegen in der Neuregelung durch den Rat einerseits eine erhebliche Abweichung vom ursprünglichen Vorschlag, der das Verhältnis zu den Binnenmarktförderbestimmungen anderer Gemeinschaftsrechtsakte sehr viel ausdrücklicherer bestimmt habe, hielt eine solch detaillierte Bestimmung aber auf der anderen Seite auch nicht länger für erforderlich[156]. Das Parlament zeigte sich standhafter und beharrte auch in seiner zweiten Lesung auf der ausführlichen Regelung insbesondere im eigentlichen Verordnungstext, da es von ausschlaggebender Bedeutung sei, dass die Verordnung nicht das reibungslose Funktionieren des Binnenmarkts beeinträchtige[157].

Der endgültige Verordnungstext normiert zumindest ausdrücklich keinen kollisionsrechtlichen Vorrang des Herkunftslandprinzips vor den Anknüpfungsregeln der Rom II-VO[158]. Stattdessen folgt die Verordnung dem klassischen Vorbild vom Kollisionsrecht nach *Savigny*. Art. 27 Rom II-VO schreibt lediglich allgemein den Vorrang von Vorschriften des Gemeinschaftsrechts fest, „die für besondere Gegenstände Kollisionsnormen für außervertragliche Schuldverhältnisse enthalten." Das

---

151 Geänderter Vorschlag der Kommission, KOM(2006) 83 endg., S. 2.

152 *Von Hein*, VersR 2007, 440, 451 („deutlich verschlankte Regelung").

153 Gemeinsamer Standpunkt, ABl. C 289E/68 v. 28.11.2006, S. 77 (zu den Abänderungen 2 und 24).

154 Gemeinsamer Standpunkt, ABl. C 289E/68 v. 28.11.2006, Erwägungsgrund 31.

155 Gemeinsamer Standpunkt, ABl. C 289E/68 v. 28.11.2006, S. 78 (zu den Abänderungen 2 und 24).

156 Mitteilung der Kommission, KOM(2006) 566 endg., S. 4; Stellungnahme der Kommission, KOM(2007) 126 endg., S. 6.

157 Legislative Entschließung des Parlaments, P6_TA(2007)0006, A6-0481/2006, ABl. C 244E/194 v. 18.10.2007, Art. 28 lit. d); zur Begründung siehe die Empfehlung für die zweite Lesung, PE 378.852v02-00, A6-0481/2006 endg., S. 6; zurückgewiesen von der Kommission: Stellungnahme der Kommission, KOM(2007) 126 endg., S. 6.

158 *Leible/Lehmann*, RIW 2007, 721; *von Hein*, VersR 2007, 440, 441; *von Hein*, ZEuP 2009, 6, 31; a. A. wohl *Ofner*, ZfRV 2008, 13, 15, der jedoch fälschlich davon auszugehen scheint, dass Erwägungsgrund 35 das Herkunftslandprinzip der Richtlinie 2000/31/EG als Beispiel für „Kollisionsnormen" angebe.

Herkunftslandprinzip der Richtlinie 2000/31/EG wird in Erwägungsgrund 35 nur noch als Beispiel für „Bestimmungen" genannt, „die zum reibungslosen Funktionieren des Binnenmarkts beitragen sollen" und in anderen Rechtsakten enthalten sind, deren Anwendung von der Rom II-VO nicht ausgeschlossen werden soll, „soweit sie nicht in Verbindung mit dem Recht angewendet werden können, auf das die Regeln dieser Verordnung verweisen."[159] Unklar ist, was die Formel konkret bedeutet. In ihr manifestiert sich ein politischer Kompromiss, der jedoch letztlich inhaltsleer bleibt[160]. Der Verordnungsgeber unterlässt es, das Verhältnis zwischen Herkunftsland- und Marktortprinzip rechtsdogmatisch zu klären, obwohl beiden Prinzipien völlig unterschiedliche Wertungen und Konzepte zugrunde liegen[161].

Die verbindliche Entscheidung über den Umgang mit dem Herkunftslandprinzip im Rahmen der Rom II-VO wird damit der Judikative überlassen. Sie muss klären, ob, in welcher Form und inwieweit die jeweiligen Ausformungen des Herkunftslandprinzips in den einzelnen Sekundärrechtsakten wie der Richtlinie 2000/31/EG Vorrang vor den Kollisionsnormen der Rom II-VO genießen. Die Frage, inwieweit Art. 27 Rom II-VO und Erwägungsgrund 35 als Hintertür für die Berücksichtigung der Rechtsordnung des Herkunftslands dienen können, wird angesichts des Zusammenhangs mit der Frage, ob der Binnenmarkt nicht allein durch das Herkunftslandprinzip gefördert werden kann, weiter unten im Rahmen der Binnenmarktförderlichkeit der Rom II-VO untersucht[162]. Um die kollisionsrechtliche Anknüpfung nicht zu konterkarieren und die international-privatrechtlichen Interessen im Lauterkeitskollisionsrecht nicht völlig zu ignorieren, sollte die Marktortanknüpfung in Art. 6 Abs. 1 Rom II-VO vom Herkunftslandprinzip unbeeinflusst bleiben. Damit würde das Herkunftslandprinzip auf der Ebene des Kollisionsrechts nicht berücksichtigt. Das wäre allein auf sachrechtlicher Ebene möglich. Aber auch dort sollte darauf im lauterkeitsrechtlichen Interesse an gleichen Wettbewerbsbedingungen lediglich zurückhaltend zurückgegriffen werden.

---

159 A. A. *Ofner*, ZfRV 2008, 13, 15.

160 *Hellner*, EurRevPL 2004, 193, 195 („highly unintelligible"); *Hörnle*, IJLIT 12 (2004), 333, 357 („has been included as an afterthought to the loud cries of protest by the business community"); *Stone*, EuLF [D] 2004 (offensichtliche Beschwichtigung der E-Commerce-Lobby); *Buchner*, GRUR Int. 2005, 1004, 1010; *Kohler, C.*, in: FS Jayme, S. 458 f. („Formelkompromiss", der „den ganzen Vorschlag in ein Zwielicht taucht, das ihn zur Gänze entwerten kann"); *Heiss/Loacker*, JBl 2007, 613, 617 („wenig erhellend"); *Garcimartín Alférez*, EuLF [E] 2007, 77, 82 („does not shed light on this problem"); *Kramer*, NIPR 2008, 414, 417; *von Hein*, ZEuP 2009, 6, 32; *Wagner, R.*, in: FS Kropholler, S. 725 („unter großem Zeitdruck").

161 *Basedow*, EuZW 2004, 423 f.; *Mankowski*, IPRax 2004, 385, 390; *Buchner*, GRUR Int. 2005, 1004, 1010.

162 Siehe unten S. 115 (Exkurs: Kollisionsrechtlicher Zuweisungsgehalt des sekundärrechtlichen Herkunftslandprinzips und Art. 27 Rom II-VO).

3. Sonderanknüpfung für Streudelikte

Für Streudelikte wurden immer wieder Sonderregeln vorgeschlagen. Streudelikte sind dadurch gekennzeichnet, dass der Erfolg einer Handlung sich über mehrere Staaten verteilt[163]. Auch unlauteres Wettbewerbsverhalten wirkt oft in mehrere Rechtsordnungen[164]. Eine Anknüpfung an den Erfolgsort zwingt bei Streudelikten zur unpraktischen[165] Berücksichtigung mehrerer Rechtsordnungen[166] (sogenannte Mosaikbetrachtung[167] oder Schadensparzellierung[168]). Angeregt wurde, allgemein bei Streudelikten statt der Rechte der Erfolgsorte entweder allein das Recht des Staates anzuwenden, in dem der bedeutendste Schaden eingetreten ist, oder allein das Recht des Handlungsortes, zumindest wenn dort Klage erhoben wird[169]. Letztere Option wurde zum Beispiel im Vorschlag des Rates berücksichtigt. Demnach war in dem Fall, dass „eine Person Schaden in mehr als einem Staat [erleidet] und Klage vor den Gerichten des Staates erhoben [wird], in dem die den Schaden verursachende Handlung oder Unterlassung vorgenommen wurde, das Recht dieses Staates anzuwenden"[170].

Folglich sollte bei Streudelikten zumindest bei Klagen am Handlungsort allein dessen Sachrecht und damit die lex fori gelten. Die Sonderregel bezweckt, eine Parallele zum vergemeinschafteten Gerichtsstand der unerlaubten Handlung zu ziehen und nimmt insoweit Bezug auf die Rs. *Shevill*[171]. Dort hatte der EuGH die vergemeinschaftete gerichtliche Zuständigkeit am Ort der unerlaubten Handlung

163 *Leible/Engel*, EuZW 2004, 7, 10; *Wagner, G.*, IPRax 2008, 1, 4; *Heiss/Loacker*, JBl 2007, 613, 625.

164 *BITKOM*, Stellungnahme, S. 2; *Institut für ausländisches und internationales Privat- und Wirtschaftsrecht der Universität Heidelberg*, Stellungnahme, S. 11.

165 Der Handlungsort sei leichter zu bestimmen, *Benecke*, RIW 2003, 830, 833; auf die praktischen Probleme bei der Rechtsanwendung weisen auch hin *von Hoffmann/Thorn u. a.*, IPR, § 11 Rn. 32; *Heiss/Loacker*, JBl 2007, 613, 625.

166 Vorschlag der Kommission, KOM(2003) 427 endg., S. 12; *Hohloch*, YPIL 9 (2007), 1, 10; *Heiss/Loacker*, JBl 2007, 613, 625; *Handig*, wbl 2008, 1, 6; *Wagner, G.*, IPRax 2008, 1, 8; *Ofner*, ZfRV 2008, 13, 16; *Kramer*, NIPR 2008, 414, 421; *Kadner Graziano*, RabelsZ 73 (2009), 1, 37.

167 Z. B. *Heiss/Loacker*, JBl 2007, 613, 625.

168 Z. B. Köhler/Bornkamm-*Köhler*, Einl. Rn. 5.8; *Handig*, wbl 2008, 1, 6.

169 Ratsdokument 14005/98, S. 3; *Bundesministerium der Justiz*, Stellungnahme, S. 2; *Institut für ausländisches und internationales Privat- und Wirtschaftsrecht der Universität Heidelberg*, Stellungnahme, S. 6; gegen eine Sonderregel für Streudelikte *Leible/Engel*, EuZW 2004, 7, 10 f., da sie einseitig die Interessen des Schädigers zulasten derjenigen der Geschädigten bevorzuge.

170 Ratsdokument 11982/99, Art. 3 Abs. 3.

171 EuGH v. 7.3.1995, Rs. C-68/93 (Shevill v. Press Alliance SA), Slg. 1995, I-415; vergl. zur Begründung der Sonderregel Ratsdokument 14005/98, S. 3; *Bundesministerium der Justiz*, Stellungnahme, S. 2; *Institut für ausländisches und internationales Privat- und Wirtschaftsrecht der Universität Heidelberg*, Stellungnahme, S. 6.

konkretisiert. Danach ist gemäß Art. 5 Nr. 3 EuGVO bei Streudelikten das Gericht am Handlungsort befugt, über den gesamten in den verschiedenen Staaten eingetretenen Schaden zu entscheiden. Dagegen sind die Gerichte am jeweiligen Erfolgsort (beziehungsweise bei Lauterkeitsdelikten am dann sogenannten Marktort[172]) nur für die Entscheidung über den Ersatz des dort verursachten Teilschadens[173] beziehungsweise über das Unterlassen von lauterkeitsrelevantem Verhalten mit Eigenmarktbezug[174] zuständig (sogenanntes Mosaikprinzip). Der umfassenden Kognitionsbefugnis der Gerichte des Handlungsortes hätte es entsprochen, auch materiellrechtlich den Schaden nicht zu spalten und anstatt mehrerer Erfolgsortrechte alleine die lex fori anzuwenden. Bei Streudelikten wäre damit ein Gleichlauf zwischen der gerichtlichen Zuständigkeit und dem anwendbaren Sachrecht hergestellt worden. Bei Klagen am Handlungsort hätte sich die Kognitionsbefugnis des Gerichtes auf den gesamten Schaden erstreckt, zu dessen rechtlicher Beurteilung die dort herrschende lex fori heranzuziehen gewesen wäre. Und bereits nach der Grundregel hätte auch am jeweiligen Erfolgsort mit der dort herrschenden lex fori über den dort entstandenen Teilschaden geurteilt werden können.

Über eine allgemeine Sonderregel für Streudelikte wurde jedoch bereits 1999 im Rat keine Einigung erzielt[175]. Die Diskussion verlagerte sich vielmehr zu dem speziellen Fall eines Streudelikts, das auch die Grundlage der Rs. *Shevill* bildete: den Persönlichkeitsrechtsverletzungen durch Massenmedien, die bestimmungsgemäß in verschiedenen Staaten vertrieben werden[176]. Für Persönlichkeitsrechtsverletzungen schlugen erstmals der Entwurf der GEDIP von 1998 und im Anschluss daran der Vorentwurf der Kommission von 2002 eine Sonderanknüpfung an den gewöhnlichen Aufenthalt des Verletzten ohne Rücksicht auf die bestimmungsgemäße Verbreitung des Mediums vor. Da das vor allem in den Fällen nicht überzeugt, in denen das Delikt weder hinsichtlich seiner Handlung noch hinsichtlich seines Erfolges einen Bezug zum Aufenthaltsort aufweist[177], empfahl die Kommission in ihrem Vorschlag von 2003, entsprechend dem Mosaikprinzip an die jeweiligen (Erfolgs-)Verbreitungsorte anzuknüpfen, ohne dabei jedoch dem Gericht am (Handlungs-)Ort des Verletzers die Möglichkeit der Gesamtschadensbeurteilung einzuräumen[178]. Dagegen wiederum wurden prozessökonomische Gründe

---

172 *Lindacher*, GRUR Int. 2008, 453, 454.

173 Rauscher-*Leible*, Art. 5 Brüssel I–VO Rn. 92; MüKo UWG-*Mankowski*, IntWettbR Rn. 429; Harte/Henning-*Glöckner*, Einl. D Rn. 25.

174 Rauscher-*Leible*, Art. 5 Brüssel I–VO Rn. 92; MüKo UWG-*Mankowski*, IntWettbR Rn. 431; *Schlosser*, EU-Zivilprozessrecht, Art. 5 EuGVVO Rn. 20.

175 Ratsdokument 10231/99, S. 3 Fn. 6.

176 *Huber/Bach*, IPRax 2005, 73, 78 („typische Streudelikte"); *Wagner, R.*, EuZW 2006, 372, 383 („regelmäßig" Streudelikte).

177 Zur Ungeeignetheit dieses Anknüpfungsmerkmals *von Hein*, ZVglRWiss 102 (2003), 528, 557 f.; *Bundesministerium der Justiz*, Stellungnahme, S. 3; *Deutscher Rat für IPR*, Stellungnahme, S. 29; *Wagner, R.*, EuZW 2006, 372, 385.

178 Vorschlag der Kommission, KOM(2003) 427 endg., S. 20.

angeführt, die es erzwängen, dass das Gericht am Handlungsort nicht nur für die Ermittlung des Gesamtschadens *zuständig* sei, sondern diesen Gesamtschaden auch anhand lediglich einer Rechtsordnung *ermitteln* könne[179]. Welche Rechtsordnung die dafür geeignete sei, wurde unterschiedlich beurteilt. Einerseits wurde im Gleichlauf mit der Zuständigkeit die lex fori präferiert[180], anderseits wurde im Sinne einer Schwerpunktbildung das Recht des Haupterfolgsortes bevorzugt[181], der teilweise (aus Sicht des Geschädigten) am gewöhnlichen Aufenthaltsort des Geschädigten lokalisiert wurde[182], vom Parlament jedoch (aus Sicht des Schädigers) als derjenige Staat interpretiert wurde, auf den die Mediendienste vorrangig ausgerichtet waren[183]. Angesichts der Kontroverse und insbesondere auch des Widerstands der Medienbranche, die fürchtete, dass ihre Produkte an einem für sie unvorhersehbaren Recht gemessen werden könnten, beschloss die Kommission in ihrem geänderten Vorschlag von 2006, Persönlichkeitsrechtsverletzungen durch Medien gänzlich aus dem Anwendungsbereich der Rom II-VO auszuklammern, um wenigsten den Rest des Gesamtprojekts zu retten[184]. Der Rat war gleicher Ansicht[185] und konnte schließlich im Vermittlungsausschluss auch das Parlament überzeugen[186]. Der Verzicht auf eine Sonderregel wurde zu Recht allgemein bedauert[187]. Immerhin hat auch der Gesetzgeber den Handlungsbedarf erkannt. Laut Art. 30 Abs. 2 Rom II-VO wurde die Kommission verpflichtet, „bis spätestens 31. Dezember 2008“ eine Untersuchung zu dem Thema vorzulegen. Erfüllt hat die Kommission ihre Pflicht allerdings bis heute nicht[188].

---

179 *Von Hein*, ZVglRWiss 102 (2003), 528, 558; *Huber/Bach*, IPRax 2005, 73, 78 f.
180 *Von Hein*, ZEuP 2009, 6, 13.
181 Standpunkt des Europäischen Parlaments, ABl. 157E/371 v. 6.7.2005, Art. 5 Abs. 1; *Huber/Bach*, IPRax 2005, 73, 83.
182 *Huber/Bach*, IPRax 2005, 73, 78.
183 Standpunkt des Europäischen Parlaments, ABl. 157E/371 v. 6.7.2005, Art. 5 Abs. 2 S. 2 u. 3.
184 Geänderter Vorschlag der Kommission, KOM(2006) 83 endg., Art. 1 Abs. 2 lit. h), Begründung auf S. 7.
185 Gemeinsamer Standpunkt, ABl. C 289E/68 v. 28.11.2006, S. 77.
186 Einigung Vermittlungsausschuss, Ratsdokument 9713/07, S. 2.
187 *Wagner, R.*, EuZW 2006, 372, 384; *Wagner, G.*, IPRax 2006, 372, 384; *Wagner, G.*, IPRax 2008, 1, 10; *Leible*, in: Gemeinschaftsrecht und IPR, S. 33 ff.; *Leible/Lehmann*, RIW 2007, 721, 724; *Heiss/Loacker*, JBl 2007, 613, 619; *von Hein*, VersR 2007, 440, 442; *Kadner Graziano*, RabelsZ 73 (2009), 1, 60; *Sujecki*, EWS 2009, 310, 312; *Junker*, RIW 2010, 257.
188 Die Kommission veröffentlichte bislang lediglich eine „Comparative study on the situation in the 27 EU countries as regards the law applicable to non-contractual obligations arising out of violations of privacy and rights relating to personality.“, abrufbar unter http://ec.europa.eu/justice/doc_centre/civil/studies/doc/study_privacy_en.pdf.

Ein anderer spezieller Fall eines Streudelikts, der Multistate-Wettbewerb, ist zumindest hinsichtlich eines Teilbereichs geregelt. Hinsichtlich der Ansprüche aus unlauterem Wettbewerbsverhalten wurde bei Streuhandlungen keine ausdrückliche Sonderregelung getroffen. Diesbezüglich wurde in der Literatur vorgeschlagen, statt der Marktortrechte einzig auf das Recht am Handlungsort abzustellen und damit ausnahmsweise dem Herkunftslandprinzip zu folgen[189]. Andere wollten diese Ausnahme lediglich bei Unterlassungsansprüchen machen[190]. Die Kommission wollte die Problematik durch eine Einschränkung auf diejenigen Rechtsordnungen entschärfen, deren Märkte „unmittelbar und wesentlich" beeinträchtigt seien[191]. Zu einer Sonderregel kam es jedoch nicht. Hinsichtlich der Ansprüche aus Wettbewerbsbeschränkungen konnte das Parlament zwar nicht seinen Wunsch nach einem vollständigen Verzicht auf die Regel durchsetzen, jedoch immerhin das sekundär zusammen mit der Kommission gegen den Rat verfolgte Ziel, Wettbewerbsbeschränkungen nach Möglichkeit immer nur einer einzigen Rechtsordnung zu unterstellen[192]. Wo der Ratsvorschlag undifferenziert nach dem Auswirkungsprinzip anknüpfte, findet sich nunmehr in Art. 6 Abs. 3 lit. b) Rom II-VO eine Ausnahmeregelung für den Fall, dass der Markt in mehr als einem Staat beeinträchtigt wird. Danach kann in dem Fall, in dem der Beklagte an seinem Wohnsitz verklagt wird und der dortige Markt unmittelbar und wesentlich beeinträchtigt wurde, der (gesamte) Anspruch auf die dortige lex fori gestützt werden[193]. Folglich wird bei kartellrechtlichen Klagen am Sitzstaat sichergestellt, dass Kognitionsbefugnis und anwendbares Recht gleichlaufen.

4. Sonderanknüpfung für unlauteres Wettbewerbsverhalten

Innerhalb der unerlaubten Handlungen weist das unlautere Wettbewerbsverhalten Eigentümlichkeiten auf, die auch im Rahmen der kollisionsrechtlichen Anknüpfung berücksichtigt werden müssen. Insoweit war man sich prinzipiell darüber einig, dass Schuldverhältnisse aus unlauterem Wettbewerbsverhalten nicht nach der Grundregel an den Erfolgsort anzuknüpfen sind. Der Notwendigkeit einer dem Lauterkeitsrecht sachgerechten eigenen Anknüpfung wurde auch vom Europäischen Parlament nicht widersprochen. Es hat sie nie ausdrücklich abgelehnt, obwohl es das unlautere Wettbewerbsverhalten als eigene Kategorie benannt hat[194].

---

189 *Dethloff*, Europäisierung des Wettbewerbsrechts, S. 285 ff.

190 *Wagner, G.*, IPRax 2006, 372, 381.

191 Vorschlag der Kommission, KOM(2003) 427 endg., Art. 5 mit Begründung auf S. 18.

192 Einigung Vermittlungsausschuss, Ratsdokument 9713/07, S. 3.

193 *Wagner, G.*, IPRax 2008, 1, 8; *Heiss/Loacker*, JBl 2007, 613, 630 plädieren de lege ferenda für eine Ausweitung der Sonderregel auf alle Streudelikte.

194 Insbesondere im Vermittlungsausschluss sprach das Parlament die Notwendigkeit einer speziellen Anknüpfung für Lauterkeitsdelikte in den Erwägungsgründen ausdrücklich an, obwohl es weiterhin eine spezielle Kollisionsnorm ablehnte, Legislative Entschließung des Parlaments, P6_TA(2007)0006, A6-0481/2006, ABl. C 244E/

Auseinander gingen die Auffassungen jedoch darüber, ob die Eigentümlichkeiten des Lauterkeitsrechts es notwendig machten, für diesen Bereich eine spezielle Kollisionsnorm zu formulieren. Dagegen wehrte sich das Parlament fast bis zuletzt noch im Vermittlungsausschuss. Es war der Auffassung, dass der Anwendungsbereich mangels klarer Definition des „unlauteren Wettbewerbsverhaltens" schwierig zu bestimmen sei und die Besonderheiten des Lauterkeitsrechts auch im Rahmen der allgemeinen Ausweichklausel – erst recht in der vom Parlament vorgeschlagenen offenen Form – berücksichtigt werden könnten[195]. Auf die ausdrückliche Statuierung einer Sonderregel sei zu verzichten. Auf der anderen Seite formulierten nicht nur die GEDIP[196], sondern vor allem auch Rat[197] und Kommission[198] früh ausdrückliche Sonderbestimmungen für unlauteres Wettbewerbsverhalten. Bereits in den Vorarbeiten des Rats bildete die Sonderregel für unlauteres Wettbewerbsverhalten neben derjenigen für Fälle der Produkthaftung und der Verleumdung die erste Sonderanknüpfung für spezielle unerlaubte Handlungen überhaupt[199].

Inhaltlich wandelte sich im Entwicklungsprozess der Vorschrift zunächst die Berücksichtigung von den Wettbewerb einschränkendem Verhalten, welches jetzt in Art. 6 Abs. 3 Rom II-VO geregelt ist. Die GEDIP wollte diesen kartellrechtlichen Bereich mit dem Lauterkeitsrecht gemeinsam an den Marktort knüpfen[200]. Gleiches galt für den ersten Ratsentwurf[201]. Der nachfolgende Vorschlag der Kommission verzichtete zunächst darauf, den Bereich des Kartellrechts ausdrücklich zu nennen[202]. Da jedoch in der Begründung darauf hingewiesen wurde, dass Vorschriften über den unlauteren Wettbewerb auch auf den Schutz „der Verbraucher und der

---

194 v. 18.10.2007, Erwägungsgrund 21; vergl. *Wagner, R.*, in: FS Kropholler, S. 723 („Widerspruch").

195 Bericht des Parlaments, PE 349.977v03-00, A6-0211/2005, S. 23 u. 42; ebenso wenig existierten im ersten Vorentwurf der Gruppe der Regierungssachverständigen von 1972 eigenen Anknüpfungsregeln für besondere Deliktstypen, wodurch zwar Probleme bei der Qualifikation vermieden wurden, die dann aber im Bereich der Anknüpfung dennoch zu lösen waren, vergl. *von Overbeck/Volken*, RabelsZ 38 (1974), 56, 65; *Nadelmann*, AJCL 1976, 1, 13.

196 Zumindest wurde widerlegbar vermutet, dass Lauterkeitsdelikte abweichend vom Tatort eine engere Verbindung zum Marktort hätten, vergl. Vorschlag der GEDIP, abgdr. IPRax 1999, 286 ff., Art. 4 lit. b) („...il est présumé que l'obligation non contractuelle a les liens les plus étroits: en cas de concurrence déloyale ou de pratique commerciale restrictive, avec le pays dont le marché est concerné par le fait dommageable").

197 Ratsdokument 11982/99, Art. 6; Gemeinsamer Standpunkt, ABl. C 289E/68 v. 28.11.2006, Art. 6.

198 Preliminary Draft Proposal v. 3.5.2002, Art. 6; Vorschlag der Kommission, KOM(2003) 427 endg., Art. 5; Geänderter Vorschlag der Kommission, KOM(2006) 83 endg., Art. 6.

199 Ratsdokument 11982/99, Art. 6.

200 Vorschlag der GEDIP, abgdr. IPRax 1999, 286 ff., Art. 4 lit. b).

201 Ratsdokument 11982/99, Art. 6.

202 Vorschlag der Kommission, KOM(2003) 427 endg., Art. 5.

breiten Öffentlichkeit" zielten[203], schien der Anknüpfungsgegenstand „unlauteres Wettbewerbsverhalten" auch den kartellrechtlichen Bereich zu erfassen[204]. Die Kommission stellte jedoch klar, dass ihrer vorgeschlagenen Sonderregel lediglich das Lauterkeitsrecht unterfallen solle. Gegenüber dem Rat erklärte sie, „that Article 5 was intended to apply to acts of unfair competition in the strict sense and not to measures restricting competition."[205] Ansprüche aufgrund der Verletzung der EU- und ähnlicher nationaler Kartellrechtsvorschriften seien gesondert anzuknüpfen[206]. Dementsprechend wies der Gemeinsame Standpunkt in Art. 6 Abs. 3 erstmals eine eigene Spezialregelung für den Wettbewerb einschränkendes Verhalten auf[207].

Der eigentliche Lauterkeitsbereich war jedoch in Anknüpfungsgegenstand und -merkmal, wie vom Parlament konstatiert[208], weiterhin schwierig zu definieren. Dazu wurden im Verlauf der Entwicklung von Art. 6 Rom II-VO verschiedene Vorschläge gemacht. Sie unterschieden sich nicht nur terminologisch. So wurde im Verlauf der Entwicklung der Anknüpfungsgegenstand um eine Sonderregel für bilaterales Wettbewerbsverhalten erweitert. Beim Anknüpfungsmerkmal wurde eine Wesentlichkeitsschwelle diskutiert.

Die GEDIP beschrieb den Anknüpfungsgegenstand mit dem klassischen Begriff der *concurrence déloyale* und das Anknüpfungsmerkmal als den Ort, *„dont le marché est concerné par le fait dommageable"*[209]. Die ersten Ratsarbeiten gingen für das Lauterkeitsrecht noch von zwei Optionen aus, die sich sowohl bei der Beschreibung des Anknüpfungsgegenstandes als auch des Anknüpfungsmerkmals unterschieden[210]. In der ersten Option wurde das Anknüpfungsmerkmal beschrieben mit „Schuldverhältnisse, die sich aus unlauterem Wettbewerb oder unlauteren Praktiken ergeben". Angeknüpft werden sollte an die Beeinträchtigung des Wettbewerbs oder der kollektiven Verbraucherinteressen. Die zweite Option dagegen sprach von Schuldverhältnissen, die sich aus „unlauterem Wettbewerb oder restriktiven Handelspraktiken" ergeben, die angeknüpft wurden an die Beeinträchtigung lediglich des Wettbewerbs. Sowohl der Vorschlag der GEDIP als auch die frühen Arbeiten im Rat wurden jedoch nicht weiter verfolgt, da im Rahmen des neuen, durch

---

203 Vorschlag der Kommission, KOM(2003) 427 endg., S. 17.

204 *UK House Of Lords*, 8th Report 2003-04, S. 14; Stellungnahme des EWSA, ABl. EG C 241/1 v. 28.9.2004, S. 4, der deswegen zur Klarstellung eine Änderung der Überschrift in „Wettbewerb und unlautere Handelspraktiken" anregte.

205 Ratsdokument 5430/04, S. 2.

206 Commission Staff Working Paper, SEC(2005) 1731, S. 70 Rn. 246; bestätigend: Geänderter Vorschlag der Kommission, KOM(2006) 83 endg., S. 6 zu Abänderung 29.

207 Gemeinsamer Standpunkt, ABl. C 289E/68 v. 28.11.2006.

208 Bericht des Parlaments, PE 349.977v03-00, A6-0211/2005, S. 23.

209 Vorschlag der GEDIP, abgdr. IPRax 1999, 286 ff., Art. 4 lit. b).

210 Ratsdokument 11982/99, Art. 6.

den Vertrag von Amsterdam eingeführten Art. 67 Abs. 1 EGV eine Initiative eines Mitgliedstaats oder ein Vorschlag der Kommission abgewartet wurde[211].

Der folgende Vorschlag der Kommission von 2003 beschrieb den Anknüpfungsgegenstand als „außervertragliche Schuldverhältnisse, die aus einem unlauteren Wettbewerbsverhalten entstanden sind". In der Begründung wurde einerseits auf die dreifache Schutzfunktion des Wettbewerbssachrechts hingewiesen, auf einer horizontalen Ebene sowohl die Wettbewerber als auch vertikal die Verbraucher und die breite Öffentlichkeit zu schützen, was auch kollisionsrechtlich zu gewährleisten sei[212]. Auf der anderen Seite wurde die makro-ökonomische Funktion des Wettbewerbsrechts hervorgehoben, den Markt als solchen zu schützen[213]. Angeknüpft werden sollte an das Recht des Staates, „in dessen Gebiet die Wettbewerbsbeziehungen oder die kollektiven Interessen der Verbraucher unmittelbar und wesentlich beeinträchtigt worden sind"[214]. Damit sei der Markt gemeint, auf dem sich die Wettbewerber um die Verbraucher bemühen[215]. Dieser Ort dürfe nicht mit dem Erfolgsort verwechselt werden, da die wettbewerbsschädigende Wirkung nicht dem Schaden entspreche, für den Ersatz begehrt wird. Die Anknüpfung bezwecke in erster Linie, die Gleichbehandlung der Marktteilnehmer zu sichern. Das Konzept der kollektiven Verbraucherinteressen sei insbesondere der Richtlinie 98/27/EG über Unterlassungsklagen[216] entnommen. Die Einschränkung auf unmittelbare und wesentliche Beeinträchtigungen sei notwendig, da das wettbewerbsschädigende Verhalten meist Wirkungen auf mehreren Märkten zeitige und zur Anwendung verschiedener Rechtsordnungen führe[217]. Außerdem wurden ergänzend die allgemeine Auflockerungs- und Ausweichklausel[218] für anwendbar bestimmt, wenn „ausschließlich die Interessen eines bestimmten Wettbewerbers [beeinträchtigt]"[219] sind. Die allgemeine Möglichkeit der Rechtswahl war noch nicht ausdrücklich ausgeschlossen. Diese Sonderanknüpfungen für das unlautere Wettbewerbsverhalten fanden breite Akzeptanz[220], wobei lediglich wegen der

---

211 Ratsdokument 7563/1/00, S. 3.
212 Vorschlag der Kommission, KOM(2003) 427 endg., S. 17.
213 Vorschlag der Kommission, KOM(2003) 427 endg., S. 18.
214 Vorschlag der Kommission, KOM(2003) 427 endg., Art. 5.
215 Vorschlag der Kommission, KOM(2003) 427 endg., S. 17 f.
216 Nunmehr Richtlinie 2009/22/EG über Unterlassungsklagen.
217 Vorschlag der Kommission, KOM(2003) 427 endg., S. 18.
218 Nicht jedoch die Grundanknüpfung an den Erfolgsort, kritisch insoweit *Leible/Engel*, EuZW 2004, 7, 12.
219 Art. 5 Abs. 2 des Vorschlags der Kommission.
220 So ausdrücklich insbesondere *Wagner, R.*, EuZW 2006, 372, 381; Stellungnahme des EWSA, ABl. EG C 241/1 v. 28.9.2004, S. 4 („letztlich die klassische Anknüpfungsregel in diesem Bereich"); *Hamburg Group for Private International Law*, RabelsZ 67 (2003), 1, 19 f. (für reine Binnenmarktsachverhalte im Bereich der Werbung sollte allerdings das Herkunftslandprinzip gelten); *BDI*, Stellungnahme, S. 3; generell das Herkunftslandprinzip bevorzugend allerdings *BITKOM*, Stellungnahme, S. 2 f.

tangierten Interessen Dritter auf die Schwierigkeiten bei der Anwendung sowohl der allgemeinen Auflockerungs- und Ausweichklausel als auch der Rechtswahl hingewiesen wurde[221].

Die Bedenken des Parlaments hinsichtlich der Schwierigkeiten, einen Begriff wie „unlauteres Wettbewerbsverhalten" konkret zu definieren, veranlassten die Kommission in ihrem geänderten Vorschlag dazu, den Anknüpfungsgegenstand umzuformulieren. In Angleichung an die Terminologie der Richtlinie 2005/29/EG über unlautere Geschäftspraktiken[222] sollte die Lauterkeitskollisionsnorm nunmehr gelten für „außervertragliche Schuldverhältnisse, die aus unlauteren Geschäftspraktiken entstanden sind"[223]. Laut dem dazugehörigen Erwägungsgrund 13 sollten dazu „insbesondere", also nicht abschließend solche Verhaltensweisen zählen, die Gegenstand der Unlauterkeitsrichtlinie sind. Um dem Parlament auch beim Anknüpfungsmerkmal entgegen zu kommen, sollte ausdrücklich das nach der allgemeinen Kollisionsnorm bezeichnete Recht des Erfolgsorts anzuwenden sein. Allerdings wurde der Erfolgsort für diesen Fall mit der alten Formulierung beschrieben, wie sie im Vorschlag von 2003 für den Marktort benutzt worden war. Damit erschien das Marktortprinzip als bloße Konkretisierung der Erfolgsortregel[224]. Zur Begründung hieß es, es solle „keine von der allgemeinen Kollisionsnorm inhaltlich abweichende Bestimmung eingeführt werden, sondern nur der Ort des Schadenseintritts konkretisiert werden, was in diesem Bereich nicht immer leicht ist"[225].

Der Gemeinsame Standpunkt des Rats rückte davon jedoch wieder ab und entsprach grundsätzlich den Formulierungen der Kommission in deren erstem Vorschlag von 2003. Beim Anknüpfungsmerkmal verzichtete er jedoch auf die einschränkenden Merkmale, dass die Beeinträchtigung des Marktes „unmittelbar und wesentlich" sein müsse[226]. Außerdem erweiterte er die Verweisung bei bilateralem Wettbewerbsverhalten, die sich bislang nur auf den gemeinsamen gewöhnlichen Aufenthalt und die Ausweichklausel erstreckte, zusätzlich auf die Grundanknüpfung an den Erfolgsort. Außerdem schloss er für den Lauterkeitsbereich ausdrücklich die Parteiautonomie aus. Das Parlament machte sich im Anschluss eine völlig andere Terminologie zu eigen und sprach in Erwägungsgrund 21 seines in

---

221 *Von Hein*, ZVglRWiss 102 (2003), 528, 556; *Huber/Bach*, IPRax 2005, 73, 78; *Fuchs*, GPR 2003, 100, 102; *Leible/Engel*, EuZW 2004, 7, 12 kritisieren, dass bei bilateralem Wettbewerbsverhalten nicht auch die Grundanknüpfung an den Erfolgsort für anwendbar erklärt wird; *Sonnentag*, ZVglRWiss 105 (2006), 256, 287 ist für die Streichung des Ausweichens auf den gemeinsamen Aufenthaltsort.

222 Richtlinie 2005/29/EG über unlautere Geschäftspraktiken.

223 Geänderter Vorschlag der Kommission, KOM(2006) 83 endg., Art. 7, Begründung auf S. 6 zu Abänderung 29.

224 *Wagner, G.*, IPRax 2006, 372, 381; Geänderter Vorschlag der Kommission, KOM(2006) 83 endg., Art. 7.

225 Geänderter Vorschlag der Kommission, KOM(2006) 83 endg., S. 6 zu Abänderung 29.

226 Gemeinsamer Standpunkt, ABl. C 289E/68 v. 28.11.2006, Art. 6 Abs. 1.

zweiter Lesung beschlossenen Entwurfs vom „Bereich der unlauteren Handelspraktiken“[227]. Die im Vermittlungsausschuss gefundene Regelung nimmt wieder die Formulierung des ersten Kommissionsvorschlags von 2003 auf. Nunmehr wird der Anknüpfungsgegenstand von Art. 6 Abs. 1 Rom II-VO als „außervertragliche Schuldverhältnisse aus unlauterem Wettbewerbsverhalten“ bezeichnet.

Es ist zu begrüßen, dass die Verweigerungshaltung des Parlaments hinsichtlich einer Sonderregel für das Lauterkeitskollisionsrecht im Vermittlungsausschuss überwunden wurde. Es erscheint inkonsequent, einerseits die Eigentümlichkeiten des Lauterkeitsrechts zu erkennen, andererseits jedoch auf eine entsprechende Spezialvorschrift zu verzichten. Die Eigentümlichkeiten müssten in jedem Fall berücksichtigt und das Lauterkeitsrecht von anderen Deliktstypen abgegrenzt werden, entweder bei der Rechtsanwendung im Rahmen der Ausweichklausel oder aber bereits bei der Gesetzgebung im Rahmen der Ausformulierung der Sonderregel. Letzteres ist vorzugswürdig[228]. Die bereits oben vorgebrachten Argumente für die Schaffung von kollisionsrechtlichen Sondervorschriften für spezielle Deliktsfälle gelten im Besonderen auch hier. Wie alle Sonderregeln dient auch diejenige für unlauteres Wettbewerbsverhalten vor allem der Rechtssicherheit. Darüber hinaus schafft sie aber auch ein Problembewusstsein für die Eigentümlichkeiten des Lauterkeitsrechts, indem sie den Bereich offen als besonderen präsentiert und damit verhindert, ihn innerhalb der allgemeinen Anknüpfungsregeln zu verstecken.

Ob die Sonderregel für das unlautere Wettbewerbsverhalten, die am Ende der Diskussionen als Art. 6 in die Rom II-VO aufgenommen worden ist, ihre Versprechen hinsichtlich Vorhersehbarkeit und Rechtssicherheit erfüllen kann, erscheint jedoch fraglich. Sie wird als diejenige Kollisionsregel bezeichnet, die mit Blick auf ihre Formulierung und Praktikabilität am wenigsten zufriedenstellend sei und aufgrund ihrer unscharf definierten Merkmale die Gerichte der Mitgliedstaaten noch viele Jahre lang quälen werde[229]. Die Suche nach einer passenden Beschreibung für den Anknüpfungsgegenstand hat im Verlauf der Entwicklung zu immer wieder neuen Formulierungen geführt. Sie wechselten von der „*concurrence déloyale*“[230] und „unlauteren Praktiken“[231] über „unlautere Geschäftspraktiken“[232] und „unlautere Handelspraktiken“[233] zu „unlauterem Wettbewerbsverhalten“[234], obwohl

---

227 Legislative Entschließung des Parlaments, P6_TA(2007)0006, A6-0481/2006, ABl. C 244E/194 v. 18.10.2007.

228 *Buchner*, GRUR Int. 2005, 1004, 1009; *Wagner, G.*, IPRax 2006, 372, 381; *Sonnentag*, ZVglRWiss 105 (2006), 256, 286.

229 *Dickinson*, Rome II, Rn. 6.01 („Its poorly definded features seem likely to trouble Member State courts for many years to come.“).

230 Vorschlag der GEDIP, abgdr. IPRax 1999, 286 ff.

231 Ratsdokument 11982/99.

232 Geänderter Vorschlag der Kommission, KOM(2006) 83 endg.

233 Legislative Entschließung des Parlaments, P6_TA(2007)0006, A6-0481/2006, ABl. C 244E/194 v. 18.10.2007.

234 Gemeinsamer Standpunkt, ABl. C 289E/68 v. 28.11.2006.

inhaltlich wohl immer das Gleiche gemeint war. Das zeigt deutlich, dass die Warnungen des Europäischen Parlaments vor den Schwierigkeiten einer handhabbaren Definition des unlauteren Wettbewerbsverhalten berechtigt sind.

III. Zusammenfassung und Ergebnis

Im Laufe der Entwicklung der Rom II-VO blieb zwar lange Vieles streitig. In einigen Punkten war man sich aber bereits früh einig. So herrschte Einigkeit darüber, dass die Kollisionsrechtsvereinheitlichung im Interesse eines reibungslos funktionierenden Binnenmarktes notwendig sei, um den Ausgang von Rechtsstreitigkeiten mit Blick auf das anwendbare Recht vorhersehbarer zu machen und den freien Verkehr gerichtlicher Entscheidungen zu fördern. Diese Erkenntnis bildete nicht nur den Ausgangspunkt des gesamten Vereinheitlichungsvorhabens, sondern wurde auch im formellen Gesetzgebungsverfahren immer wieder hervorgehoben[235]. Auch die Beschränkung des Anwendungsbereichs der Verordnung auf „außervertragliche Schuldverhältnisse in Zivil- und Handelssachen“ stand nie ernsthaft in Frage; ebenso wenig wie die Notwendigkeit seiner unionsautonomen Auslegung unter Beachtung der Parallelvorschriften von EuGVO und EVÜ bzw. der Rom I-VO[236]. Mit Ausnahme des Bereichs der Persönlichkeitsrechtsverletzungen war man sich ferner darüber einig, bestimmte zivil- und handelsrechtliche Schuldverhältnisse vom Anwendungsbereich der Verordnung auszunehmen, da dies aus jeweils eigenen Gründen sachlich geboten war[237]. In räumlicher Hinsicht bestand Übereinkunft darüber, die Verordnung auch auf Sachverhalte mit einem Bezug zu Drittstaaten anzuwenden und das designierte Sachrecht auch dann zu berufen, wenn es nicht das Recht eines Mitgliedstaates ist. Vor allem sollte damit eine Spaltung des Kollisionsrechts in einen innereuropäischen und einen Teil mit Drittstaatenberührung verhindert werden[238], was aus Gründen der Rechtssicherheit allgemein begrüßt wird[239].

Die engste Verbindung einer unerlaubten Handlung wurde in Konkretisierung der Tatortregel relativ früh im Erfolgsort gesehen. Einig war man sich auch darüber, von der Grundanknüpfung in Ausnahmefällen abzuweichen. Etabliert wurden

235 Siehe oben S. 32 und insbesondere die in Fn. 26 zitierten Quellen.

236 Vorschlag der Kommission, KOM(2003) 427 endg.; Standpunkt des Europäischen Parlaments, ABl. 157E/371 v. 6.7.2005, Erwägungsgrund 5; *von Hein*, ZVglRWiss 102 (2003), 528, 541; *Leible/Engel*, EuZW 2004, 7, 8 f.; *Huber/Bach*, IPRax 2005, 73, 74.

237 Zu den Gründen Vorschlag der Kommission, KOM(2003) 427 endg., S. 8 ff.; Stellungnahme des EWSA, ABl. EG C 241/1 v. 28.9.2004, S. 3; *Stone*, EuLF [D] 2004, 213, 214 f.

238 Vorschlag der Kommission, KOM(2003) 427 endg., S. 11; Stellungnahme des EWSA, ABl. EG C 241/1 v. 28.9.2004, S. 3; *Stone*, EuLF [D] 2004, 213, 215 („widernatürliche Komplexität“); *Kramer*, NIPR 2008, 414, 415.

239 Siehe insbesondere unten die in Fn. 642 angegebenen Quellen und zur Drittstaatenproblematik allgemein unten S. 130 (Notwendigkeit der Einbeziehung von Drittstaatensachverhalten in die Vereinheitlichung).

Ausnahmen für den gemeinsamen gewöhnlichen Aufenthalt und ein bereits bestehendes Rechtsverhältnis zwischen den Parteien. Für bestimmte spezielle Deliktstypen wurden zudem Sonderanknüpfungen geschaffen.

Gestritten wurde vor allem über die Umsetzung der unterschiedlichen Anknüpfungskonzepte. Während die Kommission im Interesse der Vorhersehbarkeit ein traditionelles System aus fester Grundanknüpfung an ein konkretes Anknüpfungsmerkmal mit der Möglichkeit des Ausweichens in begrenzten Ausnahmefällen in Kombination mit einer Reihe von Sonderanknüpfungen für spezielle Deliktstypen bevorzugte, sprach sich das Parlament für ein neuartiges, an angloamerikanischen Ansätzen orientiertes Konzept aus, welches sich im Prinzip auf die abstrakte Anknüpfung an die engste Verbindung beschränkt, diese durch widerlegbare Vermutungen ergänzt und die Konkretisierung der Judikative im Einzelfall überlässt.

Nach längerer Auseinandersetzung behauptete sich größtenteils die Kommission mit ihren Vorstellungen, wie sie in ihrem Vorschlag von 2003 zum Ausdruck kommen[240]. Die Rom II-VO geht damit in der Tradition *Savignys* vom Grundsatz der engsten Verbindung aus, der zu Gunsten der Rechtssicherheit für unterschiedliche Anknüpfungsgegenstände durch jeweils feste Anknüpfungsmerkmale konkretisiert wird[241]. Die engste Verbindung ist rein internationalprivatrechtlich nach räumlich-funktionalen Kriterien zu bestimmen. Besondere Schutzanliegen materiell-inhaltlicher Art spielen daneben grundsätzlich keine Rolle[242]. Da die Rom II-VO dem traditionellen Konzept des Kollisionsrechts folgt, wendet sie sich auch von in der Literatur diskutierten alternativen Binnenmarktkollisionsrechtskonzepten ab[243], die unionseigen an einem Zusammenspiel der Rechtsordnungen im Binnenmarkt ausgerichtet sind und in erster Linie dem Funktionieren des Binnenmarktes dienen[244]. Solch ein interlokales Kollisionsrechtssystem weist eine

240 *Wadlow*, JIPLP 2009, 789, 792 Fn. 22.

241 *Benecke*, RIW 2003, 830, 836 („Bestreben nach einfachen und eindeutigen Anknüpfungen“).

242 Zu den Anknüpfungsprinzipien des „klassischen IPR“ siehe *Weller*, IPRax 2011, 429, 430 ff.

243 *Leible/Lehmann*, RIW 2007, 721 („Sieg des klassischen Kollisionsrechts“); *von Hein*, VersR 2007, 440, 441; *von Hein*, ZEuP 2009, 6, 31; *Sonnenberger*, in: FS Kropholler, S. 236; Rauscher-*Unberath/Cziupka*, Einl. Rom II–VO Rn. 29 („aus deutscher Sicht keine grundsätzliche Neuerung in der Methodik“); dagegen de lege lata zumindest im Ansatzpunkt bejahend *Schaub*, JZ 2005, 328, 333 f., die auch auf S. 335 eine allgemeine Tendenz in der Union hin zu einem Binnenmarkt-Kollisionsrecht ausmacht; auch *Michaels*, in: FS Kropholler, S. 151 ff. spricht von einer europäischen „IPR-Revolution“.

244 Zum interlokalen Binnenmarkt-IPR siehe *Basedow*, RabelsZ 59 (1995), 1 ff. (als Plädoyer für einen „favor offerentis“); *Drasch*, Das Herkunftslandprinzip im internationalen Privatrecht, S. 206, 301 ff. u. 309 ff.; *Kreuzer*, in: Gemeinsames Privatrecht, S. 537 ff.; *Grundmann*, RabelsZ 64 (2000), 457, 459 f.; *Dethloff*, Europäisierung des Wettbewerbsrechts, S. 284 ff. (für eine Anknüpfung an den Herkunftsort zumindest bei

Reihe von Schwächen auf[245]: Vor allem führt es auf nationalen Märkten zu Wettbewerbsverzerrungen und benachteiligt die Marktgegenseite unangemessen[246]. Dagegen vermied die traditionelle Ausformung des Kollisionsrechts der Rom II-VO nicht nur Unvorhersehbarkeit und Rechtsunsicherheit[247], sondern insbesondere auch eine Spaltung in ein Teilregime für Binnenmarktsachverhalte und solche mit einem überwiegenden Drittstaatenbezug. Entsprechend weit erstreckt Art. 1 Abs. 1 Rom II-VO den Anwendungsbereich auf Sachverhalte mit Drittstaatenbezug, und entsprechend universell kann laut Art. 3 Rom II-VO auch das Sachrecht von Drittstaaten berufen werden.

Bei Lauterkeitsdelikten erwies sich vor allem die Formulierung des Anknüpfungsgegenstandes als problematisch, dessen Begriffsterminologie von *concurrence déloyale*, unlauteren Praktiken, unlauteren Geschäftspraktiken, unlauteren Handelspraktiken zu unlauterem Wettbewerbsverhalten wechselte[248]. Beim Anknüpfungsmerkmal dagegen wurde die engste Verbindung alternativlos zum Ort des betroffenen Marktes gezogen. Eine Erheblichkeitsschwelle wurde zwar vorgeschlagen[249], jedoch ebenso wenig realisiert wie eine Sonderregel für Streudelikte im Bereich des Lauterkeitsrechts. Multistate-Wettbewerb wird damit weiter erhebliche Probleme aufwerfen. Eine spezielle Behandlung sollte lediglich das bilaterale Wettbewerbshandeln erfahren. Ungeklärt blieb außerdem das Verhältnis von Art. 6 Rom II-VO zum sekundärrechtlichen Herkunftslandprinzip, was zu erheblicher Rechtsunsicherheit führen wird[250].

B. Gemeinschaftskompetenz zur Vereinheitlichung des internationalen Lauterkeitsrechts

Die Frage, ob der europäische Gesetzgeber die Kompetenz besaß, das internationale Lauterkeitsrecht in Form von Art. 6 Rom II-VO zu vereinheitlichen, beantwortet Art. 5 EGV. Zur Untersuchung der Gesetzgebungskompetenz ist der EGV in der

---

Multistate-Wettbewerb); *Jayme*, in: Vergemeinschaftung, S. 31 ff. (als Möglichkeit der Ausrichtung an „governmental interests"); *Mankowski*, in: 75 Jahre Max-Planck-Institut, S. 595 ff. (allgemein zu Grundlagen, Konsequenzen, Wertungsproblemen); *Mansel*, RabelsZ 70 (2006), 651 ff. (zur Anerkennung statt der Verweisung als neuem Strukturprinzip des europäischen IPR).

245 Zusammenfassend *Jayme*, in: Vergemeinschaftung, S. 38 f.; sowie *Mankowski*, in: 75 Jahre Max-Planck-Institut, S. 615.

246 Siehe unten S. 110 (Vorrang der klassischen Kollisionsrechtsinteressen auch im Binnenmarkt).

247 Siehe oben S. 39 (Flexibilität der Anknüpfungsregeln).

248 Siehe oben S. 61.

249 Vorschlag der Kommission, KOM(2003) 427 endg., S. 18.

250 *Basedow*, EuZW 2004, 423; *Buchner*, GRUR Int. 2005, 1004, 1010; *Kohler, C.*, in: FS Jayme, S. 459 („potentielle Quelle nicht erträglicher Rechtsunsicherheit").

Fassung des Vertrags von Amsterdam[251] heranzuziehen. Die Kompetenzgrundlage muss bereits zum Zeitpunkt des Erlasses der Maßnahme vorhanden sein[252]. Die Rom II-VO wurde am 11. Juli 2007 erlassen[253]. Maßgeblich ist damit die Fassung des EGV zu diesem Tag[254]. Deswegen ist im folgenden grundsätzlich auch weiterhin von der Europäischen „Gemeinschaft“ und der „Gemeinschaftskompetenz“ die Rede, da erst der Vertrag von Lissabon die Europäische Gemeinschaft zur Europäischen Union fusionierte[255]. Gemäß Art. 5 Abs. 1 EGV wurde die Gemeinschaft nur innerhalb der Grenzen der ihr im EGV zugewiesenen Befugnisse und gesetzten Ziele tätig (Prinzip der begrenzten Einzelermächtigung)[256]. Für jeden verbindlichen Rechtsakt der Gemeinschaft war demnach nicht nur eine ausdrückliche, sondern auch die passende Kompetenzgrundlage zu suchen[257], deren Voraussetzungen der Rechtssetzer einzuhalten hatte (I). Bei Ausübung der Kompetenz musste der Gesetzgeber nach Art. 5 Abs. 2 und 3 EGV zudem das Subsidiaritätsprinzip (II) und den Grundsatz der Verhältnismäßigkeit (III) beachten[258].

---

251 Vertrag von Amsterdam zur Änderung des Vertrags über die Europäische Union, der Verträge zur Gründung der Europäischen Gemeinschaften sowie einiger damit zusammenhängender Rechtsakte, ABl. C 340/1 v. 11.7.1997, in Kraft getreten am 1.5.1999.

252 Grabitz/Hilf I-*von Bogdandy*, Art. 5 EGV Rn. 7.

253 Verordnung (EG) Nr. 864/2007 des Europäischen Parlaments und des Rates vom 11. Juli 2007 über das auf außervertragliche Schuldverhältnisse anzuwendende Recht („Rom II“), ABl. L 199/40 v. 31.7.2007; davor wurde der im Vermittlungsausschluss gefundene Kompromiss am 28. Juni 2007 vom Rat gebilligt, Voting Result, Ratsdokument 11313/07; vom Parlament wurde er am 10. Juli 2007 angenommen, Legislative Entschließung des Parlalments, P6_TA(2007)0317, A6-0257/2007; einen Tag später folgte die für den Erlass maßgebliche Unterzeichnung durch die Präsidenten beider Institutionen.

254 *Dickinson*, Rome II, Rn. 2.05.

255 Zur Rechtsnachfolge siehe Art. 1 Abs. 3 S. 3 EUV: „Die Union tritt an die Stelle der Europäischen Gemeinschaft, deren Rechtsnachfolgerin sie ist.“

256 Art. 5 EGV wurde durch Art. 5 EUV ersetzt. Gemäß Abs. 1 S. 1 „[gilt] für die Abgrenzung der Zuständigkeiten der Union… der Grundsatz der begrenzten Einzelermächtigung.“. Gemäß Abs. 2 „[wird] nach dem Grundsatz der begrenzten Einzelermächtigung… die Union nur innerhalb der Grenzen der Zuständigkeiten tätig, die die Mitgliedstaaten ihr in den Verträgen zur Verwirklichung der darin niedergelegten Ziele übertragen haben. Alle der Union nicht in den Verträgen übertragenen Zuständigkeiten verbleiben bei den Mitgliedstaaten.“ Abs. 3 und 4 normieren das Subsidiaritätsprinzip und den Grundsatz der Verhältnismäßigkeit.

257 Calliess/Ruffert (3.)-*Calliess*, Art. 5 EGV Rn. 9; umfassend *Dohrn, H.*, Kompetenzen, S. 181 ff.

258 Auch wenn im Rahmen der justiziellen Zusammenarbeit in Zivilsachen bislang kein Vorschlag der Kommission an diesen beiden Voraussetzungen gescheitert ist, *Wagner, R.*, IPRax 2007, 290, 291.

I. Kompetenzgrundlage: Artt. 61 lit. c), 65 lit. b) alt. 1 EGV

Auch wenn für die Rechtssetzungskompetenz Art. 95 EGV in Betracht zu ziehen gewesen wäre[259], wurde die Rom II-VO ausweislich der ersten Worte ihrer Präambel auf der Grundlage von Art. 61 lit. c) in Verbindung mit Art. 65 EGV beschlossen. Die Vorschriften bestimmen, dass der Rat Maßnahmen im Bereich der justiziellen Zusammenarbeit in Zivilsachen erlässt, wozu nach Art. 65 lit. b) alt. 1 EGV[260] auch „Maßnahmen zur Förderung der Vereinbarkeit der in den Mitgliedstaaten geltenden Kollisionsnormen“ gehören, „soweit sie für das reibungslose Funktionieren des Binnenmarktes erforderlich sind“. Die Tragweite von Art. 65 EGV war seit seiner Einführung durch den Vertrag von Amsterdam äußerst umstritten. Während die Befürworter der neuen Kompetenz vor allem die in der Rechtsvereinheitlichung liegenden Chancen sahen[261], fürchteten die Kritiker[262] vor allem um die Qualität der von einem lobbyhörigen und bürokratiegläubigen europäischen Gesetzgeber zu schaffenden Rechtsakte[263]. Die kritischen Stimmen verloren jedoch an Kraft, nachdem der europäische Gesetzgeber mit einer Reihe von Verordnungen auf dem Gebiet des internationalen Privat- und Zivilverfahrensrechts immer wieder die Grenzen der Kompetenznorm ausgetestet und seinen Anspruch bekräftigt hatte, umfassend zu Maßnahmen im Bereich der justiziellen Zusammenarbeit in Zivilsachen ermächtigt zu sein[264]. Nahezu resignativ wird dazu angemerkt, dass

---

259 Wegen des intensiven Binnenmarktbezuges der Rom II-VO: *Kohler, C.*, IPRax 2003, 401, 408; weil ihr Schwerpunkt nicht den freien Personenverkehr betrifft: *Basedow*, in: Systemwechsel, S. 32.

260 Jetzt Art. 81 Abs. 2 lit. c) AEUV.

261 *Kreuzer*, in: Gemeinsames Privatrecht, S. 530; *Basedow*, CMLRev. 37 (2000), 687 ff.; *Hess*, NJW 2000, 23 ff.; *Staudinger, A.*, ZfRV 2000, 93 ff.; *Siems*, GPR 2003, 66 ff.; vorsichtig *Boele-Woelki*, in: Liber Amicorum Kurt Siehr, S. 77 („However, the non-positive experience thus far with private international law legislation emanating from Brussels does not provide a sound basis for optimism.“).

262 *Jayme/Kohler, C.*, IPRax 1999, 401, 402; *Kohler, C.*, Revue Critique 88 (1999), 1 ff.; *Kohler, C.*, in: Revision des EuGVÜ, S. 6 („mit der halbherzigen, institutionell hybriden und in ihrer sachlichen Tragweite unklaren Regelung“ könne niemand zufrieden sein); *Leible*, in: Europäische Rechtsangleichung, S. 387 ff.; *Pfeiffer*, NJW 1999, 3674; *Schack*, ZEuP 1999, 805 ff.; *Mansel*, in: Systemwechsel, S. 3 ff.

263 Insbesondere *Schack*, ZEuP 1999, 805, 808; *Wilderspin*, in: Systemwechsel, S. 87.

264 Zum politischen Normsetzungsprogramm des Gesetzgebers siehe (Wiener) Aktionsplan des Rates und der Kommission, ABl. C 19/1 v. 23.1.1999; Haager Programm, ABl. C 53/1 v. 3.3.2005; Stockholmer Programm, Ratsdokument 17024/09; realisiert wurden auf dem Gebiet des Kollisionsrecht insbesondere Rom-I und Rom-II (in Bearbeitung sind insbesondere Rom-III zum internationalen Scheidungsrecht, KOM(2006) 399 endg. und KOM(2010) 105 endg./2, eine Verordnung zum internationalen Erbrecht, KOM(2009) 154 endg. sowie eine Verordnung zum internationalen Güterrecht, KOM(2006) 400 endg.), daneben vor allem zum Verfahrensrecht z. B. die EuGVO und die Verordnungen 1346/2000 über Insolvenzverfahren, 1206/ 2001 über die Zusammenarbeit auf dem Gebiet der Beweisaufnahme in Zivil- und

dadurch jede Kritik an der Ermächtigungsgrundlage zu einer akademischen Spielerei geworden sei[265]; die politische Entscheidung sei gefallen[266]. Insbesondere der Drittstaatenbezug des europäischen Kollisionsrechts sei bereits so selbstverständlich, dass er zum Beispiel in dem Vorschlag zur Rom III-VO[267] nicht mehr ausdrücklich erwähnt wird[268]. Im Aktionsplan zur Umsetzung des Stockholmer Programms wird im Rahmen der justiziellen Zusammenarbeit in Zivilsachen sogar eine „Verordnung zu Verjährungsfristen bei Verkehrsunfällen mit grenzüberschreitendem Bezug" angekündigt[269]. Damit jedoch wäre die Rechtsgrundlage derart ausgeweitet, dass sie auch die Vereinheitlichung zentraler Fragen des Bürgerlichen Rechts tragen würde[270].

Zum Teil wird der Streit um die Grenze der Kompetenz auch mit Ausblick auf die Änderungen der ziviljustiziellen Zusammenarbeit, die den Regelungen im EGV nachfolgen, als müßig bewertet. So habe bereits der EU-Verfassungsentwurf[271] in Art. III-170 Abs. 2 lit. c) eine eindeutige Kompetenzgrundlage formuliert, nach der die Vereinbarkeit der in den Mitgliedstaaten geltenden Kollisionsnormen sichergestellt werden sollte[272]. Und auch der an die Stelle des Verfassungsentwurfs

---

Handelssachen, 2201/2003 über die Zuständigkeit und die Anerkennung und Vollstreckung von Entscheidungen in Ehesachen und in Verfahren betreffend die elterliche Verantwortung, 805/2004 zur Einführung eines europäischen Vollstreckungstitels für unbestrittene Forderungen, 1896/2006 zur Einführung eines Europäischen Mahnverfahrens, 861/2007 zur Einführung eines europäischen Verfahrens für geringfügige Forderungen, 1393/2007 über die Zustellung gerichtlicher und außergerichtlicher Schriftstücke in Zivil- und Handelssachen, 4/2009 über die Zuständigkeit, das anwendbare Recht, die Anerkennung und Vollstreckung von Entscheidungen und die Zusammenarbeit in Unterhaltssachen sowie die Richtlinie 2003/8/EG zur Verbesserung des Zugangs zum Recht durch Festlegung gemeinsamer Mindestvorschriften über die Prozesskostenhilfe; *Heinze*, in: FS Kropholler, S. 105 („Füllhorn verfahrensrechtlicher Regelungen"); Übersicht auch bei *von Hoffmann/Thorn u. a.*, IPR, § 1 Rn. 119; *Wagner, R.*, NJW 2010, 1707, 1709 und in Erwägungsgrund 3 der VO 4/2009 über Unterhaltssachen.

265 *Von Hein*, RabelsZ 73 (2009), 472 („[T]he constant legislative practice of the EC has made this question practically moot.").

266 So bereits *Hohloch*, in: FS Stoll, S. 546; *Wilderspin*, in: Systemwechsel, S. 87; *Fuchs*, GPR 2003, 100, 101; *Junker*, in: FS Sonnenberger, S. 420.

267 Vorschlag Ehesachen, KOM(2006) 399 endg.

268 *Jayme/Kohler, C.*, IPRax 2007, 493, 494.

269 Aktionsplan zur Umsetzung des Stockholmer Programms v. 20.4.2010, KOM(2010) 171 endg., S. 25.

270 *Mansel/Thorn u. a.*, IPRax 2011, 1, 30.

271 *Europäischer Konvent*, CONV 850/03, Entwurf eines Vertrags über eine Verfassung für Europa v. 18. Juli 2003.

272 *Von Hein*, ZVglRWiss 102 (2003), 528, 532; *Hau*, in: Grünbuch Vertragsrecht, S. 18; *Kreuzer*, RabelsZ 70 (2006), 1, 27; umfassend und kritisch zur justiziellen Zusammenarbeit in Zivilsachen *Schroeter*, ZEuP 2006, 515, 534 ff.

getretene Vertrag von Lissabon formuliert bei der Zusammenarbeit in Zivilsachen weitreichender als noch der Vertrag von Amsterdam[273]: So ist etwa die Förderung des Binnenmarktes nicht länger zwingende Voraussetzung zur Kollisionsrechtsharmonisierung[274]; gemäß dem neuen Art. 81 Abs. 2 AEUV kann der Legitimationsgrund lediglich „insbesondere" in der Erforderlichkeit eines reibungslos funktionierenden Binnenmarktes liegen.

Gleichwohl vermögen solche rechtspolitischen Erwägungen die exakte Bestimmung des Umfangs der Gesetzgebungskompetenz nicht zu ersetzten. Der Streit darüber ist in Bezug auf die Rom II-VO von aktueller Brisanz. Berichtet wird von einem „vulkanartigen Ausbruch" gegen die Rom II-VO in Frankreich, der vor allem die Rechtsgrundlage der Verordnung attackiert[275]. Die Euphorie bei der Entwicklung eines europäischen Kollisionsrechts ist einer pragmatischen Ernüchterung und einem neu erwachten Subsidiaritätsbewusstsein gewichen[276]. Selbst wenn die Grundlage zur Kollisionsrechtsvereinheitlichung in Art. 81 Abs. 2 AEUV nunmehr weitreichender sein sollte als noch in Art. 65 lit. b) EGV, ist dies für die Rom II-VO nicht relevant. Maßgeblich ist die Fassung des EGV am 11. Juli 2007, an dem die Rom II-VO erlassen worden ist[277]. Auch ersetzt das Selbstverständnis der Gemeinschaftsorgane keine gesetzliche Ermächtigung. Eine ausufernde Rechtssetzungspraxis der Gemeinschaftsorgane vermag nicht, selbst bei einstimmigen Entscheidungen die Grenzen der gesetzlich zugewiesenen Kompetenz zu beeinflussen[278]. Schließlich kann der Streit um die Rechtsgrundlage der Rom II-VO auch praktisch relevant werden[279]. Zwar tendiert der EuGH dazu, die legislative Macht der Gemeinschaftsorgane freizügig auszulegen[280], auch wenn er immerhin die Richtlinie zur Tabakwerbung mangels ausreichendem Binnenmarktbezug gemäß Art. 95 EGV für nichtig erklärt hat[281]. Dennoch ist es nicht unwahrscheinlich,

---

273 Zu den Neuerungen siehe *Fiorini*, ICLQ 57 (2008), 969 ff.; *Mansel/Thorn/Wagner, Rolf*, IPRax 2010, 1, 24 ff.

274 *Jayme/Kohler, C.*, IPRax 2007, 493, 495; *Mansel/Thorn u. a.*, IPRax 2010, 1, 25; *Wagner, R.*, NJW 2010, 1707, 1708; *Dutta*, EuZW 2010, 530, 531; *Weller*, IPRax 2011, 429, 436; Schwarze-*Graßhof*, Art. 65 Rn. 27.

275 *Sonnenberger*, IPRax 2011, 325, 326; MüKo BGB X-*Sonnenberger*, Einl. IPR Rn. 148 Fn. 21 („sehr emotional geführte Auseinandersetzung in Frankreich").

276 *Jayme/Kohler, C.*, IPRax 2007, 493, 505.

277 Siehe oben S. 65.

278 *Schroeter*, UN-Kaufrecht und EG-Recht, § 11 Rn. 81 f.; Grabitz/Hilf I-*Pernice/Mayer*, Art. 220 EGV Rn. 54.

279 *Sonnenberger*, IPRax 2011, 325, 326.

280 Obwohl das Argument der Kompetenzüberschreitung angeführt wird, seit insbesondere die Kommission seit den 1979er Jahren die Gemeinschaftskompetenzen extensiv auslegt, hat sich der EuGH davon nicht sonderlich beeindruckt gezeigt, *Reich*, EuZW 1991, 203, 207.

281 EuGH v. 5.9.2000, Rs. C-376/98 (Tabakwerbung), Slg. 2000, I-8419; dazu *Calliess*, Jura 2001, 311 ff.

dass erneut ein Kläger diese Macht anzweifelt und die Wirksamkeit der Rom II-VO mit dem Argument der Kompetenzüberschreitung angreift. Es gibt genügend Interessengruppen, die an einigen objektiven Anknüpfungen der Rom II-VO keinen Gefallen finden[282]. Außerdem könnte eine Partei eines Rechtsstreits von ausreichendem Streitwert bereits dann eine Vorlage zum EuGH anstreben, wenn die dadurch hervorgerufene Verzögerung der Entscheidung einen taktischen Vorteil bedeutete. Dafür bietet das *ultra-vires* Argument einen geeigneten Ansatzpunkt.

Nicht nur der in dieser Hinsicht eher großzügige EuGH könnte die Rechtsgrundlage der Rom II-VO überprüfen. Auch die nationalen Gerichte besinnen sich vermehrt auf die Wahrung der nationalen Interessen im Rahmen des Binnenmarkts[283]. Insbesondere in Deutschland besteht die Möglichkeit, dass sich das im Vergleich zum EuGH sehr viel kritischere BVerfG mit der Kompetenzfrage auseinandersetzt[284]. So bestätigte der Zweite Senat des BVerfG am 30. Juni 2009 im Urteil zum Vertrag von Lissabon seine Zuständigkeit zur Überwachung der im Maastricht-Urteil[285] noch so genannten ausbrechenden Rechtsakte der Europäischen Gemeinschaft[286]. Zu dieser nun explizit so genannten *ultra-vires* Kontrolle heißt es im Urteil: „Wenn Rechtsschutz auf Unionsebene nicht zu erlangen ist, prüft das Bundesverfassungsgericht, ob Rechtsakte der europäischen Organe und Einrichtungen sich unter Wahrung des gemeinschafts- und unionsrechtlichen Subsidiaritätsprinzips in den Grenzen der ihnen im Wege der begrenzten Einzelermächtigung eingeräumten Hoheitsrechts halten."[287] Bestätigt wurde die Kontrollmöglichkeit durch das BVerfG im Honeywell-Beschluss vom 6. Juli 2010[288], auch wenn es dort europafreundlicher heißt, dass nur „hinreichend qualifizierte" und „offensichtliche" Kompetenzüberschreitungen die Gefahr einer Nichtanwendbarkeit des entsprechenden unionalen Rechtsaktes in Deutschland begründen.

Die Kompetenzgrundlage der Artt. 61 lit. c), 65 lit. b) alt. 1 EGV[289] ist ihrem Wortlaut nach insbesondere in dreifacher Hinsicht

282 Z. B. *International Chamber of Commerce*, Comments, S. 1; *ABN AMRO*, Consultation, S. 2; *BDI*, Stellungnahme, S. 7; *BITKOM*, Stellungnahme, S. 3; *Bundesverband deutscher Banken*, Preliminary Draft Proposal, S. 2; *International Federation of the Phonographic Industry*, Comments, S. 2 f.

283 *Jayme/Kohler, C.*, IPRax 2007, 493, 505.

284 *Sonnenberger*, IPRax 2011, 325, 327.

285 BVerfG v. 12.10.1993, 2 BvR 2134/92, 2 BvR 2159/92, BVerfGE 89, 155, 188.

286 Dazu umfassend *Dingemann*, ZEuS 2009, 491 ff.

287 BVerfG v. 30.6.2009, 2 BvE 2/08, 2 BvE 5/08, 2 BvR 1010/08, 2 BvR 1022/08, 2 BvR 1259/08, 2 BvR 182/09, BVerfGE 123, 267, Rn 240.

288 BVerfG v. 6.7.2010, 2 BvR 2661/06, BVerfGE 126, 286.

289 Die Kompetenzgrundlage kann nur von beiden Artikeln gemeinsam gebildet werden, Calliess/Ruffert (3.)-*Rossi*, Art. 65 EGV Rn. 1; Schwarze-*Graßhof*, Art. 65 EGV Rn. 3; ähnlich bereits *Boele-Woelki/van Ooik*, YPIL 4 (2002), 1, 12 f.; a. A. Streinz-*Leible*, Art. 65 EGV Rn. 3 (Art. 65 EGV sei keine Kompetenz-, sondern lediglich „Kompetenzausfüllungsnorm").

begrenzt[290]. Eine darauf gestützte Maßnahme muss zunächst „für das reibungslose Funktionieren des Binnenmarktes erforderlich“ sein. Die Maßnahme muss sich außerdem sachlich auf bestimmte „Kollisionsnormen“ beziehen, wobei schließlich lediglich deren „Vereinbarkeit [gefördert]“ werden soll. Die Vereinheitlichung des Lauterkeitskollisionsrechts durch Art. 6 Rom II-VO nutzt die Kompetenzgrundlage umfassend. Problematisch ist vor allem, inwieweit dabei der Voraussetzung der Binnenmarktfunktionalität genüge getan (1) und die Kompetenz sachlich (2) und umsetzungstechnisch (3) nicht überschritten wurde.

1. *Binnenmarktförderung*

Nach Art. 65 EGV müssen Maßnahmen, die auf der Grundlage dieser Norm erlassen werden, „für das reibungslose Funktionieren des Binnenmarktes erforderlich“ sein. Diese kompetenzbeschränkende Zweckbindung verdeutlicht, dass durch gemeinschaftsrechtliches Sekundärrecht begründetes Kollisionsrecht das Binnenmarktziel fördern und insoweit zwingend binnenmarktbezogen sein muss[291]. In einigen Anmerkungen zur Rom II-VO wird deren Binnenmarktbezug teilweise kategorisch verneint[292]. Genauso kategorisch wird aber auf der anderen Seite auch

---

290 Andere Tatbestandsmerkmale sind hier weitgehend unproblematisch. So ist vor allem das Merkmal des grenzüberschreitenden Bezugs generell weit auszulegen, Calliess/Ruffert (3.)-*Rossi*, Art. 65 EGV Rn. 7; Lenz/Borchardt (4.)-*Bergmann*, Art. 65 EGV Rn. 3; *Dohrn, H.*, Kompetenzen, S. 62; es liegt bei allen kollisionsrechtlichen Maßnahmen ohne weiteres vor, *Basedow*, CMLRev. 37 (2000), 687, 701; *Basedow*, in: Systemwechsel, S. 38 (grenzüberschreitende Bezüge seien „bei Kollisionsregeln oder bei Regelungen zum internationalen Zivilprozessrecht unproblematisch gegeben“); *Drappatz*, Überführung des IZVR, S. 93; *Kohler, C.*, IPRax 2003, 401, 403; *Wagner, R.*, RabelsZ 68 (2004), 119, 134; *Herweg*, Vereinheitlichung des internationalen Erbrechts, S. 200; *Dickinson*, JPIL 2005, 197, 209; *Dickinson*, Rome II, Rn. 2.47; einschränkend wirkt es vor allem im Bereich des Zivilprozessrechts, Streinz-*Leible*, Art. 65 EGV Rn. 22; *Remien*, CMLRev. 38 (2001), 53, 74; *Wagner, R.*, IPRax 2007, 290, 291 („sachgebietsspezifischer Ansatz“); a. A. Schwarze-*Graßhof*, Art. 65 EGV Rn. 10 („muss jeweils im Einzelfall geprüft werden“).

291 *Jayme*, Ein internationales Privatrecht für Europa, S. 27; *Brödermann/Iversen*, Gemeinschaftsrecht und IPR, S. 267; *Kreuzer*, in: Gemeinsames Privatrecht, S. 537 f. („Rechtspflicht, das einheitliche Kollisionsrecht binnenmarktfreundlich... auszugestalten“); *Müller-Graff/Kainer*, DRiZ 2000, 350 („Sinngebender Kern“); *Linke*, in: FS Geimer, S. 530 „[kann] es nur um die für das reibungslose Funktionieren des Binnenmarktes erforderliche Rechtsangleichung... gehen“); *Kohler, C.*, IPRax 2003, 401, 403 („räumlich-funktionale Begrenzung“); Streinz-*Leible*, Art. 14 EGV Rn. 9 und 32 („Ausgangspunkt zur Kompetenzbestimmung“); *Sonnentag*, ZVglRWiss 105 (2006), 256, 262; *Müller-Graff*, in: FS Jayme, S. 1328; *Stumpf*, EuR 2007, 291, 304 (das Kriterium müsse „ernst genommen werden“).

292 *ABN AMRO*, Consultation, S. 1; *BDI*, Stellungnahme, S. 2; *Advertising Association*, Consultation, S. 2; *UK House Of Lords*, 8th Report 2003-04, Rn. 72.

behauptet, dass die Kollisionsrechtsangleichung zwingend notwendig sei, um Störungen im Binnenmarkt zu vermeiden[293].

Eine Untersuchung der Frage muss zunächst präzisieren, welche Anforderungen das Merkmal der Binnenmarktförderung stellt und was Maßnahmen auf dem Gebiet des Kollisionsrechts dazu beitragen können (a). Auf Grundlage der abstrakten Bestimmung des Merkmals wird anschließend untersucht, ob die Vereinheitlichung des Lauterkeitskollisionsrechts im Rahmen der Rom II-VO den Anforderungen gerecht wird und den Binnenmarkt ausreichend fördert. Dabei sind drei Aspekte zu unterscheiden. Der erste Aspekt bezieht sich auf das „Ob" der Maßnahme und die Frage, inwieweit die bloße Vereinheitlichung des Lauterkeitskollisionsrechts als solche – unabhängig von der konkreten inhaltlichen Gestaltung – Auswirkungen auf den Binnenmarkt haben kann (b). Der zweite Aspekt betrifft die inhaltliche Gestaltung und Ausformung der Kollisionsregeln durch die Wahl bestimmter Anknüpfungsmerkmale und damit das „Wie" der Maßnahme. Hier muss geklärt werden, inwiefern es die Entwicklung des Binnenmarktes fördert, wenn im internationalen Lauterkeitsrecht nicht an den Herkunfts-, sondern an den Marktort angeknüpft wird (c). Der dritte Aspekt betrifft den Regelungsgegenstand und damit das „Was" der Maßnahme. Dabei ist insbesondere fraglich, was die kollisionsrechtliche Regelung von Drittstaatensachverhalten zur Förderung des Binnenmarktes beitragen kann (d).

a) Binnenmarktrelevanz lauterkeitskollisionsrechtlicher Maßnahmen

Bevor konkret geprüft werden kann, ob und inwieweit das internationale Lauterkeitsrecht nach Art. 6 Abs. 1 und 2 Rom II-VO den Binnenmarkt fördert, sind zunächst abstrakt die Voraussetzungen für einen vollkommenen Binnenmarkt zu präzisieren (aa), um anschließend generell zu klären, inwieweit sie durch Maßnahmen auf der Ebene des Kollisionsrechts geschaffen werden können (bb). Letztendlich ist zu verdeutlichen, wie stark die Maßnahme den Binnenmarkt fördern muss (cc).

aa) Präzisierung der Voraussetzungen des europäischen Binnenmarktes

Allgemein ist ein Binnenmarkt dadurch gekennzeichnet, dass der wirtschaftliche Handel innerhalb seiner Grenzen keinen Beschränkungen unterliegt. Waren, Personen, Dienstleistungen und Kapital können frei zirkulieren. Damit können zwei konstituierende Voraussetzungen für einen vollkommenen Binnenmarkt identifiziert werden: Im Binnenmarkt soll sowohl der unbeschränkte Zugang zu allen seinen räumlichen Teilmärkten gewährleistet (Marktzugang) als auch die Homogenität der im gesamten Gebiet herrschenden Wettbewerbsbedingungen hergestellt werden (Markteinheit)[294].

---

293 *Siehr*, BB 1973, 569; *von Overbeck/Volken*, RabelsZ 38 (1974), 56.

294 Vergl. *Müller-Graff*, NJW 1993, 13, 18 (Binnenmarkthemmnisse sind entweder Behinderungen des binnengrenzüberschreitenden Wirtschaftsaustausches oder

Der Binnenmarkt der Europäischen Gemeinschaft war zum relevanten Zeitpunkt des Erlasses der Rom II-VO[295] in Art. 14 Abs. 2 EGV[296] legal definiert[297]. Danach umfasst der europäische Binnenmarkt einen Raum ohne Binnengrenzen, in dem der freie Verkehr von Waren, Personen, Dienstleistungen und Kapital gemäß den Bestimmungen des EG-Vertrages gewährleistet ist. Gemäß Art. 3 Abs. 1 lit. c) EGV[298] ist der europäische Binnenmarkt durch die Beseitigung der Hindernisse für den freien Waren-, Personen-, Dienstleistungs- und Kapitalverkehr zwischen den Mitgliedstaaten gekennzeichnet.

(1) Gewährleistung des Marktzugangs

Die Definition verdeutlicht zunächst, dass auf dem europäischen Binnenmarkt der Zugang zu mitgliedstaatlichen Teilmärkten garantiert werden soll[299]. Insoweit wird der europäische Binnenmarkt im Wesentlichen von den Grundfreiheiten bestimmt: Sie sind zu verwirklichen, indem ihnen entgegenstehende Hemmnisse beseitigt werden[300]. Hemmnisse für die Verwirklichung der Grundfreiheiten entstehen im Allgemeinen aufgrund von Regelungsunterschieden zwischen den Mitgliedstaaten[301], wenn der grenzüberschreitende Handel im Vergleich zum

---

Wettbewerbsverfälschungen); *Bock*, Binnenmarkt, S. 26 ff.; *Roth, W.-H.*, EWS 2008, 401, 408.

295 Siehe oben S. 65.

296 Jetzt Art. 26 Abs. 2 AEUV.

297 Streinz-*Leible*, Art. 14 EGV Rn. 6; *Bock*, Binnenmarkt, S. 22; für eine ausführliche juristische Präzisierung des Begriffs siehe *Reich*, EuZW 1991, 203 ff.

298 Art. 3 Abs. 1 EGV wurde im Wesentlichen ersetzt durch die Art. 3 bis 6 AEUV. Der Binnenmarkt taucht nunmehr in Art. 4 Abs. 2 lit. a) AEUV als Bereich mit zwischen der Union und den Mitgliedstaaten geteilten Zuständigkeit auf.

299 *Bock*, Binnenmarkt, S. 30 f.

300 Streinz-*Leible*, Art. 14 EGV Rn. 16 („Hauptanliegen des Binnenmarktprogramms"); *Dohrn, H.*, Kompetenzen, S. 21 (die Grundfreiheiten seien „die wesentlichen Stützpfeiler des Binnenmarkts"); *Bock*, Binnenmarkt, S. 23 („Betonung des freiverkehrsrechtlichen Konzepts des Binnenmarktes"); Calliess/Ruffert (3.)-*Kahl*, Art. 14 EGV Rn. 11; Calliess/Ruffert (4.)-*Kahl*, Art. 26 AEUV Rn. 14; *Streinz*, Europarecht, § 12 I Rn. 779; Schwarze-*Hatje*, Art. 14 EGV Rn. 8 („zentrales Anliegen"); Grabitz/Hilf I-*Randelzhofer/Forsthoff*, Vorb. Art. 39–55 EGV Rn. 2 f.; *Reich*, EuZW 1991, 203, 207 f. weist jedoch darauf hin, dass der Binnenmarkt nicht nur nach der Beseitigung von Handelshemmnissen verlange, sondern auch nach der Schaffung von Umfeld- und Schutzregelungen, die den Binnenmarkt erst möglich machen.

301 Gleichen sich die Vorschriften im Herkunfts- und Bestimmungsstaat dagegen (etwa wegen Harmonisierungsmaßnahmen des europäischen Gesetzgebers), dann fehlt es in der Regel an der für eine Beschränkung notwendigen spezifischen Erschwerung des Marktzugangs, Grabitz/Hilf I-*Leible*, Art. 28 EGV Rn. 44; ähnlich *Roth, W.-H.*, IPRax 2006, 338, 346 („Ist [das Bestimmungslandrecht] mit dem Recht des Herkunftslandes identisch oder aber für den Diensteerbringer milder, bewirkt es keine Beschränkung des grenzüberschreitenden Diensteverkehrs...").

Herkunftsland im Bestimmungsland zusätzlichen Vorschriften unterworfen wird. Der EuGH spricht dann von einem Hemmnis, wenn eine Maßnahme den Gebrauch einer Freiheit „weniger attraktiv" mache, „zusätzliche Kosten" verursache oder eine „abschreckende Wirkung" auf den Gebrauch der Freiheit ausübe[302]. Ein Hemmnis liegt vor, wenn rechtliche Rahmenbedingungen die ökonomische Entscheidung der Marktteilnehmer zur Grenzüberschreitung negativ beeinflussen[303].

Der EuGH versteht die Grundfreiheiten sehr weit als allgemeine Beschränkungsverbote[304]. In diesem Sinn ist ein Hemmnis zum Beispiel für die Freiheit des Warenverkehrs „jede Handelsregelung der Mitgliedstaaten, die geeignet ist, den innergemeinschaftlichen Handel unmittelbar oder mittelbar, tatsächlich oder potentiell zu behindern"[305]. Dabei kann die Handelsregelung zum einen diskriminieren und dabei offen oder verdeckt an das Merkmal der Grenzüberschreitung anknüpfen. Eine verdeckte Diskriminierung[306] wird durch Tatbestände erzielt, die generell zwar für jedermann gelten, regelmäßig jedoch nur von Ausländern erfüllt werden[307]. Zum anderen kann ein Hemmnis auch in einer unterschiedslos anwendbaren Vorschrift liegen[308]. Auf der Rechtsprechung des EuGH aufbauend unterteilt die Kommission in ihrem Weißbuch über den Binnenmarkt, dessen Inhalt letztendlich in Art. 14 EGV verankert wurde[309], die Hemmnisse für die Verwirklichung der Grundfreiheiten in materielle Schranken (Grenzkontrollen), technische (rechtliche) Schranken und Steuerschranken (fiskalische Hemmnisse)[310].

Dabei verlangt die Verwirklichung des Binnenmarktes eine absolute Gewährleistung der Grundfreiheiten über ihre Rechtfertigungsschranken hinaus[311]. Die Rechtfertigungstatbestände[312] verbieten insbesondere dem EuGH bei der

302 *Streinz*, Europarecht, Rn. 799.

303 Grabitz/Hilf I-*von Bogdandy*, Art. 14 EGV Rn. 10; Streinz-*Leible*, Art. 14 EGV Rn. 21.

304 *Streinz*, Europarecht, § 12 II 4 Rn. 797.

305 EuGH v. 11.7.1974, Rs. C-8/74 (Dassonville), Slg. 1974, 837 Rn. 5.

306 Auch mittelbare, verschleierte, materielle oder indirekte Diskriminierung genannt, Grabitz/Hilf I-*von Bogdandy*, Art. 12 EGV Rn. 10.

307 *Streinz*, Europarecht, § 12 II 4 Rn. 793; von der Groeben/Schwarze-*Zuleeg*, Art. 12 EGV Rn. 4.

308 EuGH v. 11.7.1974, Rs. C-8/74 (Dassonville), Slg. 1974, 837; EuGH v. 20.2.1979, Rs. C-120/78 („Cassis de Dijon"), Slg. 1979, 649.

309 Zur rechtshistorischen Entwicklung des Binnenmarktziels siehe zum Beispiel Streinz-*Leible*, Art. 14 EGV Rn. 1 ff.; Grabitz/Hilf I-*von Bogdandy*, Art. 14 EGV Rn. 1 f.; Calliess/Ruffert (3.)-*Kahl*, Art. 14 EGV Rn. 1 ff.

310 Weißbuch Binnenmarkt v. 14.6.1985, KOM(85) 310 endg.

311 Grabitz/Hilf I-*Leible*, Art. 28 EGV Rn. 25 („Typischer Gegenstand der Rechtsangleichung").

312 A. A. Grabitz/Hilf I-*Leible*, Art. 28 EGV Rn. 20, nach dem es sich bei den zwingenden Erfordernissen um immanente Schranken der Grundfreiheiten mit tatbestandsausschließender Wirkung handelt.

Verwirklichung der Grundfreiheiten im Rahmen der sogenannten negativen Integration[313] die Beseitigung solcher Hemmnisse, die ein durch das Gemeinschaftsrecht legitimiertes Ziel verfolgen und dabei verhältnismäßig sind[314]. Gleichermaßen findet in der Rechtfertigung das von der Kommission zur Durchsetzung der Grundfreiheiten entwickelte, aus der Rechtsprechung des EuGH abgeleitete „Prinzip der gegenseitigen Anerkennung"[315] seine Grenze[316]. Die Voraussetzungen für den vollkommenen Binnenmarkt gehen jedoch über die Rechtfertigungsschranken hinaus. Denn ihnen entspricht die vollständige Beseitigung aller marktrelevanten Hemmnisse zwischen den Mitgliedstaaten[317]. Insoweit erzwingen die Binnenmarktvoraussetzungen im Rahmen der sogenannten positiven Integration[318] eine umfassende Rechtsangleichung durch den Gesetzgeber[319].

(2) Herstellung der Markteinheit

Über den Zugang zu mitgliedstaatlichen Teilmärkten hinaus ist der europäische Binnenmarkt durch die Markteinheit innerhalb der Gemeinschaft bedingt. Denn die Binnenmarktintegration setzt über die Verwirklichung der Grundfreiheiten hinaus unabhängig von der umstrittenen Abgrenzung zum Begriff des Gemeinsamen Marktes[320] auch die Beseitigung von spürbaren Wettbewerbsverzerrungen aufgrund bestehender Unterschiede in den Rechtsordnungen der Mitgliedstaaten

313 Streinz-*Leible*, Art. 14 Rn. 17 („negative Rechtsangleichung"); auch judikative Rechtsangleichung genannt, zur negativen bzw. judikativen Rechtsangleichung siehe insbesondere *Franzen*, Privatrechtsangleichung, S. 10 ff.

314 Zur Rechtfertigung siehe *Streinz*, Europarecht, § 12 II 4 Rn. 804 ff.; EuGH v. 20.2.1979, Rs. C-120/78 (Rewe-Zentral AG), Slg. 1979, 649 („Cassis de Dijon"); EuGH v. 30.11.1995, Rs. C-55/94 (Gebhard), Slg. 1995, I-4165 Rn. 37.

315 Weißbuch Binnenmarkt v. 14.6.1985, KOM(85) 310 endg., S. 18; dazu Grabitz/Hilf I-*Leible*, Art. 28 EGV Rn. 26.

316 Streinz-*Leible*, Art. 14 EGV Rn. 18 ff.

317 Streinz-*Leible*, Art. 14 EGV Rn. 7 und 16; Grabitz/Hilf I-*von Bogdandy*, Art. 14 EGV Rn. 9; Calliess/Ruffert (4.)-*Kahl*, Art. 26 AEUV Rn. 14; *Streinz*, Europarecht, § 12 III 1 Rn. 905; EuGH v. 5.5.1982, Rs. C-15/81 (Gaston Schul Douane Expediteur BV), Slg. 1982, 1409 Rn. 33 („die Beseitigung aller Hemmnisse im innergemeinschaftlichen Handel mit dem Ziel einer Verschmelzung der nationalen Märkte zu einem einheitlichen Markt").

318 Auch legislative Rechtsangleichung genannt, *Franzen*, Privatrechtsangleichung, S. 10 ff.

319 Streinz-*Leible*, Art. 14 EGV Rn. 21; Grabitz/Hilf I-*Leible*, Vorb. zu den Art. 28–31 EGV Rn. 7; Schwarze-*Hatje*, Art. 14 EGV Rn. 8; *Glöckner*, in: Neueste Entwicklungen, S. 277 f.; *Besse*, Vergemeinschaftung des EuGVÜ, S. 84.

320 Vertreten wird, dass das Verständnis vom Binnenmarkt enger sei und insbesondere den Bereich der Wettbewerbspolitik gemäß der Artt. 81 ff. EGV nicht umfasse, gleich oder weiter sei; Überblick über den Streitstand bei Calliess/Ruffert (4.)-*Kahl*, Art. 26 AEUV Rn. 8 ff.; Streinz-*Leible*, Art. 14 EGV Rn. 10 ff.

voraus[321]. Der Wettbewerbsaspekt ist vom Begriff des Binnenmarkts daher zumindest insoweit umfasst, als es um die Angleichung der Wettbewerbsbedingungen geht[322]. Auch der EuGH rechnet in seiner Rechtsprechung ein System unverfälschten Wettbewerbs zu den konstitutiven Merkmalen des Binnenmarktes[323]. Zu den Wettbewerbsverzerrungen gehören insbesondere auch standortbezogene Wettbewerbsverfälschungen, die daher rühren, dass die Produktionsbedingungen in einem Mitgliedstaat gegenüber denjenigen in anderen Mitgliedstaaten rechtlich nachteiliger ausgestaltet sind[324]. Insoweit erfordert die Binnenmarktvoraussetzung allgemein die Angleichung der im Binnenmarkt herrschenden Wettbewerbsbedingungen.

bb) Präzisierung der Binnenmarktrelevanz lauterkeitskollisionsrechtlicher Maßnahmen

Bei Maßnahmen auf der Ebene des Kollisionsrechts – vor allem im Bereich des Lauterkeitsrechts – kann die erforderliche Binnenmarktrelevanz in Frage gestellt werden. Möglicherweise berühren Unterschiede im Kollisionsrecht die Voraussetzungen für einen Binnenmarkt, wie sie durch die Verwirklichung der Grundfreiheiten und die Beseitigung von Wettbewerbsverzerrungen präzisiert werden[325], von vornherein nicht. Wäre dies der Fall, würde sich die Vereinheitlichung des Kollisionsrecht von vornherein nicht auf das Funktionieren des Binnenmarktes auswirken. Insbesondere die Verwirklichung der Grundfreiheiten stellt eine wesentliche Voraussetzung für den europäischen Binnenmarkt dar. Fällt jedoch ein Sachverhalt nicht in den Anwendungsbereich der Grundfreiheiten, wird daraus gefolgert, dass er auch nicht von der Gemeinschaft unter Berufung auf die

---

321 *Hallstein*, RabelsZ 28 (1964), 211, 214 f.; von der Groeben/Schwarze-*Pipkorn/Bardenhewer-Rating/Taschner*, Art. 14 EGV Rn. 35 und Art. 95 EGV Rn. 17 ff.; Streinz-*Leible*, Art. 14 EGV Rn. 25; *Dohrn, H.*, Kompetenzen, S. 100 f.; Calliess/Ruffert (3.)-*Rossi*, Art. 14 EGV Rn. 10; Grabitz/Hilf I-*von Bogdandy*, Art. 14 EGV Rn. 8; umfassend *Bock*, Binnenmarkt, S. 26 ff.

322 Streinz-*Leible*, Art. 14 EGV Rn. 15; *Roth, W.-H.*, EWS 2008, 401, 408; Grabitz/Hilf I-*von Bogdandy*, Art. 14 EGV Rn. 8; a. A. Schwarze-*Hatje*, Art. 14 EGV Rn. 10.

323 EuGH v. 11.6.1991, Rs. C-300/89 (Titandioxid), Slg. 1991, I-286; EuGH v. 5.10.2000, Rs. C-376/98 (Tabakwerbung I), Slg. 2000, I-8419; EuGH v. 10.12.2002, Rs. C-491/01 (British American Tobacco), Slg. 2002, I-11453; EuGH v. 14.12.2004, Rs. C-434/02 (Arnold André), Slg. 2004, I-11825; EuGH v. 14.12.2004, Rs. C-210/03 (Swedish Match), Slg. 2004, I-11893; EuGH v. 12.12.2006, Rs. C-380/03 (Tabakwerbung II) Slg. 2006, I-11573.

324 Streinz-*Leible*, Art. 14 EGV Rn. 25; von der Groeben/Schwarze-*Pipkorn/Bardenhewer-Rating/Taschner*, Art. 95 EGV Rn. 19; EuGH v. 11.6.1991, Rs. C-300/89 (Titandioxid) Slg. 1991, I-286.

325 Siehe oben S. 71 (Präzisierung der Voraussetzungen des europäischen Binnenmarktes).

Binnenmarktkompetenz rechtlich reguliert werden könne[326]. Tatsächlich ist problematisch, ob und inwieweit sich der Gewährleistungsinhalt der Grundfreiheiten auf die inhaltliche Gestaltung des Kollisionsrechts generell (1) oder auch in sachrechtlicher Hinsicht speziell auf das Lauterkeitsrecht (2) erstreckt.

(1) Grundfreiheiten und Kollisionsrecht

Teile der Literatur gehen davon aus, dass sich der Regelungsgehalt des Kollisionsrechts und damit auch jede kollisionsrechtliche Maßnahme nicht auf die Grundfreiheiten auswirken kann[327]. Im Rahmen der konkreten Rechtsanwendung sei es immer erst die Sachnorm, die eine binnenmarkthemmende Wirkung besitze[328]. Die kollisionsrechtliche Ermittlung der anwendbaren Sachnorm dagegen berühre die Grundfreiheiten nicht. Dementsprechend trenne der EuGH in seiner Rechtsprechung zu den Grundfreiheiten dogmatisch die kollisionsrechtliche Frage nach dem anwendbaren Sachrecht von der eigentlichen Frage der Vereinbarkeit der – stillschweigend als anwendbar vorausgesetzten – Sachnorm mit der Grundfreiheit und überprüfe lediglich letztere[329].

Diese Ansicht gründet ihre Aussage, dass das Kollisionsrecht den Grundfreiheiten neutral gegenübersteht, folglich auf die Voraussetzung, dass der kollisionsrechtliche Rechtsanwendungsbefehl und die sich daran anschließende sachrechtliche Rechtsfolge voneinander zu unterscheiden seien. Dogmatisch sind jedoch selbst unter dieser Prämisse zumindest zwei Gründe vorstellbar, weswegen allein der kollisionsrechtliche Rechtsanwendungsbefehl den Aussagen der Grundfreiheiten widersprechen könnte. Die beiden Gründe sind voneinander zu unterscheiden. Zum einen könnten die Grundfreiheiten selbst implizite kollisionsrechtliche Vorgaben aufstellen, die anderslautende Kollisionsnormen wegen ihrer

326 Calliess/Ruffert (3.)-*Kahl*, Art. 95 Rn. 13; Grabitz/Hilf I-*Tietje*, Art. 95 EGV Rn. 30; kritisch zur „Gleichklang-These" jedoch *Roth, W.-H.*, EWS 2008, 401, 410 f.

327 *Kohler, C.*, Droit International Privé 1993, 71, 76; *Tebbens*, Revue Critique 83 (1994), 451, 476 ff.; *Tebbens*, NILR 1997, 442, 444 f.; *Rohe*, RabelsZ 61 (1997), 1, 58 f.; *Franzen*, Privatrechtsangleichung, S. 145 f.

328 Das klingt auch bei *Spindler*, RabelsZ 66 (2002), 633, 703 an, wenn er behauptet: „[n]icht das Herkunftslandprinzip, sondern die dadurch zum Maßstab erklärten nationalrechtlichen Regelungen stellen die exportbeschränkenden Maßnahmen dar".

329 *Franzen*, Privatrechtsangleichung, S. 145; *Sack*, WRP 1994, 281, 286 ff.; kritisch *Bernhard*, EuZW 1992, 347, 348; *Dethloff*, Europäisierung des Wettbewerbsrechts, S. 275; und *Sonnenberger*, ZVglRWiss 95 (1996), 1, 11; MüKo BGB X-*Sonnenberger*, Einl. IPR Rn. 142, die zwar den Befund teilen, dazu jedoch anmerken, der Grund für die fehlende Kollisionsrechtsprüfung liege in der insoweit beschränkten Vorlagefrage des nationalen Gerichts; auch *Remien*, RabelsZ 62 (1998), 627, 632 ff. stellt fest, dass kollisionsrechtliche Fragestellungen gerade in der Praxis des EuGH übersehen werden, wünscht sich jedoch diesbezüglich eine Anreicherung der Grundfreiheitenprüfung; vgl. auch *Brödermann/Iversen*, Gemeinschaftsrecht und IPR, S. 203 ff. (Vorlagefrage zwinge selten zur Erörterung internationalprivatrechtlicher Fragen).

normenhierarchischen Unterordnung verletzen könnten[330]. Insoweit muss die Behauptung der Neutralität der Grundfreiheiten in ihrer Allgemeinheit bereits wegen der Rechtsprechung des EuGH zur Niederlassungsfreiheit von Gesellschaften bezweifelt werden[331]. Demnach beeinflussen die Grundfreiheiten zumindest das Gebiet des internationalen Gesellschaftsrechts sogar soweit, dass sich aus der Niederlassungsfreiheit in bestimmten Fällen konkrete Anknüpfungsmerkmale für das Gesellschaftsstatut ableiten lassen. Insbesondere wird den Erwägungen des EuGH in der Rs. *Überseering* eine kollisionsrechtliche Aussage entnommen[332]. Danach ist eine in einem Mitgliedstaat wirksam gegründete Gesellschaft in einem anderen Mitgliedstaat in der Rechtsform anzuerkennen, in der sie gegründet wurde, und zwar unabhängig von ihrem tatsächlichen Verwaltungssitz. Gesellschaftskollisionsrechtliche Normen, die dem nicht entsprechen, verstoßen gegen die Niederlassungsfreiheit und hemmen insoweit den Binnenmarkt. Im Bereich des Lauterkeitskollisionsrechts entnehmen Teile der Literatur insbesondere den Produktfreiheiten unmittelbar einen kollisionsrechtlichen Gehalt[333].

Zum anderen erscheint es selbst dann, wenn die Grundfreiheiten keine bestimmte kollisionsrechtliche Anknüpfung vorgeben sollten, möglich, dass alleine der kollisionsrechtliche Rechtsanwendungsbefehl unabhängig vom designierten Sachrecht einer Grundfreiheit auf andere Weise widerspricht[334]. Dies ist in zwei Konstellationen denkbar: Zum Beispiel kann das Kollisionsrecht in der Ausgestaltung seiner Anknüpfungstechnik dem Ubiquitätsprinzip folgend den Geschädigten zu seinen Gunsten zwischen dem Recht des Marktortes und dem des Herkunftslandes wählen lassen und damit den benachteiligten Schädiger diskriminieren[335].

---

330 Für eine umfassende Untersuchung der Frage mit Blick auf den Aspekt, ob den Grundfreiheiten ein gegen die Marktortanknüpfung sprechender kollisionsrechtlicher Zuweisungsgehalt zu entnehmen ist, siehe unten S. 102 (Grundfreiheiten als Kollisionsnormen mit abweichenden Anknüpfungsmerkmalen).

331 Insbesondere EuGH v. 27.9.1988, Rs. 81/87 (Daily Mail), Slg. 1988, 5505; EuGH v. 9.3.1999, Rs. C-212/97 (Centros), Slg. 1999, I-1459; EuGH v. 5.11.2002, Rs. C-208/00 (Überseering BV), Slg. 2002, I-9919; EuGH v. 30.9.2003, Rs. C-167/01 (Inspire Art Ltd), Slg. 2003, I-10155; EuGH v. 16.12.2008, Rs. C-210/06 (Cartesio), Slg. 2008, I-9641; Überblick bei MüKo BGB XI-*Kindler*, IntGesR Rn. 111 ff.; bereits Art. 58 EWG ist als Norm mit gesellschaftskollisionsrechtlichem Gehalt gedeutet worden, z. B. *Grothe*, Die „ausländische Kapitalgesellschaft & Co.", S. 175 ff.

332 EuGH v. 5.11.2002, Rs. C-208/00 (Überseering BV), Slg. 2002, I-9919 Rn. 72 ff.; MüKo BGB X-*Sonnenberger*, Einl. IPR Rn. 140 mit ausführlichen Nachweisen in Fn. 37.

333 So vor allem *Basedow*, RabelsZ 59 (1995), 1, 13 ff.; Staudinger IntWirtschR (2010)-*Fezer/Koos*, Rn. 558 sprechen im Bereich des Lauterkeitskollisionsrechts vorsichtiger von einer möglichen Überlagerung durch kollisionsrechtliche Wirkungen des primären Gemeinschaftsrechts.

334 *Roth*, in: GS Lüderitz, S. 641 f.; *Roth*, in: Systemwechsel, S. 53; a. A. *Dethloff*, Europäisierung des Wettbewerbsrechts, S. 276; Staudinger IntWirtschR (2010)-*Fezer/Koos*, Rn. 558.

335 So auch *Deinert*, EWS 2006, 445, 453.

Darüber hinaus ist vorstellbar, dass das Kollisionsrecht eine freiheitsbeschränkende Sachnorm unreflektiert immer zur Anwendung bringt, obwohl die Sachnorm nur in bestimmten grenzüberschreitenden Konstellationen verhältnismäßig und gerechtfertigt, in anderen jedoch unverhältnismäßig und die Beschränkung damit nicht gerechtfertigt ist[336].

Letztendlich entscheidend ist, dass sich der kollisionsrechtliche Befehl, eine bestimmte Sachnorm anzuwenden, von vornherein nicht sinnvoll von der anschließenden Anwendung jener Sachnorm und der Auslösung ihrer sachrechtlichen Rechtsfolge trennen lässt. Die Grundfreiheiten müssen das Kollisionsrecht erfassen, da Kollisionsnormen immer einen zwingenden Beitrag[337] zur Beschränkung einer Grundfreiheit leisten, indem sie die beschränkende Sachnorm zur Anwendung berufen und damit *conditio sine qua non* für deren beschränkende Wirkung sind. Zumindest in ihrem Zusammenspiel mit Sachnormen können Kollisionsnormen daher vom Gewährleistungsinhalt der Grundfreiheiten erfasst sein[338]. Damit trifft jedenfalls die Prämisse der Ansicht, die von der Grundfreiheitenneutralität des Kollisionsrechts ausgeht, nicht zu; zumindest deswegen ist dieser Ansicht nicht zu folgen.

Konsequenterweise impliziert die Nennung des Kollisionsrechts als Gegenstand der justiziellen Zusammenarbeit in Zivilsachen im Ausgangspunkt, dass grundsätzlich bei kollisionsrechtlichen Maßnahmen der erforderliche Binnenmarktbezug vorliegen kann[339]. Denn wenn der Binnenmarktbezug niemals gegeben sein könnte, wäre die Nennung des Kollisionsrechts in Art. 65 EGV sinnlos und überflüssig. Eine Binnenmarkthemmung kann entweder durch Maßnahmen auf der sachrechtlichen Ebene oder durch Maßnahmen auf der Ebene des Kollisionsrechts

---

336 *Roth, W.-H.*, IPRax 2006, 338, 341 unter Verweis auf den in der Rs. C-384/93 (Alpine Investments) vom EuGH beurteilten Sachverhalt, in dem die Anwendung des niederländischen Verbots des „cold callings" bei Anrufen in die Niederlande gerechtfertigt sei, bei Anrufen in einen anderen Mitgliedstaat seiner Meinung nach (und entgegen der Ansicht des EuGH) jedoch nicht, da der Schutz der dortigen Verbraucher nicht den niederländischen Behörden obliege; zur Rechtfertigung des Verbots hinsichtlich der ausländischen Verbraucher ebenso bereits *Remien*, CMLRev. 38 (2001), 53, 84 f.

337 Grundsätzlich setzt jede Sachnorm voraus, dass die räumlichen Kriterien ihrer Anwendung durch eine Rechtsanwendungsnorm bestimmt werden.

338 *Basedow*, RabelsZ 59 (1995), 1, 12; *Sonnenberger*, ZVglRWiss 95 (1996), 3, 22 f.; *Roth, W.-H.*, in: GS Lüderitz, S. 646; *Dethloff*, Europäisierung des Wettbewerbsrechts, S. 275 f.; *Remien*, CMLRev. 38 (2001), 53, 82; *Leible*, in: Neue Entwicklungen, S. 80; *Schaub*, RabelsZ 66 (2002), 18, 23 f.; *Dohrn, H.*, Kompetenzen, S. 31; Grabitz/Hilf I-*Randelzhofer/Forsthoff*, Vorb. Art. 39–55 EGV Rn. 59; MüKo BGB X-*Sonnenberger*, Einl. IPR Rn. 171 f.; Staudinger IntWirtschR (2010)-*Fezer/Koos*, Rn. 558.

339 *Israël*, Maastricht Journal 2000, 81, 91; *Basedow*, CMLRev. 37 (2000), 687, 699 (zumindest was den Aspekt der Vereinheitlichung betrifft); *Basedow*, in: Systemwechsel, S. 40; *Dohrn, H.*, Kompetenzen, S. 109.

beseitigt werden. Die Integration des Sachrechts ermöglicht Art. 65 EGV jedoch grundsätzlich[340] nicht[341]. Die Norm ermächtigt lediglich zur Einwirkung auf das Kollisionsrecht. Damit stellt Art. 65 EGV als Instrument zur Binnenmarktförderung ausschließlich Maßnahmen auf der kollisionsrechtlichen Ebene zur Verfügung. Im Ergebnis müssen daher kollisionsrechtliche Maßnahmen trotz des erforderlichen Binnenmarktbezuges grundsätzlich dem sachlichen Anwendungsbereich der Ermächtigungsgrundlage unterliegen.

(2) Grundfreiheiten und Lauterkeitsrecht

Die Frage lautet mithin nicht mehr, ob kollisionsrechtliche Gestaltungen prinzipiell die Grundfreiheiten berühren, sondern allenfalls, ob dies auch für alle Gebiete des Kollisionsrechts gelten kann[342]. Der Grundfreiheitenbezug des Kollisionsrechts fehlt möglicherweise dort, wo selbst das kollidierende Sachrecht die Grundfreiheiten nicht tangiert[343]. Gerade im Bereich des Lauterkeitsrechts stellt sich auf der Ebene des Sachrechts das Problem, dass der EuGH in seiner Rechtsprechung lauterkeitsrechtliche Regelungskomplexe aus dem Gewährleistungsbereich der Grundfreiheiten herausnimmt. In den verbundenen Rs. *Keck und Mithouard* entschied der EuGH für die Warenverkehrsfreiheit, dass die Anwendung nationaler Bestimmungen, die bestimmte Verkaufsmodalitäten in dem betroffenen Mitgliedstaat beschränken oder verbieten, auf Erzeugnisse aus anderen Mitgliedstaaten nicht unter Art. 28 EGV[344] fällt, sofern diese Bestimmungen für alle betroffenen Wirtschaftsteilnehmer gelten, die ihre Tätigkeit im Inland ausüben, und sofern sie den Absatz der inländischen Erzeugnisse und der Erzeugnisse aus anderen Mitgliedstaaten rechtlich wie tatsächlich in der gleichen Weise berühren[345]. Reine Vertriebsmodalitäten, die nicht diskriminieren, fallen damit im Gegensatz zu produktbezogenen Regelungen aus dem Gewährleistungsbereich der Warenverkehrsfreiheit. Ähnliches gilt für die Dienstleistungsfreiheit. Hier hat der EuGH in der Rs. *Alpine Investments* zumindest erkennen lassen, dass er die Keck-Prinzipien

---

340 Mit Ausnahme zivilrechtlicher Verfahrensvorschriften nach lit. c), *Hess*, EuZPR, § 2 Rn. 8.

341 *Dohrn, H.*, Kompetenzen, S. 60 f.; *Basedow*, RabelsZ 73 (2009), 455, 457; Grabitz/Hilf I-*Röben*, Art. 65 EGV Rn. 10; Streinz-*Leible*, Art. 65 EGV Rn. 20.

342 Diskutiert wird insbesondere, inwieweit international-familienrechtliche Vorschriften für das reibungslose Funktionieren des Binnenmarktes erforderlich sein können, siehe dazu *Wagner, R.*, RabelsZ 68 (2004), 119, 135 ff.

343 Vergl. *Thünken*, IPRax 2001, 12, 18; *Roth, W.-H.*, in: Systemwechsel, S. 60 f. („Die Marktortanknüpfung bleibt dabei außerhalb des Anwendungsbereichs der Freiheiten, soweit es um die Modalitäten des Vertriebs von Waren und Dienstleistungen geht.").

344 Jetzt Art. 34 AEUV.

345 EuGH v. 24.11.1993, verb. Rs. C-267/91 und C-268/91 (Keck und Mithouard), Slg. 1993, I-6097.

grundsätzlich überträgt[346]. Im Lauterkeitsrecht geht es aber im Kernbereich neben der Beurteilung bestimmter Produktaufmachungen gerade auch um die Beurteilung bestimmter Vertriebsmethoden[347]. Daher berühren insbesondere mitgliedstaatliche Werbeverbote[348] und Regelungen zum Ladenschluss[349] die Grundfreiheiten nicht. Für das deutsche Lauterkeitsrecht wird festgestellt, dass die meisten Tatbestände des unlauteren Wettbewerbs in der Regel bloße Vertriebsmodalitäten betreffen und nicht mehr von der Warenverkehrsfreiheit erfasst werden[350]. Auch hinsichtlich der durch die Richtlinie 2005/29/EG untersagten unlauteren Geschäftspraktiken wird konstatiert, dass es sich dabei in aller Regel um Verkaufsmodalitäten handele, die der Warenverkehrsfreiheit nicht unterfielen[351]. Der Einfluss der Grundfreiheiten auf das Lauterkeitsrecht ist daher zumindest begrenzt[352].

Aus dieser Begrenzung des Einflusses kann aber nicht geschlossen werden, dass die Grundfreiheiten dem Lauterkeitsrecht völlig neutral gegenüberstehen. Nicht jede lauterkeitsrechtliche Regelung erfüllt die Voraussetzungen der Keck-Rechtsprechung. So liegt eine Verkaufsmodalität bereits dann nicht mehr vor, wenn eine Vorschrift an das Produkt oder seine Ausstattung wie zum Beispiel Bezeichnung, Form, Abmessung, Gewicht, Aufmachung, Etikettierung oder Verpackung anknüpft[353]. Dies schließt die Werbung auf der Verpackung[354] und den werblichen Inhalt einer Zeitschrift ein[355]. Zahlreiche lauterkeitsrechtliche Regelungen

346 EuGH v. 10.5.1995, Rs. C-384/93 (Alpine Investments), Slg. 1995, I-1141; Staudinger IntWirtschR (2010)-*Fezer/Koos*, Rn. 550; Calliess/Ruffert (3.)-*Kingreen*, Art. 28 EGV Rn. 80 ff. weist darauf hin, dass der EuGH die Rechtsprechung zu den zwingenden Erfordernissen mit nur terminologischen Abweichungen unterdessen auf alle Grundfreiheiten übertragen hat.

347 *Klauer*, Europäisierung des Privatrechts, S. 81.

348 EuGH v. 15.12.1993, Rs. C-292/92 (Hünermund), Slg. 1993, I-6787 Rn. 19 ff.; EuGH v. 9.2.1995, Rs. C-412/93 (Leclerc-Siplec), Slg. 1995, I-179 Rn. 12.

349 EuGH v. 2.6.1994, verb. Rs. C-401 und 402/92 (Tankstation't Heukske), Slg. 1994, I-2199 Rn. 14.

350 Köhler/Bornkamm-*Köhler*, Einl. UWG Rn. 3.23; Staudinger IntWirtschR (2010)-*Fezer/Koos*, Rn. 547 (die Wirkung des Art. 34 AEUV sei im Bereich des Lauterkeitsrechts „erheblich eingeschränkt"); *Sack*, GRUR 1998, 871, 872; *Thünken*, IPRax 2001, 15, 18 (für den Bereich der Werbung); *Lettl*, WRP 2004, 1079, 1083; *Robertson/Horton*, EIPR 1995, 568, 578 zählen dazu allgemeine lauterkeitsrechtliche Verbote, Regeln bzgl. vergleichender Werbung, Regeln zur Einhaltung bestimmter Preisuntergrenzen, das Verbot der Herabsetzung von Mitbewerbern und das Verbot irreführender Werbung.

351 *Ohly*, WRP 2006, 1401, 1409.

352 *Schaub*, RabelsZ 66 (2002), 18, 54; *Glöckner*, Europäisches Lauterkeitsrecht, S. 89 f.

353 EuGH v. 2.2.1994, Rs. C-315/92 (Clinique), Slg. 1994, I-317 Rn. 13.

354 EuGH v. 6.7.1995, Rs. C-470/93 (Mars), Slg. 1995, I-1923 Rn. 13.

355 Köhler/Bornkamm-*Köhler*, Einl. Rn. 3.21.

verbleiben bereits deswegen im Regelungsbereich der Warenverkehrsfreiheit[356]. Und selbst den „bestimmten Verkaufsmodalitäten“ fehlt es oft daran, dass sie den Absatz von in- und ausländischen Erzeugnissen auch tatsächlich in gleicher Weise berühren. Das ist lediglich bei marktneutralen Regelungen der Fall, die den Marktzugang nicht maßgeblich erschweren[357]. Die Marktneutralität liegt aber bereits dann nicht mehr vor, wenn die nationale Regelung auch nur geeignet sein kann, den Marktzugang für Waren aus anderen Mitgliedstaaten stärker zu behindern als für inländische Erzeugnisse[358]. Letztendlich sind daher nur sehr wenige lauterkeitsrechtliche Regelungen von der unionsrechtlichen Kontrolle durch die Grundfreiheiten ausgenommen.

Konsequenterweise wird konstatiert, dass vor allem unterschiedliche Lauterkeitsstandards die Marktintegration erheblich behindern können[359]. Insbesondere *Ulmer* stellte bereits 1965 in seiner rechtsvergleichenden Darstellung fest, dass sich Unterschiede in den nationalen Lauterkeitsrechten störend auf den Gemeinsamen Markt auswirken[360]. Dem schloss sich die Kommission in ihren ersten Arbeiten zur Angleichung des Rechts des unlauteren Wettbewerbs in den Ländern der EWG an. Die bestehenden Unterschiede könnten „mit dem Ziel der Herstellung binnenmarktähnlicher Verhältnisse innerhalb der Gemeinschaft unvereinbar sein“ und „darüber hinaus zu spezifischen Störungen des Funktionierens des Gemeinsamen Marktes führen, sei es dadurch, dass der freie Warenverkehr behindert, der

---

356 *Glöckner*, Europäisches Lauterkeitsrecht, S. 91; *Piekenbrock*, GRUR Int. 2005, 997, 1000 f.; siehe auch die Auflistung von *Robertson/Horton*, EIPR 1995, 568, 578, wonach der Warenverkehrsfreiheit lauterkeitsrechtliche Verbote von irreführenden Verpackungen, falschen Herkunftsangaben, sklavischen Nachahmungen und Vertriebsregelungen unterfielen.

357 *Glöckner*, Europäisches Lauterkeitsrecht, S. 94 ff.; *Dethloff*, Europäisierung des Wettbewerbsrechts, S. 174 ff.

358 EuGH v. 11.12.2003, Rs. C-322/01 (Doc Morris), Slg. 2003, I-14887 Rn. 74, 75.

359 *Ulmer*, GRUR Int. 1973, 135, 137; *Schricker*, IIC 1991, 788, 801; *Robertson/Horton*, EIPR 1995, 568, 580; *Wiebe*, WRP 2002, 283, 285 f.; *Beater*, ZEuP 2003, 11, 37 ff.; *Beater*, in: Lauterkeitsrecht und Acquis, S. 209 (allerdings zurückhaltend für den Bereich des Konkurrentenschutzes); *Beater*, Unl. Wettb. (2011), § 8 Rn. 614 (zumindest „typischerweise“); *Geis*, in: FS Tilmann, S. 125 f. (vor allem für kleinere Unternehmen und die Verbraucher wögen die Unterschiede schwer); *Hörnle*, IJLIT 12 (2004), 333, 353; *Bock*, Binnenmarkt, S. 31 („verursachen unzweifelhaft Wettbewerbsverfälschungen“); *Mäsch*, EuR 2005, 625, 627 (unterschiedliche Lauterkeitsniveaus fördern die „nationale Marktabschottung“); *Glöckner*, Europäisches Lauterkeitsrecht, S. 18 f. mwN; *Glöckner*, in: FS Schilling, S. 183 („ein Marktzutrittshindernis ersten Ranges“); Piper/Ohly/Sosnitza-*Ohly*, Einf. C Rn. 2; *Pflüger*, in: Lauterkeitsrecht und Acquis, S. 66; *Henning-Bodewig*, GRUR Int. 2010, 549, 554; *Hucke*, Harmonisierung des Wettbewerbsrechts, 45, relativierend dagegen auf S. 407 f. auch GK-*Schricker*, Einl. F 331 berichtet, dass der Nachweis konkreter Hemmnisse durch unterschiedliche nationale Lauterkeitsrechte zumindest anfänglich schwer fiel.

360 *Ulmer*, Unlauterer Wettbewerb I, S. 235 ff.

Zugang zum Markt für einzelne Unternehmer erschwert oder die Gleichheit der Wettbewerbsbedingungen gestört wird."[361] Die Probleme gewinnen in dem Maße an Gewicht, in dem der grenzüberschreitende Handel im Binnenmarkt zunimmt[362].

cc) Präzisierung der notwendigen Förderwirkung

Fraglich bleibt das notwendige Maß der Förderwirkung. Zu untersuchen ist, unter welchen Umständen eine auf Art. 65 EGV gestützte Maßnahme hinreichend zur Schaffung der Voraussetzungen des europäischen Binnenmarktes beiträgt. Das ist nicht bei jeder Förderung der Binnenmarktvoraussetzungen der Fall und muss in jedem Einzelfall konkret dargelegt werden[363]. Der Wortlaut von Art. 65 EGV setzt voraus, dass die Maßnahme „für das reibungslose Funktionieren" des Binnenmarktes erforderlich ist.

Hinsichtlich der Förderwirkung wirft das Merkmal „reibungslos" Interpretationsschwierigkeiten auf. Eine Vielzahl von Literaturstimmen folgt einer systematischen Auslegung und schließt aus einem Vergleich mit der Kompetenzgrundlage des Art. 95 EGV, in der das Merkmal fehlt, dass die Förderwirkung in Art. 65 EGV wegen des Merkmals der Reibungslosigkeit weniger strikt und die Kompetenz insoweit weiter sei[364]. Während Art. 95 Abs. 1 S. 2 EGV fordert, dass die Maßnahme das

---

361 Das Recht des unlauteren Wettbewerbs in den Mitgliedstaaten der Europäischen Wirtschaftsgemeinschaft, Dokument Nr. XIV/5593/68-D v. 11.4.1968, S. 1, zitiert nach *Schricker*, GRUR Int. 1973, 141; bekräftigt z. B. in der Begründung zum Vorschlag einer Verordnung über Verkaufsförderung im Binnenmarkt, KOM(2001) 546 endg./2, S. 7 f.; siehe auch Grünbuch Verbraucherschutz in der EU, KOM(2001) 531 endg., S. 11; Richtlinie 2005/29/EG über unlautere Geschäftspraktiken, Erwägungsgrund 3.

362 *Beater*, ZEuP 2003, 11, 38.

363 Äußerst streng *Schack*, ZEuP 1999, 855, 807; *Kohler, C.*, ZEuS 2001, 575, 591 („eine ernstzunehmende Beschränkung der Kompetenz"); *Roth, W.-H.*, EWS 2008, 401, 408; Schwarze-*Graßhof*, Art. 65 EGV Rn. 11; a. A. dagegen *Basedow*, CMLRev. 37 (2000), 687, 701 („But this requirement will hardly put any additional obstacles on the way of legislation."); Calliess/Ruffert (3.)-*Rossi*, Art. 65 EGV Rn. 8; von der Groeben/Schwarze-*Schmahl*, Art. 65 EGV Rn. 4, nach denen der erforderliche Binnenmarktbezug stets gegeben sei, „wenn Beziehungen bezüglich Personen oder Sachen bestehen, welche sich in anderen Mitgliedstaaten aufhalten oder befinden"; eine weite Auslegung propagiert auch Lenz/Borchardt (4.)-*Bergmann*, Art. 65 EGV Rn. 3.

364 *Leible*, in: Europäische Rechtsangleichung, S. 388; *Leible/Staudinger, A.*, EuLF [D] 2001, 225, 228 f.; *Mansel*, in: Systemwechsel, S. 6; *Wagner, R.*, IPRax 2002, 75, 85; *Wagner, R.*, RabelsZ 68 (2004), 119, 138; *Kohler, C.*, IPRax 2003, 401, 403; Streinz-*Leible*, Art. 65 EGV Rn. 23; weitgehend von der Groeben/Schwarze-*Schmahl*, Art. 64 EGV Rn. 4 (weiter Anordnungsrahmen); *Dohrn, H.*, Kompetenzen, S. 107; Calliess/Ruffert (3.)-*Rossi*, Art. 65 EGV Rn. 8 („keine zusätzliche Kompetenzausübungsschranke"); Calliess/Ruffert (4.)-*Rossi*, Art. 81 AEUV Rn. 13 („faktisch bedeutungslos"); *Hess*, EuZPR, § 2 Rn. 10 (Art. 65 setzte „lediglich einen ‚gelockerten Bezug' zum Binnenmarkt voraus").

„Funktionieren des Binnenmarktes" zum Gegenstand hat, bezieht sich Art. 65 EGV auf dessen *reibungsloses* Funktionieren. Daher müsse die Maßnahme nicht dem grundlegenden Funktionieren des Binnenmarkts dienen; ausreichend seien bereits oberflächliche Verbesserungen. Art. 65 EGV setze – anders als Art. 95 EGV[365] – weder die Beseitigung einer unmittelbaren Gefährdung der Grundfreiheiten noch eine gravierende Verfälschung des Wettbewerbs voraus. Deswegen reiche es aus, wenn bereits mittelbare und leichte Hemmnisse für das Funktionieren des Binnenmarkts beseitigt würden. Der Hinweis auf die Reibungslosigkeit kann jedoch bei wörtlicher Auslegung auch genau entgegengesetzt verstanden werden[366]. Denn Maßnahmen, die besonders gute (reibungslose) Ergebnisse erzielt sollen, müssen weiterreichen als solche, die die bloße Funktionstüchtigkeit des Binnenmarkts gewährleisten sollen. Diesem Verständnis entspräche es, Art. 65 EGV alleine zur Beseitigung besonders schwerwiegender Hemmnisse heranziehen zu dürfen.

Werden jedoch weitere Tatbestandsmerkmale der beiden Kompetenznormen in den Vergleich einbezogen, wird deutlich, dass sich der Sinn und Zweck des Merkmals der Binnenmarktförderung in beiden Kompetenznormen unterscheidet und die Förderwirkung in Art. 65 EGV weniger strikt zu werten ist. Art. 65 lit. b) EGV ist nicht nur funktional auf Maßnahmen zur Förderung des Binnenmarktes beschränkt, sondern daneben auch sachlich-gegenständlich auf Kollisionsnormen oder Vorschriften zur Vermeidung von Kompetenzkonflikten[367]. Bei Art. 95 EGV dagegen fehlt es an einer sachlich-gegenständlichen Beschränkung[368]. Art. 95 EGV wird allein funktional durch die notwendige Binnenmarktförderung begrenzt[369]. Entsprechend ist das Merkmal zumindest dort bewusst eng auszulegen, um einer inflationären Anwendung dieser allgemeinen Binnenmarktverwirklichungskompetenz entgegenzuwirken[370]. Bei Art. 65 EGV dagegen ist die Gefahr einer uferlosen Kompetenzanmaßung wesentlich geringer. Damit entfällt zumindest insoweit die Notwendigkeit, die Förderwirkung beschränkend auszulegen[371].

Auch historische Erwägungen unterstützen ein weites Verständnis der Binnenmarktförderung im Sinne von Art. 65 EGV. In ihrer früheren Form als Bestandteil

---

365 Der EuGH interpretiert dort den Binnenmarktbezug im Sinne einer „tatsächlichen Spürbarkeit", EuGH v. 5.10.2000, Rs. C-376/98 (Tabakwerberichtlinie), Slg. 2000, I-8419 Rn. 84; dazu *Calliess*, Jura 2001, 311, 316; *Koenig/Kühling*, EWS 2002, 12, 17; *Roth, W.-H.*, EWS 2008, 401, 408.

366 Schwarze-*Graßhof*, Art. 65 EGV Rn. 11.

367 Siehe zum Unterschied zwischen sachgebietsbezogenen und Querschnittskompetenzen *Roth, W.-H.*, EWS 2008, 401, 403.

368 Grabitz/Hilf I-*Tietje*, Art. 95 EGV Rn. 5 („weitreichender Verzicht der Mitgliedstaaten auf Ausübung von Gesetzgebungskompetenzen").

369 Streinz-*Leible*, Art. 95 EGV Rn. 4; Schwarze-*Herrnfeld*, Art. 95 EGV Rn. 4; Grabitz/Hilf I-*Tietje*, Art. 95 EGV Rn. 9.

370 EuGH v. 5.10.2000, Rs. C-376/98 (Tabakwerberichtlinie), Slg. 2000, I-8419 Rn. 83.

371 *Dohrn, H.*, Kompetenzen, S. 107.

der zwischenstaatlichen dritten Säule des EUV[372] diente die justizielle Zusammenarbeit in Zivilsachen dazu, der Errichtung des Binnenmarktes einen sachgemäßen Rahmen zu bieten[373]. Dazu sollten die Rechtsordnungen der Mitgliedstaaten auch in lediglich mittelbar binnenmarktbezogenen Fragen koordiniert werden, um dem vergemeinschafteten Binnenmarktkern ein wirksames Umfeld zu bieten[374]. Die unmittelbare Errichtung des Binnenmarktes dagegen war nicht von ihrem Anwendungsbereich umfasst, sondern bereits Gegenstand des EGV. Diese Zielsetzung blieb mit Überführung der ziviljustiziellen Zusammenarbeit in den EGV unverändert. Auch unter Art. 65 EGV reicht es aus, wenn die Maßnahme im Bereich der justiziellen Zusammenarbeit in Zivilsachen lediglich einen indirekten Binnenmarktbezug aufweist und den Binnenmarkt lediglich mittelbar fördert[375]. Zudem dient die ziviljustizielle Zusammenarbeit ausweislich von Art. 61 EGV dem übergeordneten Ziel des schrittweisen Aufbaus „eines Raums der Freiheit, der Sicherheit und des Rechts“[376]. Dieses übergeordnete Ziel ist umfassender als die Errichtung des Binnenmarktes[377]. Entsprechend erfordert die Verwirklichung des Raums der Freiheit, der Sicherheit und des Rechts Maßnahmen, die über eine eng verstandene Binnenmarktförderung hinausgehen.

Im Ergebnis reicht es für die Förderwirkung in Art. 65 EGV daher bereits aus, wenn mit der Maßnahme lediglich mittelbare oder leichte Hemmnisse für das Funktionieren des Binnenmarktes beseitigt werden[378]. Das Merkmal setzt dagegen keine unmittelbare Gefährdung der Grundfreiheiten oder spürbare

---

372 Siehe zur Überführung der Gemeinschaftskompetenz für Maßnahmen im internationalen Privat- und Zivilverfahrensrecht aus der zwischenstaatlichen dritten Säule der EU in die Gemeinschaftspolitik des EGV oben S. 7 die in Fn. 33 zitierte Literatur.

373 *Müller-Graff/Kainer*, DRiZ 2000, 350 f.

374 *Mansel*, in: Systemwechsel, S. 6; *Mansel*, RabelsZ 70 (2006), 651, 658.

375 *Mansel*, in: Systemwechsel, S. 7; EU-Wirtschaftsrecht-*Kreuzer/Wagner, Rolf*, R Rn. 18 („'Ersatzfunktion' der Art. 61, 65 für Art. K. 1 Nr. 6 EUV“).

376 Streinz-*Leible*, Art. 65 EGV Rn. 23; *Herweg*, Vereinheitlichung des internationalen Erbrechts, S. 212; *Basedow*, RabelsZ 73 (2009), 455, 457; Grabitz/Hilf I-*Röben*, Vorb. Titel IV Teil 3 EGV Rn. 3.

377 *Müller-Graff/Kainer*, DRiZ 2000, 350, 351; *Leible/Staudinger, A.*, EuLF [D] 2001, 225, 228 f.; von der Groeben/Schwarze-*Schmahl*, Vorb. Art. 61 EGV Rn. 2; *Herweg*, Vereinheitlichung des internationalen Erbrechts, S. 214 f.; Calliess/Ruffert (3.)-*Rossi*, Art. 61 EGV Rn. 18; kritisch dagegen *Müller-Graff*, in: FS Jayme, S. 1324 ff. („zuallererst Flankenschutz für die Verwirklichung des Binnenmarktes“); auch *Stumpf*, EuR 2007, 291, 306 ff. kritisiert die Ausweitung des Binnenmarktziels auf den Raum der Freiheit, der Sicherheit und des Rechts; kritisch ebenso *Dickinson*, Rome II, Rn. 2.14.

378 *Leible/Staudinger, A.*, EuLF [D] 2001, 225, 228 f.; *Kohler, C.*, IPRax 2003, 401, 405 spricht von „Maßnahmen, die im Weichbild der Marktfreiheiten das ‚Rechtsklima‘ verbessern und so die Inanspruchnahme dieser Freiheiten begünstigen sollen.“; Streinz-*Leible*, Art. 65 EGV Rn. 23; *Siems*, GPR 2003, 66, 70; wobei es aber auch nicht ausreichend ist, wenn die Maßnahme allein dem schrittweisen Aufbau eines Raumes der Freiheit, der Sicherheit und des Rechts dient, *Müller-Graff/Kainer*, DRiZ 2000,

Wettbewerbsverfälschungen in jedem Einzelfall voraus. Denn anderenfalls könnte das übergeordnete Ziel des Aufbaus eines Raums der Freiheit, der Sicherheit und des Rechts nicht erreicht werden. Was die Erforderlichkeit der Maßnahme angeht, so ist dem europäischen Gesetzgeber ein weiter Ermessenspielraum eingeräumt[379]. Dabei darf das Merkmal jedoch nicht völlig entwertet werden. Um den Binnenmarktbezug zu begründen, muss es daher möglich sein, den Zusammenhang zwischen der Maßnahme und der Hemmnisbeseitigung unter den tatsächlichen Verhältnissen schlüssig darzulegen. Zweckmäßigerweise sind dazu die tatsächlichen Wirkungsaspekte der Maßnahme zu identifizieren und es ist zu zeigen, auf welche Art und Weise dadurch konkret welche der spezifischen Binnenmarktvoraussetzungen geschaffen bzw. gefördert werden.

dd) Zwischenergebnis zur Binnenmarktrelevanz lauterkeitskollisionsrechtlicher Maßnahmen

Die Voraussetzungen für einen vollkommenen europäischen Binnenmarkt sind ein unbeschränkter Zugang zu mitgliedstaatlichen Teilmärkten und gleiche Wettbewerbsbedingungen innerhalb der Union. Binnenmarktfördernde Maßnahmen müssen daher Handelsschranken abbauen oder einen homogenen Handelsraum aufbauen. Verwirklicht werden sollen die Grundfreiheiten (und damit der Marktzugang zu nationalen Teilmärkten) oder die Wettbewerbsgleichheit im Binnenmarkt (und damit eine allgemeine Markteinheit innerhalb der Union). Diesen spezifischen Binnenmarktvoraussetzungen stehen insbesondere unterschiedliche nationale Lauterkeitsrechte entgegen, da sie den Marktzugang erschweren und die Wettbewerbsgleichheit stören.

Die Voraussetzungen für den europäischen Binnenmarkt können entweder auf Ebene des Sachrechts oder durch kollisionsrechtliche Maßnahmen gefördert werden. Art. 65 EGV geht grundsätzlich davon aus, dass auch kollisionsrechtliche Maßnahmen wirksam dazu beitragen können. Das ist in der Tat der Fall, da das Kollisionsrecht zumindest einen zwingenden Beitrag zu der beschränkenden Wirkung des Sachrechts leistet. Insoweit berührt auch das internationale Lauterkeitsrecht die Grundfreiheiten, da trotz der Keck-Rechtsprechung des EuGH ein Großteil des lauterkeitsrechtlichen Sachrechts von der Warenverkehrsfreiheit erfasst wird.

350, 353; vorsichtiger dagegen Rauscher-*Unberath/Cziupka*, Art. 3 Rom II–VO Rn. 4 (eine nur „potentielle" Binnenmarktrelevanz alleine reiche nicht).

379 *Dohrn, H.*, Kompetenzen, S. 99 f.; *Wagner, R.*, RabelsZ 68 (2004), 119, 138; *Wagner, R.*, IPRax 2007, 290, 292; *Dickinson*, JPIL 2005, 197, 216 („the Court must normally accept the assessment of the legislator that a measure is effective to ensure the proper functioning of the internal market"); *Dickinson*, Rome II, Rn. 2.44 f.; Grabitz/Hilf I-*Röben*, Art. 65 EGV Rn. 2.

Zulässig ist eine Maßnahme bereits dann, wenn die Förderwirkung nur schwach ist. Es ist nicht erforderlich, dass die Maßnahme besonders schwerwiegende Hemmnisse für den Binnenmarkt beseitigt. Vorauszusetzen ist lediglich, dass im Einzelfall ein konkreter Zusammenhang zwischen den Wirkungen der Maßnahme und der Förderung einzelner Binnenmarktvoraussetzungen schlüssig begründet werden kann.

b) Ob: Binnenmarktförderung durch die Vereinheitlichung des Lauterkeitskollisionsrechts als solche

Nachdem aufgrund der vorangegangenen Untersuchung feststeht, dass Maßnahmen auf dem Gebiet des internationalen Lauterkeitsrechts auch bei lediglich schwacher Förderwirkung generell dazu beitragen können, die Voraussetzungen des europäischen Binnenmarktes zu stützen, ist nunmehr konkret zu prüfen, ob die Vereinheitlichung des internationalen Lauterkeitsrecht nach Art. 6 Abs. 1 und 2 Rom II-VO der Kompetenzgrundlage insoweit tatsächlich gerecht wird und das Funktionieren des Binnenmarktes ausreichend fördert. Dazu ist nicht nur herauszuarbeiten, was die Kollisionsrechtsvereinheitlichung in diesem Fall allgemein bewirkt. Zu untersuchen ist vielmehr schwerpunktmäßig, inwieweit die Auswirkungen speziell die Binnenmarktvoraussetzungen begünstigen.

Allgemein wirkt sich bereits die bloße Vereinheitlichung des Lauterkeitskollisionsrechts als solche unabhängig von der konkreten Ausformung – und damit allein das „Ob" der Maßnahme – in mehrerlei Hinsicht auf die gerichtliche Konfliktlösung im Binnenmarkt aus: Positiv folgt aus der Vereinheitlichung des Kollisionsrechts unmittelbar, dass nunmehr die Gerichte in jedem Mitgliedstaat der Union denselben Sachverhalt nach demselben nationalen Sachrecht beurteilen (Entscheidungsharmonie im Sinne eines europäischen kollisionsrechtlichen Entscheidungseinklangs)[380]. Mittelbar erhöht sich dadurch die Verlässlichkeit der gerichtlichen Anspruchsdurchsetzung im binnengrenzüberschreitenden Wirtschaftsverkehr: Während des Erkenntnisverfahrens erhöht sich im Zuständigkeitsregime der EuGVO die Vorhersehbarkeit der gerichtlichen Sachentscheidung, wodurch gleichzeitig ein Anreiz zum Forum-Shopping entfällt (aa); während des Vollstreckungsverfahrens gewinnt das Anerkennungsregime der EuGVO an Effektivität (bb). Fraglich ist, ob und welche Voraussetzungen für den Binnenmarkt dadurch in welchem Maße gefördert werden.

---

380 In der Regel wird darin das wesentliche, die Binnenmarktfunktionalität tragende Motiv der Kollisionsrechtsvereinheitlichung gesehen: *Kreuzer*, in: Gemeinsames Privatrecht, S. 537 f.; *Kreuzer*, RabelsZ 70 (2006), 1, 79 ff.; *Kohler, C.*, ZEuS 2001, 575, 582 (die Vereinheitlichung des internationalen Verfahrensrechts und die „Freizügigkeit" gerichtlicher Entscheidungen in Zivil- und Handelssachen können im Gemeinsamen Markt nur auf der Grundlage vereinheitlichter Kollisionsnormen auf Dauer gerechtfertigt werden); *Wagner, R.*, RabelsZ 68 (2004), 119, 121 (im Entscheidungseinklang liegt das allgemeine Ziel der europäischen Kollisionsrechtsvereinheitlichung).

aa) Vorhersehbarkeit und Einheitlichkeit der gerichtlichen Sachentscheidung im Zuständigkeitsregime der EuGVO

Im Binnenmarkt existiert bereits die EuGVO, die die Regeln über die Zuständigkeit der Gerichte vereinheitlicht[381]. Im vereinheitlichten Zuständigkeitsrecht wird dem Kläger die Wahl zwischen mehreren Gerichtsständen gelassen[382]. Bei unerlaubten Handlungen kann der Kläger nach der Tatortregel gemäß Art. 5 Nr. 3 EuGVO zwischen den Gerichten am Handlungs- oder am Erfolgsort wählen[383]. Die Tatortregel gilt auch für Lauterkeitsdelikte[384]. In jedem Fall steht dem Kläger nach Art. 2 Abs. 1 EuGVO der allgemeine Gerichtsstand am Sitz des Beklagten offen. Es ist angemessen, mehrere Gerichte für international zuständig zu erklären, da nach den Umständen des Einzelfalles die Wahlmöglichkeit ein legitimes Interesse darstellt[385].

Bei jeweils unterschiedlichen Kollisionsrechten ist die Wahl des Gerichtsstandes jedoch von Bedeutung für den Ausgang einer Rechtsstreitigkeit. Unterschiedliche Ausgestaltungen und Handhabungen der verschiedenen Kollisionsrechte[386] führen auf sachrechtlicher Ebene zur Anwendung jeweils anderer nationaler Schuldrechte, die nach wie vor erheblich voneinander abweichen[387], insbesondere auch in lauterkeitsrechtlichen Fällen[388]. Darunter leidet nicht nur speziell die

381 Verordnung (EG) Nr. 44/2001 des Rates vom 22. Dezember 2000 über die gerichtliche Zuständigkeit und die Anerkennung und Vollstreckung von Entscheidungen in Zivil- und Handelssachen, ABl. L 12/1 v. 16.1.2001.

382 Vorschlag der Kommission, KOM(2003) 427 endg., S. 5 u. 3; ebenso *Furrer*, SZIER 2008, 7, 15.

383 EuGH v. 30.11.1976, Rs. C-21/76 (Handelskwekerij G. J. Bier v. Mines de Potasse), Slg. 1976, 1735.

384 BGH v. 30.3.2006, I ZR 24/03 (KG), BGHZ 167, 91 Rn. 10; *Schlosser*, EU-Zivilprozessrecht, Art. 5 EuGVVO Rn. 16; Geimer/Schütze-*Geimer*, A.1 Art. 5 Rn. 210.

385 *Schack*, in: Liber Amicorum Gerhard Kegel, S. 180; *von Bar/Mankowski*, IPR Band I, § 5 Rn. 161; *Siems*, GPR 2003, 66, 67; demgemäß bietet die Ausweitung von ausschließlichen Zuständigkeiten keine interessengerechte Lösung zur Eindämmung des Forum-Shoppings, vergl. *Kreuzer*, RabelsZ 70 (2006), 1, 80; das übersieht jedoch *Dickinson*, Rome II, Rn. 2.73, wenn er feststellt: „If the existing rules of jurisdiction present a problem to the functioning of the internal market, then the solution to that problem should lie in reform of those rules."

386 Allgemein weist *Kreuzer*, in: Gemeinsames Privatrecht, S. 467 auf die Spaltung des europäischen IPR aufgrund immer feiner ausdifferenzierter nationaler Kollisionsnormen hin; allgemein für die deliktische Tatortregel *von Hein*, ZVglRWiss 102 (2003), 528, 533 ff.; speziell für die Marktortregel des Lauterkeitskollisionsrechts *Bernhard*, IPR des unlauteren Wettbewerbs, S. 133 ff. (mit Länderberichten); Überblick bei GK-*Schricker*, Einl. F 223 ff.; *Dethloff*, Europäisierung des Wettbewerbsrechts, S. 58 ff.

387 Vorschlag der Kommission, KOM(2003) 427 endg., S. 5 f.

388 Gerade die Unterschiede in den Lauterkeitsrechten hemmen die Entwicklung des Binnenmarktes, siehe oben S. 81.

Vorhersehbarkeit der gerichtlichen Sachentscheidung in gerichtlichen Verfahren, sondern allgemein die Rechtssicherheit[389]. Gleichzeitig gewinnt das sogenannten Forum-Shopping an Attraktivität[390]. Darunter wird die Wahl eines Gerichtsstandes insbesondere nach dem Kriterium des am Forum herrschenden Kollisionsrechts verstanden[391]. Solange weder das Sachrecht noch das Kollisionsrecht vereinheitlicht sind, führt das Forum-Shopping über das Kollisionsrechts-Shopping zum Sachrechts-Shopping[392].

Der Gesetzgeber[393] und weite Teile der Literatur[394] sind der Meinung, dass die Vereinheitlichung des Kollisionsrechts den Binnenmarkt bereits aus dem Grund hinreichend fördere, da sie die Vorhersehbarkeit und die Harmonie der gerichtlichen Sachentscheidung im Zuständigkeitsregime der EuGVO merklich erhöhen würde und damit einen entscheidenden Beitrag zur Eindämmung des missbilligten Forum-Shoppings leiste. Bereits 1973 diente dieser mit der Kollisionsrechtsvereinheitlichung einhergehende Zuwachs an Rechtssicherheit als Kernargument für das Vorhaben[395]. Teilweise jedoch wurden die vorgebrachten Vereinheitlichungseffekte von einzelnen Unternehmen[396] und insbesondere auch in

389 Erwägungsgrund 6; Vorschlag der Kommission, KOM(2003) 427 endg., S. 5 u. 7; *Kreuzer*, in: Gemeinsames Privatrecht, S. 498 ff.; *Herweg*, Vereinheitlichung des internationalen Erbrechts, S. 216 f.; *Schwartze*, in: FS von Hoffmann, S. 418.

390 Vorschlag der Kommission, KOM(2003) 427 endg., S. 7; *Siehr*, BB 1973, 569, 570; *Lando*, RabelsZ 38 (1974), 6, 7; *König*, EuR 1975, 289, 291; *von Hein*, ZVglRWiss 102 (2003), 528, 536 f.; *Schack*, in: Liber Amicorum Gerhard Kegel, S. 187 weist darauf hin, dass neben dem Kollisionsrecht weitere Aspekte bei der Wahl eines Gerichtsstandes eine Rolle spielen, wie zum Beispiel das Kostenrecht oder Beweisvorteile; vergl. auch *Furrer*, SZIER 2008, 7, 15; ebenso *Schwartze*, in: FS von Hoffmann, S. 415 (zahlreiche weiteren Erwägungen).

391 Allgemein zum Forum-Shopping siehe *von Bar/Mankowski*, IPR Band I, § 5 Rn. 156 ff.

392 *Kreuzer*, in: Gemeinsames Privatrecht, S. 498; *Schaub*, JZ 2005, 328, 337; zum Sachrechts-Shopping siehe *Schwartze*, in: FS von Hoffmann, S. 415 ff.

393 Erwägungsgrund 6; Vorschlag der Kommission, KOM(2003) 427 endg., S. 5 u. 7.

394 Siehe dazu bereits *Lando*, RabelsZ 38 (1974), 6; *König*, EuR 1975, 289, 292; *Bernhard*, IPR des unlauteren Wettbewerbs, S. 27 f.; *Katzenberger*, in: Neuordnung des Wettbewerbsrechts, S. 230 (vorsichtig speziell auch für den Bereich des Lauterkeitskollisionsrechts); *Kreuzer*, in: Gemeinsames Privatrecht, S. 498 f. u. 538 („Diesem Ziel entspricht die Entscheidungsharmonie innerhalb der EG: Ein Sachverhalt ist nach denselben Entscheidungsnormen zu beurteilen, gleichgültig, vor welchem mitgliedstaatlichen Gericht der Fall anhängig wird."); *Basedow*, in: Systemwechsel, S. 40 f.; *von Hein*, ZVglRWiss 102 (2003), 528, 533; *von Hein*, RabelsZ 73 (2009), 461, 466 ff.; *Siems*, GPR 2003, 66, 69; *Dohrn, H.*, Kompetenzen, S. 9 ff.; *Wagner, R.*, RabelsZ 68 (2004), 119, 122; *Kreuzer*, RabelsZ 70 (2006), 1, 79 ff.; kritisch dagegen *Linke*, in: FS Geimer, S. 550 f.; kritisch auch *Dickinson*, Rome II, Rn. 2.63 ff.

395 Siehe oben S. 32.

396 Insoweit auch die Rechtsgrundlage bezweifelnd *ABN AMRO*, Consultation, S. 1; *BDI*, Stellungnahme, S. 2; *British Telecommunications plc*, Consultation, S. 1 f.; *AMAZON*,

Großbritannien[397] als unzureichend zurückgewiesen, um die notwendige Binnenmarktförderlichkeit klar und überzeugend zu begründen. Die Rom II-VO würde stattdessen zu mehr Unsicherheit führen, da Schlüsselbegriffe wie „Schaden“ oder „unlauteres Wettbewerbsverhalten“ nicht definiert seien und ihre Bedeutung erst durch die Rechtsprechung ermittelt werden müsse[398]. Zudem bestünde weiterhin ein Anreiz zum Forum-Shopping, da die flexiblen Regelungen der Rom II-VO in der Praxis verschiedener Gerichte immer noch unterschiedlich angewendet werden könnten[399]. Im Übrigen werden die von der Kommission behaupteten Wettbewerbsverzerrungen aufgrund unterschiedlicher Kollisionsnormen und die damit verbundene Gefahr des Forum-Shoppings grundsätzlich als rein theoretisch und akademisch bestritten[400]. In weiten Bereichen der EuGVO sei ein Forum-Shopping von vornherein ausgeschlossen, da viele Gerichtszuständigkeiten als ausschließliche ausgestaltet seien[401]. Das sei insbesondere dann der Fall, wenn die Parteien innerhalb der Union die Zuständigkeit eines Gerichts vereinbaren. Speziell im Bereich des Lauterkeitskollisionsrechts komme hinzu, dass sich die nationalen Kollisionsregeln bereits vor der Rom II-VO weitgehend glichen und grundsätzlich an den Marktort anknüpften, weswegen die Notwendigkeit einer Vereinheitlichung zumindest des Lauterkeitskollisionsrechts in Frage zu stellen sei[402]. Selbst wenn unterschiedliche Kollisionsrechte zum Forum-Shopping anreizen sollten, wirke sich die Kollisionsrechtsvereinheitlichung weder nennenswert auf den Wettbewerb aus noch spare sie spürbar Transaktionskosten ein, da für den Kläger andere, außerhalb des Kollisionsrechts liegende Zweckmäßigkeitserwägungen wie zum Beispiel das Kostenrecht oder Beweisvorteile bei der Wahl eines Forums im Vordergrund stünden[403].

Consultation, S. 5 f.; *International Federation of the Phonographic Industry*, Comments, S. 1 f.

397 *UK House Of Lords*, 8th Report 2003-04, Rn. 52 ff. u. 66; im Anschluss an die Stellungnahmen von *CBI*, Letter from the CBI; *Collins*, Memorandum; *Fentiman*, Memorandum; *Morse*, Memorandum; *North*, Memorandum; alle abrufbar unter http://www.publications.parliament.uk; ebenso *Dickinson*, EBLR 13 (2002), 369, 371; *Dickinson*, JPIL 2005, 197, 221 („unconvincing“); ausführlich *Dickinson*, Rome II, Rn. 2.63 ff.

398 *Fentiman*, Memorandum, Abs. 6.1; *CBI*, Letter from the CBI.

399 *Collins*, Memorandum, Rn. 4.

400 *Dickinson*, EBLR 13 (2002), 369, 371 („those obstacles may be more imagined than real“); *Collins*, Memorandum, Rn. 4; *UK House Of Lords*, 8th Report 2003-04, Rn. 58.

401 *König*, EuR 1975, 289, 291.

402 Stellungnahme des EWSA, ABl. EG C 241/1 v. 28.9.2004, S. 4 („klassische Anknüpfungsregel“); *Dethloff*, Europäisierung des Wettbewerbsrechts, S. 137; *Benecke*, RIW 2003, 830, 834; MüKo UWG-*Mankowski*, IntWettbR Rn. 133; *Leible/Lehmann*, RIW 2007, 721, 729; *Kadner Graziano*, RabelsZ 73 (2009), 1, 55 f.; umfassende Länderberichte bei *Bernhard*, IPR des unlauteren Wettbewerbs, S. 140 ff.

403 *Collins*, Memorandum, Rn. 4; allgemein *Schack*, in: Liber Amicorum Gerhard Kegel, S. 187; *von Bar/Mankowski*, IPR Band I, § 5 Rn. 160 („Das Bild eines Klägers, der

Es ist jedoch fraglich, ob diese Argumente die besondere Bedeutung der Kollisionsrechtsvereinheitlichung für den Binnenmarkt zu relativieren vermögen. So können gegen das Argument der Rechtssicherheit nicht mögliche Definitionsspielräume und damit einhergehende Anwendungsunterschiede hinsichtlich einzelner Tatbestandsmerkmale der Rom II-VO vorgebracht werden. Die Gefahr solcher Anwendungsunterschiede besteht – wenn überhaupt – lediglich in Einzelfällen. Grundsätzlich sind sie jedoch ausgeschlossen, da der Begriffsinhalt einzelner Merkmale der Verordnung unionsautonom zu bestimmen ist[404]. Definitionsschwierigkeiten werden von vornherein vom Grundkonzept der Verordnung vermieden, welches nicht auf Flexibilität setzt, sondern im Interesse der Vorhersehbarkeit auf feste Grundanknüpfungen für einzelne Deliktstypen[405]. Im Übrigen sind Definitionsspielräume bei der Schaffung neuer Rechtsakte unvermeidbar und können kein grundsätzliches Argument dagegen bilden. Anfänglich bestehende Unklarheiten werden im Laufe der Zeit durch die Rechtsprechung des EuGH nach Vorlagen durch die nationalen Gerichte gemäß Art. 267 AEUV[406] ausgeräumt werden[407]. Und selbst wenn neben der Wahl eines günstigen Sachrechts zusätzlich andere Beweggründe hinter dem Forum-Shopping stehen können[408], wird der Anreiz dazu zumindest mit der Verhinderung des Sachrechts-Shoppings wesentlich gemindert[409].

Entscheidend ist letztendlich, inwieweit die Vereinheitlichung des Kollisionsrechts spezifisch die Binnenmarktvoraussetzungen fördert. Allgemein liegt der Vorteil jeder zwischenstaatlichen Angleichung nationaler Kollisionsrechte in der Herstellung des internationalen Entscheidungseinklangs, womit eine Sicherheit in der Rechtsanwendung und die Zurückdrängung von Forum-Shopping einhergehen. Dementsprechend stellt auch die Rom II-VO auf der Ebene des Kollisionsrechts einen gewinnbringenden europäischen Entscheidungseinklang her. Dieser europäische kollisionsrechtliche Entscheidungseinklang ist nicht nur allgemein vorteilhaft, sondern speziell für die Entwicklung des Binnenmarktes von herausgehobener Bedeutung[410]. Er fördert beide anerkannten

---

sich die Gerichtsstände heraussucht wie Rosinen aus einem Kuchen, vereinfacht allerdings.").

404 Siehe zur unionsautonomen Qualifikation unten S. 172 (Unionsautonome Bestimmung des Begriffsinhalts).

405 Siehe oben S. 39 (Flexibilität der Anknüpfungsregeln).

406 Ehemals Art. 234 EGV.

407 Auch wenn sich Vorabentscheidungsverfahren langwierig gestalten, siehe oben S. 13 die in Fn. 88 zitierte Literatur.

408 Vergl. *Von Bar/Mankowski*, IPR Band I, § 5 Rn. 16: Das Hauptmotiv der Sachrechtswahl sei zu relativieren.

409 Ebenso die Schlussfolgerungen von *Schwartze*, in: FS von Hoffmann, S. 422 f.

410 *Hallstein*, RabelsZ 28 (1964), 211, 229 f.; *Lando*, RabelsZ 38 (1974), 6, 7; *König*, EuR 1975, 289, 292; *Rohe*, RabelsZ 61 (1997), 1, 59; *Kreuzer*, in: Gemeinsames Privatrecht, S. 498; *Kreuzer*, RabelsZ 70 (2006), 1, 61; *Herweg*, Vereinheitlichung des internationalen Erbrechts, S. 216 f.; *Dohrn, H.*, Kompetenzen, S. 11.

Binnenmarktvoraussetzungen: Zunächst wird der Zugang zu mitgliedstaatlichen Teilmärkten erleichtert, da die Rechtssicherheit die Beteiligten zu grenzüberschreitendem Handel ermutigt (1); ferner wird eine (Binnen-)Markteinheit hergestellt, da Wettbewerbsverzerrungen durch die Verminderung von Standortnachteilen beseitigt werden, die bestehen, wenn Gerichte aufgrund ihrer nationalen Anknüpfungsregeln Sachrechte anwenden, die dort ansässige Unternehmen besonders belasten (2).

(1) Förderung des Marktzugangs durch die Vorhersehbarkeit und die Einheitlichkeit der gerichtlichen Sachentscheidung

Die Grundfreiheiten und die Möglichkeit des grenzüberschreitenden Binnenmarktverkehrs werden nur dann in Anspruch genommen, wenn sie durch eine sowohl vorhersehbare als auch einheitliche Rechtsdurchsetzung flankiert werden[411]. Die Vorhersehbarkeit der gerichtlichen Sachentscheidung fördert den Marktzugang, da grenzüberschreitend nur dann gehandelt wird, wenn die Marktteilnehmer bei der grenzüberschreitenden Geltendmachung von Rechten und Ansprüchen nicht vor wesentlich größeren Schwierigkeiten stehen als bei rein nationalen Rechtsstreitigkeiten. Unter der Geltung unterschiedlicher Kollisionsrechte wären jedoch grenzüberschreitende Streitigkeiten gerade im Bereich der außervertraglichen Schuldverhältnisse wesentlich beschwerlicher zu lösen als rein nationale. Vor der Anhängigkeit eines Rechtsstreits bei einem bestimmten Gericht wäre es unmöglich, eine gerichtliche Sachentscheidung vorherzusehen[412]. Zumindest würde die Verschiedenheit der Kollisionsrechte die Kollisionsrechtsprüfung erheblich erschweren, da die Kollisionsrechte aller in Betracht kommender Gerichtsstände untersucht werden müssten, was neben Unsicherheit auch Kosten verursachen würde[413]. Die Einheitlichkeit der gerichtlichen Sachentscheidung fördert den Marktzugang, da zum grenzüberschreitenden Handel auch das Vertrauen der Marktteilnehmer in die einheitliche und beständige Geltung ihrer privaten Rechte und Rechtsverhältnisse notwendig ist[414]. Der grenzüberschreitende Handel würde gemieden, wenn die gleiche daraus resultierende Rechtsbeziehung je nach Gerichtsstand unterschiedlich beurteilt werden würde.

Unbeachtlich ist, dass Vorhersehbarkeit und Einheitlichkeit der gerichtlichen Sachentscheidung im Einzelfall parteiautonom gesichert werden können. Dies könnte mit Hilfe einer Gerichtsstandsvereinbarung bewerkstelligt werden. Jedoch

---

411 *Hess*, IPRax 2001, 389, 390 spricht von einer notwendigen „prozessualen Absicherung".

412 *Lando*, RabelsZ 38 (1974), 6, 7; *Kreuzer*, in: Gemeinsames Privatrecht, S. 498.

413 *Lando*, RabelsZ 38 (1974), 6; *König*, EuR 1975, 289, 292; *von Hein*, ZVglRWiss 102 (2003), 528, 533; *Kreuzer*, in: Gemeinsames Privatrecht, S. 500; *Herweg*, Vereinheitlichung des internationalen Erbrechts, S. 218 f.

414 *Dohrn, H.*, Kompetenzen, S. 11.

kann die Möglichkeit, die Parteien das zuständige Gericht wählen zu lassen, ein Forum-Shopping nicht vollständig ausschließen[415]. Denn im Anwendungsbereich von Art. 23 EuGVO ist zumindest die materiellrechtliche Wirksamkeit einer internationalen Gerichtsstandsvereinbarung abhängig vom Kollisionsrecht. Die Wirksamkeit wird nach dem Sachrecht beurteilt, auf das das jeweilige Vertragsstatut der jeweiligen lex fori verweist[416]. Insoweit besteht auch bei einer existierenden Gerichtsstandsvereinbarung ein Anreiz dazu, entgegen der Vereinbarung den Gerichtsstand nach dem dort zur Anwendung kommenden Sachrecht zu wählen, welches die Unwirksamkeit der Vereinbarung erklärt. Vorhersehbarkeit und Einheitlichkeit der gerichtlichen Sachentscheidung könnten außerdem durch eine Rechtswahl gesichert werden. Jedoch lässt sich auch durch die abstrakte Möglichkeit, den Parteien die eigenverantwortliche Wahl des anzuwendenden Sachrechts zu überlassen, Rechtssicherheit nicht in allen Bereichen herstellen. Bei außervertraglichen Schuldverhältnissen war die Rechtswahl ex ante traditionsgemäß in vielen Mitgliedstaaten bereits rechtlich nicht zulässig; zumindest jedoch kam sie faktisch äußerst selten vor, da Unfälle meist nicht vorhergesehen werden[417].

Auch entfällt wegen der traditionellen Geltung der Marktortregel in den bisherigen Kollisionsrechtsordnungen der Mitgliedstaaten für das Lauterkeitskollisionsrecht nicht die Notwendigkeit der Vereinheitlichung in einem gemeinschaftlichen Rechtsakt. Denn die Marktortregel beschreibt lediglich grundsätzlich, dass Lauterkeitsfragen an den Marktort anzuknüpfen sind. Das bedeutet allgemein die Anknüpfung an den Ort, an dem der Wettbewerb stattfindet und sich Angebot und Nachfrage treffen[418]. In der konkreten Handhabe der Anknüpfungsregel können jedoch beträchtliche Unterschiede bestehen[419]. Differenzierungspotential bietet die Marktortregel nicht nur in Bestimmung und Anwendung des Anknüpfungsmerkmals, sondern bereits bei der Definition des Anknüpfungsgegenstandes und damit ihres Anwendungsbereichs. Qualifikationsdifferenzen können bei theoretisch einheitlicher Geltung der Marktortregel zu praktisch erheblichen Anwendungsunterschieden führen[420]. Unterschiedliche Definitionen des Anknüpfungsgegenstandes liegen nahe, da das Lauterkeitsrecht als Rechtsgebiet in den einzelnen Rechtsordnungen selbst heutzutage noch fundamental unterschiedlich verstanden wird[421]. Hinzu kommt, dass selbst bei herrschender Rechtseinheit auch deren Fortbestand

---

415 *Dohrn, H.*, Kompetenzen, S. 10.

416 MüKo ZPO-*Gottwald*, Art. 23 EuGVO Rn. 15.

417 *Von Hein*, RabelsZ 73 (2009), 461, 467.

418 *Bernhard*, IPR des unlauteren Wettbewerbs, S. 134.

419 Zu den Unterschieden in der Handhabung der Marktortregel in den einzelnen Mitgliedstaaten siehe oben S. 48 die in Fn. 386 zitierte Literatur.

420 Mögliche Qualifikationsunterschiede bilden auch unter Art. 6 Rom II-VO eine immer noch offene Flanke der Rechtsvereinheitlichung, siehe unten S. 103 und insbesondere die in Fn. 751 zitierte Literatur.

421 Siehe unten S. 194 (Hauptdivergenzen: Lauterkeitsrecht als sozialinteressenschützendes „Recht des Marktes"?).

gesichert werden muss[422]. Zum größten Teil war die Anknüpfung unlauteren Wettbewerbs nicht gesetzlich normiert und beruhte lediglich auf der Rechtsprechung, der es jedoch teilweise an einer einschlägigen Praxis mangelte[423]. Die allgemeine Marktortregel ist auch für die Zukunft so zu fixieren, dass einseitige Änderungen durch einzelne Mitgliedstaaten unmöglich werden. Damit bildet die Vereinheitlichung der Marktortregel durch Lehre und Rechtsprechung keine dauerhaft tragfähige Alternative zur legislatorischen Rechtsvereinheitlichung durch die Rom II-VO[424].

Den europäischen Entscheidungseinklang erfordert nicht zuletzt die Charakterisierung der Union als Rechtsgemeinschaft[425], die sich in Art. 2 EUV ausdrücklich auch der Rechtsstaatlichkeit als Grundwert unterworfen hat[426]. Zur Rechtsstaatlichkeit gehört es, wesentlich gleichgelagerte Fälle auch gleich zu behandelt. Damit ist die Anwendung unterschiedlicher Kollisionsrechte je nach entscheidendem Gericht unvereinbar[427]. Unterschiedliche Kollisionsrechte führen dazu, dass der Kläger ohne Einverständnis der anderen Partei nach Entstehung eines Rechtsstreits die darauf anzuwendende Rechtsordnung wählen und somit den Ausgang des Rechtsstreits beeinflussen kann[428]. Insoweit wird er willkürlich bevorzugt[429]. Demgegenüber wird der Beklagte sachlich ungerechtfertigt benachteiligt. Es ist unbillig, wenn sich der Beklagte gegen die Prozesstaktik des Klägers kaum zur Wehr setzen kann[430]. Zudem führt es zu einer ineffizienten Verteilung der knappen Ressource Justizgewährung, wenn der Gerichtsstand wegen der sachfremden Erwägung des dort angewendeten Sachrechts gewählt wird[431]. Indirekt werden dadurch außerdem Gerichtsverfahren provoziert: Da nur der Kläger über die Wahl des Gerichtsstandes beeinflussen kann, welches Recht dem Streit zugrundezulegen

---

422 *Kreuzer*, in: Gemeinsames Privatrecht, S. 540.

423 *Bernhard*, IPR des unlauteren Wettbewerbs, S. 240 f.

424 *Kreuzer*, in: Gemeinsames Privatrecht, S. 517; *von Hein*, ZVglRWiss 102 (2003), 528, 540.

425 *Hallstein*, RabelsZ 28 (1964), 211, 228 ff.; *Zuleeg*, NJW 1994, 545 ff.

426 Calliess/Ruffert (4.)-*Calliess*, Art. 2 EUV Rn. 25 f.

427 *Kreuzer*, in: Gemeinsames Privatrecht, S. 498; *Dohrn, H.*, Kompetenzen, S. 19.

428 Im Gegensatz zur materiellrechtlichen oder kollisionsrechtlichen Rechtswahl durch vertragliche Einigung, siehe *Schwartze*, in: FS von Hoffmann, S. 416.

429 *Kreuzer*, in: Gemeinsames Privatrecht, S. 498 („willkürliche Bevorzugung des Klägers"); *Dohrn*, Kompetenzen, S. 19; an diesem Befund ändert sich selbst dann nichts, wenn man mit *von Bar/Mankowski*, IPR Band I, § 5 Rn. 164 ff. von der rechtlichen Unangreifbarkeit des Forum-Shoppings ausgeht.

430 *Von Hein*, ZVglRWiss 102 (2003), 528, 536; *Herweg*, Vereinheitlichung des internationalen Erbrechts, S. 218; *Kreuzer*, RabelsZ 70 (2006), 1, 80 („in einer Rechtsgemeinschaft wie der EG nicht hinnehmbare Willkür").

431 *von Hein*, ZVglRWiss 102 (2003), 528, 536 f.; a. A. *Schwartze*, in: FS von Hoffmann, 418 f., der die Vorteile einer Kompetenzbündelung bei der Konzentration von Rechtsstreitigkeiten auf besonders klägerfreundliche Gerichtsstandorte herausstellt.

ist, wird es bei Meinungsunterschieden hinsichtlich von Rechtsfragen zu einem „Wettlauf um die Klägerposition“ kommen[432]. Daran kann sich auch der vermeintliche Schuldner mittels einer negativen Feststellungsklage beteiligen[433].

(2) Förderung der Markteinheit durch die Einheitlichkeit der gerichtlichen Sachentscheidung

Die Einheitlichkeit der gerichtlichen Sachentscheidung fördert nicht nur den Marktzugang, sondern auch die Markteinheit, da sie Wettbewerbsverzerrungen aufgrund von Standortnachteilen beseitigt[434]. Ein Standortnachteil kann sich insbesondere aus der Entwertung des heimatlichen Gerichtsstandes ergeben. Grundsätzlich ist es vorteilhaft, vor den eigenen Gerichten des Unternehmenssitzes zu prozessieren. Dort ist das prozessuale Umfeld vertraut[435]. Prozessiert werden kann in der eigenen Sprache, Kultur, Gerichtsorganisation und Verfahrensweise. Der Vorteil verliert jedoch an Gewicht, wenn er durch ein nationales Kollisionsrecht überlagert wird, welches im Allgemeinen auf ein für den Kläger ungünstigeres Sachrecht verweist als anderswo. Wettbewerbsgleichheit kann nur erreicht werden, wenn das angewendete Recht nicht vom Forum abhängt. Wettbewerbsverzerrungen sind insbesondere im internationalen Deliktsrecht möglich, wenn Unternehmen an ihrem Sitz verklagt werden: Je nach Heimatrecht könnten Schadensersatzansprüche unterschiedlich angeknüpft werden. Bei Lieferung von Produkten in die USA können sogar *punitive damages* in unbegrenzter Höhe drohen[436]. Der Gedanke wird bereits bei der Wahl des Sitzes des Unternehmens eine Rolle spielen. Damit wirken sich Unterschiede im Kollisionsrecht unmittelbar auch auf die Niederlassungsfreiheit aus[437].

bb) Freizügigkeit der gerichtlichen Entscheidung im Anerkennungs- und Vollstreckungsregime der EuGVO

Die Kollisionsrechtsvereinheitlichung fördert den Binnenmarkt außerdem deswegen, weil sie auch für die Freizügigkeit der gerichtlichen Entscheidung im Anerkennungs- und Vollstreckungsregime der EuGVO[438] von wesentlicher

---

432 *Dohrn, H.*, Kompetenzen, S. 13.
433 Vergl. *Biehler*, in: Limits, S. 280.
434 Vorschlag der Kommission, KOM(2003) 427 endg., S. 7.
435 Die Vertrautheit wird auch vom EuGH in ständiger Rechtsprechung als prozessualer Vorteil anerkannt, der insbesondere die Verteidigung erleichtert: EuGH, v. 3.7.2000, Rs. C-412/98 (Group Josi), Slg. 2000, I-5925, Rn. 35; EuGH v.19.2.2002, Rs. C-256/00 (Besix), Slg. 2002, I-1699, Rn. 52.
436 *Leible/Staudinger, A.*, EuLF [D] 2001, 225, 230.
437 *Leible/Staudinger, A.*, EuLF [D] 2001, 225, 230.
438 Verordnung (EG) Nr. 44/2001 des Rates vom 22. Dezember 2000 über die gerichtliche Zuständigkeit und die Anerkennung und Vollstreckung von Entscheidungen

Relevanz ist[439]. Der EuGVO unterliegt jede von einem Gericht eines Mitgliedstaates erlassene Entscheidung[440]. Sie kann grundsätzlich frei in anderen Mitgliedstaaten vollstreckt werden. Zur Vollstreckung reicht der Antrag des Gläubigers[441], ohne dass dem Schuldner rechtliches Gehör gewährt wird[442]. Damit einher geht der Verzicht auf besondere Anerkennungsverfahren und der *révision au fond.* Nach Art. 36 EuGVO darf „[d]ie ausländische Entscheidung ... keinesfalls in der Sache selbst nachgeprüft werden." Ausnahmsweise bestehende Anerkennungsversagungsgründe werden in den Artt. 34 und 35 EuGVO abschließend auf eng umgrenzte Sonderfälle beschränkt. Die Anerkennung darf insbesondere nicht deswegen verweigert werden, weil der Erstrichter seine Entscheidung aufgrund eines unterschiedlichen Kollisionsrechts gemäß einer anderen Sachrechtsordnung getroffen hat als es im Anerkennungsstaat der Fall gewesen wäre[443]. Insoweit bewegt sich die EuGVO im kompetenzrechtlichen Rahmen der Gemeinschaft. Zu den Kompetenzen der Gemeinschaft gehörte es im Bereich der ziviljustiziellen Zusammenarbeit nach Art. 65 lit. a) Spiegelstrich 3 EGV auch, die Anerkennung und Vollstreckung gerichtlicher Entscheidungen in Zivil- und Handelssachen zu verbessern und zu vereinfachen. Das berechtigt auch dazu, wie heutzutage üblich bei der Anerkennung auf eine kollisionsrechtliche Kontrolle völlig zu verzichten.

Trotzdem kann gefragt werden, was die Kollisionsrechtsvereinheitlichung im einzelnen zur von der EuGVO gewährten Freizügigkeit beiträgt. In der Tat wird vor allem in Teilen der englischen Literatur bereits von vornherein ein Zusammenhang zwischen der Vereinheitlichung des Kollisionsrechts und der Freizügigkeit gerichtlicher Entscheidungen verneint[444]. Es wird argumentiert, dass die Anerkennungs- und Vollstreckungsregeln der EuGVO im Gegenteil zeigten, dass

---

in Zivil- und Handelssachen, ABl. L 12/1 v. 16.1.2001; siehe zur Freizügigkeit und Abschaffung des Exequaturs in der EuGVO *Kohler, C.*, in: Systemwechsel, S. 147 ff.

439 Erwägungsgrund 6 Rom II-VO; Maßnahmenprogramm, ABl. C 12/1 v. 15.1.2001; Vorschlag der Kommission, KOM(2003) 427 endg.; *König*, EuR 1975, 289, 291; *Leible/Staudinger, A.*, EuLF [D] 2001, 225, 230; *Kohler, C.*, IPRax 2003, 401, 406 f.; *Siems*, GPR 2003, 66, 69; *Wagner, R.*, RabelsZ 68 (2004), 119, 123; *Herweg*, Vereinheitlichung des internationalen Erbrechts, S. 219; *Kreuzer*, in: FS Kropholler, S. 132 f.

440 Gemäß Art. 32 EuGVO ist unter Entscheidung im Sinne dieser Verordnung jede von einem Gericht eines Mitgliedstaats erlassene Entscheidung zu verstehen, ohne Rücksicht auf ihre Bezeichnung wie Urteil, Beschluss, Zahlungsbefehl oder Vollstreckungsbescheid, einschließlich des Kostenfestsetzungsbeschlusses eines Gerichtsbediensteten.

441 Art. 38 Abs. 1 EuGVO.

442 Art. 41 S. 2 EuGVO.

443 Geimer/Schütze-*Geimer*, A.1 Einl. Rn. 119.

444 *UK House Of Lords*, 8th Report 2003-04, Rn. 56; *Dickinson*, JPIL 2005, 197, 222 („the suggested connection to the principle of mutual recognition appears tenuous"); *Dickinson*, Rome II, Rn. 2.75 ff.; in der deutschen Literatur Rauscher-*Unberath/Cziupka*, Einl. Rom II–VO Rn. 3.

Entscheidungen unabhängig vom angewendeten Kollisionsrecht wirksam innerhalb der Europäischen Gemeinschaft vollstreckt werden könnten. Damit bedürfe es insoweit keiner Kollisionsrechtsvereinheitlichung[445].

Dabei wird jedoch verkannt, dass die erleichterte Anerkennung und Vollstreckung von einer wesentlichen Voraussetzung abhängt. Diese Voraussetzung besteht in einem besonderen Vertrauen in die Entscheidungen der Gerichte anderer Mitgliedstaaten[446]. Dieses Vertrauen wird wesentlich gefördert, wenn die Gerichte unterschiedlicher Mitgliedstaaten gleiche Sachverhalte auch gleich entscheiden. Diese Entscheidungsharmonie setzt insbesondere ein einheitliches Kollisionsrecht voraus[447]. Wenn noch bestehende Unterschiede zwischen den Kollisionsrechten beseitigt und vom Kläger nicht mehr ausgenutzt werden können, wird deswegen auch die bereits vereinheitlichte Gewährleistung der Entscheidungsanerkennung und -vollstreckung im Rahmen der EuGVO gefördert[448]. Teilweise wird sogar vertreten, dass die Kollisionsrechtsvereinheitlichung zwingende Voraussetzung für die Freizügigkeit gerichtlicher Entscheidungen sei[449]. Damit dient die Vereinheitlichung des Kollisionsrechts auch der „nachgeschobenen Rechtfertigung" der liberalen Anerkennungsregelungen des bereits geschaffenen vereinheitlichten Verfahrensrechts[450].

Die erleichterte Vollstreckung ist besonders binnenmarktrelevant. Der in einem gerichtlichen Titel liegende wirtschaftliche Wert kann im Binnenmarkt erst dann realisiert werden, wenn die Möglichkeit besteht, ihn in anderen Mitgliedstaaten anzuerkennen und vollstrecken zu lassen. Damit bilden die uneingeschränkte

445 *Fentiman*, Memorandum, 2.5.

446 *Van der Grinten*, in: Crossing borders, S. 80 („Mutual recognition presupposes mutual trust. Abolishing exequatur, therefore, ist the ultimate expression of mutual trust.").

447 Der Zusammenhang wurde bereits 1869 von T.M.C. Asser gesehen und bildete den theoretischen Ausgangspunkt für die Gründung der Haager Konferenz für Internationales Privatrecht; Hinweis bei *Basedow*, in: FS Lorenz, S. 464 ff.

448 Erwägungsgrund 6; Vorschlag der Kommission, KOM(2003) 427 endg., S. 2 u. 7 f.; siehe dazu bereits *König*, EuR 1975, 289, 291; *Siems*, GPR 2003, 66, 69; *Wagner, R.*, RabelsZ 68 (2004), 119, 123; *Herweg*, Vereinheitlichung des internationalen Erbrechts, S. 219.

449 Maßnahmenprogramm, ABl. C 12/1 v. 15.1.2001, S. 2; siehe auch Hinweise bei *Kreuzer*, in: Gemeinsames Privatrecht, S. 483 f., dass mangels Kollisionsnormvereinheitlichung entsprechend der Anwendungsbereich des EuGVÜ eingeschränkt worden sei; *Kreuzer*, in: FS Kropholler, S. 132 f.; *Helms*, FamRZ 2002, 1593, 1599; für *Kohler, C.*, IPRax 2003, 401, 406 f. ist die Kollisionsrechtsblindheit die empfindlichste Schwachstelle des Maßnahmenprogramms zur Herstellung eines einheitlichen Justizraums für Zivilsachen im Binnenmarkt; auch *Wagner, R.*, RabelsZ 68 (2004), 119, 128 f. spricht davon, dass nur vereinheitlichtes Kollisionsrecht die „richtige Basis" für derartige zeitgemäße liberale Anerkennungsregelungen sein kann; auf der anderen Seite begnügt sich *Hess*, IPRax 2001, 389, 391 f. mit der Einführung prozessualer Mindeststandards und einer standardisierten Tenorierung.

450 *Kohler, C.*, IPRax 2003, 401, 407 f.

Anerkennung und Vollstreckung gerichtlicher Entscheidungen wichtige Voraussetzungen für das Funktionieren des Binnenmarktes[451]. Zum einen erweitert die Freizügigkeit von Gerichtsentscheidungen bereits als solche das Prinzip des Freiverkehrs, wie es auch zum Beispiel der Warenverkehrsfreiheit zugrunde liegt[452]. Zum anderen ermöglicht die Freizügigkeit erst die effektive Inanspruchnahme der Grundfreiheiten und erleichtert damit den Zugang zu mitgliedstaatlichen Teilmärkten. Der Handel überschreitet nur dann die Grenze, wenn die Anspruchsdurchsetzung vollumfänglich – einschließlich der Vollstreckung in das Vermögen von Geschäftspartnern im Ausland – nicht wesentlich schwieriger ist als bei Inländern. Letztendlich werden dadurch auch Wettbewerbsverzerrungen beseitigt, die bestehen, wenn Titel vorzugsweise am Unternehmenssitz erwirkt werden, die im Anschluss jedoch nicht vollstreckbar und damit wirtschaftlich wertlos sind. Die binnengrenzüberschreitende Vollstreckbarkeit stellt sicher, dass der Gerichtsstand am Sitz des Klägers nicht entwertet wird.

cc) Zwischenergebnis zur Binnenmarktförderung durch die Vereinheitlichung des Lauterkeitskollisionsrechts als solche

Ungeachtet ihrer konkreten inhaltlichen Gestaltung führt somit bereits die Vereinheitlichung des Kollisionsrechts als solche zur Entscheidungsharmonie zwischen den Gerichten der Gemeinschaft hinsichtlich des anwendbaren Sachrechts (europäischer kollisionsrechtlicher Entscheidungseinklang). In der Folge wird für die Marktteilnehmer die binnenmarktweite Durchsetzung ihrer zivilrechtlichen Ansprüche in zwei wesentlichen Punkten verbessert: Im Erkenntnisverfahren wird die Vorhersehbarkeit der gerichtlichen Entscheidung erleichtert und das Forum-Shopping zurückgedrängt; anschließend wird die Freizügigkeit und binnengrenzüberschreitende Vollstreckung der gerichtlichen Entscheidung ermöglicht.

Die Effekte sind nicht nur Selbstzweck. Sie fördern mittelbar die beiden wesentlichen Voraussetzungen für einen funktionierenden Binnenmarkt. Erstens wird den Beteiligten der wechselseitige Zugang zu den mitgliedstaatlichen Teilmärkten erleichtert. Sie werden die ihnen gewährten Grundfreiheiten umso eher faktisch nutzen und umso mehr zum binnengrenzüberschreitenden Handel ermutigt, je einfacher die Durchsetzung darauf beruhender Ansprüche ist. Die Vereinheitlichung

---

451 *Besse*, ZEuP 1999, 107, 119 f.; *Besse*, Vergemeinschaftung des EuGVÜ, S. 21–30; *Hess*, IPRax 2001, 389, 390 („prozessuale Absicherung"); siehe zur vollständigen Abschaffung des Exequaturverfahrens durch einen europäischen Vollstreckungstitel auch *Wagner, R.*, IPRax 2002, 75, 84 ff.

452 Ähnlich *Leible/Staudinger, A.*, EuLF [D] 2001, 225, 230; auch wenn sich gerichtliche Entscheidungen insoweit von Waren unterscheiden, als erstere Rechtsgütereingriffe begründen, für die es keine schrankenlose Freizügigkeit gibt, *Kohler, C.*, IPRax 2003, 401, 407; vollständig entgegengesetzt jedoch *Dickinson*, Rome II, Rn. 2.75: „The ‚free movement of judgements' is not one of the freedoms constituting the internal market".

des Kollisionsrechts vereinfacht zunächst das Erkenntnisverfahren. Gerade für die Union als Rechtsgemeinschaft besonders erfreulich ist, dass mit der Kollisionsrechtsvereinheitlichung auch die Eindämmung des Forum-Shoppings und die Beseitigung des Sachrechts-Shoppings einhergehen, ohne dass gleichzeitig auf die interessengerechten und angemessenen besonderen Gerichtsstände der EuGVO verzichtet werden muss. Des weiteren vereinfacht die Kollisionsrechtsvereinheitlichung auch binnengrenzüberschreitende Vollstreckungsverfahren. Einfache Vollstreckungsmöglichkeiten fördern nicht nur mittelbar den Binnenhandel, sondern unmittelbar auch die Freizügigkeit des Titels sowie die Realisierungsmöglichkeit des in ihm liegenden wirtschaftlichen Wertes.

Zweitens wird die (Binnen-)Markteinheit gestärkt. Die Einheit ist nicht zuletzt von Wettbewerbsverzerrungen bedroht, wie sie vor allem durch Standortnachteile entstehen. Ein Standortnachteil ist insbesondere dann gegeben, wenn am Unternehmenssitz ein Kollisionsrecht herrscht, welches im Allgemeinen auf ein ungünstigeres Sachrecht verweist als die Kollisionsrechtsordnungen in anderen Mitgliedstaaten. Die Vereinheitlichung des Kollisionsrechts beseitigt einen derartigen Standortnachteil. Insoweit sind die Gerichtsstände mangels der Möglichkeit des Sachrechts-Shoppings gleichwertig. Die binnengrenzüberschreitende Vollstreckbarkeit stellt zudem sicher, dass der Gerichtsstand am Sitz des Klägers hinsichtlich späterer Exequaturschwierigkeiten nicht entwertet wird und mit dem dort erstrittenen Titel in das Vermögen am Sitz des Beklagten in einem anderen Mitgliedstaat vollstreckt werden kann.

c) Wie: Binnenmarktangemessenheit der Marktortanknüpfung

Auch wenn bereits die Vereinheitlichung des Lauterkeitskollisionsrechts als solche den Binnenmarktvorraussetzungen dient, muss gleiches nicht notwendig auch für die konkrete inhaltliche Gestaltung gelten[453]. Die Kollisionsregeln der Rom II-VO folgen dem klassischen Anknüpfungsprinzip der engsten Verbindung. Demgemäß sind deliktische Rechtsfragen grundsätzlich mit dem Erfolgsort am engsten verbunden. Die Anknüpfung an den Erfolgsort führt bei Distanzdelikten in aller Regel[454] dazu, dass nicht die Rechtsordnung des handelnden Verursachers, sondern stattdessen diejenige des geschädigten Opfers berufen wird[455]. Auf Ebene des Kollisionsrechts herrscht nicht die Rechtsordnung des Herkunftslandes, sondern diejenige des Bestimmungslandes[456]. Dementsprechend verweist das internationale

453 Beide Aspekte von kollisionsrechtlichen Maßnahmen sind voneinander zu trennen, siehe oben S. 85 (Zwischenergebnis zur Binnenmarktrelevanz lauterkeitskollisionsrechtlicher Maßnahmen).

454 Eine Ausnahme kann z. B. bei Schädigung eines Vertragspartners vorliegen, wenn der Vertrag dem Recht des Herkunftslandes unterliegt und das Deliktsstatut damit akzessorisch verknüpft wird, *Deinert*, EWS 2006, 445, 448.

455 *Benecke*, RIW 2003, 830, 837 („Vorzug der betroffenen Rechtsordnung“).

456 Bzw. „Aufnahmestaat“, *Basedow*, EuZW 2004, 423; oder „Gastland“, *Grundmann*, RabelsZ 64 (2000), 457, 460.

Lauterkeitsrecht nach Art. 6 Abs. 1 Rom II-VO, unbeeinflusst vom Herkunftslandprinzip, grundsätzlich auf den Marktort[457], an den im nationalen Lauterkeitskollisionsrecht bereits vor der Geltung der Rom II-VO überwiegend angeknüpft wurde[458].

Ob die Marktortanknüpfung den Binnenmarkt fördert oder nicht vielmehr hemmt, ist problematisch[459]. Denn die kollisionsrechtliche Anknüpfung an den Marktort hat zur Folge, dass sich Anbieter im grenzüberschreitenden Handel einer fremden Rechtsordnung ausgesetzt sehen[460]. Daraus resultieren zwei

---

457 Vorschlag der Kommission, KOM(2003) 427 endg., S. 17 f. und 34 f. („... eine Anknüpfung an das Recht des betreffenden Marktes..."); *Mankowski*, IPRax 2004, 385, 395; *Buchner*, GRUR Int. 2005, 1004, 1010; *Deinert*, EWS 2006, 445, 451; *Koos*, EuLF [E] 2006, 145 f. (nach Auseinandersetzung mit der zugrundeliegenden Dogmatik); *Ohly*, WRP 2006, 1401, 1402; *Heiss/Loacker*, JBl 2007, 613, 629; *Leible/Lehmann*, RIW 2007, 721, 729; *Wagner, G.*, IPRax 2008, 1, 8; *Handig*, wbl 2008, 1, 7; *Ofner*, ZfRV 2008, 13, 18; generell *Wagner, R.*, in: FS Kropholler, S. 725 (auch Erwägungsgrund 35 halte „im Ausgangspunkt an der internationalprivatrechtlichen Prüfung fest"); weiter dagegen, da auch Verhaltensweisen bei und nach Vertragsschluss erfasst würden Köhler/Bornkamm-*Köhler*, Einl. UWG Rn. 5.33 („Einwirkungsort").

458 Vergl. oben S. 49 die in Fn. 402 zitierten Fundstellen.

459 Andere Aspekte der konkreten Ausgestaltung der Kollisionsnormen werden hier nicht untersucht. So betrifft zwar auch die universale Reichweite der Verordnung einen Aspekt ihrer Ausgestaltung, weil sie auf der Rechtsfolgenseite das „Wie" und nicht das „Wo" regelt: *Wagner, R.*, RabelsZ 68 (2004), 119, 139 f.; *Schroeter*, UN-Kaufrecht und EG-Recht, § 11 Rn. 80; *Kreuzer*, RabelsZ 70 (2006), 1, 6 („Dabei geht es nicht um den Anwendungsbereich, sondern um den Inhalt der Norm, um den Rechtsanwendungsbefehl."); *Wagner, G.*, IPRax 2008, 1, 3 f. behandelt beide Gesichtspunkte jedoch unter der Überschrift „Territorialer Anwendungsbereich" gemeinsam; vermischt wird das „Wie" mit dem „Wo" auch von *Dickinson*, JPIL 2005, 197, 223 ff.; wie hier jedoch *Dickinson*, Rome II, Rn. 2.79; jedoch weist die universelle Anwendung der Rom II-VO unter Binnenmarktgesichtspunkten keine besonderen Probleme auf: *Wagner, R.*, RabelsZ 68 (2004), 119, 147; *Schroeter*, ZEuP 2006, 515, 540; sie bietet darüber hinaus den zusätzlichen rechtspolitischen Vorteil, dass sich Kollisionsnormen mit universaler Reichweite wesentlich leichter in die weltweite Koordination der internationalen Privatrechte integrieren lassen und damit zum umfassenden, über den europäischen Entscheidungseinklang hinausgehenden Ziel des internationalen Entscheidungsklangs beitragen: *Kreuzer*, RabelsZ 70 (2006), 1, 61, 65, 85; *Kreuzer*, in: FS Kropholler, S. 142 („Wer das Savigny'sche Kollisionsrechtsideal des universalen Entscheidungseinklangs verwirklichen will, muss sich für universales Kollisionsrecht aussprechen.").

460 Was im Gesetzgebungsverfahren vor allem von Unternehmensseite aus stark kritisiert wurde, z. B. *ABN AMRO*, Consultation, S. 1; *Advertising Association*, Consultation, S. 2 f.; *AMAZON*, Consultation, S. 6; *BDI*, Stellungnahme, S. 4; *BITKOM*, Stellungnahme, S. 2 f.; *British Bankers' Association*, Consultation, S. 2; in der Literatur benennt die Problematik z. B. *Remien*, CMLRev. 38 (2001), 53, 68; ebenso *Grundmann*, RabelsZ 67 (2003), 246, 274 f.; aus der Literatur allgemein z. B. *Roth, W.-H.*, in: Systemwechsel, S. 60 (die Marktortanknüpfung führe „zu erheblichen Belastungen für ein binnenmarktorientiertes Vertriebsunternehmen").

unterschiedliche binnenmarkthemmende Aspekte: Zum einen ist das Marktortrecht möglicherweise strenger als das Recht des Herkunftslandes. Zum anderen müssen sich unabhängig davon die Anbieter, deren Handeln sich potentiell auf die Gebiete verschiedener Staaten auswirken kann, jedenfalls auf ebenso viele Rechtsordnungen einstellen[461]. Das ist allgemein mühsam, bei fehlender Vorhersehbarkeit der Auswirkungen eines Verhaltens auch unmöglich und könnte bereits deswegen den Binnenmarkt hemmen[462]. Konsequenterweise wird behauptet, dass der Binnenmarkt im Regelfall nach dem Herkunftslandprinzip verlange[463], da es die Transaktionskosten der Anbieter beim Marktzutritt senke.

In der Literatur wird intensiv diskutiert, ob und inwieweit die Voraussetzungen für einen vollkommenen Binnenmarkt und insbesondere die Grundfreiheiten die inhaltliche Gestaltung des Kollisionsrechts für Binnenmarktsachverhalte beeinflussen[464]. Konkret ist zu klären, ob die Anknüpfung an den Marktort den Anforderungen der Grundfreiheiten genügt. Das ist zweifelhaft, da Teile der Literatur die Grundfreiheiten heranziehen, um mit unterschiedlichen Ansätzen statt der Marktortanknüpfung die kollisionsrechtliche Anknüpfung an das Herkunftsland- oder

---

461 *Glöckner*, ZVglRWiss 99 (2000), 278, 287 f.; *Glöckner*, in: Neueste Entwicklungen, S. 264; *Roth, W.-H.*, in: GS Lüderitz, S. 639 f. („Informationslasten"); *Henning-Bodewig*, GRUR Int. 2002, 389, 394 (betont den Aspekt der Normenkumulation); *Spindler*, RabelsZ 66 (2002), 633, 636 („Rechtsanwendungsrisiko"); *Hellner*, EurRevPL 2004, 193, 196; *Mäsch*, EuR 2005, 625, 627 (die Unterschiede erzwängen „länderspezifische Insellösungen"); ebenso der unionale Gesetzgeber in Erwägungsgrund 5 der Richtlinie 2000/31/EG über den elektronischen Geschäftsverkehr.

462 *Schaub*, JZ 2005, 328, 335 („im Hinblick auf die Grundfreiheiten nicht unbedenklich"); *Ohly*, GRUR Int. 2001, 899, 906 („erhebliche Kosten und Mühen"); *Ohly*, WRP 2006, 1401 f. („Störenfried im Binnenmarkt"); *Klinke*, in: Liber Amicorum Gerhard Kegel, S. 18 f.; *ABN AMRO*, Consultation, S. 1; *Advertising Association*, Consultation, S. 2; eine erhebliche Binnenmarkthemmung bezweifelt jedoch *Dickinson*, Rome II, Rn. 16.09; ebenso *Deinert*, EWS 2006, 445, 452; auch *Roth*, in: GS Lüderitz, S. 639 f. bezweifelt insoweit die Relevanz für die Grundfreiheiten.

463 von der Groeben/Schwarze-*Pipkorn/Bardenhewer-Rating/Taschner*, Art. 14 EGV Rn. 30 f. (ein „wesentliches Element" des Binnenmarktes sei „die konsequente Anerkennung des Herkunftsprinzips"); Schwarze-*Hatje*, Art. 14 EGV Rn. 8; Calliess/Ruffert (4.)-*Kahl*, Art. 26 AEUV Rn. 25.

464 Monographisch dazu *Drasch*, Das Herkunftslandprinzip im internationalen Privatrecht; *Grandpierre*, Herkunftsprinzip kontra Marktortanknüpfung; siehe auch *Roth, W.-H.*, RabelsZ 55 (1991), 623 ff.; *Bernhard*, EuZW 1992, 437 ff.; *Kohler, C.*, Droit International Privé 1993, 71 ff.; *Brödermann/Iversen*, Gemeinschaftsrecht und IPR, S. 203 ff.; *Sack*, WRP 1994, 281 ff.; *Tebbens*, Revue Critique 83 (1994), 451 ff.; *Basedow*, RabelsZ 59 (1995), 1 ff.; *Gebauer*, IPRax 1995, 152 ff.; *Sonnenberger*, ZVglRWiss 95 (1996), 3, 8 ff.; *Rohe*, RabelsZ 61 (1997), 1, 58 f.; *Franzen*, Privatrechtsangleichung, S. 145 f.; *Kreuzer*, in: Gemeinsames Privatrecht, S. 457 ff.; *von Wilmowsky*, RabelsZ 62 (1998), 1 ff.; *Roth, W.-H.*, in: GS Lüderitz, S. 635 ff.; *Roth, W.-H.*, in: Systemwechsel, S. 47 ff.; *Schaub*, RabelsZ 66 (2002), 18 ff.

zumindest ein Günstigkeitsprinzip im Binnenmarkt zu etablieren. Im Wesentlichen geht es dabei um zwei Fragen: Primärrechtlich wird diskutiert, ob den Grundfreiheiten als den Kernelementen des Binnenmarktes[465] bereit auf der Ebene des Kollisionsrechts gegen die Marktortanknüpfung sprechende kollisionsrechtliche Maßgaben zu entnehmen sind (aa). Die primärrechtlichen Vorgaben wären nicht nur vom nationalen Gesetzgeber bei der Ausgestaltung seines Kollisionsrechts zu beachten[466]. Das rechtsdogmatische Gebot würde auch dem europäischen Kollisionsrechtsgeber eine zwingende Schranke setzen[467]. Selbst wenn das Primärrecht das kollisionsrechtliche Herkunftslandprinzip nicht zwingend und unmittelbar enthalten würde, wären die Binnenmarktvoraussetzungen zumindest mittelbar als Abwägungstopoi bei der Ausgestaltung von Kollisionsnormen für den Binnenmarkt zu berücksichtigen (bb). Zumindest in Beantwortung der rechtspolitischen Fragestellung könnte sich ergeben, dass sich die Marktortanknüpfung möglicherweise den Binnenmarktvoraussetzungen unterordnen muss.

Damit eng zusammen hängt die Verankerung des Herkunftslandprinzips im Sekundärrecht. Dort wurden zumindest in einzelnen Bereichen jeweils unterschiedliche Ausformungen des Herkunftslandprinzips angeordnet[468]. Hier sind

---

465 Zur Bedeutung der Grundfreiheiten im Binnenmarktkonzept siehe oben S. 72.

466 Was üblicherweise den Ausgangspunkt der Diskussion bildet, siehe z. B. MüKo BGB X-*Sonnenberger*, Einl. IPR Rn. 154 ff.; Staudinger IntWirtschR (2010)-*Fezer/Koos*, Rn. 536; *Thünken*, IPRax 2001, 15, 18; *Schaub*, RabelsZ 66 (2002), 18 ff.

467 Bereits *Kreuzer*, in: Gemeinsames Privatrecht, S. 457 ff. untersucht nicht nur die Anforderungen des Gemeinschaftsrechts an die mitgliedstaatlichen Kollisionsrechte, sondern ausdrücklich auch an die Möglichkeiten der Europäisierung des IPR, wobei „selbstverständlich die Kollisionsrechtsvereinheitlichung gemeinschaftsrechtskonform ausgestaltet sein muß", S. 516; *Dethloff*, Europäisierung des Wettbewerbsrechts, S. 269 u. 275; *Kohler, C.*, IPRax 2003, 401, 408; *Kohler, C.*, in: FS Jayme, S. 459 (primärrechtlichen Kollisionsrechtsvorgaben muss „bei der Formulierung der Kollisionsnormen des abgeleiteten Gemeinschaftsrechts Rechnung getragen werden"); für *Dohrn, H.*, Kompetenzen, S. 21 f. würde sich die Ableitung eindeutiger Kollisionsnormen aus den Grundfreiheiten dahingehend auswirken, dass in diesem Fall sekundärrechtliche Kollisionsrechtsmaßnahmen nicht mehr erforderlich seien; Grabitz/Hilf I-*Leible*, Art. 28 Rn. 44 (auch der Gemeinschaftsgesetzgeber ist an die Grundfreiheiten gebunden); EU-Wirtschaftsrecht-*Roth*, E. I. Rn. 26 f.; a. A. Staudinger IntWirtschR (2010)-*Fezer/Koos*, Rn. 556 aE; und wohl auch MüKo BGB X-*Sonnenberger*, Einl. IPR Rn. 176, nach denen sich wegen der Normierung des Marktortprinzips in der Rom II-VO die Frage nach dessen Gemeinschaftsrechtswidrigkeit nicht mehr stelle; wie hier jedoch wieder *Sonnenberger*, IPRax 2011, 325, 328.

468 Insbesondere das „Sendelandprinzip" der Richtlinie 2010/13/EU über audiovisuelle Mediendienste; ebenso das Herkunftslandprinzip der Richtlinie 2000/31/EG über den elektronischen Geschäftsverkehr; in abgeschwächter Form auch in der Richtlinie 2005/29/EG über unlautere Geschäftspraktiken; Richtlinie 2001/37/EG über die Herstellung, die Aufmachung und den Verkauf von Tabakerzeugnissen; Richtlinie 2006/123/EG über Dienstleistungen im Binnenmarkt; Überblick über die Entwicklung bei *Glöckner*, WRP 2005, 795, 796 f.

dessen Reichweite und das Verhältnis zum Kollisionsrecht völlig unklar und es ist fraglich, ob das Herkunftslandprinzip auch kollisionsrechtlich das anwendbare Recht bestimmt oder aber nur sachrechtlich die Wirkungen des designierten Sachrechts modifiziert. Zwar klärt das sekundärrechtliche Herkunftslandprinzip sein Verhältnis zum Kollisionsrecht nicht, aber möglicherweise klärt das europäische Kollisionsrechts nunmehr umgekehrt sein Verhältnis zum Herkunftslandprinzip. Der Versuch wurde in Art. 27 Rom II-VO unternommen, worauf an dieser Stelle im Rahmen eines Exkurses eingegangen wird (cc).

aa) Grundfreiheiten als Kollisionsnormen mit abweichenden Anknüpfungsmerkmalen

Inhaltlich wurde im Lauterkeitskollisionsrecht der Marktort als Anknüpfungsmerkmal gewählt. Die Anknüpfung an den Marktort könnte die Grundfreiheiten verletzten. Dies wäre der Fall, wenn die Grundfreiheiten eine dem entgegenstehende kollisionsrechtliche Vorgabe besitzen würden. Die weitestgehende kollisionsrechtliche Gewährleistung billigt den Grundfreiheiten eine Meinung im Schrifttum zu, die in den Grundfreiheiten versteckte Kollisionsnormen sieht und aus ihnen eindeutige Anknüpfungsregeln für Binnenmarktsachverhalte ableitet. Über die kollisionsrechtlichen Auswirkungen der Niederlassungsfreiheit auf das internationale Gesellschaftsrecht[469] hinaus entnimmt namentlich *Basedow* der Rechtsprechung des EuGH zur Warenverkehrs- und Dienstleistungsfreiheit[470] die grundsätzliche kollisionsrechtliche Anknüpfung an das Herkunftsland insbesondere im internationalen europäischen Lauterkeitsrecht, zu der die übliche Anknüpfung an den Marktort im Widerspruch stünde[471]. Die Aussage des EuGH, dass ein im Herkunftsland rechtmäßig hergestelltes und vermarktbares Produkt in einem

---

469 Siehe oben S. 77.

470 Vor allem EuGH v. 7.3.1990, Rs. C-362/88 (GB-INNO-BM), Slg. 1990, I-667; EuGH v. 18.5.1993, Rs. C-126/91 (Yves Rocher), Slg. 1993, I-2389; EuGH v. 2.2.1994, Rs. C-315/92 (Clinique), Slg. 1994, I-317.

471 *Basedow*, RabelsZ 59 (1995), 1, 12 ff. u. 49 ff.; ansatzweise bereits *Chrocziel*, EWS 1991, 173, 178; *Jayme/Kohler, C.*, IPRax 1991, 361, 369; *Bernhard*, EuZW 1992, 437, 438 (die Dogmatik zu Cassis de Dijon sei „strukturell eine kollisionsrechtliche Methode"); *Remien*, RabelsZ 62 (1998), 627, 635 propagiert eine „kollisionsrechtliche Sicht" innerhalb der Grundfreiheitenprüfung; *Grundmann*, RabelsZ 64 (2000), 457, 460 (die Grundfreiheitendogmatik wirke „durchaus kollisionsrechtlich"); *Grundmann*, RabelsZ 67 (2003), 246, 259 f., 267 ff.; ähnlich *Klinke*, in: Liber Amicorum Gerhard Kegel, S. 21 f. (Grundfreiheiten als „Spielart von Kollisionsnormen des internationalen öffentlichen Rechts bzw. des internationalen Wirtschaftsrechts"); für eine jedenfalls indirekte Auswirkung der Grundfreiheiten auf „zwingendes" internationales Wirtschaftsrecht auch *Schnyder*, in: Systemwechsel, S. 94; *Hess*, EuZPR, § 5 Rn. 73 („Vielmehr beinhalten auch die Marktfreiheiten ‚ungeschriebene Kollisionsnormen' ").

anderen Mitgliedstaat keinen zusätzlichen Anforderungen unterliegen dürfe, sofern diese nicht wegen zwingender Erfordernisse des Allgemeinwohls gerechtfertigt sind, und der daraus abgeleitete Grundsatz der gegenseitigen Anerkennung seien „in Wirklichkeit nichts anderes als eine unpräzise Umschreibung einer Kollisionsnorm“[472], die grundsätzlich auf das Recht des Herkunftslandes verweise[473]. Am Marktort könnten die dortigen zwingenden Erfordernisse des Allgemeinwohls eingeschränkt im Rahmen des kollisionsrechtlichen *ordre public* berücksichtigt werden[474]; im Übrigen seien dort auftretende Wettbewerbsverfälschungen als Tribut an das Ziel, einen vollkommenen Binnenmarkt zu schaffen, hinzunehmen[475]. Das Marktortrecht sei lediglich ausnahmsweise im Sinne eines „favor offerentis“ zur Anwendung zu bringen, wenn es nach einem Günstigkeitsvergleich liberaler und damit für den Anbieter günstiger sei als das Recht des Herkunftslandes[476].

Dem ist man jedoch in der Literatur zu Recht mit beachtlichen Argumenten entgegengetreten[477]. Aus der Warenverkehrs- und der Dienstleistungsfreiheit lassen sich insbesondere auch unter Berücksichtigung der dazu ergangenen Rechtsprechung des EuGH keine unmittelbar zwingenden kollisionsrechtlichen Anknüpfungsprinzipien ableiten. Die Grundfreiheiten beinhalten den kollisionsrechtlichen Verweis auf das Herkunftslandrecht weder uneingeschränkt noch nach einem Günstigkeitsvergleich mit dem Marktortrecht. Die Anwendung des Herkunftslandrechts wäre in unterschiedlicher Ausprägung nicht mit den Grundfreiheiten vereinbar. Bei der Analyse kann nach dem Rechtsgefälle unterschieden werden, welches zwischen den kollidierenden Rechtsordnungen herrscht.

In denjenigen Fällen, in denen das Recht des Herkunftslandes strenger ist als die Vorschriften des Marktstaates, würde die Anwendung des strengeren Rechts des Herkunftsstaates den Export des Anbieters aus dem Herkunftsland grundfreiheitenwidrig beschränken[478] und seinen Import in den Marktstaat grundfreiheitenwidrig

---

472 *Basedow*, RabelsZ 59 (1995), 1, 13.
473 *Basedow*, RabelsZ 59 (1995), 1, 14.
474 *Basedow*, RabelsZ 59 (1995), S. 19 ff.
475 *Basedow*, RabelsZ 59 (1995), 1, 52.
476 *Basedow*, RabelsZ 59 (1995), 1, 16.
477 Kritisch unter ökonomischen Effizienz- und verbraucherpolitischen Schutzgesichtspunkten bereits *Reich*, EuZW 1991, 203 ff.; *Kort*, GRUR Int. 1994, 594, 601; *Sack*, WRP 1994, 281, 289 ff.; *Gebauer*, IPRax 1995, 152, 155 f.; *von Wilmowsky*, RabelsZ 62 (1998), 1, 11 ff.; *Katzenberger*, in: Neuordnung des Wettbewerbsrechts, S. 228 f.; *Kreuzer*, in: Gemeinsames Privatrecht, S. 512 ff.; *Fezer/Koos*, IPRax 2000, 349, 350 f.; Staudinger IntWirtschR (2010)-*Fezer/Koos*, Rn. 557 ff.; *Ohly*, GRUR Int. 2001, 899, 901 f.; *Thünken*, IPRax 2001, 15, 19; *Leible*, in: Neue Entwicklungen, S. 74 ff.; *Roth, W.-H.*, in: Systemwechsel, S. 54 f.; *Roth, W.-H.*, IPRax 2006, 338, 340; *Wilderspin*, in: Systemwechsel, S. 84; *Kohler, C.*, IPRax 2003, 401, 409; *Dohrn, H.*, Kompetenzen, S. 26 ff.; *Mankowski*, IPRax 2004, 385, 391 f.; *Deinert*, EWS 2006, 445, 451 ff.; *von Hoffmann/Thorn u. a.*, IPR, § 1 Rn. 108 f.; MüKo BGB X-*Sonnenberger*, Einl. IPR Rn. 142 ff.
478 EuGH v. 10.5.1995. Rs. C-384/93 (Alpine Investments), Slg. 1995, I-1141; *Glöckner*, WRP 2005, 795, 805 f.

diskriminieren, da seinen im Marktstaat niedergelassenen Konkurrenten mehr erlaubt ist[479]. Gleichzeitig würde das Herkunftslandprinzip zu Wettbewerbsverzerrungen in der Gemeinschaft führen und gegen die Binnenmarktvoraussetzung eines unverfälschten Wettbewerbs[480] verstoßen[481]. Auch wenn sich die Vorschriften im Herkunfts- und Marktortstaat gleichen (etwa wegen Harmonisierungsmaßnahmen des europäischen Gesetzgebers auf der Ebene des Sachrechts), fordern die Grundfreiheiten nicht die Anwendung des Herkunftslandrechts. In dieser Konstellation würde die Anwendung des Marktortrechts nicht in den Schutzbereich der Grundfreiheiten eingreifen. Denn dann fehlt es an der für eine Beschränkung notwendigen spezifischen Erschwerung des Marktzugangs[482]. Allein die Tatsache, dass der Anbieter die Informationslast hinsichtlich des anzuwendenden Sachrechts trägt und sich vorab über die ihm fremde Sachrechtsordnung informieren muss, hemmt die Ausübung der Grundfreiheiten nicht in einem ausreichenden Maße[483]. Denn das setzt voraus, dass die ökonomische Entscheidung der Marktteilnehmer zur Grenzüberschreitung negativ beeinflusst wird[484]. Dafür reicht jedoch nicht jede Unannehmlichkeit aus, wie sie insbesondere in der Ermittlung fremden Rechts liegt[485]. Zudem sind die Rechtsinformationskosten insbesondere bei grenzüberschreitenden Marketingaktivitäten im Vergleich zu anderen Anpassungskosten zu vernachlässigen[486]. Werbung für das Ausland muss nicht nur aus rechtlichen, sondern vor allem aus faktischen Gründen den dortigen Verhältnissen angepasst werden. Unterschiedliche Mentalitäten, Sozial- und Bildungsstandards, die Sprachunterschiede und weitere faktische Gründe zwingen zur Ermittlung der im

---

479 *Leible*, in: Neue Entwicklungen, S. 76 f.; *Piekenbrock*, GRUR Int. 2005, 997, 1001; *Roth, W.-H.*, IPRax 2006, 338, 340.

480 Siehe oben S. 74.

481 Staudinger IntWirtschR (2010)-*Fezer/Koos*, Rn. 568; *Mankowski*, ZVglRWiss 100 (2001), 137, 163; *Mankowski*, IPRax 2004, 385, 387; *Glöckner*, WRP 2005, 795, 803 („Pervertierung" des Wettbewerbsschutzes).

482 *Ohly*, WRP 2006, 1401, 1407 (die primärrechtlichen Freiheiten seien nicht absolut gewährleistet, sondern würden durch das Sekundärrecht ausgestaltet); *Roth, W.-H.*, IPRax 2006, 338, 346; Grabitz/Hilf I-*Leible*, Art. 28 EGV Rn. 44.

483 Vorauszusetzen ist jedoch, dass sich das anwendbare Recht zweifelsfrei identifizieren lässt. Fehlt es daran, weil etwa bereits hinsichtlich des Kollisionsrechts Unklarheiten bestehen, liegt eine grundfreiheitenrelevante Erschwerung des Marktzugangs vor, siehe oben S. 91 (Förderung des Marktzugangs durch die Vorhersehbarkeit und die Einheitlichkeit der gerichtlichen Sachentscheidung).

484 Siehe oben S. 72 (Gewährleistung des Marktzugangs).

485 *Roth, W.-H.*, in: GS Lüderitz, S. 639 f.; *Roth, W.-H.*, in: Systemwechsel, S. 57; *Schaub*, RabelsZ 66 (2002), 18, 30; *Dickinson*, JPIL 2005, 197, 213; *Dickinson*, Rome II, Rn. 2.29 lit. d; *Deinert*, EWS 2006, 445, 452; a. A. mit Blick auf eine mögliche „Normenkumulation" jedoch *Henning-Bodewig*, GRUR Int. 2002, 389, 394; a. A. ebenfalls *Hörnle*, IJLIT 12 (2004), 333, 353.

486 *Beater*, ZEuP 2003, 11, 39 f.

Werbestaat herrschenden Bedingungen. Vor allem deswegen sind binnenmarktweit einheitlich angelegte Marketingstrategien aufwändig.

In Grundfreiheiten wird aus Sicht der Anbieter nur dann eingegriffen, wenn am Marktort strengere oder zusätzliche Regeln herrschen als am Ort der Niederlassung des Anbieters. Die problematischen Binnenmarktfälle wären daher alleine diejenigen, in denen das Lauterkeitskollisionsrecht der Rom II-VO auf eine produktbezogene, den Binnenhandel beeinträchtigende Sachnorm verweist. In den beschränkenden Wirkungen der Sachnorm läge ein Verstoß gegen die Produktfreiheiten, der gleichzeitig auch auf den kollisionsrechtlichen Anwendungsbefehl der Rom II-VO zurückzuführen wäre[487]. Nur in diesem Fall müsste der Verstoß beseitigt werden, was auf kollisionsrechtlicher Ebene durch das Nichtanwenden der Marktortanknüpfung geschehen könnte[488].

Aber selbst dann, wenn am Marktort strengere oder zusätzliche Regeln herrschen und das Herkunftslandrecht damit für den Anbieter günstiger ist, fordert die Dogmatik der Grundfreiheiten keinen kollisionsrechtlichen Verweis auf das Herkunftslandrecht. Auch der kollisionsrechtlich verstandene „favor offerentis“ ist grundfreiheitsrechtlich nicht zwingend. Denn der Anbieter würde auch in dieser Konstellation zumindest den Sachnormen des Herkunftslandes unterworfen. Auch die Sachnormen des Herkunftslandes können absolut durch ihren Regelungsgehalt den Binnenmarkt hemmen, selbst wenn sie relativ milder sein sollten als die Sachnormen des Marktstaates. Problematisch dabei ist, dass in grenzüberschreitenden Sachverhalten die binnenmarkthemmenden Sachnormen des Herkunftslandes von vornherein nicht gerechtfertigt werden. Rechtfertigungsfähig sind alleine Einfuhrbehinderungen; somit beziehen sich die Rechtfertigungsgründe der Grundfreiheiten alleine auf Allgemeinwohlinteressen des Bestimmungsstaates[489]. Bei einem Verweis auf das Herkunftslandrecht dagegen würde dessen eventuelle Gemeinschaftsrechtswidrigkeit „mitexportiert“ werden[490]. Die Anwendung der designierten Sachnorm des Herkunftslandes würde mangels Rechtfertigung zu einer Verletzung der Grundfreiheit führen[491].

---

487 Siehe oben S. 40 und insbesondere die in Fn. 338 angegebene Literatur.

488 *Brödermann/Iversen*, Gemeinschaftsrecht und IPR, S. 208 f. schreiben den Grundfreiheiten für diese Konstellation zumindest eine negative, die kollisionsrechtliche Anknüpfung an das Bestimmungsland kassierende Gewährleistung zu; in der Literatur hat man jedoch berechtigterweise selbst diesen beschränkten Einfluss auf das Kollisionsrecht zurückgewiesen: Die Produktfreiheiten gebieten keine Kassation und wirken sich auch nicht negativ auf das Kollisionsrecht aus, MüKo BGB X (4.)-*Sonnenberger*, Einl. IPR Rn. 191.

489 *Sack*, WRP 1994, 281, 290; *von Wilmowsky*, RabelsZ 62 (1998), 1, 17; Staudinger IntWirtschR (2010)-*Fezer/Koos*, Rn. 560; eingeschränkt auch *Roth, W.-H.*, in: GS Lüderitz, S. 641 f. zumindest für solche Rechtfertigungsgründe, die im Bestimmungsland liegen.

490 *Leible*, in: Neue Entwicklungen, S. 74.

491 Staudinger IntWirtschR (2010)-*Fezer/Koos*, Rn. 564.

Gleichzeitig würde der Verweis auf das Herkunftslandrecht den (Marktort-) Mitgliedstaaten ihren gesetzgeberischen Freiraum nehmen, der ihnen durch die Berufung auf zwingende Allgemeinwohlinteressen zusteht[492]. Darunter versteht der EuGH ausdrücklich auch die Lauterkeit des Handelsverkehrs und den Verbraucherschutz[493]. Solange die hemmende Wirkung der Sachnorm insoweit verhältnismäßig ist, kann sie nicht unter Berufung auf die Grundfreiheiten modifiziert werden und wird insbesondere im Rahmen der negativen Integration vom EuGH akzeptiert. Ein generelles kollisionsrechtliches Herkunftslandprinzip würde jedoch das Marktortrecht von vornherein unreflektiert ignorieren und die Verhältnismäßigkeitsprüfung verhindern. Die von *Basedow* vorgeschlagene Alternative, die zwingenden Allgemeinwohlinteressen des Marktortstaates im Rahmen des kollisionsrechtlichen *ordre public* zu berücksichtigen[494], ist demgegenüber nicht gleichwertig[495]. Zwar stünde nunmehr – zumindest in einem frühen Stadium der Entwicklung[496] – beispielsweise mit Art. 26 Rom II-VO ein autonom-europäischer Begriff des *ordre public* im Kollisionsrecht zur Verfügung[497], der die ebenfalls gemeinschaftsrechtlich geprägten Rechtfertigungsgründe aufnehmen könnte[498]. Dennoch bleiben kollisionsrechtlicher *ordre public* einerseits und Rechtfertigung andererseits zwei strukturell völlig unterschiedliche Rechtsfiguren mit unterschiedlichen Schutzzwecken[499]: Während der kollisionsrechtliche *ordre public* der Ersetzung einer an sich anwendbaren ausländischen Sachnorm durch eine andere dient, bezwecken die Rechtfertigungsgründe die Anwendung einer grundsätzlich unanwendbaren inländischen Sachnorm.

---

492 *Thünken*, IPRax 2001, 15, 19; Staudinger IntWirtschR (2010)-*Fezer/Koos*, Rn. 559.

493 EuGH v. 20.2.1979, Rs. C-120/78 („Cassis de Dijon"), Slg. 1979, 649 Rn. 8; EuGH v. 13.3.1984, Rs. C-16/83 (Prantl), Slg. 1984, 1299, Rn. 25 ff.

494 *Basedow*, RabelsZ 59 (1995), 1, 19; ebenso *Grundmann*, RabelsZ 64 (2000), 457, 460 f.

495 *Sack*, WRP 1994, 281, 290 f.; *Dohrn, H.*, Kompetenzen, S. 28 f.; Staudinger IntWirtschR (2010)-*Fezer/Koos*, Rn. 559.

496 *Leible/Lehmann*, RIW 2007, 721, 734.

497 MüKo BGB X-*Junker*, Art. 26 Rom II–VO Rn. 19; *Schaub*, JZ 2005, 328, 335 erblickt gerade darin die Manifestation einer deutlichen Tendenz eines „europäischen" Kollisionsrechts; *von Hein*, RabelsZ 73 (2009), 461, 503 f. weist generell auf die Gefahren für die Rechtsvereinheitlichung hin, die die ausufernde Berufung auf die public policy mit sich bringt; die Unbestimmtheit des europäischen ordre public kritisiert *Sonnenberger*, IPRax 2011, 325, 332.

498 Bezweifelt wurde, ob der europäisch geprägte Begriff der zwingenden Allgemeinwohlinteressen ohne weiteres unter den nationalen Begriff des ordre public fallen könne, *Sack*, WRP 1994, 281, 290 f.; *Dethloff*, Europäisierung des Wettbewerbsrechts, S. 270 f.; Staudinger IntWirtschR (2010)-*Fezer/Koos*, Rn. 559.

499 *Sack*, WRP 1994, 281, 292; *Leible*, in: Neue Entwicklungen, S. 75; *Dohrn, H.*, Kompetenzen, S. 29; ähnlich *Sonnenberger*, IPRax 2011, 325, 331 („Das hat folglich nichts mit dem auch im europäischen IPR vorgesehenen ordre public-Vorbehalt zu tun").

Letztendlich müssen die Grundfreiheiten nicht zwingend bereits auf Anwendungsebene des Kollisionsrechts verwirklicht werden. Eine Beschränkung kann auch auf der Wirkungsebene des Sachrechts beseitigt werden[500]. Eine Beschränkung ergibt sich immer aus dem Zusammenspiel von Kollisions- und Sachnorm, indem die Wirkungen der Sachnorm durch den kollisionsrechtlichen Rechtsanwendungsbefehl der Kollisionsnorm zur Anwendung berufen werden[501]. Die Grundfreiheiten verbieten zwar die Anwendung grundfreiheitenwidriger Vorschriften des Bestimmungslandes, schreiben dabei aber nicht vor, wie dieses Ergebnis zu erreichen ist[502]. Möglich ist es daher auch, die behindernde Sachnorm des Bestimmungslandes im Einzelfall zum Beispiel durch entsprechende Auslegung[503], Nichtanwendung oder Neuerlass so anzupassen, dass sie den Anforderungen der Grundfreiheiten genügt[504].

Mit der Möglichkeit und Vorzugswürdigkeit, Behinderungen der Grundfreiheiten im Einzelfall auf sachrechtlicher Ebene zu beseitigen, entfällt zugleich die notwendige Voraussetzung für die Annahme einer versteckten Kollisionsnorm, derzufolge eine bestimmte kollisionsrechtliche Behandlung eindeutig vorgegeben sein muss[505]. Abgesehen davon, dass die Grundfreiheiten keine kollisionsrechtliche Behandlung gebieten, da sie sich auch sachrechtlich verwirklichen lassen, würde es gerade einem kollisionsrechtlichen Günstigkeitsprinzip an der erforderlichen Eindeutigkeit der Anknüpfung fehlen. Je nach Rechtsgefälle wäre Anknüpfungsmerkmal entweder das Recht des Herkunftslandes oder dasjenige des Marktorts[506]. Eine zusätzliche Unsicherheit resultiert daraus, dass gemäß dem Urteil in den Rs. *Keck und Mithouard* Teile des Lauterkeitsrechts von vornherein nicht von den Grundfreiheiten erfasst werden[507]. Die Grenzziehung ist schwierig und umstritten. Damit jedoch würde es bereits dem Tatbestand einer angeblich in den Grundfreiheiten versteckten Kollisionsnorm an der notwendigen Eindeutigkeit fehlen[508].

Dementsprechend hat der EuGH in den genannten Urteilen zu den Produktfreiheiten[509] keine Aussagen zum Kollisionsrecht getroffen, sondern sich auf das

---

500 *Roth, W.-H.*, RabelsZ 55 (1991), 624, 652; *Sonnenberger*, ZVglRWiss 95 (1996), 3, 24; *Deinert*, EWS 2006, 445, 451 f.; *Mansel*, RabelsZ 70 (2006), 651, 681 f.; *von Hoffmann/Thorn u. a.*, IPR, § 1 Rn. 109; MüKo BGB X-*Sonnenberger*, Einl. IPR Rn. 172.

501 Siehe oben S. 40 und insbesondere die in Fn. 338 angegebene Literatur.

502 Staudinger IntWirtschR (2010)-*Fezer/Koos*, Rn. 557; *Roth, W.-H.*, IPRax 2006, 338, 341.

503 Dafür insbesondere im Bereich des Lauterkeitsrechts *von Hoffmann/Thorn/Firsching*, IPR, § 11 Rn. 54.

504 MüKo BGB X-*Sonnenberger*, Einl. IPR Rn. 172.

505 Zu dieser Voraussetzung von in Sachnormen versteckten Kollisionsnormen siehe MüKo BGB X-*Sonnenberger*, Einl. IPR Rn. 139 u. 142.

506 Staudinger IntWirtschR (2010)-*Fezer/Koos*, Rn. 559.

507 Siehe oben S. 42.

508 MüKo BGB X-*Sonnenberger*, Einl. IPR Rn. 143; ähnlich *von Hein*, ZVglRWiss 102 (2003), 528, 539 f.

509 Siehe oben Fn. 470.

Sachrecht beschränkt[510]. Der Verzicht auf kollisionsrechtliche Ausführungen und die Beschränkung auf sachrechtliche Erwägungen lässt sich formell dadurch erklären, dass bereits die Vorlagefragen der nationalen Gerichte entsprechend konkret auf sachrechtliche Aussagen abzielten[511]. Die sachrechtliche Verwirklichung der Grundfreiheiten war für den EuGH zum Zeitpunkt der angeführten Rechtsprechung[512] sogar die einzig mögliche, wenn man bedenkt, dass damals eine Kompetenz der Gemeinschaft im Bereich des Kollisionsrechts noch nicht bestand[513]. Es ist unwahrscheinlich, dass sich der EuGH über diese damalige Beschränkung der Kompetenzen der Gemeinschaft mittelbar mit Hilfe einer kollisionsrechtlichen Auslegung der Grundfreiheiten hinwegsetzen wollte[514]. Dass später mit dem Vertrag von Amsterdam eine Gemeinschaftskompetenz für das Kollisionsrecht geschaffen wurde, spricht weiter gegen die Ableitung primärrechtlicher Kollisionsnormen: Denn anderenfalls wäre die Kompetenzbegründung überflüssig gewesen[515].

bb) Grundfreiheiten als Abwägungstopoi

Nach der vorstehenden Untersuchung verstößt die Marktortanknüpfung des Lauterkeitskollisionsrechts nicht gegen unmittelbar zwingende Vorgaben der Produktfreiheiten. Sie enthalten weder versteckt die grundsätzliche kollisionsrechtliche Anknüpfungsregel an das Herkunftsland, noch kassieren sie den kollisionsrechtlichen Befehl zur Anwendung des Marktortrechts in den Fällen, in denen die Sachnorm des Marktortstaats gegen eine Produktfreiheit verstößt. Wenn überhaupt, dann formulieren die Produktfreiheiten hinsichtlich des binnenmarktinternen Lauterkeitskollisionsrechts lediglich eine politische Leitlinie[516], so dass Aspekte

---

510 *Jayme/Kohler, C.*, IPRax 1991, 361, 369 („offenbar übersehen"); *Katzenberger*, in: Neuordnung des Wettbewerbsrechts, S. 228; *Kreuzer*, in: Gemeinsames Privatrecht, S. 512 f.

511 *Bernhard*, EuZW 1992, 347, 348; *Brödermann/Iversen*, Gemeinschaftsrecht und IPR, S. 203 ff.; *Katzenberger*, in: Neuordnung des Wettbewerbsrechts, S. 229; *Dethloff*, Europäisierung des Wettbewerbsrechts, S. 275; MüKo BGB X-*Sonnenberger*, Einl. IPR Rn. 142; bedauernd *Remien*, RabelsZ 62 (1998), 627, 632 ff.

512 Siehe oben Fn. 470.

513 Die Kompetenz zu Maßnahmen im internationalen Privatrecht wurde erst 1999 mit dem Vertrag von Amsterdam vergemeinschaftet, siehe oben S. 7 und die in Fn. 33 zitierte Literatur.

514 Staudinger IntWirtschR (2010)-*Fezer/Koos*, Rn. 557; a. A. MüKo BGB X-*Sonnenberger*, Einl. IPR Rn. 139 (das Argument sei „nach Art. 65 lit. b EG nicht mehr tragfähig").

515 *Mankowski*, IPRax 2004, 385, 391; *Deinert*, EWS 2006, 445, 452.

516 MüKo BGB X-*Sonnenberger*, Einl. IPR Rn. 158 betont die Wichtigkeit, in der Diskussion zwischen dem de lege lata Gebotenen und dem rechtspolitisch Zweckmäßigen zu unterscheiden.

des Binnenmarkts grundsätzlich als Abwägungtopoi berücksichtigt werden können[517]. Die konkrete Umsetzung bleibt jedoch dem Gesetzgeber überlassen. Bei der Gestaltung des Lauterkeitskollisionsrechts im Binnenmarkt kann er zwischen der anbieterfreundlichen Anknüpfung an das Herkunftsland nach einem Günstigkeitsvergleich (im Sinne eines „favor offerentis") oder der traditionellen Anknüpfung an den Marktort wählen. Dabei hat er abzuwägen zwischen den Voraussetzungen, die den Binnenmarkt bedingen und den Zielen, die mit der lauterkeitskollisionsrechtlichen Marktortanknüpfung verfolgt werden[518], um letztendlich die berührten Interessen angemessen zum Ausgleich zu bringen[519].

---

517 MüKo BGB X-*Sonnenberger*, Einl. IPR Rn. 94; im Ansatz auch *Roth, W.-H.*, in: Systemwechsel, S. 61 („zu erwägen").

518 *Bernhard*, IPR des unlauteren Wettbewerbs, S. 253 („Abwägung zwischen Verkehrsinteressen des inländischen Marktes und Kontinuitätsinteressen ausländischer Exporteure"); vergl. zu den unterschiedlichen Ansätzen auch *Kohler, C.*, ZEuS 2001, 575, 583 ff.; *Kohler, C.*, in: FS Jayme, S. 445 f.; *Mankowski*, in: 75 Jahre Max-Planck-Institut, S. 612 f. (die kollisionsrechtliche Bestimmung der engsten Verbindung folgt anderen Gesichtspunkten als das Herkunftslandprinzip des Binnenmarkts); *Mankowski*, IPRax 2004, 385, 390 („gänzlich unterschiedliche Prinzipien und Wertungen"); *Ohly*, GRUR Int. 2001, 899, 902 (das Herkunftslandprinzip knüpft nicht an die engste Verbindung an, sondern folgt anderen Gesichtspunkten); *Spindler*, RabelsZ 66 (2002), 633, 637 f.; *Grundmann*, RabelsZ 67 (2003), 246, 256 („typische Spannungsverhältnis zwischen Liberalität und Schutzbedürfnissen"); *Basedow*, EuZW 2004, 423 f.; *Hörnle*, IJLIT 12 (2004), 333, 354; *Buchner*, GRUR Int. 2005, 1004, 1010 (Grundsatzentscheidung zwischen effektivem Verbraucherschutz und Rechtsgleichheit aller Wettbewerber einerseits sowie einem möglichst ungehinderten Waren- und Dienstleistungsverkehr andererseits); auch *Kreuzer*, RabelsZ 70 (2006), 1, 60 ff. beantwortet die Frage nach der „Europäisierung" des europäischen IPR an den Maßstäben der Funktion des IPR einerseits und den Unionszielen andererseits; *Baetzgen*, Binnenmarkt, S. 18 f. („das Ziel der Verwirklichung des Binnenmarkts einerseits und [das] Ziel der Verwirklichung internationalprivatrechtlicher Gerechtigkeit andererseits" seien „unterschiedliche Aufgaben"); *Michaels*, in: FS Kropholler, S. 170 („Methodenkonflikt"); auch Staudinger IntWirtschR (2010)-*Fezer/Koos*, Rn. 561 f. weisen auf die unterschiedlichen Perspektiven von europäischem Gemeinschaftsrecht und internationalem Privatrecht hin.

519 *Leible*, in: Neue Entwicklungen, S. 77 spricht von einem „kollisionsrechtlichen und binnenmarktkonformen Verweisungssystem"; laut *Kohler, C.*, in: FS Jayme, S. 445 ff., 457 haben die „Verständigungsschwierigkeiten" einem „Dialog" zwischen dem europäischen Gemeinschaftsrecht und internationalem Privatrecht zu weichen; *Kreuzer*, RabelsZ 70 (2006), 1, 65 ff. lässt die Interessen in eine „Gestaltungsmaxime" münden; auch nach MüKo BGB X-*Sonnenberger*, Einl. IPR Rn. 94 können die Rechtsanwendungsinteressen der europäischen Waren- und Dienstleistungsanbieter im Binnenmarkt als kollisionsrechtlicher Abwägungstopos berücksichtigt werden.

(1) Vorrang des Binnenmarktes und seiner Voraussetzungen

In der Abwägung wird teilweise die Vollendung des Binnenmarktes gewichtiger gewertet als die Herstellung internationalprivatrechtlicher Gerechtigkeit: Die Voraussetzungen des Binnenmarktes[520] sollen so weit wie möglich gefördert werden; die damit verbundenen kollisionsrechtlichen Nachteile werden relativiert. Zumindest für reine Binnenmarktsachverhalte und bei angeglichenen mitgliedstaatlichen Sachrechten soll inhaltlich ein sogenanntes Binnenmarktkollisionsrecht gelten, welches insbesondere am Herkunftslandprinzip auszurichten sei[521]. Die Binnenmarktordnung weise gewisse Besonderheiten auf, die vor allem auf der relativen gegenseitigen Nähe der mitgliedstaatlichen Rechtsordnungen zueinander beruhen würden. So würden die nationalen Rechtsordnungen der Mitgliedstaaten unter dem Dach der Union zusammenspielen. Das gegenseitige Vertrauen und die gemeinsam gestaltete fortschreitende Integration würden es ermöglichen, das Nebeneinander der mitgliedstaatlichen Rechtsordnungen sehr viel freier zu organisieren[522]. Die Freiräume sollen im Interesse der Anbieter genutzt werden, um die mit der Markteinheit im Binnenmarkt angestrebten Größen- und Verbundvorteile zu maximieren[523]. Dem werde ein kollisionsrechtliches Herkunftsland- bzw. Günstigkeitsprinzip am besten gerecht. Den Anbietern würden die Informationslasten genommen, selbst wenn die Ermittlung fremden Rechts lediglich eine zu vernachlässigende Unannehmlichkeit darstellen sollte. Zudem würden sie nie mit einer strengeren Rechtsordnung als derjenigen ihres Herkunftslandes konfrontiert, so dass auch jeglicher Anpassungsbedarf entfiele.

(2) Vorrang der klassischen Kollisionsrechtsinteressen auch im Binnenmarkt

Dennoch stellt es rechtspolitisch keine Alternative dar, das kollisionsrechtliche Grundkonzept statt am traditionellen Ansatz *Savignys* ausschließlich an den

---

520 Siehe oben S. 71 (Präzisierung der Voraussetzungen des europäischen Binnenmarktes).

521 *Kreuzer*, in: Gemeinsames Privatrecht, S. 539 („Relativ homogene Sachrechte, wie sie in der EG bestehen, ermöglichen andere Kollisionsnormen als inhomogene Sachrechtsordnungen."); *Kreuzer*, RabelsZ 70 (2006), 1, 83 ff.; *Glöckner*, ZVglRWiss 99 (2000), 278, 308 („vorzugswürdige Lösung des Kollisionsproblems"); *Grundmann*, RabelsZ 64 (2000), 457, 463; *Thünken*, IPRax 2001, 15, 21 f.; *Ohly*, GRUR Int. 2001, 899, 906 ff.; *Hamburg Group for Private International Law*, RabelsZ 67 (2003), 1, 19 f. (für den Bereich der Werbung); *Kugelmann*, EuZW 2005, 327, 330 f.; *Wiesner/Wiedmann*, ZIP 2005, 1210, 1216; *Michaels*, in: FS Kropholler, S. 167 f.; *Weller*, IPRax 2011, 429, 433 ff. (auch wenn ein klassisches Kollisionsrecht wünschenswerter wäre); kritisch dagegen *Spindler*, RabelsZ 66 (2002), 633, 704 ff.

522 Zum Gegenseitigkeitsgedanken siehe *Mankowski*, in: 75 Jahre Max-Planck-Institut, S. 604; *Grundmann*, RabelsZ 67 (2003), 246, 254 spricht von einem „Kollisionsrecht des dynamischen Miteinanders, nicht des statischen Nebeneinanders".

523 *Grundmann*, RabelsZ 67 (2003), 246, 255 f.

Voraussetzungen für einen europäischen Binnenmarkt auszurichten[524]. Zu Recht sucht gerade das Kollisionsrecht der Rom II-VO im traditionellen Verständnis nach internationalprivatrechtlicher Gerechtigkeit, indem es einen Lebenssachverhalt der räumlich besten Rechtsordnung zuweist und ihn in diesem Sinn an die engste Verbindung knüpft. Dabei zielt die Marktortanknüpfung im Lauterkeitskollisionsrecht darauf, sowohl formal allen an einem nationalen Markt konkurrierenden Wettbewerbern die gleichen Wettbewerbsbedingungen zu garantieren als auch inhaltlich dem nationalen Marktstaat die Hoheit über die Umsetzung seiner Wirtschaftspolitik zu belassen[525]. Es ist zu begrüßen, dass der Verordnungsgeber auf der Ebene des Kollisionsrecht zunächst die Marktzugangsfreiheit ignoriert und die kollisionsrechtliche Anknüpfung von Art. 6 Abs. 1 Rom II-VO vom Herkunftslandprinzip unbeeinflusst bleibt. Das Kollisionsrecht muss frei vom Herkunftslandprinzip wirken können.

Die kollisionsrechtliche Zurückweisung des Herkunftslandprinzips ist aus den oben dargestellten Gründen[526] nicht nur mit den Produktfreiheiten vereinbar[527], sondern vermeidet über die Perspektive der Grundfreiheiten hinausgehend schwerwiegende Nachteile, die in der Abwägung berücksichtigt werden müssen. Zunächst hätte die Anwendung des Herkunftslandrechts Wettbewerbsverzerrungen im Verhältnis der Konkurrenten untereinander auf einem räumlichen Markt zur Folge, da sie unterschiedlichen Lauterkeitsregeln unterworfen wären[528]. Die

---

524 *Bernhard*, IPR des unlauteren Wettbewerbs, S. 254 f.; *Mankowski*, GRUR Int. 1999, 909, 913 („rechtspolitisch kann man aber nur davor warnen"); *Fezer/Koos*, IPRax 2000, 349, 351 („Es steht namentlich das Marktortprinzip mit der Werteordnung des EG-Vertrages im Einklang."); *Mankowski*, IPRax 2004, 385 ff.; *Bodewig*, GRUR Int. 2000, 475, 482 ff.; für *Linke*, in: FS Geimer, S. 553 stellt die Ausrichtung des Kollisionsrechts alleine an den Grundfreiheiten unter Zurückstellung der kollisionsrechtlichen Interessen ein „Trauma" dar; *Schaub*, RabelsZ 66 (2002), 18, 31 ff., 55 ff.; laut *Wilderspin*, in: Systemwechsel, S. 87 ist das Herkunftslandprinzip als Kollisionsnorm „völlig ungeeignet"; *Hörnle*, IJLIT 12 (2004), 333, 353 f.; *Lettl*, WRP 2004, 1079, 1088; *Baetzgen*, Binnenmarkt, S. 19 (die mit dem Herkunftslandprinzip verbundenen „Probleme sollten nicht in die Verordnung hereingetragen werden"); *von Hein*, VersR 2007, 440, 441 („Rückschritt gegenüber der verfeinerten Regelbildung in den nationalen IPR-Kodifikationen"); *Weller*, IPRax 2011, 429, 436.

525 MüKo UWG-*Mankowski*, IntWettbR Rn. 138; *Garcimartín Alférez*, EuLF [E] 2007, 77, 86; *Wadlow*, JIPLP 2009, 789, 793; *Grundmann*, RabelsZ 67 (2003), 246, 274.

526 Das gilt selbst für den binnenmarktproblematischen Fall, dass das Marktortrecht strenger ist als das liberalere Recht des Herkunftslandes, siehe oben S. 102 (Grundfreiheiten als Kollisionsnormen mit abweichenden Anknüpfungsmerkmalen).

527 So ausdrücklich MüKo BGB X-*Sonnenberger*, Einl. IPR Rn. 176; weitergehend *Fezer/Koos*, IPRax 2000, 349, 351, die eine Vereinbarkeit mit der gesamten Werteordnung des EGV konstatieren.

528 Stellungnahme des EWSA, ABl. EG C 241/1 v. 28.9.2004, S. 4; *Mankowski*, GRUR Int. 1999, 909, 914 f.; *Mankowski*, ZVglRWiss 100 (2001), 137, 163; *Mankowski*, IPRax 2004, 385, 387 („Marktstörung"); *Lettl*, WRP 2004, 1079, 1088; *Weller*, IPRax 2011, 429,

par condicio concurrentium wäre gestört. Zudem würden von der diskriminierenden Anwendung des strengeren Marktortrechts vor allem mittelständische Unternehmen getroffen, die in ihrem Heimatmarkt verwurzelt sind und anders als bewegliche Konzerne weder ihr Geschäft auf Töchter in (liberale) Mitgliedstaaten auslagern können noch am Export in (strenge) Mitgliedstaaten ein Interesse haben[529].

Gleichzeitig würde die Anwendung des liberaleren Herkunftslandrechts im Marktstaat eine nicht gerechtfertigte Benachteiligung der Marktgegenseite bewirken[530]. Die Verbraucher im Marktstaat würden mit unterschiedlichen und zudem teilweise für sie ungünstigeren liberaleren Verhaltensmaßstäben konfrontiert. Die Transaktionskosten für den Markteintritt würden nicht beseitigt, sondern lediglich auf die Nachfrager verlagert werden[531]. Das wäre jedoch gerade im Bereich des internationalen Lauterkeitsrechts besonders unangemessen. Gerade hier könnte der Anbieter als cheapest cost avoider die Rechtsanwendungsrisiken wesentlich leichter tragen als der Verbraucher[532]. Denn die Marktortregel versetzt den Anbieter in die Lage, sein eigenes Risiko durch entsprechende Auswahl ihm genehmer Märkte zu steuern. Damit würde das Herkunftslandprinzip die Anbieter einseitig und unangemessen zu Lasten der Nachfrager bevorzugen und ungerechtfertigt ungleich behandeln. Eine kollisionsrechtliche Bevorzugung der Anbieter lässt sich dem EGV nicht entnehmen[533]. Im Gegenteil schützen insbesondere die

---

436; Staudinger IntWirtschR (2010)-*Fezer/Koos*, Rn. 598 weisen darauf hin, dass die Gefahr mit voranschreitender Sachrechtsharmonisierung abnimmt; dagegen jedoch *Ohly*, GRUR Int. 2001, 899, 906 f., für den eine vollständige Harmonisierung zumindest von Vorschriften für das Verhalten im Internet eine „ferne Zukunftsvision" ist.

529 *Mankowski*, GRUR Int. 1999, 909, 914; *Mankowski*, ZVglRWiss 100 (2001), 137, 161 f.; *Mankowski*, IPRax 2004, 385, 387; allgemein *Jayme*, in: Vergemeinschaftung, S. 38 („[Es] verlieren diejenigen, die sich nicht bewegen, sondern im Land bleiben.").

530 Nach *Leible*, in: Europäische Rechtsangleichung, S. 374 f. ist der Schutz der Verbraucher vor mit der Anwendung fremden Rechts verbundenen Informationsdefiziten und -kosten ein spezifisch kollisionsrechtliches Ziel; *Leible*, in: Neue Entwicklungen, S. 77; *Schaub*, RabelsZ 66 (2002), 18, 35 betont die besondere Schutzbedürftigkeit der Verbraucher im IPR; *Wilderspin*, in: Systemwechsel, S. 87 („unausgewogen"); die Preisgabe der Interessen der Marktgegenseite kritisiert auch *Hörnle*, IJLIT 12 (2004), 333, 353; *Mankowski*, IPRax 2004, 385, 386 f.; *Sonnenberger*, RIW 2004, 321, 322; *Glöckner*, WRP 2005, 795, 806 betont dabei den Vertrauensverlust auf Seiten der Verbraucher und die damit einhergehende Zurückhaltung bei der Inanspruchnahme grenzüberschreitender Leistungen („Pyrrhussieg für die Marktintegration"); *Mäsch*, EuR 2005, 625, 636 („Überbetonung der Anbieterinteressen"); *von Hein*, VersR 2007, 440, 441.

531 *Reich*, EuZW 1991, 203, 206.

532 *Spindler*, RabelsZ 66 (2002), 633, 707 f.

533 *Von Wilmowsky*, RabelsZ 62 (1998), 1, 18; a. A. *Basedow*, RabelsZ 59 (1995), 1, 16; *Schaub*, RabelsZ 66 (2002), 18, 27 (die Angebotsfreiheit sei bedeutsamer als die Nachfragefreiheit); laut *Grundmann*, RabelsZ 67 (2003), 246, 257 müsse das

Grundfreiheiten nicht nur die Angebots-, sondern auch die Nachfrageseite[534]. Zudem spräche die – zumindest im deutschen UWG ausgeprägte – Erstreckung des sachrechtlichen Schutzzwecks auf die Verbraucher[535] für die Berücksichtigung ihrer Interessen auch im Kollisionsrecht.

In seiner die Verbraucher benachteiligenden Anknüpfung an das Herkunftsland würde das Herkunftslandprinzip zudem beträchtlich vom internationalen Verbrauchervertragsrecht nach Art. 6 Rom I-VO abweichen. Dort wird bei Verbraucherverträgen zur Verbesserung des Verbraucherschutzes und zur Stärkung der schwächeren Partei grundsätzlich an den gewöhnlichen Aufenthalt des Verbrauchers angeknüpft, obwohl es gemäß dem Grundsatz der engsten Verbindung auf die charakteristische Leistung und damit auf das Recht des Anbieters ankäme[536]. Dementsprechend sind vertragliche Schuldverhältnisse in Bezug auf Verbraucherverträge gemäß dem Anhang der Richtlinie 2000/31/EG über den elektronischen Geschäftsverkehr ausdrücklich vom Herkunftslandprinzip der Richtlinie ausgenommen[537]. Diesen Wertungen des internationalen Verbrauchervertragsrechts muss das Lauterkeitskollisionsrecht folgen[538]. Denn beide Gebiete bilden den einheitlichen Teil des Gesamtvorhabens des europäischen Gesetzgebers, das internationale Privat- und Prozessrecht in der Union zu vereinheitlichen[539]. Insbesondere sollten die Regelungen der Rom II-VO mit denjenigen der übrigen sekundärrechtlichen Kollisionsakte der Union wie der Rom I-VO harmonieren[540]. Hier ergäben sich Reibungen: Zwar würde bei der Werbung das Lauterkeitsrecht des Anbieters

---

Schutzbedürfnis etwa der Verbraucher zumindest dann zurückstehen, wenn das Herkunftsland ein Mitgliedstaat der Gemeinschaft ist, da dann im Sachrecht ein vergleichbares Schutzniveau gewährleistet sei.

534 *Von Wilmowsky*, RabelsZ 62 (1998), 1, 17 f.; *Schaub*, RabelsZ 66 (2002), 18, 26 f.

535 Siehe unten S. 303 (Schutzzwecktrias und Generalklausel).

536 MüKo BGB X-*Martiny*, Rom I–VO Rn. 1.

537 Darauf hinweisend auch *Hörnle*, IJLIT 12 (2004), 333, 355.

538 *Mankowski*, GRUR Int. 1999, 909, 911 f.; *Mankowski*, ZVglRWiss 100 (2001), 137, 166.

539 Haager Programm, ABl. C 53/1 v. 3.3.2005, S. 13; *Leible*, in: Gemeinschaftsrecht und IPR, S. 32; *Heinze*, in: FS Kropholler, S. 105 f.; *Jayme/Kohler, C.*, IPRax 2007, 493, 494 (Ziel sei die Abstimmung mit der Rom I-VO und der EuGVO); *Heiss/Loacker*, JBl 2007, 613, 615; *Kramer*, NIPR 2008, 414; MüKo BGB X-*Junker*, Rom–II Vorb. Art. 1 Rn. 33, Art. 1 Rn. 10; ausführlich *Würdinger*, RabelsZ 75 (2011), 102 ff.

540 Insbesondere *von Hein*, RabelsZ 73 (2009), 461, 464 („family structures“); *Würdinger*, RabelsZ 75 (2011), 102, 118, 124 spricht von einem „Konkordanzgebot auf der horizontalen Auslegungsachse“; *Mansel/Thorn u. a.*, IPRax 2009, 1 f. identifizieren „zahlreiche Parallelen“ zwischen Rom I und II; kritisch dagegen *Brand*, GPR 2008, 298 („wagemutiges Unterfangen“, da es an einer „einheitlichen übergreifenden Kodifikationsidee“ fehle); vorsichtig auch *Jayme/Kohler, C.*, IPRax 2006, 537, 540 („Die Koordinierung zwischen den einzelnen Vorhaben ist nur schwach ausgebildet oder bleibt ganz aus.“); *Jayme/Kohler, C.*, IPRax 2007, 493 mit Bezug auf Rom I und II („Bemühungen um eine gewisse kodifikatorische Kohärenz“).

gelten. Aber beim Vertragsschluss wäre dann doch die Rechtsordnung des Marktorts maßgebend.

Faktisch führt das Herkunftslandprinzip zudem zu einem Druck auf den nationalen Gesetzgeber, sein Sachrecht anzupassen. Da das Herkunftslandprinzip bei der Wahl des anwendbaren Rechts an die Niederlassung des Unternehmens anknüpfen würde, würden Unternehmen bei der Wahl ihres Sitzes die dort herrschende Rechtsordnung berücksichtigen. Das wird teilweise begrüßt, weil es den Wettbewerb der Rechtsordnungen um günstige Standortfaktoren ermögliche[541]. Zu berücksichtigen ist jedoch, dass sich der Wettbewerb nur in eine Richtung hin zu immer liberaleren Lauterkeitsordnungen entwickeln wird[542]. Diese Entwicklung wird als „race to the bottom" kritisiert, da sie zu einseitig die Anbieter bevorzugenden Niedrigstandards führt[543]. Die Hoheit der nationalen Marktstaaten über die Umsetzung ihrer Wirtschaftspolitik würde empfindlich beschnitten.

Letztendlich wäre das Herkunftslandprinzip überhaupt nur dort gerechtfertigt, wo im Herkunftsland vergleichbare Standards herrschen und dem dortigen Gesetzgeber berechtigt vertraut werden kann[544]. Das ist nur bei den Mitgliedstaaten der Europäischen Union der Fall. Für Drittstaaten besteht die Prämisse nicht. Damit würde die Anknüpfung an das Herkunftsland zu einer unerwünschten Spaltung des Kollisionsrechts in Binnenmarkt- und Drittstaatensachverhalte führen[545]. Zur Unterscheidung beider Sachverhalte würde eine „Meta-Kollisionsnorm"

---

541 *Rohe*, RabelsZ 61 (1997), 1, 58 Fn. 310; *Ohly*, GRUR Int. 2001, 899, 907; *Grundmann*, RabelsZ 67 (2003), 246, 275; *Klinke*, in: Liber Amicorum Gerhard Kegel, S. 32; allgemein zum Gedanken, dass das IPR einen Wettbewerb der Sachrechte fördern solle, auch *Jayme*, Ein internationales Privatrecht für Europa, S. 14 ff.

542 *Hoeren*, MMR 1999, 192, 194; *Kugelmann*, EuZW 2005, 327, 328; a. A. *Ohly*, GRUR Int. 2001, 899, 907 f.

543 *Mankowski*, GRUR Int. 1999, 909, 914; *Mankowski*, ZVglRWiss 100 (2001), 137, 158 f. u. 162; *Bodewig*, GRUR Int. 2000, 475, 481 ff.; *Henning-Bodewig*, GRUR Int. 2002, 389, 395; *Schaub*, RabelsZ 66 (2002), 18, 55 f.; *Lettl*, WRP 2004, 1079, 1088; *Mäsch*, EuR 2005, 625, 636; *Piekenbrock*, GRUR Int. 2005, 997, 1001; relativierend jedoch *Spindler*, RabelsZ 66 (2002), 633, 704 f.

544 *Grundmann*, RabelsZ 67 (2003), 246, 254 ff.

545 *Mankowski*, GRUR Int. 1999, 909, 914; *Mankowski*, ZVglRWiss 100 (2001), 137, 163 f.; *Mankowski*, IPRax 2004, 385, 391; *Fezer/Koos*, IPRax 2000, 349, 351; Staudinger IntWirtschR (2010)-*Fezer/Koos*, Rn. 455, 564 u. 596; *Schack*, in: Liber Amicorum Gerhard Kegel, S. 196 sieht darin ein „besonders abschreckendes Beispiel" für zu vermeidenden unnötigen Aufwand im Kollisionsrecht; nach *Wilderspin*, in: Systemwechsel, S. 86 führt die Differenzierung zu „komplizierten Abgrenzungsproblemen"; *von Hein*, VersR 2007, 440, 441; *von Hein*, RabelsZ 73 (2009), 461, 477; *Leible/Lehmann*, RIW 2007, 721 f.; *Wagner, G.*, IPRax 2008, 1, 3 („als Prinzip des Kollisionsrechts ungeeignet"); anders jedoch *Kreuzer*, in: Gemeinsames Privatrecht, S. 538, für den die Unterscheidung materiell gerechtfertigt und damit sogar sachlich geboten sei.

benötigt[546], die allerdings nicht existiert. Selbst wenn sie vorliegen würde, würde sie den kollisonsrechtlichen Vorgang der Bestimmung des anwendbaren Rechts doch erheblich verkomplizieren. Die schwierige Abgrenzung von reinen Binnenmarktsachverhalten zu anders zu beurteilenden Sachverhalten mit Drittstaatenbezug würde zu Rechtsunsicherheit führen und damit ein zentrales Ziel der Rom II-VO konterkarieren.

cc) Exkurs: Kollisionsrechtlicher Zuweisungsgehalt des sekundärrechtlichen Herkunftslandprinzips und Art. 27 Rom II-VO

Das Ergebnis der Abwägung zwischen der Zugangsfreiheit einerseits und der Bedingungsgleichheit sowie der Umsetzungshoheit andererseits ist in Art. 27 Rom II-VO und dem diesen erläuternden Erwägungsgrund 35 formuliert. Art. 27 Rom II-VO regelt allgemein das Verhältnis der Kollisionsnormen der Rom II-VO zu anderen Vorschriften des Unionsrechts mit kollisionsrechtlichem Gehalt für besondere außervertragliche Schuldverhältnisse. Diese besonderen Kollisionsregeln sollen von der Rom II-VO „nicht berührt" werden. Im Widerspruch dazu wird in Erwägungsgrund 35 zunächst der Wunsch geäußert, dass die „Aufteilung der Kollisionsnormen auf zahlreiche Rechtsakte sowie Unterschiede zwischen diesen Normen ... vermieden werden [sollen]". Die Sätze 2 bis 4 beschreiben jedoch die durch Art. 27 Rom II-VO geschaffene Wirklichkeit. Nach Satz 2 soll die „*Aufnahme* von Kollisionsnormen für außervertragliche Schuldverhältnisse in Vorschriften des Gemeinschaftsrechts in Bezug auf besondere Gegenstände" möglich bleiben. Satz 3 erlaubt darüber hinaus die „*Anwendung* anderer Rechtsakte ..., die Bestimmungen enthalten, die zum reibungslosen Funktionieren des Binnenmarktes beitragen sollen, soweit sie nicht in Verbindung mit dem Recht angewendet werden können, auf das die Regeln dieser Verordnung verweisen."[547] Satz 4 nennt als Beispiel die Richtlinie 2000/31/EG über den elektronischen Geschäftsverkehr[548], deren „Ausgestaltung der Freiheit des Waren- und Dienstleistungsverkehrs" durch die „Anwendung der Vorschriften im anzuwendenden Recht, die durch die Bestimmungen dieser Verordnung berufen wurden" nicht beschränkt werden sollte.

546 *Schaub*, JZ 2005, 328, 335; dazu umfasend *Mankowski*, in: 75 Jahre Max-Planck-Institut, S. 610 ff.; *Jayme*, in: Vergemeinschaftung, S. 35; dagegen weist *Roth, W.-H.*, IPRax 2006, 338, 346 f. darauf hin, dass das Herkunftslandprinzip auch auf Drittstaaten ausgedehnt werden könne.

547 Erwägungsgrund 35 S. 2 u. 3, Hervorhebungen durch den Verfasser.

548 Richtlinie 2000/31/EG des Europäischen Parlaments und des Rates vom 8. Juni 2000 über bestimmte rechtliche Aspekte der Dienste der Informationsgesellschaft, insbesondere des elektronischen Geschäftsverkehrs, im Binnenmarkt („Richtlinie über den elektronischen Geschäftsverkehr"), ABl. L 178/1 v. 17.7.2000.

Die Formel wurde zwar als inhaltsleerer politischer Kompromiss kritisiert[549]. Klar ist aber, dass Art. 27 Rom II-VO zumindest zukünftigen sekundärrechtlichen Kollisionsrechtsakten als Hintertür dienen kann, um ihnen einen kollisionsrechtlichen Anwendungsvorrang zugestehen und damit das Anknüpfungsregime der Rom II-VO umgehen zu können[550]. Sie müssten lediglich – anders als die bisherigen sekundärrechtlichen Verkörperungen des Herkunftslandprinzips – klar und eindeutig kollisionsrechtliche Verweisungsnormen beinhalten. An dem Vorrang haben insbesondere die Vertreter eines strengen kollisionsrechtlichen Herkunftslandprinzips ein Interesse[551], die ihre Vorstellungen bei der für die Rom II-VO federführenden Generaldirektion nicht durchsetzen konnten[552].

Fraglich ist jedoch, ob und in welcher Form ein Anwendungsvorrang den bisherigen binnenmarktfunktionalen Ausformungen des Herkunftslandprinzips zukommt. Denn dort ist die genaue Wirkungsweise umstritten[553]. Mit der Möglichkeit einer sachrechtlichen Deutung ist auch der Vorrang des Herkunftslandprinzips vor der Rom II-VO zweifelhaft (1). Sofern der Vorrang feststeht, ist weiter dessen genaue Art und Weise klärungsbedürftig (2).

(1) Herkunftslandprinzip als „Kollisionsnorm" im Sinne von Art. 27 Rom II-VO

Ob das bisherige Herkunftslandprinzip aus der Perspektive der Rom II-VO Vorrang vor dem Kollisionsrecht genießt, ist zunächst eine Frage des Anwendungsbereichs von Art. 27 Rom II-VO. Der Anwendungsbereich von Art. 27 Rom II-VO erfasst ausweislich seines Wortlauts lediglich „Vorschriften des Gemeinschaftsrechts, die ... Kollisionsnormen ... enthalten". Würde man die bisherigen Verankerungen des Herkunftslandprinzips im Sekundärrecht sachrechtlich interpretieren, wäre es möglicherweise von Art. 27 Rom II-VO nicht erfasst.

---

549 *Stone*, EuLF [D] 2004 (offensichtliche Beschwichtigung der E-Commerce-Lobby); *Hörnle*, IJLIT 12 (2004), 333, 357 („an afterthought to the loud cries of protest by the business community" which „does not clarify at all whether the country of origin rule overrides private international law"); *Heiss/Loacker*, JBl 2007, 613, 617 („wenig erhellend"); *Garcimartín Alférez*, EuLF [E] 2007, 77, 82 („does not shed light on this problem"); *Kramer*, NIPR 2008, 414, 417; *Wagner, R.*, in: FS Kropholler, S. 725 („unter großem Zeitdruck"); *von Hein*, ZVglRWiss 102 (2003), 528, 561 („stellt wohl einen politischen Minimalkompromiss zwischen den Direktionen Binnenmarkt einerseits, Justiz/ Inneres andererseits dar"); *von Hein*, ZEuP 2009, 6, 32.

550 Palandt-*Thorn*, Art. 27 Rom II Rn. 1; P/W/W-*Schaub/Mörsdorf-Schulte*, Art. 27 Rom II–VO Rn. 1; MüKo BGB X-*Junker*, Art. 27 Rom II–VO Rn. 12.

551 Z. B. *ABN AMRO*, Consultation, S. 2; *BDI*, Stellungnahme, S. 7; *BITKOM*, Stellungnahme, S. 3; *Bundesverband deutscher Banken*, Preliminary Draft Proposal, S. 2; *International Federation of the Phonographic Industry*, Comments, S. 2 f.

552 MüKo BGB X-*Junker*, Art. 27 Rom II–VO Rn. 2.

553 Siehe oben S. 45 (Herkunftslandprinzip außerhalb der Rom II-VO).

Zu beachten ist jedoch, dass dem Herkunftslandprinzip zumindest ein gewisser kollisionsrechtlicher Mindestgehalt selbst dann zugestanden werden kann, wenn im Übrigen der sachrechtlichen Interpretation gefolgt wird[554]. Der kollisionsrechtliche Mindestgehalt liegt darin, dass für den Günstigkeitsvergleich als Vergleichsmaßstab zunächst das Herkunftslandrecht bestimmt werden muss. Auch wenn das Recht des Herkunftslandes lediglich als Vergleichsmaßstab dient, erfolgt dessen Bestimmung im Einzelfall gemäß der kollisionsrechtlichen Methode. Angeknüpft wird an den Ort der Niederlassung des Anbieters, wobei es laut Erwägungsgrund 19 der Richtlinie 2000/31/EG darauf ankommt, wo sich die Geschäftstätigkeit des Anbieters im Mittelpunkt entfaltet.

Dieser kollisionsrechtliche Mindestgehalt reicht aus, um das Herkunftslandprinzip unter den Begriff „Kollisionsnormen" von Art. 27 Rom II-VO zu subsumieren. Dafür spricht neben der Entstehungsgeschichte von Art. 27 Rom II-VO vor allem Satz 4 von Erwägungsgrund 35. Dem Gesetzgeber ging es darum, eine Aussage gerade zum Herkunftslandprinzip zu treffen, wie es in bereits bestehenden Sekundärrechtsakten verankert war. Dementsprechend vertrat die Kommission einen weiten Ansatz, indem sie weit von Gemeinschaftsrechtsakten „für besondere Bereiche"[555] sprach, in denen die Grundsätze der „gegenseitigen Anerkennung" und der „Herkunftslandkontrolle" niedergelegt sind[556]. Das Parlament drängte deswegen auf die klarstellende ausdrückliche Aufnahme auch derjenigen Vorschriften, „durch die ein Beitrag zum reibungslosen Funktionieren des Binnenmarktes geleistet werden soll"[557], wobei es sich ausdrücklich auf die Richtlinien „Fernsehen ohne Grenzen" und „Elektronischer Geschäftsverkehr" bezog[558]. Die Änderungen wurden von der Kommission in ihrem geänderten Vorschlag vollständig übernommen[559] und vom Rat unter inhaltlicher Billigung[560] in die Erwägungsgründe verschoben[561], was den Vorrang des Herkunftslandprinzips nach Meinung des Verordnungsgebers ausreichend gewährleiste[562]. Nunmehr wird das Herkunftslandprinzip der Richtlinie 2000/31/EG ausdrücklich in Satz 4 von

---

554 *Ohly*, GRUR Int. 2001, 899, 902; *Mankowski*, ZVglRWiss 100 (2001), 137, 145; *Spindler*, RabelsZ 66 (2002), 633, 653; *Grundmann*, RabelsZ 67 (2003), 246, 262, 293 f.; *Roth, W.-H.*, IPRax 2006, 338, 340; MüKo BGB X-*Martiny*, § 3 TMG Rn. 26.

555 Vorschlag der Kommission, KOM(2003) 427 endg., Art. 23 Abs. 2.

556 Vorschlag der Kommission, KOM(2003) 427 endg., S. 31.

557 Standpunkt des Europäischen Parlaments, ABl. 157E/371 v. 6.7.2005, Art. 1 Abs. 3 lit. d).

558 Bericht des Parlaments, PE 349.977v03-00, A6-0211/2005, S. 17.

559 Geänderter Vorschlag der Kommission, KOM(2006) 83 endg., S. 2.

560 Gemeinsamer Standpunkt, ABl. C 289E/68 v. 28.11.2006, S. 77 (zu den Abänderungen 2 und 24).

561 Gemeinsamer Standpunkt, ABl. C 289E/68 v. 28.11.2006, Erwägungsgrund 31.

562 Gemeinsamer Standpunkt, ABl. C 289E/68 v. 28.11.2006, S. 78 (zu den Abänderungen 2 und 24).

Erwägungsgrund 35 als vorrangig genannt. Damit unterliegt es jedenfalls der Vorrangregelung in Art. 27 Rom II-VO.

(2) Anwendungsvorrang als sachrechtlicher Günstigkeitsvergleich

Klärungsbedürftig bleibt jedoch die Form des Anwendungsvorrangs. Möglicherweise kann das Herkunftslandprinzip seinen Vorrang bereits auf der Ebene des Kollisionsrechts beanspruchen[563]. Dazu schweigt Art. 27 Rom II-VO[564]. Welchen Einfluss das Herkunftslandprinzip auf die Anknüpfung des Lauterkeitsstatuts besitzt, hängt darum von der konkreten Ausgestaltung des Herkunftslandprinzips in seinen bisherigen Ausformungen ab. Die kollisionsrechtliche Berücksichtigung im Rahmen der Rom II-VO setzt zweierlei voraus. Zunächst müssten die einschlägigen Richtlinien überhaupt einen kollisionsrechtlichen Regelungsgehalt besitzen, der über den beschriebenen Mindestgehalt hinausgeht[565]. Zweitens müsste der kollisionsrechtliche Regelungsgehalt dem internationalen Privatrecht zuzuordnen sein und dürfte sich nicht auf eine international-öffentlichrechtliche Wirkung beschränken. Es ist jedoch höchst zweifelhaft, ob auch nur eine der beiden Voraussetzungen bei den bisherigen Ausformungen des Herkunftslandprinzips erfüllt ist.

Gegen einen umfassenden kollisionsrechtlichen Regelungsgehalt des sekundärrechtlichen Herkunftslandprinzips sprechen bereits grundsätzlich schwerwiegende Gründe. Wie bereits gezeigt, würde es nicht nur im Widerspruch zu den Grundfreiheiten stehen[566], sondern auch zu Marktstörungen führen, die Interessen von kleinen und mittleren Unternehmen sowie diejenigen der Verbraucher vernachlässigen, mangelhaft mit dem Vertragskollisionsrecht der Rom I-VO und dem Zuständigkeitsregime der EuGVO abgestimmt sein, sachrechtlich zu einem „race to the bottom" führen und eine komplizierte Abgrenzung von Binnenmarkt- und Drittstaatensachverhalten erforderlich machen[567]. Auch der EuGH lehnt zumindest hinsichtlich der Richtlinie 2000/31/EG ein kollisionsrechtliches Verständnis ausdrücklich ab[568]. Es stünde dem Bestimmungsstaat frei, das anwendbare Sachrecht anhand seines internationalen Privatrechts zu ermitteln, soweit sich daraus keine Einschränkung der Freiheit zur Erbringung von Diensten des elektronischen Geschäftsverkehrs ergebe. Im durch die Richtlinie koordinierten Bereich müsse lediglich sichergestellt sein, dass der Anbieter eines Dienstes keinen strengeren Anforderungen unterliegt, als sie das Sachrecht des Herkunftsstaats vorsieht.

---

563 So *Thünken*, IPRax 2001, 15, 22.

564 Kritisch insbesondere *Buchner*, GRUR Int. 2005, 1004, 1010.

565 *Stone*, EU PIL, S. 336.

566 Siehe oben S. 102 (Grundfreiheiten als Kollisionsnormen mit abweichenden Anknüpfungsmerkmalen).

567 Siehe oben S. 109 (Grundfreiheiten als Abwägungstopoi).

568 EuGH v. 25.10.2011, verb. Rs. C-509/09 und C-161/10 (eDate Advertising und Martinez); mit zustimmender Anmerkung *Roth, H.P.*, CR 2011, 811, 813.

Im Rahmen von Art. 27 Rom II-VO wäre der Vorrang des sekundärrechtlichen Herkunftslandprinzips bereits auf der Ebene des Kollisionsrechts außerdem paradox: Das anwendbare Recht würde nicht die eigentlich dafür gedachte Rom II-VO bestimmen, sondern Sonderregeln, die das europäische Kollisionsrecht samt dessen kollisionsrechtlicher Wertungen für eine Vielzahl von Fällen unterlaufen. Zu allem Überfluss würde der Vorrang auf den nationalen Umsetzungsvorschriften beruhen, die dann überraschend das unmittelbar geltende Unionsrecht verdrängen, obwohl gerade das Unionsrecht einen Anwendungsvorrang vor mitgliedstaatlichem Recht genießt[569].

Darüber hinaus ist zweifelhaft, ob sich das sekundärrechtliche Herkunftslandprinzip auf den hier interessierenden privatrechtlichen Bereich erstreckt. Selbst wenn dem Herkunftslandprinzip ein kollisionsrechtlicher Gehalt zukommen sollte, regt namentlich *Hörnle* an, den Anwendungsbereich des Herkunftslandprinzips insbesondere der Richtlinie 2001/31/EG über unlautere Geschäftspraktiken auf das internationale öffentliche Recht zu beschränken[570]. In der Folge wären lediglich Behörden daran gehindert, ausländischen Diensteanbietern ihre Tätigkeit im Inland aufgrund inländischer Verwaltungsvorschriften zu untersagen. Dagegen könnten Private das Verhalten zivilgerichtlich nach dem Rom II-gemäßen inländischen Privatrecht reglementieren lassen[571]. Gleichzeitig würde das Herkunftslandprinzip in Übereinstimmung mit der Aussage des EuGH in der Rs. *Alpine Investments* klarstellen, dass die ausländischen Behörden des Herkunftsstaates das Verhalten des Diensteanbieters am ehesten regeln können, auch wenn es sich an Verbraucher in einem anderen Mitgliedstaat richtet[572]. Der Grund für die Beschränkung des Herkunftslandprinzips auf das öffentliche Recht liege vor allem darin, dass es historisch auf der primärrechtlichen Dienstleistungsfreiheit beruhe, die Anbieter vor behördlicher Regulierung im Bestimmungsstaat schützen sollte. Sein Zweck läge darin, die Zuständigkeit nationaler Behörden zu regeln[573]: Die Einwirkung ausländischer Anbieter in das eigene Territorium sollte dem Zuständigkeitsbereich inländischer Behörden genommen werden, um ihn spiegelbildlich auf die Auswirkung inländischer Anbieter in fremdes Territorium zu erweitern. Gerade letzteres sei notwendig, um der Behördenentscheidung und dem zugrunde liegenden Verwaltungsrecht im Ausland Wirksamkeit zu verleihen,

569 *Spindler*, RabelsZ 66 (2002), 633, 694 (paradoxe Situation"); *Basedow*, EuZW 2004, 423; *Sonnenberger*, RIW 2004, 321, 322; *Sonnenberger*, IPRax 2011, 325, 329 („Diese Situation ist grotesk").

570 *Hörnle*, IJLIT 12 (2004), 333, 356 ff.

571 *Hörnle*, IJLIT 12 (2004), 333, 357.

572 EuGH v. 10.5.1995, Rs. C-384/93 (Alpine Investments), Slg. 1995, I-1141, Rn. 48, der Sachverhalt handelte von Telefonanrufen an Privatleute ohne deren Zustimmung („cold calling"), die ein Unternehmen mit Sitz in den Niederlanden u. a. nach Belgien, Frankreich und Großbritannien tätigte, was von den niederländischen Behörden untersagt wurde.

573 *Hörnle*, IJLIT 12 (2004), 333, 353.

welches nicht mittels der Zivilgerichtsbarkeit durchgesetzt werden kann, die lediglich ausländisches Privatrecht anwendet und zur Geltung bringt[574]. Demgemäß sei in Erwägungsgrund 22 der Richtlinie 2000/31/EG alleine vom Schutz der Ziele des Allgemeininteresses die Rede[575].

Damit ist jedenfalls deutlich, dass die Ausformungen des sekundärrechtlichen Herkunftslandprinzips nicht auf der Ebene des internationalen Privatrechts mit der Rom II-VO konkurrieren[576]. Selbst wenn es entgegen den Ausführungen von *Hörnle* den gleichen Anwendungsbereich in Anspruch nimmt und ebenfalls privatrechtliche Sachverhalte betrifft, ist das Herkunftslandprinzip nicht auf kollisionsrechtlicher, sondern stattdessen auf der Ebene des Sachrechts zu verwirklichen. Selbst dabei kann der Anwendungsbereich weiter eingeschränkt werden. So wird vorgeschlagen, es in Bereichen vollständiger Rechtsangleichung zu ignorieren und dort das unmodifizierte Recht des Marktorts anzuwenden[577]. Die Anpassung an das günstigere Recht des Herkunftslandes soll nur in den Fällen zugelassen werden, in denen Richtlinien den Mitgliedstaaten bei der Umsetzung einen materiellrechtlichen Gestaltungsspielraum einräumen.

dd) Zwischenergebnis zur Binnenmarktförderung durch die Anknüpfung an den Marktort

Wie die Vereinheitlichung als solche berührt auch die inhaltliche Gestaltung des Kollisionsrechts durch die Wahl bestimmter Anknüpfungsmerkmale die Grundfreiheiten. Die Anknüpfung lauterkeitsrechtlicher Fragen an das Recht des Marktortes hat zur Folge, dass sich Anbieter im grenzüberschreitenden Handel über das Marktortrecht informieren (Informationslast) und sich auf alle Rechtsordnungen einstellen müssen, in denen sich ihr Handeln auswirken kann (Anpassungslast). Trotzdem ist die Marktortanknüpfung nach einer Abwägung zwischen den Voraussetzungen, die für den europäischen Binnenmarkt geschaffen werden müssen (Zugang zu nationalen Teilmärkten und Wettbewerbsgleichheit im Binnenmarkt) und den Zielen, die mit der Marktortanknüpfung verfolgt werden (Wettbewerbsgleichheit auf nationalen Teilmärkten und nationale Umsetzungshoheit), zumindest binnenmarktangemessen, wenn nicht sogar geradezu binnenmarktzwingend. Die als „Trauma“[578] bezeichnete Vorstellung, dass das Kollisionsrecht unter Zurückstellung kollisionsrechtlicher Interessen ausschließlich gemäß den Grundfreiheiten gestaltet wird, war weder zwingend noch hat sie sich bewahrheitet.

---

574 *Hörnle*, IJLIT 12 (2004), 333, 354.
575 *Hörnle*, IJLIT 12 (2004), 333, 358.
576 So auch generell *Wagner, R.*, in: FS Kropholler, S. 725: Erwägungsgrund 35 halte „im Ausgangspunkt an der internationalprivatrechtlichen Prüfung fest“.
577 *Ohly*, WRP 2006, 1401, 1406 ff.
578 *Linke*, in: FS Geimer, S. 553.

Denn zunächst beinhalten die Grundfreiheiten keine gegen die Marktortanknüpfung sprechenden versteckten Kollisionsnormen[579]. Ein kollisionsrechtlicher Gehalt wäre mit der Dogmatik der Grundfreiheiten und der Möglichkeit, Eingriffe durch zwingende Allgemeinwohlinteressen zu rechtfertigen, nicht zu vereinbaren. Auch im Übrigen vermögen es die Binnenmarktvoraussetzungen nicht, die Marktortanknüpfung insbesondere zu Gunsten eines Herkunftslandprinzips zu verdrängen[580]. Das Herkunftslandprinzip käme vor allem Anbietern zu Gute, die flexibel genug sind, ihren Sitz in Mitgliedstaaten mit liberalen Rechtsordnungen zu verlegen, um sich von Informations- und Anpassungslasten zu befreien. Der Binnenmarkt erschöpft sich jedoch nicht in der Förderung dieser Interessengruppe. Dazu gehört auch die Förderung von kleineren Anbietern und von Nachfragern wie insbesondere der Verbraucher. Die Anknüpfung an das Herkunftsland würde deren Interessen verletzen und darüber hinaus zu Wettbewerbsverzerrungen auf nationalen Märkten führen. Außerdem würde sie Wertungen des internationalen Verbraucherprivatrechts und des Zuständigkeitsregimes der EuGVO widersprechen. Letztendlich sähen sich die Mitgliedstaaten bei der Entwicklung ihrer Rechtsordnungen einem „race to the bottom" ausgeliefert. Dahinter müssen die Interessen der Anbieter an einer Reduzierung ihrer Informations- und Anpassungslasten zurückstehen. Eine binnenmarktkonforme Rechtslage kann – statt generell auf der kollisionsrechtlichen Ebene – vorzugswürdig in den betroffenen Einzelfällen auf Ebene des Sachrechts durch eine Modifikation der marktstaatlichen Sachnorm hergestellt werden.

Aus dieser kollisionsrechtlichen Analyse der Binnenmarktziele folgt zweierlei: Erstens erschöpft sich die binnenmarktspezifische Förderwirkung in dem Aspekt der Vereinheitlichung des Lauterkeitskollisionsrechts als solche. Die inhaltliche Gestaltung des Lauterkeitskollisionsrechts in Form der Anknüpfung an den Marktort dagegen ist nicht binnenmarktspezifisch, da sie sich nicht an den Voraussetzungen für einen funktionierenden Binnenmarkt orientiert. Neben den kollisionsrechtlichen Zwecken sind die Binnenmarktvoraussetzungen von nachrangiger Bedeutung. Zweitens müssen sich der kollisionsrechtlichen Perspektive des Binnenmarktes auch die bisherigen Ausformungen des sekundärrechtlichen Herkunftslandprinzips wie insbesondere in der Richtlinie 2000/31/EG über den elektronischen Geschäftsverkehr und damit auch eine Interpretation von Art. 27 Rom II-VO unterwerfen. Die Anwendung des Herkunftslandprinzips im Rahmen von Art. 27 Rom II-VO berührt die kollisionsrechtliche Anknüpfung nicht. Auch im Anwendungsbereich der Richtlinie 2000/31/EG bleibt es bei dem Verweis von Art. 6 Abs. 1 Rom II-VO auf die Rechtsordnung des Marktortes. Deren Anwendung ist lediglich im Einzelfall nach einem Günstigkeitsvergleich mit der Rechtsordnung

579 Siehe oben S. 102 (Grundfreiheiten als Kollisionsnormen mit abweichenden Anknüpfungsmerkmalen).

580 Siehe oben S. 109 (Grundfreiheiten als Abwägungstopoi).

des Herkunftslandes gegebenenfalls auf der Ebene des Sachrechts sachgemäß zu modifizieren.

d) Was: Binnenmarktförderung durch die Einbeziehung von Sachverhalten mit Drittstaatenbezug

Fraglich ist, ob die Kompetenzgrundlage des Art. 65 EGV auch die Angleichung des Kollisionsrechts für Sachverhalte mit einem Bezug zu Drittstaaten[581] erlaubt. Dabei ist vor allem die erforderliche Binnenmarktförderung problematisch. Untersucht werden sollen die Grenzen des Bereichs, dessen Regelung Art. 65 EGV gestattet und damit das „Was" der Maßnahme, wobei die Frage hier auf den räumlichen Aspekt beschränkt ist. Ist von der Ermächtigung auch die Regelung von Sachverhalten mit einem Bezug zu Drittstaaten und die Angleichung des Kollisionsrechts für Rechtsverhältnisse mit Parteien aus Drittstaaten erfasst? Konkret geht es damit um die Reichweite der Anknüpfungsgegenstände, die in räumlicher Hinsicht von der Rom II-VO äußerst weit und möglicherweise über die Grenzen der Kompetenz hinaus gestaltet wurde.

Der europäische Gesetzgeber ist von einer entsprechenden Kompetenz ausgegangen. Dementsprechend heißt es in Art. 1 Abs. 1 Rom II-VO mit Bedacht, dass das außervertragliche Schuldverhältnis eine Verbindung zum Recht verschiedener Staaten (und nicht: Mitgliedstaaten) aufweisen muss. Damit beschränkt sich die Rom II-VO nicht auf lediglich innergemeinschaftliche Sachverhalte (Binnenmarktsachverhalte), bei denen sich alle Elemente auf Mitgliedstaaten beziehen und die sich damit ausschließlich innerhalb der Gemeinschaft abspielen, so dass von vornherein nur die Kollision mitgliedstaatlicher Rechtsordnungen in Frage steht[582]. Vielmehr bezieht sie darüber hinaus Sachverhalte mit ein, die einen Bezug zu Drittstaaten haben (Drittstaatensachverhalte)[583], um auch die Kollision mit drittstaatlichen Rechtsordnungen zu regeln.

Teilweise wird das als Kompetenzüberschreitung gewertet. Art. 65 EGV ermächtige lediglich zum Erlass von Binnenmarktkollisionsrecht unter ausschließlicher

---

581 Unter den Begriff des Drittstaates fällt hier auch ein Mitgliedstaat wie z. B. Dänemark, für den die Verordnung nicht gilt, siehe *Kreuzer*, RabelsZ 70 (2006), 1, 7 Fn. 10.

582 Zur Unterscheidung zwischen Binnenmarkt- und Drittstaatensachverhalten siehe auch *Kreuzer*, RabelsZ 70 (2006), 1, 6 mit einer Definition des Binnenmarktsachverhalts auf S. 40: „Ein kollisionsrechtlicher Sachverhalt... ist als inter-mitgliedstaatlich zu klassifizieren, wenn er eine Verbindung zum Recht verschiedener Mitgliedstaaten besitzt, d.h., wenn die als Anknüpfungsmomente relevanten Sachverhaltsteile (z.B. der gewöhnliche Aufenthalt einer Person in einem Mitgliedstaat) ausnahmslos auf ein mitgliedstaatliches Rechts verweisen, also die Berufung des Rechts eines Drittstaats nicht in Betracht kommt."

583 *Leible/Lehmann*, RIW 2007, 721, 724; *Junker*, NJW 2007, 3675, 3677; *Wagner, G.*, IPRax 2008, 1, 4; *von Hein*, ZEuP 2009, 6, 15; *Sujecki*, EWS 2009, 310, 312.

Einbeziehung reiner Binnenmarktsachverhalte[584]. In der Konsequenz stünde es den Mitgliedstaaten frei, ihr Kollisionsrecht gegenüber Drittstaaten selbst zu gestalten[585]. Die sich daraus ergebende kollisionsrechtliche Unterscheidung zwischen Binnenmarkt- und Drittstaatensachverhalten sei hinzunehmen. Alleine die Praktikabilität, die darin läge, nicht zwischen Binnenmarkt- und Drittstaatenfällen unterscheiden zu müssen, stelle den erforderlichen Binnenmarktbezug nicht her[586]. Die Frage des rechtlich Zulässigen dürfe nicht mit der Frage des politisch Wünschenswerten vermischt werden[587].

Zur dogmatischen Begründung für die Kompetenzbeschränkung können drei Hauptargumente unterschieden werden. So wird erstens behauptet, dass die Kompetenzbeschränkung bereits aus Art. 299 EGV[588] folge, der den räumlichen Geltungsbereich des Gemeinschaftsrechts auf das Gemeinschaftsgebiet beschränkt[589]. Ein zweites Hauptargument kann auf die in Teilen der Literatur vertretene Notwendigkeit gestützt werden, dass den besonderen Gegebenheiten im Binnenmarkt ausschließlich ein inhaltlich besonders gestaltetes Binnenmarktkollisionsrecht gerecht werden könne, dessen besondere Gestaltung für die Regelung von Drittstaatensachverhalten ungeeignet sei, weswegen die Kompetenz entsprechend beschränkt sei[590]. Das dritte Hauptargument verneint den Einfluss drittstaatlicher Elemente auf die Förderung der Voraussetzungen für einen funktionierenden Binnenmarkt durch die Vereinheitlichung des Kollisionsrechts. Keinesfalls reiche alleine der Umstand aus, dass in einer Streitsache ein Gericht eines Mitgliedstaates zuständig oder aber ein Unionsbürger Partei sei, sofern alle anderen Elemente Bezüge zu Drittstaaten aufwiesen[591]. Alle drei Hauptargumente sind daraufhin zu

---

584 *Brödermann/Iversen*, Gemeinschaftsrecht und IPR, S. 267; *Kreuzer*, in: Gemeinsames Privatrecht, S. 538 f.; *Jayme*, in: Vergemeinschaftung, S. 35; *Remien*, CMLRev. 38 (2001), 53, 75 f.; *Jayme/Kohler, C.*, IPRax 2003, 485, 494; *UK House Of Lords*, 8th Report 2003-04, Rn. 70; *Schroeter*, UN-Kaufrecht und EG-Recht, § 11 Rn. 77 ff.; *Dickinson*, JPIL 2005, 197, 223 ff.; *Dickinson*, Rome II, Rn. 2.79 ff.; *Kindler*, IPRax 2010, 44, 48.

585 Als Vorteil hervorgehoben von *Wagner, G.*, IPRax 2006, 372, 390.

586 *UK House Of Lords*, 8th Report 2003-04, Rn. 93 f.; *Dickinson*, JPIL 2005, 197, 227; ebenso *Kindler*, IPRax 2010, 44, 48 in Bezug auf den Vorschlag für eine Verordnung in Erbsachen (KOM [2009] 154 endg.).

587 *Jayme/Kohler, C.*, IPRax 2003, 485, 494; *Schroeter*, UN-Kaufrecht und EG-Recht, § 11 Rn. 77.

588 Im Wesentlichen ersetzt durch Art. 52 EUV.

589 *Brödermann/Iversen*, Gemeinschaftsrecht und IPR, S. 267.

590 Vergl. *Kreuzer*, in: Gemeinsames Privatrecht, S. 538.

591 *UK House Of Lords*, 8th Report 2003-04, Rn. 70; siehe auch den Vorschlag zur Begrenzung des Anwendungsbereichs auf Binnenmarktsachverhalte von *Dickinson*, JPIL 2005, 197, 227: „This Regulation shall apply only if the parties are habitualy resident in different Member States, provided that this Regulation shall not apply if the only connection between the facts giving rise to a non-contractual obligation and the territories of the Member States consist of the nationality, domicile or habitual residence of one or both of the parties."

untersuchen, ob sie eine Begrenzung der Kompetenz auf die kollisionsrechtliche Regelung von reinen Binnenmarktsachverhalten hinreichend zu begründen vermögen.

aa) Notwendige Unterscheidung von Geltungsbereich („wo“) und Regelungsgegenstand („was“)

Namentlich *Iversen* behauptet, dass bereits wegen Art. 299 EGV[592] die Kompetenz der Gemeinschaft bei der Vereinheitlichung des Kollisionsrechts auf die Regelung reiner Binnenmarktsachverhalte beschränkt sei[593]. Denn Art. 299 EGV begrenze räumlich nicht nur den Geltungsbereich, sondern auch den Regelungsgegenstand des Sekundärrechts auf das Gemeinschaftsgebiet.

Entgegen dieser Ansicht lässt sich jedoch aus Art. 299 EGV eine räumliche Begrenzung des Regelungsgegenstandes sekundärrechtlicher Maßnahmen nicht ableiten[594]. Art. 299 EGV betrifft ausschließlich den geographischen Bereich, in dem das Primärrecht und das daraus abgeleitete Sekundärrecht räumlich gelten und anzuwenden sind. Insoweit zählt Art. 299 EGV die Mitgliedstaaten der Gemeinschaft auf und hat damit einen maßgeblichen Einfluss allein auf den räumlichen Geltungsbereich der Rom II-VO, mithin ausschließlich auf die Frage, welche nationalen Gerichte die Rom II-VO anzuwenden haben. Als Ausnahme dazu bestimmt Art. 1 Abs. 4 Rom II-VO, dass Dänemark kein Mitgliedstaat im Sinne der Verordnung ist. Demnach gilt die Rom II-VO nicht in Dänemark. Der Grund dafür liegt in Art. 69 EGV in Verbindung mit dem Protokoll (Nr. 20) über die Position Dänemarks, nach dem für Dänemark in Bezug auf Maßnahmen nach Titel IV EGV Sonderregelungen gelten. Da die Rom II-VO eine Maßnahme nach Titel IV EGV ist, ist sie gemäß Art. 2 des Protokolls für Dänemark nicht bindend oder anwendbar.

Die Frage des räumlichen Geltungsbereichs („wo“) ist demgegenüber von der hier interessierenden Frage des räumlichen Regelungsgegenstandes („was“) zu trennen[595]. Die einzige Gemeinsamkeit liegt in der Anknüpfung an räumliche Merkmale. Inhaltlich jedoch sind unterschiedliche Aspekte betroffen. Der räumliche Geltungsbereich einer Rechtsnorm bestimmt, wo sie gilt und innerhalb welchen Territoriums sie von den zuständigen Organen anzuwenden ist. Die davon zu unterscheidende Frage, für welche Sachverhalte sie gilt, beantwortet der räumliche Geltungsbereich dagegen nicht. Die Ableitung des Regelungsgegenstandes aus

---

592 Im Wesentlichen ersetzt durch Art. 52 EUV.

593 *Brödermann/Iversen*, Gemeinschaftsrecht und IPR, S. 267.

594 von der Groeben/Schwarze-*Schröder*, Art. 299 EGV Rn. 5; *Schroeter*, UN-Kaufrecht und EG-Recht, § 11 Rn. 61 f.

595 *Kreuzer*, RabelsZ 70 (2006), 1, 6, 66 unterscheidet bei gemeinschaftsrechtlichen Kollisionsnormen gleichermaßen zwischen der universalen räumlichen Reichweite und dem auf das Gemeinschaftsterritorium beschränkten räumlichen Geltung; ebenso *Kreuzer*, in: FS Kropholler, S. 130.

Art. 299 EGV würde eine unzulässige Vermengung unterschiedlicher Regelungsaspekte darstellen.

Gleichfalls aus dem Grund der notwendigen Trennung von Geltungsbereich und Regelungsgegenstand kann umgekehrt die Kompetenz der Gemeinschaft zur Regelung des Gegenstandes „Drittstaatensachverhalt“ nicht ohne weiteres dem Lugano-Gutachten des EuGH vom 7. Februar 2006 entnommen werden[596]. Zwar wird teilweise behauptet, der EuGH habe darin zumindest indirekt die Kompetenz der Gemeinschaft zur kollisionsrechtlichen Regelung von Drittstaatensachverhalten bestätigt[597]. Abgesehen davon, dass es in dem Gutachten um internationalverfahrensrechtliche Regelungen zur internationalen Zuständigkeit und grenzüberschreitenden Vollstreckung ging, darf vor allem nicht außer acht bleiben, dass der EuGH lediglich die *Außenkompetenz* der Gemeinschaft zum Abschluss eines Abkommens mit Drittstaaten feststellte. Die Außenkompetenz betrifft alleine die Befugnis der Gemeinschaft, Regelungen im Außenbereich insbesondere durch den Abschluss völkerrechtlicher Übereinkünfte zu treffen[598]. Regelungen *im* Außenbereich sind zunächst nicht Regelungen *für* den Außenbereich: Unmittelbar gemeint ist die Ausdehnung des räumlichen Geltungsbereiches auf das Territorium von Drittstaaten mit deren Einverständnis durch einen völkerrechtlichen Vertrag. Dagegen kann die Begründung einer Außenkompetenz keinesfalls die Kompetenz in materieller Hinsicht erweitern und die Begrenzungen des zulässigen Regelungsgegenstandes aufheben: „Was die Gemeinschaft im Innenverhältnis nicht darf, darf sie auch im Verhältnis zu Drittstaaten nicht.“[599] Damit betrifft die Frage einer kollisionsrechtlichen Außenkompetenz der Gemeinschaft unmittelbar nur das „Wo“ der Regelung und nicht die Erweiterung des räumlichen Regelungsgegenstandes auf Sachverhalte mit Bezügen zu Drittstaaten. Wäre die Kompetenz der Gemeinschaft auf den Erlass reiner Binnenmarktkollisionsnormen beschränkt, bliebe es dabei, auch wenn der Gemeinschaft insoweit die Außenkompetenz zugesprochen werden würde. In diesem Fall könnte die Gemeinschaft lediglich völkerrechtlichen Abkommen beitreten, deren Kollisionsnormen sich auf die Anwendungsordnung der Rechtsordnungen der Beitrittsstaaten beschränken, nicht dagegen solchen Abkommen, die klassisches Kollisionsrecht mit universaler Reichweite normieren und dabei Sachverhalte regeln, die außerhalb des Gebietes der Beitrittsstaaten liegen.

---

596 EuGH v. 7.2.2006, Gutachten 1/03 (Lugano-Übereinkommen), Slg. 2006, I-1145.

597 *Wagner, G.*, IPRax 2006, 372, 389 f. (wenn auch bedauernd); *Wagner, G.*, IPRax 2008, 1, 4; *von Hein*, VersR 2007, 440, 443; *von Hein*, RabelsZ 73 (2009), 461, 472; *Sujecki*, EWS 2009, 310, 313.

598 von der Groeben/Schwarze-*Tomuschat*, Art. 281 EGV Rn. 5; Grabitz/Hilf/Nettesheim-*Dörr*, Art. 47 EUV Rn. 43; Calliess/Ruffert (4.)-*Schmalenbach*, Art. 216 AEUV Rn. 1.

599 Darauf hinweisend auch *Remien*, CMLRev. 38 (2001), 53, 76; *Schroeter*, UN-Kaufrecht und EG-Recht, § 19 Rn. 21.

Der Vollständigkeit halber sei angemerkt, dass sich die Binnenkompetenz zur kollisionsrechtlichen Regelung von Drittstaatensachverhalten auch nicht indirekt aus den vom EuGH im Lugano-Gutachten unterstellten Voraussetzungen ableiten lässt, deren Vorliegen dort die Außenkompetenz begründen. Nach ständiger Rechtsprechung liegt eine Außenkompetenz implizit vor allem vor, soweit sie die praktische Wirksamkeit einer Binnenkompetenz und darauf beruhendem europäischen Sekundärrecht beeinträchtigen kann[600]. Die Gefahr einer Beeinträchtigung besteht insbesondere dann, wenn sich die Regelungsgegenstände des völkerrechtlichen Abkommens und der gemeinschaftlichen Rechtsnormen weitgehend decken[601]. Demgemäß ging der EuGH von der Außenkompetenz für den Abschluss des drittstaatlichen Nachfolgeübereinkommens von Lugano aus, weil auch die auf Art. 65 EGV beruhende EuGVO drittstaatliche Sachverhalte regele[602]. Da die Beeinträchtigung der drittstaatensachverhaltsregelnden EuGVO nur dann als Grund für eine Außenkompetenz in Betracht kommt, wenn die EuGVO auch insoweit kompetenzgerecht erlassen worden war, könnte man den Erwägungen des EuGH auch eine indirekte Aussage zum Regelungsgegenstand der Binnenkompetenzgrundlage entnehmen. Das würde jedoch zu weit gehen[603]. Der EuGH überprüfte ausdrücklich nicht, ob die EuGVO trotz ihrer Drittstaatlichkeit kompetenzgerecht erlassen worden ist und Art. 65 EGV auch den Erlass internationalverfahrenrechtlicher Normen trägt, deren Regelungsgegenstand drittstaatliche Sachverhaltselemente umfasst. Stattdessen verwies er lediglich auf seinen eingeschränkten Gutachterauftrag[604].

bb) Drittstaatenensachverhalte und inhaltliche Gestaltung

Eine Begrenzung der Kompetenz auf den Erlass interlokaler Binnenmarktkollisionsnormen könnte daraus folgen, dass Art. 65 EGV besondere Vorgaben an die inhaltliche Gestaltung macht, die möglicherweise ausschließlich für reine Binnenmarktsachverhalte Sinn ergeben. Teilweise wird davon ausgegangen, dass bei der inhaltlichen Gestaltung zwingend zu unterscheiden sei zwischen einem binnenmarktexklusiven Binnenmarktkollisionsrecht einerseits und drittstaatenbezogenen klassischen Kollisionsnormen andererseits. Allein das Binnenmarktkollisionsrecht

---

600 EuGH v. 31.3.1971, Rs. 22/70 (AETR), Slg. 1971, 236; EuGH v. 26.4.1977, Gutachen 1/76 (Stillegungsfonds), Slg. 1977, 741; EuGH v. 15.11.1994, Gutachten 1/94 (WTO-Beitritt), Slg. 1994, I-5267; Analyse der Entwicklung der Rechtsprechung bei *Bischoff*, EuZW 2006, 295, 296 f.; Calliess/Ruffert (4.)-*Schmalenbach*, Art. 216 AEUV Rn. 10 f.

601 EuGH v. 7.2.2006, Gutachten 1/03 (Lugano-Übereinkommen), Slg. 2006, I-1145, Rn. 126; zur Weite des „effect on Community law test“ kritisch *Lavranos*, CMLRev. 43 (2006), 1087, 1095 f.

602 EuGH v. 7.2.2006, Gutachten 1/03 (Lugano-Übereinkommen), Slg. 2006, I-1145, Rn. 143 ff.

603 Kritisch *Schroeter*, GPR 2006, 203, 204; *Bischoff*, EuZW 2006, 295, 299.

604 EuGH v. 7.2.2006, Gutachten 1/03 (Lugano-Übereinkommen), Slg. 2006, I-1145, Rn. 131 bis 134.

werde inhaltlich durch binnenmarktspezifische Vorgaben geformt[605]. Die Kollision der unter dem Dach der Gemeinschaft vereinten Rechtsordnungen der Mitgliedstaaten sei zwingend binnenmarktspezifisch zu lösen. Darauf aufbauend wird argumentiert, dass sich die Kompetenz in Art. 65 EGV wegen der erforderlichen Binnenmarktförderung nicht nur inhaltlich auf den Erlass des speziellen Binnenmarktkollisionsrechts beschränke, sondern der Regelungsbereich auch räumlich darauf zu begrenzen sei, da die spezielle Kollisionsrechtslösung nur für Binnenmarktsachverhalte passe[606].

Der Argumentation liegen damit zwei Gedankenschritte zugrunde. Fraglich ist, ob es sowohl zutrifft, dass das Kollisionsrecht im Binnenmarkt immer abweichend vom klassischen Kollisionsrecht zu gestalten sei (1), als auch, dass ein binnenmarktspezifisches Kollisionsrecht nicht auch sinnvoll Drittstaatensachverhalte einbeziehen kann (2).

(1) Binnenmarktneutralität speziell der Marktortanknüpfung

Binnenmarktspezifische Vorgaben könnten den kollisionsrechtlichen Umgang mit Binnenmarktsachverhalten nur dann überzeugend beeinflussen und die Gemeinschaftskompetenz entsprechend beschränken, wenn die Vorgaben für die inhaltliche Gestaltung der Kollisionsnormen wesentlich wären[607]. Die bisherige Untersuchung hat jedoch gezeigt, dass das insbesondere bei der Marktortanknüpfung des Lauterkeitskollisionsrechts nach Art. 6 Abs. 1 Rom II-VO nicht der Fall ist. Denn die Marktortanknüpfung beruht gerade nicht auf binnenmarktspezifischen Besonderheiten. Zwar ist den Grundfreiheiten ein grundsätzlicher Einfluss auf die Gestaltung des Lauterkeitskollisionsrechts nicht von vornherein abzusprechen[608]. Dieser binnenmarktspezifische Einfluss wirkt sich aber bei der Gestaltung von Art. 6 Abs. 1 Rom II-VO nicht auf die Wahl des Marktortes als Anknüpfungsmerkmal aus.

Zunächst erfordern das Primärrecht und insbesondere die Produktfreiheiten nicht unmittelbar zwingend, die Marktortanknüpfung insbesondere zu Gunsten

---

605 Entweder durch die Grundfreiheiten, siehe oben S. 102 (Grundfreiheiten als Kollisionsnormen mit abweichenden Anknüpfungsmerkmalen) und insbesondere die in Fn. 471 angegebene Literatur, oder weil die Binnenmarktziele zumindest in der Abwägung gegenüber den klassischen Kollisionsrechtsinteressen überwiegen, siehe oben S. 109 (Grundfreiheiten als Abwägungstopoi) und insbesondere die in Fn. 521 angegebene Literatur.

606 Vergl. *Kreuzer*, in: Gemeinsames Privatrecht, S. 538.

607 Weitergehend *Kreuzer*, RabelsZ 70 (2006), 1, 65, nach dem eine binnenmarktspezifische inhaltliche Gestaltung („europäisch-partikulare Sonderregel") nur möglich sei, soweit sie zwingend erforderlich ist, um normativ fixierte Ziele der EU zu erreichen.

608 Siehe oben S. 75 (Präzisierung der Binnenmarktrelevanz lauterkeitskollisionsrechtlicher Maßnahmen).

eines Herkunftslandprinzips zu verdrängen[609]. Sie vermitteln lediglich einen rechtspolitischen Aspekt, der in der Diskussion gegen die mit der Marktortanknüpfung verfolgten Ziele abgewogen werden muss. Vor dem kollisionsrechtlichen Sinn und Zweck der Marktortanknüpfung jedoch verlieren die Binnenmarktvoraussetzungen an Bedeutung[610]. Einen wesentlichen Einfluss auf die Gestaltung des Kollisionsrechts vermögen sie nicht auszuüben. Sachgemäß folgt Art. 6 Rom II-VO dem traditionellen lauterkeitskollisionsrechtlichen Konzept und verweist auf die Rechtsordnung des Marktortes. Entscheidend für den Verweis ist die Berücksichtigung allein internationalprivatrechtlicher Interessen. Die Marktortanknüpfung kann sowohl bei Binnenmarkt- als auch bei Drittstaatensachverhalten auf demselben traditionellen internationalprivatrechtlichen Fundament ruhen[611]. Eine Ungleichbehandlung wäre nicht gerechtfertigt[612]. Damit stehen die Produktfreiheiten dem Einbezug von Drittstaatensachverhalten nicht entgegen.

(2) Notwendigkeit der Einbeziehung von Drittstaatensachverhalten in die inhaltliche Gestaltung

Selbst wenn eine Kollisionsnorm nicht klassisch, sondern allein an den Bedürfnissen des Binnenmarktes ausgerichtet ist, folgt daraus nicht zwingend, dass sich ihr Regelungsbereich auf das Gebiet des Binnenmarktes beschränken muss. Im Gegensatz dazu existiert spezifisches Binnenmarktkollisionsrecht, das ohne die Einbeziehung von Drittstaatensachverhalten nicht denkbar wäre. Hier wird das Funktionieren des Binnenmarktes gerade bei Sachverhalten mit Bezügen zu Drittstaaten dadurch gewährleistet, dass das zur Verwirklichung des Binnenmarktes angeglichene oder vereinheitlichte Sachrecht berufen wird und nicht das Sachrecht von Drittstaaten. Damit wird der Anwendungsbereich des gemeinsamen Binnenmarktrechts gegenüber dem Recht von Drittstaaten mittels einseitiger, auf das Recht der Mitgliedstaaten verweisender Kollisionsnormen abgegrenzt[613].

---

609 Siehe oben S. 102 (Grundfreiheiten als Kollisionsnormen mit abweichenden Anknüpfungsmerkmalen).

610 Siehe oben S. 109 (Grundfreiheiten als Abwägungstopoi).

611 A. A. wohl *Basedow*, RabelsZ 73 (2009), 455, 459, der den „Community conflict rules" eine (voneinander zu trennende?) „dual capacity" bescheinigt: „Next to the solution of interstate conflicts within the Community, they purport to solve international conflicts of laws between Community countries and third states."

612 A. A. *BDI*, Stellungnahme, S. 2, der ein Differenzierungsgebot aus der Tatsache höchst unterschiedlicher deliktsrechtlicher Schutzstandards zwischen den relativ homogenen Rechtsordnungen der Mitgliedstaaten einerseits und den Rechtsordnungen von Drittstaaten andererseits entnimmt.

613 *Kreuzer*, in: Gemeinsames Privatrecht, S. 476 f.; *Leible*, in: Europäische Rechtsangleichung, S. 370 f. (insbesondere auch bei Sachverhalten mit substantieller Drittstaatsverknüpfung); *Lagarde*, in: Internationales Privatrecht und Europarecht, S. 4; *Schaub*, JZ 2005, 328, 329 f.

Dagegen würde sich in diesen Fällen das klassische, allseitig auch auf das Recht von Drittstaaten verweisende Kollisionsrecht als offene Flanke der Sachrechtsangleichung erweisen[614].

In jüngeren Richtlinien insbesondere im Bereich des Verbraucherschutzes wurde dieser Gedanke umgesetzt[615]. Darin werden die Mitgliedstaaten dazu verpflichtet, dafür zu sorgen, dass „der Verbraucher den durch diese Richtlinie gewährten Schutz nicht verliert, wenn das Recht eines Drittlandes als das auf den Vertrag anzuwendende Recht gewählt wurde und der Vertrag einen engen Zusammenhang mit dem Gebiet der Mitgliedstaaten aufweist"[616]. Neben der Vermeidung von Wettbewerbsverzerrungen wird damit ebenfalls erreicht, dass der Verbraucher auch bei Bezügen zu Drittstaaten auf die Geltung der in den Richtlinien vorgegebenen Schutzstandards vertrauen kann. Dadurch werden Vertragsschlüsse im Gemeinschaftsgebiet und mithin auch das Funktionieren des Binnenmarktes gefördert[617].

Die erwähnten Kollisionsnormen in Richtlinien zum Verbraucherschutz, die den Anwendungsbereich des Richtlinienrechts bei Bezügen zu Drittstaaten sicherstellen sollen, basieren in der Hauptsache auf Art. 94 bzw. Art. 95 EGV. Die punktuellen Kollisionsnormen wurden dort als mitzuregelnder Annex zum Sachrecht erlassen. Auch Art. 94 bzw. Art. 95 EGV setzten einen Bezug der Maßnahme zum „Binnenmarkt" bzw. zum „gemeinsamen Markt" voraus. Wenn er dort gesehen wurde, so ist nicht ersichtlich, warum er im Rahmen von Art. 65 lit. b) EGV bei vergleichbaren Maßnahmen mit Drittstaatenbezug von vornherein verneint werden sollte[618]. Gestützt wird diese Ansicht von einer weiteren Zielsetzung bei der Schaffung von Art. 65 EGV. Unter anderem sollte die mit dem Vertrag von Amsterdam neu eingeführte Ermächtigung die Probleme beseitigen, die mit der Nutzung des alten Instrumentariums der Artt. 94, 95 EGV einhergingen[619]. Die darauf gestützten kollisionsrechtlichen Maßnahmen führten aufgrund der Bereichsspezifik

---

614 *Basedow*, NJW 1996, 1921, 1925.

615 *Leible*, in: Europäische Rechtsangleichung, S. 360 ff.; *Dohrn, H.*, Kompetenzen, S. 118 ff.

616 Art. 6 Abs. 2 Richtlinie 93/13/EWG des Rates über mißbräuchliche Klauseln in Verbraucherverträgen v. 5.4.1993, ABl. 1993 L 95/29; zu gleichen Regelungen siehe auch Art. 9 Richtlinie 94/47/EG des Europäischen Parlaments und des Rates der Europäischen Gemeinschaften v. 26.10.1994 zum Schutz der Erwerber im Hinblick auf bestimmte Aspekte von Verträgen über den Erwerb von Teilzeitnutzungsrechten, ABl. 1994 L 280/83; Art. 12 Abs. 2 Richtlinie 97/7/EG des Europäischen Parlaments und des Rates v. 20.5.1997 über den Verbraucherschutz bei Vertragsabschlüssen im Fernabsatz, ABl. 1997 L 144/19; Art. 7 Abs. 2 Richtlinie 99/44/EG des Europäischen Parlaments und des Rates v. 25.5.1999 zu bestimmten Aspekten des Verbrauchsgüterkaufs und der Garantien für Verbrauchsgüter, ABl. 1999 L 171/12.

617 *Dohrn, H.*, Kompetenzen, S. 120 ff.

618 *Leible/Staudinger, A.*, EuLF [D] 2001, 225, 230; *Basedow*, in: Systemwechsel, S. 22; *Dohrn, H.*, Kompetenzen, S. 123; *Wagner, R.*, RabelsZ 68 (2004), 119, 146 f.

619 *Leible/Staudinger, A.*, EuLF [D] 2001, 225, 230; *Dohrn, H.*, Kompetenzen, S. 123 f.

(mißbräuchliche Klauseln, Time-Sharing, Fernabsatz, Verbrauchsgüterkauf) und des Instruments (Richtlinie) zu einer Zersplitterung des mitgliedschaftlichen Kollisionsrechts[620]. Der Quellenpluralismus wiederum zog Abgrenzungsprobleme nach sich. Außerdem wurden die Richtlinien, die hier in der Regel auch lediglich Mindeststandards statuierten, in den Mitgliedstaaten völlig unterschiedlich umgesetzt. Der neue Kompetenztitel kann diese Probleme nur dann beseitigen, wenn er auch die Sachverhalte mit Bezügen zu Drittstaaten erfasst, die bereits vorher mit Hilfe der alten Kompetenzen geregelt worden waren.

cc) Drittstaatensachverhalte und Vereinheitlichung als solche

Für die Kompetenzfrage kommt es entscheidend darauf an, ob die Vereinheitlichung des Kollisionsrechts auch unter Einbeziehung von Sachverhalten mit einem Bezug zu Drittstaaten die spezifischen Voraussetzungen für einen funktionierenden Binnenmarkt ausreichend fördert, d. h. den Zugang zu mitgliedstaatlichen Teilmärkten erleichtert und Wettbewerbsverzerrungen im Binnenmarkt verhindert[621]. In der Literatur wird das teilweise verneint und behauptet, dass deswegen die Kompetenz der Gemeinschaft bei der Vereinheitlichung des Kollisionsrechts auf die Regelung gemeinschaftsinterner Sachverhalte beschränkt sei[622]. Daher soll im folgenden zunächst allgemein untersucht (1) und anschließend für einzelne Fallkonstellationen beispielhaft verdeutlicht werden (2), ob und inwieweit die Vereinheitlichung des Lauterkeitskollisionsrechts unter der Einbeziehung von Drittstaatensachverhalten den Binnenmarkt fördert.

(1) Notwendigkeit der Einbeziehung von Drittstaatensachverhalten in die Vereinheitlichung

Die Vereinheitlichung des Kollisionsrechts fördert den Binnenmarkt, da sie zu einem europäischen kollisionsrechtlichen Entscheidungseinklang zwischen den Gerichten der Mitgliedstaaten führt[623], was im Rahmen der EuGVO die Verlässlichkeit der gerichtlichen Anspruchsdurchsetzung im binnengrenzüberschreitenden

---

620 *Jayme/Kohler, C.*, IPRax 1997, 385, 388 f.; *Leible*, in: Europäische Rechtsangleichung, S. 379 ff.; *Leible/Engel*, EuZW 2004, 7, 8.

621 Siehe oben S. 71 (Präzisierung der Voraussetzungen des europäischen Binnenmarktes).

622 *Jayme*, in: Vergemeinschaftung, S. 35; *Remien*, CMLRev. 38 (2001), 53, 75 f. (auch wenn der Einbezug von Drittstaatensachverhalten wünschenswert wäre); *Jayme/Kohler, C.*, IPRax 2003, 485, 494; *UK House Of Lords*, 8th Report 2003-04, Rn. 70; *Schroeter*, UN-Kaufrecht und EG-Recht, § 11 Rn. 77 ff.; *Dickinson*, JPIL 2005, 197, 223 ff.; *Dickinson*, Rome II, Rn. 2.79 ff.

623 Siehe oben S. 86 (Ob: Binnenmarktförderung durch die Vereinheitlichung des Lauterkeitskollisionsrechts als solche).

Wirtschaftsverkehr während des Erkenntnis-[624] und des Vollstreckungsverfahrens[625] erhöht. Liegt der Entscheidung ein reiner Binnenmarktsachverhalt zugrunde, werden durch den Entscheidungseinklang mittelbar beide Binnenmarktvoraussetzungen gestärkt[626]: Im Binnenmarkt werden die Beteiligten zum binnengrenzüberschreitenden Handel ermutigt und die Titelfreizügigkeit ermöglicht (Marktzugang); gleichzeitig werden Wettbewerbsverzerrungen aufgrund des Unternehmenssitzes vermindert (Markteinheit).

Der europäische kollisionsrechtliche Entscheidungseinklang fördert den Binnenmarkt jedoch nicht nur dann, wenn Ansprüche durchgesetzt werden, die auf reinen Binnenmarktsachverhalten beruhen[627]. Zwar setzt der Binnenmarkt nur die Förderung des *binnenmarktinternen* Handels- und Titelverkehrs sowie der Wettbewerbseinheit *im Binnenmarkt* voraus. Insoweit sollen allein *mitgliedstaatlichen* Unternehmen der Zugang zu *mitgliedstaatlichen* Teilmärkten erleichtert, die Möglichkeiten der Freizügigkeit *mitgliedstaatlicher* Titel ausgebaut oder Standortnachteile für *mitgliedstaatliche* Unternehmen abgebaut werden. Die binnenmarktinternen Handels- und Titelsströme sowie Wettbewerbsbedingungen werden jedoch auch durch externe, drittstaatliche Faktoren beeinflusst. Für die Situation im Binnenmarkt ist es bedeutsam, ob Geschäfte auf drittstaatlichen Märkten oder die drittstaatliche Konkurrenz auf mitgliedstaatlichen Märkten unterschiedlichen Bedingungen unterliegen[628]. Im Binnenmarkt werden Unternehmen mit Blick auf

---

624 Siehe oben S. 87 (Vorhersehbarkeit und Einheitlichkeit der gerichtlichen Sachentscheidung im Zuständigkeitsregime der EuGVO).

625 Siehe oben S. 94 (Freizügigkeit der gerichtlichen Entscheidung im Anerkennungs- und Vollstreckungsregime der EuGVO).

626 Siehe oben S. 97 (Zwischenergebnis zur Binnenmarktförderung durch die Vereinheitlichung des Lauterkeitskollisionsrechts als solche).

627 Vorschlag der Kommission, KOM(2003) 427 endg., S. 10 f.; *Basedow*, CMLRev. 37 (2000), 687, 703 ff.; *Basedow*, in: FS Lorenz, S. 471; *Basedow*, in: Systemwechsel, S. 40 ff.; *Kohler, C.*, ZEuS 2001, 575, 589 f.; *Kotuby*, NILR 2001, 1, 3, 16; *Leible/Staudinger, A.*, EuLF [D] 2001, 225, 230; *Dohrn, H.*, Kompetenzen, S. 125 f.; *Leible/Engel*, EuZW 2004, 7, 9; *Wagner, R.*, RabelsZ 68 (2004), 119, 141; *Sonnentag*, ZVglRWiss 105 (2006), 256, 263; *Kreuzer*, RabelsZ 70 (2006), 1, 79 ff. (insbesondere das Forum-Shopping sei generell und damit auch hinsichtlich drittstaatenbezogener Sachverhalte zu verhindern); *Kreuzer*, in: FS Kropholler, S. 132 f.; ebenso *Heinze/Dutta*, IPRax 2005, 224, 225 hinsichtlich des Drittstaatenbezugs der EuGVO; zu weitgehend jedoch *Struycken*, ZEuP 2004, 276, 277 f., der das Binnenmarkterfordernis lediglich als „Erinnerung" an das Subsidiaritätsprinzip wertet und dem Merkmal im Übrigen jegliche Einschränkungswirkung für einen Drittstaatenbezug abspricht.

628 Vorschlag der Kommission, KOM(2003) 427 endg., S. 11; *Leible/Engel*, EuZW 2004, 7, 9 („es ist überhaupt kein Sachverhalt denkbar, der für den Binnenmarkt nicht zumindest potentiell von Relevanz ist"); kritisch jedoch *Dickinson*, JPIL 2005, 197, 223, der auf den Fall verweist, dass keine der Parteien eines Rechtsstreits ihren Sitz in der Gemeinschaft hat und ein mitgliedstaatliches Gericht alleine aufgrund einer Gerichtsstandsvereinbarung zuständig ist.

ihr Drittstaatengeschäft jene Mitgliedstaaten als Standort meiden, in denen sie für das Drittstaatengeschäft ungünstige Bedingungen vorfinden. Umgekehrt werden sie nur zum binnengrenzüberschreitenden Zutritt zu jenen mitgliedstaatlichen Teilmärkten ermuntert, in denen sie gegenüber der drittstaatlichen Konkurrenz nicht benachteiligt werden. Unterschiedliche Bedingungen können sich insbesondere aus einer unterschiedlichen rechtlichen Behandlung durch mitgliedstaatliche Gerichte ergeben. Die rechtliche Gleichbehandlung wird durch den europäischen Entscheidungseinklang wesentlich gefördert. Er ist damit bei allen Streitgegenständen sicherzustellen, für die ein mitgliedstaatliches Gericht international zuständig sein könnte[629].

Eine internationale Zuständigkeit mitgliedstaatlicher Gerichte lässt sich in der Regel auch dann begründen, wenn der Streitgegenstand drittstaatliche Unternehmen und/oder drittstaatliche Teilmärkte umfasst. Die internationale Zuständigkeit mitgliedstaatlicher Gerichte ergibt sich im Allgemeinen aus der EuGVO. Zwar wird vereinzelt behauptet, dass die Einbeziehung von Sachverhalten mit Drittstaatenbezug in den sachlichen Anwendungsbereich der EuGVO problematisch und umstritten sei[630], weswegen nicht davon ausgegangen werden könne, dass alle Rechtsstreitigkeiten, bei denen mitgliedstaatliche Gerichte nach der EuGVO zuständig sind, einen ausreichenden Binnenmarktbezug aufwiesen[631]. Die Ansicht ist aber zurückzuweisen. Denn die Gerichtsstände der EuGVO sind räumlich äußerst weit gefasst[632]. Grundsätzlich gilt als einzige Einschränkung, dass der Beklagte seinen Sitz[633] im Hoheitsgebiet eines Mitgliedstaates haben muss. Ob der Kläger seinen Sitz in einem Drittstaat hat, steht der Anwendbarkeit ebenso wenig entgegen[634] wie die Tatsache, dass der konkrete Rechtsstreit im Übrigen lediglich Bezugspunkte zu einem Drittstaat aufweist[635]. Auch die Anerkennungs- und Vollstreckungsregeln gelten unabhängig davon, ob der Entscheidung das Recht eines

629 Vergl. auch *Jayme/Kohler, C.*, IPRax 2002, 461, 462; a. A. *Wagner, R.*, RabelsZ 68 (2004), 119, 143 f.

630 *Fentiman*, Memorandum, 5.4.

631 *Fentiman*, Memorandum, 5.3.

632 Speziell hinsichtlich lauterkeitsrechtlicher Streitgegenstände *Lindacher*, GRUR Int. 2008, 453, 454; allgemein *Kropholler/von Hein*, Europäisches Zivilprozessrecht, vor Art. 2 EuGVO Rn. 8; Geimer/Schütze-*Geimer*, A.1 Einl. Rn. 234 ff. sowie A.1 Art. 2 Rn. 111 ff.; *Hess*, EuZPR, § 5 Rn. 10; ebenso *Kreuzer*, RabelsZ 70 (2006), 1, 37 ff. der jedoch berechtigterweise auch darauf hinweist, dass die Übertragung der weiten Zuständigkeiten des EuGVÜ auf die EuGVO letztendlich wiederum von der Interpretation der Ermächtigungsgrundlage des Art. 65 EGV und dem Binnenmarkterfordernis abhängt.

633 D. h. den Ort des satzungsmäßigen Sitzes/ der Hauptverwaltung/ der Hauptniederlassung, Art. 60 Abs. 1 EuGVO.

634 EuGH v. 13.7.2000, Rs. C-412/98 (Group Josi), Slg. 2000, I-5925, Rn. 33 ff.

635 EuGH v. 1.3.2005, Rs. C-281/02 (Owusu), Slg. 2005, I-1383, Rn. 24 ff.; dazu *Heinze/Dutta*, IPRax 2005, 224 ff.

Mitgliedstaates oder eines Drittstaates zugrunde lag[636]. Die Binnenmarktförderung ist sogar umso stärker, je deutlicher sich die in Frage kommenden Rechtsordnungen voneinander unterscheiden. Das ist gerade bei Rechtsordnungen von Drittstaaten der Fall, die von den mitgliedstaatlichen Sachrechten womöglich fundamental abweichen[637]. Denn unterschiedliche Verweisungen würden sich dann schwerwiegender auswirken als in reinen Binnenmarktfällen, in denen es lediglich um die Anwendung relativ homogener Sachrechte geht.

Weil demgemäß Faktoren, die außerhalb des Binnenmarktes in Drittstaaten liegen, für den Wirtschaftsverkehr innerhalb des Binnenmarktes relevant sind, lassen sich Binnenmarktsachverhalte nicht trennscharf von reinen Drittstaatensachverhalten unterscheiden. Unklar ist bereits, welche Abgrenzungsmerkmale dazu heranzuziehen wären[638]. Das muss nicht unbedingt der Sitz der beteiligten Unternehmen sein. In Betracht käme etwa der betroffene Markt. Denkbar wäre auch, an vorbereitende Handlungen oder mittelbar eingetretene Schäden anzuknüpfen. Unklar ist zudem, was der maßgebliche Zeitpunkt wäre, um das Vorliegen der Abgrenzungsmerkmale zu bestimmen. Denn die zugrundeliegenden Tatsachen können sich immer wieder ändern. So könnte zum Beispiel durch die Sitzverlegung einer Partei jederzeit ein weiterer Mitgliedstaat in den Sachverhalt einbezogen[639], es könnte der in einem anderen (Mitglied-)Staat ansässige Versicherer in Anspruch genommen oder aber der Anspruch könnte über eine Grenze hinweg abgetreten werden[640].

Selbst wenn eine Abgrenzung rechtstheoretisch möglich sein sollte, befürwortet der ganz überwiegende Teil des Schrifttums den Drittstaatenbezug der Rom II-VO vor allem mit dem praktischen Argument, dass ansonsten neben der Rom II-VO eigene Kollisionsregeln für Drittstaatensachverhalte der Mitgliedstaaten existieren müssten, was im internationalen Privatrecht zu einer „widernatürlichen Komplexität“[641] sowie damit einhergehend zu erhöhten Rechtsfindungskosten und verminderter Rechtssicherheit führen würde[642]. Letztendlich können die Mitgliedstaaten

636 Geimer/Schütze-*Geimer*, A.1 Einl. Rn. 119; *Hess*, EuZPR, § 5 Rn. 16.

637 *Basedow*, NJW 1996, 1921, 1925; *Leible/Staudinger, A.*, EuLF [D] 2001, 225, 230 mit einem Hinweis auf punitive damages nach us-amerikanischem Schadensrecht; *Hess*, EuZPR, § 5 Rn. 71.

638 *Kohler, C.*, IPRax 2003, 401, 411 („Hier stellen sich schwer lösbare Abgrenzungsprobleme“); eingestehend auch *Dickinson*, JPIL 2005, 197, 225; *Kreuzer*, RabelsZ 70 (2006), 1, 6 meint: „Wann ein ‚inter-mitgliedstaatlicher‘ Sachverhalt vorliegt, kann nicht generell definiert werden“.

639 *Basedow*, CMLRev. 37 (2000), 687, 704; *Basedow*, in: Systemwechsel, S. 41; *Wagner, R.*, RabelsZ 68 (2004), 119, 142.

640 A. A. *Remien*, CMLRev. 38 (2001), 53, 75 f., der die Argumentation ausdrücklich zurückweist.

641 *Stone*, EuLF [D] 2004, 213, 215; *Stone*, EU PIL, S. 334 (entirely perverse complexity“).

642 Vorschlag der Kommission, KOM(2003) 427 endg., S. 11; dem folgend *Fuchs*, GPR 2003, 100, 102; *Leible/Engel*, EuZW 2004, 7, 9; *Sonnenberger*, RIW 2004, 321, 323; *Wagner, R.*, RabelsZ 68 (2004), 119, 144; *Heinze/Dutta*, IPRax 2005, 224 f.; *Kreuzer*, RabelsZ

an einer Kompetenz zur Gestaltung des Drittstaaten-Kollisionsrechts auch kein berechtigtes Interesse geltend machen. Das gilt insbesondere für die Fallgestaltung mit nur marginalem Binnenmarktbezug, bei der drittstaatliche Unternehmen um ein Verhalten auf einem drittstaatlichen Markt streiten und sich die Zuständigkeit eines mitgliedstaatlichen Gerichts aus einer internationalen Gerichtsstandsvereinbarung ergibt. Eigene Interessen des Mitgliedstaates an der Gestaltung des Kollisionsrechts[643] sind für diese Konstellation kaum denkbar. Hier kann sich der Mitgliedstaat die Regelungshoheit weder hinsichtlich der (ausländischen) Parteien noch des (ausländischen) Marktes anmaßen.

(2) Lauterkeitsrechtliche Fallkonstellationen mit Drittstaatenbezug

Die Förderung der Voraussetzungen für einen funktionierenden Binnenmarkt durch die Einbeziehung von Streitgegenständen mit einem Bezug zu Drittstaaten in den europäischen kollisionsrechtlichen Entscheidungseinklang wird nachfolgend für den Bereich des Lauterkeitsrechts mit Hilfe denkbarer Fallkonstellationen verdeutlicht. Der Drittstaatenbezug kann sich insbesondere aus dem Sitz der an einem Streit beteiligten Mitbewerber oder aus dem Ortsbezug des betreffenden Marktes ergeben. Entsprechend können in der nachfolgenden Darstellung beispielhaft Konstellationen unterschieden werden, bei denen immer weniger Elemente im Binnenmarkt liegen. Obwohl damit ein immer stärkerer Drittstaatenbezug einhergeht, fördert die Einbeziehung in die Kollisionsrechtsvereinheitlichung zumindest immer auch eine der Binnenmarktvoraussetzungen.

(i) Beschränkung der Binnenmarktbelegenheit auf den Sitz nur eines Mitbewerbers und den maßgeblichen Markt

Beide Binnenmarktvoraussetzungen (Marktzugang und -einheit) werden gefördert, wenn der Sitz eines Mitbewerbers und der maßgebliche Markt sich im Binnenmarkt in unterschiedlichen Mitgliedstaaten befinden und der Streitgegenstand im Übrigen – insbesondere mit Blick auf den Sitz des konkurrierenden

---

70 (2006), 1, 65, 81; *Kropholler*, IPR, § 10 II 1; *Sonnentag*, ZVglRWiss 105 (2006), 256, 262 f.; *Baetzgen*, Binnenmarkt, S. 20; *Garcimartín Alférez*, EuLF [E] 2007, 77, 91; *von Hein*, VersR 2007, 440, 443; *von Hein*, ZEuP 2009, 6, 15; *von Hein*, RabelsZ 73 (2009), 461, 472 f.; *Heiss/Loacker*, JBl 2007, 613, 615; *Junker*, NJW 2007, 3675, 3677; *Leible/Lehmann*, RIW 2007, 721, 724; *Furrer*, SZIER 2008, 7, 21 f.; *Kramer*, NIPR 2008, 414, 415; *Wagner, G.*, IPRax 2008, 1, 4 (wenn auch bedauernd); *Sujecki*, EWS 2009, 310, 312 f.; Rauscher-*Unberath/Cziupka*, Art. 3 Rom II–VO Rn. 4, die die Binnenmarktrelevanz ausdrücklich auf diesen Aspekt beschränken; vorsichtig jedoch *Schaub*, JZ 2005, 328, 336 (eine Aufspaltung nur „unter Umständen"); gegenteiliger Ansicht jedoch *UK House Of Lords*, 8th Report 2003-04, Rn. 93 f.; *Dickinson*, JPIL 2005, 197, 227; *Kindler*, IPRax 2010, 44, 48 in Bezug auf den Vorschlag für eine Verordnung in Erbsachen (KOM [2009] 154 endg.).

643 Vergl. *Kropholler*, IPR, § 5 I 1.; *Kegel/Schurig*, IPR, § 2 VI a.E.

Mitbewerbers – drittstaatlich geprägt ist. Denn die spezifische Binnenmarktförderung durch die Sicherung des europäischen Entscheidungseinklangs wird auch in Konstellationen erreicht, bei denen zumindest zwei wesentliche Elemente in unterschiedlichen Mitgliedstaaten liegen[644]. Beispielsweise könnte ein Unternehmen mit Sitz in einem Mitgliedstaat A mit einem Unternehmen mit Sitz in einem Drittstaat auf einem Teilmarkt in Mitgliedstaat B konkurrieren. International zuständig für die lauterkeitsrechtliche Bewertung des Marktverhaltens können Gerichte in Mitgliedstaat A (nach Art. 2 Abs. 1 EuGVO bei einer Klage durch den Drittstaatler am Sitz des mitgliedstaatlichen Unternehmens) oder in Mitgliedstaat B (nach Art. 5 Nr. 3 EuGVO am Marktort) sein.

Der Zugang zu dem Markt in Mitgliedstaat B fällt dem Unternehmen aus Mitgliedstaat A leichter, wenn von der gestiegenen Sicherheit der Rechtsdurchsetzung durch die Vereinheitlichung des Kollisionsrechts[645] auch das Verhalten des drittstaatlichen Konkurrenten erfasst ist. In einem kollisionsrechtseinheitlichen Erkenntnisverfahren kann das mitgliedstaatliche Unternehmen auch mit Blick auf das Verhalten des Drittstaatlers nicht durch ein ungünstigeres Kollisionsrecht benachteiligt werden. Das Vollstreckungsverfahren und die Titelfreizügigkeit sind für die Marktzugangserleichterung immerhin noch begrenzt relevant. Die Einschränkung ergibt sich daraus, dass sich die Erleichterung des Marktzugangs als Binnenmarktvoraussetzung darauf beschränkt, mitgliedstaatlichen Unternehmen und Titeln den Zugang zu mitgliedstaatlichen Märkten zu erleichtern[646]. Damit ist hier allein die binnenmarktinterne Vollstreckung relevant. Sie ist vorliegend denkbar, wenn das drittstaatliche Unternehmen vollstreckbare Vermögenswerte im betroffenen Teilmarkt des Mitgliedstaates B besitzt. Außerdem würde die Einbeziehung der vorliegenden Drittstaatenkonstellation in die Kollisionsrechtsvereinheitlichung die andere Binnenmarkvoraussetzung der Binnenmarkteinheit fördern, indem sie kollisionsrechtsbedingte Standortnachteile beseitigt. Der Heimatgerichtsstand am Sitz des mitgliedstaatlichen Unternehmens begründet hinsichtlich des Kollisionsrechts auch dann einen Standortnachtteil, wenn lediglich das Kollisionsrecht mit Bezug zu Konkurrenten aus Drittstaaten nachteilig ausgestaltet ist. Das kann im Erkenntnisverfahren der Fall sein, wenn mitgliedstaatliche Gerichtsstände je nach Kollisionsrecht unterschiedlich bewertet werden, oder auch im Vollstreckungsverfahren, wenn Exequaturschwierigkeiten drohen und dem Unternehmen aus Mitgliedstaat A die Vollstreckung in die Vermögenswerte des Drittstaatlers in Mitgliedstaat B nicht garantiert werden kann.

---

644 So insbesondere *Basedow*, CMLRev. 37 (2000), 687, 703 ff.; *Basedow*, in: FS Lorenz, S. 471; *Basedow*, in: Systemwechsel, S. 40 ff.

645 Siehe allgemein zur Förderung des Marktzugangs oben S. 97 (Zwischenergebnis zur Binnenmarktförderung durch die Vereinheitlichung des Lauterkeitskollisionsrechts als solche).

646 Siehe oben S. 131.

(ii) Beschränkung der Binnenmarktbelegenheit auf den Sitz der streitenden Mitbewerber

Der europäische Entscheidungseinklang fördert den Binnenmarkt auch in der Konstellation, in der zwei Parteien aus unterschiedlichen Mitgliedstaaten um einen Sachverhalt streiten, der sich im Übrigen ausschließlich außerhalb der Gemeinschaft abspielt. Ein Beispiel bildet das konkurrierende Wettbewerbsverhalten von einem Unternehmen mit Sitz in Mitgliedstaat A und einem anderen Unternehmen mit Sitz in Mitgliedstaat B auf dem nationalen Teilmarkt eines Drittstaates. Obwohl der Sachverhalt in einem Drittstaat spielt, fördert dessen Einbeziehung in die Kollisionsrechtsvereinheitlichung den Binnenmarkt.

Insoweit wird zwar nicht die Binnenmarktbedingung berührt, den Handelszugang zu mitgliedstaatlichen Teilmärkten zu erleichtern. Denn hier ist der Drittstaatenbezug gerade dadurch gekennzeichnet, dass ein Verhalten auf dem Markt eines Drittstaates bewertet wird. Gefördert wird jedoch immerhin noch der Marktzugang für gerichtliche Entscheidungen[647]. Denn auch Entscheidungen über das Drittstaatengeschäft sind nach den Regeln der EuGVO binnengrenzüberschreitend zu vollstrecken[648]. Vollumfänglich gefördert wird daneben die andere Binnenmarktvoraussetzung, innerhalb des Binnenmarktes möglichst gleiche Wettbewerbsbedingungen zu schaffen und Standortnachteile im Binnenmarkt abzubauen. Weil auch dieser Drittstaatensachverhalt (zumindest gemäß Art. 2 Abs. 1 EuGVO) dem Zuständigkeits- und – der Entscheidung nachfolgend – auch dem Anerkennungsregime der EuGVO unterliegt, besteht auch insoweit die Gefahr, dass mitgliedstaatliche Gerichtsstände wegen eines nachteiligen Kollisionsrechts entwertet werden. Wettbewerbsgleichheit im Erkenntnis- und im Vollstreckungsverfahren kann hinsichtlich des Drittstaatengeschäfts nur erreicht werden, wenn auch insoweit das anwendbare Recht nicht vom Forum abhängt.

(iii) Beschränkung der Binnenmarktbelegenheit auf den Sitz nur eines Mitbewerbers

Teile der Literatur betonen, dass die Binnenmarktvoraussetzungen auch dann gefördert werden, wenn die Kollisionsrechtsvereinheitlichung Konstellationen erfasst, die eine Beziehung von Drittstaaten zu nur einem Mitgliedstaat aufweisen[649]. Unproblematisch ist das jedoch nicht. Die monistische Beziehung kann sich

647 Zur Förderung des Marktzugangs durch die Herstellung von Titelfreizügigkeit siehe oben S. 94 (Freizügigkeit der gerichtlichen Entscheidung im Anerkennungs- und Vollstreckungsregime der EuGVO).

648 Vergl. *Kreuzer*, RabelsZ 70 (2006), 1, 80 f.

649 *Basedow*, CMLRev. 37 (2000), 687, 704; *Basedow*, in: Systemwechsel, S. 41; *Kotuby*, NILR 2001, 1, 16; *Dohrn, H.*, Kompetenzen, S. 126; *Wagner, R.*, RabelsZ 68 (2004), 119, 141 ff.; a. A. *Dickinson*, JPIL 2005, 197, 223 f.

zum Beispiel auf den (mitgliedstaatlichen) Sitz nur einer Partei oder auf den streitigen (mitgliedstaatlichen) Sachverhalt beschränken.

Eine Binnenmarktförderung könnte zumindest im ersten Fall relativ einfach bejaht werden, in dem wenigstens eine Partei in einem Mitgliedstaat sitzt, selbst wenn die andere Partei und der betroffene Markt Drittstaaten zuzuordnen sind. Dann ist zumindest die Binnenmarktvoraussetzung der Herstellung angeglichener interner Wettbewerbsbedingungen auf die gleiche Weise betroffen wie bei der oben beschriebenen Konstellation, in der beide Parteien im Binnenmarkt ansässig sind. Die Wettbewerbsgleichheit setzt gleichwertige (Heimat-)Gerichtsstände voraus. Die Gleichwertigkeit erfordert ein einheitliches Kollisionsrecht, welches auch das Drittstaatengeschäft umfasst. Dafür ist es unbeachtlich, in welcher Parteirolle der mitgliedstaatliche Mitbewerber in einem Streit mit seinem drittstaatlichen Konkurrenten auftritt. Zwar unterliegt dem Zuständigkeitsregime der EuGVO nur die Konstellation, in der der Beklagte seinen Sitz in der Gemeinschaft hat. Die Binnenmarkteinheit wird jedoch auch dann gestärkt, wenn der Kläger ein mitgliedstaatliches Unternehmen ist. Denn auch dann droht die Gefahr, dass der Gerichtsstand am Sitz des Klägers durch ein ungünstiges Kollisionsrechts entwertet wird und es deswegen zu Wettbewerbsverzerrungen kommt. Zwar könnten die gerichtsstandsbegründeten Wettbewerbsverzerrungen nicht auf das Zuständigkeitsregime der EuGVO zurückgeführt werden. Der Fall unterliegt nicht dem allgemeinen oder den besonderen oder ausschließlichen Gerichtsständen der EuGVO. Die EuGVO könnte lediglich gemäß Art. 23 die internationale Zuständigkeit eines mitgliedstaatlichen Gerichts begründen, wenn beide Parteien die Zuständigkeit vereinbart haben. Dann jedoch beruhte ein gerichtsstandsungünstiges Kollisionsrecht nicht auf dem Sitz der Partei, sondern auf deren Willen.

Jedoch folgt aus einem dort herrschenden relativ ungünstigen Kollisionsrecht eine Entwertung dieses Gerichtsstandes auch dann, wenn sich die gerichtliche Zuständigkeit am Sitz des Unternehmens aus nationalen Zuständigkeitsvorschriften der Mitgliedstaaten ergibt[650]. Allein das ist für eine Wettbewerbsverzerrung entscheidend. Dagegen kommt es nicht darauf an, ob die Zuständigkeit nach europäischen oder nationalen Regeln begründet ist. Über die Wettbewerbsgleichheit im Erkenntnisverfahren hinaus ist auch die Wettbewerbsgleichheit im Vollstreckungsverfahren betroffen. Der Streitgegenstand unterliegt zumindest dem Vollstreckungsregime der EuGVO[651], die Möglichkeit, die Entscheidung in der übrigen Gemeinschaft nach den Regeln der EuGVO reibungslos anerkennen und vollstrecken zu können, setzt auch insoweit die Vereinheitlichung des Kollisionsrechts voraus.

---

650 In Deutschland zum Beispiel aus § 17 Abs. 1 ZPO am allgemeinen Gerichtsstand juristischer Personen oder aus § 21 ZPO am besonderen Gerichtsstand der Niederlassung.

651 Vergl. Geimer/Schütze-*Geimer*, A.1 Einl. Rn. 119; *Hess*, EuZPR, § 5 Rn. 16.

(iv) Beschränkung der Binnenmarktbelegenheit auf den maßgeblichen Markt

Schwieriger ist der Fall zu beurteilen, in dem weder Kläger noch Beklagter, sondern allein der streitige Sachverhalt eine Beziehung zum Binnenmarkt aufweist und zum Beispiel zwei Unternehmen aus Drittstaaten um ihr Verhalten auf einem mitgliedstaatlichen Markt A streiten. Fraglich ist, inwieweit das Kriterium der Marktzugangsförderung hier relevant ist. Eine relevante Voraussetzung für den Binnenmarkt ist allein, dass der Zugang zu mitgliedstaatlichen Teilmärkten für *mitgliedstaatliche* Unternehmen erleichtert wird. Hier stammen die unmittelbar betroffenen Unternehmen jedoch aus Drittstaaten. Wenn Sachverhalte dieser Konstellation bei der Kollisionsrechtsvereinheitlichung berücksichtigt werden, wird die relevante Voraussetzung aber indirekt auch für mitgliedstaatliche Unternehmen gefördert. Denn dann herrscht auch für Konkurrenten aus anderen Mitgliedstaaten, die ebenfalls auf dem betroffenen mitgliedstaatlichen Markt A tätig sind (oder es vorhaben) die Sicherheit, dass alle dort konkurrierenden Unternehmen nach den gleichen Regeln beurteilt werden, ohne dass Drittstaatler durch die Wahl eines günstigeren Rechts bevorzugt würden. Das erleichtert auch mitgliedstaatlichen Unternehmen die Entscheidung zum Binnengrenzübertritt.

(v) Beschränkung der Binnenmarktbelegenheit auf die internationale Zuständigkeit eines mitgliedstaatlichen Gerichts gemäß Art. 23 EuGVO

Anders ist es jedoch, wenn weder die Parteien noch der streitige Sachverhalt aus dem Binnenmarkt stammen. Zumindest das Kriterium der Marktzugangsförderung ist selbst in diesem Fall eingeschränkt relevant. Zwar scheidet es hinsichtlich der Handelsströme von vornherein aus, da allein mitgliedstaatliche Teilmärkte erschlossen werden sollen. Hier jedoch wird das Verhalten auf einem drittstaatlichen Markt beurteilt; nur der Zugang zu diesem Drittstaatenmarkt würde durch die gestiegene Rechtssicherheit erleichtert. Gefördert wird jedoch immerhin noch der (Binnen-)Marktzugang für gerichtliche Entscheidungen[652]. Denn auch Entscheidungen über das Drittstaatengeschäft sind nach den Regeln der EuGVO binnengrenzüberschreitend zu vollstrecken, wenn sie von einem mitgliedstaatlichen Gericht stammen. Dessen Zuständigkeit kann sich vorliegend insbesondere aus einer internationalen Gerichtsstandsvereinbarung nach nationalem Zuständigkeitsrecht ergeben[653].

---

652 Zur Förderung des Marktzugangs durch die Herstellung von Titelfreizügigkeit siehe oben S. 94 (Freizügigkeit der gerichtlichen Entscheidung im Anerkennungs- und Vollstreckungsregime der EuGVO).

653 Voraussetzung für die Anwendung von Art. 23 EuGVO ist, dass mindestens eine Partei ihren Sitz in der Gemeinschaft hat, siehe Geimer/Schütze-*Geimer*, A.1 Art. 23 Rn. 17; a. A. hinsichtlich der Binnenmarktförderung für diese Konstellation jedoch *Dickinson*, JPIL 2005, 197, 223.

dd) Zwischenergebnis zur Binnenmarktförderung durch die Einbeziehung von Sachverhalten mit Drittstaatenbezug

Das europäische Lauterkeitskollisionsrecht muss nicht auf die Regelung von reinen Binnenmarktsachverhalten beschränkt sein. Kompetenzgemäß regelt Art. 6 Abs. 1 und 2 Rom II-VO die Kollision von Lauterkeitsrechten bei Sachverhalten, die Bezüge zu Drittstaaten aufweisen. Darin liegt kein Verstoß gegen die Notwendigkeit, mit der Maßnahme spezifisch den Binnenmarkt zu fördern. Nicht dagegen spricht zum einen der begrenzte Geltungsbereich des europäischen Sekundärrechts, den Art. 299 EGV auf das Gebiet der Mitgliedstaaten einschränkt. Der Geltungsbereich ist vom Regelungsgegenstand zu unterscheiden. Ebenso wenig limitieren zum anderen inhaltliche Vorgaben die Kompetenz auf die Regelung reiner Binnensachverhalte. Die Marktortanknüpfung beruht gerade nicht auf binnenmarktspezifischen Besonderheiten.

Ganz im Gegenteil fördert die Einbeziehung von Drittstaatensachverhalten in den Regelungsgegenstand zumindest immer eine der Binnenmarktvoraussetzungen selbst unter der Prämisse, dass sich der Fördereffekt binnenmarktintern auswirken muss und es damit lediglich um die Förderung des binnenmarktinternen Handels- und Titelverkehrs sowie die Wettbewerbseinheit im Binnenmarkt geht[654]. Auch in Drittstaatenfällen ist es für die Vorhersehbarkeit und die anschließende Freizügigkeit der gerichtlichen Entscheidung im Anwendungsbereich der EuGVO auf die gleiche spezifische Art und Weise wie bei reinen Binnenmarktsachverhalten wichtig, dass die Gerichte aller Mitgliedstaaten dasselbe Sachrecht anwenden, auch wenn es das Sachrecht eines Drittstaates ist.

Dabei reicht die Förderwirkung selbst dann aus, wenn lediglich eine der Binnenmarktvoraussetzungen auch in nur schwachem Maße gestärkt wird, wie es beispielsweise der Fall ist, wenn sich die Binnenmarktbelegenheit auf die internationale Zuständigkeit eines mitgliedstaatlichen Gerichts aufgrund einer Gerichtsstandsvereinbarung zwischen den Parteien reduziert. Denn insoweit setzt Art. 65 EGV lediglich mittelbare Effekte und eine schwache Förderwirkung voraus[655]. Zudem ist grundsätzlich festzuhalten, dass die Vermeidung der Notwendigkeit von speziellen Drittstaatenkollisionsrechten und der damit einhergehenden Abgrenzung zwischen Binnenmarkt- und Drittstaatensachverhalten die Rechtsanwendungssicherheit im Binnenmarkt erhöht und bereits deswegen den Binnenmarkt fördert.

2. *Sachlicher Umfang*

Neben der notwendigen Binnenmarktförderung setzt die Kompetenzgrundlage der Artt. 61 lit. c), 65 lit. b) alt. 1 EGV möglicherweise auch voraus, dass eine darauf

---

654 Siehe oben S. 131.
655 Siehe oben S. 82 (Präzisierung der notwendigen Förderwirkung).

gestützte Maßnahme bestimmte sachliche Grenzen nicht überschreitet. Bedeutet der Verweis auf das Kollisionsrecht in Art. 65 Rom II-VO, dass dem Kollisionsrecht nicht von vornherein jeder Binnenmarktbezug abgesprochen werden kann, so muss dieser positive Befund nicht für das gesamte Gebiet des Kollisionsrechts gelten. Der sachliche Umfang der Zuständigkeit für das Kollisionsrecht, wie er in Art. 65 lit. b) alt. 1 EGV geregelt ist, ist nicht klar definiert und nicht leicht zu bestimmen[656].

Ein Teil der Literatur beschränkt ihn auf kollisionsrechtliche Maßnahmen, die unmittelbar den freien Personenverkehr betreffen[657]. Dazu gehören beispielsweise insbesondere das internationale Familien- und Erbrecht[658]. Durch hinkende familienrechtliche Statusverhältnisse, die infolge nicht vereinheitlichten internationalen Familienrechts entstehen könnten, würden die betroffenen Personen mittelbar davon abgehalten, die ihnen grundsätzlich gewährte Personenfreizügigkeit umfassend zu nutzen. Dagegen seien auf anderen Gebieten wie insbesondere dem internationalen Schuldrecht andere Kompetenzgrundlagen wie zum Beispiel Art. 95 EGV heranzuziehen[659]. Damit käme hier für die Rom II-VO und das Lauterkeitskollisionsrecht Art. 65 lit. b) alt. 1 EGV nicht in Betracht.

Für die enge Auslegung könnten die Verortung der Kompetenzgrundlage in Titel IV EGV und das systematische Verhältnis zu Art. 95 EGV sprechen. So wird darauf hingewiesen, dass die Überschrift von Titel IV EGV lediglich den „freien Personenverkehr" nennt, weswegen die unter ihm versammelten Kompetenzen

---

656 *Jayme/Kohler, C.*, IPRax 1997, 385, 386; *Pfeiffer*, NJW 1999, 3674; *Rudisch*, IPRax 1999, 70, 81.

657 *Basedow*, EuZW 1997, 609; *Basedow*, CMLRev. 37 (2000), 687, 697 ff.; *Basedow*, in: FS Juenger, S. 184 ff.; *Basedow*, in: Systemwechsel, S. 31 ff.; *Schack*, ZEuP 1999, 805, 807; ebenfalls noch *Leible*, in: Europäische Rechtsangleichung, S. 388; jedoch ausdrücklich aufgegeben in *Leible/Staudinger, A.*, EuLF [D] 2001, 225, 231 Fn. 57; *Israël*, Maastricht Journal 2000, 81, 92 f.; *Kotuby*, NILR 2001, 1, 7; *Herweg*, Vereinheitlichung des internationalen Erbrechts, S. 201; streng auch *Stumpf*, EuR 2007, 291, 303 f. unter Hinweis darauf, dass der Rechtsbegriff der Gemeinschaft wohletabliert und zentral sei; *Hess*, NJW 2000, 23, 27 (allerdings unter Zugrundelegung eines weiten Verständnisses); in die gleiche Richtung weisen die Ausführungen von *Kohler, C.*, ZEuS 2001, 575, 580 f.; der später jedoch von einem umfassenden horizontalen Anwendungsbereich ausgeht, *Kohler, C.*, IPRax 2003, 401, 404, 408; von der Groeben/Schwarze-*Schmahl*, Art. 65 EGV Rn. 4 (ebenfalls unter Zugrundelegung eines weiten Verständnisses).

658 *Remien*, CMLRev. 38 (2001), 53, 74; genau entgegengesetzt dagegen *Linke*, in: FS Geimer, S. 545 f. („weder ein hinreichender Binnenmarktbezug noch ein Regelungsbedürfnis zur Verbesserung der Personenfreizügigkeit").

659 *Basedow*, EuZW 1997, 609; *Basedow*, CMLRev. 37 (2000), 687, 698; *Basedow*, in: Systemwechsel, S. 32.

entsprechend zu beschränken seien[660]. In systematischer Hinsicht wird vertreten, dass es der mit Art. 65 EGV neu eingeführten Kompetenz allein für den Bereich der Personenfreizügigkeit bedurft habe, da kollisionsrechtliche Maßnahmen im Übrigen – insbesondere zum internationalen Schuldrecht – bereits vor der Schaffung von Titel IV EGV auf Art. 95 EGV zu stützen gewesen wären[661]. Entsprechend erstrecke sich die mit Art. 65 EGV neu eingeführte Kompetenz allein auf die Personenfreizügigkeit, die gemäß Art. 95 Abs. 2 EGV von der bestehenden Kompetenz ausgenommen gewesen war.[662]. Betrachte man zudem den neu eingeführten Art. 65 EGV gegenüber Art. 95 für das Kollisionsrecht als lex specialis[663], führe jede Erweiterung des Anwendungsbereichs des spezielleren Art. 65 EGV zu einer entsprechenden Verringerung des Anwendungsbereichs des allgemeineren Art. 95 EGV. Insoweit wird kritisiert, dass damit gleichzeitig die Schwächung der bereits bestehenden Gemeinschaftskompetenz des Art. 95 EGV verbunden sei, da Art. 65 EGV im Zeitpunkt seiner Einführung zahlreichen Souveränitätsvorbehalten der Mitgliedstaaten unterlag[664]. Die Schwächung würde gegen die Maxime der Erhaltung des gemeinschaftlichen Besitzstandes verstoßen. Dieser Verstoß könne allein dadurch vermieden werden, dass der neu eingeführte Art. 65 EGV auf die Personenfreizügigkeit beschränkt würde. Denn allein dieser Bereich war bereits vor Einführung gemäß Art. 95 Abs. 2 EGV von der bestehenden Kompetenz ausgenommen und gehörte damit nicht zum gemeinschaftlichen Besitzstand. Nur hinsichtlich der Personenfreizügigkeit ergebe sich kein Konflikt mit der bestehenden Kompetenz aus Art. 95 EGV; nur insoweit könne Art. 65 EGV einen echten Zuwachs des acquis communautaire begründen[665].

Der Ansicht ist jedoch nicht zu folgen. Mit den Artt. 61 lit. c) und 65 lit. b) alt. 1 EGV wurde der Europäischen Gemeinschaft die Kompetenz zugewiesen, Gesetze auf dem gesamten Gebiet des internationalen Privatrechts einschließlich des internationalen Lauterkeitsrechts zu erlassen[666]. Selbst wenn der Bezugnahme auf den

---

660 *Schack*, ZEuP 1999, 805, 807; anders jedoch ausdrücklich *Mansel*, in: Systemwechsel, S. 5 („stellt keine Begrenzung des gegenständlichen Anwendungsbereichs der Kompetenznorm dar").

661 *Basedow*, EuZW 1997, 609; *Basedow*, in: Systemwechsel, S. 32; *Israël*, Maastricht Journal 2000, 81, 90 f.

662 *Basedow*, CMLRev. 37 (2000), 687, 697; *Basedow*, in: Systemwechsel, S. 31; Schwarze-*Graßhof*, Art. 65 EGV Rn. 23 f.

663 *Basedow*, CMLRev. 37 (2000), 687, 697; *Leible/Staudinger, A.*, EuLF [D] 2001, 225, 232 f.; *Boele-Woelki/van Ooik*, YPIL 4 (2002), 1, 17; von der Groeben/Schwarze-*Schmahl*, Art. 65 EGV Rn. 1 f.; Calliess/Ruffert (3.)-*Rossi*, Art. 61 EGV Rn. 2.

664 Kritisch insbesondere *Israël*, Maastricht Journal 2000, 81, 89.

665 *Basedow*, CMLRev. 37 (2000), 687, 697; *Israël*, Maastricht Journal 2000, 81, 92; *Kohler, C.*, ZEuS 2001, 575, 580 f.; *Herweg*, Vereinheitlichung des internationalen Erbrechts, S. 210.

666 *Remien*, CMLRev. 38 (2001), 53, 74 f.; *Drappatz*, Überführung des IZVR, S. 107 ff.; *Wagner, R.*, IPRax 2002, 75, 85; *Kohler, C.*, IPRax 2003, 401, 403 f.; *Dohrn, H.*, Kompetenzen, S. 80 u. 95 ff.; *Hau*, in: Grünbuch Vertragsrecht, S. 17; *Dickinson*, JPIL

freien Personenverkehr eine eigenständige Bedeutung zugemessen werden könnte, kann der „freie Personenverkehr" auch wesentlich weiter verstanden und auf das reibungslose Funktionieren des Binnenmarktes insgesamt bezogen werde und demnach bestehen, wenn nicht nur Materien wie das internationale Familien- und Erbrecht, sondern darüber hinaus auch das internationale Schuld- und Sachenrecht[667] betroffen sind. Denn auch diese Materien dienen zumindest mittelbar der Freiheit des Personenverkehrs. Der „freie Personenverkehr" wird nicht nur durch die Verwirklichung der Personenverkehrsfreiheiten berührt, sondern zumindest reflexartig auch durch Maßnahmen, die unmittelbar die Warenverkehrs- und Kapitalverkehrsfreiheit betreffen[668].

Konsequenterweise wird speziell in Art. 65 EGV ausdrücklich auf das „Funktionieren des Binnenmarktes" Bezug genommen. Eingeschlossen ist der Binnenmarkt in seiner Gesamtheit[669]. Eine Beschränkung auf den Teilbereich des Personenverkehrs ist dem Wortlaut nicht zu entnehmen. Das spricht für die Zulässigkeit auch von Maßnahmen, die nicht oder nicht nur der Freizügigkeit des Personenverkehrs, sondern auch in anderen Bereichen dem Funktionieren des Binnenmarktes dienen[670].

Eine historische Auslegung der Norm bestätigt dieses weite Verständnis[671]. Bereits die frühere Form der intergouvernementalen Zusammenarbeit beschränkte sich nicht auf den Personenverkehr. Dort war in Art. K.1 EUV a. F. klargestellt, dass die justizielle Zusammenarbeit in Zivilsachen im gemeinsamen Interesse der Mitgliedstaaten „zur Verwirklichung der Ziele der Union, insbesondere der Freizügigkeit" lag. Die Überführung der Kompetenz aus der zwischenstaatlichen dritten Säule des EUV in die echte Gemeinschaftspolitik des Titel IV des dritten Teils des EGV sollte den Bereich der justiziellen Zusammenarbeit in Zivilsachen

---

2005, 197, 218 f.; *Dickinson*, Rome II, Rn. 2.50; *Müller-Graff*, in: FS Jayme, S. 1326; *Sonnentag*, ZVglRWiss 105 (2006), 256, 259; Calliess/Ruffert (3.)-*Rossi*, Art. 65 EGV Rn. 7; nunmehr auch *Kohler, C.*, IPRax 2003, 401, 403 f., 408, der jedoch auf S. 405 und 408 in Abgrenzung zu Art. 95 EGV meint, unter Art. 65 EGV fielen lediglich Maßnahmen mit einem geringen Binnenmarktbezug.

667 So ausdrücklich *Jayme/Kohler, C.*, IPRax 1997, 385, 386; *Pfeiffer*, NJW 1999, 3674.

668 *Leible*, in: Europäische Rechtsangleichung, S. 388; *Kohler, C.*, ZEuS 2001, 575, 580; kritischer jedoch *Kohler, C.*, IPRax 2003, 401, 403, da es ausgeschlossen erscheine, das gesamte internationale Privatrecht zu einem Teilaspekt des freien Personenverkehrs zu reduzieren; das erkennt auch *Israël*, Maastricht Journal 2000, 81, 96 f., der daraus jedoch die Konsequenz zieht, dass der Gesetzgeber zum Auffinden der jeweils richtigen Kompetenzgrundlage nach dem Schwerpunkt der Maßnahme suchen müsse.

669 *Mansel*, in: Systemwechsel, S. 5; *Wagner, R.*, IPRax 2002, 75, 85; *Müller-Graff*, in: FS Jayme, S. 1326.

670 *Hess*, NJW 2000, 23, 27; *Staudinger, A.*, ZfRV 2000, 93, 104.

671 *Kreuzer*, in: Gemeinsames Privatrecht, S. 530; *Remien*, CMLRev. 38 (2001), 53, 72 f.; *Wagner, R.*, IPRax 2002, 75, 85 f.; *Kohler, C.*, IPRax 2003, 401, 403 f.

weiterentwickeln[672], auch wenn das Beispiel der „Freizügigkeit" für die Ziele der Union nunmehr in der Überschrift des Titels weiterlebt[673]. Die Überführung konnte nicht den Zweck haben, den Anwendungsbereich zu beschränken. Deswegen muss auch die neue Kompetenz der Gemeinschaft über den Bereich des Personenverkehrs hinausgehen. Die gegenteilige Ansicht war vor allem vor dem Hintergrund des rechtspolitischen Anliegens gerechtfertigt, durch eine restriktive Auslegung der Kompetenz deren strukturelle Schwäche zu kompensieren. Dazu besteht allerdings kein Anlass mehr, nachdem die einschränkenden Besonderheiten im Beschluss- und Vorabentscheidungsverfahren aufgehoben wurden. Denn zumindest für Maßnahmen nach Art. 65 EGV mit Ausnahme der familienrechtlichen Aspekte wies der Vertrag von Nizza[674] den Weg zurück zum allgemeinen Mitentscheidungsverfahren, indem er Art. 67 EGV einen neuen Absatz 5 hinzufügte. Ebenso wurden die vielfach kritisierten[675] Beschränkungen des Vorabentscheidungsverfahrens vor dem EuGH gemäß Art. 68 EGV durch den Vertrag von Lissabon letztendlich aufgehoben[676].

Dementsprechend sollte der konzeptionellen Fehlplatzierung[677] von Art. 65 lit. b) alt. 1 EGV im Titel IV, der die kollisionsrechtlichen Maßnahmen ungeschickt[678] allein als Politik des freien Personenverkehrs ausweist, insoweit keine Bedeutung zugemessen werden. Neben der justiziellen Zusammenarbeit in Zivilsachen werden im Titel IV die Grenzkontrollen und die Visapolitik, das Asyl- und Asylverfahrensrecht sowie die Einwanderungspolitik und die Zusammenarbeit der Verwaltungen geregelt. In diesem öffentlich-rechtlich geprägten Kontext erscheint die Zusammenarbeit in Zivilsachen als Fremdkörper, der konzeptionell und systematisch

---

672 Siehe oben S. 8 die in Fn. 35 angegebene Literatur.

673 *Kohler, C.*, IPRax 2003, 401, 404.

674 Vertrag von Nizza zur Änderung des Vertrags über die Europäische Union, der Verträge zur Gründung der Europäischen Gemeinschaften sowie einiger damit zusammenhängender Rechtsakte, ABl. C 80, 1 v. 10.3.2001.

675 Mitteilung der Kommission v. 28.6.2006, KOM(2006) 346 endg.; *Basedow*, CMLRev. 37 (2000), 687, 695; *Basedow*, in: Systemwechsel, S. 27 f.; *Israël*, Maastricht Journal 2000, 81, 86 f.; *Müller-Graff/Kainer*, DRiZ 2000, 350, 352; *Leible/Staudinger, A.*, EuLF [D] 2001, 225, 226 f.; *Kohler, C.*, ZEuS 2001, 575, 579; *Pache/Knauf*, NVwZ 2004, 16, 18 („mit den Grundsätzen europäischen Rechtsschutzes und europäischer Rechtsstaatlichkeit unvereinbar"); *Jayme/Kohler, C.*, IPRax 2006, 537, 550.

676 Art. 68 wurde aufgehoben durch Art. 2 Ziffer 67) S. 1 Vertrag von Lissabon zur Änderung des Vertrags über die Europäische Union und des Vertrags zur Gründung der Europäischen Gemeinschaft, ABl. C 306/1 v. 17.12.2007.

677 *Kohler, C.*, ZEuS 2001, 575, 579; *Linke*, in: FS Geimer, S. 543; *Dohrn, H.*, Kompetenzen, S., 66; *Müller-Graff*, in: FS Jayme, S. 1326; Lenz/Borchardt (4.)-*Bergmann*, Art. 65 EGV Rn. 3 („dogmatisch wenig zu Ende gedachte Einfügung des Art. 65 in den Titel IV").

678 *Kohler, C.*, IPRax 2003, 401, 404.

deplatziert ist[679]. Inhaltliche Zusammenhänge mit den anderen Bereichen sind nicht ohne weiteres zu erkennen[680]. Es erscheint willkürlich, ihre Einbeziehung mit einem Verweis auf die Nähe zum freien Personenverkehr zu begründen, da die ziviljustizielle Zusammenarbeit nicht nur die Freiheit des Personenverkehrs, sondern genauso auch die anderen Vertragsfreiheiten berühren kann[681]. Entsprechend wurde der zivilrechtlichen Materie im Verlauf der Ausarbeitung des Vertrags von Amsterdam nur relativ wenig Aufmerksamkeit geschenkt, weswegen sie auch erst sehr spät in den Titel IV eingeführt wurde[682]. Die Einbeziehung lässt sich letzten Endes nur historisch damit erklären, dass sie bereits vor dem Amsterdamer Vertrag in der intergouvernementalen dritten Säule des Unionsvertrags von Maastricht zusammen mit den anderen Bereichen geregelt war[683]. Dem trägt die Änderung des EGV in einen Vertrag über die Arbeitsweise der Europäischen Union (AEUV)[684] Rechnung, wie sie gemäß dem Vertrag von Lissabon erfolgte. Dort wird der frühere, für den Erlass der Rom II-VO maßgebliche Art. 65 EGV aus dem Kontext Asyl und Einwanderung herausgelöst und in Art. 81 AEUV in ein eigenständiges Kapitel mit der Überschrift „Justizielle Zusammenarbeit in Zivilsachen" überführt.

3. Umsetzungsinstrument

Mit der Rom II-VO wurde das Lauterkeitskollisionsrecht nicht nur angeglichen, sondern durch eine Verordnung vollständig vereinheitlicht. Damit wurde aus dem Instrumentarium des früheren, für den Erlass der Rom II-VO maßgeblichen Art. 249 EGV[685] der Rechtsakt gewählt, der am tiefsten in die Autonomie der Mitgliedstaaten eingreift. Fraglich ist, ob Artt. 61 lit. c), 65 lit. b) alt. 1 EGV dazu ermächtigen.

Der Wortlaut von Art. 65 lit. b) alt. 1 EGV scheint auf den ersten Blick dagegen zu sprechen[686]. Dort ist lediglich von Maßnahmen zur „Förderung der Vereinbarkeit"

---

679 *Kohler, C.*, ZEuS 2001, 575, 579; *Linke*, in: FS Geimer, S. 543; *Dohrn, H.*, Kompetenzen, S. 66; *Müller-Graff*, in: FS Jayme, S. 1326; Lenz/Borchardt (4.)-*Bergmann*, Art. 65 EGV Rn. 3 („dogmatisch wenig zu Ende gedachte Einfügung des Art. 65 in den Titel IV").

680 *Hess*, NJW 2000, 23, 25.

681 Schwarze-*Graßhof*, Art. 65 EGV Rn. 3; *Leible/Staudinger, A.*, EuLF [D] 2001, 225, 232 weisen darauf hin, dass dies insbesondere bei der Anerkennung und Abwicklung internationaler Insolvenzen sowie bei der Vereinheitlichung des Zuständigkeits- und Vollstreckungsregimes in Zivil- und Handelssachen der Fall ist; ebenso Streinz-*Leible*, Art. 65 EGV Rn. 31 f.

682 *Israël*, Maastricht Journal 2000, 81, 84.

683 *Hess*, NJW 2000, 23, 25; *Müller-Graff*, in: FS Jayme, S. 1327; auch wenn *Israël*, Maastricht Journal 2000, 81, 84 bemerkt, „its exact origins remain somewhat obscure"; ebenso erscheint auch *Dohrn, H.*, Kompetenzen, S. 73 diese Erklärung spekulativ.

684 ABl. EG C 115, 47 v. 9.5.2008.

685 Jetzt Art. 288 AEUV.

686 *Leible*, in: Europäische Rechtsangleichung, S. 388 („liegt die Vermutung nahe"); *Remien*, CMLRev. 38 (2001), 53, 77.

der in den Mitgliedstaaten geltenden Kollisionsnormen die Rede. Daraus wird teilweise abgeleitet, dass mit den Maßnahmen nur solche zur Rechtsangleichung, nicht aber zur Rechtsvereinheitlichung gemeint seien und insbesondere die Verordnung als zulässige Rechtsform ausgeschlossen sei[687]. Denn „Vereinbarkeit" bedeute ein Weniger gegenüber einer Vereinheitlichung. Der Formulierung müsse um so mehr Bedeutung beigemessen werden, als frühere Fassungen der Bestimmung ausdrücklich lediglich von „Angleichung" der Vorschriften sprachen[688]. Zu bekräftigen scheint dies ein Vergleich mit dem sonstigen Sprachgebrauch des EGV beispielsweise in Art. 149 Abs. 1 EGV[689]. Das dort in Abs. 1 angesprochene Ziel der „Förderung der Vereinbarkeit" der mitgliedstaatlichen Zusammenarbeit soll ausdrücklich gemäß Abs. 4 realisiert werden unter Ausschluss jeglicher Harmonisierung und damit erst recht unter Ausschluss jeglicher Vereinheitlichung.

Zweifelhaft ist aber bereits, ob der Wortlaut von Art. 149 EGV[690] insoweit als allgemeingültiges Beispiel dienen kann. Der Artikel hat speziell die Bildungspolitik zum Gegenstand. Nach dem dahinterstehenden Konzept ist die Verantwortung für die Ausgestaltung der Bildungspolitik grundsätzlich bei den Mitgliedstaaten zu belassen und die Zuständigkeit der Gemeinschaft auf eine Förderung, Unterstützung und Ergänzung unter Ausschluss jeglicher Harmonisierung zu beschränken[691]. Zudem schließt Art. 149 Abs. 4 EGV jegliche Harmonisierung in diesem Bereich ausdrücklich aus. Die Notwendigkeit zu dem ausdrücklichen Ausschluss ergibt sich lediglich dann, wenn Maßnahmen zur Harmonisierung ansonsten in anderen Kompetenzgebieten wie zum Beispiel in den in Art. 65 EGV geregelten Bereichen möglich sind. In Art. 65 EGV fehlt es an solch einem ausdrücklichen Ausschluss[692]. Im Gegenteil ist die Liste der Kompetenzbereiche, die in Art. 65 EGV aufgezählt werden, nicht abschließend[693]. Auch andere, ähnliche Maßnahmen können auf Art. 65 EGV gestützt werden, solange sie sich im Bereich der justiziellen Zusammenarbeit in Zivilsachen bewegen.

---

687 *Von Hoffmann*, in: European PIL, S. 31; *Pfeiffer*, NJW 1999, 3674; *Kohler, C.*, ZEuS 2001, 575, 578; *Linke*, in: FS Geimer, S. 543; *Mansel*, in: Systemwechsel, S. 9; Calliess/Ruffert (3.)-*Rossi*, Art. 65 EGV Rn. 16; Schwarze-*Graßhof*, Art. 65 EGV Rn. 19; offen lassend *Leible*, in: Europäische Rechtsangleichung, S. 388.

688 *Kohler, C.*, ZEuS 2001, 575, 579.

689 *Kohler, C.*, ZEuS 2001, 575, 578; siehe auch *Besse*, ZEuP 1999, 107, 115 mit Bezug auf Artt. 137 f. EGV.

690 Jetzt Art. 165 AEUV.

691 Calliess/Ruffert (3.)-*Ruffert*, Art. 149 EGV Rn. 3; Calliess/Ruffert (4.)-*Ruffert*, Art. 165 AEUV Rn. 3.

692 Siehe auch *Besse*, ZEuP 1999, 107, 115; *Hess*, EuZPR, § 2 Rn. 21.

693 *Basedow*, CMLRev. 37 (2000), 687, 700 f.; *Basedow*, in: Systemwechsel, S. 45; *Kohler, C.*, ZEuS 2001, 575, 577; *Leible/Staudinger, A.*, EuLF [D] 2001, 225, 228; *Drappatz*, Überführung des IZVR, S. 91; von der Groeben/Schwarze-*Schmahl*, Art. 61 EGV Rn. 5; Streinz-*Leible*, Art. 65 EGV Rn. 5; *Wagner, R.*, RabelsZ 68 (2004), 119, 128; Lenz/Borchardt (4.)-*Bergmann*, Art. 65 EGV Rn. 4; Schwarze-*Graßhof*, Art. 65 EGV Rn. 9.

Setzt man den Wortlaut „Förderung der Vereinbarkeit“ von Art. 65 lit. b) alt. 1 EGV mit dem übergeordneten Ziel der Binnenmarktförderung in Bezug, erfasst er auch die Rechtsvereinheitlichung. Denn die „Vereinbarkeit“ der mitgliedstaatlichen Kollisionsnormen kann zumindest so lange „gefördert“ werden, wie ein weiterer Harmonisierungsschritt der Vervollkommnung der Voraussetzungen des Binnenmarktes dienen kann[694]. Er hat erst dann zu unterbleiben, wenn er dazu nicht mehr beitragen kann. Harmonisierungsmaßnahmen auf der Ebene des Kollisionsrechts tragen dadurch zu einer besseren Ausgestaltung der Binnenmarktvoraussetzung bei, indem sie eine Entscheidungsharmonie zwischen den Gerichten der Mitgliedstaaten herbeiführen und somit die Verlässlichkeit der gerichtlichen Anspruchsdurchsetzung im binnengrenzüberschreitenden Wirtschaftsverkehr erhöhen. Dieser Förderungseffekt stellt sich solange ein, wie die Gefahr besteht (und damit auch gemindert werden kann), dass unterschiedliche Gerichte zur Entscheidung desselben Falles verschiedene Sachrechte anwenden. Diese Gefahr ist endgültig erst dann gebannt, wenn das Kollisionsrecht vollständig vereinheitlicht ist[695].

Historisch spricht für die weite Auslegung außerdem, dass die Kompetenz in Art. 65 lit. b) alt. 1 EGV auch mit Blick auf die damals anstehende Reform des EVÜ geschaffen wurde[696]. Im EVÜ wurde das Kollisionsrecht bereits vereinheitlicht. Eine Reform des EVÜ, die auf Art. 65 lit. b) alt. 1 EGV gestützt wird, sollte darum mindestens ebenfalls eine Vereinheitlichung des Kollisionsrechts ermöglichen können. Ansonsten würde die angestrebte „Reform“ insoweit zwingend zu einem Rückschritt führen müssen.

Entscheidend ist letztendlich, dass die notwendige Binnenmarktförderung nicht mittels einer angleichenden Richtlinie, sondern allein durch die vollständige Vereinheitlichung mittels einer Verordnung erzielt werden kann[697]. Gerade der Gedanke des „effet utile“ stützt die Zulässigkeit des Verordungserlasses. Nur die Vereinheitlichung des Kollisionsrechts führt letzten Endes zu den oben beschriebenen positiven Effekten für den Binnenmarkt[698]. Rechtsanwendungssicherheit und

---

694 *Basedow*, CMLRev. 37 (2000), 687, 705 f.; *Basedow*, in: Systemwechsel, S. 44; *Stumpf*, EuR 2007, 291, 303 Fn. 56 (Verordnungen „fördern vielmehr gerade besonders intensiv“).

695 Darauf weist selbst *Kohler, C.*, ZEuS 2001, 574, 578 hin, auch wenn er im Ausgangspunkt Maßnahmen zur Vereinheitlichung ausschließt.

696 *Wagner, R.*, RabelsZ 68 (2004), 119, 131 („[m]it das stärkste Argument“).

697 *Leible*, in: Europäische Rechtsangleichung, S. 379 f. („die Richtlinie“ sei „das denkbar ungeeignetste Instrument zur Schaffung europäischen Kollisionsrechts“); *Basedow*, CMLRev. 37 (2000), 687, 705 f.; *Basedow*, in: Systemwechsel, S. 44; *Leible/Staudinger, A.*, EuLF [D] 2001, 225, 233; *Boele-Woelki/van Ooik*, YPIL 4 (2002), 1, 28 f. („instrument par excellence to create uniform European rules“); *Siems*, GPR 2003, 66, 70; *Dohrn, H.*, Kompetenzen, S. 133 f.; *Wagner, R.*, RabelsZ 68 (2004), 119, 128 ff.; EU-Wirtschaftsrecht-*Kreuzer/Wagner, Rolf*, R Rn. 22.

698 Siehe oben S. 86 (Ob: Binnenmarktförderung durch die Vereinheitlichung des Lauterkeitskollisionsrechts als solche)

-gleichheit sowie die damit einhergehende Eindämmung des Forum-Shoppings und die Förderung der Titelfreizügigkeit lassen sich durch eine bloße Annäherung der mitgliedstaatlichen Kollisionsrechte nicht erreichen. Bei der bloßen Harmonisierung in Form von Richtlinien mit anschließender nationaler Umsetzung ist selbst bei sehr dichter Regelungsintensität die Gefahr zu groß, dass die Regelungen unterschiedlich umgesetzt und ausgelegt werden und die Rechtsentwicklung auseinander läuft[699]. Die Unterschiede können außerdem den Zeitpunkt der Umsetzung betreffen. Zudem besteht immer die Gefahr der Nichtumsetzung oder der unzureichenden oder irrtümlich falschen Umsetzung. Dazu kommen die Schwierigkeiten, die umgesetzten Richtlinienvorschriften in den verschiedenen Rechtssystemen aufzufinden, wo sie jeweils in unterschiedlichen Kontexten stehen.

Als Beispiel für die Probleme, die mit einer Regulierung durch das Instrument der Richtlinie verbunden sind, kann der internationalen Verbraucherschutz angeführt werden. Dort hat sich die Gefahr der unterschiedlichen Umsetzung bereits realisiert. Viele Verbraucherschutzrichtlinien enthielten Regelungen zum Kollisionsrecht, die in die jeweiligen nationalen Rechte umzusetzen waren[700]. Die Umsetzung führte dazu, dass auf dem Gebiet des internationalen Verbraucherschutzes eine Vielfalt von unterschiedlichen nationalen Kollisionsrechten entstand, was unter anderem zu schwierigen Abgrenzungsproblemen führte[701]. Daher zeigt sich bereits am Beispiel des Kollisionsrechts der Verbraucherverträge, dass Richtlinien ein völlig untaugliches Mittel zur Schaffung eines einheitlichen Kollisionsrechts sind[702]. Damit hat der Begriff der Förderung den Gesetzgeber bei der Wahl der konkreten Handlungsform nicht eingeschränkt[703]. Ihm stand das gesamte rechtliche Instrumentarium des Art. 249 EGV[704] zur Verfügung. Darunter fällt auch die Verordnung[705].

---

699 *Kreuzer*, in: Gemeinsames Privatrecht, S. 502 u. 521.

700 Zu den Charakteristika siehe *Leible*, in: Europäische Rechtsangleichung, S. 363 ff.

701 *Leible*, in: Europäische Rechtsangleichung, S. 379 ff.

702 *Siems*, GPR 2003, 66, 70; *Leible/Engel*, EuZW 2004, 7, 8; *Junker*, in: FS Sonnenberger, S. 423.

703 *Boele-Woelki*, in: Liber Amicorum Kurt Siehr, S. 64; *Leible/Staudinger, A.*, EuLF [D] 2001, 225, 233; *Remien*, CMLRev. 38 (2001), 53, 77; *Basedow*, in: Systemwechsel, S. 45; *Boele-Woelki/van Ooik*, YPIL 4 (2002), 1, 28; *Drappatz*, Überführung des IZVR, S. 123; von der Groeben/Schwarze-*Schmahl*, Art. 65 EGV Rn. 1; *Dohrn, H.*, Kompetenzen, S. 141; *Wagner, R.*, RabelsZ 68 (2004), 119, 132; *Hau*, in: Grünbuch Vertragsrecht, S. 17; *Dickinson*, JPIL 2005, 197, 218 („that restriction is (for the time being at least) of theoretical importance only“); *Hess*, EuZPR, § 2 Rn. 20.

704 Jetzt Art. 288 AEUV.

705 Laut EU-Wirtschaftsrecht-*Kreuzer/Wagner, Rolf*, R Rn. 22 die für die Kollisionsrechtsintegration „zweifellos zweckmäßigste“ Rechtsetzungsform.

II. Subsidiarität angesichts der Möglichkeit von völkerrechtlichen Übereinkommen der Mitgliedstaaten

Schranken setzten der Kompetenzausübung durch die Gemeinschaft nicht nur die Voraussetzungen der Ermächtigungsgrundlage, sondern auch das Subsidiaritätsprinzip[706]. Nach Art. 5 Abs. 2 EGV durfte die Gemeinschaft nur tätig werden, sofern und soweit die Ziele der Maßnahme auf Ebene der Mitgliedstaaten nicht ausreichend zu erreichen waren und daher besser auf Gemeinschaftsebene erreicht werden konnten. In Erwägungsgrund 38 der Rom II-VO wird schlicht behauptet, dass dies bei der Rom II-VO der Fall sei. In der Literatur dagegen wird teilweise vertreten, dass das Ziel eines überstaatlichen klassischen Kollisionsrechts mit universaler Reichweite vorzugsweise auf Ebene der Mitgliedstaat mittels völkerrechtlicher Übereinkommen zu erreichen sei[707]. Die Vorteile werden darin gesehen, dass völkerrechtliche Übereinkommen über die europäische Perspektive hinausgehend eine tatsächlich internationale Sichtweise einnehmen könnten. Zudem könnten völkerrechtliche Übereinkommen auch Großbritannien, Irland und Dänemark einbeziehen, die an der justiziellen Zusammenarbeit in Zivilsachen im Rahmen von Art. 61 EGV nicht teilnehmen. Letztendlich habe sich die internationale Zusammenarbeit der Mitgliedstaaten insbesondere im Rahmen der Haager Konferenz für Internationales Privatrecht bewährt.

Die Argumente überzeugen nicht[708]. Zumindest für Binnenmarktsachverhalte ließe sich das Kollisionsrecht nicht besser auf völkerrechtlicher Ebene vereinheitlichen. Speziell die Souveränitätsvorbehalte Großbritanniens, Irlands und Dänemarks können schon deswegen nicht gegen Maßnahmen nach Art. 61 EGV sprechen, weil die Kompetenz bewusst mit dem Sonderstatus geschaffen wurde. Läge in der Ausübung der stets dem Sonderstatus unterliegenden Kompetenz immer auch ein Verstoß gegen das Subsidiaritätsprinzip, wäre die Kompetenz sinnlos[709]. Allgemein spricht gegen völkerrechtliche Übereinkommen, dass sie gerade im Vergleich zu gemeinschaftlichem Sekundärrecht äußerst schwerfällig sind. Es droht die Gefahr einer „Versteinerung"[710]. Einigungen sind aufgrund

706 *Pfeiffer*, NJW 1999, 3674; *Kohler, C.*, ZEuS 2001, 575, 592; *Wagner, R.*, IPRax 2007, 290, 291; zusätzlich zu dem erforderlichen Binnenmarktbezug, Calliess/Ruffert (3.)-*Rossi*, Art. 65 EGV Rn. 8.

707 Bereits *Cavers*, SCLR 1975, 603, 605 f.; *Nadelmann*, AJCL 1976, 1, 2; *Besse*, ZEuP 1999, 805, 808; auch *Kreuzer*, in: Gemeinsames Privatrecht, S. 532 f. weist auf die Vorteile hin, sieht aber auch den gravierenden Nachteil der fehlenden Auslegungszuständigkeit des EuGH; *Boele-Woelki*, in: Liber Amicorum Kurt Siehr, S. 75 f.; *Jayme*, IPRax 2000, 165, 167 f.; *Linke*, in: FS Geimer, S. 552 f.; *Mansel*, in: Systemwechsel, S. 7 f.

708 *Kreuzer*, in: Gemeinsames Privatrecht, S. 518 f. hinsichtlich nationaler Parallelgesetzgebung und S. 532 f. hinsichtlich völkerrechtlicher Abkommen; *Basedow*, in: FS Lorenz, S. 473; *Siems*, GPR 2003, 66, 68; *Herweg*, Vereinheitlichung des internationalen Erbrechts, S. 221; *Wagner, R.*, RabelsZ 68 (2004), 119, 150 f.

709 *Wagner, R.*, RabelsZ 68 (2004), 119, 151.

710 *Siems*, GPR 2003, 66, 68.

bestehender kultureller Unterschiede nur schwer zu erzielen. Insoweit kann die Beschränkung auf die europäische Perspektive auch als Vorteil gesehen werden, da auf der europäischen Ebene bereits im Ausgangspunkt die Ansätze zu Prinzipien der Anknüpfung sehr viel dichter beieinander liegen. Sofern sich alle Vertragsstaaten überhaupt auf eine Änderung einigen können, muss jede Änderung zudem in in jedem Vertragsstaat durch einen langwierigen Ratifikationsprozess bestätigt werden[711]. Das Instrument der Verordnung ist demgegenüber wesentlich effizienter. Deswegen sind auch die Übereinkommen von Brüssel und Rom in entsprechende Verordnungen überführt worden. Zudem können Gemeinschaftsrechtsakte sehr viel wirksamer spezielle Ziele der Gemeinschaft verwirklichen, wohingegen gerade bei der Haager Konferenz andere Aspekte im Vordergrund stehen: Dort geht es vor allem um die Bewältigung von Kulturkonflikten, im Rahmen der Europäischen Union dagegen um die Verwirklichung des Binnenmarktes[712]. Münden völkerrechtliche Übereinkommen oft in einen Kompromiss zwischen den unterschiedlichen staatlichen Interessen, kann die Gemeinschaft mittels des Sekundärrechts zentral ihre Ziele durchsetzen[713].

Selbst wenn völkerrechtliche Übereinkommen zur internationalen Vereinheitlichung des Kollisionsrechts besser geeignet sein sollten, müssen die Übereinkommen nicht zwingend durch die Mitgliedstaaten verhandelt und abgeschlossen werden. An deren Stelle tritt die Gemeinschaft, wenn sie die entsprechende Außenkompetenz besitzt und diese sinnvoller von ihr als von den Mitgliedstaaten ausgeübt werden kann. Beide Voraussetzungen sind hier gegeben. Die Rechtsprechung des EuGH billigt der Gemeinschaft eine implizite Außenkompetenz zu, soweit völkerrechtliche Übereinkommen binnenkompetenzgerecht erlassenes Sekundärrecht beeinträchtigen können, weil sich die jeweiligen Regelungsgegenstände weitgehend decken[714]. Liegt dieser Fall vor, ist die Außenkompetenz zugleich grundsätzlich ausschließlich[715], so dass den Mitgliedstaaten kein völkerrechtlicher Handlungsspielraum verbleibt. Die Möglichkeit besteht speziell im Bereich des Kollisionsrechts. Denn wenn die Gemeinschaft aufgrund der Binnenkompetenz auch dazu befugt ist, Rechtskollisionen mit den Sachrechten von Drittstaaten umfassend zu regeln, ergeben sich daraus Konsequenzen für die entsprechende Außenkompetenz der Gemeinschaft[716]. Zwar hat der EuGH in seinem Lugano-Gutachten nicht

711 *Basedow*, CMLRev. 37 (2000), 687, 688; *Basedow*, in: Systemwechsel, S. 20; *Hess*, IPRax 2001, 389, 395.

712 *Jayme*, IPRax 2000, 165, 167 f.; *Siems*, GPR 2003, 66, 68; die unterschiedliche Interessenlage betont auch *Flessner*, in: FS Kropholler, S. 26.

713 *Michaels*, in: FS Kropholler, S. 160.

714 Siehe oben S. 126 und insbesondere die in den Fn. 600 f. zitierte Rechtsprechung und Literatur.

715 *Schroeter*, UN-Kaufrecht und EG-Recht, § 19 Rn. 23; *Bischoff*, EuZW 2006, 295, 297 f.; Grabitz/Hilf/Nettesheim-*Dörr*, Art. 47 EUV Rn. 44.

716 *Basedow*, in: FS Lorenz, S. 471 f.; *Struycken*, ZEuP 2004, 276, 281 ff.

überprüft, ob Art. 65 EGV auch zum Erlass von Maßnahmen ermächtigt, deren Regelungsgegenstand Drittstaaten umfasst[717]. Eines hat er aber klargestellt: Wenn die Gemeinschaft auf der Grundlage von Art. 65 EGV Sekundärrecht für die Regelung von Drittstaatensachverhalten erlassen hat, ist den Mitgliedstaaten die Kompetenz zum Abschluss entsprechender völkerrechtlicher Übereinkommen entzogen. Daran vermögen selbst Trennungsklauseln nichts zu ändern, mit denen der Anwendungsbereich des Übereinkommens zugunsten des Sekundärrechtsaktes zurückgenommen wird[718]. Darüber hinaus ermächtigt nach der hier vertretenen Auffassung Art. 65 EGV auch umfassend zur Regelung von Drittstaatensachverhalten[719], so dass entsprechende Kollisionsnormen insoweit der Kompetenz jedenfalls gerecht würden. Damit könnte die Gemeinschaft den Mitgliedstaaten eine verbleibende Außenkompetenz jederzeit entziehen. Unter diesen Voraussetzungen ist es wesentlich sicherer, wenn die Gemeinschaft von vornherein völkerrechtliche Übereinkommen kollisionsrechtlichen Inhalts abschließt[720]. Die Möglichkeit des jederzeitigen Außenkompetenzentzugs führt bereits vor Erlass eines Binnenrechtsaktes zu einer Lähmung der Mitgliedstaaten[721]. Letztendlich darf auch nicht übersehen werden, dass die Mitgliedstaaten nicht völlig frei über völkerrechtliche Übereinkommen verhandeln dürften, sondern immer an ihre Verpflichtungen aus der Unionsmitgliedschaft gebunden sind[722].

III. Verhältnismäßigkeit angesichts der Möglichkeit der Vereinheitlichung des Sachrechts

Nach Art. 5 Abs. 3 EGV durften die Maßnahmen der Gemeinschaft nicht über das für die Erreichung der Ziele dieses Vertrags erforderliche Maß hinausgehen. Damit ist der wichtigste Teil des umfassenderen Grundsatzes der Verhältnismäßigkeit normiert, der als allgemeiner Grundsatz des Gemeinschaftsrechts anerkannt ist und nach dem belastende Maßnahmen zur Erreichung der zulässigerweise mit der fraglichen Regelung verfolgten Ziele geeignet, erforderlich und angemessen sein müssen[723]. Erforderlich ist eine Maßnahme nur dann, wenn unter mehreren gleichermaßen zur Zielerreichung geeigneten Maßnahmen diejenige gewählt wird, die die Mitgliedstaaten insbesondere hinsichtlich der Regelungsdichte am

---

717 Stattdessen ist er ungeprüft von der Komptenzgemäßheit der EuGVO ausgegangen, siehe oben S. 126.

718 EuGH v. 7.2.2006, Gutachten 1/03 (Lugano-Übereinkommen), Slg. 2006, I-1145, Rn. 129 f. u. 155; kritisch dazu *Schroeter*, GPR 2006, 203, 204 f.; begrüßend dagegen *Lavranos*, CMLRev. 43 (2006), 1087, 1098 f.

719 Siehe oben S. 122 (Was: Binnenmarktförderung durch die Einbeziehung von Sachverhalten mit Drittstaatenbezug).

720 A. A. *Wagner, G.*, IPRax 2006, 372, 390.

721 *Basedow*, in: FS Lorenz, S. 473; *Struycken*, ZEuP 2004, 276, 287, 290 f.

722 *Flessner*, in: FS Kropholler, S. 35.

723 von der Groeben/Schwarze-*Zuleeg*, Art. 5 EGV Rn. 35.

geringsten belastet[724]. In inhaltlicher Hinsicht herrscht zwischen den Erfordernissen der Binnenmarktintegration einerseits und der gewünschten Beibehaltung der mitgliedstaatlichen nationalen Integrität andererseits das „Prinzip des schonendsten Ausgleichs“[725].

Der Binnenmarkt muss nicht zwingend mit Hilfe von kollisionsrechtlichen Maßnahmen wie der Rom II-VO gefördert werden. Gleichberechtigt und komplementär bietet sich die Binnenmarktintegration durch die Harmonisierung der mitgliedstaatlichen Sachrechte an[726]. Beiden Maßnahmen ist gemeinsam, dass sie diejenigen Hemmnisse für den grenzüberschreitenden Handel beseitigen, die bestehen, da die mitgliedstaatlichen Rechtsordnungen voneinander abweichen. Ein wesentlicher Unterschied besteht jedoch. Maßnahmen auf der Ebene des Sachrechts zielen unmittelbar auf die Aufhebung der sachrechtlichen Diskrepanzen. Die völlige Vereinheitlichung des Sachrechts würde Maßnahmen auf kollisionsrechtlicher Ebene überflüssig machen[727]. Es ist eine Binsenweisheit, dass für das internationale Privatrecht nur dort Raum ist, wo Unterschiede im Sachrecht bestehen[728]. Maßnahmen auf der Ebene des Kollisionsrechts setzt die Unterschiede in den mitgliedstaatlichen Sachrechtsordnungen dagegen voraus, deren Integrität sie akzeptieren.

Da Maßnahmen auf der Ebene des Kollisionsrechts den nationalen Sachrechtsordnungen ihre Eigenständigkeit belassen, scheint das Kollisionsrecht im Ausgangspunkt die Interessen der Binnenmarktintegration und der nationalen Sachrechtsintegrität am schonendsten auszugleichen. Daran könnte man allein deswegen zweifeln, weil die umfassende Herstellung der Voraussetzungen für einen funktionierenden Binnenmarkt insbesondere im Rahmen der Positivharmonisierung grundsätzlich nach einer umfassenden Sachrechtsangleichung verlangt[729]. Dadurch würde der Binnenmarkt wirksamer vereinheitlicht werden als durch kollisionsrechtliche Maßnahmen. In der Tat wird teilweise das Bedürfnis betont, im Binnenmarkt die nationalen Lauterkeitsrechte auf der Ebene des Sachrechts anzugleichen[730]. Damit würden zum einen Unterschiede im angewendeten

---

724 von der Groeben/Schwarze-*Zuleeg*, Art. 5 EGV Rn. 39; Calliess/Ruffert (4.)-*Calliess*, Art. 5 EUV Rn. 47.

725 Vergl. Calliess/Ruffert (4.)-*Calliess*, Art. 5 EUV Rn. 55.

726 *Sonnenberger*, RIW 2002, 489, 494; *Kohler, C.*, IPRax 2003, 401, 408.

727 *Bernhard*, IPR des unlauteren Wettbewerbs, S. 25; *von Hein*, ZVglRWiss 102 (2003), 528, 538; auch wenn sich völlige Sachrechtsgleicheit in der Union nie einstellen wird, da selbst umfassende Vereinheitlichungsmaßnahmen in den Mitgliedstaaten gemäß ihrer nationalen Systematik und Dogmatik unterschiedlich eingefärbt werden, *Kohler, C.*, IPRax 2003, 401, 408.

728 „[O]hne Rechtskollisionen kein Kollisionsrecht“, *Zweigert/Drobnig*, RabelsZ 29 (1965), 146, 147.

729 Siehe oben S. 73.

730 So insbesondere das Ergebnis der umfassenden Analyse von *Hucke*, Harmonisierung des Wettbewerbsrechts, S. 455; ebenso bereits *Ulmer*, GRUR Int. 1973, 135, 137 (als Teilgebiet des gewerblichen Rechtsschutzes sei das Lauterkeitsrecht wie das

Recht und damit das Kollisionsrecht überhaupt deutlich an Relevanz einbüßen[731]. Zum anderen würde sich der weitere Vorteil ergeben, dass für die Unternehmen in lauterkeitsrechtlicher Hinsicht bei europaweiten Absatzstrategien jeglicher Anpassungsbedarf entfiele und nicht nur die Unsicherheit in Bezug auf das anzuwendende Lauterkeitsrecht.

Die Vereinheitlichung des Kollisionsrechts bildet jedoch im Vergleich zur Sachrechtsvereinheitlichung zumindest mittelfristig die notwendige und vorzugswürdige Möglichkeit, um den Binnenmarkt zu fördern[732]. Zunächst ermöglicht Art. 65 lit. b) alt. 1 EGV ausdrücklich kollisionsrechtliche Maßnahmen. Der Artikel nennt das Kollisionsrecht als Gegenstand der justiziellen Zusammenarbeit in Zivilsachen und impliziert daher die Binnenmarktrelevanz auch des Kollisionsrechts[733]. Entscheidend ist hier jedoch, dass – bei nüchtern-realistischer Betrachtung – Maßnahmen im Bereich des Kollisionsrechts wesentlich leichter und schneller umsetzbar sind und deswegen zumindest faktisch den Binnenmarkt besser fördern als Maßnahmen auf Sachrechtsebene, die theoretisch zwar weiter gehen, praktisch jedoch nicht realisiert werden. Denn Rechtsverschiedenheiten lassen sich im materiellen Sachrecht weitaus schwerer ausräumen als im Kollisionsrecht[734]. Die europäischen Kompetenzen im Privatrecht ermächtigen in der Regel lediglich zur Rechtsangleichung mittels Richtlinien, nicht jedoch zur Rechtsvereinheitlichung mittels Verordnungen[735]. Gerade die langwierige Entwicklung in der Angleichung des Lauterkeitsrechts verdeutlicht die Schwierigkeiten. Trotz substantiellen Anstrengungen seit dem Inkrafttreten des EWG-Vertrages am 1. Januar 1958 zur vollständigen Harmonisierung des Lauterkeitsrechts versandeten die Bemühungen in der Regelung von Einzelsachverhalten[736]. Selbst die Richtlinie 2005/29/EG über

---

Patent- und das Markenrecht zu vereinheitlichen); *Robertson/Horton*, EIPR 1995, 568, 580 („...the need for harmonisation of unfair competition laws by Directive exists."); *Glöckner*, ZVglRWiss 99 (2000), 278, 303 („Eine darüber hinausgehende Lösung des Konflikts kann nur im Wege der Sachrechtsvereinheitlichung erfolgen."); *Schricker/Henning-Bodewig*, WRP 2001, 1367, 1371 („Die Diskrepanz [durch die Beurteilung nach unterschiedlichem materiellem Recht] soll durch Angleichung des materiellen Rechts, nicht durch kollisionsrechtliche Regelungen überwunden werden."); *Beater*, ZEuP 2003, 11, 37 ff.

731 Auch wenn dadurch das Kollisionsrecht nicht völlig überflüssig wird, *Kohler, C.*, IPRax 2003, 401, 409.

732 *Hohloch*, in: FS Stoll, S. 546; *Sonnenberger*, RIW 2002, 489, 498; *von Hein*, RabelsZ 73 (2009), 461, 471 f.

733 Siehe oben S. 41 und insbesondere die in Fn. 339 zitierte Literatur.

734 Vorschlag der Kommission, KOM(2003) 427 endg., S. 5; *Bernhard*, IPR des unlauteren Wettbewerbs, S. 25; *von Hein*, ZVglRWiss 102 (2003), 528, 538; *Siems*, GPR 2003, 66, 67; siehe auch *Kreuzer*, in: Gemeinsames Privatrecht, S. 470 ff. sowohl hinsichtlich des EG-heteronom als auch des EG-autonom integrierten Sachrechts.

735 *Kreuzer*, in: Gemeinsames Privatrecht, S. 470.

736 Siehe unten S. 248 (Harmonisierungsbestrebungen mit Auswirkungen auf das Lauterkeitsrecht).

unlautere Geschäftspraktiken normiert entgegen ihrem umfassenden Anspruch lediglich den B2C-Bereich (Business to Consumer: das Verhältnis zwischen Unternehmen und Verbrauchern) und damit die verbraucherrechtliche Seite des Lauterkeitsrechts[737]. Nicht nur Richtlinien, sondern sogar Verordnungen führen nicht ohne weiteres zu einer vollständigen Rechtsvereinheitlichung, da sie in den verschiedenen Mitgliedstaaten unter jeweils unterschiedlichen verfahrensrechtlichen und kulturellen Rahmenbedingungen angewendet werden[738]. Innerhalb der Union werden deswegen noch lange Zeit formal und materiell unterschiedliche Privatrechtsordnungen existieren[739].

Zudem bietet die Kollisionsrechtsvereinheitlichung eigenständige Vorteile, aus denen sie der Vereinheitlichung des Sachrechts vorzuziehen ist. Zunächst ist die Diskussion kollisionsrechtlicher Fragen nie auf den nationalen Rahmen beschränkt worden[740]. Es liegt in der Natur der Sache, die Kollision unterschiedlicher Rechtsordnungen aus einer übernationalen Perspektive zu betrachten. Aus mitgliedstaatlicher Sicht bewahrenswerte Besonderheiten der jeweiligen nationalen Rechtsordnungen verlieren an Gewicht. An deren Stelle tritt eine übergeordnete Perspektive des Zusammenspiels der Rechtsordnungen im Binnenmarkt. Insoweit lassen sich auf kollisionsrechtlicher Ebene sachgemäße Ergebnisse umsetzen, was auf Ebene des Sachrechts wegen der dort sehr viel stärker betroffenen nationalen Eigenheiten sehr viel schwieriger ist. Abgesehen davon droht bei einem vereinheitlichten Sachrecht die Gefahr der Versteinerung[741]. Sie wird durch die Vereinheitlichung des Kollisionsrechts verhindert. Zwischen den verschiedenen mitgliedstaatlichen Sachrechten dagegen bleibt der wünschenswerte Wettbewerb erhalten.

Letztendlich liegt der Zweck der justiziellen Zusammenarbeit in Zivilsachen darin, den Binnenmarkt auf eine bestimmte Art und Weise zu fördern. Denn die ziviljustizielle Zusammenarbeit dient ausweislich von Art. 61 EGV dem übergeordnetem Ziel des schrittweisen Aufbaus „eines Raums der Freiheit, der Sicherheit und des Rechts“[742]. Innerhalb dieses einheitlichen Rechtsraumes soll die justizielle Zusammenarbeit das problemlose Zusammenwirken der einzelnen mitgliedstaatlichen Sachrechtsordnungen organisieren und damit deren Eigenständigkeit und deren Unterschiede innerhalb der Gemeinschaft gerade ermöglichen[743].

---

737 Siehe unten S. 258 (Regelungsgehalt: Schutz der Verbraucher vor unlauteren Geschäftspraktiken).

738 *Furrer*, SZIER 2008, 7, 14.

739 *Kreuzer*, in: Gemeinsames Privatrecht, S. 497; *Ohly*, GRUR Int. 2001, 899, 906 f.; *Remien*, CMLRev. 38 (2001), 53, 63; *Furrer*, SZIER 2008, 7, 14.

740 *König*, EuR 1975, 291.

741 *Von Hein*, RabelsZ 73 (2009), 461, 471.

742 Streinz-*Leible*, Art. 65 EGV Rn. 23; *Herweg*, Vereinheitlichung des internationalen Erbrechts, S. 212; *Basedow*, RabelsZ 73 (2009), 455, 457; kritisch *Dickinson*, Rome II, Rn. 2.14.

743 *Besse*, ZEuP 1999, 107, 116 f.; ähnlich *Remien*, CMLRev. 38 (2001), 53, 64.

Gleichermaßen gebietet es auch das Subsidiaritätsprinzip, die Eigenständigkeit der nationalen Sachrechte zu erhalten[744]. Die Binnenmarktvoraussetzungen sollen nicht durch die Angleichung der Sachrechte geschaffen werden. Völlig ausreichend ist es, das Nebeneinander der mitgliedstaatlichen Sachrechtsordnungen handels- und wettbewerbsneutral zu organisieren. Dafür schafft der europäische Entscheidungseinklang die Basis, der wiederum auf der Vereinheitlichung des Kollisionsrechts beruht.

IV. Zusammenfassung und Ergebnis

Das europäische Lauterkeitskollisionsrecht in der Ausgestaltung von Art. 6 Rom II-VO ist kompetenzgemäß. Insbesondere weist es den geforderten Binnenmarktbezug auf, da es in ausreichendem Maße den Binnenmarkt fördert. Eine Förderung des Binnenmarktes ist gegeben, wenn seine Voraussetzungen gestärkt werden. Dazu können entweder die Grundfreiheiten verwirklicht werden, um damit den Zugang zu mitgliedstaatlichen Teilmärkten zu erleichtern, oder Wettbewerbsverzerrungen beseitigt werden, um die Binnenmarkteinheit zu stärken. Zum Nachweis der Förderwirkung ist anhand der tatsächlichen Verhältnisse schlüssig darzulegen, was die kollisionsrechtliche Maßnahme dazu beiträgt, die Voraussetzungen für einen funktionierenden Binnenmarkt zu verbessern. Zweckmäßigerweise sind dazu die Wirkungen der Maßnahme zu identifizieren und es ist aufzuzeigen, welche der Voraussetzungen des Binnenmarktes durch die Beseitigung ihnen entgegenstehender Hemmnisse gefördert werden. Im Rahmen vom Art. 65 EGV ist im Gegensatz zu Art. 95 EGV bereits die Beseitigung mittelbarer oder leichter Hemmnisse ausreichend. Dabei ist dem Gesetzgeber ein weites Ermessen eingeräumt.

Vor der Vereinheitlichung des Kollisionsrechts lag das Hemmnis für die Entwicklung des Binnenmarktes darin, dass im Binnenmarkt unterschiedliche Kollisionsregeln vor den Zivilgerichten in den jeweiligen Mitgliedstaaten galten. Das führte bei grenzüberschreitenden Sachverhalten dazu, dass der Sachverhalt je nach Forum und Kollisionsrecht in Anwendung eines jeweils anderen Sachrechts unterschiedlich entschieden wurde. Das geltende internationale Zuständigkeitsrecht eröffnet für denselben Sachverhalt grundsätzlich mehrere Fori. Insbesondere bietet die EuGVO vor allem bei deliktsrechtlichen Streitigkeiten angemessen mehrere Gerichtsstände, etwa am Sitz des Beklagten, am Handlungsort oder auch am Erfolgsort. Damit waren zwei Konsequenzen verbunden, die eine Verbesserung der Binnenmarktvoraussetzungen faktisch hemmten: Zum einen wurde den Beteiligten der Zugang zu mitgliedstaatlichen Teilmärkten dadurch erschwert, dass die Durchsetzung von Ansprüche, die auf einer grenzüberschreitenden Tätigkeit beruhten, sowohl im Erkenntnis- als auch im grenzüberschreitenden Vollstreckungsverfahren relativ unsicher war. Zum anderen entstanden Wettbewerbsverzerrungen im Binnenmarkt, da bereits unabhängig von einem konkret zu

744 *Brödermann/Iversen*, Gemeinschaftsrecht und IPR, S. 1 f.

entscheidenden Sachverhalt die unterschiedlichen Gerichtsstände wegen der dort herrschenden unterschiedlichen Kollisionsrechte unterschiedlich bevorzugt wurden. Es ist ein Standortnachteil, wenn der Heimatgerichtsstand durch ein relativ ungünstiges Kollisionsrecht entwertet wird. Die Vereinheitlichung des Kollisionsrechts führt dagegen zur Sicherheit in der Rechtsanwendung und zur Angleichung bei Bewertung der Gerichtsstände, was sowohl zu grenzüberschreitendem Handel ermutigt als auch Wettbewerbsverzerrungen beseitigt.

Die inhaltliche Gestaltung des europäischen internationalen Lauterkeitsrechts mit der Wahl des Marktortes als Anknüpfungsmerkmal verbessert zwar nicht die Binnenmarktvoraussetzungen, steht ihrer Stärkung aber auch nicht entgegen. Zum einen entspricht die Marktortanknüpfung vorrangig geltenden Vorgaben der Grundfreiheiten. Zum anderen muss sie sich auch im Übrigen den Binnenmarktvoraussetzungen nicht unterordnen. Sie werden zunächst zwar dadurch beeinträchtigt, dass die Beteiligten ihr Verhalten im Binnenmarkt an ausländische Rechtsordnungen anderer Mitgliedstaaten anpassen müssen. Die Beeinträchtigung wird aber von den internationalprivatrechtlichen Vorteilen, die mit der Anknüpfung verwirklicht werden, mehr als ausgeglichen: Allein die Anknüpfung an den Markt stellt sicher, sowohl formal allen auf einem nationalen Markt konkurrierenden Wettbewerbern die gleichen Wettbewerbsbedingungen zu garantieren als auch inhaltlich dem nationalen Marktstaat die Hoheit über die Umsetzung seiner Wirtschaftspolitik zu belassen.

Die Einbeziehung von Sachverhalten mit einem Bezug zu Drittstaaten verbreitert die binnenmarktfördernde Wirkung der Vereinheitlichung des Lauterkeitskollisionsrechts. Dem stehen weder ein begrenzter Geltungsbereich des europäischen Sekundärrechts noch binnenmarktspezifische Besonderheiten der Anknüpfung entgegen. Zuzugestehen ist zwar, dass die Förderwirkung in Einzelfällen auf lediglich eine bestimmte Binnenmarktvoraussetzung begrenzt ist und auch nur schwach ausgeprägt sein kann. Als weiterer Vorteil der Einbeziehung ist jedoch eine erhöhte Rechtsanwendungssicherheit zu berücksichtigen, zu der es immer kommt, weil die schwierig zu treffende Abgrenzung des Kollisionsrechts für Binnenmarkt- und Drittstaatensachverhalte vermieden wird.

Damit stärkt die Vereinheitlichung des Lauterkeitskollisionsrechts durch die Anknüpfung an den Marktort unter Einbeziehung von Sachverhalten mit Drittstaatenbezug insgesamt die spezifischen Voraussetzungen für einen funktionierenden Binnenmarkt, selbst wenn die Förderwirkung bei einzelnen Aspekten der Kollisionsnorm eher geringfügig ist. Ob Art. 6 Rom II-VO den Anforderungen der Binnenmarktförderung genügt, hängt somit entscheidend von der Präzisierung des Binnenmarktbezugs ab. Nachdem jedoch ein Zusammenhang zwischen der Maßnahme und der Hemmnisbeseitigung unter den tatsächlichen Verhältnissen schlüssig darstellbar ist, folgt daraus letztendlich, dass der europäische Gesetzgeber hinsichtlich des erforderlichen Binnenmarktbezugs bei der Vereinheitlichung des Lauterkeitskollisionsrechts zumindest seinen Ermessensspielraum nicht überschritten hat.

Auch im Übrigen entspricht das Lauterkeitskollisionsrecht der Rom II-VO der Kompetenzgrundlage. Die Ermächtigung umfasst sachlich den Bereich des Lauterkeitsrechts und ermöglicht den Erlass von Verordnungen. Auch sprechen gegen die Kompetenzgemäßheit weder das Subsidiaritätsprinzip noch der Grundsatz der Verhältnismäßigkeit. Völkerrechtliche Übereinkommen der Mitgliedstaaten stellen ebenso wenig eine gleichwertige Alternative dar wie die vollständige Vereinheitlichung des Sachrechts.

Teil 2: Sachrechtsvielfalt und Anknüpfungsgegenstand

Das Kollisionsrecht der Rom II-VO folgt dem traditionellen System fester Grundanknüpfungen für spezielle Deliktstypen[745]. Damit einher geht die Notwendigkeit, die einzelnen Anknüpfungsgegenstände im Rahmen der Qualifikation voneinander abzugrenzen. Der Anknüpfungsgegenstand (auch System- oder Verweisungsbegriff genannt[746]) des europäischen Lauterkeitskollisionsrechts wird in Art. 6 Rom II-VO mit den Worten „außervertragliches Schuldverhältnis aus unlauterem Wettbewerbsverhalten" beschrieben. Unklar ist jedoch, was darunter zu verstehen ist. Bereits in den Stellungnahmen zum Vorentwurf des Kommissionsvorschlags aus dem Jahre 2002 wurde kritisch hervorgehoben, dass der Begriff des unlauteren Wettbewerbs im Sinne der Verordnung im Unionsrecht nicht definiert sei[747]. Die Kritik ebbte im weiteren Gesetzgebungsverfahren nicht ab[748]. Das Europäische Parlament begründete mit der Unschärfe des Begriffs seine Forderung, die Sonderregel für das internationale Lauterkeitsrecht zu streichen oder aber zumindest den Begriff des unlauteren Wettbewerbsverhaltens in der Verordnung selbst zu definieren[749]. Die Definition fehlt bis heute. Manche sehen darin eine Bedrohung der unionsrechtlichen Kollisionsnorm für das internationale Lauterkeitsrecht, die „von der Qualifikationsflanke" ausgehe[750].

Die Sonderanknüpfung in Art. 6 Rom II-VO für unlauteres Wettbewerbsverhalten macht eine Definition der Materie unumgänglich[751]. Insoweit wiederholt

---

745 Siehe oben S. 37 (Grundkonzept der Anknüpfungsregeln).

746 Zur Terminologie siehe *von Hoffmann/Thorn u. a.*, IPR, § 4 Rn. 4; *Kropholler*, IPR, § 13 II 1.

747 *ABN AMRO*, Consultation, S. 1; *Dickinson*, EBLR 13 (2002), 369, 376.

748 *Carruthers/Crawford*, EdinLR 9 (2005), 238, 256; allgemein auch *Sonnenberger*, in: FS Kropholler, S. 240 („umso erforderlicher, je komplexer und komplizierter die Materie ist").

749 Bericht des Parlaments, PE 349.977v03-00, A6-0211/2005, S. 9, 23 und 42.

750 *Mankowski*, GRUR Int. 2005, 634, 635; schwächer *Dickinson*, Rome II, Rn. 6.01 („Its poorly defined features seem likely to trouble Member State courts for many years to come."); *Fawcett/Carruthers*, Private International Law, S. 809 („particularly problematic"); Harte/Henning-*Glöckner*, Einl. C Rn. 89 („anspruchsvolle Aufgabe"); auch *Beater*, Unl. Wettb. (2011), § 9 Rn. 722 sieht „erhebliche Auslegungsfragen", weswegen sich der Anwender des Lauterkeitskollisionsrechts auf „unsicheren Boden" begebe; ebenso liegt für *Sonnenberger*, IPRax 2011, 325, 329 in der Qualifikation die Gefahr für die einheitliche Anwendung und zugleich eine Grenze der europäischen Verweisungsnormen.

751 *Henning-Bodewig*, in: Lauterkeitsrecht und Acquis, S. 9; *Henning-Bodewig*, GRUR Int. 2010, 549, 550; *Wadlow*, JIPLP 2009, 789 weist zu Recht darauf hin, dass die Gerichte in Großbritannien nunmehr zum ersten Mal dazu gezwungen sind, sich

sich nun auf der Ebene des europäischen Kollisionsrechts, was vor über 100 Jahren mit Blick auf auf das deutsche Sachrecht festgestellt wurde: „Am 27. Mai 1896 erschien das Gesetz über den unlauteren Wettbewerb, welches nicht ohne Verdienst ist“, bemerkte *Josef Kohler* in Bezug auf das neue deutsche UWG; damit „war der Gedanke des unlauteren Wettbewerbs in die Rechtsprechung hineingeworfen, und die Jurisprudenz war genötigt, sich mit dem Begriff zu befassen.“[752] Im Folgenden wird zunächst geklärt, was abstrakt als Gegenstand der Qualifikation unter den kollisionsrechtlichen Begriff des unlauteren Wettbewerbverhaltens subsumiert wird (A). Ausgehend von seiner sachrechtlichen Bedeutung (B) wird der Begriffsinhalt schließlich für die Ebene des Kollisionsrechts erschlossen (C).

A. Qualifikation

Eine sinnvolle Auslegung des Anknüpfungsgegenstandes „außervertragliches Schuldverhältnis aus unlauterem Wettbewerbsverhalten“ setzt Klarheit darüber voraus, welchem Subsumtionsgegenstand sie gerecht werden muss und an welchem rechtlichen Maßstab sie sich orientiert. Beide Aspekte werden vorliegend im Rahmen der sogenannten Qualifikation behandelt. Die Qualifikation umfasst als Oberbegriff auch Aspekte der Auslegung der Kollisionsnorm[753]. Im Folgenden werden darum nicht nur der Subsumtionsgegenstand als Gegenstand der Qualifikation (I), sondern auch der für die Auslegung relevante rechtliche Maßstab als Statut der Qualifikation (II) erläutert.

---

mit der Frage zu befassen; Rauscher-*Unberath/Cziupka*, Art. 6 Rom II–VO Rn. 22 („die Reichweite des Anwendungsbereichs des Art 6 Abs 1 und 2 wird maßgeblich von dieser Begriffsschärfung abhängen“).

752 *Kohler, J.*, Der unlautere Wettbewerb, S. 63; vergl. auch zum sachrechtlichen Lauterkeitsbegriff des Unionsrechts MüKo UWG-*Micklitz*, EG E Rn. 107 („Spätestens mit der Verabschiedung der Richtlinie [2005/29/EG] am 11.5.2005 hat der Begriff der Lauterkeit Einklang in das Gemeinschaftsrecht gefunden. Damit haben der Rat und das Europäische Parlament den Weg für eine autonome Interpretation des Begriffs freigemacht. Aufgabe der Jurisprudenz ist es, Leitlinien für die Ausfüllung des Begriffs der Lauterkeit auf europäischer Ebene zu liefern.“); wortgleich *Micklitz*, in: FS Bernd Stauder, S. 300.

753 Auch wenn unter dem Begriff der Qualifikation im strengsten Sinn lediglich die Subsumtion unter den (bereits ausgelegten) Anknüpfungsgegenstand verstanden wird: *Kropholler*, IPR, § 15 I; *von Bar/Mankowski*, IPR Band I, § 7 Rn. 138 (Auslegung und Bestimmung der sachlichen Reichweite); *Kegel/Schurig*, IPR, § 7 IV; MüKo BGB X-*Sonnenberger*, Einl. Rn. 484; *Makarov*, in: FS Dölle, S. 150; *Scott*, in: Rome II Regulation, S. 57 („Questions of characterisation... are questions of legislative interpretation.“); *Baratta*, YPIL 6 (2004), 155, 158 („a problem of interpretation“).

I. Gegenstand der Qualifikation

Vor einer sinnvollen Auslegung des Anknüpfungsgegenstandes muss feststehen, was genau als Untersatz den Gegenstand der Subsumtion unter den Anknüpfungsgegenstand als Obersatz bildet. Damit ist die Frage nach dem Gegenstand der Qualifikation[754] gestellt. Die Stellungnahmen dazu sind vielfältig[755]. Allgemein werden als Gegenstände der Qualifikation Sachverhalte (Lebensverhältnisse)[756], Rechtsfragen[757], (verfahrensorientierte) Rechtsbegehren[758] oder auch Rechtsnormen[759] genannt. Auch in Bezug auf den Anknüpfungsgegenstand des europäischen Lauterkeitskollisionsrechts ist unreflektiert teils von Handlungen[760], teils von Klagen[761], Ansprüchen[762] oder Rechtsnormen[763] die Rede.

Der Streit um *den einen* Qualifikationsgegenstand verliert jedoch an Bedeutung, wenn die Qualifikation als ein Gesamtprozess verstanden wird, in dessen Verlauf der Anknüpfungsgegenstand an verschiedenen Stellen eine jeweils unterschiedliche Funktion ausübt[764]. Dieser Prozess wird dadurch in Gang gesetzt, dass ein Sachverhalt vorgetragen und daraus als Anspruch (oder als Gegenrecht im Falle einer Einwendung bzw. Einrede) eine bestimmte Rechtsfolge abgeleitet wird. Die

---

754 *Keller/Siehr*, Allgemeine Lehren, § 33 meinen dasselbe mit dem Begriff „Anknüpfungsgegenstand".

755 Überblicke bei *Bernasconi*, Qualifikationsprozess, S. 68–85; *Collins/Dicey u. a.*, Conflict of Laws, Rn. 2–006 f; *Makarov*, in: FS Dölle, S. 154–159.

756 *Rabel*, RabelsZ 5 (1931), 241, 243 ff.

757 *Dörner*, StAZ 1988, 345, 349; *Kropholler*, IPR, § 15 II 3.

758 *Hartwieg*, RabelsZ 57 (1993), 607 ff.

759 *Basedow*, in: Internationale Zwangsvollstreckung, S. 132.

760 Vorschlag der Kommission, KOM(2003) 427 endg., S. 17; *Carruthers/Crawford*, EdinLR 9 (2005), 238, 256 („Conduct"); *Mankowski*, GRUR Int. 2005, 845, 846; *Buchner*, GRUR Int. 2005, 1004, 1008; *Hohloch*, YPIL 9 (2007), 1, 15 („facts of the case"); *Leible/Lehmann*, RIW 2007, 721, 729 („Wettbewerbshandlungen, -maßnahmen"); *Sujecki*, EWS 2009, 310, 316; jurisPK-BGB-*Wurmnest*, Art. 6 Rom II Rn. 5 („Verhaltensweisen"); Staudinger IntWirtschR (2010)-*Fezer/Koos*, Rn. 390 („geschäftliche Handlungen").

761 Vorschlag der Kommission, KOM(2003) 427 endg., S. 17 (zusammen mit „Handlungen"); *Ofner*, ZfRV 2008, 13, 18; *Wadlow*, JIPLP 2009, 789 („Torts").

762 *Dickinson*, Rome II, Rn. 6.19 („Claims"); *Wagner, G.*, IPRax 2008, 1, 7 f; *von Hein*, VersR 2007, 440, 448; Harte/Henning-*Glöckner*, Einl. C Rn. 86 (das deutsche internationale Lauterkeitsrecht erfordere eine funktionale Analyse der in Frage stehenden „Ansprüche").

763 Staudinger IntWirtschR (2010)-*Fezer/Koos*, Rn. 390 (zusammen mit „Handlungen"); *Mankowski*, GRUR Int. 2005, 634, 635 f. (zusammen mit „Handlungen"); *Dethloff*, Europäisierung des Wettbewerbsrechts, S. 293; *Stone*, EU PIL, S. 364 („rules", zusammen mit „acts"); *Handig*, GRUR Int. 2008, 24, 26 („Tatbestände").

764 *Bernasconi*, Qualifikationsprozess, S. 70 f.; MüKo BGB X-*Sonnenberger*, Einl. Rn. 480 ff; *Keller/Siehr*, Allgemeine Lehren, § 34 I 2.

Rechtsanwendung besteht dann darin, eine Rechtsnorm zu suchen, deren Tatbestand dem vorgetragenen Sachverhalt entspricht und die gewünschte Rechtsfolge eintreten lässt. Diese Rechtsnorm muss dem Sachrecht angehören. Nur Sachnormen lösen eine sachlich regelnde Rechtsfolge aus und können nach der Subsumtion unter den Tatbestand bereits die Antwort auf die rechtliche Fragestellung liefern. Weist der vorgetragene Sachverhalt eine Verbindung zum Recht eines ausländischen Staates auf, ist der Suche nach der Sachnorm eine Ebene vorgelagert. Dann vollzieht sich die Suche in zwei Schritten: Zuerst muss im Kollisionsrecht die passende Kollisionsnorm gefunden werden. Die Kollisionsnorm allein löst keine sachlich regelnde Rechtsfolge aus. Sie verweist lediglich auf die Rechtsordnung, die über die gewünschte Rechtsfolge entscheidet. Erst wenn diese Rechtsordnung feststeht, kann in einem zweiten Schritt innerhalb dieser Rechtsordnung die eigentlich gesuchte Sachrechtsnorm ermittelt werden. Der Anknüpfungsgegenstand spielt bei beiden Schritten eine Rolle[765].

1. Erster Schritt: Primäre Qualifikation (als Merkmal des Tatbestandes)

Im ersten Schritt des Rechtsanwenders bei der Suche nach der passenden Kollisionsnorm bestimmt der Anknüpfungsgegenstand als Tatbestandsmerkmal deren Anwendungsbereich und grenzt ihn gegenüber dem Anwendungsbereich anderer Kollisionsnormen ab[766]. In diesem Stadium des Qualifikationsprozesses (der sogenannten primären Qualifikation[767]) wird mit Hilfe des Anknüpfungsgegenstandes die maßgebliche Kollisionsnorm gefunden.

Als Gegenstand der Qualifikation scheiden Rechtsnormen zumindest in diesem ersten Schritt aus. (Sach-)Rechtsnormen können nicht Gegenstand der primären Qualifikation sein, da sie in diesem Stadium noch nicht zur Hand sind[768]. Die Rechtsordnung, aus der eine Sachrechtsnorm gewählt werden könnte, steht noch nicht fest. Die Sachrechtsordnung wird erst durch die maßgebliche Kollisionsnorm designiert. Die maßgebliche Kollisionsnorm jedoch muss im Rahmen der primären Qualifikation zunächst ermittelt werden. Es ist deswegen zumindest missverständlich, wenn in der Literatur als Anknüpfungsgegenstand des europäischen Lauterkeitskollisionsrechts immer wieder ohne weitere Erläuterung Rechtsnormen genannt werden[769].

---

765 *Von Bar/Mankowski*, IPR Band I, § 7 Rn. 138; *Bernasconi*, Qualifikationsprozess, S. 20 f.; MüKo BGB X-*Sonnenberger*, Einl. Rn. 483 ff.

766 *Von Bar/Mankowski*, IPR Band I, § 7 Rn. 138; *Bernasconi*, Qualifikationsprozess, S. 20; *Kropholler*, IPR, § 15 I 1.

767 *Von Bar/Mankowski*, IPR Band I, § 7 Rn. 138; MüKo BGB X-*Sonnenberger*, Einl. Rn. 484; *Heinze*, in: FS Kropholler, S. 107 f.

768 *Bernasconi*, Qualifikationsprozess, S. 72; *Kropholler*, IPR, § 15 II 4.

769 So aber *Dethloff*, Europäisierung des Wettbewerbsrechts, S. 293; *Stone*, EU PIL, S. 364; *Mankowski*, GRUR Int. 2005, 634, 635 f.

Auch Rechtsverhältnisse scheiden an dieser Stelle als Qualifikationsgegenstand aus. Zwar unterwarf auch *Savigny* gerade das Rechtsverhältnis jener Rechtsordnung, der es seiner eigentümlichen Natur nach angehört[770]. Auch der Gesetzgeber der Rom II-VO scheint davon auszugehen, dass Gegenstand der kollisionsrechtlichen Anknüpfung ein Rechtsverhältnis sei[771]. Dem Wortlaut nicht nur von Art. 6 Abs. 1, sondern jeder anderen Kollisionsnorm sowie des Titels der Rom II-VO nach wird das anwendbare Sachrecht für Schuldverhältnisse ermittelt[772]. Konsequenterweise wird bereits der sachliche Anwendungsbereich der Verordnung gemäß dem Wortlaut von Art. 1 Abs. 1 S. 1 Rom II-VO auf Schuldverhältnisse beschränkt. Weder wird damit – wie in der EuGVO – neutral vom „Gegenstand des Verfahrens" gesprochen noch wird darin – wie in Art. 10 der Rom I-VO – ein hypothetisches Statut im Falle der Unwirksamkeit des Schuldverhältnisses normiert.

Im Sinne der römischrechtlichen Definition[773] ist ein Schuldverhältnis wie jedes Rechtsverhältnis eine rechtliche Sonderverbindung[774]. Diese Sonderverbindung hat damit jedoch einen rechtlichen Maßstab zur Voraussetzung; sie kann mithin erst unter der maßgeblichen Sachrechtsordnung entstehen[775]. Erst das Lauterkeitsstatut bestimmt, unter welchen Voraussetzungen ein Lauterkeitsverstoß vorliegt und welche Rechtsfolgen sich an einen solchen Lauterkeitsverstoß knüpfen[776]. Die maßgebliche Sachrechtsordnung ist jedoch in diesem Stadium des Qualifikationsprozesses noch nicht bekannt. Möglicherweise leitet die später ermittelte Sachrechtsordnung aus dem Vorbringen des vermeintlichen Gläubigers keine Rechtsfolge ab. Ein Anspruch und damit auch ein Schuldverhältnis würden in diesem Fall nicht bestehen. Trotzdem müsste auch in diesem Fall durch primäre Qualifikation die passende Kollisionsnorm gefunden und die maßgebliche Rechtsordnung ermittelt werden, die letztendlich über das Bestehen eines Schuldverhältnisses entscheidet. Der Gegenstand der primären Qualifikation muss daher unabhängig von Normen des Sachrecht bestehen. Damit können nicht nur

---

770 *Savigny*, System, S. 28.

771 Vorschlag der Kommission, KOM(2003) 427 endg., S. 5 („welches Recht auf ein Schuldverhältnis anzuwenden ist").

772 Bemerkenswert ist insoweit auch Erwägungsgrund 10 der Rom I-VO: „Schuldverhältnisse, die aus Verhandlungen vor Abschluss eines Vertrags entstehen, fallen unter Artikel 12 der Verordnung (EG) Nr. 864/2007."

773 MüKo BGB II-*Kramer*, Einl. Rn. 13 („obligatio est iuris vinculum, quo necessitate adstringimur alicuius solvendae rei secundum nostrae civitatis iura").

774 Jauerning BGB-*Mansel*, § 241 Rn. 1; siehe auch *Symeonides*, in: FS Jayme, S. 939 („... the term obligation in its original sense [describes] the legal bond between the obligor and the obligee that encompasses both the obligor's duties and the obligee's rights").

775 So auch *Makarov*, in: FS Dölle, S. 155 m.w.N.

776 *Dethloff*, Europäisierung des Wettbewerbsrechts, S. 122.

Sachrechtsnormen, sondern auch die von ihnen abhängigen Schuldverhältnisse nicht Gegenstand der primären Qualifikation sein[777].

Wo das Sachrecht noch fehlt, steht zunächst lediglich der unbewertete Lebenssachverhalt. Dennoch kann das rein faktische Geschehen alleine nicht ausreichen, um unmittelbar den Gegenstand der Qualifikation zu bilden[778]. Wenn ein Verbraucher durch irreführende Angaben über das Unternehmen eines Wettbewerbers zu einem Vertragsabschluss bewegt wird, ist mit der Feststellung dieser Fakten für die kollisionsrechtliche Einordnung unter einen Anknüpfungsgegenstand nicht viel gewonnen. Die reinen Fakten lassen sich nicht eindeutig einem bestimmten Rechtsgebiet zuordnen. Sie werfen aber in rechtlicher Hinsicht unterschiedliche Fragestellungen auf; insoweit können die Fakten aus unterschiedlichen rechtlichen Perspektiven und unter unterschiedlichen rechtlichen Gesichtspunkten betrachtet werden. Interessiert im obigen Beispiel, ob der Vertrag wirksam ist, sind die Kollisionsnormen der Rom I-VO maßgeblich. Wird nach der Qualität der irreführenden Angaben und der Möglichkeit der Verletzung von Persönlichkeitsrechten gefragt, kann wegen Art. 1 Abs. 2 lit. g) Rom II-VO der deutsche Art. 40 EGBGB in Betracht kommen. Die Frage nach einem Eingriff in den eingerichteten und ausgeübten Gewerbebetrieb richtet sich nach Art. 4 Rom II-VO, diejenige nach der Verletzung von Unternehmenskennzeichen nach Art. 8 Rom II-VO.

Gegenstand der primären Qualifikation sind demnach grundsätzlich Rechtsfragen[779]. Was genau eine Rechtsfrage ist und aus welchen Bestandteilen sie sich zusammensetzt, wurde in der Literatur bislang selten erörtert[780]. Jedenfalls aber kann es sich dabei um Fragen nach bestimmten Rechtsfolgen aus bestimmten Sachverhalten handeln[781]. Die konkrete rechtliche Fragestellung betont einen bestimmten rechtlichen Aspekt des zu bewertenden Sachverhalts. Der betonte Aspekt bestimmt im Einzelfall, welcher Anknüpfungsgegenstand einschlägig ist[782]. Bezogen auf den Anknüpfungsgegenstand des europäischen Lauterkeitskollisionsrechts der Rom II-VO heißt dies, dass unter den Begriff „Schuldverhältnis aus unlauterem Wettbewerbsverhalten" im ersten Schritt des Qualifikationsprozesses bei der Suche nach der maßgeblichen Kollisionsnorm Fragen nach lauterkeitsrechtlichen Rechtsfolgen eines zu bewertenden lauterkeitsrechtlichen Sachverhalts fallen. Was „lauterkeitsrechtlich" in diesem Zusammenhang bedeutet, soll in der folgenden Untersuchung verdeutlicht werden.

---

777 *Kropholler*, IPR, § 15 I 1.

778 *Kropholler*, IPR, § 15 I 2; *Scott*, in: Rome II Regulation, S. 58 („must include an obligation's nature"); a.A. *Bernasconi*, Qualifikationsprozess, 76 ff.

779 *Dörner*, StAZ 1988, 345, 349; *Keller/Siehr*, Allgemeine Lehren, § 34 II; *Kropholler*, IPR, § 15 II 3.

780 Nachweise bei *Makarov*, in: FS Dölle, S. 157 f.

781 *Makarov*, in: FS Dölle, S. 157 f.; ähnlich *Baratta*, YPIL 6 (2004), 155 („facts of a given claim or defendence"); *Dickinson*, Rome II, Rn. 3.67 („obligation in question").

782 *Symeonides*, in: FS Jayme, S. 939.

2. *Zweiter Schritt: Sekundäre Qualifikation (als Merkmal der Rechtsfolge)*

Nachdem die maßgebliche Kollisionsnorm ermittelt wurde, indem die konkrete Rechtsfrage unter den Anknüpfungsgegenstand subsumiert worden ist, verlagert sich der Qualifikationsprozess auf die Rechtsfolgenseite der Kollisionsnorm. Als Rechtsfolge weist die Kollisionsnorm die Beantwortung der Rechtsfrage einer bestimmten Rechtsordnung zu. Im Fall der Rom II-VO wird dabei allerdings nicht auf die gesamte Rechtsordnung verwiesen. Da gemäß Art. 24 Rom II-VO eine Rück- oder Weiterverweisung ausgeschlossen ist, verweisen die Kollisionsnormen der Rom II-VO lediglich auf die Sachrechtsnormen. Die konkrete Verweisung ist allerdings noch weiter eingeschränkt. Denn es ist weiter zu fragen, welche Normen aus dem Sachrecht der designierten Rechtsordnung zur Beantwortung der konkreten Rechtsfrage anzuwenden sind. Die lauterkeitsrechtliche Frage soll auch lauterkeitsrechtlich beantwortet werden. Damit hat sich der Qualifikationsgegenstand geändert. Im Rahmen der sekundären Qualifikation wird unter den Anknüpfungsgegenstand nicht mehr die Rechtsfrage subsumiert, sondern die ihrer Beantwortung dienenden Sachnormen[783].

Entscheidendes Kriterium ist dabei die Funktionsäquivalenz. Funktion und Zweck der Sachnorm müssen dem Sinngehalt des Anknüpfungsgegenstandes entsprechen[784]. Formale Aspekte bleiben grundsätzlich außer Betracht. Auf die rechtstechnische Ausgestaltung und den systematischen Standort einer Rechtsnorm kommt es nicht an, solange die Norm noch als international austauschbare allgemeine Privatrechtsnorm zu qualifizieren ist. Innerhalb dieses Rahmens ist es damit unerheblich, ob ein Staat Wettbewerbsverhalten spezialgesetzlich in einem Gesetz gegen den unlauteren Wettbewerb reguliert, darauf die allgemeinen Deliktsvorschriften anwendet oder aber es im Handelsgesetzbuch reglementiert[785]. Entscheidend ist alleine, ob die Normen funktionsadäquat „unlauteres Wettbewerbsverhalten" im Sinne von Art. 6 Abs. 1 Rom II-VO steuern.

Dabei ist jedoch zu beachten, dass bei der Bestimmung des Funktionsgehalts einer Sachnorm die Norm als Ganzes zu werten ist[786]. Es kommt nicht lediglich auf ihre Tatbestandsvoraussetzungen an, sondern auch auf ihre Rechtsfolge[787]. Wenn ein Staat – wie zum Beispiel Frankreich – den lauterkeitsrechtlichen Verbraucherschutz zum größten Teil strafrechtlich sanktioniert[788], dann könnte die

---

783 *Kropholler*, IPR, § 15 II („Sachrechtsqualifikation"); *Scott*, in: Rome II Regulation, S. 58 beschreibt den Subsumtionsgegenstand als „the data for characterisation".

784 *Dethloff*, Europäisierung des Wettbewerbsrechts, S. 293 f.; *Kropholler*, IPR, § 17 II.

785 Umgekehrt führt die Irrelevanz formaler Kriterien aber auch zu Schwierigkeiten bei der Identifikation lauterkeitsrechtlicher Rechtsquellen, siehe unten S. 211 (Identifikationsproblematik der Rechtsvergleichung).

786 *Kegel/Schurig*, IPR, § 7 III S. 349 f.

787 *Bernasconi*, Qualifikationsprozess, S. 312 f.

788 Siehe unten S. 313 (Code de la Consommation).

französische Vorschrift wegen des pönalen Charakters ihrer Rechtsfolge möglicherweise nicht mehr als dem fungiblen Privatrecht zugehörig angesehen werden und würde damit nicht unter den Anknüpfungsgegenstand des europäischen Lauterkeitskollisionsrecht fallen.

II. Statut der Qualifikation

Der Sinngehalt des Anknüpfungsgegenstandes und die Bestimmung dessen, was unter lauterkeitsrechtlichen Rechtsfragen oder Rechtsnormen im Sinne von Art. 6 Rom II-VO zu verstehen ist, ist nach bestimmten Kriterien zu ermitteln. Es ist jedoch fraglich, welcher Rechtsordnung diese Kriterien zu entnehmen sind. Ausgangspunkt der Überlegung ist, dass die Rom II-VO einheitlich anzuwenden ist, weswegen der Anknüpfungsgegenstand einheitlich bestimmt werden muss. Möglicherweise ist jedoch von der einheitlichen Bestimmung des Anknüpfungsgegenstandes lediglich die Form des Qualifikationsvorgangs und damit die Anwendung des Anknüpfungsgegenstandes in formeller Hinsicht betroffen. Der Maßstab zur Bildung des konkreten Begriffsinhalts dagegen würde dann – insoweit allerdings einheitlich – der lex causae oder der lex fori überlassen (1). Denkbar ist jedoch auch, dass sich die Einheitlichkeit darüber hinaus auch auf das Auslegungsergebnis erstreckt, was die unionsautonome Bestimmung auch des Begriffsinhalts erfordern würde (2).

1. Einheitliche Anwendung des Anknüpfungsgegenstandes

Allgemein spricht eine Reihe von Gründen dafür, die europäische Vereinheitlichung beim Qualifikationsvorgang im Rahmen der Rom II-VO formell auf die Anwendung des Anknüpfungsgegenstandes zu beschränken (a). Der Begriffsinhalt könnte dann nach der lex causae (b)oder der lex fori (c) bestimmt werden.

a) Beschränkung auf die einheitliche Anwendung

Die Vereinheitlichung des Lauterkeitskollisionsrechts bedeutet nicht zwingend, den Begriffsinhalt des Anknüpfungsgegenstandes in jedem Einzelfall gleich zu bestimmen. Zunächst folgt daraus lediglich, dass der Anknüpfungsgegenstand in jedem Einzelfall formell einheitlich anzuwenden ist. Einheitlichkeit in der Anwendung bedeutet jedenfalls, dass für die Auslegung europäische Vorstellungen maßgebend sind und nicht diejenigen einer nationalen Rechtsordnung. Das Verständnis der europäischen Kollisionsnorm könnte sich lediglich darauf richten, im Rahmen der Qualifikation die konkrete Bestimmung des Begriffsinhalts einer nationalen Rechtsordnung zu überlassen[789]. Art. 6 Abs. 1 Rom II-VO könnte eine sogenannte

---

789 *Bernasconi*, Qualifikationsprozess, S. 128 f.; die Mehrheit der Literaturstimmen beschäftigt sich allerdings nicht mit dieser Idee und schließt von der unionalen Rechtsquelle ansatzlos auf die unionsautonome Bestimmung auch des

Qualifikationsverweisung[790] beinhalten. Im Rahmen der Qualifikationsverweisung ist auch eine Auslegung anhand der lex fori oder der lex causae eine formell einheitliche Auslegung. Dem Rechtsanwender steht es dabei nicht frei, die Auslegungskriterien selber zu bestimmen. Ihm würde dazu europarechtlich einheitlich eine bestimmte Rechtsordnung vorgegeben. Eine Qualifikation nach nationalem Recht kann nicht schlichtweg als vereinheitlichungsfeindlich abgetan werden, da der Qualifikationsmaßstab nach einheitlichen Vorgaben bestimmt werden würde.

Diese lediglich formell einheitliche Anwendung unterscheidet sich damit sachlogisch von einem auch inhaltlich einheitlichen Begriffsverständnis. Auch die Rom II-VO scheint zwischen der formell einheitlichen Anwendung und dem darüber hinausgehenden inhaltlich einheitlichen Begriffsverständnis zu differenzieren[791]. Der Wortlaut der Erwägungsgründe 6, 13 und 16 spricht lapidar von der „einheitlichen Bestimmung" des anwendbaren Sachrechts. Im Unterschied dazu beziehen sich lediglich die Erwägungsgründe 11 und 30 ausdrücklich auf die einheitliche Auslegung konkreter Begriffe; lediglich dort wird die Einheitlichkeit explizit auch auf den Begriffsinhalt ausgedehnt.

Ein über die formell einheitliche Anwendung hinausgehender auch inhaltlich einheitlicher Begriffsinhalt würde gerade für das „unlautere Wettbewerbsverhalten" in der praktischen Durchführung große Schwierigkeiten aufwerfen. Soweit eine einheitliche Begriffsbildung überhaupt möglich erscheint[792], ist jedenfalls zu berücksichtigen, dass der Inhalt des Lauterkeitsrechts in den einzelnen Mitgliedstaaten der EU grundlegend unterschiedlich interpretiert wird[793]. Die Materie des Lauterkeitsrechts ist komplex und kompliziert. Alles zusammen nährt begründet die Unsicherheit, ob überhaupt eine praktikable Definition des Anknüpfungsgegenstandes „unlauteres Wettbewerbsverhalten" gefunden werden kann. Das würde prinzipiell eine Qualifikationsnorm erfordern, die abschließend definiert, auf welche Angelegenheiten sich die Kollisionsnorm bezieht[794]. Gerade die jedoch fehlt in der Rom II-VO[795]. Die Folge könnte eine Einzelfallrechtsprechung sein, die es immer wieder erforderlich machen würde, den EuGH im Rahmen des Vorabentscheidungsverfahrens anzurufen. Der Rechtssicherheit wäre dies wenig

---

Begriffsinhalts, z. B. *Dickinson*, Rome II, Rn. 3.09; *Baratta*, YPIL 6 (2004), 155, 161 ff.; *Leible/Engel*, EuZW 2004, 7, 8; *Garcimartín Alférez*, EuLF [E] 2007, 77, 80.

790 *Von Hoffmann/Thorn u. a.*, IPR, § 6 Rn. 17a; *Kropholler*, IPR, § 16 II („Begriffsverweisung").

791 A.A. *Heinze*, in: FS Kropholler, S. 108.

792 *Glöckner*, Europäisches Lauterkeitsrecht, S. 12 („kann nicht definiert werden").

793 Siehe unten S. 194 (Hauptdivergenzen: Lauterkeitsrecht als sozialinteressenschützendes „Recht des Marktes"?).

794 Bericht des Parlaments, PE 349.977v03-00, A6-0211/2005, S. 9, 23 und 42; *Sonnenberger*, in: FS Kropholler, S. 239 f.

795 *Handig*, GRUR Int. 2008, 24, 26.

zuträglich[796]. Verfahren würden sich aufgrund der Vorlage nicht unerheblich verlängern[797]. Auch der EuGH beschränkt sich teilweise auf die einheitliche Anwendung europäischen Sekundärrechts, wenn ein Rechtsbegriff – wie hier – in den nationalen Rechtsordnungen der Mitgliedstaaten höchst unterschiedlich verstanden wird. Dementsprechend greift er bei der Auslegung des Erfüllungsortes in Art. 5 Nr. 1 EuGVO auf nationale Kriterien zurück[798].

Mit der Rom II-VO akzeptiert der europäische Gesetzgeber im Rahmen der Binnenmarktförderung die Integrität und die Bedeutung der nationalen Sachrechte mit ihren Unterschieden und Besonderheiten. Anstatt das Sachrecht zu vereinheitlichen, beschränkte sich der europäische Gesetzgeber auf die Vereinheitlichung des Kollisionsrechts[799]. Damit wird die Beantwortung einer Rechtsfrage ausdrücklich einer nationalen Rechtsordnung überlassen. Möglicherweise sollen die nationalen Sachrechtsordnungen nicht nur die Rechtsfrage beantworten, sondern weitergehend auch den Anknüpfungsgegenstand auslegen[800]. So postuliert zum Beispiel Erwägungsgrund 27 Rom II-VO eine Qualifikationsverweisung auf die lex causae für den Begriff der Arbeitskampfmaßnahme in Art. 9 Rom II-VO[801]. Erwägungsgrund 10, Art. 14 Abs. 3, Art. 16 und Art. 26 Rom II-VO verweisen auf die lex fori. Auch für den Begriff des unlauteren Wettbewerbsverhaltens kommen damit die lex causae oder die lex fori als nationaler Auslegungsmaßstab in Betracht. Die mit dem jeweiligen nationalen Auslegungsmaßstab verbundenen Vor- und Nachteile sind insbesondere auf teleologischer Grundlage der Rom II-VO gegeneinander abzuwägen.

b) Begriffsinhalt nach der lex causae

Im Rahmen einer Qualifikation nach der lex causae würde der Anknüpfungsgegenstand jeweils nach der nationalen Rechtsordnung ausgelegt, auf die im Einzelfall verwiesen wird. Im Rahmen von Art. 6 Abs. 1 Rom II-VO wäre dies die

---

796 Diese auch hier zutreffenden Argumente wurden bereits in Bezug auf das europäische Zuständigkeitsregime geltend gemacht: *Holl*, IPRax 1998, 120, 121 f.; EuGH v. 6.10.1976, Rs. 12/76 (Tessili v. Dunlop), Slg. 1976, 1473 Rn. 14.

797 *Leible*, in: Gemeinschaftsrecht und IPR, S. 40, auch wenn der frühere Art. 68 EGV, der im Bereich der justiziellen Zusammenarbeit in Zivilsachen nur Vorlagen von letztinstanzlich entscheidenden Gerichten zuließ, nunmehr im AEUV keine Entsprechung findet.

798 EuGH v. 6.10.1976, Rs. 12/76 (Tessili v. Dunlop), Slg. 1976, 1473 Rn. 14; EuGH v. 18.1.1984, Rs. 327/82 (Ekro B.V. v. Produktschap voor Vee en Vlees), Slg. 1984, 107 Rn. 14; *Handig*, GRUR Int. 2008, 24, 25 f.

799 Siehe oben S. 150 (Verhältnismäßigkeit angesichts der Möglichkeit der Vereinheitlichung des Sachrechts).

800 Mit diesem Argument gegen eine autonome Auslegung in Bezug auf das europäische Zuständigkeitsregime *Schlosser*, IPRax 1984, 65, 68.

801 MüKo BGB X-*Junker*, Art. 9 Rom II–VO Rn. 14 f.

Rechtsordnung des Staates, in dessen Gebiet die Wettbewerbsbeziehungen oder die kollektiven Interessen der Verbraucher beeinträchtigt worden sind oder wahrscheinlich beeinträchtigt werden. In einer Qualifikation nach der lex causae liegt kein Zirkelschluss[802]. Das wäre nur dann der Fall, wenn das Qualifikationsstatut erst mithilfe der Qualifikation ermittelt werden müsste[803]. Die nach Art. 6 Abs. 1 Rom II-VO bestimmte Rechtsordnung steht jedoch vorher bereits fest. Denn das Anknüpfungsmerkmal jedenfalls wird ohne den Vorgriff auf die lex causae ermittelt. Wo die Wettbewerbsbeziehungen oder die kollektiven Interessen der Verbraucher beeinträchtigt worden sind, kann vorher untersucht werden. Zu bestimmen ist lediglich, ob die dort herrschende Sachrechtsordnung auch auf außervertragliche Schuldverhältnisse aus unlauterem Wettbewerbsverhalten anzuwenden ist. Die Antwort darauf könnte ihr selbst überlassen werden, indem ihrem eigenen Verständnis vom unlauteren Wettbewerbsverhalten gefolgt wird. Nach diese Methode kann der Rechtsanwender im Einzelfall alle Rechtsordnungen befragen, auf die gemäß allen Anknüpfungsmerkmalen aller in Betracht kommender Kollisionsnormen verwiesen wird.

In der Rom II-VO wird eine Qualifikation nach der lex causae ausdrücklich postuliert. Erwägungsgrund 27 verweist zur Bestimmung des Begriffs der „Arbeitskampfmaßnahme" in Art. 9 Rom II-VO auf die lex causae[804]. Im Rahmen der Rom II-VO ähneln sich Arbeitskampfmaßnahmen und unlauteres Wettbewerbsverhalten in zwei wesentlichen Punkten frappierend. Das betrifft zunächst das Anknüpfungsmerkmal. Laut Art. 9 Rom II-VO unterliegen Arbeitskampfmaßnahmen dem Recht des Staates, in dem die Maßnahme erfolgt ist oder erfolgen soll. Ähnlich wie bei Art. 6 Rom II-VO wird an den „Marktort" angeknüpft, auch wenn es sich dabei nicht um den Produkt- oder Absatzmarkt, sondern um den Arbeitsmarkt handelt[805].

Weitaus gewichtiger erscheint, dass die Parallele zudem den Anknüpfungsgegenstand betrifft. Diesbezüglich treffen die Erwägungen, die gemäß Erwägungsgrund 27 der Rom II-VO die Qualifikation eine Arbeitskampfmaßnahme nach der lex causae begründen, in gleicher Weise auch für das Lauterkeitsrecht zu. Auch hinsichtlich des Lauterkeitsrechts ist „[d]ie exakte Definition des Begriffs... von Mitgliedstaat zu Mitgliedstaat verschieden und unterliegt den innerstaatlichen Vorschriften der einzelnen Mitgliedstaaten."[806] Auf sachrechtlicher Ebene hat sich das Lauterkeitsrecht zwar als eigenständiges Rechtsgebiet in den Mitgliedstaaten der EU etabliert. Dessen Inhalt wird jedoch von Mitgliedstaat zu Mitgliedstaat

802 *Bernasconi*, Qualifikationsprozess, S. 151 ff. mit zahlreichen Nachweisen zur Gegenmeinung auf S. 150 f. Fn. 69-71.

803 Dieser Ansicht sind z. B. *Collins/Dicey u. a.*, Conflict of Laws, Rn. 2–010.

804 *Leible/Lehmann*, RIW 2007, 721, 731; *Dickinson*, Rome II, Rn. 9.19; MüKo BGB X-*Junker*, Art. 9 Rom II–VO Rn. 15; a. A. *Knöfel*, EuZA 2008, 228, 241 (lex fori).

805 *Leible/Lehmann*, RIW 2007, 721, 731; a.A. *Knöfel*, EuZA 2008, 228, 235.

806 Erwägungsgrund 27.

grundlegend verschieden interpretiert[807]. Das Merkmal der Unlauterkeit wird durch verschiedenste Fallgruppen bestimmt, die kaum verbindende Merkmale aufweisen. Teilweise wird daher resignierend festgestellt, dass eine (sachrechtliche) Definition schlicht unmöglich sei[808]. Unlauter sei das, was auf Grundlage des nationalen Lauterkeitsrechts für unlauter gehalten werde[809].

Rechtspolitisch wird die Qualifikationsverweisung der Arbeitskampfmaßnahmen wegen der sachrechtlichen Inhomogenität des Arbeitskampfbegriffes in Europa für nachvollziehbar[810] oder sogar zwingend geboten[811] gehalten. Dadurch werde es vorhersehbarer, welches Sachrecht auf den Einzelfall angewendet werde[812]. Mit gleicher Begründung erscheint eine entsprechende Qualifikationsverweisung für das unlautere Wettbewerbsverhalten zumindest nicht von vornherein ausgeschlossen.

Für die Qualifikation nach der lex causae im Lauterkeitskollisionsrecht sprechen nicht nur die Parallelen mit der Kollisionsnorm für Arbeitskampfmaßnahmen, sondern auch grundsätzliche Erwägungen. Der grundsätzliche Vorteil einer Qualifikation nach der lex causae liegt in der Befragung der potentiell anwendbaren Rechtsordnung nach ihrem eigenen Anwendungswillen. Ist die Anwendung der lex causae nicht nur dann gerechtfertigt, wenn sie selber die Rechtsfrage als lauterkeitsrechtliche qualifiziert? Das Sachrecht würde wie in seinem Ursprungsland selbst angewendet[813]. Die Qualifikation nach der lex causae würde verhindern, dass der Zusammenhang mit den rechtlichen Wertungen des anzuwendenden materiellen Rechts zerstört würde. Da bereits das Ob der Anwendung der potentiellen lex causae überlassen bliebe, könnte jede Sachrechtsordnung ihren Anwendungsbereich selbst bestimmt[814].

Der eigene Anwendungswille einer Sachrechtsordnung hat im Rahmen der Rom II-VO allerdings wenig Gewicht. Das folgt bereits aus Art. 24 Rom II-VO, der die Rück- und Weiterverweisung ausschließt[815]. Die lex causae soll die Anknüpfung der Rom II-VO akzeptieren und die dahinter stehenden Wertungen nicht durch abweichende Entscheidungen in Frage stellen. Der Grundsatz der Sachnormverweisung ist gerade auch deswegen zu begrüßen, weil die Rom II-VO auch

---

807 Siehe unten S. 194 (Hauptdivergenzen: Lauterkeitsrecht als sozialinteressenschützendes „Recht des Marktes"?).

808 *Glöckner*, Europäisches Lauterkeitsrecht, S. 12; *Ohly*, WRP 2008, 177, 178 („fällt es schwer").

809 *Glöckner*, Europäisches Lauterkeitsrecht, S. 12.

810 *Von Hein*, VersR 2007, 440, 450.

811 *Knöfel*, EuZA 2008, 228, 241.

812 *Dickinson*, Rome II, Rn. 9.19.

813 *Bernasconi*, Qualifikationsprozess, S. 147.

814 *Kropholler*, IPR, § 16 II 1.

815 Auch wenn teilweise Überlegungen angestellt werden, den Renvoi zumindest bei einer Verweisung auf das Recht eines Drittstaates doch zuzulassen, Diskussion mit Nachweisen bei *Mankowski*, IPRax 2010, 389, 398.

auf das Recht von Drittstaaten verweist[816]. Die Sachnormverweisung erleichtert die Rechtsanwendung, indem sie vorhersehbare Anknüpfungen gewährleistet und dem Rechtsanwender die zeit- und kostenintensive Ermittlung und häufig fehlerträchtige Anwendung der Kollisionsnormen eines fremden Staates erspart und damit die Rechtssicherheit erhöht.

Zudem würde der Selbstbestimmung des eigenen Anwendungsbereiches ein System einseitiger Kollisionsnormen entsprechen[817]. Gerade in Bezug auf die Rom II-VO jedoch würde ein solches System die Grundlagen des europäischen Kollisionsrechts verlassen, von diesem nicht mehr gefasst werden und letztendlich Probleme aufwerfen, die mit dessen Hilfe (noch) nicht gelöst werden können. Denn unabhängig von der Frage, ob ein System einseitiger Kollisionsnormen generell abzulehnen ist[818], steht jedenfalls fest, dass das europäische Kollisionsrecht insgesamt[819] und insbesondere die Rom II-VO nicht auf einem System einseitiger, sondern allseitiger Kollisionsnormen beruht[820]. Nach Art. 3 Rom II-VO umfasst diese Allseitigkeit sogar die Sachrechte von Drittstaaten[821].

Die Selbstbestimmung des eigenen Anwendungsbereiches durch die potentiell anwendbaren Sachrechtsordnungen würden zudem verstärkt zu positiven und negativen Kompetenzkonflikte zwischen ihnen führen[822]. Ziel des europäischen Kollisionsrechts ist es jedoch, zur Schaffung eines Raumes der Freiheit, der Sicherheit und des Rechts ein grundsätzlich vollständiges und in sich geschlossenes System des internationalen Privatrechts zu schaffen[823], in dem die einzelnen Rechtsakte aufeinander abgestimmt sind[824]. Die Rom II-VO geht innerhalb ihres Anwendungsbereiches von einem Prinzip der Vollständigkeit aus. Für jede in ihren Anwendungsbereich fallende Rechtsfrage soll immer auf eine und nur eine Sachrechtsordnung verwiesen werden. Zudem müssten die möglicherweise damit einhergehenden Probleme des Normenmangels oder der Normenhäufung gelöst werden. Dazu wird im Allgemeinen das Mittel der Anpassung herangezogen[825]. Das europäische Kollisionsrecht sieht dieses Möglichkeit jedoch nicht vor[826]. Wenn

---

816 *Leible*, in: Gemeinschaftsrecht und IPR, S. 50 ff.

817 *Kropholler*, IPR, § 16 II 1.

818 *Kropholler*, IPR, § 13 III 2.

819 *Leible*, in: Gemeinschaftsrecht und IPR, S. 50.

820 Piper/Ohly/Sosnitza-*Ohly*, Einf. UWG Rn. 13a.

821 *Junker*, NJW 2007, 3675, 3677; *Leible/Lehmann*, RIW 2007, 721, 724; *Ofner*, ZfRV 2008, 13, 15; *Sujecki*, EWS 2009, 310, 312; *Wagner, G.*, IPRax 2008, 1, 4.

822 *Kropholler*, IPR, § 16 II 1.

823 (Wiener) Aktionsplan des Rates und der Kommission, ABl. C 19/1 v. 23.1.1999; *Leible*, in: Gemeinschaftsrecht und IPR, S. 32; *Leible/Lehmann*, RIW 2007, 721, 735 („Denn gemeinsam mit dem EVÜ bildet die Rom II-VO schon heute ein relativ geschlossenes System der Kollisionsregeln für Schuldverhältnisse.“).

824 Erwägungsgrund 7.

825 *Von Hoffmann/Thorn u. a.*, IPR, § 6 B; *von Bar/Mankowski*, IPR Band I, § 7 Rn. 249 ff.

826 Vergl. *Lüttringhaus*, Grenzüberschreitender Diskriminierungsschutz, S. 311 („allenfalls in sehr begrenztem Umfang“).

überhaupt, lassen sich lediglich in Ansätzen allgemeine Lehren eines europäischen Kollisionsrechts skizzieren[827]. Die Lösung von Anpassungsproblemen gehört jedenfalls nicht dazu. Letztendlich würde über die Anwendbarkeit des Sachrechts die jeweilige nationale Rechtsordnung und nicht die Rom II-VO entscheiden. Dieses Ergebnis würde jedoch dem vorrangigen Ziel der Rom II-VO widersprechen, Rechtssicherheit durch Vereinheitlichung des Kollisionsrechts zu schaffen.

Folglich sollte der Begriff des „unlauteren Wettbewerbsverhaltens" nicht nach der lex causae ermittelt werden. Für Arbeitskampfmaßnahmen muss das die Ausnahme bleiben[828]. Die Ausnahme erklärt sich mit der politisch besonders heiklen Natur von Arbeitskampfmaßnahmen[829]. Der Arbeitskampf berührt Belange von überragender gesellschaftspolitischer Bedeutung für das innerstaatliche Arbeits- und Wirtschaftsleben[830]. Arbeitnehmern ist – jeweils einzelstaatlich geregelt – ein Recht auf Arbeitskampfmaßnahmen garantiert[831], welches durch das Kollisionsrecht nicht untergraben werden darf[832]. Diese Aspekte treffen auf das Lauterkeitsrecht nicht oder zumindest nicht im selben Maße zu[833]. Im Gegensatz zu Arbeitskampfmaßnahmen existiert für den Bereich des Lauterkeitsrechts eine mit Erwägungsgrund 27 Rom II-VO vergleichbare ausdrückliche Qualifikationsverweisung auf die lex causae gerade nicht.

c) *Begriffsinhalt nach der lex fori*

Unter dem Begriff der lex fori wird hier nicht das Unionsrecht, sondern das jeweilige nationale Recht des Forums verstanden. Auch bei einer Qualifikation nach der lex fori könnte sich demnach der konkrete Inhalt dessen, was unter einem Schuldverhältnis aus unlauterem Wettbewerbsverhalten zu verstehen ist, im Einzelfall unterscheiden. Er wäre abhängig davon, bei welchem international zuständigen Gericht ein Kläger einen Rechtsstreit anhängig macht.

Die Rom II-VO verweist zu Zwecken der Qualifikation teilweise auf die lex fori. Nach der lex fori richtet sich gemäß ihrem Erwägungsgrund 10, was unter den

---

827 *Heinze*, in: FS Kropholler, S. 105 ff.; *Leible*, in: Gemeinschaftsrecht und IPR, S. 31 ff.; *Sonnenberger*, in: FS Kropholler, S. 227 ff.; *Sonnenberger*, IPRax 2011, 325 (weswegen in der Kommentierung des IPR im MüKo die allgemeine Einleitung vor dem Komplex des europäischen IPR steht); skeptisch auch *Dutta*, EuZW 2010, 530, 534.

828 *Leible/Lehmann*, RIW 2007, 721, 731; *Dickinson*, Rome II, Rn. 3.11.

829 *Von Hein*, VersR 2007, 440, 450.

830 *Knöfel*, EuZA 2008, 228, 241.

831 Ratsdokument 8498/06, S. 7 Erwägungsgrund 14a („Grundrecht der Arbeitnehmer und Gewerkschaften").

832 Bericht des Rechtsausschusses, PE 349.977v03-00, S. 25.

833 Siehe zum besonderen öffentlichen Interesse an der Ordnung von Märkten durch das Lauterkeitsrecht umfassend unten S. 345 (Systematische Einordnung des lauterkeitsrechtlichen Schutzes marktfunktionaler Verbraucherinteressen und ethischer Werte bei der primären Qualifikation).

in Art. 1 Abs. 2 lit. a) Rom II-VO genannten „Verhältnissen, die mit der Ehe oder anderen Familienverhältnissen vergleichbare Wirkungen entfalten", zu verstehen ist[834]. Art. 14 Abs. 3 verweist auf zwingendes Gemeinschaftsrecht in der von der lex fori umgesetzten Form[835]. Auch im Rahmen der Anwendung von Art. 16 Rom II-VO bestimmt grundsätzlich die lex fori, inwieweit sie ihre nationalen Normen als Eingriffsnormen gestaltet[836]. Zudem stehen die Kollisionsregeln der Rom II-VO unter dem Vorbehalt, dass sie nicht gegen den *ordre public* des angerufenen Gerichts verstoßen, Art. 26 Rom II-VO. Auch insoweit bestimmt grundsätzlich nicht das Unionsrecht, sondern das nationale Recht der lex fori, was zu ihrem *ordre public* gehört[837].

Mit der Möglichkeit, sich auf die Eingriffsnormen (Art. 16 Rom II-VO) und den *ordre public* (Art. 26 Rom II-VO) des Forumstaates zu berufen, scheint die Rom II-VO der lex fori eine starke und steuernde Rolle zuzuweisen. Die Berücksichtigung von Eingriffsnormen und *ordre public* stellt jedoch weder eine Besonderheit der Rom II-VO dar noch kann daraus verallgemeinernd auf eine besonders hervorgehobene Stellung der lex fori geschlossen werden. Ganz im Gegensatz zu den international austauschbaren allgemeinen Privatrechtsnormen dienen die Sonderanknüpfung spezieller Eingriffsnormen und der Vorbehalt des *ordre public* dazu, besondere öffentliche Interessen des rechtsprechenden Staates zu berücksichtigen[838]. Dass diese besonderen inländischen Interessen von inländischen Gerichten auch bei internationalen Sachverhalten zu berücksichtigen sind, wird nirgends bezweifelt[839]. Die Bedeutung der lex fori wird weiter dadurch relativiert, dass es den Mitgliedstaaten im Rahmen der Rom II-VO nicht völlig freisteht, zu bestimmen, was zu ihren besonderen öffentlichen Interessen gehört. Ihr Spielraum wird durch das Unionsrecht begrenzt und vereinheitlicht[840]. Auch ist der Verweis auf

834 MüKo BGB X-*Junker*, Art. 1 Rom II–VO Rn. 29; *Jayme/Kohler, C.*, IPRax 2007, 493, 494; *Leible/Lehmann*, RIW 2007, 721, 723; siehe aber *Leible/Lehmann*, RIW 2008, 528, 530, wo in Bezug auf den gleichlautenden Wortlaut von Art. 1 Abs. 2 lit. b) und c) Rom I-VO („nach dem auf diese Verhältnisse anzuwendenden Recht" = lex causae) vorgeschlagen wird, die Verweisung des korrespondierenden Erwägungsgrunds auf die lex fori auf deren IPR zu beschränken und die „Familienverhältnisse" nach dem so ermittelten Sachrecht der lex causae zu bestimmen.

835 *Leible/Lehmann*, RIW 2007, 721, 727.

836 *Siems*, RIW 2004, 662, 665; Rauscher-*Jakob/Picht*, Art. 16 Rom II–VO Rn. 5.

837 EuGH v. 23.11.1999, verb. Rs. C-369/96 und C-376/96 (Arblade), Slg. 1999, I-8430 Rn. 30; EuGH v. 11.5.2000, Rs. C-38/98 (Renault), Slg. 2000, I-02973, Rn. 28; *Leible/Lehmann*, RIW 2007, 721, 734; Rauscher-*Jakob/Picht*, Art. 26 Rom II–VO Rn. 16.

838 Erwägungsgrund 32; siehe auch MüKo BGB X-*Junker*, Art. 26 Rom II–VO Rn. 12.

839 *Von Hoffmann/Thorn u. a.*, IPR, § 2 Rn. 55.

840 EuGH v. 23.11.1999, verb. Rs. C-369/96 und C-376/96 (Arblade), Slg. 1999, I-8430 Rn. 31; EuGH v. 11.5.2000, Rs. C-38/98 (Renault), Slg. 2000, I-02973, Rn. 28; Vorschlag der Kommission, KOM(2003) 427 endg., S. 27; MüKo BGB X-*Junker*, Art. 16 Rom II–VO Rn. 12 und Art. 26 Rom II–VO Rn. 17.

den nationalen anstatt auf einen europäischen *ordre public* eher Not als Tugend. Ein europäischer *ordre public* befindet sich bislang noch in einem unausgereiften Entwicklungsstadium. Alleine deswegen konnte er nicht unmittelbar als Maßstab dienen[841]. Auch kann der Verweis in Erwägungsgrund 10 der Rom II-VO nicht verallgemeinert werden, wonach die Eheähnlichkeit von Familienverhältnissen nach der lex fori zu bemessen ist. Die Eheähnlichkeit von Familienverhältnissen betrifft eine Ausnahme vom Anwendungsbereich der Rom II-VO. Diese Ausnahmen müssen eng ausgelegt werden[842].

Zudem wird im Allgemeinen die Maßgeblichkeit der lex fori damit begründet, dass jede Norm nach dem Rechtssystem auszulegen sei, dem sie angehört[843]. Das gelte auch für Kollisionsnormen[844]. Der Grundsatz verweist hier jedoch gerade nicht auf ein nationales, sondern vielmehr auf das europäische Unionsrecht, dem die Rom II-VO angehört[845]. Als Verordnung muss sie nicht in das nationale Recht der Mitgliedstaaten umgesetzt werden. Sie ist vielmehr als europäisches Sekundärrecht unmittelbar anwendbar. Die Rom II-VO ist unionsrechtlichen Ursprungs und bleibt mangels der Notwendigkeit eines nationalen Umsetzungsaktes auch Bestandteil des europäischen Unionsrechts.

2. Unionsautonome Bestimmung des Begriffsinhalts

Die unionsautonome Bestimmung des Begriffsinhalt geht über dessen einheitliche Anwendung hinaus. Der Grundsatz der einheitlichen Begriffsbildung findet sich in den Erwägungsgründen 11 und 30 der Rom II-VO wieder[846]. In letzter Konsequenz kann die erstrebte Rechtsvereinheitlichung nur bei einer auch inhaltlich einheitlichen Bildung des Begriffs des unlauteren Wettbewerbsverhaltens erreicht werden. Dafür reicht es nicht aus, dem Rechtsanwender lediglich einheitliche Regeln dafür zur Hand zu geben, wie er zu einer Interpretation gelangt. Interpretationsdivergenzen wären die Folge. Die Notwendigkeit einer einheitlichen Interpretation spricht gegen die im nationalen IPR vielfach vertretene Qualifikation nach der lex fori oder der lex causae[847]. Nur die unionsautonome Bestimmung auch des Begriffsinhalts stellt sicher, dass die Anwendung des Lauterkeitskollisionsrechts der Rom II-VO durch die Gerichte aller Mitgliedstaaten zu einheitlichen Ergebnissen führt. Nur eine einheitliche Interpretation des Begriffsinhalts gewährleistet, dass sich für „die betroffenen Personen soweit wie möglich gleiche und einheitliche Rechte und

---

841 *Leible/Lehmann*, RIW 2007, 721, 734.
842 Vorschlag der Kommission, KOM(2003) 427 endg., S. 10.
843 Ejus est interpretari cujus est condere.
844 *Von Hoffmann/Thorn u. a.*, IPR, § 6 Rn. 13; *Keller/Siehr*, Allgemeine Lehren, § 34 II 1; *Kropholler*, IPR, § 16 I.
845 *Hohloch*, YPIL 9 (2007), 1, 15.
846 *Dickinson*, Rome II, Rn. 3.09 f.
847 *Kropholler*, in: FS Max-Planck-Institut, S. 590; *Baratta*, YPIL 6 (2004), 155, 162 f.

Pflichten ergeben."[848] Das Kollisionsrecht der Union kann den bezweckten europäischen Entscheidungseinklang nur bei einheitlicher Anwendung *und* Interpretation herstellen[849]. Die Erreichung gerade dieses Zwecks begründet im Wesentlichen die binnenmarktfördernde Wirkung der Rom II-VO[850]; würde er verfehlt, stünde bereits die Kompetenzgemäßheit in Zweifel. Im Ergebnis muss daher das „unlautere Wettbewerbsverhalten" in Art. 6 Rom II-VO nicht nur formell, sondern auch inhaltlich europarechtlich autonom ausgelegt werden[851].

Dabei muss inhaltlich eine einheitliche Definition gefunden werden, die eigenständig und allgemeingültig bestimmt, was unter dem Begriff des unlauteren Wettbewerbsverhaltens zu verstehen ist. Sie muss sich von nationalen Sichtweisen einzelner nationaler Sachrechte und deren spezifischen Besonderheiten lösen und unabhängig davon gebildet werden. Anders als im nationalen IPR ist damit eine Qualifikation anhand der nationalen Systemvorstellungen nicht mehr möglich[852]. Für den Begriff des unlauteren Wettbewerbsverhaltens ist daher insbesondere nicht die Systematik des deutschen Lauterkeitsrechts maßgeblich[853]. Traten bei der Anwendung des nationalen Kollisionsrechts Qualifikationsschwierigkeiten meist im Zusammenhang mit fremden Rechtsinstituten auf, werfen autonome Anknüpfungsgegenstände Probleme auch bei der Qualifikation inländischer Rechtsinstitute auf.

Der mit der inhaltlich einheitlichen Begriffsbildung verbundene Nachteil, die einheitliche Interpretation erst mühsam suchen zu müssen, ist dagegen in Kauf zu nehmen. Er beruht nicht auf Besonderheiten der Rom II-VO, sondern ist allgemein für das gesamte internationale Privatrecht charakteristisch[854]. Zudem sind bei einem Rechtsgebiet wie dem Lauterkeitsrecht, welches auf europäischer Ebene noch keineswegs umfassend harmonisiert ist, nicht nur die Schwierigkeiten bei der einheitlichen Begriffsbildung besonderer groß, sondern gerade auch die Gefahr einer unterschiedlichen Anwendung der Kollisionsnorm[855]. Gerade ihr jedoch gilt es zu begegnen. Zu berücksichtigen ist auch, dass eine einheitliche Definition für

---

848 EuGH v. 27.9.1988, Rs. C-189/87 (Kalfelis v. Schröder u.a.), Slg. 1988, 5565 Rn. 15.

849 *Israël*, Maastricht Journal 2000, 81, 86.

850 Siehe oben S. 86 (Ob: Binnenmarktförderung durch die Vereinheitlichung des Lauterkeitskollisionsrechts als solche).

851 *Dethloff*, Europäisierung des Wettbewerbsrechts, S. 293; *Mankowski*, GRUR Int. 2005, 634, 635; *Handig*, GRUR Int. 2008, 25, 26; *Sack*, WRP 2008, 845, 846; allgemein für die Auslegung im Rahmen der Qualifikation *Kreuzer*, in: Gemeinsames Privatrecht, S. 540; *Heinze*, in: FS Kropholler, S. 108; Piper/Ohly/Sosnitza-*Ohly*, Einf. UWG Rn. 17; Harte/Henning-*Glöckner*, Einl. C Rn. 89; *Henning-Bodewig*, GRUR Int. 2010, 549, 551; *Dickinson*, Rome II, Rn. 6.17; jurisPK-BGB-*Wurmnest*, Art. 6 Rom II Rn.5; Gloy/Loschelder/Erdmann-*Wilde*, § 10 Rn. 6; *Hellner*, YPIL 9 (2007), 49, 67.

852 *Bach*, IPRax 2011, 116, 117.

853 Piper/Ohly/Sosnitza-*Ohly*, Einf. B Rn. 17; *Handig*, GRUR Int. 2008, 24, 26.

854 *Baratta*, YPIL 6 (2004), 155, 166.

855 *Wadlow*, JIPLP 2009, 789, 790.

den Begriff des unlauteren Wettbewerbsverhaltens nicht auf der sachrechtlichen, sondern auf der kollisionsrechtlichen Ebene gefunden werden muss. Auf der sachrechtlichen Ebene mag es unmöglich sein, das Merkmal der Lauterkeit zu definieren. Der Grund dafür liegt jedoch auch in den unterschiedlichen Schutzstandards der nationalen Lauterkeitsrechte und damit im quantitativen Aspekt der Unlauterkeit. Auf der kollisionsrechtlichen Ebene kommt es jedoch auf einen Schutzstandard nicht an. Ob ein Wettbewerbsverhalten wegen der Schwere und Intensität des Verstoßes unlauter ist, muss das Kollisionsrecht nicht entscheiden, dies bleibt dem anwendbaren Sachrecht überlassen. Dazu kommt ganz allgemein, dass der Inhalt eines kollisionsrechtlichen Begriffes nicht notwendigerweise mit dem gleichlautendem Begriff des Sachrechts übereinstimmen muss[856]. Die Schwierigkeiten bei der Bildung eines einheitlichen sachrechtlichen Lauterkeitsstandards sollten daher nicht davon abschrecken, nach allgemein akzeptierten Charakteristika des Lauterkeitsrechts auf der Ebene des Kollisionsrechts zu suchen. Zumindest scheint die kollisionsrechtliche Definition des „unlauteren Wettbewerbsverhaltens" nicht von vornherein ausgeschlossen.

Die unionsrechtlich einheitliche Begriffsbildung sollte außerdem nicht nur mit den Schwierigkeiten oder der zunächst auftretenden Rechtsunsicherheit assoziiert werden. Stattdessen sollten die Vorteile, die damit verbunden sind, in den Vordergrund der Betrachtung rücken. Vorteilhaft ist vor allem die Neutralität des europäischen Gesetzgebers gegenüber einzelnen nationalen Sachrechtsordnungen[857]. Anders als der nationale bestimmt der europäische Gesetzgeber mit dem internationalen Privatrecht nicht auch zwingend den Anwendungsbereich des eigenen Sachrechts[858]. Der europäische Gesetzgeber ist insoweit neutral. Das fördert Lösungen, die alleine sachlich begründet sind und ermöglicht damit die Konzentration auf allein internationalprivatrechtliche Wertungen[859]. Damit würde nicht zuletzt auch die Verwirklichung des internationalen Entscheidungseinklangs gefördert[860] und damit eine weltweite Perspektive, die über einen beschränkten europäischen Blickwinkel hinauswachsen kann.

Für die erforderliche inhaltlich einheitliche Definition ist – anders als die Praxis in kollisionsrechtlichen Staatsverträgen – nicht nur der Sinnzusammenhang des einen Rechtsaktes isoliert zugrunde zu legen[861]. Zu berücksichtigen sind vielmehr die Querbezüge innerhalb des Unionsrechts[862]. Die Rom II-VO ist sowohl in das europäische Primär- als auch Sekundärrecht eingebunden und daher im Kontext

856 *Heinze*, in: FS Kropholler, S. 111; *von Bar/Mankowski*, IPR Band I, § 7 Rn. 173; *von Hoffmann/Thorn u. a.*, IPR, § 6 Rn. 30.
857 *Basedow*, in: Japanese and European PIL, S. 8; *Dutta*, EuZW 2010, 530, 533.
858 *Basedow*, in: Japanese and European PIL, S. 8.
859 *Dutta*, EuZW 2010, 530, 533.
860 *Kropholler*, IPR, § 6 III.
861 *Heinze*, in: FS Kropholler, S. 109.
862 *Von Bar/Mankowski*, IPR Band I, § 7 Rn. 172.

dieser Einbettung zu würdigen. Erleichtert wird die makrosystematische Auslegung über den einzelnen Rechtsakt hinaus durch die Expansion des Kollisions-, Verfahrens- und Sachrechts der Gemeinschaft[863]. Auch in der Rechtsprechung des EuGH lässt sich diese rechtsaktübergreifende Auslegung finden[864]. Die Rom II-VO verlangt sie im Hinblick auf die EuGVO und die Rom I-VO in Erwägungsgrund 7 ausdrücklich. Wer ein so verstandenes Unionsrecht als lex fori begreift, kann durchaus auch auf europäischer Ebene von einer funktionalen Qualifikation anhand der lex fori sprechen[865]. Dies darf allerdings nicht über die besonderen Schwierigkeiten hinwegtäuschen, die die funktionale Qualifikation wegen der supranationalen Ebene mit sich bringt[866]. Hier müssen nationale Sachnormen miteinander in Einklang gebracht werden, die mangels Vereinheitlichung oder wenigstens Harmonisierung in den meisten Fällen wesentlich voneinander abweichen. Die daraus resultierenden Probleme müssen im folgenden gelöst werden.

B. Unlauteres Wettbewerbsverhalten in vielfältigen Sachrechten

Wie oben ausgeführt, fallen unter den Anknüpfungsgegenstand des unlauteren Wettbewerbsverhaltens Rechtsfragen (im Rahmen der primären Qualifikation) bzw. Sachnormen (im Rahmen der sekundären Qualifikation), bei denen es um die Bewertung lauterkeitsrechtlich relevanter Sachverhalte nach lauterkeitsrechtlichen Bewertungskriterien geht. Fraglich ist jedoch, was „lauterkeitsrechtlich" in einem kollisionsrechtlich autonom-europäischen Sinn bedeutet. Die Frage könnte zum größten Teil das relevante Sachrecht beantworten. Insoweit soll zunächst geklärt werden, welche Sachrechtsordnungen auf der Suche nach den Charakteristika eines unionsautonomen Verständnisses des Lauterkeitsrechts in Betracht kommen (I). Anschließend ist zu klären, wie diejenigen Teilbereiche der Rechtsordnungen identifiziert werden können, die in einem unionsautonomen Sinn einen genuin lauterkeitsrechtlichen Gehalt aufweisen (II). Diese lauterkeitsrechtlichen Rechtsquellen können dann analysiert werden, um das unionsautonome Verständnis vom Lauterkeitsrecht zu konkretisieren (III). Das Ergebnis bildet ein sachlich begründetes unionsautonomes Referenzmodell des Lauterkeitsrechts.

---

863 *Kropholler*, in: FS Max-Planck-Institut, S. 591.

864 EuGH v. 26.5.1982, Rs. 133/81 (Ivenel v. Schwab), Slg. 1982, 1891 Rn. 13 f.; EuGH v. 8.3.1988, Rs. 9/87 (Arcado v. SA Haviland), Slg. 1988, 1539 Rn. 14 f.; EuGH v. 1.10.2002, Rs. C-167/00 (Henkel), Slg. 2002, I-8111 Rn. 43; EuGH v. 14.11.2002, Rs. C-271/00 (Steenbergen v. Baaten), Slg. 2002, I-10489 Rn. 45; EuGH v. 15.5.2003, Rs. C-266/01 (TIARD v. Niederlande), Slg. 2003, I-4867 Rn. 29; EuGH v. 13.12.2007, Rs. C-463/06 (FBTO Schadeverzekeringen v. Odenbreit) Rn. 29.

865 *Heinze*, in: FS Kropholler, S. 111; MüKo BGB XI-*Drexl*, IntUnlWettbR Rn. 109; *Drexl*, in: FS Hopt, S. 2722 f.

866 *Sonnenberger*, in: FS Kropholler, S. 240.

I. Relevanz des Sachrechts für die kollisionsrechtliche Begriffsbestimmung

Die Analyse des Sachrechts ist der erste und wichtigste Schritt hin zu einem Verständnis vom korrespondierenden kollisionsrechtlichen Anknüpfungsgegenstand[867]. Zwar beruht das Kollisionsrecht der Rom II-VO auf dem klassischen Verständnis im Sinne *Savignys*[868]. Demnach verhält sich die Anknüpfung dem anwendbaren Sachrecht gegenüber neutral. Gesucht wird das räumlich angemessenste Recht; neben den reinen internationalprivatrechtlichen Interessen werden materiell-rechtliche Schutzanliegen nicht berücksichtigt. Doch obwohl insoweit im Kollisionsrecht ein Neutralitätsgebot gilt, kann sich das Kollisionsrecht nicht völlig von den grundlegenden Funktionen des zugehörigen Sachrechts abkoppeln[869]. Denn bei Ausformung der kollisionsrechtlichen Wertentscheidungen spielen die Wertentscheidungen des Sachrechts eine entscheidende Rolle[870]. Erstrebt wird der innere Entscheidungseinklang zwischen dem Kollisions- und dem Sachrecht. Insbesondere kann der Anknüpfungsgegenstand nur dann sinnvoll gebildet und angewandt werden, wenn die allgemeine Struktur und die allgemeinen Zwecke des Sachrechtsgebiets berücksichtigt werden, welches im Anknüpfungsgegenstand zusammengefasst ist[871]. Dabei bildet vor allem das Lauterkeitsrecht das Beispiel par excellence dafür, wie das Funktionsverständnis des Sachrechts auf das Kollisionsrecht abfärbt[872]. Bei der Rom II-VO ist sogar der umgekehrte Effekt zu beobachten: So soll in Spanien das sachliche Lauterkeitsrecht an die Rom II-VO angepasst werden[873].

---

867 *Bernhard*, IPR des unlauteren Wettbewerbs, S. 34 ff.; *Veelken*, in: 75 Jahre Max-Planck-Institut, S. 293 ff. für das internationale Lauterkeitsrecht; nachdrücklich *Koziol/Thiede*, ZVglRWiss 106 (2007), 235, 237 ff.; Rauscher-*Unberath/Cziupka*, Einl. Rom II–VO Rn. 40; ähnlich auch *Staudinger, A.*, AnwBl 2008, 316, 323 hinsichtlich der autonomen funktionalen Qualifikation der Existenzvernichtungshaftung.

868 Siehe oben S. 37 (Grundkonzept der Anknüpfungsregeln).

869 *Von Bar*, JZ 1985, 961, 965; *Leible*, in: Europäische Rechtsangleichung, S. 354 f.; *Schack*, in: Liber Amicorum Gerhard Kegel, S. 188 ff.; *Wagner, G.*, IPRax 2006, 372, 374; *Kropholler*, IPR, § 5 II; Fezer-*Hausmann/Obergfell*, Einl. I Rn. 23; *von Bar/Mankowski*, IPR Band I, § 7 Rn. 173 ff.; *von Hoffmann/Thorn u. a.*, IPR, § 6 Rn. 30.

870 *Von Bar*, JZ 1985, 961, 964 ff.; *Schaub*, JZ 2005, 328, 335 („sachrechtliche Kategorien"); *Kropholler*, IPR, § 5 II; *de Boer*, YPIL 9 (2007), 19, 20 mit dem besonders anschaulichen Beispiel der Rechtswahl, die kollisionsrechtlich nur dann möglich sei, wenn auch das berührte Sachrecht zur Disposition stünde; MüKo BGB X-*Sonnenberger*, Einl. Rn. 77.

871 *Veelken*, in: 75 Jahre Max-Planck-Institut, S. 294.

872 *Lindacher*, WRP 1996, 645; *Lindacher*, GRUR Int. 2008, 453; vergl. auch *Veelken*, in: 75 Jahre Max-Planck-Institut, S. 297.

873 *Mansel/Thorn/Wagner, Rolf*, IPRax 2010, 1, 24; BOCG-Congreso, Serie A, Núm. 26-1 v. 5.6.2009, S. 2.

Für die Analyse des Sachrechts kommen Rechtsquellen auf drei Ebenen in Betracht: Untersucht werden können internationale, europäische und nationale Sachrechtsordnungen. Internationale Rechtsquellen wie zum Beispiel die PVÜ bieten sich als überregionaler Qualifikationsmaßstab an, soweit die Union oder zumindest alle Mitgliedstaaten Vertragspartner des Übereinkommens sind[874]. Zusätzlich ist als autonomes Auslegungskriterium das materielle Sachrecht der Union zu berücksichtigen[875]. Letztendlich muss die Definition nicht zwangsläufig unmittelbar dem Unionsrecht entnommen werden. Eine unionsautonome Begriffsbildung kann auch auf gemeinsame allgemeine Rechtsgrundsätze gestützt werden, die von allen Mitgliedstaaten geteilt und aus den Gemeinsamkeiten der einzelnen nationalen Rechte der Mitgliedstaaten abgeleitet werden[876]. Für eine besondere Berücksichtigung der Sachrechte der Mitgliedstaaten sprechen insbesondere die neuen Bestimmungen zum Raum der Freiheit, der Sicherheit und des Rechts in Titel V des AEUV. Gemäß Art. 67 Abs. 1 AEUV sind dabei die verschiedenen Rechtsordnungen und -traditionen der Mitgliedstaaten zu achten. Der Rechtsvergleichung wird im Bereich des Lauterkeitsrechts sogar eine besondere Bedeutung beigemessen; einen Zugang speziell zum unlauteren Wettbewerbsverhalten im kollisionsrechtlichen Sinn ermöglichen damit die typischen Tatbestände der nationalen materiellen Lauterkeitsrechte[877].

---

874 Auf dieses Kriterium greifen zum Beispiel zurück *Schricker/Henning-Bodewig*, WRP 2001, 1367 ff.

875 Insoweit wird mit Bezug auf den Anknüpfungsgegenstand von Art. 6 Abs. 1, 2 Rom II-VO zum Beispiel immer wieder auf die Richtlinie 2005/29/EG über unlautere Geschäftspraktiken verwiesen: *Mankowski*, GRUR Int. 2005, 634, 636; *Dickinson*, Rome II, Rn. 6.22; *Honorati*, in: Unification, S. 142; *Handig*, GRUR Int. 2008, 24, 26; Köhler/Bornkamm-*Köhler*, Einl. Rn. 5.31; jurisPK-BGB-*Wurmnest*, Art. 6 Rom II Rn. 5; allgemein zur Wichtigkeit der Qualifikation nach dem europäischen Sachrecht Rauscher-*Unberath/Cziupka*, Einl. Rom II–VO Rn. 41.

876 EuGH v. 15.2.2007, Rs. C-292/05 (Lechouritou ua.), Slg. 2007, I-1519 Rn. 29; EuGH v. 27.11.2007, Rs. C-435/06 (C), Rn. 40; *Von Bar/Mankowski*, IPR Band I, § 7 Rn. 172; *Baratta*, YPIL 6 (2004), 155, 165; *Koziol/Thiede*, ZVglRWiss 106 (2007), 235, 239; *Heinze*, in: FS Kropholler, S. 109 f.; *Staudinger, A.*, AnwBl 2008, 316, 323 hinsichtlich der autonomen funktionalen Qualifikation der Existenzvernichtungshaftung; *Grünberger*, ZVglRWiss 108 (2009), 134, 137; *Dutta*, EuZW 2010, 530, 534.

877 *Mankowski*, GRUR Int. 2005, 634, 636; *Hellner*, YPIL 9 (2007), 49, 67 („draw inspiration from"); *Handig*, GRUR Int. 2008, 24, 26 („repräsentative Schnittmenge"); *Handig*, wbl 2008, 1, 7; *Sack*, WRP 2008, 845; Harte/Henning-*Glöckner*, Einl. C Rn. 89; *Henning-Bodewig*, GRUR Int. 2010, 549, 551; MüKo BGB XI-*Drexl*, IntUnlWettbR Rn. 101.

II. Autonome Identifikation der lauterkeitsrechtlichen Sachrechtsteile

Ein unionsautonomes Bild vom Lauterkeitsrecht kann sich nur aus denjenigen Vorschriften ergeben, die nach einem unionsautonomen Verständnis einen lauterkeitsrechtlichen Gehalt aufweisen. Damit sind zunächst auf jeder Ebene des Sachrechts aus der jeweiligen Sachrechtsordnung deren lauterkeitsrechtliche Teile zu isolieren und herauszustellen. Fraglich ist, welche dies sind. Zu einem Rechtsgebiet können Vorschriften zusammengefasst werden, die durch prägende Gemeinsamkeiten typisiert sind. In der Regel liegt die prägende Gemeinsamkeit darin, dass der gleiche typische Regelungsgegenstand der gleichen typischen Zielsetzung unterworfen wird, wobei die Zusammenfassung unter einen einheitlichen Regelungskomplex praktisch zweckmäßig, pädagogisch vorteilhaft und dogmatisch sinnvoll erscheint[878]. Im Bereich des Rechtsgebiets „Lauterkeitsrecht" geht es um lauterkeitsrechtlich relevantes Verhalten, welches an einem lauterkeitsrechtlichen Maßstab gemessen wird. Dadurch spiegeln die Vorschriften typisiert Sachverhalte und Wertungsgrundlagen des Lauterkeitsrechts wider[879]. Sie müssen in einem unionsautonomen Sinn „lauterkeitsrechtlich" sein.

Problematisch ist jedoch, dass auf nationaler Ebene gerade im Bereich des Lauterkeitsrechts tiefgreifend unterschiedliche Auffassungen bereits hinsichtlich der Existenz und erst recht hinsichtlich der Zielsetzung des Rechtsgebiets herrschen[880]. Kein anderer Bereich aus dem übergreifenden Raum des gewerblichen Rechtsschutzes ist so komplex und so sehr von außerrechtlichen und kulturellen Faktoren beeinflusst und mithin in den einzelnen nationalen Rechtsordnungen derart heterogen ausgestaltet wie das Lauterkeitsrecht[881], das selbst in den

---

878 *Schricker*, GRUR Int. 1976, 315, 316.

879 *Henning-Bodewig*, GRUR Int. 2010, 549, 551 ("Um welche Sachverhaltskonstellationen, um welche Rechtsfragen geht es beim „Lauterkeitsrecht'?")"; *Peukert*, in: Lauterkeitsrecht und Acquis, S. 58 f. dagegen beschränkt die verbindende Gemeinsamkeit des Rechtsgebiets auf den Sachverhalt und sieht im europäischen Kontext das Kerncharakteristikum im Wettbewerbsverhalten bzw. der geschäftlichen Handlung, da sich die Schutzzwecke nicht auf einen gemeinsamen Nenner bringen ließen.

880 *Beier*, GRUR Int. 1984, 61, 69 („vielgestaltig, zerrissen, inhomogen wie niemals zuvor"); *Funke*, WRP 1991, 550; *Mäsch*, EuR 2005, 625, 626; *Piekenbrock*, GRUR Int. 2005, 997, 999; *Glöckner*, Europäisches Lauterkeitsrecht, S. 358; *Hellner*, YPIL 9 (2007), 49, 67; Piper/Ohly/Sosnitza-*Ohly*, Einf. B Rn. 31 und Einf. C Rn. 1; *Leistner*, ZEuP 2009, 56 („mit seinen hinsichtlich Existenz und Abgrenzung, Zweckrichtung, Grundstrukturen und Rechtsdurchsetzung... teils grundstürzend unterschiedlichen Konzeptionen"); *Pflüger*, in: Lauterkeitsrecht und Acquis, S. 66 („grundlegende nationale Divergenzen hinsichtlich Einordnung und Bestimmung eines Rechtsgebietes zum Schutz gegen unlauteren Wettbewerb"); *Henning-Bodewig*, GRUR Int. 2010, 549, 550.

881 *Ulmer*, GRUR Ausl. 1962, 273 f.; *Schricker*, IIC 1995, 782, 785; *Reger*, TRIPS, S. 5; *Wiebe*, WRP 2002, 283, 290 f.

Mitgliedstaaten der Europäischen Union zum Teil unterschiedliche Materien umfasst und seine Grenzen zu den Nachbargebieten unterschiedlich bestimmt[882]. Das Lauterkeitsrecht ist „das schwer erziehbare Kind des geistigen Eigentums“[883], das sich mal wie in Großbritannien kaum hinter dem Vorhang hervortraue, mal wie in Deutschland dagegen eine Hyperaktivität entfalte, von der ein ganzer Wirtschaftszweig leben könne. Mal weiß es nicht, wen es schützen will. Mal wird die Materie in einem Spezialgesetz umfassend geregelt, mal über mehrere Gesetze verteilt. Insbesondere wegen der konzeptionellen Differenzen, die symptomatisch für die Verzahnung des Rechtsgebiets mit den tiefsten Schichten der nationalen Rechtsordnungen stehen, sind bislang wohl alle Bemühungen gescheitert, das Lauterkeitsrecht in der Europäischen Union umfassend zu harmonisieren[884]. Damit ist zunächst noch nicht einmal klar, ob man beim Lauterkeitsrecht überhaupt von einem einheitlich verstandenen und abgrenzbaren Rechtsgebiet sprechen kann[885]. Bereits am Anfang des 20. Jahrhunderts wurde der Begriff des unlauteren Wettbewerbs als derjenige Rechtsbegriff herausgestellt, dessen Definition in der gesamten Rechts- oder Wirtschaftswissenschaft am schwierigsten sei[886]. Daran hat sich bis heute nichts geändert. Auch in der aktuellen Diskussion wird das Lauterkeitsrecht als „Gemischtwarenladen des Wirtschaftsrechts“ charakterisiert[887]. Fraglich ist, ob nicht trotzdem sachlich überzeugende Identifikationskriterien zur Abgrenzung des „Lauterkeitsrechts“ ermittelt werden können.

1. Unbestimmtheit des Wortlauts

In Betracht kommt zunächst, bei der Abgrenzung des Rechtsgebiets vom Wortlaut auszugehen, mit dem das Rechtsgebiet seinen Regelungsgegenstand und seinen Bewertungsmaßstab beschreibt. Beim Lauterkeitsrecht geht es um Wettbewerb, der dem Maßstab der (Un-)Lauterkeit unterworfen ist. Der Wortlaut drängt sich auf den ersten Blick als Abgrenzungskriterium auf, da der Begriff des unlauteren

---

882 *Beater*, ZEuP 2003, 11, 29; *Dethloff*, Europäisierung des Wettbewerbsrechts, S. 40 ff.

883 So Schricker auf der 1997 veranstalteten Ringberg-Tagung, zitiert nach *Schmid*, in: Neuordnung des Wettbewerbsrechts, S. 253.

884 *Glöckner*, Europäisches Lauterkeitsrecht, S. 331; *Henning-Bodewig*, GRUR Int. 2010, 549, 550; *Schricker*, IIC 1991, 788, 790 („diffuse background of economic, judicial and consumer policy interests“), der außerdem darauf hinweist, dass bereits die grundsätzliche Notwendigkeit der Harmonisierung in Frage gestellt war; *Ulmer*, GRUR Ausl. 1962, 273, 274.

885 *Peukert*, in: Lauterkeitsrecht und Acquis, S. 57; *Ohly*, WRP 2008, 177, 178; mit Bezug auf Art. 10bis PVÜ *Ladas*, Patents, S. 1676; *Sanders*, Unfair Competition Law, S. 1 („Unfair competition law remains an elusive area of law that is hard to categorize.“).

886 *Haines*, YLJ 29 (1919), 1; *Handler*, Iowa LRev. 21 (1936), 175 („The phrase is obviously more of an epithet than a word of art.“).

887 Hinweis auf einen Vortrag von Glöckner bei *Peukert*, in: Lauterkeitsrecht und Acquis, S. 57.

Wettbewerbs durchaus in den Rechtsordnungen der Mitgliedstaaten verbreitet ist[888]: Alle Mitgliedstaaten der Europäischen Union bieten rechtlichen Schutz vor bestimmtem, als „unlauter" missbilligtem Wettbewerbsverhalten[889]. Man spricht zum Beispiel von der „*Concurrence Déloyale*"[890], der „*Concorrenza Sleale*"[891], der „*Competencia Desleal*"[892], der „*Concorrência Desleal*"[893] oder der „*Unfair Competition*"[894]. Auch auf unionsrechtlichen Ebene ist der Begriff nicht nur in kollisionsrechtlicher Funktion wie in Art. 6 Rom II-VO gebräuchlich, sondern auch im sachrechtlichen Zusammenhang[895]. Beispielsweise lässt Art. 14 Abs. 2 der Verordnung 207/2009 über die Gemeinschaftsmarke[896] ausdrücklich Klagen aufgrund unlauteren Wettbewerbs zu. Zumindest ähnlich ist in der Richtlinie 2005/29/EG[897] von unlauterem Geschäftsverhalten die Rede. Im Primärrecht verweist die

888 *Micklitz/Keßler*, WRP 2003, 919, 935; *Schünemann*, WRP 2004, 925, 928 f.; *Glöckner*, Europäisches Lauterkeitsrecht, S. 329; *Henning-Bodewig*, in: Lauterkeitsrecht und Acquis, S. 15; *Henning-Bodewig*, Unfair competition law, S. XV.

889 Übersicht von *Henning-Bodewig*, GRUR Int. 2010, 273 ff; Harte/Henning-*Henning-Bodewig*, Einl. E; *Glöckner*, Europäisches Lauterkeitsrecht, S. 341 ff.; *Henning-Bodewig*, Unfair competition law, S. 69 ff.; Köhler/Bornkamm-*Köhler*, Einl. Rn. 4.1 ff.; Piper/Ohly/Sosnitza-*Ohly*, Einf. B Rn. 34 ff.

890 So die allgemein gebrauchte Bezeichnung in Frankreich: *Krasser*, Unlauterer Wettbewerb IV (Frankreich), S. 4; *Glöckner*, Europäisches Lauterkeitsrecht, S. 331 f.; GK-*Schricker*, Einl. F 246.

891 So die allgemein gebräuchliche Bezeichnung in Italien: Harte/Henning-*Henning-Bodewig*, Einl. E Rn. 337; Köhler/Bornkamm-*Köhler*, Einl. Rn. 4.11; *Schricker*, Unlauterer Wettbewerb V (Italien), S. 1; *Schultz*, WRP 1991, 556 ff.; siehe dazu *Ghidini*, La concorrenza sleale.

892 So der Titel des spanischen Gesetzes gegen den unlauteren Wettbewerb (Ley de competencia desleal): *Domínguez Pérez*, GRUR Int. 2001, 1017 ff.; *Henning-Bodewig*, GRUR Int. 2010, 273, 278 f.; *Röhrenbach*, WRP 1990, 307 ff.

893 So der entsprechende Titel des portugiesischen Código da Propriedade Industrial: Harte/Henning-*Henning-Bodewig*, Einl. E Rn. 577; *Henning-Bodewig*, GRUR Int. 2010, 273, 277 f.; *Schricker*, GRUR Int. 1994, 819 ff.

894 So in Großbritannien, auch wenn er dort nur kaum und nur dann verwendet wird, um sogleich das Fehlen des Rechtsgebietes festzustellen: *Westerholt*, Unlauterer Wettbewerb VI (Großbritannien und Nordirland), S. 2; Köhler/Bornkamm-*Köhler*, Einl. Rn. 4.9; *Dehlfing*, Irreführende Werbung, S. 51.

895 Harte/Henning-*Schünemann*, § 3 Rn. 113; MüKo UWG-*Micklitz*, EG E Rn. 97 zählt mehr als 30 Nennungen des Begriffs der Lauterkeit in einschlägigen Verordnungen und Richtlinien des Sekundärrechts.

896 Verordnung (EG) Nr. 207/2009 des Rates vom 26. Februar 2009 über die Gemeinschaftsmarke, ABl. L 78/1 v. 24.3.2009.

897 Richtlinie 2005/29/EG des Europäischen Parlaments und des Rates vom 11. Mai 2005 über unlautere Geschäftspraktiken im binnenmarktinternen Geschäftsverkehr zwischen Unternehmen und Verbrauchern und zur Änderung der Richtlinie 84/450/EWG des Rates, der Richtlinien 97/7/EG, 98/27/EG und 2002/65/EG des Europäischen Parlaments und des Rates sowie der Verordnung (EG) Nr. 2006/2004 des

Präambel des AEUV auf einen „redlichen Wettbewerb“. Der EuGH hat in seiner Rechtsprechung die „Lauterkeit des Handelsverkehrs“ als zwingendes Erfordernis zur Rechtfertigung einer Beeinträchtigung der Grundfreiheiten akzeptiert[898]. International ist der Begriff in Art. 10bis der Pariser Verbandsübereinkunft zum Schutz des gewerblichen Eigentums (PVÜ) verankert.

Dabei werden sowohl der relevante Regelungsgegenstand als auch der spezielle Bewertungsmaßstab mit jeweils ähnlichen Formulierungen umschrieben. Mit Blick auf den Regelungsgegenstand geht es mal um Wettbewerbsverhalten[899], mal um Wettbewerbshandlungen[900], geschäftliche Handlungen[901] oder Geschäftspraktiken[902]. In den skandinavischen Ländern wird auf die „Marketingpraxis“ verwiesen[903]. Die Rechtsprechung des EuGH bezieht sich auf den Handelsverkehr. In der englischen Sprache wird auch der Begriff „trade practice“ verwendet[904]. Ebenso variiert die Beschreibung des lauterkeitsrechtlichen Bewertungsmaßstabs als Zugriffsbereich des Lauterkeitsrechts bei teilweiser synonymer Semantik lediglich marginal[905]. Missbilligt wird das geschäftliche Verhalten, wenn es unlauter oder unfair ist[906], wobei die Unlauterkeit in den verschiedenen Rechtsordnungen teilweise unterschiedlich umschrieben wird[907]. Mal wird die Unlauterkeit in einem Verstoß gegen die guten Sitten gesehen[908], mal werden gegen Treu und Glauben

---

Europäischen Parlaments und des Rates (Richtlinie über unlautere Geschäftspraktiken), ABl. L 149/22 v. 11.6.2005.

898 EuGH v. 20.2.1979, Rs. C-120/78 („Cassis de Dijon“), Slg. 1979, 649 Rn. 8; siehe dazu unten S. 241 (Grundfreiheiten).

899 So z. B. in Art. 6 Rom II-VO; daneben dient der Begriff des Wettbewerbsverhaltens auch im Sachrecht der Abgrenzung des Regelungsgegenstandes, vergl. *Fezer*, in: FS Schricker, S. 674 ff.; *Köhler*, WRP 2007, 1397 („Eingangstür zur Anwendung“); Harte/Henning-*Keller*, § 2 UWG Rn. 2, 3.

900 Vorschlag der Kommission, KOM(2003) 427 endg., S. 18.

901 § 2 Abs. 1 Nr. 1 UWG.

902 Richtlinie 2005/29/EG über unlautere Geschäftspraktiken.

903 *Micklitz/Keßler*, GRUR Int. 2002, 885, 894.

904 *Beater*, Unl. Wettb. (2011), § 1 Rn. 4.

905 *Henning-Bodewig*, Unfair competition law, S. XV; *Micklitz/Keßler*, GRUR Int. 2002, 885, 894; *Henning-Bodewig/Schricker*, GRUR Int. 2002, 319, 322; *Geis*, in: FS Tilmann, S. 130; *Schünemann*, WRP 2004, 925, 929; *Schünemann*, in: Lauterkeitsrecht und Acquis, S. 105 (die Zulässigkeitsmaßstäbe entsprechen sich „jedenfalls normtextlich... im Wesentlichen“); Harte/Henning-*Schünemann*, § 3 Rn. 117 f.; gegen die Relativität der Begrifflichkeiten jedoch ausdrücklich MüKo UWG-*Micklitz*, EG E Rn. 108; *Micklitz*, in: FS Bernd Stauder, S. 300 f.

906 *Micklitz/Keßler*, GRUR Int. 2002, 885, 894; Harte/Henning-*Schünemann*, § 3 Rn. 113.

907 *Beater*, Unlauterer Wettbewerb, § 1 Rn. 4; *Glöckner*, Europäisches Lauterkeitsrecht, S. 8 f.; *Ohly*, WRP 2008, 177, 178; *Henning-Bodewig*, GRUR Int. 2010, 549, 561; Beispiele verschiedener Definitionen bei *Saint-Gal*, GRUR Ausl. 1956, 202, 203; *Schricker/Henning-Bodewig*, WRP 2001, 1367, 1379 f.

908 Beispielsweise gemäß § 1 des österreichischen und des ehemaligen deutschen UWG, zur Entwicklung des Begriffs *Schricker*, Gesetzesverletzung und Sittenverstoß, S. 186

verstoßende Wettbewerbshandlungen als unlauter bezeichnet[909]. Nach der Definition der Richtlinie 2005/29/EG ist eine Geschäftspraxis unlauter, wenn sie unter anderem den Erfordernissen der beruflichen Sorgfalt widerspricht[910], von deren Anwendung billigerweise nach Treu und Glauben ausgegangen werden kann[911]. Art. 10bis Abs. 2 PVÜ setzt für die Unlauterkeit ein Verhalten voraus, dass „den anständigen Gepflogenheiten in Gewerbe oder Handel zuwiderläuft"[912]. Art. 2598 Nr. 3 des italienischen Codice Civile verweist auf die „berufliche Korrektheit"[913].

Fraglich ist jedoch, ob der Wortlaut nicht zu unbestimmt ist, um als praktikables Abgrenzungskriterium dienen zu können. Die trotz der Begriffsharmonie gleichzeitig herrschende Konzeptvielfalt deutet vielmehr darauf hin, dass die Terminologie eine Vielzahl unterschiedlicher Vorstellungen tragen kann. Damit könnten sich semantische Überlegungen sowohl zum Begriff des Wettbewerbs als auch der Lauterkeit als nutzlos erweisen, um das Lauterkeitsrecht von anderen Rechtsgebieten abzugrenzen.

a) „Wettbewerb"

Der Begriff des Wettbewerbs[914] beschreibt ein Phänomen von unbestimmter Weite. Wettbewerb kennzeichnet eine von vielen möglichen menschlichen Verhaltensweisen, die in der Soziologie zum Beispiel gegenüber Beziehungen des Miteinander und der Zusammenarbeit abgegrenzt wird[915]. Allgemein liegt das Wesen des Wettbewerbs darin, dass mehrere Personen unabhängig voneinander nach demselben Ziel streben, welches jedoch nicht alle gleichermaßen erreichen können, so dass der erzielte Gewinn des einen den entgangenen Gewinn des anderen bedingt[916]. In dieser Allgemeinheit kann Wettbewerb jedoch bei jeder Art menschlicher Willensbetätigung stattfinden[917]. Nicht nur im Bereich der Wirtschaft, sondern auch des

---

ff.; zur ehemaligen Berechtigung des Begriffs siehe *Loewenheim*, GRUR 1975, 99, 103; zum dogmengeschichtlichen Hintergrund des Begriffs der Sittenwidrigkeit zwischen Wertethik und Wettbewerbsfunktionalität GK-*Schünemann*, Einl. D 1–97.

909 Beispielsweise gemäß Art. 2 des schweizerischen UWG.

910 Art. 5 Abs. 2 lit. a) Richtlinie 2005/29/EG.

911 Art. 2 lit. h) Richtlinie 2005/29/EG.

912 *Ladas*, Patents, S. 1689 setzt den Rechtsbegriff der „anständigen Gepflogenheiten" mit dem deutschen Rechtsbegriff der „guten Sitten" gleich.

913 *Schricker/Henning-Bodewig*, WRP 2001, 1367, 1380.

914 Umfassend *Knöpfle*, „Wettbewerb" und die Realität.

915 *Meyer-Cording*, WuW 1962, 461 f.; *Knöpfle*, „Wettbewerb" und die Realität, S. 1.

916 Piper/Ohly/Sosnitza-*Ohly*, Einf. A Rn. 17; *Kraft*, Interessenabwägung, S. 179; GK-*Schünemann*, Einl. A 8; Köhler/Bornkamm-*Köhler*, Einl. Rn. 1.1; *Meyer-Cording*, WuW 1962, 461, 462 definiert Wettbewerb als „ein Verhalten, bei dem mehrere Rivalen um die Wette tätig werden, indem sie nach dem gleichen Ziel laufen (concurrence) bzw. es anstreben (competition)".

917 *Kraft*, Interessenabwägung, S. 178; Köhler/Bornkamm-*Köhler*, Einl. Rn. 1.1 („Urkraft menschlichen Handelns").

Sports[918], der Politik oder der Kunst wird von Wettbewerb gesprochen. Damit fallen unter den Wettbewerbsbegriff sprachüblich weit mehr Sachverhalte, als rechtsüblich mit dem Lauterkeitsrecht in Zusammenhang gebracht werden[919]. Denn für das Lauterkeitsrecht steht unwidersprochen fest, dass es ausschließlich den Bereich wirtschaftlicher Tätigkeit betrifft und sich damit auf das Verhalten im wirtschaftlichen Wettbewerb beschränkt[920].

Jedoch ist auch die eingrenzende Bezugnahme auf lediglich den wirtschaftlichen Wettbewerb nicht ausreichend scharf, um die für die den Rechtsgebrauch notwendige Abgrenzungssicherheit zu bieten[921]. Auch hinsichtlich des wirtschaftlichen Wettbewerbs gelingt es lediglich allgemein, dessen Wesen zu beschreiben. Eine endgültige und umfassende Definition des wirtschaftlichen Wettbewerbs als Realphänomen ist nicht möglich[922]. Der Befund gilt selbst für einen durch das Primärrecht determinierten unionsrechtlichen Wettbewerbsbegriff[923]. Das Phänomen muss nicht als Verhaltensprozess beschrieben werden, sondern kann auch unter anderen Blickwinkeln als Marktzustand oder als Institution beleuchtet werden[924]. Im Sinne eines Verhaltensprozesses besteht das Wesen des Wettbewerbs auch speziell in wirtschaftlicher Hinsicht darin, andere beim Wettlauf um dasselbe Ziel zu überholen. Nur ist das Ziel der Mitbewerber im wirtschaftlichen Wettbewerb weder ein sportliches noch ein politisches, wissenschaftliches oder künstlerisches, sondern vielmehr der wirtschaftliche Erfolg, wie er sich in Geschäftsverbindungen mit Dritten manifestiert[925]. Es gab im Schrifttum viele Versuche, diese Merkmale

---

918 Äußerste Vorsicht ist jedoch bei dem Versuch geboten, Parallelen zwischen dem sportlichen und dem wirtschaftlichen Wettbewerb zu ziehen: *Schünemann*, in: Lauterkeitsrecht und Acquis, S. 101 f. weist darauf hin, dass „das Paradigma des sportlichen Wettbewerbs für den ökonomischen Wettbewerb schlicht grundfalsch" ist.

919 *Bydlinski*, System und Prinzipien, S. 596 ff.; Köhler/Bornkamm-*Köhler*, Einl. Rn. 1.1; *Knöpfle*, „Wettbewerb" und die Realität, S. 1; *Krasser*, Unlauterer Wettbewerb IV (Frankreich), S. 16.

920 Köhler/Bornkamm-*Köhler*, Einl. Rn. 1.1; Piper/Ohly/Sosnitza-*Ohly*, Einf. A Rn. 17.

921 *Knöpfle*, „Wettbewerb" und die Realität, S. 3 u. 29 f. („entbehrt jeder begrifflichen Prägnanz"); *Burmann*, WRP 1967, 240 ff. beschreibt den Wettbewerb als sinnvariablen Rechts- und Wirtschaftsbegriff; *Bydlinski*, System und Prinzipien, S. 597; *Beater*, Unlauterer Wettbewerb, § 1 Rn. 4.

922 *Koos*, Europäischer Lauterkeitsmaßstab, S. 7; *Beater*, Unlauterer Wettbewerb, § 1 Rn. 4; Köhler/Bornkamm-*Köhler*, Einl. Rn. 1.6; GK-*Schünemann*, Einl. A 8 („Aporie"); MüKo UWG-*Sosnitza*, Grundl. Rn. 12.

923 Auch der Wettbewerbsbegriff des Unionsrechts kann Konturen nur durch die sonstigen Grundsätze und Ziele des AEUV gewinnen; *Koos*, Europäischer Lauterkeitsmaßstab, S. 5 ff., insb. S. 8; von der Groeben/Schwarze-*Schröter*, Art. 81 EG Rn. 84; Schwarze-*Brinker*, Art. 81 EGV Rn. 39.

924 von der Groeben/Schwarze-*Schröter*, Art. 81 EGV Rn. 3.

925 *Meyer-Cording*, WuW 1962, 461, 462 sieht das Ziel in einem „auf Gewinn gerichteten Leistungsaustausch"; Köhler/Bornkamm-*Köhler*, Einl. Rn. 1.5.

in einer allgemeingültigen Definition festzuschreiben[926]. Allgemein anerkannt und ausgewogen ist folgende Beschreibung, nach der wirtschaftlicher Wettbewerb „das selbständige Streben sich gegenseitig im Wirtschaftserfolg beeinflussender Anbieter oder Nachfrager (Mitbewerber) nach Geschäftsverbindungen mit Dritten (Kunden oder Lieferanten) durch Inaussichtstellen günstig erscheinender Geschäftsbedingungen“ sei[927]. Diese Umschreibung eines realen Phänomens ist jedoch nicht nur anerkannt und ausgewogen, sondern gleichermaßen unscharf und unbefriedigend. Ein Vergleich der Theorie mit der facettenreichen Realität offenbart mögliche Abweichungen hinsichtlich so gut wie aller benannten Merkmale. Nicht immer muss ein „Streben“ vorliegen, wenn etwa Anbieter wie zum Beispiel zahlreiche Handwerker, denen eine Absatzsteigerung an sich nicht unerwünscht wäre, auf aktives Marketing verzichten und stattdessen passiv abwarten, bis die Verbraucher von selbst zu ihnen kommen[928]. Liegt ein aktives Streben nach Geschäftsverbindungen vor, muss dies nicht zwangsläufig „durch Inaussichtstellen günstig erscheinender Geschäftsbedingungen“ geschehen. Denn auch die ausschließliche Behinderung von Mitbewerbern wird doch als Behinderungs-„Wettbewerb“ aufgefasst, und auch der Kundenfang mittels unsachlicher Beeinflussung bis hin zum Einsatz psychischer Gewalt können Spielarten des unlauteren Wettbewerbs bilden[929]. Problematisch ist auch, ob und inwieweit sich die Mitbewerber „gegenseitig im Wirtschaftserfolg beeinflussen“ müssen, um von Wettbewerb sprechen zu können. Die gegenseitige Beeinflussung entfällt nicht nur beim Handeln eines Monopolisten, sondern umgekehrt auch, wenn im Fall der vollkommenen Konkurrenz[930] der Einzelne ein Atom ohne Einfluss auf die Mitbewerber ist[931]. Auch in wachsenden Märkten verschaffen sich Mitbewerber neue Geschäftsverbindungen nicht auf Kosten derjenigen Konkurrenten, die aus bestimmten Gründen an der Ausweitung ihrer Produktion oder ihres Absatzes nicht interessiert sind, etwa weil die bestehende Produktionskapazität ein begrenzender Faktor ist oder sie an einem exklusiven Image ihres Produkts mittels künstlicher Knappheit interessiert sind[932].

---

926 Köhler/Bornkamm-*Köhler*, Einl. Rn. 1.6; Übersicht bei *Knöpfle*, „Wettbewerb“ und die Realität, S. 9 f., 6 f. und 138 ff.; sowie MüKo UWG-*Sosnitza*, Grundl. Rn. 10 f.

927 *Bydlinski*, System und Prinzipien, S. 598; *Ladas*, Patents, S. 1688; *Krasser*, Unlauterer Wettbewerb IV (Frankreich), S. 16; *Fikentscher*, Wirtschaftsrecht II, § 22 III 3 e) („wohl zur h.M. gewordene Definition“); GK-*Schünemann*, Einl. A 9 („relativ breite Akzeptanz“); *Veelken*, ZVglRWiss 92 (1993), 241, 244; *Knöpfle*, „Wettbewerb“ und die Realität, S. 103 („fand im Schrifttum weithin Zustimmung“).

928 *Knöpfle*, „Wettbewerb“ und die Realität, S. 109.

929 GK-*Schünemann*, Einl. A 8 kritisiert insoweit die Vermengung der Bewertung der Wettbewerbsmethoden mit dem Wettbewerbsbegriff.

930 Beschrieben von *Fikentscher*, Wirtschaftsrecht II, § 22 III 3 a); GK-*Schünemann*, Einl. A 16 ff.

931 *Knöpfle*, „Wettbewerb“ und die Realität, S. 20 f.

932 Zu diesen und anderen Einwänden *Knöpfle*, „Wettbewerb“ und die Realität, S. 22 ff.

b) „unlauter"

Genauso wenig kann der Begriff der Unlauterkeit materiell eindeutig definiert werden[933]. Dazu ist er zu abstrakt und damit einhergehend vielfältigen Auslegungen offen. Vereinfacht umfasst er „unfaires"[934] Verhalten oder „schmutzige Tricks" von Unternehmen[935]. Unlauter ist der Einsatz „unredlicher" Mittel[936]. Es geht um die Regeln des „fair play"[937]. Bezeichnenderweise wird der im Rechtskreis des Common Law benutzte Begriff „unfair" als ein Kunstbegriff angesehen, der viel spekulativen Freiraum für die Subsumtion einzelner Verhaltensweisen biete[938]. Dementsprechend wird auch der Hinweis in Erwägungsgrund 7 der Richtlinie 2005/29/EG über unlautere Geschäftspraktiken auf die „Fragen der guten Sitten und des Anstands" als inhaltsleer kritisiert[939].

Die Unbestimmtheit des Begriffs ist nicht verwunderlich. Ein wirksamer Schutz vor unlauterem Wettbewerbsverhalten bedarf zwingend eines elastischen Beurteilungsmaßstabs[940]. Die Erscheinungsformen und -variationen „unfairen" Verhaltens sind äußerst vielfältig und wandlungsfähig. *Josef Kohler* wird oft zitiert[941], der den unlauteren Wettbewerb mit dem Bild vom „Proteus" verglich, „der sich in tausend Formen flüchtet und gerade die gesetzlich verpönten Gestalten vermeidet, um in unzähligen Verkleidungen dem loyalen Verkehr die Früchte seiner redlichen

---

933 *Beater*, Unlauterer Wettbewerb, § 1 Rn. 1 und 4; aus diesem Grund definiert *Peukert*, in: Lauterkeitsrecht und Acquis, S. 58 das Rechtsgebiet nicht mit Hilfe des Bewertungsmaßstabs, sondern allein mit Hilfe des Regelungsgegenstandes.

934 *Weinand*, Europarecht und Recht gegen den unlauteren Wettbewerb, S. 19; *Mäsch*, EuR 2005, 625 beschreibt den Begriff „unlauter" als altmodisches Synonym für „unfair".

935 *Chafee*, Harvard LRev. 53 (1940), 1289; *Ladas*, Patents, S. 1676.

936 *De Vrey*, European Unfair Competition Law, S. 2 f.

937 *Henning-Bodewig*, in: Neuordnung des Wettbewerbsrechts, S. 21; *Henning-Bodewig*, Unfair competition law, S. XV f. („What matters is that the fairness of market conduct is at issue").

938 *Chafee*, Harvard LRev. 53 (1940), 1289, 1301.

939 *Sosnitza*, WRP 2006, 1, 5.

940 *Ulmer*, Unlauterer Wettbewerb I, S. 239; *Reger*, TRIPS, S. 4; *Beater*, ZEuP 2003, 11, 44; *Henning-Bodewig*, GRUR Int. 2010, 549, 561; aus diesem Grund verfügen so gut wie alle Lauterkeitsrechte über Generalklauseln, *Kraft*, Interessenabwägung, S. 99; *Ulmer*, GRUR Int. 1973, 135, 138; *Ohly*, Richterrecht und Generalklausel, S. 234 ff., 327 ff.; *Schricker*, GRUR Int. 1996, 473 ff. („Der Siegeszug der Generalklauseln"); *Fezer*, WRP 2001, 989, 994 („Generalklauseln als Delegationsnormen"); *Schricker/Henning-Bodewig*, WRP 2001, 1367, 1378; *Henning-Bodewig/Schricker*, GRUR Int. 2002, 319, 322; Köhler/Bornkamm-*Köhler*, § 4 Rn. 0.2.

941 Z. B. *Ulmer*, Unlauterer Wettbewerb I, S. 80; *de Vrey*, European Unfair Competition Law, S. 3; *Ulmer*, GRUR Ausl. 1962, 273, 277, der daneben auf das Bild Bonfantes von der Dunstwolke des unlauteren Wettbewerbs mit ihren vagen und oszillierenden Konturen hinweist.

Bemühungen abzujagen“[942]. Darüber hinaus betrifft die Veränderung nicht nur das Verhalten im Wettbewerb, sondern auch das System Wettbewerb an sich. Der Wettbewerb kann als dynamisches System begriffen werden, welches demgemäß einem beständigen Wandlungsprozess unterläge. Damit einher geht ein Wandel in der Bewertung der relevanten Wertmaßstäbe, dem durch einen flexibel zu handhabenden Lauterkeitsbegriff Rechnung getragen werden muss[943]. Zu den umfassenden Veränderungen des gesamten Wettbewerbssystems gesellen sich Wechsel in der Beurteilungsperspektive, die zu einem veränderten Lauterkeitsverständnis führen[944]. Die Beurteilung der Lauterkeit ist davon abhängig, ob die Interessen der Mitbewerber, der Verbraucher oder die Auswirkungen auf die Institution Wettbewerb im Vordergrund stehen. Aufgrund der Veränderungen des Wettbewerbssystems oder der Beurteilungsperspektive kann ein Verhalten, welches zunächst nicht als unlauter zu beanstandet gewesen war, trotz äußerlich-semantisch unverändert gleichlautender Lauterkeitsnormen 25 Jahre später durchaus als unlauter missbilligt werden[945]. Gerade in Bezug auf das Lauterkeitsrecht wird festgestellt, dass sogar unter der trügerischen Decke einer normtextlichen Kontinuität tiefgreifende dogmatische Paradigmenwechsel stattfinden[946]. Letztendlich besteht ein Bedürfnis nach einem offenen Lauterkeitsbegriff auch deswegen, weil das Lauterkeitsrecht im Rahmen der Rechtsentwicklung die neusten wettbewerbstatsächlichen Konstellationen oft an vorderster Front einfängt, um sie zunächst als „Durchlaufstation“[947] oder „Notlösung“[948] rechtlich zu erfassen, bevor sie in andere Rechtsgebiete einbezogen werden[949]. Innerhalb der deutschen Rechtsordnung war das bei Entwicklung des Sonderrechtsschutzes für Computerprogramme[950] oder Datenbanken[951] zu beobachten. Das deutsche Recht beurteilte die Fälle zunächst anhand des UWG. Jetzt sind sie in §§ 69a ff. und §§ 87a ff. UrhG geregelt. Auch die Leistungsschutzrechte der ausübenden Künstler, der Veranstalter, der Tonträgerhersteller und der Sendeunternehmen wurden zunächst lauterkeitsrechtlich geschützt, ehe ihr Schutz im Urhebergesetz verankert wurde[952]. Das Gleiche gilt für den Schutz

942 *Kohler, J.*, Das Recht des Markenschutzes, S. 60.

943 So hinsichtlich der „anständigen Gepflogenheiten“ in Art. 10bis Abs. 2 PVÜ *Ladas*, Patents, S. 1689.

944 *Henning-Bodewig*, GRUR Int. 2010, 549, 561 f.

945 Z.B RG v. 19.12.1930 (Kinder-Wettbewerb), GRUR 1931, 278, 280.

946 *Schünemann*, WRP 2002, 1345.

947 *Kur*, in: Neuordnung des Wettbewerbsrechts, S. 116.

948 Kritisch beispielsweise zum Schutz von Computerprogrammen durch das UWG *Haberstumpf*, NJW 1991, 2105 ff.; *Lehmann*, CR 1991, 150 f.

949 *Kur*, in: Neuordnung des Wettbewerbsrechts, S. 123; *Reger*, TRIPS, S. 2 f.; *Beater*, ZEuP 2003, 11, 19.

950 *Harte-Bavendamm*, CR 1986, 615 ff.; OLG Frankfurt am Main v. 21.7.1983, 6 U 16/83 (Donkey Kong Junior I), GRUR 1983, 757 ff.

951 *Heinrich*, WRP 1997, 275 ff.; OLG Frankfurt am Main v. 4.7.1995, 11 U 10/95 (Telefonbuch), CR 1996, 211 ff.

952 *Sack*, WRP 2008, 845, 859.

geographischer Herkunftsangaben und bestimmter markenrechtlicher Schutztatbestände, die zunächst im Lauterkeitsrecht geregelt waren[953]. Die relative Flexibilität des Lauterkeitsrechts ist auch Ausdruck dieser Vorreiterstellung[954]. Damit jedoch scheinen feste Grenzen zu den juristischen Nachbardisziplinen bereits prinzipiell ausgeschlossen[955].

Dementsprechend wird sogar für die Situation in Deutschland bemerkt, dass es nicht einfach zu sagen sei, worum es inhaltlich im Lauterkeitsrecht geht[956]. Selbst die Großkommentierungen sind insoweit wortkarg[957]. Dabei existiert in Deutschland mit dem UWG ein spezielles Gesetz gegen den unlauteren Wettbewerb, welches mit einer Generalklausel den Anspruch erhebt, einen umfassenden und zugleich abschließenden Lauterkeitsmaßstab zu bieten. Aber selbst in diesem Fall können über den Tatbestand des Rechtsbruchs eine Vielzahl weiterer Vorschriften für die Beurteilung von Wettbewerbsverhalten relevant werden[958]. Letztendlich ist Lauterkeitsrecht in großem Umfang Richterrecht[959]. Ein rein formales Kriterium zur Abgrenzung des Lauterkeitsrechts reicht damit noch nicht einmal dort aus, wo die Materie spezialgesetzlich geregelt ist[960]. In einigen Mitgliedstaaten fehlt es sogar daran[961].

2. *Bedeutung der historischen Entwicklung*

Eine erste Orientierung bei der problematischen Abgrenzung des Lauterkeitsrechts bietet der Rückblick auf die rechtstatsächliche Entwicklung in den verschiedenen

---

953 *Bornkamm*, GRUR 2005, 97 f.; *Sack*, WRP 2008, 845, 860.

954 *Beater*, Unl. Wettb. (2011), § 1 Rn. 33.

955 *Beater*, Unlauterer Wettbewerb, § 1 Rn. 51.

956 *Beater*, Unl. Wettb. (2011), § 1 Rn. 5.

957 Ebenso *Mankowski*, GRUR Int. 2005, 634, 635.

958 *Peukert*, in: Lauterkeitsrecht und Acquis, S. 57; zu einer umfassenden Bewertung ausgewählter Normen siehe *von Walter*, Rechtsbruch als unlauteres Marktverhalten, S. 200 ff.

959 Zur Situation in Deutschland vor der Reform des UWG im Jahre 2004 Köhler/Bornkamm-*Köhler*, Einl. UWG Rn. 2.4; siehe auch *Ulmer*, Unlauterer Wettbewerb I, S. 80 f.; *Ulmer*, GRUR Ausl. 1962, 273, 283; *Micklitz/Keßler*, GRUR Int. 2002, 885, 894; *Glöckner*, Europäisches Lauterkeitsrecht, S. 9; in Bezug auf den Schutz gegen sklavische Nachahmung im Recht der meisten Mitgliedstaaten EuGH v. 2.3.1982, Rs. 6/81 (Industrie Diensten Groep/J. A. Beele), Slg. 1982, 707, Rn. 5.

960 Soviel nur zum deutschen Selbstverständnis, zum Lauterkeitsrecht gehöre alles, was im UWG geregelt sei.

961 Zum Beispiel in Frankreich, Italien oder den Niederlanden: Harte/Henning-*Henning-Bodewig*, Einl. E Rn. 172, 338, 472; *Henning-Bodewig*, GRUR Int. 2010, 273, 276 f; ganz zu Schweigen vom Vereinigten Königreich, wo der Materie gar keine kategorisch eigenständige Bedeutung zukommt, siehe dazu *Boyle*, WRP 1990, 159; *Ohly*, Richterrecht und Generalklausel, S. 73 ff.; *Carruthers/Crawford*, EdinLR 9 (2005), 238, 256; *Davis*, in: Unfair Competition, S. 183 ff.

Sachrechtsordnungen. Die historische Perspektive verdeutlicht zunächst eine gemeinsame Schnittmenge, da sich das Rechtsgebiet überall zumindest auf eine gemeinsame Wurzel zurückführen lässt (a). Zudem offenbart der Rückblick die heutzutage bestehenden Hauptdivergenzen (b).

a) Gemeinsame Wurzel: Lauterkeitsrecht als individualschützendes „Recht der Konkurrenz“

Der Begriff des unlauteren Wettbewerbs wurde von gemeinsamen Rechtsüberzeugungen geprägt, die sich in den großen Wirtschaftsstaaten im Laufe des 19. Jahrhunderts entwickelt hatten (aa)[962]. Der Wettbewerb wurde demnach zunächst reglementiert, um den individuellen Konkurrenten und seine wirtschaftlichen Interessen im Horizontalverhältnis gegenüber dem Wettbewerbsverhalten seines Mitbewerbers zu schützen (bb). Daraus entwickelten sich entsprechende Kerntatbestände (cc).

aa) Dogmengeschichtlicher Ausgangspunkt: notwendige Regulierung der Gewerbefreiheit

Angestoßen wurde die Entwicklung des Lauterkeitsrechts durch das Aufkommen einer liberalen Wirtschaftsform und die damit einhergehende Einführung der Gewerbefreiheit[963], die die vorher bestehende Regulierung des Handels durch Gilden und Zünfte ablöste[964]. Denn die starren Mechanismen der Zunftwirtschaft passten nicht zu den wirtschaftsliberalen Ideen der Freihandelslehre („laissez faire, laissez aller, le monde va de lui même“), wie sie von wirtschaftswissenschaftlichen Vordenkern wie *Marquis d'Argenson*, *Richard Cantillon*, *David Hume* und *Adam Smith* entwickelt wurden[965]. Allgemeiner Vorreiter bei der Überwindung wettbewerbshindernder Strukturen war England[966], wo auch heute noch eine tiefe liberale Überzeugung gepflegt wird, die bis jetzt die Einführung eines allgemeinen

---

962 *Ulmer*, Unlauterer Wettbewerb I, S. 1; für Beispielsfälle im Rechtskreis des Common Law, in denen bereits seit 1410 die Beeinträchtigung der Wettbewerbschance durch einen Mitbewerber am Maßstab der „unfair competition“ beurteilt wurde, siehe *Chafee*, Harvard LRev. 53 (1940), 1289 ff.

963 *Ulmer*, Unlauterer Wettbewerb I, S. 1; *Henning-Bodewig*, in: Lauterkeitsrecht und Acquis, S. 15; Harte/Henning-*Keller*, Einl. A Rn. 1; *Beater*, Unl. Wettb. (2011), § 3 Rn. 214; speziell für Deutschland siehe Köhler/Bornkamm-*Köhler*, Einl. Rn. 2.1.

964 Zum „Lauterkeitsrecht“ der Zünfte siehe *Beater*, Unl. Wettb. (2011), § 3 Rn. 229 ff.; GK-*Schünemann*, Einl. B 4 f.; zur Entwicklung in England siehe die umfassenden Nachweise bei *Handler*, Iowa LRev. 21 (1936), 175, 176 Fn. 1.

965 *Fikentscher*, Wirtschaftsrecht I, § 5 II 2.

966 *Beater*, Unl. Wettb. (2011), § 3 Rn. 214; *Fikentscher*, Wirtschaftsrecht II, § 22 II 2 dagegen verweist wesentlich weiter auf die erste Verfassungsgebung der Niederländischen Republik in der Dordrechter Staatenversammlung vom Juli 1572 zurück.

generalklauselartigen „Tort of Unfair Competition" verhindert[967]. Speziell die Handels- und Gewerbefreiheit wurde im Zuge der Französischen Revolution jedoch zuerst in Frankreich durch Gesetz vom 2./17. März 1791 gewährt[968] und unter der Herrschaft des neuen Wirtschaftsliberalismus im ausgehenden 18. oder im Laufe des 19. Jahrhunderts nach und nach überall in Europa eingeführt.

Mit der Gewerbefreiheit einher ging allerdings eine verstärkte wettbewerbliche Konkurrenz unter den Anbietern. Die Zahl der Anbieter wuchs zum einen wegen der Aufhebung des Zunftzwangs[969], zum anderen aber auch maßgeblich wegen der wachsenden Produktion, die die zunehmende Industrialisierung nach 1870 ermöglichte[970]. Zudem wurden durch neue Absatzformen und den verstärkten Einsatz von Werbung bisher nicht erreichte Konsumentenschichten erschlossen. Neben die Massenproduktion trat damit der Massenkonsum. Die Prosperität der Gründerjahre mündete jedoch bald in eine langanhaltende Depression[971]. Die nachlassende Konjunktur führte zu einem erbittert und mit immer härteren Mitteln geführten Konkurrenzkampf[972]. Dieses bald als Missstand erkannte Phänomen beförderte – auch vor dem Hintergrund zunehmender sozialer Spannungen[973] – die Erkenntnis, dass unregulierte Wettbewerbsfreiheit missbraucht werden kann und daher notwendigerweise zu beschränken sei[974]. Als Reaktion auf die damalige Entwicklung der Wirtschaft hin zu liberalen ökonomischen Strukturen schien die Beschränkung der neuen Wettbewerbsfreiheit notwendiger Schutz vor unlauterem Wettbewerb zu sein[975]. Zunächst wissenschaftlich noch nicht fundiert gelangte man zu der Überzeugung, dass sich in einem unverfälschten Leistungswettbewerb der Tüchtigste durchsetzen solle und nicht der Rabiateste[976]. Unlautere Methoden des Wettbewerbs seien daher zum Schutz des Tüchtigen zu bekämpfen[977].

---

967 Siehe unten S. 320.

968 GK-*Schünemann*, Einl. B 7; *Ulmer*, Unlauterer Wettbewerb I, S. 1.

969 Zum Zunftzwang siehe *Beater*, Unlauterer Wettbewerb, § 3 Rn. 24 ff.

970 *Beater*, Unlauterer Wettbewerb, § 3 Rn. 54; GK-*Schünemann*, Einl. B 10.

971 GK-*Schünemann*, Einl. B 10.

972 *Haines*, YLJ 29 (1919), 1; in Bezug auf die Situation in Deutschland Köhler/Bornkamm-*Köhler*, Einl. UWG Rn. 1.38; *Fikentscher*, Wirtschaftsrecht II, § 22 II 4.

973 Zur beispielhaften Situation in Deutschland: *Fikentscher*, Wirtschaftsrecht II, § 20 II 3 und 4.

974 *Fikentscher*, in: FS Hallstein, S. 129 f.; *Veelken*, ZVglRWiss 92 (1993), 241, 244 f.; *Henning-Bodewig*, Unfair competition law, S. 2; *de Vrey*, European Unfair Competition Law, S. 11.

975 Zum Wettbewerbsrecht als Antwort auf das Freiheitsparadox der heutigen Marktwirtschaft: *Fikentscher*, Umweltsoziale Marktwirtschaft, S. 14.

976 *Ulmer*, Unlauterer Wettbewerb I, S. 1.

977 *Glöckner*, Europäisches Lauterkeitsrecht, S. 331; *Ulmer*, Unlauterer Wettbewerb I, S. 1.

Begonnen wurde damit in Frankreich[978]. Dort wurde der Begriff der „*Concurrence Déloyale*" geprägt und als Tatbestand in die allgemeine deliktsrechtliche Generalklausel in Art. 1382 und 1383 Code Civil integriert[979]. Auch in anderen Rechtsordnungen etablierten sich weltweit entsprechende Rechtsbegriffe für den unlauteren Wettbewerb[980]. Zum internationalen Rechtsbegriff wurde der unlautere Wettbewerb durch Art. 10bis der Pariser Verbandsübereinkunft, der auf den Beschlüssen der Brüsseler Revisionskonferenz vom 14. Dezember 1900 beruht[981]. Mit der weltweiten Anerkennung als Rechtsbegriff wurde in globalem Umfang begonnen, unlauterem Wettbewerb mit Hilfe des Rechts entgegenzutreten[982].

bb) Individualrechtsschutz: Schutz der Interessen eines bestimmten Wettbewerbers im Horizontalverhältnis

Ursprünglich herrschte in allen Rechtsordnungen Einigkeit über die Funktion des Rechts gegen unlauteres Wettbewerbsverhalten. Denn das ursprüngliche Lauterkeitsrecht entstand überall als Reaktion auf die Beeinträchtigung individueller Interessen Gewerbetreibender bei der Verwirklichung ihrer individuellen wirtschaftlichen Handlungsfreiheit. Es war der ehrbare Kaufmann, der sich durch ein geschäftliches Verhalten seines Konkurrenten konkret beeinträchtigt fühlte und als Kläger eine gerichtliche Untersuchung verlangte[983]. Das Lauterkeitsrecht entwickelte sich daher aus der Überzeugung, dass die Regeln zur Bekämpfung des unlauteren Wettbewerbs dem individuellen Interesse des einzelnen Unternehmers dienen, um gerade *ihn* im Wettbewerbsverhältnis vor unlauteren Praktiken seiner Mitbewerber zu schützen[984]. Das Lauterkeitsrecht war mithin ganz auf das

---

978 *Ladas*, Patents, S. 1691 („... the earliest, the richest, and the most expansive development for nearly a century..."); *Krasser*, Unlauterer Wettbewerb IV (Frankreich), S. 4; GK-*Schricker*, Einl. F 246; vergl. zur historischen Entwicklung des französischen Lauterkeitsrechts *Vogel*, Französisches Wettbewerbsrecht, S. 16 ff.

979 *Glöckner*, Europäisches Lauterkeitsrecht, S. 331 f.; GK-*Schricker*, Einl. F 246.

980 In Deutschland etwa zu Beginn der 90er Jahre des 19. Jahrhunderts: *Glöckner*, Europäisches Lauterkeitsrecht, S. 333; zur Entwicklung in den ehemals sozialistischen Staaten Mittel- und Osteuropas siehe *Dietz*, GRUR Int. 1994, 649 ff.; zur Entwicklung im Rechtskreis des Common Law siehe *Haines*, YLJ 29 (1919), 1, 2; *Handler*, Iowa LRev. 21 (1936), 175, 179 f.

981 *Ulmer*, Unlauterer Wettbewerb I, S. 23; *Ulmer*, GRUR Ausl. 1962, 273, 274; *Nothhelfer*, GRUR Ausl. 1966, 434; *Ulmer*, GRUR Int. 1973, 135 f.; *WIPO*, Unfair Competition, S. 9.

982 *Beater*, Unlauterer Wettbewerb, § 3 Rn. 79 ff.

983 *Schricker*, GRUR Int. 1970, 32; *Schricker*, IIC 1970, 415 f.

984 *Beater*, Unlauterer Wettbewerb, § 1 Rn. 7 ff.; *Ulmer*, Unlauterer Wettbewerb I, S. 48; *de Vrey*, European Unfair Competition Law, S. 11; *Henning-Bodewig*, in: Lauterkeitsrecht und Acquis, S. 16; *Ladas*, Patents, S. 1676 f.; *Beier*, GRUR Int. 1984, 61, 62; *Schricker*, in: Werbung in Europa, Einführung, Rn. 12; *Beier*, IIC 1985, 139, 141; *Ulmer*, GRUR Int. 1973, 135, 137.

individuelle Interesse des Unternehmers zugeschnitten („Interessenmonismus“[985]). Unklar war dabei lediglich, wie das lauterkeitsrechtlich geschützte subjektive Individualrecht zu definieren sei. Die Bezugspunkte reichten vom Persönlichkeitsrecht des Unternehmers über dessen Wettbewerbsstellung[986] (insbesondere dem Kundenstamm[987]) bis hin zum am Unternehmen anknüpfenden Recht am eingerichteten und ausgeübten Gewerbebetrieb[988].

Der Verbraucher dagegen wurde lediglich als fremdbestimmtes Zuordnungsobjekt im Verhältnis der Wettbewerber zueinander interpretiert. Dementsprechend wurde der wirtschaftliche Wettbewerb als Wettlauf um die Kunden beschrieben, der durch die Regeln des Lauterkeitsrechts fair ausgestaltet wurde. Die Kunden erschienen dabei als bloße Trophäe des Wettlaufs. Sie bildeten lediglich „das Instrument, auf dem der Gewerbetreibende spielt“[989] oder ein Werkzeug, mit dessen Einsatz der Mitbewerber geschädigt werden kann[990]. Mit dem Wettlauf an sich oder dessen Regeln hatten sie nichts zu schaffen[991]. Eigene Rechte verlieh man ihnen nicht.

Für die Gerichte lag es nahe, die neuen geschäftlichen Verhaltensweisen zunächst anhand der hergebrachten Deliktstatbestände zu beurteilen[992]. Dem Glauben daran, dass unlauteres Wettbewerbsverhalten einzelne Mitbewerber in individuellen Interessen beeinträchtigt, entspricht es, das Lauterkeitsrecht in das hergebrachte Deliktsrecht einzubetten. Rechtsgeschichtlich am bedeutsamsten war insoweit in Frankreich die Einbettung des lauterkeitsrechtlichen Mitbewerberschutzes in die deliktsrechtliche Generalklausel der Artt. 1382, 1383 Code Civil. In Großbritannien stütze man sich auf die hergebrachten Torts wie zum Beispiel Passing-Off (Nachahmung), Injurious Falsehood (Anschwärzung) oder Breach of Confidence (Vertrauensbruch, Verletzung der Geheimhaltungspflicht)[993], die dort

---

985 *Fezer*, WRP 2001, 989, 991.

986 *Ladas*, Patents, S. 1677 („... the reputation and the goodwill of a business - the business relations which constitute one of the various interests of substance that are recognized and protected by law.“).

987 *Ripert*, Droit Commercial, Rn. 428; kritisierend, da dies zum Ausschluss des Wettbewerbs selbst führen würde *Roubier*, Propriété Industrielle I, S. 520.

988 Für einen auf Deutschland bezogenen Überblick siehe GK-*Schünemann*, Einl. C 9 ff.; *Fezer*, WRP 2001, 989, 996 f.; in Bezug auf Italien siehe *Schricker*, Unlauterer Wettbewerb V (Italien), 35 ff.; allgemein *Ulmer*, Unlauterer Wettbewerb I, S. 54; *Baums*, GRUR Int. 1992, 1, 3.

989 *Callmann*, Der unlautere Wettbewerb, S. 43.

990 *Beater*, Unlauterer Wettbewerb, § 13 Rn. 23.

991 *Schricker*, GRUR Int. 1970, 32, 33; *Schricker*, IIC 1970, 415, 416.

992 *Handler*, Iowa LRev. 21 (1936), 175, 179 f.

993 *Beater*, Unlauterer Wettbewerb, § 1 Rn. 8; *Boyle*, WRP 1990, 159, 161; *Westerholt*, Unlauterer Wettbewerb VI (Großbritannien und Nordirland), S. 13; *Ladas*, Patents, S. 1696 ff.

seit jeher die Handlungs-, Handels- und Gewerbefreiheit beschränkten[994]. Aber auch dort, wo der Gesetzgeber neue Spezialregelungen zum Schutz gegen den unlauteren Wettbewerb schuf, stand der Individualrechtsschutz der Gewerbetreibenden zunächst im Vordergrund[995]. Ganz in diesem Sinne spricht die amtliche Begründung des ersten deutschen UWG von 1896 von den „berechtigten Interessen der Erwerbsgenossen"[996].

cc) Kerntatbestände: Schutz vor Herkunftstäuschung, vor Anschwärzung und von Betriebsgeheimnissen

Das ursprünglich konkurrentenbezogene lauterkeitsrechtliche Verständnis führte zur Ausbildung entsprechender, typisch lauterkeitsrechtlicher Kerntatbestände. Der Verwurzelung des Lauterkeitstelos im Schutz individueller Interessen der Mitbewerber entspracht es, dass man bei der Bildung von Tatbeständen Handlungen zugrunde legte, durch die einzelne Mitbewerber unmittelbar in eindeutig bestimmten Positionen geschädigt wurden[997]. Dafür stehen drei typische Konstellationen:

Unmittelbar mitbewerberschädigend wirkt es erstens, wenn Hinweise auf die Herkunft von Produkten aus dem Betrieb eines bestimmten Mitbewerbers – insbesondere im Rahmen der Verwendung von Marken, Namen oder anderen Zeichen – so täuschend verwendet werden, dass sie eine Verwechslungsgefahr begründen[998]. Bei der Verwechslung durch eine Herkunftstäuschung wird der Mitbewerber unmittelbar in seinem Zuordnungsinteresse verletzt und seiner konkreten Marktchance beraubt, wenn die Nachahmung mit dem Original verwechselt und an dessen Stelle erworben wird[999]. Teilweise wird bereits der Schutz vor allgemeiner

---

994 *Westerholt*, Unlauterer Wettbewerb VI (Großbritannien und Nordirland), S. 12; *Schwartz*, GRUR 1967, 333, 346.

995 Z. B. in Deutschland: GK-*Schünemann*, Einl. C 4; allgemein für Länder mit sondergesetzlicher Regelung *Ulmer*, Unlauterer Wettbewerb I, S. 48.

996 *Schricker*, GRUR Int. 1970, 32, 33.

997 *Schricker*, GRUR Int. 1970, 32, 33; *Schricker*, IIC 1970, 415, 416; *Beier*, IIC 1985, 139, 145; z. B. in England: *Westerholt*, Unlauterer Wettbewerb VI (Großbritannien und Nordirland), S. 31; z. B. in Frankreich: *Krasser*, Unlauterer Wettbewerb IV (Frankreich), 79 f.; z. B. in Italien: *Schricker*, Unlauterer Wettbewerb V (Italien), S. 31; z. B. in Deutschland: GK-*Schünemann*, Einl. B 15 f.; z. B. in den Niederlanden: *Baeumer*, Unlauterer Wettbewerb II 2 (Niederlande), S. 82; z. B. in Belgien: *Schricker/Wunderlich*, Unlauterer Wettbewerb II 1 (Belgien, Luxemburg), S. 143.

998 *Saint-Gal*, GRUR Ausl. 1956, 202, 205; laut *Ulmer*, Unlauterer Wettbewerb I, S. 85 „der älteste und wichtigste Tatbestand unlauteren Wettbewerbs"; ebenso *Krasser*, Unlauterer Wettbewerb IV (Frankreich), S. 147; *Schricker*, in: FS Zweigert, S. 539 sieht im Hervorrufen von Verwechslungsgefahr jedenfalls für den Konkurrentenschutz die wichtigste Fallgruppe unlauteren Wettbewerbs; *Beier*, GRUR Int. 1984, 61, 62 (als „Kennzeichenmissbrauch" bezeichnet); *Glöckner*, Europäisches Lauterkeitsrecht, S. 290 f.

999 *Ulmer*, Unlauterer Wettbewerb I, S. 85 f.; *Köhler*, GRUR 2007, 548, 552.

Irreführung der Abnehmer zum Kernbestand gezählt[1000]. Die allgemeine Irreführung nimmt jedoch anders als die Herkunftstäuschung nicht unmittelbar auf den Konkurrenten oder dessen Produkte Bezug und betrifft daneben vor allem Interessen der Marktgegenseite. Die Einbeziehung in den Kreis der lauterkeitsrechtlichen Kerntatbestände liegt daher nicht auf der Hand und müsste gesondert gerechtfertigt werden. Zumindest vom traditionellen Verständnis der *Concurrence Déloyale* ist die allgemeine Irreführung daher nicht erfasst[1001]. Neben der herkunftstäuschenden Irreführung sind zwei weitere typische Beispiele unfairen Geschäftsverhaltens unmittelbar konkurrentenbezogen: Ein unmittelbarer Konkurrentenbezug liegt sowohl dann vor, wenn der gute Ruf durch eine vom Mitbewerber ausgehende Anschwärzung direkt geschädigt wird[1002], als auch dann, wenn an fremder Leistung durch die Ausbeutung fremder Betriebsgeheimnisse schmarotzt wird[1003]. Anstatt vom Betriebsgeheimnis wird teilweise auch von Geschäftsgeheimnis, Unternehmensgeheimnis oder Wirtschaftsgeheimnis gesprochen, wobei die uneinheitliche Terminologie für das Lauterkeitsrecht bedeutungslos ist[1004].

Diese drei Kerntatbestände dürften heutzutage in jedem nationalen Recht existieren[1005]. Sie sind als lauterkeitsrechtliche „Archetypen“[1006] anerkannt. Es handelt sich um Tatbestände, die ihr Unwerturteil weniger auf spezielle ökonomisch-marktspezifische Erwägungen gründen, sondern es vielmehr auf grundlegendere sittliche Erwägungen stützen[1007]. Auf sie griff der Gesetzgeber des ersten deutschen UWG von 1896 zurück, der keine umfassende Wettbewerbsverhaltensordnung schaffen wollte, sondern ausdrücklich auf die Bekämpfung der gröbsten Missstände zielte[1008]. Auch *Ulmer* sah in seinem rechtsvergleichenden Gutachten in den drei Kerntatbeständen diejenigen typischen Akte unlauteren Wettbewerbsverhaltens, die geeignet waren, für den Bereich des Gemeinsamen Marktes zum Gegenstand einer Einzelregelung zu werden[1009]. Zudem sind die drei Kerntatbestände

---

1000 *Henning-Bodewig*, Unfair competition law, S. 8; *Beater*, Unl. Wettb. (2011), § 1 Rn. 8.

1001 *Beier*, GRUR Int. 1984, 61, 63.

1002 *Beater*, Unlauterer Wettbewerb, § 22 Rn. 74 ff.

1003 *Ulmer*, GRUR Ausl. 1962, 273, 277 f.; *Ulmer*, Unlauterer Wettbewerb I, S. 47; *Schwartz*, GRUR 1967, 333; *Schricker*, IIC 1995, 782, 783; *de Vrey*, European Unfair Competition Law, S. 6; *Beater*, Unl. Wettb. (2011), § 1 Rn. 10; a.A. *Henning-Bodewig*, in: Neuordnung des Wettbewerbsrechts, S. 34 f., die den Tatbestand des Ausnutzens von Betriebsgeheimnissen eher dem Randbereich des Lauterkeitsrechts zurechnet, auch wenn er gleichwohl „deutliche Verbindungen“ dazu aufweist.

1004 Köhler/Bornkamm-*Köhler*, § 17 Rn. 4a.

1005 *Beater*, Unlauterer Wettbewerb, § 1 Rn. 8.

1006 *Reichold*, WRP 1994, 219, 221.

1007 *Roubier*, Propriété Industrielle II, S. 477 ff.

1008 GK-*Schünemann*, Ein. B 14.

1009 *Ulmer*, Unlauterer Wettbewerb I, S. 242 für Verwechslungen und Anschwärzung (sowie darüber hinaus auch die irreführende Werbung), S. 243 für Betriebsgeheimnisse.

auch völkerrechtlich anerkannt[1010]. Art. 10bis Abs. 3 PVÜ normiert die wichtigsten Einzeltatbestände des Lauterkeitsrechts[1011]. Zu den normierten Sondertatbeständen gehörten zumindest bis zur Haager Fassung[1012] lediglich die Herbeiführung von Verwechslungen[1013] und die Anschwärzung durch falsche Angaben[1014]. Der dritte Kerntatbestand, das Ausnutzen fremder Betriebsgeheimnisse, bezieht seine internationale Anerkennung aus Art. 11 Abs. 1 PVÜ, was den Schutz im Zusammenhang mit der Vorstellung von Innovationen auf Ausstellungen angeht, im Übrigen allgemein aus Art. 39 des 1994 geschlossenen TRIPS-Abkommens[1015], der allerdings wieder auf Art. 10bis PVÜ verweist[1016].

b) *Hauptdivergenzen: Lauterkeitsrecht als sozialinteressenschützendes „Recht des Marktes"?*

Nach dem Aufkommen von Gewerbefreiheit und Marktwirtschaft zeigte sich jedoch allmählich, dass unfaires Geschäftsverhalten nicht nur individuelle Mitbewerberinteressen berührt. Die Verhaltensweisen von Unternehmen im Marktgeschehen besitzen eine breite Streuwirkung und können dadurch auch Interessen der Marktgegenseite und der Allgemeinheit gefährden[1017]. Das wurde allgemein erkannt. In der Rechtsentwicklung setzte sich der sogenannte sozialrechtliche Gedanke[1018] grundsätzlich durch, neben den Individualinteressen auch weitere Interessen anderer betroffener Marktteilnehmer als schutzwürdig anzuerkennen[1019].

1010 *Beater*, Unlauterer Wettbewerb, § 1 Rn. 8; *Sanders*, Unfair Competition Law, S. 6 f.

1011 *Henning-Bodewig*, in: Neuordnung des Wettbewerbsrechts, S. 32; GK-*Schricker*, Einl. F 42 ff.; *Beier*, IIC 1985, 139, 148 f.

1012 *Ulmer*, Unlauterer Wettbewerb I, S. 22 f.; *Glöckner*, in: Neueste Entwicklungen, S. 242; *Henning-Bodewig*, in: Neuordnung des Wettbewerbsrechts, S. 26; *Schricker*, IIC 1995, 782.

1013 In allen Modalitäten des konfundierenden Wettbewerbs: Näheres zum Tatbestand bei GK-*Schricker*, Einl. F 58 ff.; *Henning-Bodewig*, in: Neuordnung des Wettbewerbsrechts, S. 28 ff.; *Reger*, TRIPS, S. 20 f.

1014 Zu diesem klassischen Kerntatbestand GK-*Schricker*, Einl. F 66 ff.; *Reger*, TRIPS, S. 23 f.

1015 *Beater*, Unlauterer Wettbewerb, § 1 Rn. 11; *Henning-Bodewig*, in: Neuordnung des Wettbewerbsrechts, S. 35; *Schricker*, in: FS Fikentscher, S. 986.

1016 *Henning-Bodewig*, IIC 1999, 166, 177.

1017 Siehe unten S. 202 (Unbestimmtheit der betroffenen Interessen).

1018 Zur Missverständlichkeit des Begriffs, der keinen Bezug zum Sozialrecht implizieren soll: Harte/Henning-*Schünemann*, § 1 Rn. 12. Nützlich ist er als Antonym zu dem „individualrechtlichen" Verständnis des Lauterkeitsrechts; *Honorati*, in: Unification, S. 134 f. spricht vom „social model" im Gegensatz zum „corporative model".

1019 *Dethloff*, Europäisierung des Wettbewerbsrechts, S. 41 f.; *Hague Conference on Private International Law*, Note on Unfair Competition, S. 9; *Henning-Bodewig*, GRUR Int. 2002, 389, 391; *Henning-Bodewig*, GRUR Int. 2010, 549, 552; *Schricker/Henning-Bodewig*, WRP 2001, 1367 f.; *Ulmer*, Unlauterer Wettbewerb I, S. 48; *Schricker*, in: Werbung in Europa, Einführung, Rn. 14; *Honorati*, in: Unification, S. 135.

Insbesondere der Verbraucherschutz wurde in den 1960er und 1970er Jahren unionsweit gestärkt[1020].

Rechtstatsächlich wurde diese Erkenntnis jedoch unterschiedlich umgesetzt[1021]. Der entscheidende Bruch in der gemeinsamen Entwicklung des Lauterkeitsrechts wird gerade im unterschiedlichen Umgang mit den Sozialinteressen[1022] und insbesondere dem Verbraucherschutz[1023] gesehen[1024]. Die rechtstheoretische Unbestimmtheit des Lauterkeitsrechts verhinderte das Entstehen eines naheliegenden und mehrheitsfähigen Entwicklungspfades, was vor allem im Bereich der Werbung zu unterschiedlichen Schutzsystemen führte[1025]. Entscheidend beeinflusst wurde die Umsetzung des Sozialrechtsschutzes davon, dass der traditionelle lauterkeitsrechtliche Konkurrentenschutz unterschiedlich entweder durch die allgemeinen deliktischen Vorschriften oder aber durch ein lauterkeitsrechtliches Sondergesetz gewährt wurde. Im Wesentlichen bestehen daher zwei Ansatzpunkte, um die betroffenen Interessen anderer Marktteilnehmer zu schützen[1026]. Zum einen kann der Schutz der Sozialinteressen – wie insbesondere Aspekte des Verbraucherschutzes – in das traditionelle System des lauterkeitsrechtlichen Mitbewerberschutzes integriert werden. Zum anderen kann dem Sozialschutz auch getrennt vom Lauterkeitsrecht durch andere Systeme Rechnung getragen werden.

1020 Dazu insbesondere *Schricker*, GRUR Int. 1970, 23 ff.; *Schricker*, IIC 1970, 415 ff.; *Schricker*, RabelsZ 36 (1972), 315 ff.; *Schricker*, GRUR Int. 1976, 315 ff.; *Schricker*, RabelsZ 40 (1976), 535 ff.; *Schricker*, IIC 1977, 158 ff.

1021 Überblick bei *Schricker*, GRUR Int. 1973, 694 ff.; zur Entwicklung in der Anfangsphase *Ladas*, Patents, S. 1691 ff.; zur Entwicklungslinien des europäischen Lauterkeitsrechts ab 1958 *Beier*, GRUR Int. 1984, 61 ff.; zur neueren Entwicklung weltweit *Schricker*, IIC 1995, 782 ff.

1022 *Henning-Bodewig*, in: Lauterkeitsrecht und Acquis, S. 16 („Die gemeinsame Klammer fing an zu bröckeln").

1023 *De Vrey*, European Unfair Competition Law, S. 46; *Beier*, IIC 1985, 139, 151 ff.; *Hilty*, in: Unfair Competition, S. 6 f.; *Henning-Bodewig*, GRUR Int. 2002, 389, 390 f. („Sprengsatz"); *Henning-Bodewig*, GRUR Int. 2010, 549, 559.

1024 *Ulmer*, GRUR Ausl. 1962, 273, 276; *Ulmer*, GRUR Int. 1973, 135, 136 f.; *Ulmer*, Unlauterer Wettbewerb I, S. 1 f.; *Beier*, GRUR Int. 1984, 61, 66 f.; *Henning-Bodewig*, in: Lauterkeitsrecht und Acquis, S. 15; *Dethloff*, Europäisierung des Wettbewerbsrechts, S. 41 f.; *Henning-Bodewig*, IIC 1999, 166, 168 ff.; *Henning-Bodewig*, GRUR Int. 2002, 389, 390 f.; *Henning-Bodewig*, in: FS Tilmann, S. 151; *Henning-Bodewig*, GRUR Int. 2010, 549, 559; *Glöckner*, Europäisches Lauterkeitsrecht, S. 358; *Schricker/Henning-Bodewig*, WRP 2001, 2001, 1367 f.

1025 *Henning-Bodewig*, in: Lauterkeitsrecht und Acquis, S. 17; *Schricker/Henning-Bodewig*, WRP 2001, 1367, 1368; *Schricker*, in: Werbung in Europa, Einführung, Rn. 15.

1026 *Ulmer*, GRUR Int. 1973, 135, 137 f.

aa) Integration eines lauterkeitsrechtlichen Verbraucherschutzes in eine sonderprivatgesetzliche Schutzzwecktrias

Vor allem in Staaten wie Deutschland, Österreich, Belgien, Dänemark oder Schweden mit speziellen lauterkeitsrechtlichen Sondergesetzen konnten die Sozialinteressen leicht in das Lauterkeitsrecht integriert und damit auch zivilrechtlich geschützt werden[1027]. Dort wird mithin der Sinn und Zweck des lauterkeitsrechtlichen Schutzes darin gesehen, über bestimmte Individualinteressen der Wettbewerber hinaus auch Interessen der Marktgegenseite wie insbesondere der privaten Letztverbraucher sowie das Allgemeininteresse an einem wirksamen Wettbewerb zu wahren[1028]. Damit dient das Lauterkeitsrecht in diesen Rechtsordnungen einer Schutzzwecktrias von Mitbewerbern, Marktgegenseite und Allgemeinheit. Der umfassende Schutzzweck der lauterkeitsrechtlichen Sondergesetze erlaubte es den Gerichten, auch solche Wettbewerbshandlungen problemlos in das zivilrechtliche Sanktionensystem zu integrieren, die sich nicht unmittelbar gegen den klagenden Mitbewerber richten, sondern in erster Linie die Interessen der Verbraucher beeinträchtigen, wie dies vor allem bei der irreführenden Werbung der Fall ist[1029]. Dementsprechend wurde zum Beispiel Verbraucherverbänden eine zivilrechtliche Klagebefugnis zuerkannt. Damit einher geht die Entwicklung des Lauterkeitsrechts von einem reinen horizontalen „Wettbewerbsrecht" zu einem umfassenderen „Marktrecht"[1030], welches auch das Vertikalverhältnis zur Marktgegenseite berücksichtigt. In diesem Sinn regelt das Lauterkeitsrecht nicht nur das Verhalten der Wettbewerber in ihrem Verhältnis zueinander, sondern kontrolliert umfassend das gesamte Marktverhalten der Anbieterseite im Interesse aller unmittelbar und mittelbar vom Marktgeschehen berührten Einzelpersonen und Personenmehrheiten[1031].

Das Integrationsmodell und die Entwicklung des Lauterkeitsrechts zu einem sozialinteressenschützenden Recht des Marktes besitzen jedoch keine Allgemeingültigkeit. Die Behauptung, dass eine lauterkeitsrechtliche Schutzzwecktrias „keine Besonderheit irgendwelcher nationaler Rechtsordnungen" sei[1032], ist irreführend. Zwar ist die lauterkeitsrechtliche Schutzzwecktrias zumindest in Deutschland etabliert[1033]. Im europäischen Rahmen jedoch wird der Zweckmehrheit des Integrationsmodells eine Sonderstellung eingeräumt, da in den nationalen

1027 *Schricker*, in: Werbung in Europa, Einführung, Rn. 15; *Henning-Bodewig*, in: Unfair Competition, S. 112.

1028 Aber auch z. B. in den Niederlande im Rahmen der deliktischen Generalklausel.

1029 *Beier*, GRUR Int. 1984, 61, 63.

1030 *Fezer*, WRP 2001, 989, 997; *Henning-Bodewig*, Unfair competition law, S. 3; *Schricker*, in: Werbung in Europa, Einführung, Rn. 16; *de Vrey*, European Unfair Competition Law, S. 47.

1031 *Schricker*, in: Werbung in Europa, Einführung, Rn. 16.

1032 MüKo UWG-*Mankowski*, IntWettbR Rn. 25.

1033 Siehe unten S. 303 (Integrationsmodell Deutschlands).

Lauterkeitsrechtsordnungen der Mitgliedstaaten im Allgemeinen allein das Interesse der Wettbewerber mit genuin deliktsrechtlichen Mitteln oder einem dem klassisch konkurrentenschützenden Ansatz verhafteten Lauterkeitsrecht geschützt wird[1034]. Zum Schutz der Kollektivinteressen der Verbraucher und der Allgemeinheit werden dagegen Behördensysteme favorisiert, die diesen Schutz mittels eines Wettbewerbsverwaltungsrechts nach verwaltungsrechtlichen Maßstäben bestimmen[1035]. So wurde bereits Ende der 1960er Jahre festgestellt, dass innerhalb der Länder der EWG mit Ausnahme Deutschlands Kollektivinteressen im Lauterkeitsrecht lediglich mittelbar als Rechtsreflex des individuellen Mitbewerberschutzes berücksichtigt würden[1036]. Die Unterschiede in den mitgliedstaatlichen Lauterkeitsrechten haben *Ulmer* noch 1965 in seinen Vorschlägen zur Rechtsangleichung zu der Ansicht geführt, dass der sozialrechtliche Gedanke des lauterkeitsrechtlichen Verbraucherschutzes nicht harmonisierungsfähig sei[1037]. Darin wurde der theoretisch interessanteste Befund des Gutachtens erblickt[1038].

bb) Segregation eines öffentlichen Verbraucherschutzes vom allgemeindeliktischen Mitbewerberschutz

Wo der Schutz vor unlauterem Wettbewerb wie zum Beispiel in Frankreich oder Italien durch die allgemeinen Deliktsnormen gewährt wurde, lag es besonders fern, in diesem Rahmen auch Sozialinteressen zu berücksichtigen[1039]. Dem allgemeindeliktischen Tatbestand, der es erfordert, dass einem anderen Schaden zugefügt wird, entspricht es, von Handlungen auszugehen, durch die einzelne Mitbewerber geschädigt werden[1040]. Andere Interessen profitieren vom individuellen Mitbewerberschutz lediglich mittelbar und reflexartig. Dementsprechend schwer fiel den Gerichte zum Beispiel in Frankreich[1041] und

---

1034 *Schulte-Nölke/Busch*, ZEuP 2004, 99; *Glöckner*, Europäisches Lauterkeitsrecht, S. 358 f.; *Beater*, Unl. Wettb. (2011), § 5 Rn. 390; a. A. dagegen *Henning-Bodewig*, in: FS Tilmann, S. 159 („der integrierte Schutz" sei „überwiegend anerkannt"); *Keßler*, WRP 2007, 714, 717 (in den Mitgliedstaaten der Gemeinschaft überwiege das „Einheitsmodell").

1035 *Ohly*, in: Neuordnung des Wettbewerbsrechts, S. 76 („verwaltungsrechtliche Lösungen"); *Ohly*, WRP 2006, 1401, 1403 konstatiert insbesondere bei der Werbekontrolle, dass im europäischen Vergleich ein Behördenmodell weit verbreitet sei; *Beater*, Unl. Wettb. (2011), § 1 Rn. 60 f.

1036 *Schwartz*, GRUR 1967, 333, 349 f.; *Samwer*, GRUR 1969, 326, 330.

1037 *Ulmer*, Unlauterer Wettbewerb I, S. 241; begrüßend *Samwer*, GRUR 1969, 326 („realistische Einstellung").

1038 *Schricker*, GRUR Int. 1970, 32, 34.

1039 *Henning-Bodewig*, in: Neuordnung des Wettbewerbsrechts, S. 24; *Henning-Bodewig*, Unfair competition law, S. 3; *Beier*, IIC 1985, 139, 145; *Henning-Bodewig*, in: Unfair Competition, S. 112.

1040 *Ulmer*, Unlauterer Wettbewerb I, S. 48; *Ulmer*, GRUR Ausl. 1962, 273, 276.

1041 *Krasser*, Unlauterer Wettbewerb IV (Frankreich), S. 65 und 81 f.

Italien[1042] die Verurteilung von Verhaltensweisen, denen die individuelle Stoßrichtung auf den Mitbewerber fehlt[1043]. Gleiches gilt hinsichtlich der Beurteilung von Wettbewerbsverhalten im Rahmen der Torts des Common Law[1044]. Für das „Lauterkeitsrecht" Großbritanniens wird ausdrücklich behauptet, dass es reines Individualrecht sei und kein sozialrechtliches Element enthalte, soweit nicht Strafbestimmungen eingreifen[1045].

Zur Berücksichtigung der Sozialinteressen wurden daher in diesen Rechtsordnungen, in denen der allgemeindeliktische Konkurrentenschutz herrscht, zusätzliche Rechtsnormen geschaffen. Insbesondere der Verbraucherschutz wird in aller Regel durch eigene, nicht dem Zivilrecht zugehörende Gesetze verfolgt[1046], da er im herkömmlichen mitbewerberbezogenen Verständnis vom Lauterkeitsrecht in besonderem Maße als Fremdkörper erscheint[1047]. Traditionell sollte das Lauterkeitsrecht den ehrbaren Kaufmann vor unfairem Geschäftsverhalten der Konkurrenten schützen. Warum sollte es nicht dabei bleiben? Andere Zwecke – wie der Verbraucherschutz – könnten dann im Rahmen der Gesamtrechtsordnung mit anderen, vom Lauterkeitsrecht zu trennenden Gesetzen verfolgt werden[1048]. Dafür stehen gleichermaßen geeignet die Mittel anderer Rechtsgebiete – insbesondere des Delikts-, Vertrags-, Verbraucherschutz-, Immaterialgüter-, Kartell- oder Gewerbepolizeirechts – zur Verfügung[1049]. Wo das Lauterkeitsrecht traditionell seinen Schutz in erster Linie dem Mitbewerber bezüglich seiner ureigensten Interessen gewährt, sollten dem Schutz anderer Interessen eigene wirtschaftspolitische

---

1042 *Schricker*, Unlauterer Wettbewerb V (Italien), S. 34 ff. (mit Hinweisen auf abweichende Auffassungen im Schrifttum).

1043 *Schricker*, GRUR Int. 1970, 32, 33; *Samwer*, GRUR 1969, 326, 330; *Beier*, GRUR Int. 1984, 61, 63.

1044 *Westerholt*, Unlauterer Wettbewerb VI (Großbritannien und Nordirland), S. 31 f.; *Ladas*, Patents, S. 1697 mit Blick auf den Tort des Passing-Off; *Müller*, in: Lauterkeitsrecht in Europa, S. 180 (die Economic Torts kommen dem Verbraucher allenfalls mittelbar zugute).

1045 *Kerly*, On Trade Marks, S. 348 f.; *Schwartz*, GRUR 1967, 333, 346.

1046 *Müller-Graff*, in: FS Carstens, S. 214 f. (die Ausgliederung eines gesonderten Verbraucherschutzes ist nicht nur eine Rechtstechnik, sondern führt zu einer Abkoppelung er Wertungen); *Glöckner*, Europäisches Lauterkeitsrecht, S. 426; insbesondere mit Blick auf Frankreich *de Vrey*, European Unfair Competition Law, S. 47 ("... is therefore not integrated into the rules on unfair competition, but is separately addressed.); *Schricker*, GRUR Int. 1970, 32, 43; *Schricker*, in: FS Zweigert, S. 539 (...Rechtsordnungen [...], in denen neben einem mehr oder weniger weit entwickelten privatrechtlichen Wettbewerberschutz sich ein systematisch im Wesentlichen selbständiges Verbraucherschutzrecht ausgebildet hat.)".

1047 *Henning-Bodewig*, in: Neuordnung des Wettbewerbsrechts, S. 24.

1048 *Henning-Bodewig*, Unfair competition law, S. 2; *Schricker*, GRUR Int. 1970, 32, 43.

1049 Umfassende Darstellung bei *Glöckner*, Europäisches Lauterkeitsrecht, S. 397 ff.

Gesetze dienen[1050]. Pointiert ausgedrückt hätte das Lauterkeitsrecht die Interessen der Mitbewerber zu schützen; andere Gesetze hätten andere Schutzzwecke[1051].

Demgemäß wurden zum Beispiel in Finnland, Frankreich, Italien, Portugal und Großbritannien unabhängig von und neben dem traditionellen Lauterkeitsschutz eigene Verbraucherschutzgesetze erlassen[1052], die grundsätzlich den Bereichen des Verwaltungs- und des Strafrechts angehören. Dem liegt die verbreitete Vorstellung zugrunde, dass der Schutz der Verbraucher vor unlauteren Wettbewerbsmaßnahmen – wenn überhaupt – im öffentlichen Interesse bestehe, dessen Durchsetzung Sache des Staates sei[1053]. Oft beruhen die Regelungen auf einer Umsetzung der Richtlinie 2006/114/EG über irreführende und vergleichende Werbung oder insbesondere der Richtlinie 2005/29/EG über unlautere Geschäftspraktiken. Das französische Recht verbietet mit der *Concurrence Déloyale* den unlauteren Wettbewerb, unterscheidet den dabei verfolgten Konkurrenten- jedoch vom Verbraucherschutz[1054]. Mitbewerber werden durch die deliktische Generalklausel der Artt. 1382, 1383 Code Civil geschützt[1055], während der Verbraucherschutz die Domäne des Code de la Consommation ist[1056]. Gleiches gilt für die Rechtsordnung Großbritanniens. Auch dort wird der zivilrechtliche Mitbewerberschutz vom öffentlichrechtlichen Verbraucherschutz getrennt[1057].

3. *Unbestimmtheit teleologischer Erwägungen*

Die Abgrenzung eines Lauterkeitsrechts nach gemeineuropäischem Verständnis könnte anhand teleologischer Kriterien erfolgen. Ausgangspunkt ist, dass die Funktion des Lauterkeitsrechts darin besteht, unlauteren Wettbewerb zu identifizieren

1050 *Henning-Bodewig*, in: Neuordnung des Wettbewerbsrechts, S. 24; gleiche Differenzierung hinsichtlich Art. 10bis PVÜ von Zoll, Hinweis bei *Ladas*, Patents, S. 1686 f.

1051 In Parallele zu *Geis*, in: FS Tilmann, S. 128 („Das UWG hat den Wettbewerb zu schützen. Andere Gesetze haben andere Schutzzwecke.“).

1052 *Schricker/Henning-Bodewig*, WRP 2001, 1367, 1368; *Hilty*, in: Unfair Competition, S. 7; *Henning-Bodewig*, in: FS Tilmann, S. 159; Piper/Ohly/Sosnitza-*Ohly*, Einf. A Rn. 1.

1053 *Beier*, GRUR Int. 1984, 61, 64; *Beier*, IIC 1985, 139, 145; *Ohly*, in: Neuordnung des Wettbewerbsrechts, S. 76 („verwaltungsrechtliche Lösungen“); *Glöckner*, Europäisches Lauterkeitsrecht, S. 426; vergl. auch die Ansicht der Regierung Großbritanniens in der Rs. Henkel, dass Behörden bei der Untersagung der Verwendung missbräuchlicher Vertragsklauseln zum Schutze der Gesamtheit der Verbraucher hoheitliche Befugnisse im Allgemeininteresse wahrnehmen würden, EuGH v. 1.10.2002, Rs. C-167/00 (Henkel), Slg. 2002, I-08111 Rn. 25.

1054 Piper/Ohly/Sosnitza-*Ohly*, Einf. B Rn. 31; Harte/Henning-*Henning-Bodewig*, Einl. E Rn. 176; *de Vrey*, European Unfair Competition Law, S. 47; *Schricker*, in: FS Zweigert, S. 539.

1055 Siehe unten S. 310 (Concurrence Déloyale).

1056 Siehe unten S. 313 (Code de la Consommation).

1057 Siehe unten S. 317 (Negationsmodell Großbritanniens).

und zu unterdrücken[1058]. Einigkeit herrscht zumindest darüber, dass unlauterer Wettbewerb tatsächlich existiert und rechtlich zu reglementieren ist[1059]. So wird sogar in Staaten wie Großbritannien trotz der Weigerung, das Lauterkeitsrecht als eigenständiges Rechtsgebiet anzusehen, zumindest die Notwendigkeit erkannt, das Phänomen zu reglementieren[1060]. Gleiches gilt in Staaten wie den ehemals sozialistischen Ländern Mittel- und Osteuropas, in denen sich der Wettbewerb nach dem Übergang vom Sozialismus zur Marktwirtschaft erst zu entwickeln hatte[1061]. Auch Schwellenländer und neu industrialisierte Länder erkennen die Notwendigkeit, den gewerblichen Rechtsschutz und das Urheberrecht durch ein Recht gegen den unlauteren Wettbewerb zu ergänzen[1062]. International wurde bereits auf der Washingtoner Revisionskonferenz von 1911 bei der Neufassung von Art. 10bis PVÜ die Notwendigkeit gesehen[1063], einen „wirksamen Schutz gegen unlauteren Wettbewerb“[1064] zu schaffen[1065].

Der Ansatz birgt jedoch Probleme, da die Funktion des Lauterkeitsrechts konkretisiert werden muss. Die allgemeine Charakterisierung des Lauterkeitsrechts als Unterdrücker des unlauteren Wettbewerbs führt solange nicht weiter, wie nicht klar ist, welches Verhalten nach welchen Kriterien missbilligt wird[1066]. Letzten Endes zielt diese Fragestellung auf die Schutzzwecke des Lauterkeitsrechts[1067].

1058 *Glöckner*, Europäisches Lauterkeitsrecht, S. 8 („Kernproblem“); *Schluep*, in: Droit européen de la concurrence déloyale, S. 85 („archimedische Bedeutung“); *Kraft*, Interessenabwägung, S. 100 („Kernproblem“).

1059 *Schricker*, GRUR Int. 1970, 32, 37; *WIPO*, Unfair Competition, S. 11 („where there is competition, acts of unfair competition are liable to occur“).

1060 *Beater*, Unlauterer Wettbewerb, § 1 Rn. 8; *Boyle*, WRP 1990, 159 ff.; *Dehlfing*, Irreführende Werbung, S. 51 f.; *Westerholt*, Unlauterer Wettbewerb VI (Großbritannien und Nordirland), S. 13; *Ladas*, Patents, S. 1696 ff.

1061 *Dietz*, GRUR Int. 1994, 649 ff.; *Reger*, TRIPS, S. 1 f.; *Schricker*, IIC 1995, 782, 783 f.; *WIPO*, Unfair Competition, S. 11.

1062 *Schricker*, in: FS Fikentscher, S. 987; z. B. Südkorea *Kim*, GRUR Int. 1997, 237 ff.; VR China *Shao*, GRUR Int. 1995, 752 ff.

1063 Bemerkenswerterweise auf Initiative von Großbritannien hin, *Ladas*, Patents, S. 1678.

1064 Art. 10bis Abs. 1 PVÜ: „Die Verbandsländer sind gehalten, den Angehörigen des Verbandes einen wirksamen Schutz gegen unlauteren Wettbewerb zu sichern“.

1065 *Henning-Bodewig*, GRUR Int. 2002, 389; *Henning-Bodewig*, GRUR Int. 2010, 549, 553; *Reger*, TRIPS, S. 16; GK-*Schricker*, Einl. F 43.

1066 *Glöckner*, Europäisches Lauterkeitsrecht, S. 12 meint dazu, dass der Begriff der Unlauterkeit wegen seiner rechtstheoretischen Unbestimmtheit nicht abschließend definiert werden könne. Das selbst als unbefriedigend erkannte Ergebnis laute deswegen lediglich, unlauter sei, was auf Grundlage der nationalen Gesetze gegen unlauteren Wettbewerb für unlauter gehalten wird.

1067 *Ulmer*, GRUR Ausl. 1962, 273, 275 f.; *Ulmer*, Unlauterer Wettbewerb I, S. 233; *Kraft*, Interessenabwägung, S. 174 u. 206 f.; *Schricker*, GRUR Int. 1996, 473, 476; *Beater*, Verbraucherschutz und Schutzzweckdenken, S. 4 f.; *Glöckner*, in: Lauterkeitsrecht

Die Schutzzwecke wiederum werden im Hinblick auf den jeweils betroffenen Personenkreis (Schutzsubjekt)[1068] und das dort tangierte Interesse[1069] (Schutzobjekt) definiert[1070]. Die dogmatische Durchdringung der lauterkeitsrechtlichen Materie gelingt nur, wenn die Schutzzwecke des Lauterkeitsrechts dargestellt und analysiert werden. Im Gegensatz zur Rechtspraxis, deren Erfordernissen es eher entsprach, der schwer handhabbaren Abstraktion der Unlauterkeit durch eine typologische Gliederung in konkrete Fallgruppen zu begegnen, bevorzugte die an dogmatischer Aufarbeitung interessierte Literatur folgerichtig eine rein formale Systematik nach berührten Interessen[1071]. Bereits grundsätzlich und innerhalb lediglich einer Rechtsordnung ist ein Rückgriff auf die lauterkeitsrechtlichen Schutzrichtungen völlig unabdingbar, damit der generalklauselartig weite und unbestimmte Begriff der Unlauterkeit überhaupt einen dogmatischen Sinn entfalten kann[1072]. Das gilt erst recht mit Blick auf die Schwierigkeiten, die die Konfrontation mit den heteronomen Lauterkeitskonzepten mehrerer Rechtsordnungen mit sich bringt.

Gerade die Schutzzwecke, die einem gemeinsamen Verständnis des Lauterkeitsrechts zugrunde gelegt werden könnten, sind jedoch nur schwer zu konkretisieren. Insoweit kommt eine große Bandbreite potentiell schutzwürdiger Interessen in Betracht[1073], da ein geschäftliches Verhalten breit Streukraft entfalten und vielfältige Auswirkungen auf die unterschiedlichsten Interessen verschiedenster Personen und Personengruppen haben kann (a)[1074]. Ebenso wenig kann das Kriterium der Wettbewerbsfunktionalität konkretisieren, welche Interessen letzten Endes lauterkeitsrechtlich relevant und damit sachlich zwingend durch das Lauterkeitsrecht zu schützen sind (b). Die Entscheidung über den Telos des Lauterkeitsrechts hängt im Ergebnis allein von ordnungspolitischen Wertungen ab, die nur sehr eingeschränkt sachlichen Zwängen unterliegen und selbst innerhalb der Union nicht geteilt werden[1075].

---

und Acquis, S. 272 („Die Grundsatzfrage lautet: Was wollen wir eigentlich schützen?").

1068 Die Terminologie wird in der Literatur nicht einheitlich verwendet. Teilweise wird der geschützte Personenkreis auch als „Schutzobjekt" des Lauterkeitsrechts bezeichnet, z. B. *Beier*, GRUR Int. 1984, 61, 62.

1069 Zum Begriff des Interesses siehe *Kraft*, Interessenabwägung, S. 9 ff.

1070 *Beater*, JZ 1997, 916; GK-*Schünemann*, Einl. C 1; MüKo UWG-*Sosnitza*, § 1 Rn. 1 ff.

1071 Z. B. *Beater*, Unl. Wettb. (2011), § 14 ff.

1072 *Fikentscher*, Wirtschaftsrecht II, § 22 XI 3 a; Köhler/Bornkamm-*Köhler*, § 1 Rn. 6; Harte/Henning-*Schünemann*, § 1 Rn. 8; *Kraft*, Interessenabwägung, S. 46.

1073 Darstellung mit Sicht auf das deutsche UWG: GK-*Schünemann*, Einl. C 1–C 30; *Beater*, JZ 1997, 916 ff.

1074 *Kraft*, Interessenabwägung, S. 210 ff.; *Schricker*, Gesetzesverletzung und Sittenverstoß, S. 210 f.; *Tilmann*, GRUR 1991, 796, 798; *Köhler/Lettl*, WRP 2003, 1019, 1033.

1075 Vergl. zu ordnungspolitischen Divergenzen im Bereich des Lauterkeitsrechts *Müller-Graff*, in: FS Carstens, S. 214 ff.

a) Unbestimmtheit der betroffenen Interessen

Ein geschäftliches Verhalten kann nicht nur Interessen der Mitbewerber, sondern auch der Marktgegenseite wie insbesondere der Verbraucher und der Allgemeinheit berühren.

aa) Interessen der Mitbewerber

In vielen Fällen wirkt ein geschäftliches Verhalten im Horizontalverhältnis unmittelbar gegen einen bestimmten oder zumindest bestimmbaren Mitbewerber, weil es sich direkt gegen ihn richtet und damit unmittelbar dessen Sphäre betrifft. Dann sind in erster Linie auch dessen individuelle Interessen betroffen[1076]. Das ist nicht nur bei den lauterkeitsrechlichen Kerntatbeständen der Herkunftstäuschung, der Anschwärzung oder des Bruchs von Betriebsgeheimnissen der Fall, sondern auch allgemein bei sonstigen Immaterialgüterrechtsverletzungen, bei Absatz- oder sonstigen Betriebsbehinderungen, bei der Verletzung vertraglich vereinbarter Konkurrenzverbote sowie bei gezielten Boykotten oder Preiskämpfen in Vernichtungsabsicht[1077].

Im gesamten Feld wirtschaftlicher Betätigung zielen viele Verhaltensweisen nicht auf einen bestimmten, unmittelbar beeinträchtigten Mitbewerber, sondern betreffen lediglich mittelbar die kollektiven Interessen einer größeren Gruppe von Mitbewerbern[1078]. Dafür bietet die Werbung ein Beispiel, wenn irreführend (oder täuschend[1079]) das eigene Produkt besser dargestellt wird, als es in Wirklichkeit ist, ohne dabei die Konkurrenz zu diskreditieren. Zwar wird auch hier mit unrichtigen Angaben gearbeitet, die jedoch nicht wie bei der Anschwärzung die Konkurrenz, sondern die eigene Sphäre betreffen[1080]. So ist der Fall denkbar, dass ein Verkäufer von Margarine sein Produkt fälschlich als Butter anbietet. Hier sind weder die anderen Anbieter von Margarine als unmittelbare Konkurrenten noch die Anbieter von ähnlichen Produkten wie Butter als sogenannte Substitutionskonkurrenz[1081] unmittelbar betroffen[1082]. Die Beeinträchtigung kann keinem bestimmten Mitbewerber konkret zugeordnet werden[1083]. Allerdings werden

---

1076 *Ulmer*, Unlauterer Wettbewerb I, S. 47.

1077 *Henning-Bodewig*, in: FS Tilmann, S. 157 nennt als Beispiele den parasitären Wettbewerb, den Schutz von Know How und die individuelle Behinderung.

1078 *Ulmer*, Unlauterer Wettbewerb I, S. 47; *Ulmer*, GRUR Int. 1973, 135, 137; *Schricker*, IIC 1995, 782, 786.

1079 Den Begriff der täuschenden Werbung verwendet *Ulmer*, Unlauterer Wettbewerb I, S. 134 ff.

1080 Zur Abgrenzung der irreführenden Werbung von verwandten Tatbeständen siehe *Schricker*, GRUR Int. 1990, 112, 113 f.

1081 BGH, Urteil v. 12.1.1972 – I ZR 60/70 (Statt Blumen ONKO-Kaffee), GRUR 1972, 553 ff.

1082 *Schricker*, Unlauterer Wettbewerb V (Italien), S. 204.

1083 *Ulmer*, Unlauterer Wettbewerb I, S. 134; *Knöpfle*, „Wettbewerb" und die Realität, S. 39.

sowohl den Margarineanbietern als auch den Verkäufern von Butter potentielle Kunden und damit Nachfrage entzogen, die durch die Irreführung zum eigenen, scheinbar günstigen Angebot gelockt und umgeleitet wird[1084]. Da allerdings wohl kein insoweit nur mittelbar betroffener Unternehmer darlegen kann, dass die umgeleiteten Kunden ohne die Irreführung gerade bei ihm gekauft hätten[1085], sondern die potentiellen Kunden ihre Nachfrage auch bei jedem anderen Anbieter hätten befriedigen können[1086], ist hier lediglich das kollektive Absatzinteresse der Gesamtheit der betroffenen Unternehmen berührt[1087]. Das wird teilweise als ausreichend angesehen, um die Unlauterkeit der Irreführung zu begründen. Denn es könne keinem Mitbewerber zugemutet werden, wegen irreführender Werbeangaben des Konkurrenten Kunden zu verlieren[1088]. Über die Vermittlung des Marktes lässt sich konstruieren, dass zumindest auf einer abstrakten Ebene die wirtschaftlichen Interessen aller konkurrierenden Anbieter durch die irreführende Werbung berührt sind unter der Prämisse, dass der Wettbewerb auf einem bestimmten Markt ein geschlossenes System bildet, auf dem Absatzgewinne des einen die Verluste der anderen Konkurrenten bedeuten[1089].

Das gleiche Bild der Beeinträchtigung kollektiver Interessen der Mitbewerbergesamtheit zeigt sich bei anderen wirtschaftlichen Verhaltensweisen, die sich gerade nicht direkt gegen einen konkret zu identifizierenden Konkurrenten richten. So beeinträchtigt der allgemeine Verkauf unter Einstandspreis lediglich kollektive Interessen der Mitbewerbergesamtheit. Gleiches gilt beispielsweise dann, wenn sich ein Wettbewerber durch einen Gesetzesverstoß einen ungehörigen Vorsprung im Wettbewerb[1090] verschafft. Der Vorsprung besteht nicht nur gegenüber einem einzelnen, sondern vielmehr gegenüber allen anderen Wettbewerbern. In diesem Fall wird das Lauterkeitsrecht als Unterstützung bei der Durchsetzung der allgemeinen Rechtsordnung instrumentalisiert[1091].

1084 *Glöckner*, Europäisches Lauterkeitsrecht, S. 380; *Ulmer*, Unlauterer Wettbewerb I, S. 47.

1085 *Krasser*, Unlauterer Wettbewerb IV (Frankreich), S. 79; *Köhler*, GRUR 2003, 265, 266 (der Nachweis gelingt selbst bei der bezugnehmenden vergleichenden Werbung so gut wie nie); *Apostolopoulos*, WRP 2004, 841, 846.

1086 Aus diesem Grund wird auch die Vorstellung kritisiert, durch die Werbung werde in einen konkret zuordenbaren Kundenstamm eingedrungen, *Knöpfle*, „Wettbewerb“ und die Realität, S. 39.

1087 *Schricker*, IIC 1995, 782, 786.

1088 *Beater*, Unlauterer Wettbewerb, § 15 Rn. 81.

1089 *Glöckner*, Europäisches Lauterkeitsrecht, S. 448; *Krasser*, Unlauterer Wettbewerb IV (Frankreich), S. 18; kritisch *Knöpfle*, „Wettbewerb“ und die Realität, S. 20 ff.

1090 Zu den theoretischen Grundlagen der Vorsprungsargumentation *Schricker*, Gesetzesverletzung und Sittenverstoß, S. 261 ff.; erstmals formuliert von *Ulmer*, Sinnzusammenhänge, S. 22 f.

1091 *Glöckner*, Europäisches Lauterkeitsrecht, S. 393 ff.

Die betroffenen Interessen der Mitbewerber lassen sich in zwei Kategorien einteilen[1092] und zu einem „Unternehmerleitbild“[1093] formen. Zum einen richten sich die Interessen jedes Unternehmers auf die Erhaltung des Bestandes der von ihm erwirtschafteten Werte wie zum Beispiel Betriebsmittel, Kundenkreis[1094], Know-how und Goodwill[1095]. Zum Bestandsschutz lässt sich auch das Interesse zählen, auf sicherer Kalkulationsgrundlage disponieren zu können[1096] sowie das Interesse, mögliche Geschäftsabschlüsse auch realisieren zu können. Der Unternehmer ist mithin darauf bedacht, dass sein schutzwürdiger Bestand nicht ohne weiteres ausgebeutet wird. Neben diesem Interesse am Bestandsschutz besitzt jeder Unternehmer ein Interesse an wirtschaftlicher Handlungsfreiheit, umschrieben als „die freie und vor unlauteren Eingriffen sichere Betätigung“[1097]. Dazu zählt insbesondere das Interesse an der Erlangung einer Marktposition, die ihn zur Erreichung seiner ökonomischen Letztziele (im Regelfall die Gewinnmaximierung) befähigt[1098]. Insoweit sieht der Unternehmer darauf, in seiner Handlungsfreiheit nicht ohne weiteres behindert zu werden.

bb) Interessen der Marktgegenseite

Über das Interesse des Mitbewerbers sowie das Kollektivinteresse einer Branche hinaus können bestimmte Geschäftspraktiken auch im Vertikalverhältnis gegen die Marktgegenseite wirken und deren Interessen beeinträchtigen[1099]. Ein Beispiel dafür bietet die irreführende Werbung[1100]. Zwar soll durch die Irreführung letztendlich der Konkurrent geschädigt werden. Zur Umleitung der Nachfrage wird jedoch der Verbraucher als Werkzeug eingesetzt. Deswegen richtet sich jede Werbemaßnahme zunächst einmal unmittelbar an ihn. Dementsprechend wurde bereits früh behauptet, dass das täuschende Angebot sogar „in erster Linie“ die Abnehmer und nur mittelbar die Mitbewerber betreffe[1101]. Denn die irreführende

---

1092 *Fikentscher*, Wettbewerb, S. 224 ff.; *Fikentscher*, in: FS Hallstein, S. 134; GK-*Schünemann*, Einl. C 11 f.; *Knöpfle*, „Wettbewerb“ und die Realität, S. 42; *Kraft*, Interessenabwägung, S. 210 f.; Harte/Henning-*Schünemann*, § 1 Rn. 63 f.

1093 *Micklitz/Keßler*, WRP 2003, 919, 924 f.

1094 Insoweit kritisierend *Knöpfle*, „Wettbewerb“ und die Realität, S. 39.

1095 GK-*Schünemann*, Einl. C 17.

1096 *Lohrberg*, Abwehreinwand, S. 30.

1097 *Fikentscher*, Wettbewerb, S. 229 f.

1098 GK-*Schünemann*, Einl. C 17.

1099 *Schricker*, RabelsZ 36 (1972), 535, 538 ff. mit umfassender Darstellung bestimmter Werbemethoden.

1100 *Beater*, Unlauterer Wettbewerb, § 10 Rn. 27 behandelt beispielsweise die irreführende Werbung nicht in einem einheitlichen Abschnitt, da sie an unterschiedlichen Maßstäben gemessen werden kann.

1101 *Ulmer*, GRUR 1937, 769, 772; *Ulmer*, Unlauterer Wettbewerb I, S. 134; vergl. auch *Köhler/Lettl*, WRP 2003, 1019, 1033, die daraus jedoch gleichzeitig auf die Notwendigkeit schließen, alle berührten Interessen auch lauterkeitsrechtlich zu beurteilen.

Werbung kann nicht nur Mitbewerbern Kunden entziehen, sondern andererseits auch die Verbraucher zum Abschluss für sie nachteiliger Geschäfte verleiten[1102] und ihr Interesse verletzen, bewusste Kaufentscheidungen auf zutreffender Entscheidungsgrundlage zu treffen[1103]. Ob die irreführende Werbung verboten wird, weil sie Mitbewerbern Geschäftsmöglichkeiten entzieht oder weil sie die Kaufentscheidung des Verbrauchers manipuliert, sind zwei unterschiedliche Gesichtspunkte[1104].

Zumindest bei rechtstheoretischer Betrachtung der Irreführung kann die Beeinträchtigung von Mitbewerberinteressen (auch mit Blick auf das Kollektivinteresse der Mitbewerbergesamtheit) bei bestimmten Fallkonstellationen sogar völlig ausgeblendet werden. Die Beeinträchtigung des Mitbewerbers liegt – mangels einer Bezugnahme auf ihn – bei der Irreführung lediglich darin, dass ihm als wahrheitsgemäß werbenden vom irreführenden Unternehmen Geschäftsmöglichkeiten entzogen werden[1105]. Wenn allerdings alle Mitbewerber einer Branche in derselben irreführenden Weise handeln, wäre zumindest die „par condicio concurrentium"[1106] gewahrt, so dass zumindest insoweit kein Mitbewerber im Vergleich zu seinen Konkurrenten einen Nachteil darlegen könnte[1107]. Die irreführende Werbung würde in diesem Fall nur noch dem getäuschten Verbraucher schaden[1108].

Bei manchen Geschäftspraktiken ist von vornherein zweifelhaft, ob sie überhaupt Mitbewerberinteressen beeinträchtigen. Sie betreffen im wesentlichen allein die Marktgegenseite[1109]. Das ist bei bestimmten Absatzmethoden der Fall, die weniger wegen einer Irreführung, sondern aus anderen Gründen besonderes wirkungsvoll sind. Beispiele bilden Absatzmethoden, die wegen einem übertriebenen Anlocken oder einer Überrumpelung erfolgreich sind[1110], sowie alle anderen Formen der unsachlichen Werbung[1111]. Aus der deutschen Rechtsprechung sind Fälle bekannt, in denen Bestattungsunternehmen die Angehörigen Verstorbener bereits kurz nach dem Eintritt des Todes unaufgefordert aufsuchten, um den

---

1102 *Ulmer*, Unlauterer Wettbewerb I, S. 134.

1103 *Beater*, Unlauterer Wettbewerb, § 13 Rn. 9; siehe auch Erwägungsgrund 4 der Richtlinie 2006/114/EG über irreführende und vergleichende Werbung.

1104 *Beater*, Verbraucherschutz und Schutzzweckdenken, S. 43.

1105 *Henning-Bodewig*, in: FS Tilmann, S. 157.

1106 Zum Denkmodell der „Gleichheit der Wettbewerbsbedingungen" *Schricker*, Gesetzesverletzung und Sittenverstoß, S. 264 ff.

1107 *Beater*, Verbraucherschutz und Schutzzweckdenken, S. 36 f.; zur sogenannten Massenübertretung auch *Schricker*, Gesetzesverletzung und Sittenverstoß, S. 271 f.

1108 *Henning-Bodewig*, in: FS Tilmann, S. 157.

1109 *Schricker*, RabelsZ 36 (1972), 315, 335 ff.

1110 *Ghidini*, Pubblicità commerciale, S. 17 ff.; S. 67 ff.; *Schricker*, GRUR Int. 1970, 32, 36; *Schricker*, RabelsZ 40 (1976), 535, 547 ff.

1111 Zur Abgrenzung der unsachlichen von der irreführenden Werbung siehe *Schricker*, GRUR Int. 1990, 112, 113 f.

Bestattungsauftrag oder Aufträge zur Fertigung von Grabsteinen zu erlangen[1112]. Auch unter weniger makabren Umständen wird einzelfallbezogen akquiriert, wenn etwa bei Hochzeiten ungebeten Photographen ihren Dienst anbieten[1113]. Ferner gehören hierher Werbemethoden wie zum Beispiel die sogenannte progressive Kundenwerbung (Schneeballsystem), die als redaktioneller Beitrag getarnte Werbung, die Werbung unter Ausnutzung der Spielleidenschaft oder das Ansprechen der Kunden auf der Straße[1114]. Auch hier gilt, dass unter der Voraussetzung allgemeiner Zulässigkeit solcher Absatzmethoden die Interessen der Mitbewerber und die „par condicio concurrentium" zumindest unter dem Gesichtspunkt der Chancengleichheit gewahrt wären[1115]. Aus Sicht der Mitbewerber wären die Absatzmethoden des Konkurrenten nicht zu beanstanden, da sie zu den gleichen Mitteln greifen könnten[1116]. Sachlich lässt sich dieser Bereich deshalb nicht eindeutig unter den Gedanken des Mitbewerberschutzes vor unlauterer Konkurrenz fassen. Vielmehr geht es um den Schutz der Marktgegenseite vor Überrumpelung[1117] oder allgemein vor unangemessener unsachlicher Einflussnahme[1118].

Sind die Interessen der Marktgegenseite von wirtschaftlichem Verhalten betroffen, stellt sich die Frage, inwieweit die Marktgegenseite weiter zu unterteilen und ob insbesondere mit der Figur des Verbrauchers eine besondere Abnehmergruppe zu qualifizieren ist. Zwar wird die Marktgegenseite oft durch den konsumierenden Letztverbraucher repräsentiert. Das ist jedoch nicht immer der Fall. Ein Beispiel ist der Nachfragewettbewerb um bestimmte Anbieter. Dort konkurrieren Einzelhändler als Nachfrager darum, von bestimmten Herstellern beliefert zu werden. Darüber hinaus richtet sich nicht nur der Wettbewerb um die Anbieter, sondern auch derjenige um die Abnehmer in nicht wenigen Fällen an Unternehmer[1119].

Den Gruppierungsdiversitäten der Marktgegenseite entspricht ein breites Feld heterogener Interessen, welche durch ein wirtschaftliches Verhalten betroffen werden können[1120]. Zwar werden alle Mitglieder der Gruppe der Marktgegenseite

---

1112 RG v. 9.11.1934 (Bestattungsunternehmen I), RGZ 145, 396 ff.; BGH v. 8.7.1955, I ZR 52/54 (Bestattungswerbung), GRUR 1955, 541 ff.; BGH v. 1.2.1967, Ib ZR 3/65 (Grabsteinaufträge I), GRUR 1967, 430 ff.; BGH v. 22. 4. 2010, I ZR 29/09 (Grabmalwerbung), GRUR 2010, 1113 ff.; BVerfG v. 8.2.1972, 1 BvR 170/71 (Grabsteinaufträge III), BVerfGE 32, 311 ff.

1113 KG Berlin v. 11.4.1978, 5 U 1511/78 (Straßenwerbung durch Hochzeits-Photographen),WRP 1978, 721

1114 *Ulmer*, Unlauterer Wettbewerb I, S. 84; *Schricker*, RabelsZ 36 (1972), 315, 336.

1115 *Beater*, Unlauterer Wettbewerb, § 13 Rn. 2.

1116 Konsequenterweise wurde die Wettbewerbswidrigkeit eines Rechtsbruches abgelehnt, wenn sich die Konkurrenten ebenfalls nicht an die gesetzlichen Regeln halten, Baumbach/Hefermehl-*Hefermehl*, § 1 Rn. 654; OLG Frankfurt v. 17.4.1986, 6 W 48/86 (Friedhofsgärtnerei), GRUR 1987, 446 f.

1117 Piper/Ohly/Sosnitza-*Sosnitza*, § 4 Rn. 1/35.

1118 Piper/Ohly/Sosnitza-*Sosnitza*, § 4 Rn. 1/48.

1119 *Schricker*, GRUR 1974, 579.

1120 GK-*Schünemann*, Einl. C 18.

zunächst jeweils gleiche, typisch ökonomische Interessen[1121] besitzen, wie insbesondere an Angeboten, die transparent sind, die ein breites und tiefes Sortiment zu niedrigen Preisen umfassen und die ohne unsachliche Beeinflussung frei gewählt werden können[1122]. Insbesondere die letztgenannte freie und unverfälschte Entscheidung im Marktgeschehen ist für die Marktgegenseite von besonderer Bedeutung. Bei privaten Letztverbrauchern kommen jedoch darüber hinaus Subjektivismen in Betracht[1123] wie persönlicher Geschmack, Life-style-Resonanz, Empfindungen der Pietät[1124] oder des soziales Prestiges aufgrund des Produkts oder der Einkaufsquelle. Außerdem besitzt der private Verbraucher ein besonderes Interesse daran, „Waffengleichheit" mit dem ihm gegenüberstehenden und von ihm oft zu Recht als geschäftsgewandter und deshalb überlegen eingeschätzten Unternehmen herzustellen. Damit verbunden hat der Verbraucher zudem den Wunsch, von der strikten Bindung an seine ex post möglicherweise unvorteilhafte Entscheidung am Markt befreit zu werden. Neben diesen wirtschaftlichen Interessen kommen auch noch Interessen anderer Art in Betracht. Dazu gehören zum Beispiel das Interesse am Schutz vor Gesundheitsbeeinträchtigungen[1125], die durch den Vertrieb fehlerhafter Produkte oder Bedienungsanleitungen oder durch das Propagieren einer ungesunden Ernährung verursacht werden können. Verbraucher besitzen zudem ein berechtigtes Interesse am Schutz der ungestörten Privatsphäre[1126], während bei gewerblichen Abnehmern an seine Stelle das Bedürfnis nach ungestörtem Funktionieren der Unternehmensorganisation treten kann[1127].

cc) Interessen der Allgemeinheit

Darüber hinaus können geschäftliche Praktiken jedoch auch[1128] bestimmte Allgemeininteressen berühren[1129]. Von allen Interessengruppen sind die Interessen der Allgemeinheit naturgemäß am wenigsten eindeutig[1130]. So kann man die

---

1121 Hinsichtlich der Verbraucher *Beater*, Unlauterer Wettbewerb, §§ 14 ff.: niedrige Preise (§ 14), transparente Entscheidungsgrundlage (§ 15), freier Entscheidungsprozess (§ 16).

1122 *Kraft*, Interessenabwägung, S. 211; Harte/Henning-*Schünemann*, § 1 Rn. 67 ff.

1123 Harte/Henning-*Schünemann*, § 3 Rn. 238.

1124 BGH v. 22. 4. 2010, I ZR 29/09 (Grabmalwerbung), GRUR 2010, 1113, 1114 Rn. 16.

1125 *Beater*, Unlauterer Wettbewerb, § 13 Rn. 49, der den Schutz vor Gesundheitsgefahren allerdings dem Deliktsrecht zuordnet.

1126 *Schricker*, RabelsZ 40 (1976), 535, 547 f.

1127 *Schricker*, GRUR 1974, 579, 580.

1128 Die alleinige Beeinträchtigung ausschließlich von Allgemeininteressen scheint ausgeschlossen, immer auch ist eine Verletzung von Mitbewerberinteressen zumindest denkbar, *Schwartz*, GRUR 1967, 333, 342; *Schricker*, Gesetzesverletzung und Sittenverstoß, S. 245.

1129 Harte/Henning-*Schünemann*, § 3 Rn. 299.

1130 *Ludwig, B.*, Werbung in der EG, S. 55 kritisiert die Konturenlosigkeit des Allgemeininteresses; GK-*Schünemann*, Einl. C 19.

angesprochene Bestattungswerbung nicht nur wegen der Überrumpelung der Angehörigen, sondern auch deswegen missbilligen, weil nach allgemeinem Dafürhalten „die Ruhe der Toten heilig, der Schmerz der Hinterbliebenen ehrwürdig" ist[1131]. Auch andere Werbemaßnahmen, die sexuelle Darstellungen beinhalten[1132], auf Schockeffekte setzten[1133] oder an das Umweltbewusstsein appellieren[1134], können Allgemeininteressen und -werte tangieren[1135], wie beispielsweise die Pressefreiheit[1136], die Menschenwürde, den Jugendschutz, die öffentliche Ordnung, den Schutz vor Diskriminierung[1137] oder den Umweltschutz[1138]. Des Weiteren wird das Interesse am Funktionieren gemeinwichtiger Kommunikationsmittel genannt[1139]. Gleichermaßen wird gefragt, ob beispielsweise der Gesundheitsschutz Teil des Lauterkeitsrechts bilden soll[1140]. Darüber hinaus wird als besonderes Interesse der Allgemeinheit das Interesse der Gesellschaft am Fortbestand des Wettbewerbs als Institution[1141], am Erhalt des „Leistungswettbewerbs"[1142] oder des „unverfälschten" Wettbewerbs[1143] betont. Daneben erscheint es denkbar, auch das „Berufsethos" der Gewerbetreibenden und die „Standesehre", „Sauberkeit" und „Reinhaltung des Wirtschaftslebens" als ein lauterkeitsrelevantes Allgemeininteresse anzusehen[1144]. Auch ein Interesse am Schutz des Mittelstandes ist nicht von vornherein ausgeschlossen[1145].

1131 RG v. 9.11.1934 (Bestattungsunternehmen I), RGZ 145, 396, 402.

1132 BGH v. 18.5.1995, I ZR 91/93 (Busengrapscher), GRUR 1995, 592.

1133 BGH v. 6.7.1995, I ZR 110/93 (Kinderarbeit), GRUR 1995, 595; BGH v. 6.7.1995, I ZR 239/93 (Ölverschmutzte Ente), GRUR 1995, 598; BGH v. 6.7.1995, I ZR 180/94 (H.I.V. POSITIVE), GRUR 1995, 600; dazu inbesondere *Henning-Bodewig*, WRP 1992, 533.

1134 BGH v. 20.10.1988, I ZR 219/87 (Umweltengel), BGHZ 105, 277; BGH v. 20.10.1988, I ZR 238/87 (... aus Altpapier), GRUR 1991, 546.

1135 *Beater*, Unlauterer Wettbewerb, § 25 Rn. 1 ff.

1136 BVerfG v. 12.12.2000, 1 BvR 1762/95; 1 BvR 1787/95 (Schockwerbung), GRUR 2001, 170.

1137 *Dethloff*, Europäisierung des Wettbewerbsrechts, S. 44 f.; *Fezer*, JZ 1998, 265 ff.; *Kur*, WRP 1995, 790 ff.

1138 Zusammenfassend *Hartwig*, Werbung und Umwelt, S. 298 ff.

1139 *Schricker*, GRUR 1974, 579, 580.

1140 *Peukert*, in: Lauterkeitsrecht und Acquis, S. 60.

1141 Piper/Ohly/Sosnitza-*Sosnitza*, § 1 Rn. 31.

1142 BGH v. 26.2.1965, Ib ZR 51/63 (Kleenex), GRUR 1965, 489; BGH v. 8.12.1968, I ZR 113/66 (Stuttgarter Wochenblatt), GRUR 1969, 287; BVerfG v. 6.2.2002, 1 BvR 952/90, 1 BvR 2151/96 (Tier- und Artenschutz), GRUR 2002, 455; *Fezer*, WRP 2001, 989, 1000.

1143 Insbesondere mit Blick auf den Wortlaut von § 1 UWG Köhler/Bornkamm-*Köhler*, § 1 Rn. 42 ff.

1144 Letzten Endes ablehnend GK-*Schünemann*, Einl. C 21.

1145 *Ulmer*, GRUR Int. 1973, 135, 137; *Müller-Graff*, in: FS Carstens, S. 215 f. spricht allgemeiner von einer „strukturpolitischen Instrumentalisierung" des Lauterkeitsrechts, zu der ordnungspolitische Divergenzen auftreten können; kritisch *Schricker*, GRUR 1974, 579, 581.

Neben der konkreten Bestimmung der relevanten Interessen erscheint es auch problematisch, die Allgemeinheit von Interessengruppen abzugrenzen, die selbst so umfangreich sind, dass sie in gewisser Weise bereits die Allgemeinheit repräsentieren[1146]. So ist der Übergang von der breiten Gruppe der privaten Verbraucher im Bereich der Güter des täglichen Lebensbedarfs bis zur „Allgemeinheit“ fließend. Dennoch ist zu unterscheiden[1147]. Ihr eigenständiges Gewicht besitzen die Allgemeininteressen vor allem deshalb, weil es um Belange des Staates, der Gesamtheit der Bürger und der Gesamtwirtschaft geht. Die Belange gehen über Gruppeninteressen hinaus und betreffen Wertungsgesichtspunkte überindividueller Art. Sie stehen deswegen nicht zur Disposition einzelner Marktteilnehmer. Die Bekämpfung unlauterer Praktiken von Angehörigen einer bestimmten Interessengruppe soll nicht deswegen unterbleiben, weil Mitbewerber sie lieber ebenfalls anwenden, als dass sie den Rechtsweg beschreiten. Auch deshalb ist ein eigenständiges Allgemeininteresse von Bedeutung.

b) Unbestimmtheit des Kriteriums der Wettbewerbsfunktionalität

Einen Ausweg aus dem Dickicht der unterschiedlichen möglichen Schutzzwecke könnte eine rein wettbewerbsfunktionale Interpretation des Lauterkeitsrechts weisen[1148]. Das Schutzgut des Lauterkeitsrechts wäre danach allein der Wettbewerb. Die Interessen aller Schutzgruppen hätten sich einem wettbewerbsfunktionalen Zweck des Lauterkeitsrechts als Gewährleister der wirtschaftstheoretisch begründeten Funktionen des Wettbewerbs unterzuordnen[1149]. Als geschützte Interessen würden damit von vornherein nur solche mit einem ausreichenden Wettbewerbsbezug in Betracht kommen[1150]; diese Voraussetzung läge etwa beim Jugend- oder beim Gesundheitsschutz nicht vor.

Die wettbewerbsfunktionale Interpretation des Lauterkeitstelos ist jedoch nicht unproblematisch. So müsste zunächst ihre Heranziehung sachlich begründet werden. Dass darüber berechtigt gestritten werden kann, zeigt schon die entsprechende Diskussion zur Frage der Berücksichtigung ethischer Werte im Integrationsmodell des deutschen Lauterkeitsrechts[1151]. Ebenso wird im Unionsrecht

---

1146 So wurden in Deutschland bis in die 1970er Jahre die Begriffe „Allgemeinheit“ und „Verbraucher“ gleichgesetzt: *Samwer*, GRUR 1969, 326, 327; *Schricker*, GRUR Int. 1970, 32, 39; auch *Mäsch*, ZEuP 2003, 375, 383 weist darauf hin, dass Kollektivinteressen von Gemeinwohlinteressen nur schwer abgrenzbar sind.

1147 *Schricker*, GRUR Int. 1970, 32, 39; *Schricker*, GRUR 1974, 579, 580.

1148 Dafür insbesondere *Schünemann*, WRP 2004, 925 ff.; *Schünemann*, in: Lauterkeitsrecht und Acquis, S. 97 ff.

1149 Vergl. *Veelken*, ZVglRWiss 92 (1993), 241, 251 f.; *Veelken*, WRP 2004, 1, 6, 17; *Brömmelmeyer*, GRUR 2007, 295, 296 f.; *Keßler*, WRP 2007, 714, 717.

1150 *Eppe*, WRP 2005, 808, 812; *Wuttke*, WRP 2007, 119, 122 ff.; Harte/Henning-*Schünemann*, § 1 Rn. 60.

1151 Siehe unten S. 306 (Wettbewerbsfunktionale oder ethische Schutzzweckbestimmung?).

aktuell diskutiert, ob nur das wirtschaftliche Interesse an einem funktionierenden Wettbewerb lauterkeitsrechtlich schutzwürdig ist, oder aber darüber hinaus auch „materielle" Interessen zum Beispiel in den Bereichen des Jugend- oder des Gesundheitsschutzes von lauterkeitsrechtlichen Schutzzweck umfasst sein können[1152]. Die rein wettbewerbsfunktionale Interpretation des Lauterkeitsrechts trägt zur Lösung wenig bei, solange sie nicht sachlich legitimiert werden kann, sondern lediglich behauptet wird.

Schwierigkeiten bereitet außerdem, dass der wirtschaftliche Wettbewerb als Realphänomen nicht endgültig und umfassend zu definieren ist[1153]. Zwar wäre es möglich, sich an einem bestimmten Wettbewerbsmodell zu orientieren. Dann wäre jedoch die Auswahl gerade dieses Modells begründungsbedürftig[1154]. Sehr grob stellen Ökonomen zwei grundsätzlich unterschiedliche Wettbewerbskonzepte zur Verfügung, die sich danach unterscheiden, ob dem Staat im Wettbewerb eine steuernde Rolle insbesondere bei der Festlegung von Marktstrukturen zugebilligt oder ob der Wettbewerb als eingriffsfreies, selbstreferentielles Geschehen mit ergebnisoffenem Ausgang begriffen wird[1155]. Zu den Schwierigkeiten bei der Wahl eines bestimmten Wettbewerbmodells kommt das grundsätzliche Problem, dass es bei der Bestimmung der Lauterkeit letztendlich um eine normative Wertung geht, die nicht von ökonomischen Modellen abhängen kann[1156]. Die Modelle speisen sich aus einem vielfältigem wirtschaftswissenschaftlichen Theorienangebot, fußen auf umfangreichen und komplexen ökonomischen Theorienschulen und ändern sich je nach Diskussionsstand[1157].

1152 *Peukert*, in: Lauterkeitsrecht und Acquis, S. 42 ff.; umfassend *Peifer*, in: Lauterkeitsrecht und Acquis, S. 125 ff.; vergl. auch *Henning-Bodewig*, WRP 2010, 1094, 1102 f. („Wirtschaftliche Effizienz als alleiniger Maßstab?").

1153 Siehe oben S. 182 („Wettbewerb") und insbesondere die in Fn. 749 zitierte Literatur.

1154 Über das ökonomie-theoretische Modell für das Lauterkeitsrecht gehen die Meinungen jedoch erheblich auseinander, MüKo UWG-*Micklitz*, EG D Rn. 17; insoweit kritisieren insbesondere *Keßler/Micklitz*, Harmonisierung, S. 15 die fehlende wettbewerbstheoretische Auseinandersetzung bei der Harmonisierung des Lauterkeitsrechts in der Union; vergl. auch *Peukert*, in: Lauterkeitsrecht und Acquis, S. 63; Piper/Ohly/Sosnitza-*Ohly*, Einf. A Rn. 18; *Glöckner*, in: Lauterkeitsrecht und Acquis, S. 279 („Welcher Wettbewerb ist zu schützen?").

1155 Vergl. *Schünemann*, in: Lauterkeitsrecht und Acquis, S. 107.

1156 *Bydlinski*, System und Prinzipien, S. 597; *Beater*, Unlauterer Wettbewerb, § 1 Rn. 4; *Peukert*, in: Lauterkeitsrecht und Acquis, S. 57; Piper/Ohly/Sosnitza-*Ohly*, Einf. A Rn. 18; dagegen dezidiert und umfassend *Schünemann*, in: Lauterkeitsrecht und Acquis, S. 97 ff.

1157 *Burmann*, WRP 1967, 240 ff. beschreibt den Wettbewerb als sinnvariablen Rechts- und Wirtschaftsbegriff; *Knöpfle*, „Wettbewerb" und die Realität, S. 3 („entbehrt jeder begrifflichen Prägnanz").

4. *Identifikationsproblematik der Rechtsvergleichung*

Immer wieder wird betont, dass ein gesamteuropäisches Verständnis vom Recht zur Bekämpfung des unlauteren Wettbewerbs rechtsvergleichend aus der Gemengelage der mitgliedstaatlichen Lauterkeitsordnungen abgeleitet werden könne[1158]. Weite Teile der Literatur folgen diesem Ansatz und konzentrieren sich darauf, das europäische Lauterkeitsrecht aus der Perspektive der nationalen Rechtsordnungen zu beschreiben und zu bewerten[1159]. Auch der EuGH zieht in seiner Rechtsprechung bei der Auslegung von Rechtsbegriffen die allen Mitgliedstaaten gemeinsamen Grundüberzeugungen heran[1160] und verweist insbesondere bezüglich der „Lauterkeit des Handelsverkehrs" auf die herkömmliche Übung der Mitgliedstaaten[1161].

Bei der Rechtsvergleichung treten jedoch insbesondere zwei Probleme auf. Zum einen wird die Bedeutung der nationalen Lauterkeitsrechte bei der Bestimmung eines gemeineuropäischen Verständnisses der Materie kritisch relativiert, da die nationale Sicht den Vorrang des Unionsrechts vor den mitgliedstaatlichen Rechtsordnungen negiere[1162]. Dem *europäischen* Begriff könne nicht durch rechtsvergleichend gefundene *nationale* Kriterien Prägung verliehen werden. Daran ist zutreffend, dass es für das gebotene europäisch autonome Verständnis vom Lauterkeitsrecht notwendig ist, sich bei der Definition von nationalen Eigenheiten zu lösen[1163]. Es wäre kurzschlüssig, den materiellen Inhalt eines Lauterkeitsrechts nach gemeineuropäischem Verständnis mit einer nationalen Regelung

---

1158 *Dethloff*, Europäisierung des Wettbewerbsrechts, S. 293; *Wiebe*, WRP 2002, 283, 288; *Mankowski*, GRUR Int. 2005, 634, 636; *Hellner*, YPIL 9 (2007), 49, 67 („draw inspiration from"); *Handig*, wbl 2008, 1, 7; *Handig*, GRUR Int. 2008, 24, 26 („repräsentative Schnittmenge"); *Sack*, WRP 2008, 845; Harte/Henning-*Glöckner*, Einl. C Rn. 89; *Henning-Bodewig*, in: Lauterkeitsrecht und Acquis, S. 10; *Henning-Bodewig*, GRUR Int. 2010, 549, 551; in Bezug auf die Parallelproblematik einer verbandsautonomen Auslegung der PVÜ ebenso GK-*Schricker*, Einl. F 57; allgemein auch Rauscher-*Unberath/Cziupka*, Einl. Rom II–VO Rn. 44; *Kropholler*, IPR, § 10 III 2. d).

1159 *Ulmer*, Unlauterer Wettbewerb I, S. 31 ff.; *Beier*, GRUR Int. 1984, 61 ff.; *Schricker*, in: FS Zweigert, S. 537 ff.; *Henning-Bodewig/Schricker*, GRUR Int. 2002, 319 ff.; *Beater*, ZEuP 2003, 11, 14 ff.; *de Vrey*, European Unfair Competition Law, S. 79 ff.; *Henning-Bodewig*, Unfair competition law, S. 69 ff.; *Henning-Bodewig*, GRUR Int. 2010, 273 ff.; *Schricker*, GRUR Int. 1990, 112, 115 ff. hinsichtlich der irreführenden Werbung; *Beater*, in: FS Schricker, S. 629 ff.; *Dethloff*, Europäisierung des Wettbewerbsrechts, S. 39 ff.

1160 Insbesondere bei dem Verweis auf die „gemeinsamen Verfassungsüberlieferungen der Mitgliedstaaten": EuGH v. 17.12.1970, Rs. C-11/70 (Internationale Handelsgesellschaft), Slg. 1970, 01125; EuGH v. 14.12.2004, Rs. C-210/03, Slg. 2004, I-11893.

1161 EuGH v. 26.11.1985, Rs. C-182/84 (Miro), Slg. 1985, 03731; EuGH v. 13.11.1990, Rs. C-269/89 (Bonfait), Slg. 1990, I-04169.

1162 *Peukert*, in: Lauterkeitsrecht und Acquis, S. 33.

1163 Siehe oben S. 172 (Unionsautonome Bestimmung des Begriffsinhalts).

gleichzusetzen[1164]. Welche sollte man auch wählen? Vorliegend kommt es insbesondere nicht in Betracht, etwa der Frage nachzugehen, ob andere Staaten ein dem deutschen UWG ähnliches Gesetz kennen. Der Begriff der Lauterkeit wird in einzelnen Rechtsordnungen unterschiedlich verstanden. Damit sind einzelne nationale Gesetzte grundsätzlich ungeeignet, um daraus ein gesamteuropäisches Lauterkeitsverständnis abzuleiten. Das Argument überzeugt jedoch lediglich dann, wenn sich die nationalen Lauterkeitscharakteristika unterscheiden. Anders ist es, soweit lauterkeitsrechtliche Überzeugungen ausnahmsweise in allen Mitgliedstaaten geteilt werden. Zumindest in diesem Fall kann von einer europäischen Überzeugung gesprochen werden. Von vornherein trifft das Argument nicht zu, wenn übernationale Vorschriften zum Beispiel aus dem Unionsrecht in die Analyse einbezogen werden.

Zum anderen stößt man sehr schnell auf ein weiteres, sachlogisch zwingendes Hindernis. Dieses Hindernis besteht in der Unmöglichkeit, vorab die relevanten lauterkeitsrechtlichen Vorschriften zu identifizieren (Identifikationsproblematik). Bei der Analyse der verschiedenen Rechtsordnungen sind nicht alle Rechtsnormen relevant, sondern nur solche, die zum Lauterkeitsrecht gehören. Das lauterkeitsrechtliche Referenzmodell kann nur mithilfe genuin lauterkeitsrechtlicher Vorschriften konkretisiert werden. Für einen sinnvollen Rechtsvergleich müssen die zu vergleichenden Teile qualitativ gleich sein und damit alle dem Lauterkeitsrecht angehören. Ansonsten läuft die Rechtsvergleichung Gefahr, „Äpfel mit Birnen" zu vergleichen[1165]. Nach welchen Kriterien sollen jedoch genuin lauterkeitsrechtlichen Vorschriften angesichts der herrschenden Konzeptvielfalt identifiziert werden? Diese Vorfrage ist bislang ungelöst[1166]. Hier droht die Gefahr eines Zirkelschlusses: Die Charakteristika des Lauterkeitsrechts werden aus Tatbeständen gewonnen, die (angeblich) den Charakteristika des Lauterkeitsrechts entsprechen.

Die Identifikationsproblematik wird in der Literatur im allgemeinen übergangen[1167]. Zu den nationalen gesellen sich weitere Vorschriften europäischer oder internationaler Herkunft, die dem Lauterkeitsrecht – in der Regel ohne sachliche Begründung und ohne weitere Differenzierung – zugeordnet werden. So wird immer wieder vorgeschlagen, das europäische Lauterkeitsrecht mit dem

---

1164 Insbesondere nicht mit dem des UWG, *Handig*, GRUR Int. 2008, 24, 26; *Podszun*, in: Lauterkeitsrecht und Acquis, S. 152 (in dieser Hinsicht müssen sich „europäische Überlegungen von den deutschen Debatten lösen"); GK-*Schricker*, Einl. F 57 zur Parallelproblematik einer verbandsautonomen Auslegung der PVÜ.

1165 *Henning-Bodewig*, GRUR Int. 2010, 549, 551; *Beater*, Unl. Wettb. (2011), § 5 Rn. 420; allgemein weist auf diese Schwierigkeit bei der funktionalen Qualifikation auf supranationaler Ebene hin auch *Sonnenberger*, in: FS Kropholler, S. 240.

1166 Vergl. die entsprechende Abschnittsüberschrift bei *Henning-Bodewig*, GRUR Int. 2010, 549 („Die ungelöste Vorfrage: Was ist ‚Lauterkeitsrecht'?").

1167 Zu Ausnahmen siehe *Beater*, Unlauterer Wettbewerb, § 1 Rn. 3 ff.; *Bydlinski*, System und Prinzipien, S. 596 ff.; *Henning-Bodewig*, in: Lauterkeitsrecht und Acquis, S. 9 ff.; *Henning-Bodewig*, GRUR Int. 2010, 549, 552 f.

Regelungsgehalt der Richtlinie 2005/29/EG über unlautere Geschäftspraktiken gleichzusetzen[1168]. Daneben werden oft auch andere europäische Richtlinien zur Veranschaulichung eines sich entfaltenden europäischen Lauterkeitsrechts herangezogen. Zahlreichen unionsrechtlichen Regelungen, unter anderem auch zum Verbraucherschutz, zur Etikettierung, Werbung und Aufmachung von Tabakprodukten, Arzneimitteln, Lebensmitteln[1169], Spirituosen und Weinen, Humanarzneimittel oder Kosmetika[1170], zur Verarbeitung personengebundener Daten und zum Schutz der Privatsphäre im Bereich der Telekommunikation wird eine unmittelbare oder mittelbare lauterkeitsrechtliche Bedeutung zugesprochen[1171].

Gerade im unionsrechtlichen Kontext lässt sich kaum eindeutig feststellen, ob eine unionsrechtliche Vorschrift tatsächlich genuin lauterkeitsrechtlicher Natur ist[1172]. Der Grund für die Zuordnung der eben genannten europäischen Vorschriften zum Lauterkeitsrecht liegt wohl darin, dass sie Auswirkungen auf das deutsche Lauterkeitsrecht besitzen[1173]. Daraus kann aber nicht deren genuin lauterkeitsrechtlicher Charakter abgeleitet werden. Die Ableitung wäre nicht schlüssig. Eine Rechtsnorm des Unionsrechts gehört nicht deswegen zum Lauterkeitsrecht und besitzt einen genuin lauterkeitsrechtlichen Regelungsgehalt, weil sie ein national sogenanntes Lauterkeitsrecht beeinflusst. Auch wenn sich zum Beispiel die Gewährleistungen der Warenverkehrsfreiheit der Artt. 34 ff. AEUV bei binnenmarktgrenzüberschreitenden Sachverhalten auf das nationale Lauterkeitsrecht

---

1168 Insbesondere zur Abgrenzung des Anknüpfungsgegenstandes von Art. 6 Abs. 1 Rom II-VO, vergl. *Dickinson*, Rome II, Rn. 6.22; Köhler/Bornkamm-*Köhler*, Einl. Rn. 5.31; jurisPK-BGB-*Wurmnest*, Art. 6 Rom II Rn. 5; MüKo UWG-*Mankowski*, Rn. 13 („elegant"); *Mankowski*, GRUR Int. 2005, 634, 636; *Handig*, GRUR Int. 2008, 24, 26; *Honorati*, in: Unification, S. 142 (zumindest als „cornerstone"); Geänderter Vorschlag der Kommission, KOM(2006) 83 endg., Art. 7 Abs. 1 und Begründung S. 6.

1169 Speziell hinsichtlich lebensmittelrechtlicher Regelungen *Robertson/Horton*, EIPR 1995, 568, 579; *Dethloff*, Europäisierung des Wettbewerbsrechts, S. 32 f.; *Beier*, IIC 1985, 139, 149 („The cited provisions are neither unfair competition nor consumer protection regulations characteristically, but rather market regulations, designed to realize the ideal of a perfectly uniform agricultural market.").

1170 Dazu eingehend *Meyer*, in: Neuordnung des Wettbewerbsrechts, S. 93 ff.

1171 *Kur*, in: Neuordnung des Wettbewerbsrechts, S. 116 ff.; *Dethloff*, Europäisierung des Wettbewerbsrechts, S. 32 ff.; *Fezer*, WRP 2001, 989, 992; *Micklitz/Keßler*, GRUR Int. 2002, 885, 887; *Lettl*, WRP 2004, 1079, 1085 f.; Piper/Ohly/Sosnitza-*Ohly*, Einf. C. Rn. 58 ff.; Gloy/Loschelder/Erdmann-*Schulte-Beckhausen*, § 7 Rn. 4; *Obergfell*, in: Vollharmonisierung, S. 162 f.

1172 *Beater*, ZEuP 2003, 11, 29; vergl. insoweit auch *Schmidt, M.*, JZ 2007, 78, 79 f. („lauterkeitsrechtliche Elemente in Richtlinien primär vertragsrechtlichen Inhalts").

1173 In diesem Sinne definiert z. B. *Beater*, Unl. Wettb. (2011), § 5 Rn. 381 ein „europäisches Recht gegen den unlauteren Wettbewerb"; vergl. auch *Henning-Bodewig*, WRP 2010, 1094, 1097, die unter Verweis auf die üblichen Unionsrechtsakte konstatiert, dass das deutsche Lauterkeitsrecht zunehmend vom europäischen Recht geprägt sei.

auswirken, wird niemand die Warenverkehrsfreiheit zum Gebiet des Lauterkeitsrechts zählen[1174]. Ebenso wenig bildet ein Sachverhalt einen Teil des genuin lauterkeitsrechtlichen Regelungsgegenstandes, weil er in bestimmten Rechtsordnungen „lauterkeitsrechtlich" reglementiert ist[1175]. So mögen unerwünschte Telefonanrufe in einigen Staaten in Anwendung einer lauterkeitsrechtlichen Generalklausel untersagt sein. In anderen Staaten mag die Untersagung von unerbetenen Anrufen die Konsequenz eines abweichenden Regelungskonzeptes sein und möglicherweise die Anwendung von Spezialgesetzen erfordern. So existiert auch im Vereinigten Königreich ein System zur Unterdrückung unfairen Geschäftsverhaltens, obwohl es an einem sogenannten Lauterkeitsrecht fehlt.

Methodisch können Hinweise auf den Titel eines Rechtsaktes oder die anderweitige formale Bezugnahme auf den Begriff der Lauterkeit nie überzeugen[1176]. Der Ort einer Regelung bietet keinen Hinweis auf deren Charakter[1177]. Der Grund für den Ort einer Regelung liegt häufig nur in Zweckmäßigkeitserwägungen oder den sonstigen rechtlichen Rahmenbedingungen. Daraus lässt sich positiv nichts zum inhaltlichen Verständnis für das Lauterkeitsrecht ableiten. Insbesondere die Richtlinie 2005/29/EG kann wegen der Beschränkung ihres Anwendungsbereichs auf Geschäftspraktiken zwischen Unternehmen und Verbrauchern[1178] das Wesen des Lauterkeitsrechts nicht umfassend definieren[1179]. Zudem ist in Art. 6 Rom II-VO in bewusst abweichender Terminologie von einem „Wettbewerbsverhalten" die Rede. Darüber hinaus wird betont, dass insbesondere das Verbraucherschutzrecht vom Lauterkeitsrecht zu unterscheiden sei[1180]. Zum eigenständigen Gebiet des Verbraucherschutzes gehöre zum Beispiel das Recht der allgemeinen Geschäftsbedingungen, die Produkthaftung, das Recht der Verbraucherverträge oder produktspezifische Regelungen im Lebensmittel- und Arzneimittelrecht[1181]. Die Kommission bezeichnet sogar die Richtlinie 84/450/EWG über irreführende

1174 Vergl. *Glöckner*, in: FS Schilling, S. 168 („Die Grundfreiheiten sind aus sich heraus nicht wettbewerbsbezogen.").

1175 *Henning-Bodewig*, GRUR Int. 2010, 549, 551.

1176 *Henning-Bodewig*, GRUR Int. 2010, 549, 557 f.; *Glöckner*, Europäisches Lauterkeitsrecht, S. 7.

1177 *Henning-Bodewig*, in: Lauterkeitsrecht und Acquis, S. 18.

1178 Art. 3 Abs. 1 Richtlinie 2005/29/EG.

1179 *Dickinson*, Rome II, Rn. 6.23; P/W/W-*Schaub*, Rom II–VO Art. 6 Rn. 2; ebenso unter ausdrücklicher Aufgabe seiner vorher vertretenen Ansicht MüKo UWG-*Mankowski*, IntWettbR Rn. 13a.

1180 *Schricker/Henning-Bodewig*, WRP 2001, 1367, 1368; die Überschneidung beider Rechtsgebiete auf europäischer Ebene konstatieren dagegen *Schmidt, M.*, JZ 2007, 78, 79; *Drexl*, in: Lauterkeitsrecht und Acquis, S. 242 f.; Harte/Henning-*Ahrens*, Einl. F. Rn. 160.

1181 *Schricker/Henning-Bodewig*, WRP 2001, 1367, 1368; speziell hinsichtlich lebensmittelrechtlicher Regelungen *Beier*, IIC 1985, 139, 149.

und vergleichende Werbung ausdrücklich als Verbraucherschutzrichtlinie[1182]. Viele mit dem Lauterkeitsrecht in Verbindung gebrachten Richtlinien scheinen daher eher dem Verbraucherschutzrecht zuzuordnen zu sein. Auch im Bereich des Datenschutzes scheint insbesondere die Richtlinie 95/46/EG[1183] auf den ersten Blick nicht dem Lauterkeitsrecht anzugehören. Zumindest wurde deren „Detaillierung und Ergänzung“[1184] durch die Richtlinie 2002/58/EG über den Datenschutz für elektronische Kommunikation[1185] im britischen Recht durch die Privacy and Electronic Communications (EC Directive) Regulations 2003, S.I. 2003/2426 umgesetzt und damit nicht dem Recht der Marktordnung, sondern den persönlichkeitsrechtlichen Bestimmungen zum Schutz der Privatsphäre zur Seite gestellt[1186].

Die Identifikationsproblematik ist damit nur schwer zu lösen. Die Vielfalt zwischen den unterschiedlichen nationalen Lauterkeitskonzepten führt zu einer Intransparenz im internationalen Vergleich, die die Analyse von Gemeinsamkeiten und Unterschieden erheblich erschwert[1187]. Die entscheidende Frage ist, ob ein Geschäftsverhalten aus genuin lauterkeitsrechtlichen Gründen eingeschränkt wird. Was darunter zu verstehen ist, kann der reine Vergleich jedoch nicht beantworten. Als unvermeidbare Vorfrage muss zunächst geklärt werden, wie weit der Kreis der genuin lauterkeitsrechtlichen Wertungsgrundlagen zu ziehen ist.

5. Alternativer Ansatz: Autonome Identifikation aufgrund hinreichender Sachnähe zum traditionellen Mitbewerberschutz (Kerntatbestandsnähe)

Keines der bislang angesprochenen Identifikationskriterien kann für sich genommen sachlich überzeugend das Lauterkeitsrecht unionsautonom gegenüber benachbarten Rechtsgebieten abgrenzen. Abgrenzungsschwierigkeiten folgen systemimmanent aus der unvermeidbaren Unbestimmtheit des Wortlauts des Schutzgegenstandes, der Auseinanderentwicklung des Rechtsgebiets in den unterschiedlichen Rechtsordnungen und der Vielzahl möglicher Schutzzwecke[1188]. Immerhin verdeutlicht der historische Rückblick, dass das Lauterkeitsrecht

---

1182 Grünbuch Verbraucherschutz in der EU, KOM(2001) 531 endg., S. 4; dagegen jedoch *Henning-Bodewig/Schricker*, GRUR Int. 2002, 319, 320 („das bislang größte Regelungswerk im Lauterkeitsrecht“).

1183 Richtlinie 95/46/EG des Europäischen Parlaments und des Rates vom 24. Oktober 1995 zum Schutz natürlicher Personen bei der Verarbeitung personenbezogener Daten und zum freien Datenverkehr, ABl. L 281/31 v. 23.11.1995.

1184 Art. 1 Abs. 2 RL 2002/58/EG.

1185 Richtlinie 2002/58/EG des Europäischen Parlaments und des Rates vom 12. Juli 2002 über die Verarbeitung personenbezogener Daten und den Schutz der Privatsphäre in der elektronischen Kommunikation (Datenschutzrichtlinie für elektronische Kommunikation), ABl. L 201/37 v. 31.7.2002.

1186 *Ohly*, WRP 2008, 177, 178.

1187 *Pflüger*, in: Lauterkeitsrecht und Acquis, S. 92.

1188 *Henning-Bodewig*, in: Neuordnung des Wettbewerbsrechts, S. 21; *Beater*, ZEuP 2003, 11, 40 ff. („Komplexitätsproblem“).

einerseits überall im traditionellen Mitbewerberschutz verankert ist und sich andererseits vor allem hinsichtlich des Schutzes der Verbraucher und ethischer Werte auseinanderentwickelt hat. Teilweise wurde der Schutz der Sozialinteressen in das Rechtsgebiet integriert, wogegen andere Rechtsordnungen insbesondere Aspekte des Verbraucherschutzes vom traditionellen lauterkeitsrechtlichen Mitbewerberschutz trennten. Die größten Divergenzen bestehen somit im Bereich der Schutzzwecke des Lauterkeitsrechts. Dabei stehen zwei Teilaspekte im Vordergrund. Die wesentlichen Fragen lauten einerseits, ob nach gemeinsamem europäischen Verständnis das Lauterkeitsrecht neben den Interessen der Mitbewerber auch unmittelbar Interessen der Verbraucher schützt, und andererseits, ob das Rechtsgebiet rein wettbewerbsfunktional zu interpretieren ist oder ob stattdessen im Lauterkeitstelos neben dem Allgemeininteresse an einem funktionierenden Wettbewerb andere schutzwürdige Interessen wie beispielsweise im Bereich des Gesundheits- oder Jugendschutzes existieren[1189].

In dem sachlich weitgesteckten Rahmen besitzt der Gesetzgeber bei Ausgestaltung des Lauterkeitsrechts einen großen Beurteilungsspielraum[1190]. Letztendlich ist er es, der entscheidet, welche Interessen das Rechtsgebiet schützen soll. Fraglich ist, inwieweit bereits gesetzgeberische Vorgaben gemacht worden sind, die ein unionsautonomes Verständnis von der Materie verbindlich prägen würden. Dazu müssen Rechtsnormen mit genuin lauterkeitsrechtlichem Gehalt analysiert werden. Insbesondere sollen die konkreten Schutzzwecke des „europäischen" Lauterkeitsrechts aus konkreten Sachnormen des Lauterkeitsrechts abgeleitet werden. Damit rückt die Identifikationsproblematik bei der Suche nach analyserelevanten Vorschriften in den Vordergrund. Zu ihrer Lösung bedarf es eines Kriteriums, welches sachlich begründet, warum eine Rechtsnorm einen genuin lauterkeitsrechtlichen Regelungsgehalt besitzt und damit zum Lauterkeitsrecht gehört.

Als sachliches Identifikationskriterium wird hier die hinreichende Kerntatbestandsnähe vorgeschlagen[1191]. Das Kriterium der Kerntatbestandsnähe ist als

---

1189 Siehe dazu *Peifer*, in: Lauterkeitsrecht und Acquis, S. 125 ff; zu dieser offenen Frage des europäischen Lauterkeitsrechts auch *Leistner*, ZEuP 2009, 56, 81 f., 86 ff. (insbesondere die Entscheidung zwischen der normativ-sozialen Aufladung des Lauterkeitsrechts oder einer rein wettbewerbsorientierten Konzeption sei „eine wesentliche Grundsatzfrage für die kommende Dekade"); entsprechend formuliert *Glöckner*, in: Lauterkeitsrecht und Acquis, S. 272 als Grundsatzfrage im Lauterkeitsrecht: „Was wollen wir eigentlich schützen?"; auch für *Henning-Bodewig*, GRUR Int. 2010, 549, 562 ist „[e]ine erneute Diskussion um den ethischen Gehalt der wettbewerbsrechtlichen Lauterkeit... überfällig" und gerade im unionsrechtlichen Kontext zudem „unvermeidbar"; siehe auch die Fragestellung von *Henning-Bodewig*, WRP 2010, 1094, 1102 („Wirtschaftliche Effizienz als alleiniger Maßstab?").

1190 Vergl. *Müller-Graff*, in: FS Carstens, S. 214 f.

1191 Einen vergleichbaren Ansatz wählen *Schricker/Henning-Bodewig*, WRP 2001, 1367, 1368 f., wenn sie von den in Art. 10bis PVÜ enthaltenen Grundtatbeständen ausgehen, dabei aber ein „pragmatisches Vorgehen" propagieren.

Ausgangspunkt historisch gesichert und dazu geeignet, mit Blick auf die Sozialinteressen die Weiterentwicklung des Lauterkeitsrechts sachlich begründet einzufangen (a). Um festzustellen, ob ein bestimmter Tatbestand den Kerntatbeständen ausreichend nahesteht, können dessen Handlungs- und Erfolgselemente hinsichtlich ihrer jeweiligen Schutzrichtung (vertikal oder horizontal) untersucht werden. Aus der wertenden Gesamtschau ergibt sich eine hinreichende Kerntatbestandsnähe nur in den Fällen, in denen der Horizontalbezug den Vertikalbezug qualitativ überwiegt (b).

a) Kerntatbestandsnähe als historisch gesicherter Ausgangspunkt

Um ein Verständnis des Lauterkeitsrechts zu entwickeln, das allgemein anerkannt wird, muss auf ein allgemein anerkanntes Charakteristikum zurückgegriffen werden. Die einzige Gemeinsamkeit der im Übrigen unterschiedlichen Lauterkeitsrechte der verschiedenen Rechtsordnungen liegt in der historischen Wurzel. Alle Lauterkeitsrechte waren im Ausgangspunkt individualschützende Konkurrentenschutzrechte, die demgemäß alle von gleichen lauterkeitsrechtlichen Kerntatbestände ausgehen. Bei Auswahl der analyserelevanten Vorschriften soll daher von der heutzutage herrschenden Konzeptvielfalt abgesehen und ein Schritt zurück in die Vergangenheit zum Ausgangspunkt der Entwicklung hin gemacht werden, der aufgrund historischer Erwägungen gesichert ist. Das ist zunächst die Kerntatbestandsidentität. Sie begründet sachlich, ob ein bestimmter Tatbestand nach allgemein anerkanntem Verständnis zum Lauterkeitsrecht gehört oder nicht. Entspricht eine Vorschrift einem Kerntatbestand, enthält sie genuines Lauterkeitsrecht. Im Zentrum der Untersuchung stehen damit Vorschriften, die Regelungen im Bereich der Kerntatbestände treffen.

Allerdings kann sich die Untersuchung nicht auf Tatbestände beschränken, die mit den Kerntatbeständen identisch sind. Auch andere Tatbestände in deren Umfeld könnten genuines Lauterkeitsrecht enthalten und sind mithin analyserelevant. Denn zum einen können auch die Kerntatbestände in Einzelheiten unterschiedlich gestaltet sein. Bereits insoweit besteht die Notwendigkeit eines gewissen Spielraums. Zum anderen kann sich das gemeineuropäische Lauterkeitsrecht von der traditionellen Wurzel aus weiterentwickelt haben und möglicherweise auch den Schutz von Sozialinteressen bezwecken. Das Kriterium der hinreichenden Kerntatbestandsnähe soll vor allem dieser möglichen Weiterentwicklung gerecht werden. Die Weiterentwicklung würde ignoriert, würde man sich auf die Kerntatbestände beschränken. Bei der Weiterentwicklung kommen zwei Möglichkeiten in Betracht. Nahe liegt die entsprechende Entwicklung und Anpassung der Kerntatbestände an sich. Das betrifft vor allem den Tatbestand der Verwechslungsgefahr. Schützen die ruf- und die betriebsgeheimnisbezogenen Tatbestände mit individuell zuordenbaren Rechtspositionen relativ eindeutig unmittelbar nur individuelle Mitbewerberinteressen, muss insbesondere der Schutz vor Verwechslungsgefahren nicht unbedingt mitbewerberbezogen, sondern kann auch überindividuell und verbraucherschützend ausgestaltet sein. Außerdem kann sich die Weiterentwicklung auch in der Schaffung völlig neuer lauterkeitsrechtlicher Tatbestände äußern, die neben den Kerntatbeständen vorwiegend dem Schutz von Sozialinteressen dienen. Das Kriterium der hinreichenden Kerntatbestandsnähe soll auch solche Tatbestände erfassen.

Jede Ausweitung der Kerntatbestände muss jedoch in einem hinreichend engen Zusammenhang mit dem ursprünglichen Kerntatbestand stehen, um noch als lauterkeitsrechtlich gewertet werden zu können und damit die Ausdehnung des Lauterkeitsrechts zu begründen. Trotz der Einbeziehung von Elementen aus der Sphäre der Marktgegenseite müssen die Tatbestände eine hinreichende Nähe zum ursprünglichen Mitbewerberschutz besitzen. Fehlt es an dem ausreichend engen Zusammenhang, muss die Neuregelung stattdessen einem anderen Rechtsgebiet wie dem Verbraucherschutz zugeordnet werden.

b) Horizontalbezug der Schutzrichtungselemente als wesentliches Merkmal der Kerntatbestandsnähe

Bildet die hinreichende Kerntatbestandsnähe das entscheidende Kriterium zur Identifikation lauterkeitsrechtlicher Vorschriften, ergibt sich daraus die Frage, wie die hinreichende Kerntatbestandsnähe zu bestimmen ist. Das wesentliche Merkmal eines Kerntatbestandes ist sein Horizontalbezug. Horizontal ist das Konkurrenzverhältnis zwischen den Mitbewerbern (der sogenannte „B2B"-Bereich in seiner engen horizontalen Ausprägung, d. h. ohne die vertikalen Beziehungen zu anderen Unternehmen auf der Marktgegenseite)[1192]. Der Horizontalbezug der Kerntatbestände kommt darin zum Ausdruck, dass sie für die Tatbestandshandlung ein Wettbewerbsverhältnis voraussetzen und den tatbestandlichen Erfolg allein beim Mitbewerber verorten. Entsprechend schützen die Kerntatbestände mit individuell zuordenbaren Rechtspositionen unmittelbar nur individuelle Mitbewerberinteressen[1193]. Im Gegensatz dazu ist die sozialrechtliche Weiterentwicklung des Lauterkeitsrechts dadurch geprägt, dass den Horizontalelementen in unterschiedlichem Ausmaß Vertikalelemente zugefügt wurden. Die Vertikalelemente bestehen insbesondere darin, dass die tatbestandsmäßige Handlung oder der tatbestandsmäßige Erfolg nicht mehr mitbewerberbezogen gestaltet sind, sondern auch die Marktgegenseite und die Allgemeinheit berücksichtigen. Damit kann ein Tatbestand vorwiegend horizontale oder vertikale Elemente oder eine Mischung aus beiden enthalten. Für eine hinreichende Kerntatbestandsnähe müssen bei einer wertenden Gesamtbetrachtung die Horizontalelemente des Tatbestandes qualitativ überwiegen. Entscheidend dafür ist die Abwägung zwischen dem Gewicht der

---

1192 Vergl. zu den beiden wesentlichen Schutzrichtungen des Lauterkeitsrechts *Fezer*, WRP 2009, 1163, 1165.

1193 Siehe oben S. 192 (Kerntatbestände: Schutz vor Herkunftstäuschung, vor Anschwärzung und von Betriebsgeheimnissen).

traditionellen Horizontalelemente mit der Bedeutung der sozialinteressenschützenden vertikalen Elemente.

Untersuchungswürdig ist zunächst die tatbestandsmäßige Handlung. Setzt ein Tatbestand zum Beispiel ein Verhalten im Wettbewerb voraus, spricht das dafür, dass unmittelbar lediglich Interessen von Mitbewerbern im Horizontalverhältnis geschützt werden[1194]. Demgegenüber wird das Vertikalverhältnis betont, wenn sich der Anwendungsbereich auf sämtliche marktrelevanten Verhaltensformen erstreckt und ein Verhalten auch dann erfasst, wenn es Mitbewerberinteressen nicht unmittelbar berührt[1195]. Relevant ist außerdem, gegen wen die Handlung gerichtet sein muss. Zum Beispiel zielt die Verletzung von Betriebsgeheimnissen unmittelbar und direkt gegen den Mitbewerber als Inhaber des Geheimnisses. Dagegen richtet sich die Handlung bei Tatbeständen, die eine Äußerung voraussetzen (wie zum Beispiel bei der Anschwärzung, der Irreführung oder speziell im Bereich der Werbung) zunächst an die Marktgegenseite als Adressat der Äußerung. Bei den Äußerungstatbeständen kann zudem der Inhalt der Äußerung analysiert werden[1196]. Muss sich die Äußerung inhaltlich auf den Mitbewerber, auf dessen Produkte oder allgemein auf Punkte beziehen, die seiner Sphäre zuzuordnen sind („Er ist schlecht"), ist die Tatbestandshandlung entsprechend mitbewerberorientiert und horizontal ausgerichtet[1197]. Dagegen öffnet sich der Tatbestand der Marktgegenseite und der Allgemeinheit, wenn der Inhalt der Äußerung gerade keinen direkten Mitbewerberbezug voraussetzt („Ich bin gut").

Der tatbestandlich vorausgesetzte Erfolg kann daraufhin untersucht werden, worin er liegt, bei wem er eintritt und wie stark er missbilligt wird. So kann als Erfolg eine Beeinträchtigung ausreichen (zum Beispiel eine Beeinträchtigung der Entscheidungsfreiheit oder des Zuordnungsinteresses). Es kann aber auch sein, dass dafür ein weitergehender Schaden an einem Rechtsgut vorausgesetzt wird (zum Beispiel die Verletzung der Gesundheit, des Ansehens oder eines gewerblichen Schutzrechts). Zuordenbar ist der Eintritt des Erfolgs bereits, wenn er mit einer bestimmten Sphäre – der Mitbewerber oder der Verbraucher – assoziiert werden kann; möglicherweise kann er darüber hinaus sogar einem individuellen Subjekt konkret zugewiesen werden. Setzt ein Tatbestand zum Beispiel einen Schaden an einem Rechtsgut voraus, welches einem Mitbewerber individuell zuordenbar ist, spricht dies stark für den horizontalen Charakter der Norm. Stellt man

---

1194 Vergl. *Schricker/Henning-Bodewig*, WRP 2001, 1367, 1368.

1195 Für Beispiele entsprechender Verhaltensweisen siehe oben S. 204 (Interessen der Marktgegenseite).

1196 Vergl. *Schricker*, GRUR Int. 1990, 112, 113, der das Kriterium zur Abgrenzung des Hervorrufens von Verwechslungsgefahren von der allgemeinen Irreführung heranzieht.

1197 *Hasselblatt*, Vergleichende Werbung in der EG, S. 13 f. (sowohl die persönliche als auch die einfache vergleichende Werbung wird grundsätzlich dem Behinderungswettbewerb zugeordnet); *Beater*, Unl. Wettb. (2011), § 16 Rn. 1485.

hingegen den Verbraucherschutz in den Vordergrund, ist es unerheblich, ob der Mitbewerber einen Schaden nachweisen kann[1198].

Ein Tatbestand kann sich auch aus mehreren Teilerfolgen zusammensetzen, die jeweils anderen Sphären zuzuordnen sind. Das ist insbesondere bei den Irreführungstatbeständen der Fall. Dort wird in einem ersten Schritt auf die Marktgegenseite im Vertikalverhältnis eingewirkt. Damit kann der erste Erfolg in einer Beeinträchtigung der Entscheidungsfreiheit der Marktgegenseite bestehen und damit vertikal zu werten sein[1199]. Außerdem kann der Tatbestand voraussetzen, dass die Beeinträchtigung der Entscheidungsfreiheit zu einer Beeinträchtigung der Zuordnungsinteressen der Mitbewerber und damit zu einem zweiten, diesmal horizontal zu wertenden Erfolg führt[1200]. Dann ist zu fragen, welcher der beiden Teilerfolge tatbestandlich im Vordergrund steht. Das ist derjenige Teilerfolg, der hauptsächlich missbilligt wird. Insoweit kann es dem Tatbestand unmittelbar um den Schutz der Zuordnungsinteressen der Mitbewerber gehen, woran das Interesse der Marktgegenseite an einer freien Entscheidung mittelbar als Reflex profitieren würde. Die Marktgegenseite würde dann lediglich als Werkzeug betrachtet, dass den eigentlich geschützten Mitbewerber schädigt. Oder aber es steht umgekehrt unmittelbar der Schutz der Marktgegenseite im Vordergrund, an dem die Mitbewerber lediglich mittelbar und reflexartig teilhaben. Dann wäre die Marktgegenseite nicht nur ein unselbständiges Werkzeug, sondern eigenständiges Schutzsubjekt.

Insoweit unterscheidet sich zum Beispiel das Hervorrufen einer Verwechslungsgefahr durch eine Herkunftstäuschung von der allgemeinen Irreführung. Beide Sachverhaltskonstellationen sind Mischfälle, die vertikale und horizontale Merkmale aufweisen. Das Vertikalelement ist in beiden Fällen dadurch gekennzeichnet, dass sich die Maßnahmen zunächst an die Marktgegenseite richten und von ihr wahrgenommen werden müssen, Das Horizontalelement dadurch, dass zumindest mittelbar dem Mitbewerber Geschäftschancen entzogen werden. Beide Elemente können unterschiedlich stark ausgeformt sein und den Tatbestand unterschiedlich stark prägen. Damit kann er mal dem traditionellen horizontalen Lauterkeitsrecht oder dem vertikalen sozialschützenden Bereich zugeordnet werden. Der Verwechslungsschutz ist horizontal mitbewerberschützend, wenn der Tatbestand die Bezugnahme auf ein Produkt des Mitbewerbers voraussetzt, welches womöglich zusätzlich eine „wettbewerbliche Eigenart" aufweisen muss und zudem lediglich abhängige Nachahmungen erfasst. In diesem Fall entspricht der Verwechslungsschutz weitgehend dem individuellen Schutz durch das Recht des geistigen Eigentums. Der Schutz vor Verwechslungsgefahr kann aber auch vertikal zusätzlich im Interesse der Verbraucher und weniger im Interesse der Mitbewerber ausgestaltet sein. Dann dürfte es für den Tatbestand

1198 *Kroher*, GRUR Int. 1982, 92, 93.
1199 Siehe oben S. 204 (Interessen der Marktgegenseite).
1200 Siehe oben S. 202 (Interessen der Mitbewerber).

nicht so sehr auf die Schutzfähigkeit und die Nachahmung ankommen, sondern zuvorderst auf die Vorstellungen und das Entscheidungsverhalten der Verbraucher[1201]. Setzt die Irreführung überhaupt keine horizontale Bezugnahme mehr auf ein fremdes Unternehmen oder dessen Produkt voraus, dient der Tatbestand sogar vorrangig den Interessen der Verbraucher, wie es bei der allgemeinen Irreführung der Fall ist[1202].

Letztendlich ist für die Bestimmung des Charakters der Normen auch erheblich, wie Verstöße sanktioniert sind. Die Sanktionsinstrumente können dem Zivil-, Straf- oder dem Verwaltungsrecht zugeordnet werden. Zivilrechtliche Sanktionen sprechen eher für die Durchsetzung individueller Interessen. Hinweise auf den materiellrechtlichen Schutzzweck liefern dann die Klagemöglichkeiten[1203]. Wer unmittelbar klageberechtigt ist, dessen Interessen werden auch geschützt. Demgemäß korrespondiert eine Ausweitung des Kreises der Klageberechtigten mit einer Ausweitung des Kreises der geschützten Interessen. Insbesondere die Einführung von Verbandsklagen zeigt, dass das Lauterkeitsrecht nicht nur Individualinteressen der Mitbewerber zu dienen bestimmt ist[1204]. Im belgischen Recht kann sogar der einzelne Verbraucher klagen[1205]. Zu untersuchen ist daher, ob nur den Mitbewerbern oder aber auch den Verbrauchern individuelle Ansprüche und Klagerechte zugebilligt werden. Kollektivinteressen können durch die Einführung von Verbandsklagen berücksichtigt werden. Dagegen ruhen die Sanktionsmittel des öffentlichen Rechts vor allem auf Allgemeininteressen.

III. Rechtsvergleichende Schutzzweckanalyse kerntatbestandsnaher Rechtsquellen

Um das unionsautonome Verständnis vom Lauterkeitsrecht zu konkretisieren, sollen diejenigen Rechtsquellen auf internationaler (1), europäischer (2) und nationaler Ebene (3) analysiert werden, die aufgrund ihrer hinreichenden Kerntatbestandsnähe einen genuinen Lauterkeitsgehalt besitzen.

1201 Vergl. dazu die Diskussion zu den Schutzzwecken von § 4 Nr. 9 lit. a) des deutschen UWG: Piper/Ohly/Sosnitza-*Ohly*, § 4 Rn. 9.4; *Beater*, Unl. Wettb. (2011), § 23 Rn. 2051 f.

1202 *Schricker*, GRUR Int. 1990, 112, 113.

1203 *Dethloff*, Europäisierung des Wettbewerbsrechts, S. 42; siehe zur Sanktions- und Verfahrenskomponente hinsichtlich der Schutzzwecke *Beater*, Verbraucherschutz und Schutzzweckdenken, S. 19 ff.; a. A. dagegen *Nastelski*, GRUR 1969, 322, 324 (aus einer beschränkten Klagemöglichkeit könne nicht auf einen gleichermaßen beschränken Schutzzweck geschlossen werden); MüKo UWG-*Sosnitza*, § 1 Rn. 11.

1204 *Ulmer*, GRUR Ausl. 1962, 273, 277; *Ulmer*, GRUR Int. 1973, 135, 137.

1205 Harte/Henning-*Henning-Bodewig*, Einl. E Rn. 36.

1. *Internationale Rechtsquellen*

Auf internationaler Ebene wurden Regelungen mit kerntatbestandlicher Relevanz geschafften. Sie finden sich vor allem in der PVÜ (a) und im TRIPS-Abkommen (b)[1206]. Diesen völkerrechtlich verpflichtenden Vorgaben unterliegen sowohl das Recht der Europäischen Union als auch die nationalen Rechtsordnungen ihrer Mitgliedstaaten[1207].

a) Art. 10bis PVÜ

Das in lauterkeitsrechtlicher Hinsicht herausragendste Regelwerk bildet die Pariser Verbandsübereinkunft vom 20. März 1883 zum Schutz des gewerblichen Eigentums (PVÜ). Neben dem Patent- und Markenschutz umfasst die PVÜ in Art. 10 ^{bis} als gleichwertiges Schutzobjekt den Schutz gegen unlauteren Wettbewerb[1208]. Sämtliche Mitgliedstaaten der Europäischen Union sind zugleich Verbandsstaaten der PVÜ[1209]. Auch das Unionsrecht hat die daraus folgenden völkerrechtlichen Verpflichtungen der Mitgliedstaaten zu berücksichtigen. Laut Art. 351 AEUV (ex Art. 307 EGV) werden die Rechte und Pflichten aus Übereinkünften, die vor dem 1. Januar 1958 oder, im Falle später beigetretener Staaten, vor dem Zeitpunkt ihres Beitritts zwischen einem oder mehreren Mitgliedstaaten einerseits und einem oder mehreren dritten Ländern andererseits geschlossen wurden, durch die Verträge nicht berührt. Damit bildet Art. 10bis PVÜ einen gemeineuropäischen Nukleus des Lauterkeitsrechts und fixiert Verhaltensweisen, die jedenfalls unlauteres Wettbewerbsverhalten darstellen[1210]. Nach einer Darstellung der historischen Entwicklung von Art. 10bis PVÜ (aa) bleibt zu untersuchen, wie der Lauterkeitsschutz konkret ausgestaltet ist (bb).

1206 Insbesondere die von der WIPO Ende 1996 veröffentlichten „Model Provisions for Protection against Unfair Competition“ gehören nicht dazu, da es sich dabei lediglich um einen Vorschlag und nicht um bindendes Recht handelt, siehe *Henning-Bodewig*, IIC 1999, 166, 182; *Henning-Bodewig*, in: Neuordnung des Wettbewerbsrechts, S. 38; vergl. auch *Pflüger*, in: Lauterkeitsrecht und Acquis, S. 92 („Der nicht-bindende und in vielen Punkten defizitäre Entwurf eines internationalen Modellgesetzes ist aber ohne wesentliche Auswirkung auf die nationale Lauterkeitsgesetzgebung geblieben.“).

1207 *Glöckner*, Europäisches Lauterkeitsrecht, S. 476 f.; *Pflüger*, in: Lauterkeitsrecht und Acquis, S. 65.

1208 GK-*Schricker*, Einl. F 19.

1209 *Glöckner*, Europäisches Lauterkeitsrecht, S. 476; *Peukert*, in: Lauterkeitsrecht und Acquis, S. 27.

1210 *Ladas*, Patents, S. 1686; *Henning-Bodewig*, in: Neuordnung des Wettbewerbsrechts, S. 32; *Peukert*, in: Lauterkeitsrecht und Acquis, S. 27; *Sanders*, Unfair Competition Law, S. 6 f.; *Reger*, TRIPS, S. 19; *Ulmer*, Unlauterer Wettbewerb I, S. 24; *Schricker*, IIC 1995, 782, 783; *Dickinson*, Rome II, Rn. 6.19.

aa) Entwicklung

Die ursprüngliche Fassung der Pariser Verbandsübereinkunft zum Schutz des gewerblichen Eigentums (PVÜ), wie sie 1883 in Kraft trat, enthielt noch keine ausdrücklichen Regelungen mit Bezug auf das Lauterkeitsrecht[1211]. Sie beschränkte sich ihrem Titel entsprechend ganz darauf, den Kern des gewerblichen Rechtsschutzes zu regeln und insbesondere die erfinderische und gewerbliche Tätigkeit im Rahmen von Patenten, Urheberrechten und Zeichenrechten international zu schützen. Für die Einschränkung lassen sich mehrere Gründe aufführen. Vor allem beim Patentrecht war man auf eine internationale Regelung bedacht, da die internationalen Verflechtungen zunahmen, dabei jedoch durch die erheblichen nationalen Unterschiede wegen des im Patentrecht herrschenden Territorialitätsprinzip besonders behindert wurden[1212]. Dagegen wurde das Lauterkeitsrecht nicht in die PVÜ mit einbezogen, weil das Rechtsgebiet Ende des 19. Jahrhunderts noch zu schwach entwickelt war[1213]. Zudem schienen aus damaliger Sicht die traditionell-deliktischen Fälle des Lauterkeitsrechts bereits weitestgehend mit Hilfe der zeichenrechtlichen Normen gelöst werden zu können[1214]. In der Konkurrenz mit dem Lauterkeitsrecht wandte sich das Interesse vornehmlich dem Zeichenrecht zu.

Einen ursprünglich lauterkeitsrechtlichen Gehalt erhielt die PVÜ erst später mit Art. 10bis in mehreren Etappen[1215]. Art. 10bis PVÜ wurde 1900 auf der Brüsseler Revisionskonferenz eingefügt und normierte zunächst lediglich die Verpflichtung, den Grundsatz der Inländerbehandlung auf das Recht des unlauteren Wettbewerbs auszudehnen[1216]. Erst 1911 verpflichteten sich die Verbandsländer auf der Washingtoner Revisionskonferenz darüber hinaus, den Verbandsangehörigen auch einen wirksamen Mindestschutz gegen unlauteren Wettbewerb zu sichern[1217]. Die Verpflichtung erstreckt sich jedoch nur auf den Schutz der Angehörigen anderer Verbandsländer, d. h. ausländischer Verbandsangehöriger; zur allgemeinen, auch die

1211 *Ulmer*, Unlauterer Wettbewerb I, S. 21; *de Vrey*, European Unfair Competition Law, S. 12; *Henning-Bodewig*, in: Neuordnung des Wettbewerbsrechts, S. 22; *Schricker*, in: FS Fikentscher, S. 988; *Glöckner*, Europäisches Lauterkeitsrecht, S. 287; siehe allgemein zur Entstehung, Konsolidierung und Ausbau der Pariser Union auch *Beier*, GRUR Int. 1983, 339 ff.

1212 *Henning-Bodewig*, in: Neuordnung des Wettbewerbsrechts, S. 22; zur geschichtlichen Entwicklung auch *Beier*, GRUR Int. 1983, 339 ff.

1213 *Reger*, TRIPS, S. 11 f.; *Henning-Bodewig*, in: Neuordnung des Wettbewerbsrechts, S. 22; *Henning-Bodewig*, IIC 1999, 166 f.

1214 *Fikentscher*, Wirtschaftsrecht I, § 7 III 3; *de Vrey*, European Unfair Competition Law, S. 12.

1215 Zur historischen Entwicklung insbesondere *Henning-Bodewig*, in: Neuordnung des Wettbewerbsrechts, S. 24 ff.; *Reger*, TRIPS, S. 16.

1216 *Ladas*, Patents, S. 1678; *Reger*, TRIPS, S.15; *Ulmer*, Unlauterer Wettbewerb I, S. 21.

1217 Heutzutage Art. 10bis Abs. 1 PVÜ: „Die Verbandsländer sind gehalten, den Verbandsangehörigen einen wirksamen Schutz gegen unlauteren Wettbewerb zu sichern."

eigenen Staatsangehörigen erfassenden Anpassung des eigenen nationalen Rechts zwingt sie nicht[1218]. Außerdem wurde die Liste der Schutzgüter des gewerblichen Eigentums um den lauteren Wettbewerb ergänzt, indem der Liste die Schutzmaßnahme der „Unterdrückung des unlauteren Wettbewerbs" hinzugefügt wurde[1219]. Der eigentliche Durchbruch in der Entwicklung zur internationalen Rechtsquelle des Lauterkeitsrechts erfolgte – bemerkenswerterweise auf Initiative Großbritanniens[1220] – 1925 auf der Revisionskonferenz vom Haag[1221]. Dort wurde in Art. 10bis Abs. 2 PVÜ generalklauselartig der Begriff des unlauteren Wettbewerbs (wenn auch recht vage[1222]) definiert[1223]. Danach ist unlauterer Wettbewerb „jede Wettbewerbshandlung, die den anständigen Gepflogenheiten in Gewerbe und Handel zuwiderläuft". Um insoweit einen verbandsautonomen[1224] Mindeststandard zu etablieren[1225], wurde die Generalklausel in Art. 10bis Abs. 3 PVÜ durch die zwei Mindestschutzbeispiele des Verbots des Hervorrufens von Verwechslungen[1226] und der Anschwärzung durch falsche Angaben[1227] konkretisiert[1228]. Der Aufzählung wurde 1958 auf der Lissaboner Revisionskonferenz ein dritter Beispieltatbestand hinzugefügt[1229], der die allgemeine Irreführung betrifft[1230]. Damit wurde die Entwicklung

1218 *Henning-Bodewig*, in: Neuordnung des Wettbewerbsrechts, S. 33; *Reger*, TRIPS, S. 23; *Henning-Bodewig*, IIC 1999, 166, 188.

1219 Und damit zugleich das Lauterkeitsrecht dem Rechtsgebiet des gewerblichen Rechtsschutzes zugeordnet, *Henning-Bodewig*, in: Neuordnung des Wettbewerbsrechts, S. 25.

1220 *Wadlow*, British Origins of Art. 10bis PVÜ, S. 4; *de Vrey*, European Unfair Competition Law, S. 12.

1221 *Henning-Bodewig*, in: Neuordnung des Wettbewerbsrechts, S. 26; *Henning-Bodewig*, IIC 1999, 166, 172.

1222 *Ladas*, Patents, S. 1682.

1223 *Glöckner*, in: Neueste Entwicklungen, S. 242; *Henning-Bodewig*, in: Neuordnung des Wettbewerbsrechts, S. 26; *Henning-Bodewig*, IIC 1999, 166, 172; *Schricker*, IIC 1995, 782; *de Vrey*, European Unfair Competition Law, S. 12 f.

1224 GK-*Schricker*, Einl. F 57.

1225 *Fikentscher*, Wirtschaftsrecht I, § 7 III 5; Piper/Ohly/Sosnitza-*Ohly*, Einf. B Rn. 1.

1226 „Insbesondere sind zu untersagen: 1. alle Handlungen, die geeignet sind, auf irgendeine Weise eine Verwechslung mit der Niederlassung, den Erzeugnissen oder der gewerblichen oder kaufmännischen Tätigkeit eines Wettbewerbers hervorzurufen", Art. 10bis Abs. 3 Nr. 1 PVÜ.

1227 „... 2. die falschen Behauptungen im geschäftlichen Verkehr, die geeignet sind, den Ruf der Niederlassung, der Erzeugnisse oder der gewerblichen oder kaufmännischen Tätigkeit eines Wettbewerbers herabzusetzen", Art. 10bis Abs. 3 Nr. 2 PVÜ.

1228 *Ladas*, Patents, S. 1681 f.; *Reger*, TRIPS, S. 16 und 20 f.; GK-*Schricker*, Einl. F 44.

1229 Wofür sich noch 1934 auf der Revisionskonferenz in London keine Mehrheit gefunden hatte, *Ladas*, Patents, S. 1685.

1230 „... 3. Angaben oder Behauptungen, deren Verwendung im geschäftlichen Verkehr geeignet ist, das Publikum über die Beschaffenheit, die Art der Herstellung, die wesentlichen Eigenschaften, die Brauchbarkeit oder die Menge der Waren irrezuführen", Art. 10bis Abs. 3 Nr. 3 PVÜ; vergl. dazu *Ulmer*, Unlauterer Wettbewerb

des Lauterkeitsrechts in der PVÜ beendet. Alle Versuche, es weiterzuentwickeln, erwiesen sich als erfolglos[1231].

Der Schutz von Betriebsgeheimnissen ist in Abs. 3 nicht ausdrücklich erwähnt. Teilweise wird angenommen, dass er implizit bereits in der Generalklausel des Abs. 2 enthalten sei. Davon gingen sowohl die WIPO in ihrem Gutachten von 1994 zur Situation des Lauterkeitsrechts[1232] als auch die AIPPI in ihrer Entschließung von 1994 zur Frage 115[1233] aus. In Teilen der Literatur wird die implizite Mitberücksichtigung zumindest für möglich gehalten[1234]. Dafür spricht, dass der Tatbestand zum gesicherten Kernbereich eines mitbewerberbezogenen Lauterkeitsrechts gehört. Dagegen spricht jedoch, dass sich zumindest in den Beispielfällen des Abs. 3 keine Hinweise auf den Schutz von Betriebsgeheimnissen finden lassen[1235]. Auch in der Kommentarliteratur zu Art. 10bis PVÜ wird der Tatbestand nicht erwähnt[1236]. Eine Entscheidung ist jedoch nicht notwendig, da spätestens mit Inkrafttreten von Art. 39 TRIPS zumindest für die Mitglieder dieses Abkommens Art. 10bis PVÜ entsprechend um den Schutz von Betriebsgeheimnissen erweitert worden ist[1237].

bb) Ableitung allgemeiner lauterkeitsrechtlicher Wertungen

Die Relevanz von Art. 10bis PVÜ liegt darin, dass der Artikel mit seiner Generalklausel und den drei Beispieltatbeständen ein eigenständiges und unmittelbar anwendbares[1238] „law against unfair competition in a nutshell"[1239] normiert. Art. 10bis PVÜ entspricht der Auffassung, dass das Lauterkeitsrecht ein eigenes Rechtsgebiet darstellt, welches eigenen Gesetzmäßigkeiten folgt[1240]. Dabei legt der Artikel zunächst die Art und Weise fest, wie lauterkeitsrechtlicher Schutz zu gewähren ist. Gerade beim Schutz vor Verwechslungsgefahren und von Betriebsgeheimnissen kommen rechtstheoretisch zwei unterschiedliche Schutzkonzepte in Betracht[1241]. Das eine

---

I, S. 23; *Henning-Bodewig*, in: Neuordnung des Wettbewerbsrechts, S. 26; *Reger*, TRIPS, S. 22 f.

1231 *Henning-Bodewig*, IIC 1999, 166, 172 ff.; *Glöckner*, Europäisches Lauterkeitsrecht, S. 288; siehe auch *Beier*, GRUR Int. 1983, 339, 345 zur allgemeinen Stagnation und Krise der Union seit 1958.

1232 *WIPO*, Unfair Competition, S. 95 ff.

1233 *AIPPI*, GRUR Int. 1994, 1023, 1025 ff., Sitzung des Geschäftsführenden Ausschusses in Kopenhagen vom 12.-18. Juni 1994.

1234 *Krasser*, in: From GATT to TRIPs, S. 216; *Maier*, Betriebs- und Geschäftsgeheimnisse, S. 400.

1235 *Reger*, TRIPS, S. 255.

1236 Z. B. *Ladas*, Patents, S. 1637, 1675 ff.

1237 *Krasser*, in: From GATT to TRIPs, S. 216; *Reger*, TRIPS, S. 253 ff.

1238 *Schricker*, in: FS Fikentscher, S. 988 ff.; GK-*Schricker*, Einl. F 51 f. m.w.N.

1239 *Glöckner*, in: Neueste Entwicklungen, S. 242; *Henning-Bodewig*, IIC 1999, 166, 187; *Reger*, TRIPS, S. 17; *Schricker*, IIC 1995, 782; *Schricker*, in: FS Fikentscher, S. 988.

1240 *Henning-Bodewig*, GRUR Int. 2002, 389.

1241 Vergl. *Henning-Bodewig*, Unfair competition law, S. 4 f.

Konzept geht vom Schutzgegenstand aus und gewährt ein subjektives Ausschließlichkeitsrecht an einem Immaterialgut[1242]. Der Schutz ist zunächst grundsätzlich von formalen Eintragungsvoraussetzungen abhängig[1243], wirkt dann jedoch absolut: Geschützt wird das Erzeugnis bzw. Kennzeichen oder das Geheimnis an sich, unabhängig von einer konkreten Täuschung der Verbraucher oder der Bösgläubigkeit des Handelnden[1244]. Das andere Konzept dagegen vertraut auf einen mittelbaren, verhaltenssteuernden Schutz; hier werden gesetzliche Schutztatbestände geschaffen, bei denen die Untersagung eines bestimmten Verhaltens im Mittelpunkt steht. Der wesentliche Unterschied liegt darin, dass der mittelbare Schutz gerade nicht vom Schutzgegenstand her gedacht wird und keine absolut wirkenden Ausschließlichkeitsrechte schafft, sondern vom Verletzungstatbestand ausgegangen wird und der Schutz insbesondere von der jeweiligen Verkehrsauffassung abhängig ist[1245]. Der Lauterkeitsschutz von Art. 10bis PVÜ orientiert sich an dem letztgenannten Konzept eines mittelbaren, verhaltenssteuernden Schutzes[1246]. Der Zweck von Art. 10bis PVÜ besteht in der Bekämpfung unlauterer Handlungen und nicht in der Gewährung eines Immaterialgüterrechts[1247]. Das folgt bereits aus der Generalklausel des Abs. 2, die sich ausdrücklich auf Wettbewerbs*handlungen* bezieht. Konsequenterweise setzt die Verwechslungsgefahr des Abs. 3 Nr. 1 weder eine Hinterlegung oder Eintragung des zu schützenden Zeichens voraus[1248], verlangt aber statt dessen das Vorliegen einer tatsächlichen Gefahr eines Identitätsirrtums und nicht nur deren abstrakte Möglichkeit[1249].

Hinsichtlich der Schutzzwecke bilden die Tatbestände in Art. 10bis PVÜ zunächst die lauterkeitsrechtliche Dogmatik des ausgehenden 19. Jahrhunderts ab, die noch ganz dem deliktischen Aspekt des individuellen Mitbewerberschutzes verhaftet ist[1250]. Wie anfänglich auf der nationalen[1251], so wurde auch auf der internationalen

1242 Grundlegend *Peukert*, Güterzuordnung, S. 56 ff.; *WIPO*, Unfair Competition, S. 10.

1243 *Henning-Bodewig*, in: Neuordnung des Wettbewerbsrechts, S. 28; *Henning-Bodewig*, Unfair competition law, S. 4.

1244 Vergl. *Reger*, TRIPS, S. 118 und S. 252.

1245 Vergl. *Reger*, TRIPS, S. 103 bezüglich des Schutzes von Herkunftsangaben und S. 243 bezüglich des Schutzes von Betriebsgeheimnissen; *Streber*, Internationale Abkommen, S. 21; *Sack*, WRP 2008, 845, 861 f.

1246 Vergl. *Pflüger*, in: Lauterkeitsrecht und Acquis, S. 85 ff.

1247 *Henning-Bodewig*, in: Neuordnung des Wettbewerbsrechts, S. 30.

1248 GK-*Schricker*, Einl. F 58.

1249 *Henning-Bodewig*, in: Neuordnung des Wettbewerbsrechts, S. 30.

1250 *Ulmer*, Unlauterer Wettbewerb I, S. 31; *Beier*, IIC 1985, 139, 148 f.; *Beater*, ZEuP 2003, 11, 26; *Schricker*, in: FS Fikentscher, S. 992 f.; *Pflüger*, in: Lauterkeitsrecht und Acquis, S. 87 f. (traditioneller Wettbewerberschutz); *Henning-Bodewig*, GRUR Int. 2002, 389 f.; *Glöckner*, Europäisches Lauterkeitsrecht, S. 476; *Hellner*, YPIL 9 (2007), 49, 68; *Henning-Bodewig*, WRP 2010, 1094, 1097; Harte/Henning-*Glöckner*, Einl. B Rn. 2.

1251 Siehe oben S. 188 (Gemeinsame Wurzel: Lauterkeitsrecht als individualschützendes „Recht der Konkurrenz").

Ebene vertreten, dass dem Schutz gegen unlauteren Wettbewerb im Rahmen von Art. 10bis PVÜ ausschließlich individuelle Interessen eines Unternehmens wie zum Beispiel dessen Ansehen und Goodwill unterfielen[1252]. Insbesondere wurde der Verbraucherschutz als unmaßgeblich angesehen[1253]. Dementsprechend zielen die ersten zwei Sondertatbestände der Haager Fassung von Art. 10 bis Abs. 3 PVÜ ganz auf den individuellen Interessenschutz der Mitbewerber[1254]. Beide Tatbestände setzen als Täter einen Mitbewerber und damit ein Verhalten innerhalb eines Wettbewerbsverhältnisses voraus[1255]. Wettbewerbsfremde haften dagegen nicht. Dem Individualschutzgedanken entspricht insbesondere auch der Tatbestand von Nr. 2, der lediglich auf die Wirkung der Anschwärzung beim Mitbewerber abstellt[1256]. Der Gegenstand der Behauptung und die Wirkung auf den Verbraucher sind dagegen irrelevant. Aufgrund der Fokussierung auf den Konkurrentenschutz sträubte man[1257] sich lange Zeit dagegen, auch die falschen oder irreführenden Angaben über das eigene Angebot als dritten Sondertatbestand aufzunehmen, da ein Verbot der allgemeinen Irreführung vorwiegend dem Verbraucher dient[1258].

Fraglich ist, ob das Lauterkeitsrecht der PVÜ darüber hinaus ein modernes Verständnis unter Zugrundelegung der Schutzzwecktrias unterstützt. Ausdrücklich wird eine die Sozialinteressen integrierende Schutzzwecktrias nicht postuliert. Es findet sich lediglich ein Anhaltspunkt dafür, dass sich das originär individualkonkurrentenschützende Verständnis des Art. 10bis PVÜ dem Verbraucherschutz zumindest angenähert hat[1259]. So wurden die zwei vordergründig individualschützenden Beispieltatbestände in Art. 10bis Abs. 3 PVÜ später mit der Irreführung des Publikums in Nr. 3 um ein Verhalten erweitert, bei dem sich der damit verbundene Schaden nicht mehr klar einem Mitbewerber zuordnen lässt[1260]. Die Wirkung auf die Verbraucher gehört hier zur Grundlage der Bewertung der Handlung[1261]. Vor allem deswegen war die Vorschrift bei ihrer Schaffung heftig umstritten[1262]. Trotzdem wurde sie eingeführt und auf der Lissaboner Revisionskonferenz 1958

1252 *Ladas*, Patents, S. 1677 f.

1253 Hinweise bei *Ladas*, Patents, S. 1686 f.

1254 *Ladas*, Patents, S. 1687.

1255 *Ladas*, Patents, S. 1687; ausdrücklich nur für die Anschwärzung (Nr. 2) GK-*Schricker*, Einl. F 71; *Glöckner*, Europäisches Lauterkeitsrecht, S. 288 macht das Wettbewerbsverhältnis zur Voraussetzung des gesamten Artikels.

1256 GK-*Schricker*, Einl. F 69.

1257 Dagegen sprachen sich insbesondere die USA, England, Italien und Japan aus.

1258 Vergl. *Henning-Bodewig*, in: Neuordnung des Wettbewerbsrechts, S. 26; *Henning-Bodewig*, IIC 1999, 166, 172.

1259 Vergl. *Ladas*, Patents, S. 1687.

1260 *Ladas*, Patents, S. 1687 und 1733 ff.

1261 *Windisch*, Gewerblicher Rechtsschutz, S. 212; *Henning-Bodewig*, IIC 1999, 166, 176; zweifelnd dagegen *de Vrey*, European Unfair Competition Law, S. 15.

1262 *Henning-Bodewig*, in: Neuordnung des Wettbewerbsrechts, S. 26; *Henning-Bodewig*, IIC 1999, 166, 172; *Ulmer*, Unlauterer Wettbewerb I, S. 23.

der Beispielkatalog der Tatbestände unlauteren Wettbewerbs auf die irreführende Werbung erstreckt[1263]. Spätestens seit diesem Zeitpunkt steht zumindest außer Zweifel, dass das Lauterkeitsrecht einen weiteren Kerntatbestand erhalten hat und auch das Verbot der allgemeinen Irreführung durch Werbung zum Lauterkeitsrecht gehört[1264]. Andererseits folgt aus dem Tatbestand nicht zwangsläufig, dass die Norm nunmehr insgesamt verbraucherschützend zu interpretieren wäre, da die Interessen der Verbraucher auch nur mittelbar berücksichtigt und lediglich reflexartig mitgeschützt werden können[1265].

Hat das Lauterkeitsrecht zwar demnach den Kreis seiner Schutzzwecke in Richtung Sozialinteressen erweitert, bleibt jedoch unklar, wie weit die Erweiterung reicht. Müssen nunmehr neben den individuellen Mitbewerberinteressen auch Interessen der Verbraucher nicht nur reflexartig und mittelbar, sondern unmittelbar durch das Lauterkeitsrecht geschützt werden? Welches sind die lauterkeitsrechtlichen Interessen der Allgemeinheit? Ist der Bereich wettbewerbsfunktional zu interpretieren oder beinhaltet das Lauterkeitsrecht auch den Schutz ethischer Werte? Eine Hauptschwäche von Art. 10bis PVÜ liegt in der mangelnden Konkretisierung der Schutzverpflichtungen und der fehlenden Definition abstrakter, aber zentraler Tatbestandsmerkmale[1266]. So schweigt Art. 10bis PVÜ zum Beispiel zu der zentralen Frage, ob der Anwendungsbereich des Lauterkeitsrechts ein Verhalten in einem Wettbewerbsverhältnis voraussetzt. Weder die normierten Einzeltatbestände in Abs. 3 noch die Generalklausel in Abs. 2 können Orientierung bieten. Zwar setzen die in Art. 10bis Abs. 3 Nr. 1 und Nr. 2 PVÜ normierten klassischen Unlauterkeitstatbestände der Verwechslungsgefahr und der Anschwärzung in der gebotenen engen Auslegung das Vorliegen eines Wettbewerbsverhältnisses zwischen dem Täter und dem betroffenen Mitbewerber voraus[1267]. Da die Beispieltatbestände jedoch nicht abschließend sind, schränken sie nicht den Anwendungsbereich der Generalklausel in Art. 10bis Abs. 2 PVÜ ein[1268]. Er wird dort mit dem Begriff der Wettbewerbshandlung beschrieben, was ebenfalls auf die Erforderlichkeit eines Wettbewerbsverhältnisses und die Verfolgung

---

1263 Auch wenn der Tatbestand bewusst eng gehalten und auf irreführende Angaben über Waren beschränkt wurde, *Henning-Bodewig*, in: Neuordnung des Wettbewerbsrechts, S. 30 f.; *Schricker*, RabelsZ 40 (1976), 535, 541.

1264 *Ulmer*, Unlauterer Wettbewerb I, S. 23.

1265 *Pflüger*, in: Lauterkeitsrecht und Acquis, S. 89; für einen lediglich reflexartigen Verbraucherschutz *Henning-Bodewig*, WRP 2010, 1094, 1097.

1266 *Reger*, TRIPS, S. 24; *Glöckner*, in: Neueste Entwicklungen, S. 243; *Schricker*, in: FS Fikentscher, S. 995.

1267 *Ladas*, Patents, S. 1687; ausdrücklich zur Anschwärzung auch GK-*Schricker*, Einl. F 71.

1268 GK-*Schricker*, Einl. F 56 und F 67; *Henning-Bodewig*, in: Neuordnung des Wettbewerbsrechts, S. 31; *Reger*, TRIPS, S. 19; *Hellner*, YPIL 9 (2007), 49, 68.

eines traditionellen konkurrentenschützenden Ansatzes hindeutet[1269]. Im Übrigen ist die Definition des unlauteren Wettbewerbs in der Generalklausel jedoch von unbestimmter Weite und nicht dazu geeignet, den Begriff zu präzisieren[1270]. Ebenso wenig existiert eine zur Konkretisierung des Lauterkeitsrechts der PVÜ hilfreiche ausgefeilte völkerrechtliche Rechtsprechung des Internationalen Gerichtshofs[1271]. Die gesetzliche Vorgabe der mit dem Lauterkeitsrecht zu verfolgenden Schutzzwecke fehlt, obwohl sie international im Rahmen der PVÜ selbst angesichts heterogener Marktgepflogenheiten und Wertungsdirektiven in den Rechtsordnungen der Beitrittsstaaten möglich gewesen wäre[1272]. Teilweise wird vor dem Hintergrund des in vielen Rechtsordnungen erweiterten Schutzzwecks eine Schutzzweckdiskussion und generelle Festschreibung des Verbraucherschutzes im Lauterkeitsrechts der PVÜ für überfällig gehalten[1273]. Bislang fehlt sie jedoch. Damit schreibt die PVÜ kein modernes Verständnis vom Lauterkeitsrecht vor und gebietet die Modernisierung der nationalen Lauterkeitsrechte zur integrierten Schutzzwecktrias nicht.

Was konkret zu den lauterkeitsrechtlichen Schutzzwecken gehören soll, bestimmen die jeweiligen nationalen Lauterkeitsrechte und -konzepte[1274]. Damit einher geht jedoch eine entsprechende Relativierung des Lauterkeitsrechts der PVÜ[1275]. Deutlich ist allein, dass die PVÜ der Evolution des Lauterkeitsrechts in den Verbandsländern und der Erweiterung der Schutzzwecke nicht im Wege steht[1276]. Damit können auch der Verbraucherschutz oder der Schutz ethischer Werte zum Lauterkeitsrecht der PVÜ zählen. Die weite Definition des unlauteren Wettbewerbs in Art. 10bis Abs. 2 PVÜ bietet die notwendige Flexibilität für die Aufnahme

---

1269 *Samwer*, GRUR 1969, 326, 327; *Windisch*, Gewerblicher Rechtsschutz, S. 211; *Glöckner*, in: Neueste Entwicklungen, S. 243; *Glöckner*, Europäisches Lauterkeitsrecht, S. 288; *Pflüger*, in: Lauterkeitsrecht und Acquis, S. 77 Fn. 49 weist jedoch gleichzeitig darauf hin, dass der Begriff nach dem jeweiligen Schutzland zu bestimmen ist.

1270 *Henning-Bodewig*, in: Neuordnung des Wettbewerbsrechts, S. 32; *Henning-Bodewig*, WRP 2010, 1094, 1097; Harte/Henning-*Glöckner*, Einl B Rn. 1 („nur wenig entwickelt“).

1271 *Beater*, ZEuP 2003, 11, 26.

1272 *Schricker*, in: FS Fikentscher, S. 995.

1273 *Fikentscher*, Wirtschaftsrecht I, § 7 III 6; *Henning-Bodewig*, in: Neuordnung des Wettbewerbsrechts, S. 33; *Reger*, TRIPS, S. 24.

1274 GK-*Schricker*, Einl. F 53; *Henning-Bodewig*, in: Neuordnung des Wettbewerbsrechts, S. 31; vergl. auch *Pflüger*, in: Lauterkeitsrecht und Acquis, S. 73 u. 76 (den Verbandsstaaten kommt allgemein ein weiter Spielraum bei der Umsetzung der Verpflichtung zu, einen wirksamen Schutz gegen unlauteren Wettbewerb zu gewähren).

1275 *Schricker*, in: FS Fikentscher, S. 995; *Reger*, TRIPS, S. 24.

1276 *Schricker*, in: FS Fikentscher, S. 993; *Henning-Bodewig*, IIC 1999, 166, 177 f.; *Pflüger*, in: Lauterkeitsrecht und Acquis, S. 89; a. A. jedoch *Beater*, ZEuP 2003, 11, 26 (die Vorschrift biete „in keiner Weise Raum für ein wettbewerbsrechtliches Verständnis, das über den deliktsrechtlichen Aspekt hinausreicht“); Harte/Henning-*Schünemann*, § 3 Rn. 145.

der Sozialinteressen in das Lauterkeitsrecht[1277]. Dafür kommen zwei Möglichkeiten in Betracht. Teilweise wird eine weite Auslegung der „Gepflogenheiten in Gewerbe und Handel" befürwortet, die nicht nur den Konkurrenten, sondern auch die Marktgegenseite und die Allgemeinheit betreffen sollen, deren Interessen folglich bereits unmittelbar von Relevanz sein sollen[1278]. Mehrheitlich wird die Möglichkeit zur Berücksichtigung aber mittelbar darin gesehen, dass die „Anständigkeit" auf die konkreten Gebräuche des jeweiligen Schutzlandes verweist und es den Verbandsländern damit unbenommen bleibt, bei der Konkretisierung der Anständigkeit auch Interessen der Verbraucher und der Allgemeinheit zu berücksichtigen[1279]. Welche Interessen die „anständigen Gepflogenheiten" umfassen, wie sie in der Generalklausel von Art. 10bis Abs. 2 PVÜ genannt werden, bestimmen die Überzeugungen im jeweiligen Schutzland[1280]. Was im Einzelnen unter unlauterem Wettbewerb zu verstehen ist, ist Sache des nationalen Rechts[1281]. Art. 10bis PVÜ macht insoweit keine Vorgaben und stellt es frei, ob der Schutz vor unlauterem Wettbewerbsverhalten alleine die Interessen der Konkurrenten betreffen oder darüber hinaus auch Kollektivinteressen oder Interessen der Verbraucher umfassen soll[1282]. Ebenso steht die Norm sowohl einer wettbewerbsfunktionalen Interpretation der Materie als auch der Berücksichtigung ethischer Werte offen[1283]. Zudem bleibt den Verbandsstaaten auch die Regelungstechnik überlassen und damit insbesondere die Entscheidung zwischen einer zivilrechtliche Generalklausel, dem allgemeinen Deliktsrecht oder straf- bzw. verwaltungsrechtlichen Schutzmechanismen[1284].

b) TRIPS

Das Übereinkommen über die Trade Related Aspects of Intellectual Property Rights (TRIPS)[1285] bildet neben der PVÜ das zweite große internationale Regelwerk

---

1277 *Ladas*, Patents, S. 1687; *Henning-Bodewig*, in: Neuordnung des Wettbewerbsrechts, S. 31; *Schricker*, in: FS Fikentscher, S. 993; *Reger*, TRIPS, S. 19; speziell für den Schutz ethischer Werte *Peifer*, in: Lauterkeitsrecht und Acquis, S. 132.

1278 *Ladas*, Patents, S. 1687; a.A. *Schricker*, in: FS Fikentscher, S. 993; *de Vrey*, European Unfair Competition Law, S. 15.

1279 *Henning-Bodewig*, in: Neuordnung des Wettbewerbsrechts, S. 31; *Schricker*, in: FS Fikentscher, S. 993; *Reger*, TRIPS, S. 18 f.; *Pflüger*, in: Lauterkeitsrecht und Acquis, S. 90 f.

1280 GK-*Schricker*, Einl. F 55; *Schricker*, in: FS Fikentscher, S. 992; *Reger*, TRIPS, S. 18; *Pflüger*, in: Lauterkeitsrecht und Acquis, S. 78 ff.; Harte/Henning-*Schünemann*, § 3 Rn. 144 f. bemängelt in diesem Zusammenhang, dass der originär lauterkeitsrechtliche Gehalt der PVÜ nur rudimentär ausgebildet ist.

1281 *Fikentscher*, Wirtschaftsrecht I, § 7 III 3.

1282 *Henning-Bodewig*, in: Neuordnung des Wettbewerbsrechts, S. 31.

1283 *Pflüger*, in: Lauterkeitsrecht und Acquis, S. 79 ff.

1284 *Pflüger*, in: Lauterkeitsrecht und Acquis, S. 74.

1285 Übereinkommen über handelsbezogene Aspekte der Rechte des geistigen Eigentums, BGBl. II 1994, 1730 ff., GRUR Int. 1994, 128 ff.

auf dem Gebiet des geistigen Eigentums. Wie schon der Titel verdeutlicht, handelt das Übereinkommen schwerpunktmäßig von Immaterialgüterrechten. Ein Schutz gegen unlauteren Wettbewerb als solchen gehört nicht zu seinem Regelungsgegenstand[1286]. Dennoch berührt das TRIPS-Übereinkommen zumindest am Rande auch lauterkeitsrechtlich relevante Themenbereiche, nämlich den Schutz sowohl von geographischen Angaben (aa) als auch von Geschäftsgeheimnissen (bb)[1287]. Sie werden im Folgenden zunächst dargestellt und anschließend auf ihren lauterkeitsrechtlichen Gehalt hin analysiert (cc).

aa) Schutz von geographischen Angaben

Das Recht der geographischen Angaben findet sich in Abschnitt 3 des II. Teils des TRIPS-Übereinkommens in den Art. 22 bis 24[1288]. Den Schwerpunkt bildet Art. 22 Abs. 2 TRIPS[1289]. Er verpflichtet die Mitgliedstaaten, geographische Angaben vor irreführender (gemäß Buchstabe a) und im Sinne des Art. 10bis PVÜ vor unlauterer Benutzung (gemäß Buchstabe b) zu schützen. Das Irreführungsverbot nach Buchstabe a) gilt umfassend. Es erfasst auch die lediglich mittelbare Benutzung einer geographischen Angabe, selbst wenn dem Verbraucher eine geographische Herkunft nur suggeriert wird[1290]. Ausreichend ist es auch, wenn die Benutzung lediglich zur Irreführung geeignet ist, da bereits die bloße Gefahr der Irreführung vom Tatbestand erfasst ist. Zumindest diese Gefahr muss jedoch bestehen, so dass eine Herkunftsassoziation des Verkehrs immer erforderlich ist[1291]. Die

---

1286 *Fikentscher*, GRUR Int. 1995, 529, 532; *Schricker*, IIC 1995, 782, 783; *Henning-Bodewig*, in: Neuordnung des Wettbewerbsrechts, S. 34; *Henning-Bodewig*, IIC 1999, 166, 178 f.; *Reger*, TRIPS, S. 296 f.

1287 *Henning-Bodewig*, IIC 1999, 166, 179; *Henning-Bodewig*, WRP 2010, 1094, 1097; *Beater*, Unlauterer Wettbewerb, § 4 Rn. 25 f.; *de Vrey*, European Unfair Competition Law, S. 17; Harte/Henning-*Glöckner*, Einl. B. Rn. 4; *Fikentscher*, GRUR Int. 1995, 529, 532; *Schricker*, in: FS Fikentscher, S. 986; *Glöckner*, in: Neueste Entwicklungen, S. 244.

1288 Dazu umfassend *Knaak*, GRUR Int. 1995, 642 ff.; *Knaak*, in: From GATT to TRIPs, S. 117 ff.

1289 „In respect of geographical indications, Members shall provide the legal means for interested parties to prevent: (a) the use of any means in the designation or presentation of a good that indicates or suggests that the good in question originates in a geographical area other than the true place of origin in a manner which misleads the public as to the geographical origin of the good; (b) any use which constitutes an act of unfair competition within the meaning of Article 10bis of the Paris Convention (1967)."

1290 *Reger*, TRIPS, S. 174.

1291 *Reger*, TRIPS, S. 175.

Irreführungsgefahr muss selbst dann nachgewiesen werden, wenn eine geographische Angabe für Produkte gebraucht wird, die objektiv nicht dieser Herkunft sind[1292].

Buchstabe b) ergänzt das Irreführungsverbot durch das Verbot der unlauteren Benutzung geographischer Angaben. Der Verweis auf Art. 10bis PVÜ inkorporiert die lauterkeitsrechtliche Generalklausel in das Recht der geographischen Angaben des TRIPS-Übereinkommens[1293]. Das führt nicht nur zu einer externen Ausdehnung der Generalklausel des Art. 10bis PVÜ für die Mitgliedstaaten der WTO auf den Bereich der geographischen Angaben (sogenanntes Plus-Element), sondern auch dazu, dass der Schutz der geographischen Angaben im Rahmen des TRIPS-Übereinkommens um den Aspekt der Lauterkeit erweitert wird[1294]. Buchstabe b) erfasst zunächst sonstige irreführenden Angaben, die tatbestandlich nicht der allgemeinen Irreführung nach Buchstabe a) unterfallen. Im Anwendungsbereich liegen damit qualifizierte Irreführungen über bestimmte Qualitätsstandards oder besondere Eigenschaften, die mit einer geographischen Angabe assoziiert werden. Das betrifft selbst reine Qualitätstäuschungen, bei denen der geographische Hinweis im übrigen der Wahrheit entspricht[1295]. Erfasst werden zudem lediglich ähnliche geographische Angaben außerhalb des Gleichartigkeitsbereichs sowie Fälle der Rufausbeutung und Verwässerung[1296].

bb) Schutz von Geschäftsgeheimnissen

Der Schutz von Geschäftsgeheimnissen ist als Schutz nicht offenbarter Informationen in Abschnitt 7 des II. Teils des TRIPS-Übereinkommens in Art. 39 geregelt. Damit tangiert das TRIPS-Übereinkommen einen Kerntatbestand des Lauterkeitsrechts nach kontinental-europäischem Verständnis. Art. 39 Abs. 1 TRIPS beschreibt allgemein das Schutzkonzept und bestimmt, dass die Mitglieder bei der Sicherung eines wirksamen Schutzes gegen unlauteren Wettbewerb, wie er in Art. 10bis PVÜ vorgesehen ist, nicht offenbarte Informationen schützen[1297]. Ob dadurch auch das Lauterkeitsrecht der PVÜ – zumindest für die Mitglieder des TRIPS-Übereinkommens – auf den Schutz von Betriebsgeheimnissen erweitert

---

1292 Nach dem Vorschlag der EG, auf den die jetzige Regelung wesentlich zurückzuführen ist, war in diesen Fällen noch eine Fiktion der Irreführung vorgesehen, GATT-Dokument MTN.GNG/NG11/W/68 v. 29.3.1990, S. 8.

1293 *Reger*, TRIPS, S. 176.

1294 *Henning-Bodewig*, in: Neuordnung des Wettbewerbsrechts, S. 34 f.

1295 *Knaak*, GRUR Int. 1995, 642, 648.

1296 *Knaak*, GRUR Int. 1995, 642, 648; *Reger*, TRIPS, S. 177.

1297 „In the course of ensuring effective protection against unfair competition as provided in Article 10*bis* of the Paris Convention (1967), Members shall protect undisclosed information in accordance with paragraph 2 below and data submitted to governments or governmental agencies in accordance with paragraph 3 below.“, Art. 39 Abs. 1 TRIPS.

wird, wie dies beim Schutz geographischer Angaben nach Art. 22 Abs. 2 lit. b) TRIPS der Fall ist, hängt davon ab, ob der Schutz nicht bereits in der Generalklausel des Art. 10bis Abs. 2 PVÜ enthalten ist[1298].

Abs. 2 von Art. 39 TRIPS konkretisiert die Schutzverpflichtung allgemein für nicht offenbarte Informationen. Damit eine Information „nicht offenbart“ ist, muss sie drei Voraussetzungen genügen. Gemäß lit. a) muss die Information zunächst geheim sein[1299]. Dafür ist es ausreichend, dass die Information in den Kreisen, die üblicherweise mit derartigen Informationen zu tun haben, nicht allgemein bekannt oder leicht zugänglich ist. Eine absolute Geheimhaltung ist daher nicht erforderlich. Das entspricht nicht nur dem deutschen Maßstab[1300], sondern auch demjenigen anderer nationaler Rechtsordnungen[1301]. Zu den „interessierten Kreisen“ werden ausschließlich die Wettbewerber gezählt[1302]. Als weitere Voraussetzung bestimmt lit. b), dass der Inhalt der Information von wirtschaftlichem Wert ist[1303]. Auch das entspricht üblichen Standards nationaler Rechtsordnungen[1304]. Als dritte Voraussetzung muss gemäß lit. c) der Geheimnisträger angemessene Maßnahmen getroffen haben, um die Information geheim zu halten[1305].

cc) Genuine Lauterkeitszugehörigkeit und induktive Ableitung allgemeiner lauterkeitsrechtlicher Wertungen

Beide Bereiche gehören auf den ersten Blick nicht dem Lauterkeitsrecht an. Sie werden innerhalb eines Übereinkommens geregelt, dessen Regelungsgegenstand gemäß seinem Titel schwerpunktmäßig Immaterialgüterrechte sind. Zum geistigen Eigentum zählt Art. 1 Abs. 2 TRIPS alle Regelungsgegenstände der Abschnitte 1 bis 7 des Teils II[1306]. Darunter fallen sowohl geographische Angaben als auch

---

1298 Siehe oben S. 225.

1299 „... is secret in the sense that it is not, as a body or in the precise configuration and assembly of its components, generally known among or readily accessible to persons within the circles that normally deal with the kind of information in question“, Art. 39 Abs. 2 lit. a) TRIPS.

1300 Köhler/Bornkamm-*Köhler*, § 17 Rn. 7a.

1301 *AIPPI*, GRUR Int. 1994, 1023, 1027, Sitzung des Geschäftsführenden Ausschusses in Kopenhagen vom 12.-18. Juni 1994.

1302 *Reger*, TRIPS, S. 260; auch im deutschen Recht wird auf die jeweiligen Fachkreise abgestellt, Harte/Henning-*Henning-Bodewig*, § 17 Rn. 3.

1303 „... has commercial value because it is secret“, Art. 39 Abs. 2 lit. b) TRIPS.

1304 *AIPPI*, GRUR Int. 1994, 1023, 1027, Sitzung des Geschäftsführenden Ausschusses in Kopenhagen vom 12.-18. Juni 1994; *Ulmer*, Unlauterer Wettbewerb I, S. 115; für das deutsche UWG Harte/Henning-*Henning-Bodewig*, § 17 Rn. 6.

1305 „... has been subject to reasonable steps under the circumstances, by the person lawfully in control of the information, to keep it secret“, Art. 39 Abs. 2 lit. c) TRIPS.

1306 „For the purposes of this Agreement, the term ‚intellectual property‘ refers to categories of intellectual property that are the subject of Sections 1 to 7 of Part II“, Art. 1 Abs. 2 TRIPS.

Betriebsgeheimnisse. Dementsprechend sind beide Materien in vielen nationalen Rechtsordnungen im Markenrecht oder in Sondergesetzen geregelt[1307]. Insbesondere in Großbritannien wird der Schutz von Betriebsgeheimnissen herkömmlicherweise den „intellectual property rights" zugeordnet[1308].

Dennoch lassen sich beide Bereiche des TRIPS-Übereinkommens zum Lauterkeitsrecht zählen. Im immaterialgüterrechtlichen Gepräge des Übereinkommens waren die sporadischen Regeln mit auch lauterkeitsrechtlicher Relevanz notwendig, da beide Rechtsgebiete aneinander grenzen und in bestimmten Grenzbereichen der Schutz von Immaterialgüterrechten ebenso lauterkeitsrechtliche Fragen berührt[1309]. Sie wurden aufgenommen, obwohl sie nicht dem Immaterialgüterrecht im engeren Sinn zuzuordnen sind. Gerade gegen die Einbeziehung des Schutzes von Betriebsgeheimnissen wurde lange vorgebracht, dass die Materie nicht vom Verhandlungsmandat für die TRIPS-Verhandlungen umfasst sei, da sie nicht zum „intellectual property" gehöre[1310]. Die Zuordnung zum Lauterkeitsrecht manifestiert sich weiter darin, dass das Übereinkommen hinsichtlich beider Themenbereiche ausdrücklich auf Art. 10bis PVÜ verweist[1311]. Zudem berühren beide Themenbereiche lauterkeitsrechtliche Kerntatbestände: Nicht nur der Schutz von Betriebsgeheimnissen, sondern auch der vor Verwechslungsgefahr wird im TRIPS-Übereinkommen geregelt, auch wenn er sich nur auf den schmalen Bereich der geographischen Angaben bezieht. Letztendlich ist die Einordnung durch Art. 1 Abs. 2 TRIPS ungeeignet, um eine Abgrenzung zum Immaterialgüterrecht vorzunehmen[1312]. Denn zur Abgrenzung kommt es entscheidend auf die Art und Weise des Schutzes an. Insoweit gleichen sich die Schutzkonzepte von Art. 10bis PVÜ und Artt. 22 ff., 39 TRIPS. Auch im TRIPS-Übereinkommen sind der Schutz von geographischen Angaben und von Geschäftsgeheimnissen eher lauterkeitsals immaterialgüterrechtlich ausgestaltet, obwohl rechtstheoretisch auch die andere Möglichkeit umsetzbar gewesen wäre. Beide Gebiete orientieren sich in ihrer Ausgestaltung am Konzept des mittelbaren, verhaltenssteuernden Schutzes und gewähren gerade keinen absoluten Schutz[1313]. Konsequenterweise hängt der Schutz geographischer Herkunftsangaben von einer tatsächlichen Irreführung

1307 *Henning-Bodewig*, in: Neuordnung des Wettbewerbsrechts, S. 34; *Henning-Bodewig*, IIC 1999, 166, 179; *Sack*, WRP 2008, 845, 860 f.

1308 *Cornish*, Intellectual Property, Rn. 8–01 ff.; allgemein für das Common Law *Ladas*, Patents, S. 1631 ff.

1309 *Fikentscher*, GRUR Int. 1995, 529, 532.

1310 Ausführlich *Reger*, TRIPS, S. 245 ff.

1311 *Reger*, TRIPS, S. 297.

1312 *Grünberger*, ZVglRWiss 108 (2009), 134, 140.

1313 Obwohl er insbesondere von den USA hinsichtlich der Betriebsgeheimnisse wiederholt gefordert wurde, GATT-Dokument MTN.GNG/NG11/W/14 v. 20.10.1987, S. 8; Dokument Notes on Informal Meeting, S. 346, Nr. 2 f.; GATT-Dokument MTN. GNG/NG11/W/14/Rev. 1 v. 17.10.1988, S. 10 Nr. 5.

ab[1314]; gleichermaßen setzt der Schutz von Betriebsgeheimnissen bestimmte Handlungen bestimmter Personen voraus[1315]. Im Umkehrschluss ist die Verwendung von geographischen Angaben und auch von Betriebsgeheimnissen daher grundsätzlich frei.

Weitergehende Erkenntnisse zur generellen Natur des Lauterkeitsrechts lassen sich aus dem TRIPS-Übereinkommen jedoch nicht ableiten[1316]. Dazu sind die relevanten Regelungsbereiche zu speziell und in ihrem Anwendungsbereich zu eng ausgestaltet. Insbesondere beschränkt sich der verwechslungsschutzkonnexe Tatbestand auf den einschlägigen Schutz geographischer Herkunftsangaben. Allgemeine Aussagen dazu, ob und inwieweit der Schutz vor Verwechslungsgefahren direkt den Schutz von Interessen der Marktgegenseite bezweckt, sind bereits deswegen nicht möglich. Auch im Übrigen lassen sich die sporadischen Verweise auf Art. 10bis PVÜ nicht als Normierung eines umfassenden Schutzes gegen den unlauteren Wettbewerb deuten[1317]. Über die beiden speziellen Fälle hinaus enthält das TRIPS-Übereinkommen keine Verpflichtung der Mitgliedstaaten, einen umfassenden, allgemeinen Schutz gegen den unlauteren Wettbewerb im Sinne von Art. 10bis PVÜ zu gewähren. Auch Art. 39 Abs. 1 Hs. 1 TRIPS beinhaltet trotz des missverständlichen Wortlauts („*Bei* der Sicherung eines wirksamen Schutzes gegen unlauteren Wettbewerb,...“[1318]) keine derartige Verpflichtung, sondern ordnet allein den speziellen Fall des Schutzes nicht offenbarter Informationen systematisch dem Lauterkeitsrecht zu[1319]. Die Vernachlässigung des Lauterkeitsrechts lässt sich historisch schlicht damit erklären, dass die beteiligten Parteien das Rechtsgebiet während der Verhandlungen nicht auf die Tagesordnung setzten[1320]. Deswegen erscheint es zu optimistisch, das Übereinkommen als Durchbruch bei der Internationalisierung des Lauterkeitsrechts zu feiern[1321]. Das Gegenteil ist vielmehr der Fall.

c) Zwischenergebnis: Traditioneller Mitbewerberschutz bei sonstiger Werte- und Sanktionsoffenheit

Zwar existiert ein internationaler Schutz gegen unlauteren Wettbewerb. Mit der Generalklausel in Art. 10bis Abs. 2 PVÜ wurde im Kern ein umfassendes

---

1314 *Reger*, TRIPS, S. 103; *Henning-Bodewig*, IIC 1999, 166, 176.

1315 *Ulmer*, Unlauterer Wettbewerb I, S. 114 f.; *Reger*, TRIPS, S. 243.

1316 So insbesondere auch *Fikentscher*, GRUR Int. 1995, 529, 532; *Henning-Bodewig*, in: Neuordnung des Wettbewerbsrechts, S. 36.

1317 *Henning-Bodewig*, IIC 1999, 166, 180.

1318 Hervorhebung durch den Verfassen.

1319 *Reger*, TRIPS, S. 254.

1320 *Henning-Bodewig*, IIC 1999, 166, 181.

1321 So aber *Micklitz u. a.*, Micklitz-Gutachten, Band I S. 9 ff. wobei jedoch auf S. 13 ungeprüft von einer Einbeziehung des gesamten Art. 10bis PVÜ in TRIPS ausgegangen wird.

Lauterkeitsrecht formuliert. Sowohl in der PVÜ als auch im TRIPS-Übereinkommen befinden sich Normen, die ein geschäftliches Verhalten reglementieren, weil es eine Verwechslungsgefahr begründet, weil eine Rufschädigung droht oder weil ein Betriebsgeheimnis gefährdet ist. Sie entsprechen den lauterkeitsrechtlichen Kerntatbeständen und sind damit historisch begründet „Lauterkeitsrecht". Insbesondere Art. 10bis PVÜ bestätigt zunächst, dass es sich beim Lauterkeitsrecht um eine eigenständige Rechtsmaterie handelt. Außerdem verdeutlicht das internationale Lauterkeitsrecht, dass das Rechtsgebiet im historischen Ausgangspunkt Interessen der Mitbewerber schützt. Die Art und Weise des Schutzes ist handlungsbezogen und nicht rechtsgutbezogen ausgestaltet.

Aber weder in der unbestimmten lauterkeitsrechtlichen Generalklausel der PVÜ noch in den spezifischen Teilregelungen des TRIPS-Übereinkommens finden sich weiterführende Hinweise auf die allgemeinen Charakteristika des Lauterkeitsrechts und insbesondere zu den lauterkeitsrechtlichen Schutzzwecken. Das internationale Lauterkeitsrecht gibt nicht vor, welchen Interessen das Lauterkeitsrecht zu dienen hat. Zumindest stellt es sich einer Weiterentwicklung der unterschiedlichen Lauterkeitsrechte der einzelnen Verbandsstaaten vom reinen Konkurrentenschutz zur Schutzzwecktrias nicht in den Weg. Für die Zukunft wird die nächste große Aufgabe darin gesehen, die sporadischen Lauterkeitsregelungen zu einem umfassenden und allgemeinen internationalen Recht gegen unlautere Maßnahmen auszubauen[1322].

2. Rechtsquellen des Unionsrechts

Auf der Ebene des Unionsrechts sind lauterkeitsrechtliche Vorschriften aufgrund von Zieldivergenzen zwischen dem Unions- und dem materiellen Lauterkeitsrecht (a) nicht ohne weiteres erkennbar. Gesucht werden können sie sowohl im Primär- (b) als auch im Sekundärrecht (c).

a) Zieldivergenzen zwischen dem Unions- und dem materiellen Lauterkeitsrecht

Dem Unionsrecht kann nicht ohne weiteres ein genuin lauterkeitsrechtlicher Gehalt zugebilligt werden. Das liegt vor allem daran, dass Unionsrecht und materielles Lauterkeitsrecht unterschiedliche Ziele verfolgen[1323]. Dem materiellen Lauterkeitsrecht geht es um die Herstellung materieller Gerechtigkeit, indem ein bestimmter Lebenssachverhalt einer sachgerechten Lösung zugeführt wird, die vollumfänglich die berührten Interessen angemessen zum Ausgleich bringt[1324].

1322 *Fikentscher*, GRUR Int. 1995, 529, 532; *Schricker*, in: FS Fikentscher, S. 994.

1323 Vergl. dazu umfassend *Beater*, GRUR Int. 2000, 963 ff.

1324 Vergl. *Larenz/Canaris*, Methodenlehre, S. 263 ff.; monografisch zur Suche einer sachlich angemessenen Lauterkeitslösung zum Beispiel *Kraft*, Interessenabwägung, passim; *Beater*, Verbraucherschutz und Schutzzweckdenken, passim.

Das Unionsrecht zielt dagegen im Wesentlichen auf die Förderung des Binnenmarktes[1325]. Der europäische Gesetzgeber kann und muss sekundäres Unionsrecht nicht dogmatisch einem bestimmten Rechtsgebiet zuordnen[1326]. Er kann es nicht, da er den Unterschieden in der Dogmatik aller mitgliedstaatlichen Rechtsordnungen nicht gerecht werden kann. Er muss es nicht, da die Regelungen zur Lösung konkreter Binnenmarktprobleme getroffen werden, die dogmatisch allein zum Zweck der Kompetenzbestimmung eingeordnet werden müssen. Eine ausdrückliche Ermächtigung, die sich speziell auf das Lauterkeitsrecht bezieht, ist der Union jedoch nicht zugewiesen. Stattdessen existieren als relevante Kompetenzgebiete zum Beispiel die Errichtung und das Funktionieren des Binnenmarktes gemäß Art. 114 AEUV oder die Errichtung eines hohen Verbraucherschutzniveaus gemäß Art. 169 AEUV, wobei in Ausübung der Kompetenz jeweils eine Vielzahl von wirtschaftlich relevanten materiellen Rechtsgebieten berührt wird[1327].

Dementsprechend existieren weniger positive, ein europäisches Lauterkeitsrecht gestaltende Vorgaben als vielmehr Maßnahmen, die in erster Linie in einem negativen Sinn bezwecken, binnenmarkthemmende nationale Vorschriften punktuell an unterschiedlichsten Stellen abzubauen[1328]. Weder im primären noch im sekundären Unionsrecht wurde bislang ein dem europäischen Kartell- oder Markenrecht vergleichbares umfassendes europäisches Lauterkeitsrecht geschaffen[1329].

1325 Erst in neuerer Zeit wird versucht, in Rechtsvorschriften Unstimmigkeiten und Regelungslücken zu beseitigen, vergl. Richtlinie 2011/83/EU über die Rechte der Verbraucher, ABl. L 304/64, Erwägungsgrund 2.

1326 *Schmidt, M.*, JZ 2007, 78, 79; *Glöckner*, in: Lauterkeitsrecht und Acquis, S. 272.

1327 *Schmidt, M.*, JZ 2007, 78, 79.

1328 Vergl. allgemein *Müller-Graff*, NJW 1993, 13 (das Unionsprivatrecht „tritt in sachgebietlich zerstückelter Form und ohne bereits deutlich erkennbare privatrechtsdogmatische und privatrechtssystematische Gesamtkonzeption auf"); speziell zum Lauterkeitsrecht weist *Beater*, GRUR Int. 2000, 963, 968 ff. darauf hin, dass der Binnenmarktaspekt die Suche nach einer materiellrechtlich angemessenen Lauterkeitsgestaltung dominiert und ihr diametral entgegenstehen kann; *Mäsch*, EuR 2005, 625, 632 f.; dahingehend interpretiert *Wadlow*, EIPR 2006, 433, 434 zum Beispiel auch den Hinweis in der Präambel des AEUV, dass ein redlicher Wettbewerb zu gewährleisten sei, wenn er meint, die Redlichkeit beziehe sich allein auf einen unbeschränkten Binnenmarkt.

1329 *Fikentscher*, Wirtschaftsrecht I, § 15 X 1; *Müller-Graff*, in: FS Carstens, S. 218 f.; *Veelken*, ZVglRWiss 92 (1993), 241, 261; *Veelken*, EWS 1993, 377; *Veelken*, WRP 2004, 1, 10 f.; *Robertson/Horton*, EIPR 1995, 568, 574, 579; *Koos*, Europäischer Lauterkeitsmaßstab, S. 45; *Dethloff*, Europäisierung des Wettbewerbsrechts, S. 8; *Hucke*, Harmonisierung des Wettbewerbsrechts, S. 39 („der EG-Vertrag [enthält] keine spezifisch wettbewerbsrechtlichen Normen i.S.v. Unlauterkeitsregelungen"); *Schricker/Henning-Bodewig*, WRP 2001, 1367, 1369; *Henning-Bodewig*, GRUR Int. 2002, 389, 392; *Henning-Bodewig*, in: FS Tilmann, S. 150; *Henning-Bodewig*, GRUR Int. 2010, 549, 550 f.; *Micklitz/Keßler*, GRUR Int. 2002, 885, 886; *Keßler/Micklitz*, Harmonisierung, S. 48; *Wiebe*, WRP 2002, 283, 287; *Beater*, ZEuP 2003, 11; *Beater*,

Die lauterkeitsrechtliche Zurückhaltung beruht vor allem darauf, dass es dem Unionsrecht hauptsächlich um die Förderung des Binnenmarktes geht. Deswegen lag ein materiellrechtliches Verbot von Kartellabsprachen nahe, da Kartellabsprachen Märkte abschotten und damit offensichtlich den Binnenmarkt behindern. Dagegen ist nicht gleichermaßen einleuchtend, dass ein materiellrechtliches Verbot von unlauterem Wettbewerbsverhalten und damit ein lauterkeitsrechtliches Mindestschutzniveau notwendig ist, um dem Binnenmarkt gerecht zu werden[1330]. Hier sind es eher die Unterschiede in den nationalen Lauterkeitsrechten an sich, die den binnengrenzüberschreitenden Handel erschweren und zu binnenmarktinternen Wettbewerbsverzerrungen führen[1331]. Selbst diese binnenmarkthemmenden Folgen der Unterschiede nationaler Lauterkeitsrechte schienen anfangs nicht besonders schwer zu wiegen, da sich in den Anfängen der Binnenmarktrealisierung ein unlauteres Wettbewerbsverhalten oft nur auf dem nationalen Markt eines Mitgliedstaates auswirkte, etwa bei der Anschwärzung eines inländischen Mitbewerbers oder einer räumlich begrenzten Werbekampagne[1332].

Der Erlass eines umfassenden Lauterkeitsrechts ist auch nicht mit der Binnenmarktkompetenz zu vereinbaren, da er Regelungsbefugnisse berührt, die gemäß der Rechtsprechung des BverfG[1333] zumindest dem deutschen Gesetzgeber unter der Geltung des Grundgesetzes verbleiben müssen[1334]. Dazu kommen weitere

---

in: Lauterkeitsrecht und Acquis, S. 209; *Beater*, Unl. Wettb. (2011), § 5 Rn. 381; *Geis*, in: FS Tilmann, S. 126 („Flickenteppich"); *Köhler/Lettl*, WRP 2003, 1019, 1020; *Mäsch*, EuR 2005, 625, 633 („einige kleinere gemeinschaftsrechtliche Inseln im großen Meer der nationalen lauterkeitsrechtlichen Regeln"); *Glöckner*, Europäisches Lauterkeitsrecht, S. 34 ff.; GK-*Schricker*, Einl. F Rn. 324; *Wadlow*, EIPR 2006, 433, 434; *Leistner*, Richtiger Vertrag und lauterer Wettbewerb, S. 340 f.; *Ohly*, WRP 2008, 177, 180; *Peukert*, in: Lauterkeitsrecht und Acquis, S. 27 ff.; *Podszun*, WRP 2009, 509, 512 f.; Köhler/Bornkamm-*Köhler*, Einl. Rn. 3.1; *Müller-Graff*, in: FS Carstens.

1330 Etwa weil nicht allein der freie, sondern nur der zusätzlich auch lautere Wettbewerb den Binnenmarkt vollständig zu integrieren vermag, wobei dann die Kriterien der Lauterkeit bestimmt werden müssen; vergl. *Veelken*, ZVglRWiss 92 (1993), 241, 261; *Veelken*, EWS 1993, 377; die Notwendigkeit der Harmonisierung aus eben diesen Gründen sieht dagegen *Hilty*, in: Unfair Competition, S. 12.

1331 Siehe oben S. 43 und insbesondere die in Fn. 359 zitierte Literatur.

1332 *Loewenheim*, in: Harmonisierung, S. 2; *Hucke*, Harmonisierung des Wettbewerbsrechts, S. 39 f.; *Leistner*, Richtiger Vertrag und lauterer Wettbewerb, S. 340 f. Fn. 2.

1333 BVerfG v. 12.10.1993, 2 BvR 2134/92, 2 BvR 2159/92, BVerfGE 89, 155, 188; bestätigt durch BVerfG v. 30.6.2009, 2 BvE 2/08, 2 BvE 5/08, 2 BvR 1010/08, 2 BvR 1022/08, 2 BvR 1259/08, 2 BvR 182/09, BVerfGE 123, 267, Rn 240; vergl. *Dingemann*, ZEuS 2009, 491 ff.

1334 *Henning-Bodewig*, in: Lauterkeitsrecht und Acquis, S. 11; *Peukert*, in: Lauterkeitsrecht und Acquis, S. 59; auch *Wiebe*, WRP 2002, 283, 290 steht der Möglichkeit, das Lauterkeitsrecht zu harmonisieren, nachdenklich gegenüber; *Veelken*, WRP 2004, 1, 11 betont die praktischen Herausforderungen für das europäische Gerichtssystem, die mit der umfassenden Harmonisierung in diesem Bereich verbunden

praktische Gründe, die die lauterkeitsrechtliche Fragmentierung im Unionsrecht erklären. So ist der notwendige Konsens für ein umfassendes materielles europäisches Lauterkeitsrecht angesichts der fundamental unterschiedlichen nationalen Lauterkeitsordnungen nur äußerst schwer zu erzielen[1335]. Trotz späterer Bemühungen konnte man sich nicht auf ein umfassendes Konzept einigen. Stattdessen wurden lediglich bestimmte Teile der Gesamtmaterie ausschnittsweise geregelt, die jeweils gerade noch konsensfähig waren[1336]. Der Befund gilt auch nach dem Erlass der Richtlinie 2005/29/EG über unlautere Geschäftspraktiken: Zum einen besteht das generelle Ziel der Richtlinie weniger darin, ausgewogenes materielles Recht zu konzipieren, sondern vor allem darin, im Bereich der Geschäftspraktiken gegenüber Verbrauchern den Binnenmarkt durch Einführung eines einheitlichen Verbraucherschutzniveaus zu fördern[1337]. Zum anderen ist sie bereits deswegen nicht umfassend, da sie sich ganz auf Regelungen im vertikalen „B2C"-Bereich konzentriert[1338].

---

wären, der wie kein anderer Gerichtsverfahren provoziere; optimistischer dagegen *Müller-Graff*, in: FS Carstens, S. 221 f.; ebenso *Tilmann*, in: Neuordnung des Wettbewerbsrechts, S. 114; eine umfassende Handlungslegitimation der Union zur Entwicklung eigener Lauterkeitsstandards bejaht *Koos*, Europäischer Lauterkeitsmaßstab, S. 126; optimistisch auch *Glöckner*, Europäisches Lauterkeitsrecht, S. 488.

1335 *Loewenheim*, in: Harmonisierung, S. 1.

1336 Gegen die Zerstückelung wurden Bedenken vorgetragen, weil die Regelung von Teilgebieten auf europäischer Ebene Widersprüche mit den nationalen Lauterkeitssystemen provoziere und die wünschenswerte einheitliche Gesamtregelung erschwere; vergl. BR Beschluß v. 8.11.1991, BR-Drucks. 459/91, S. 1; *Deutsche Vereinigung für gewerblichen Rechtsschutz und Urheberrecht*, GRUR 1992, 370; *Funke*, WRP 1991, 550, 551 f.; *Gamm*, WRP 1992, 143 f.; *Loewenheim*, in: Harmonisierung, S. 9; *Henning-Bodewig/Schricker*, GRUR Int. 2002, 319, 321.

1337 Gemäß Richtlinie 2005/29/EG über unlautere Geschäftspraktiken, Erwägungsgrund 23 besteht das Ziel der Richtlinie darin, „durch Angleichung der Rechts- und Verwaltungsvorschriften der Mitgliedstaaten über unlautere Geschätspraktiken die durch derartige Vorschriften verursachten Handelshemmnisse zu beseitigen und ein hohes gemeinsames Verbraucherschutzniveau zu gewährleisten", vergl. auch Erwägungsgrund 12; ebenso *Glöckner*, IIC 2010, 570, 575 („The UCP Directive harmonised the treatment of unfair commercial practices, not unfair competition laws.").

1338 *Veelken*, WRP 2004, 1, 10 („Von einer allgemeinen Harmonisierung des Lauterkeitsrechts ist die Richtlinie aber weit entfernt."); *Glöckner/Henning-Bodewig*, WRP 2005, 1311, 1313; *Handig*, EBLR 2005, 1117, 1132; *Piekenbrock*, GRUR Int. 2005, 997, 999 f.; *Glöckner*, Europäisches Lauterkeitsrecht, S. 80; *Stuyck/Terryn u. a.*, CMLRev. 43 (2006), 107, 152; *de Vrey*, European Unfair Competition Law, S. 8 („still mostly a matter of national law"); *Baetzgen*, Binnenmarkt, S. 14; *Schuhmacher*, in: Unfair Competition, S. 130; *Ohly*, WRP 2008, 177, 181; Fezer-*Hausmann/Obergfell*, Einl. I Rn. 43; *Fezer*, WRP 2009, 1163, 1164 (bei der Richtlinie handele es sich lediglich um eine Teil-, nicht jedoch um eine Gesamtharmonisierung des Lauterkeitsrechts);

Wegen der Zieldivergenzen zwischen dem Unions- und dem materiellen Lauterkeitsrecht gewinnt die Problematik der Identifikation genuin lauterkeitsrechtlicher Vorschriften[1339] im Unionsrecht besonderes Gewicht. Da im Unionsrecht keine ausdrückliche Gesamtregelung der Materie existiert, fehlt es bereits an einer autoritären gesetzgeberischen Bestimmung dessen, was „Lauterkeitsrecht" bedeutet. Findet sich im Unionsrecht ein Fragment von potentiell lauterkeitsrechtlicher Relevanz, ist dessen Zugehörigkeit zum Lauterkeitsrecht besonders sorgfältig zu prüfen[1340]. Insoweit beeinflussen die Regelungsfragmente unter anderem auch die verschiedenen nationalen Lauterkeitsrechte der Mitgliedstaaten und sind zumindest in diesem begrenzten Sinn lauterkeitsrechtlich relevant[1341]. Damit allein lässt sich jedoch derer genuin lauterkeitsrechtlicher Gehalt nicht begründen. Nur weil die Warenverkehrsfreiheit Auswirkungen auf das nationale Lauterkeitsrecht besitzt, gehört sie nicht selbst zum Lauterkeitsrecht. Entscheidend ist vielmehr, inwieweit die Regelungen des Unionsrechts den lauterkeitsrechtlichen Kerntatbeständen entsprechen oder ihnen nahestehen, um sie als genuin lauterkeitsrechtlich qualifizieren zu können. Dabei kann es im Einzelfall jedoch problematisch sein, ob die Nähe ausreicht, um eine Regelung noch dem Lauterkeitsrecht zuordnen zu können.

b) Primäres Unionsrecht

Zwar herrscht Einigkeit darüber, dass das Primärrecht der Europäischen Union keine ausdrücklichen materiellen Lauterkeitsregeln enthält[1342]. Teilweise wird aber versucht, dem Primärrecht ungeschriebene Wertungen zum Lauterkeitsrecht zu entnehmen[1343]. Zumindest berührt das Primärrecht das Lauterkeitsrecht an mehreren Stellen[1344]. So wurde bereits der Europäischen Gemeinschaft in ex. Art. 3

Pflüger, in: Lauterkeitsrecht und Acquis, S. 65 Fn. 1; *Podszun*, in: Lauterkeitsrecht und Acquis, S. 162; *Wadlow*, JIPLP 2009, 789; *Henning-Bodewig*, GRUR Int. 2010, 549, 550, 554; *Henning-Bodewig*, WRP 2010, 1094, 1098; Köhler/Bornkamm-*Köhler*, Einl. Rn. 3.1; *Beater*, Unl. Wettb. (2011), § 8 Rn. 649 („eher einen bruchstückhaften als einen strukturierten Charakter").

1339 Siehe zur Identifikationsproblematik oben S. 211 (Identifikationsproblematik der Rechtsvergleichung).

1340 Siehe dazu oben S. 215 (Alternativer Ansatz: Autonome Identifikation aufgrund hinreichender Sachnähe zum traditionellen Mitbewerberschutz (Kerntatbestandsnähe)).

1341 *Schricker/Henning-Bodewig*, WRP 2001, 1367, 1369; *Henning-Bodewig*, GRUR Int. 2010, 549, 555 ff.; *Beater*, Unl. Wettb. (2011), § 5 Rn. 381; Köhler/Bornkamm-*Köhler*, Einl. Rn. 3.14.

1342 Siehe oben S. 236 (Zieldivergenzen zwischen dem Unions- und dem materiellen Lauterkeitsrecht) und insbesondere die in Fn. 750 angegebene Literatur.

1343 *Fikentscher*, in: FS Hallstein, S. 153 ff.; *Fikentscher*, Wirtschaftsrecht I, § 15 X 4; *Veelken*, EWS 1993, 377 f.; *Veelken*, ZVglRWiss 92 (1993), 241, 261 ff.; *Koos*, Europäischer Lauterkeitsmaßstab, S. 55 ff.

1344 Vergl. Köhler/Bornkamm-*Köhler*, Einl. Rn. 3.2.

lit. g) EGV aufgegeben, ein System zu errichten, das den Wettbewerb innerhalb des Binnenmarkts vor Verfälschungen schützt[1345]. Diese Zielbestimmung wurde mit dem Vertrag von Lissabon im Protokoll Nr. 27 über den Binnenmarkt und Wettbewerb[1346] sachlich unverändert fortgeschrieben[1347]. Zudem wird nunmehr in der Präambel des AEUV der Erkenntnis Ausdruck gegeben, dass „ein einverständliches Vorgehen erforderlich ist, um... einen redlichen Wettbewerb zu gewährleisten“[1348]. Die Zielbestimmung wird im Primärrecht berücksichtigt und konkretisiert. Der Gewährleistung eines unverfälschten und redlichen Wettbewerbs im Binnenmarkt dienen die Grundfreiheiten, die den Wettbewerb im Binnenmarkt ermöglichen, sowie das Unionskartellrecht nach den Art. 101 ff. AEUV (ex. Art. 81 ff. EGV), welches den einmal geschaffenen Wettbewerb vor Eingriffen durch private Wettbewerbsverfälschungen schützt[1349]. Möglicherweise können aus beiden Bereichen rechtliche Wertungen herangezogen werden, um darauf das Konzept eines europäischen Lauterkeitsrechts zu errichten.

aa) Grundfreiheiten

Die Grundfreiheiten des AEUV, insbesondere die Warenverkehrsfreiheit der Artt. 34 ff. AEUV (ex. Artt. 28 ff. EGV) und die Dienstleistungsfreiheit der Artt. 56 ff. AEUV (ex. Artt. 49 ff. EGV), öffnen die nationalen Teilmärkte, indem sie vor Zugangsbeschränkungen durch Maßnahmen der Mitgliedstaaten schützen. Mit der Gewährleistung des Marktzugangs tragen sie nicht nur wesentlich zur Schaffung des Binnenmarktes bei[1350], sondern bilden vor allem die Grundlage für einen unverfälschten Wettbewerb[1351]. Unverfälscht ist der Wettbewerb nur dann,

---

1345 „Die Tätigkeit der Gemeinschaft... umfaßt... ein System, das den Wettbewerb innerhalb des Binnenmarkts vor Verfälschungen schützt“, Art. 3 lit. g) EGV; siehe dazu von der Groeben/Schwarze-*Zuleeg*, Art. 3 EGV Rn. 8; Grabitz/Hilf I-*von Bogdandy*, Art. 3 EGV Rn. 14 ff.; *Glöckner*, Europäisches Lauterkeitsrecht, S. 16 f.

1346 ABl. C 115/309 v. 9.5.2008.

1347 Nach Schwarze-*Brinker*, Art. 81 EGV Rn. 41 habe die Streichung „lediglich symbolhafte Wirkung“; laut *Glöckner*, IIC 2010, 570, 572 ist die Zielbestimmung gemäß Art. 51 EUV weiterhin vollständig zu berücksichtigen, so dass sich im Vergleich zur früheren Rechtslage unter dem Vertrag von Amsterdam keine Änderungen ergeben; *Weitbrecht/Mühle*, EuZW 2010, 327; *Beater*, Unl. Wettb. (2011), § 6 Rn. 439 (der AEUV habe lediglich „sprachideologisch abgerüstet“); Immenga/Mestmäcker-*Immenga/Mestmäcker*, Einl. B Rn. 17 u. 20; Immenga/Mestmäcker-*Emmerich*, AEUV Rn. 3.

1348 Grabitz/Hilf/Nettesheim-*Nettesheim*, Präambel AEUV Rn. 22.

1349 Immenga/Mestmäcker-*Immenga/Mestmäcker*, Einl. C Rn. 14 f. (es existiert ein systematischer Zusammenhang von Verkehrsfreiheiten und Wettbewerbssystem); Immenga/Mestmäcker-*Emmerich*, AEUV Rn. 3.

1350 Siehe oben S. 72 (Gewährleistung des Marktzugangs).

1351 von der Groeben/Schwarze-*Müller-Graff*, Vorb. Art. 28 bis 31 EG Rn. 3; Immenga/Mestmäcker-*Immenga/Mestmäcker*, Einl. B Rn. 21 ff.

wenn Unternehmen frei an ihm teilnehmen können. Dazu muss der Zutritt zum Markt möglich sein. Insoweit sind die Grundfreiheiten ein tragender Baustein der marktwirtschaftlichen Wirtschaftsverfassung der Union[1352]. Teil dieser Wirtschaftsverfassung ist die wettbewerbliche Lauterkeit[1353]. Deswegen könnten den Grundfreiheiten Vorgaben für ein lauterkeitsrechtliches Referenzmodell zu entnehmen sein.

Unmittelbar jedoch liefern die Grundfreiheiten keine genuin lauterkeitsrechtlichen Maßstäbe[1354]. Das folgt bereits daraus, dass sich die Auswirkungen der Grundfreiheiten nicht auf das spezielle Gebiet des Lauterkeitsrechts beschränken: Die Grundfreiheiten wirken sich zwar auch, aber gleichermaßen nicht nur auf die nationalen Lauterkeitsrechte aus. Deswegen können den Grundfreiheiten keine spezifisch lauterkeitsrechtlichen Aussagen entnommen werden. Darüber hinaus liegt der Effekt der Grundfreiheiten nicht darin, das materielle Recht durch positive Vorgaben zu gestalten. Im Rahmen der negativen Integration dienen die Grundfreiheiten der Beseitigung nationaler Handelshemmnisse, nicht jedoch der positiven Ausgestaltung nationaler Märkte[1355]. Sie beseitigen lediglich die binnenmarkthemmenden Wirkungen, berühren indes nicht den gesamten darunter liegenden materiellrechtlichen Bereich, der – wie zum Beispiel das Gebiet der reinen Verkaufsmodalitäten – entweder von vornherein binnenmarktneutral oder zumindest als „zwingendes Erfordernis“[1356] gerechtfertigt ist. Das völlige Fehlen jeglicher lauterkeitsrechtlicher Beschränkungen von Wettbewerbsverhalten wäre aus Sicht der Grundfreiheiten gerade nicht zu beanstanden, obwohl dann noch nicht einmal die Mindestrechte des Art. 10bis Abs. 3 PVÜ gewahrt sein würden.

Dennoch könnten die Grundfreiheiten zumindest mittelbar lauterkeitsrechtliche Vorgaben enthalten. Teilweise werden lauterkeitsrechtliche Vorgaben an einer Stelle verortet, die nur über die Brücke der Grundfreiheiten zu erreichen ist. In diesem Sinne wird teilweise die richterliche Anerkennung der Lauterkeit des Handelsverkehrs als zwingendes Erfordernis zur Rechtfertigung einer

---

1352 von der Groeben/Schwarze-*Müller-Graff*, Art. 28 EG Rn. 1; Grabitz/Hilf/Nettesheim-*Terhechte*, Art. 3 EUV Rn. 48; Immenga/Mestmäcker-*Immenga/Mestmäcker*, Einl. B Rn. 19 mwN.

1353 Zur wettbewerblichen Lauterkeit als Verfassungselement der Europäischen Gemeinschaft siehe *Müller-Graff*, in: FS Carstens, S. 218 ff.

1354 *Beater*, ZEuP 2003, 11, 28; *Beater*, Unl. Wettb. (2011), § 8 Rn. 613; *Glöckner*, in: FS Schilling, S. 168 („Die Grundfreiheiten sind aus sich heraus nicht wettbewerbsbezogen.“).

1355 Calliess/Ruffert (3.)-*Kingreen*, Art. 28 ff. EGV Rn. 2; *Beater*, GRUR Int. 2000, 963, 969 (Es ist „festzuhalten, dass der EuGH in diesem Zusammenhang nicht wettbewerbsrechtlich entscheidet, sondern nach den Maßstäben des Binnenmarktes, die materiell-wettbewerbsrechtliche Belange nicht als solche erfassen können“); *Beater*, Verbraucherschutz und Schutzzweckdenken, S. 48; *Köhler/Lettl*, WRP 2003, 1019, 1022; *Mäsch*, EuR 2005, 625, 628.

1356 EuGH v. 20.2.1979, Rs. C-120/78 („Cassis de Dijon“), Slg. 1979, 649 Rn. 8.

Beeinträchtigung der Grundfreiheiten im Rahmen der Cassis-Rechtsprechung des EuGH interpretiert und ihr die Schaffung eines europäischen Lauterkeitsrahmens zugebilligt[1357]. Nach der Rs. *Cassis de Dijon* kann ein Hemmnis für den Binnenhandel hingenommen werden, soweit es notwendig ist, um zwingenden Erfordernissen gerecht zu werden, zu denen insbesondere die Lauterkeit des Handelsverkehrs und des Verbraucherschutzes zählen[1358]. Das Lauterkeitserfordernis füllt der EuGH zumindest vordergründig auch inhaltlich aus und bezieht sich mit Blick auf den maßgeblichen Lauterkeitsstandard auf die „wesentlichen Garantien eines lauteren Handelsverkehrs"[1359].

Es reicht jedoch nicht aus, die Lauterkeit des Handelsverkehrs als zwingendes Erfordernis anzuerkennen, um daraus hinreichend konkrete konzeptionelle Vorgaben zur Lauterkeit abzuleiten. Zwar kann für die inhaltliche Ausgestaltung des zwingenden Erfordernisses und damit für die Auslegung der „Lauterkeit des Handelsverkehrs" durchaus das Unionsrecht autonom verantwortlich sein, unbeeinflusst von den nationalen Lauterkeitsrechten der Mitgliedstaaten[1360]. Insoweit wird vertreten, dass die „zwingenden Erfordernisse" nicht allein der Restsouveränität der Mitgliedstaaten zuzuordnen sind[1361], sondern dass mit der Anerkennung des Lauterkeitsrechts als „zwingendes Erfordernis" ein Transport auf die Ebene des Unionsrechts verbunden sei[1362]. Aber selbst wenn dies der Fall sein sollte, lassen sich der Rechtsprechung des EuGH keine konkreten inhaltlichen Vorgaben für ein materielles Lauterkeitskonzept entnehmen. Zwar wird inhaltlich der lauterkeitsrechtliche Schutzstandard dem Verhältnismäßigkeitsgrundsatz unterworfen[1363], woraus der EuGH unter anderem ein europäisches Verbraucherleitbild ableitet[1364]. Zum Lauterkeitskonzept gehören jedoch Vorgaben zu den lauterkeitsrechtlichen Schutzzwecken. Dazu schweigt die Rechtsprechung zu den zwingenden Erfordernissen der Lauterkeit des Handelsverkehrs und des Verbraucherschutzes. Meist prüft der EuGH die beiden Schutzgüter der Lauterkeit und des Verbraucherschutzes

---

1357 In Ansätzen zum Beispiel *Müller-Graff*, in: FS Carstens, S. 224 ff.; *Meier*, GRUR Int. 1993, 219, 220 f.; *Veelken*, EWS 1993, 377, 385; *Koos*, Europäischer Lauterkeitsmaßstab, S. 77 ff.; vergl. auch *Fezer*, WRP 2001, 989, 992 („benennt der EuGH lauterkeitsrechtliche Beurteilungskriterien").

1358 EuGH v. 20.2.1979, Rs. C-120/78 („Cassis de Dijon"), Slg. 1979, 649 Rn. 8; *Glöckner*, Europäisches Lauterkeitsrecht, S. 116 ff.

1359 EuGH v. 20.2.1979, Rs. C-120/78 („Cassis de Dijon"), Slg. 1979, 649 Rn. 8; *Veelken*, EWS 1993, 377, 385; von der Groeben/Schwarze-*Müller-Graff*, Art. 28 EG Rn. 209.

1360 *Meier*, GRUR Int. 1993, 219, 220 f.

1361 So jedoch *Bleckmann*, GRUR Int. 1986, 172, 177.

1362 *Veelken*, EWS 1993, 377, 385; *Glöckner*, Europäisches Lauterkeitsrecht, S. 118 ff.; *Glöckner*, in: FS Schilling, S. 171 f. und 188 f.

1363 Darin sieht z. B. *Fezer*, WRP 2001, 989, 992 f. den Beitrag der Grundfreiheiten zum Lauterkeitsrecht.

1364 *Henning-Bodewig*, GRUR Int. 2010, 549, 555; zur Entwicklung siehe Harte/Henning-*Glöckner*, Einl. B Rn. 128 ff.

gemeinsam, so dass ihr Verhältnis zueinander nicht klar erscheint[1365]. Die Schutzgüter sind unbestimmt; mit Blick auf das Lauterkeitsrecht ist insbesondere höchst fraglich, ob der Begriff im Sinne von Art. 10bis PVÜ zu verstehen ist und außerdem, ob darunter nur ausschließlich oder auch teilweise lauterkeitsschützende Regelungen fallen[1366]. Für die Unbestimmtheit gibt es gute Gründe. Zunächst fanden sich bereits im EG-Vertrag keine Anhaltspunkte, die hätten helfen können, den Rechtfertigungsgrund „zwingende Erfordernisse der Lauterkeit des Handelsverkehrs" zu konkretisieren[1367]. Gleiches gilt nunmehr für den AEUV. Außerdem geht es dem EuGH nicht nur allgemein bei der Auslegung der Grundfreiheiten, sondern insbesondere auch bei der Bestimmung der zwingenden Erfordernisse nicht um die Dogmatik eines allgemeinen Lauterkeitsrechts. Erstens regelt die Rechtsprechung des EuGH immer nur punktuell einen Einzelfall[1368]. Zweitens geht es inhaltlich auch bei den Rechtfertigungsgründen in erster Linie darum, die Abschottung nationaler Märkte zu verhindern[1369]. So wie das Unionsrecht allgemein, zielen insbesondere auch die Grundfreiheiten auf die Förderung des Binnenmarktes und gerade nicht auf die inhaltliche Gestaltung eines materiellen Rechtsgebietes[1370]. Materiell-lauterkeitsrechtliche Aspekte verblassen hinter den grundfreiheitenrechtlichen Zielen der Angleichung und Harmonisierung. Das gilt auch für den Umgang mit den Rechtfertigungsgründen. Die Grundfreiheiten dienen damit auch

---

1365 *Dethloff*, Europäisierung des Wettbewerbsrechts, S. 191 f.; MüKo UWG-*Heermann*, EG B Art. 28 Rn. 55 und Art. 30 Rn. 44; Calliess/Ruffert (3.)-*Kingreen*, Art. 28 EGV ff. Rn. 211; a. A. *Beater*, GRUR Int. 2000, 963, 971 unter Verweis auf EuGH v. 26.11.1985, Rs. C-182/84 (Miro), Slg. 1985, 3731; *Beater*, in: FS Schricker, S. 635 ff.; *Leistner*, Richtiger Vertrag und lauterer Wettbewerb, S. 410 ff., der auf S. 370 ff. zwar den Befund teilt, nicht aber die Schlussfolgerung, sondern stattdessen in der Rechtsprechung „überraschend klare ‚positive' Konturen eines europäischen Lauterkeits- und Verbraucherschutzmodells" erblickt.

1366 *Müller-Graff*, in: FS Carstens, S. 226; von der Groeben/Schwarze-*Müller-Graff*, Art. 28 EGV Rn. 209 und 214.

1367 *Lettl*, WRP 2004, 1079, 1083 f.

1368 *Schricker/Henning-Bodewig*, WRP 2001, 1367, 1371; *Wiebe*, WRP 2002, 283, 288 (die Rechtsprechung stelle „keinesfalls einen vollständigen Katalog bereit", sondern liefere lediglich „Hinweise für die Weiterentwicklung eines europäischen Lauterkeitsrechts"); MüKo UWG-*Heermann*, EG B Art. 28 Rn. 55; *Henning-Bodewig*, GRUR Int. 2010, 549, 561; *Henning-Bodewig*, WRP 2010, 1094, 1099 („stark auf den Einzelfall bezogen und wenig aussagekräftig im Hinblick auf die die Lauterkeit ausmachenden Kriterien"); laut *Veelken*, EWS 1993, 337, 385 ließen sich dennoch „allgemeinere Leitprinzipien" erkennen.

1369 *Schluep*, in: Droit européen de la concurrence déloyale, S. 72; *Beater*, GRUR Int. 2000, 963, 971; *Henning-Bodewig*, GRUR Int. 2010, 549, 561.

1370 Siehe oben S. 236 (Zieldivergenzen zwischen dem Unions- und dem materiellen Lauterkeitsrecht); zu der Verwirklichung der Grundfreiheiten als wesentliches Binnenmarktziel siehe oben S. 71 (Präzisierung der Voraussetzungen des europäischen Binnenmarktes).

nicht mittelbar über die Rechtfertigung ihrer Einschränkung der positiven Ausgestaltung nationaler Märkte[1371]. Die noch 1993 gesehene Möglichkeit, dass der EuGH auf Grundlage der zwingenden Erfordernisse allgemeine Maßstäbe für die Lauterkeit des Handelsverkehrs entwickeln könnte[1372], hat sich nicht realisiert.

bb) Wettbewerbsregeln

Die Wettbewerbsregeln nach den Art. 101 ff. AEUV (ex. Art. 81 ff. EGV) schützen den Wettbewerb, um den Schutz des Binnenmarktes zu vervollständigen. Beseitigen die Grundfreiheiten staatliche Handelshemmnisse, um damit eine wesentliche Voraussetzung für ein System unverfälschten Wettbewerbs zu schaffen, besteht die Aufgabe der Wettbewerbsregeln darin, das einmal im Binnenmarkt errichtete Wettbewerbssystem auszubauen und vorrangig gegen künstliche und willkürliche Eingriffe der privaten Unternehmen zu schützen[1373]. Deswegen verbieten die Wettbewerbsregeln vor allem[1374] Kartellabsprachen[1375] und den Missbrauch einer marktbeherrschenden Stellung[1376]. Insoweit konkretisieren sie das Wettbewerbssystem der Union. Möglicherweise lassen sich die Wertungen auf das gesuchte lauterkeitsrechtliche Referenzmodell übertragen.

Denkbar erscheint zunächst, den Schutzgegenstand der Wettbewerbsregeln in seiner Gesamtheit auf das Lauterkeitsrecht zu übertragen. Sinnvoll ist das jedoch nur dann, wenn die Wettbewerbsregeln selbst den Wettbewerb als Gegenstand ihres Schutzes hinreichend konkret bestimmen. Das ist aber nicht der Fall. Die Wettbewerbsregeln definieren nicht, was Wettbewerb bedeutet[1377]. Das überrascht

---

1371 *Henning-Bodewig*, in: Unfair Competition, S. 111.

1372 *Meier*, GRUR Int. 1993, 219, 220.

1373 *Hucke*, Harmonisierung des Wettbewerbsrechts, S. 37; Schwarze-*Brinker*, Art. 81 EGV Rn. 1; Grabitz/Hilf I-*Aicher/Schuhmacher/Stockenhuber/Schroeder*, Art. 81 EGV Rn. 10 („integrationspolitische Zielsetzung"); Immenga/Mestmäcker-*Emmerich*, AEUV Rn. 3.

1374 Daneben werden in einem 2. Abschnitt staatliche Beihilfen reglementiert, Art. 107 ff. AEUV.

1375 „Mit dem Binnenmarkt unvereinbar und verboten sind alle Vereinbarungen zwischen Unternehmen, Beschlüsse von Unternehmensvereinigungen und aufeinander abgestimmte Verhaltensweisen, welche den Handel zwischen Mitgliedstaaten zu beeinträchtigen geeignet sind und eine Verhinderung, Einschränkung oder Verfälschung des Wettbewerbs innerhalb des Binnenmarkts bezwecken oder bewirken...", Art. 101 Abs. 1 AEUV.

1376 „Mit dem Binnenmarkt unvereinbar und verboten ist die missbräuchliche Ausnutzung einer beherrschenden Stellung auf dem Binnenmarkt oder auf einem wesentlichen Teil desselben durch ein oder mehrere Unternehmen, soweit dies dazu führen kann, den Handel zwischen Mitgliedstaaten zu beeinträchtigen.", Art. 102 S. 1 AEUV.

1377 von der Groeben/Schwarze-*Schröter*, Art. 81 EG Rn. 3.

nicht, da eine allgemeingültige Definition kaum möglich erscheint[1378]. Stattdessen können dem Schutzgegenstand der Wettbewerbsregeln nur indirekt Konturen verliehen werden, indem bestimmt wird, was mit den Wettbewerbsregeln in der Union erreicht werden soll. Im Vordergrund steht dabei die Herstellung des Binnenmarktes[1379]. Ein binnenmarktfunktional verstandener Wettbewerb soll in erster Linie die wirtschaftliche Betätigungsfreiheit der Marktteilnehmer garantieren[1380]. Gleichzeitig verlangen die Zielbestimmungen, dass diese Wettbewerbsfreiheit sowohl redlich als auch unverfälscht gestaltet wird[1381]. Zudem soll der Wettbewerb nicht vollständig im wirtschaftstheoretischen Sinne einer vollständigen Konkurrenz und Markttransparenz, sondern lediglich wirksam („workable") sein. Zusammengefasst lassen sich die Ziele des AEUV damit am Besten durch einen freien, redlichen, unverfälschten und wirksamen Wettbewerb verwirklichen[1382].

Damit liefern die Wettbewerbsregeln zwar keine umfassende Definition des Wettbewerbsbegriffes. Immerhin steht aber fest, dass die Wettbewerbsregeln nur den redlichen Wettbewerb schützen. Mit redlich ist vor allem lauter gemeint[1383]. Deswegen wird die Freiheit im Wettbewerb, die die Wettbewerbsregeln primär schützen, durch das Gebot der Lauterkeit im Wettbewerb begrenzt. Der Schutzgegenstand der Wettbewerbsregeln setzt eine allgemeine Abgrenzung zwischen Lauterkeit und Unlauterkeit voraus. Darauf aufbauend konstruieren Teile der Literatur eine ungeschriebene, implizit in den Wettbewerbsregeln enthaltende lauterkeitsrechtliche Generalklausel des Unionsrechts, nach der zumindest rechtstheoretisch die Lauterkeit eines Wettbewerbsverhaltens bestimmt werden kann[1384]. Danach ist

1378 Siehe oben S. 182 („Wettbewerb") und insbesondere die in Fn. 749 zitierte Literatur.

1379 Siehe oben S. 71 (Präzisierung der Voraussetzungen des europäischen Binnenmarktes).

1380 Vom EuGH als „Selbstständigkeitspostulat" bezeichnet, vergl. EuGH v. 16.12.1975, verb. Rs. 40 bis 48, 50, 54 bis 56, 111, 113 und 114-73, C-40/73 („Suiker Unie u.a."), Slg. 1975, 1663, Rn. 173/174; Grabitz/Hilf I-*Aicher/Schuhmacher/Stockenhuber/Schroeder*, Art. 81 EGV Rn. 10; *Beater*, Unl. Wettb. (2011), § 6 Rn. 447; die Freiheit ist auch allgemein die grundlegende Voraussetzung jeden Wettbewerbs, *Geis*, in: FS Tilmann, S. 121 („Ohne Freiheit kein Wettbewerb").

1381 Siehe oben S. 240.

1382 von der Groeben/Schwarze-*Schröter*, Art. 81 EG Rn. 84; *Glöckner*, Europäisches Lauterkeitsrecht, S. 280 f.; Schwarze-*Brinker*, Art. 81 EGV Rn. 39.

1383 *Veelken*, ZVglRWiss 92 (1993), 241, 261; von der Groeben/Schwarze-*Schröter*, Art. 81 EG Rn. 100; Grabitz/Hilf I-*Aicher/Schuhmacher/Stockenhuber/Schroeder*, Art. 81 EGV Rn. 136; EU-Wirtschaftsrecht-*Emmerich*, H. I. § 2 Rn. 49 ff.; Immenga/Mestmäcker-*Emmerich*, Art. 101 Abs. 1 AEUV Rn. 127 ff.

1384 *Fikentscher*, in: FS Hallstein, S. 158 ff. („Europäische Generalklausel gegen unlauteren Wettbwerb"); *Fikentscher*, Wirtschaftsrecht I, § 15 X 4; *Veelken*, EWS 1993, 377 f.; *Veelken*, ZVglRWiss 92 (1993), 241, 261 ff.; *Koos*, Europäischer Lauterkeitsmaßstab, S. 55 ff.; vorsichtiger dagegen *Schricker*, GRUR Int. 1990, 771, 776; zumindest de lege ferenda auch *Wiebe*, WRP 2002, 283, 287.

unlauter, was nicht unter den schutzwürdigen Wettbewerb im Sinne der Wettbewerbsregeln fällt. Nicht nur die Freiheit, sondern auch die Lauterkeit des Wettbewerbsverhaltens hat sich demzufolge normativ an einem binnenmarktfunktional zu verstehenden Wettbewerbsmodell einer „workable competition" zu orientieren und ist in diesem Sinne ausschließlich wettbewerbsfunktional zu verstehen, was die Berücksichtigung wettbewerbsfremder Aspekte in der lauterkeitsrechtlichen Beurteilung ausschließt[1385]. Insoweit dient der Wettbewerb gleichberechtigt den Interessen der Mitbewerber, der Marktgegenseite und der Allgemeinheit[1386].

Eine genauere Betrachtung der Zusammenhänge offenbart jedoch unüberwindbare Schwierigkeiten bei der Ableitung konkreter unionsrechtlicher Lauterkeitsmaßstäbe aus den Wettbewerbsregeln. Sie beginnen bereits bei der Prämisse, dass das einzige Gegenstück zur geschützten Wettbewerbsfreiheit der unlautere Wettbewerb sei. Dem Schutz der Wettbewerbsregeln entzogen sind jedoch nicht nur unlautere, sondern jegliche unredlichen Verhaltensweisen. Dazu gehören allgemein jedes rechtswidrige Verhalten und insbesondere auch Verstöße gegen die Regeln zum Schutze des gewerblichen und geistigen Eigentums[1387]. Damit muss ein mit dem schützenswerten Wettbewerb unvereinbares Verhalten nicht zwingend unlauter, sondern kann stattdessen auch urheber- oder markenrechtswidrig sein. Selbst wenn der wettbewerbswidrige Bereich auf die Unlauterkeit begrenzt wird, muss sich der Maßstab zur Bestimmung der Unlauterkeit nicht unmittelbar aus den unionsrechtlichen Wettbewerbsregeln ergeben. Stattdessen wird wiederholt auf die Lauterkeitsmaßstäbe des nationalen Rechts der Mitgliedstaaten verwiesen, solange sie noch nicht vergemeinschaftet und mit dem übrigen Unionsrecht und insbesondere den Grundfreiheiten vereinbar sind[1388].

1385 Vergl. zu einer entsprechenden, am normativen Referenzsystem der Wirtschaftsverfassung der Union ausgerichteten Interpretation der „Unlauterkeit" der Richtlinie 2005/29/EG *Veelken*, WRP 2004, 1, 6, 17; *Brömmelmeyer*, GRUR 2007, 295, 296 f.; *Keßler*, WRP 2007, 714, 717.

1386 *Beater*, Unl. Wettb. (2011), § 6 Rn. 446.

1387 von der Groeben/Schwarze-*Schröter*, Art. 81 EG Rn. 100; Immenga/Mestmäcker-*Emmerich*, Art. 101 Abs. 1 AEUV Rn. 127.

1388 von der Groeben/Schwarze-*Schröter*, Art. 81 EG Rn. 100 f.; Grabitz/Hilf I-*Aicher/Schuhmacher/Stockenhuber/Schroeder*, Art. 81 EGV Rn. 137; vorsichtiger Immenga/Mestmäcker-*Emmerich*, Art. 101 Abs. 1 AEUV Rn. 130 (es ergebe sich „die Notwendigkeit, im Rahmen der Wettbewerbsregeln zu einer praktischen Konkordanz zwischen den Wettbewerbsregeln und den (nicht angeglichenen) nationalen Vorschriften zum Schutze des lauteren Wettbewerbs zu gelangen"); vorsichtig auch *Fikentscher*, in: FS Hallstein (die nationalen Lauterkeitsmaßstäbe müssten unter Zugrundelegung des europäischen Unlauterkeitsbegriffs ausgelegt werden); a. A. dagegen *Veelken*, EWS 1993, 377, 378 (die Lauterkeitsregel müsse „vielmehr im Gemeinschaftsrecht selbst wurzeln"); zur Erforderlichkeit eines unionsweiten einheitlichen Lauterkeitsmaßstabs *Koos*, Europäischer Lauterkeitsmaßstab, S. 59 ff.

Entscheidend gegen einen Lauterkeitsmaßstab der Wettbewerbsregeln spricht letztendlich, dass ein materiellrechtlicher Lauterkeitsgehalt der Wettbewerbsregeln weder konkret genug noch den notwendigen Grad an Verbindlichkeit aufweisen kann[1389]. Selbst wer aus den Wettbewerbsregeln einen allgemeinen europäischen Rechtsgrundsatz ableitet, der unlauteren Wettbewerb verbietet, soweit er zu Verfälschungen führt, muss dessen Unbestimmtheit anerkennen, die notwendigerweise konkretisiert werden muss[1390]. Die Rechtsprechung zu diesem Problemkreis genügt jedoch noch nicht, um daraus mit ausreichender Sicherheit und Legitimität Kriterien für ein Lauterkeitsrecht ableiten zu können[1391]. Als Ergebnis lässt sich damit festhalten, dass die Wettbewerbsregeln die Bestimmung des lauteren Wettbewerbs einerseits zwar voraussetzen, andererseits aber die Lauterkeit weder im Primärrecht festgeschrieben noch durch die Rechtsprechung entwickelt worden ist.

c) Sekundäres Unionsrecht

Auch das sekundäre Unionsrecht könnte Vorgaben für die inhaltliche Ausgestaltung eines autonomen Lauterkeitskonzepts liefern. Immerhin existieren vielfältige Harmonisierungsmaßnahmen, die auch die nationalen Lauterkeitsrechte der Mitgliedstaaten beeinflussen (aa). Am umfassendsten wirken sich die Richtlinie 2005/29/EG über unlautere Geschäftspraktiken (bb) und die Richtlinie 2006/114/EG über irreführende und vergleichende Werbung (cc) auf nationales Lauterkeitsrecht aus. Fraglich ist, ob sich daraus ein vollständiges unionsautonomes Referenzmodell des Lauterkeitsrechst ableiten lässt (dd).

aa) Harmonisierungsbestrebungen mit Auswirkungen auf das Lauterkeitsrecht

Auf europäischer Ebene bemühte man sich bereits mit Inkrafttreten des EWG-Vertrages am 1. Januar 1958 um die vollständige Harmonisierung des Lauterkeitsrechts[1392]. Angestoßen durch die Zielbestimmungen[1393] beauftragte die Kommission das Max-Planck-Institut für Geistiges Eigentum, Wettbewerbs- und Steuerrecht[1394]

1389 *Schricker*, GRUR Int. 1990, 771, 776; *Schricker/Henning-Bodewig*, WRP 2001, 1367, 1369; *Dethloff*, Europäisierung des Wettbewerbsrechts, S. 8; *Glöckner*, Europäisches Lauterkeitsrecht, S. 17; *Leistner*, Richtiger Vertrag und lauterer Wettbewerb, S. 341 Fn. 3.

1390 *Fikentscher*, Wirtschaftsrecht I, § 15 X 4; *Müller-Graff*, in: FS Carstens, S. 222.

1391 *Robertson/Horton*, EIPR 1995, 568, 579.

1392 *Ohly*, in: Neuordnung des Wettbewerbsrechts, S. 70; *Henning-Bodewig*, GRUR Int. 2002, 389, 392; *Beier*, GRUR Int. 1984, 61; einen Überblick über die anfängliche Entwicklung geben auch *Schricker*, in: FS Zweigert, S. 540 ff.; *Ohly*, Richterrecht und Generalklausel, S. 2 ff.; *Hucke*, Harmonisierung des Wettbewerbsrechts, S. 40 ff.

1393 Siehe oben S. 103 Fn. 748.

1394 Damals noch Institut für internationales und ausländisches Patent-, Marken- und Urheberrecht der Universität München.

damit, die nationalen Lauterkeitsrechte der Mitgliedstaaten rechtsvergleichend darzustellen. Unter der Leitung von *Eugen Ulmer* entstand das sogenannte Ulmer-Gutachten, dessen erster Band mit der vergleichenden Darstellung und Vorschlägen zur Rechtsangleichung bereits 1965 erschien[1395]. Weitere Bände mit den jeweiligen Länderberichten folgten[1396]. Das Gutachten beschrieb die damals noch „juristisch heile Welt"[1397], in der alle sechs Gründungsstaaten der EWG ein klassisch wettbewerbsrechtliches Konzept verfolgten und die Interessen der Mitbewerber im Wettbewerb mit Hilfe einer zivilrechtlichen Generalklausel schützten[1398]. Die „gemeinsamen Rechtsüberzeugungen"[1399] waren insbesondere darauf zurückzuführen, dass alle Mitgliedstaaten gleichermaßen völkerrechtlich nach Art. 10bis PVÜ verpflichtet waren. Konsequenterweise schlug das Gutachten die Harmonisierung des gesamten Rechts gegen den unlauteren Wettbewerb durch eine an Art. 10bis Abs. 2 PVÜ angelehnte Generalklausel vor, die umfassend Handlungen im Wettbewerbsverhältnis erfassen sollte[1400].

Darauf aufbauend verfolgte die Kommission den ehrgeizigen Plan, eine ganzheitliche Wettbewerbsverordnung zu schaffen[1401]. Nachdem den Regierungen der Mitgliedstaaten die zusammengefassten Ergebnisse des Ulmer-Gutachtens vorgelegt wurden[1402] und die maßgebenden Industrie- und Handelsverbände befragt wurden, die sich mit großer Mehrheit grundsätzlich für eine Harmonisierung

1395 *Ulmer*, Unlauterer Wettbewerb I.

1396 *Schricker/Wunderlich*, Unlauterer Wettbewerb II 1 (Belgien, Luxemburg); *Baeumer*, Unlauterer Wettbewerb II 2 (Niederlande); *Reimer*, Unlauterer Wettbewerb III (Deutschland); *Krasser*, Unlauterer Wettbewerb IV (Frankreich); *Schricker*, Unlauterer Wettbewerb V (Italien); *Westerholt*, Unlauterer Wettbewerb VI (Großbritannien und Nordirland); *Alexandridou*, Unlauterer Wettbewerb VII (Griechenland).

1397 *Beier*, GRUR Int. 1984, 61, 62; scharf kritisiert von *Wadlow*, EIPR 2006, 433, 435, der davon ausgeht, dass es bereits damals zwischen den sechs Gründungsmitgliedstaaten unüberwindbare Unterschiede im Bereich des Lauterkeitsrechts gab; vergl. auch *Wadlow*, EIPR 2006, 469 („Truth to tell, it may be doubted if there was ever a Continental European classical model of unfair competition law at all, except in the imagination.").

1398 *Henning-Bodewig*, in: Unfair Competition, S. 111.

1399 *Ulmer*, Unlauterer Wettbewerb I, S. 1.

1400 *Ulmer*, Unlauterer Wettbewerb I, S. 249 f.; zusammenfassend *Wadlow*, EIPR 2006, 433, 436 ff.; den Ansatz kritisieren *Schricker/Henning-Bodewig*, WRP 2001, 1367, 1372, da er zu eng sei, um Sozialinteressen im Rahmen einer Schutzzwecktrias ausreichend zu berücksichtigen.

1401 Einen umfassenden Überblick über die Entwicklung zwischen den Jahren 1968 und 1972 bietet *Wadlow*, EIPR 2006, 433, 438 ff.

1402 Das Recht des unlauteren Wettbewerbs in den Mitgliedstaaten der Europäischen Wirtschaftsgemeinschaft, Dokument Nr. XIV/5593/68-D v. 11.4.1968, S. 1, zitiert nach *Schricker*, GRUR Int. 1973, 141.

aussprachen[1403], kam die Kommission zu dem Ergebnis, „daß die Schwierigkeiten, die durch die Rechtsunterschiede auf dem Gebiet des unlauteren Wettbewerbs entstehen, bisher zwar überwunden werden konnten, eine Angleichung aber gleichwohl erforderlich ist."[1404]

Der Versuch einer umfassenden Harmonisierung scheiterte in den folgenden Jahren jedoch vor allem wegen dreier Ereignisse aus den 1970er Jahren, die die Entwicklung eines Lauterkeitsrechts auf europäischer Ebene entscheidend beeinflussten[1405]. Erstens traten 1973 unter anderem die Republik Irland und das Vereinigte Königreich Großbritannien der EWG bei. Deren Rechtsordnungen unterscheiden sich durch die Zugehörigkeit zum Rechtskreis des Common Law nicht nur grundsätzlich vom kontinentaleuropäischen Rechtssystem, sondern vertreten auch speziell zum Lauterkeitsrecht ihren ganz eigenen Standpunkt. Beide Länder kennen kein eigenständiges Recht gegen den unlauteren Wettbewerb und gewähren zivilrechtlichen Rechtsschutz nur auf der Grundlage eng umrissener Tatbestände[1406]. Damit aber war die Gemeinsamkeit innerhalb der Gemeinschaft hinsichtlich der Überzeugungen zum Lauterkeitsrecht zerstört. Obwohl auch Irland und Großbritannien Vertragsstaaten der PVÜ sind, lehnten beide Länder eine Generalklausel nach Vorbild von Art. 10bis PVÜ ab[1407]. Zweitens artikulierte sich in dieser Zeit der Gedanke, dass allgemein im Recht auch der Verbraucher als eigenständiges Schutzsubjekt anzuerkennen sei[1408]. Dabei entstand eine Reihe von gesetzlichen Regelungen, deren Ziel der Verbraucherschutz war[1409]. Lediglich in einigen nationalen Rechtsordnungen schlug sich der Gedanke des Verbraucherschutzes auch in einer entsprechenden Erweiterung der lauterkeitsrechtlichen Schutzzwecke nieder[1410].

1403 Angleichung des Rechts gegen den unlauteren Wettbewerb - Zusammenfassender Bericht über die Stellungnahme maßgebender Industrie- und Handelsverbände im Gemeinsamen Markt, Dokument Nr. 2.715/XIV/70-D v. 5.2.1970, zitiert nach *Schricker*, GRUR Int. 1973, 141, 144.

1404 Unlauterer Wettbewerb - Arbeitsdokument, Dokument Nr. XLV/156/72-D v. 28.2.1972, zitiert nach *Schricker*, GRUR Int. 1973, 141, 145.

1405 *Ohly*, in: Neuordnung des Wettbewerbsrechts, S. 71 f.; *Henning-Bodewig*, GRUR Int. 2002, 389, 392; *Glöckner*, Europäisches Lauterkeitsrecht, S. 20; *Beier*, GRUR Int. 1984, 61, 70; *Henning-Bodewig*, in: Unfair Competition, S. 111; *Schricker*, in: FS Zweigert, S. 537 ff. weist auch auf die Überschneidungen und den Vorrang des Europäischen Markenrechts hin, was zur Ausklammerung der Fallgruppe des Hervorrufens von Verwechslungsgefahr im Lauterkeitsrecht führte; *Schricker/Henning-Bodewig*, WRP 2001, 1367, 1372.

1406 Siehe unten S. 317.

1407 *Schricker*, GRUR Int. 1973, 147, 148; *Ohly*, Richterrecht und Generalklausel, S. 5 und 73 ff.

1408 Siehe oben S. 194.

1409 Z. B. Sonderregelungen über die Kontrolle allgemeiner Geschäftsbedingungen oder die Produzentenhaftung: *Schricker*, GRUR Int. 1973, 694; *Schricker*, GRUR Int. 1976, 315, 316.

1410 Insbesondere in Deutschland, *Schricker*, GRUR Int. 1996, 473, 476.

Und drittens passte sich die innere Organisationsstruktur der Kommission dem Aufkommen des Verbraucherschutzes an, indem die Dienststelle für Umwelt- und Verbraucherschutz gegründet wurde[1411].

Daraufhin konzentrierten sich die Harmonisierungsbestrebungen auf konsensfähig erscheinende Einzelsachverhalte. Harmonisierungserfolge versprach insbesondere der Bereich der Werbung[1412]. Auch wegen der kommissionsinternen Kompetenzverteilung zwischen der Generaldirektion Wettbewerb und der Verbraucherschutzabteilung konnte jedoch selbst in dem eingegrenzten Bereich der Werbung ein Konsens nur hinsichtlich bestimmter Aspekte erzielt werden[1413]. So umfasste der erste Richtlinienvorschlag von 1978[1414] auch Regelungen zur unlauteren Werbung, worunter nach Art. 2 des Vorschlags persönliche Werbung, Anschwärzung, Missbrauch von Angstgefühlen, Diskriminierung und Missbrauch des Vertrauens von Verbrauchern verstanden wurden[1415]. Da sich jedoch über eine Regelung der unlauteren Werbung keine Einigung erzielen ließ, wurde 1984 lediglich eine Richtlinie über irreführende Werbung verabschiedet[1416]. 13 Jahre später wurde 1997 der Bereich der vergleichenden Werbung einbezogen[1417]. Die entsprechend umbenannte Richtlinie „über irreführende und vergleichende Werbung“

1411 Die Dienststelle wurde 1989 in separate Bereiche geteilt. Die „Dienststelle Verbraucherschutz“ wurde 1995 in die „Generaldirektion XXIV – Verbraucherpolitik“ umgeformt und firmiert jetzt unter dem Titel „Generaldirektion Gesundheit und Verbraucherschutz (SANCO)“.

1412 *Beier*, GRUR Int. 1984, 61, 70; *Ohly*, Richterrecht und Generalklausel, S. 4; *Ohly*, in: Neuordnung des Wettbewerbsrechts, S. 72; *Henning-Bodewig*, GRUR Int. 2002, 389, 392.

1413 *Henning-Bodewig*, in: Unfair Competition, S. 112.

1414 Vorschlag einer Richtlinie des Rates zur Angleichung der Rechts- und Verwaltungsvorschriften der Mitgliedstaaten über irreführende und unlautere Werbung vom 1. März 1978 in der am 10. Juli 1979 geänderten Fassung, ABl. C 194/3 v. 1.8.1979, GRUR Int. 1980, 30 f.

1415 Siehe zu weiteren harmonisierungsbedürftigen Tatbeständen der unlauteren Werbung auch die Auflistung von *Schricker*, GRUR Int. 1990, 771, 776, der nicht nur die Tatbestände der persönlichen Werbung und der Anschwärzung, sondern auch diejenigen des Missbrauchs von Angstgefühlen und des Vertrauens in einem allgemeinen Tatbestand des exzessiven unsachlichen Anlockens aufgehen lässt, der Liste außerdem die Tatbestände des Hervorrufens von Verwechslungsgefahr, der getarnten Werbung und der belästigenden Werbung hinzufügt und ergänzend eine Generalklausel der unlauteren Werbung vorschlägt.

1416 Richtlinie 84/450/EWG des Rates vom 10. September 1984 zur Angleichung der Rechts- und Verwaltungsvorschriften der Mitgliedstaaten über irreführende Werbung, ABl. L 250/17 v. 19.9.1984.

1417 Richtlinie 97/55/EG des Europäischen Parlaments und des Rates vom 6. Oktober 1997 zur Änderung der Richtlinie 84/450/EWG über irreführende Werbung zwecks Einbeziehung der vergleichenden Werbung, ABl. L 290/18 v. 23.10.1997.

wurde schließlich an die Richtlinie 2005/29/EG über unlautere Geschäftspraktiken angepasst und 2006 in kodifizierter Fassung neu erlassen[1418].

Neben der medien- und produktübergreifenden Reglementierung der irreführenden und vergleichenden Werbung wurden einzelne Unionsakte erlassen, die nicht mehr auf dem ursprünglichen Harmonisierungsprojekt beruhten, sondern Teilaspekte anderer Regelungskomplexe waren[1419]. Sie regeln ebenfalls Sachverhalte der Werbung oder sogar darüber hinaus weiterer Absatzfördermaßnahmen[1420], beschränken ihren Anwendungsbereich dabei jedoch auf bestimmte Medien oder Produkte. Zu den medienspezifischen Rechtsakten zählen die frühere Fernsehrichtlinie und jetzige Richtlinie 2010/13/EU über audivisuelle Medien[1421] sowie die Richtlinie 2000/31/EG über den elektronischen Geschäftsverkehr[1422]. An produktspezifischen Regelungen mit potentiell lauterkeitsrechtlicher Relevanz werden in Beiträgen zum europäischen Lauterkeitsrecht eine bunte Vielzahl von Richtlinien genannt. Als „lauterkeitsrechtlich relevant“ werden zum Beispiel angegeben[1423] die Richtlinie 92/28/EWG über die Werbung für Humanarzneimittel[1424], die Richtlinie 95/46/EG über den Datenschutz[1425], die Richtlinie 2000/13/EG über

1418 Richtlinie 2006/114/EG über irreführende und vergleichende Werbung.

1419 *Ohly*, Richterrecht und Generalklausel, S. 4; Überblick bei *Schricker*, in: Werbung in Europa, Einführung, Rn. 187 ff.

1420 Z. B. die „kommerzielle Kommunikation“, worunter nach Art. 2 lit. f) der Richtlinie 2000/31/EG nicht nur die Werbung, sondern „alle Formen der Kommunikation, die der unmittelbaren oder mittelbaren Förderung des Absatzes von Waren und Dienstleistungen oder des Erscheinungsbilds eines Unternehmens, einer Organisation oder einer natürlichen Person dienen, die eine Tätigkeit in Handel, Gewerbe oder Handwerk oder einen reglementierten Beruf ausübt“ verstanden werden.

1421 Richtlinie 2010/13/EU des Europäischen Parlaments und des Rates vom 10. März 2010 zur Koordinierung bestimmter Rechts- und Verwaltungsvorschriften der Mitgliedstaaten über die Bereitstellung audiovisueller Mediendienste (Richtlinie über audiovisuelle Mediendienste), ABl. L 95/1 v. 15.4.2010.

1422 Richtlinie 2000/31/EG über den elektronischen Geschäftsverkehr.

1423 *Dethloff*, Europäisierung des Wettbewerbsrechts, S. 32 ff.; *Fezer*, WRP 2001, 989, 992; *Hasselblatt*, Vergleichende Werbung in der EG, S. 46 ff.; *Micklitz/Keßler*, GRUR Int. 2002, 885, 887; *Lettl*, WRP 2004, 1079, 1085 f.; *Obergfell*, in: Vollharmonisierung, S. 162 f.; *Beater*, Unl. Wettb. (2011), § 5 Rn. 418; umfassende Übersicht bei MüKo UWG-*Micklitz*, EG D Rn. 39 ff.

1424 Richtlinie 92/28/EWG des Rates vom 31. März 1992 über Werbung für Humanarzneimittel, ABl. (EG) L 113/13, außer Kraft gesetzt durch Richtlinie 2001/83/EG des Europäischen Parlaments und des Rates vom 6. November 2001 zur Schaffung eines Gemeinschaftskodexes für Humanarzneimittel, ABl. L 311/67 v. 28.11.2001.

1425 Richtlinie 95/46/EG des Europäischen Parlaments und des Rates vom 24. Oktober 1995 zum Schutz natürlicher Personen bei der Verarbeitung personenbezogener Daten und zum freien Datenverkehr, ABl. L 281/31 v. 23.11.1995; detailliert und ergänzt durch die Richtlinie 2002/58/EG des Europäischen Parlaments und des Rates vom 12. Juli 2002 über die Verarbeitung personenbezogener Daten und den

Lebensmittelwerbung[1426], die Richtlinie 2002/65/EG über den Fernabsatz von Finanzdienstleistungen[1427], die Richtlinie 93/22/EWG über Wertpapierdienstleistungen[1428], die Richtlinie 85/577/EWG über Haustürgeschäfte[1429], die Richtlinie 87/102/EWG über Verbraucherkredite[1430] oder die Richtlinie 97/7/EG über den Fernabsatz[1431]. Daneben werden Vorschriften genannt, die sich speziell auf Lebensmittel beziehen[1432], wie die Verordnung 2081/92 zum Schutz von geographischen Angaben und Ursprungsbezeichnungen[1433], die Verordnung 509/2006 über die garantiert traditionellen Spezialitäten[1434], die Verordnung 1493/1999 über die gemeinsame Marktorganisation für Wein[1435] oder die Verordnung 1601/91 über aromatisierte weinhaltige

---

Schutz der Privatsphäre in der elektronischen Kommunikation (Datenschutzrichtlinie für elektronische Kommunikation), ABl. L 201/37 v. 31.7.2002.

1426 Richtlinie 2000/13/EG des Europäischen Parlaments und des Rates vom 20. März 2000 zur Angleichung der Rechtsvorschriften der Mitgliedstaaten über die Etikettierung und Aufmachung von Lebensmitteln sowie die Werbung hierfür, ABl. L 109/29 v. 6.5.2000.

1427 Richtlinie 2002/65/EG des Europäischen Parlaments und des Rates vom 23. September 2002 über den Fernabsatz von Finanzdienstleistungen an Verbraucher und zur Änderung der Richtlinie 90/619/EWG des Rates und der Richtlinien 97/7/EG und 98/27/EG, ABl. L 271/16 v. 9.10.2002.

1428 Richtlinie 93/22/EWG des Rates vom 10. Mai 1993 über Wertpapierdienstleistungen, ABl. L 141/27 v. 11.6.1993.

1429 Richtlinie 85/577/EWG des Rates vom 20. Dezember 1985 betreffend den Verbraucherschutz im Falle von außerhalb von Geschäftsräumen geschlossenen Verträgen, ABl. L 372/31 v. 31.12.1985.

1430 Richtlinie 87/102/EWG des Rates vom 22. Dezember 1986 zur Angleichung der Rechts- und Verwaltungsvorschriften der Mitgliedstaaten über den Verbraucherkredit, ABl. L 42/48 v. 12.2.1987.

1431 Richtlinie 97/7/EG des Europäischen Parlaments und des Rates vom 20. Mai 1997 über den Verbraucherschutz bei Vertragsabschlüssen im Fernabsatz, ABl. L 144/19 v. 4.6.1997.

1432 *Robertson/Horton*, EIPR 1995, 568, 579; *Dethloff*, Europäisierung des Wettbewerbsrechts, S. 32 f.; a. A. *Beier*, IIC 1985, 139, 149 („The cited provisions are neither unfair competition nor consumer protection regulations characteristically, but rather market regulations, designed to realize the ideal of a perfectly uniform agricultural market.").

1433 Verordnung (EWG) Nr. 2081/92 des Rates vom 14. Juli 1992 zum Schutz von geographischen Angaben und Ursprungsbezeichnungen für Agrarerzeugnisse und Lebensmittel, ABl. L 208/1 v. 24.7.1992.

1434 Verordnung (EG) Nr. 509/2006 des Rates vom 20. März 2006 über die garantiert traditionellen Spezialitäten bei Agrarerzeugnissen und Lebensmitteln, ABl. L 93/1 v. 31.3.2006.

1435 Verordnung (EG) Nr. 1493/1999 des Rates vom 17. Mai 1999 über die gemeinsame Marktorganisation für Wein, ABl. L 179/1 v. 14.7.1999.

Getränke[1436].

Erst spät wagte man sich wieder an die ursprüngliche Idee der legislativen Harmonisierung des Lauterkeitsrechts in seiner Gesamtheit. Den Auslöser bildete die Diskussion über das weitreichende Herkunftslandprinzip der Richtlinie 31/2000/EG über den elektronischen Geschäftsverkehr[1437], in der vor allem vor der mit dem Herkunftslandprinzip verbundenen Gefahr eines „race to the bottom" und der einseitigen Bevorzugung grenzüberschreitend tätiger Unternehmer gewarnt wurde[1438], was eine Reaktion der Kommission provozierte. Einerseits schlug die Generaldirektion Binnenmarkt aufbauend auf ihren Arbeiten zum Grünbuch über kommerzielle Kommunikationen[1439] in einer Mitteilung zur Verkaufsförderung[1440] eine entsprechende Verordnung vor. Sie sollte in Fortsetzung des bisherigen punktuellen Regelungsansatzes die Zulässigkeit lediglich bestimmter Verkaufsförderungsmaßnahmen wie Rabatte, Zugaben, unentgeltliche Zuwendungen, Gewinnspiele und Preisausschreiben regeln, wobei sie in den Bereichen Informationspflichten, Minderjährigenschutz und Rechtsdurchsetzung eine vollständige Harmonisierung anstrebte und im Übrigen das Herkunftslandprinzip favorisierte[1441]. Andererseits veröffentlichte die Generaldirektion Gesundheit und Verbraucherschutz zeitgleich ein Grünbuch zum Verbraucherschutz in der Europäischen Union[1442], in dem interessierte Kreise „in Sachen lauterer/guter Geschäftspraktiken im Bereich Werbung und Praktiken im Zusammenhang mit den vorvertraglichen und vertraglichen Aspekten sowie Faktoren nach erfolgtem Vertragsabschluss im B2CBereich"[1443] konsultiert werden sollten. Dem Grünbuch war insbesondere das sogenannte Micklitz-Gutachten vorangegangen[1444], in dem unter der Leitung von *Hans Micklitz* die Realisierbarkeit eines allgemeinen Rechtsrahmens zur Lauterkeit

---

1436 Verordnung (EWG) Nr. 1601/91 des Rates vom 10. Juni 1991 zur Festlegung der allgemeinen Regeln für die Begriffsbestimmung, Bezeichnung und Aufmachung aromatisierter weinhaltiger Getränke und aromatisierter weinhaltiger Cocktails, ABl. L 149/1 v. 14.6.1991.

1437 *Henning-Bodewig*, GRUR Int. 2005, 629; *Hoeren*, BB 2008, 1182; *Hoeren*, WRP 2009, 789.

1438 Zu den Nachteilen in Gegenüberstellung mit den binnenmarktfördernden Vorteilen des Herkunftslandprinzips siehe oben S. 98 (Wie: Binnenmarktangemessenheit der Marktortanknüpfung).

1439 Folgedokument Grünbuch kommerzielle Kommunikationen, KOM(1998) 121 endg.

1440 Mitteilung der Kommission über Verkaufsförderung im Binnenmarkt v. 2.10.2001, Corrigendum v. 15.1.2002, KOM(2001) 546 endg./2.

1441 *Göhre*, WRP 2002, 36 ff.; *Gamerith*, WRP 2003, 143, 154 ff. (umfassende kritische Stellungnahme); *Apostolopoulos*, WRP 2004, 841 f.; Harte/Henning-*Glöckner*, Einl. B Rn. 224 f.

1442 Grünbuch zum Verbraucherschutz in der Europäischen Union v. 2.10.2001, KOM(2001) 531 endg.

1443 Grünbuch Verbraucherschutz in der EU, KOM(2001) 531 endg., S. 2.

1444 *Micklitz/Bultmann u. a.*, Micklitz-Gutachten.

im Handelsverkehr untersucht worden war. Während das Gutachten allerdings vorschlug, mit einer Generalklausel nicht ausschließlich verbraucherrechtliche Ziele zu verfolgen[1445], konzentrierte sich die Generaldirektion Gesundheit und Verbraucherschutz auf Absatzmethoden im Verhältnis zum Endverbraucher. Von den verschiedenen zur Diskussion gestellten Regelungsansätzen[1446] setzte sich dann ein umfassendes, produkt- und medienübergreifendes Verbraucherschutzmodell durch, welches schließlich in die Richtlinie 2005/29/EG über unlautere Geschäftspraktiken mündete. Der Vorschlag zur Verkaufsförderung im Binnenmarkt wurde dagegen nicht weiter verfolgt.

Fraglich ist, ob aus diesen Bruchstücken ein einheitliches Bild eines unionsautonomen lauterkeitsrechtlichen Referenzmodells gewonnen werden kann. Die Untersuchung beschränkt sich hier auf die Analyse der beiden Richtlinien, deren Anwendungsbereich medien- und produktübergreifend ausgestaltet ist. Das ist bei der Richtlinie 2005/29/EG über unlautere Geschäftspraktiken (bb) und der Richtlinie 2006/114/EG über irreführende und vergleichende Werbung (cc) der Fall[1447]. Die anderen aufgezählten Rechtsakte werden dagegen im Folgenden nicht umfassender untersucht. Selbst wenn diese Rechtsakte von lauterkeitsrechtlicher Relevanz sein sollten, regeln sie doch lediglich ausschnittsweise bestimmte Sachverhalte unter bestimmten Wertungsgesichtspunkten. Ein umfassendes Verständnis vom Lauterkeitsrecht und dessen Zielsetzung ließe sich daraus nicht ableiten.

bb) Richtlinie 2005/29/EG über unlautere Geschäftspraktiken

Die Richtlinie 2005/29/EG über unlautere Geschäftspraktiken[1448] beruht insbesondere auf der Kompetenzgrundlage des Art. 95 EGV[1449]. Art. 95 EGV ist funktional

---

1445 *Micklitz/Bultmann u. a.*, Micklitz-Gutachten, Band 1 S. 30.

1446 Als Alternativen vorgeschlagen wurden insbesondere ein spezifischer oder ein kombinierter, umfassender Regelungsansatz und ein allgemeiner Rechtsrahmen oder die Konzentration auf die Irreführung und die Täuschung, siehe dazu *Göhre*, WRP 2002, 36, 44 ff.; *Henning-Bodewig/Schricker*, GRUR Int. 2002, 319 ff.

1447 Auch *Beater*, Unl. Wettb. (2011), § 8 Rn. 653 zählt beide Richtlinien neben der RL 98/6/EG über Preisangaben zu den einzigen „Wettbewerbsrichtlinien", die „genuin wettbewerbsrechtliche Zielsetzungen verfolgen".

1448 Richtlinie 2005/29/EG des Europäischen Parlaments und des Rates vom 11. Mai 2005 über unlautere Geschäftspraktiken im binnenmarktinternen Geschäftsverkehr zwischen Unternehmen und Verbrauchern und zur Änderung der Richtlinie 84/450/EWG des Rates, der Richtlinien 97/7/EG, 98/27/EG und 2002/65/EG des Europäischen Parlaments und des Rates sowie der Verordnung (EG) Nr. 2006/2004 des Europäischen Parlaments und des Rates (Richtlinie über unlautere Geschäftspraktiken), ABl. L 149/22 v. 11.6.2005.

1449 Ob dagegen das gesamte Lauterkeitsrecht umfassend auf dieser Grundlage harmonisiert werden kann, ist fraglich, vergl. *Veelken*, WRP 2004, 1, 6; *Peukert*, in: Lauterkeitsrecht und Acquis, S. 59.

auf die Verwirklichung des Binnenmarktes ausgerichtet[1450]. Demgemäß liegt der Zweck der Richtlinie vor allem darin, in einem negativen Sinn Hemmnisse für den Binnenmarkt zu beseitigen[1451]. Darüber hinaus kann ihr jedoch auch positiv ein materiellrechtlicher Regelungsgehalt zugesprochen werden[1452]. Insoweit zielt sie im Gegensatz zu den vorherigen Regelungen im Sekundärrecht auf eine umfassende, also produkt-, medien- und handlungsübergreifende Vollharmonisierung[1453]. Die Richtlinie soll nicht nur bestimmte Produkte oder Medien berücksichtigen oder nur einzelne Verhaltensweisen wie zum Beispiel die Werbung hinsichtlich einzelner Gesichtspunkte wie zum Beispiel der Irreführung regeln, sondern (vermeintlich) „alle Aspekte unlauterer Geschäftspraktiken in der EU"[1454] erfassen und dazu das „einzige, gemeinsame generelle Verbot"[1455] unlauterer Geschäftspraktiken aufstellen. Dazu enthält die Richtlinie in Art. 5 Abs. 1 eine Generalklausel[1456], deren zentrales Merkmal mit dem Begriff der Unlauterkeit beschrieben und im folgenden Abs. 2 definiert wird. Konkretisiert werden Anwendungsbereich und Beurteilungsmaßstab des generellen Verbots unlauterer Geschäftspraktiken durch Beispieltatbestände. Die „beiden bei weitem am meisten verbreiteten Arten von Geschäftspraktiken"[1457] der irreführenden und der aggressiven Geschäftspraktiken werden in den Art. 6 ff. geregelt und anschließend im Anhang I der Richtlinie durch die Aufzählung von insgesamt 31 Einzelfällen irreführender und aggressiver

---

1450 Grabitz/Hilf I-*Tietje*, Art. 95 EGV Rn. 9.

1451 Vergl. bereits Grünbuch Verbraucherschutz in der EU, KOM(2001) 531 endg., S. 11; Richtlinie 2005/29/EG über unlautere Geschäftspraktiken, Erwägungsgründe 2 bis 6; relativierend dagegen *Gamerith*, WRP 2005, 391, 402 („Die Kommission überschätzt zweifellos die positiven Auswirkungen, die durch die geplante RL im zwischenstaatlichen ‚B2C'-Handel erzielt werden können").

1452 *Veelken*, WRP 2004, 1, 5 f.

1453 Richtlinie 2005/29/EG über unlautere Geschäftspraktiken, Erwägungsgründe 6, 11, 12, 13 u. 15; *Köhler/Lettl*, WRP 2003, 1019, 1035 („Für inhaltlich abweichende Regelungen der Generalklausel bleibt kein Spielraum."); *Apostolopoulos*, WRP 2004, 841, 854; *Veelken*, WRP 2004, 1, 5; *Henning-Bodewig*, GRUR Int. 2005, 629, 630 („Totalharmonisierung"); *Köhler*, GRUR 2005, 793 („vollständige Angleichung"); *Hecker*, WRP 2006, 640, 641 weist jedoch auf „durchaus ernsthafte Zweifel" hin, „dass die Richtlinie de facto eine Vollharmonisierung zu realisieren bestimmt oder geeignet ist"; *Ohly*, WRP 2006, 1401, 1409 f.; *Sosnitza*, WRP 2006, 1 („horizontale Regelung", allerdings mit einer modifizierten Ausnahme für kulturelle Begebenheiten als versteckte Öffnungsklausel); *Sosnitza*, WRP 2008, 1014, 1015; *Steinbeck*, WRP 2006, 632, 633; *Brömmelmeyer*, GRUR 2007, 295; *Hoeren*, BB 2008, 1182 („Rahmenrichtlinie mit Vollharmonisierungsansatz"); *Kulka*, DB 2008, 1548, 1549 („Vollharmonisierung").

1454 Richtlinie 2005/29/EG über unlautere Geschäftspraktiken, Erwägungsgrund 12.

1455 Richtlinie 2005/29/EG über unlautere Geschäftspraktiken, Erwägungsgrund 13.

1456 „Unlautere Geschäftspraktiken sind verboten."

1457 Richtlinie 2005/29/EG über unlautere Geschäftspraktiken, Erwägungsgrund 13.

Geschäftspraktiken veranschaulicht, die unter allen Umständen als unlauter zu gelten haben, ohne dass es auf eine Prüfung weiterer Umstände ankäme[1458].

Fraglich ist, ob und gegebenenfalls was die materiellen Regelungen der Richtlinie zum Schutz der Verbraucher vor unlauteren Geschäftspraktiken zu einem unionsautonomen Begriffsverständnis vom Lauterkeitsrecht beitragen können. Dies ist von vornherein nur denkbar, wenn sie materiell genuines Lauterkeitsrecht enthalten. Zwar ist einer der Zentralbegriffe der Richtlinie derjenige der Unlauterkeit. Darauf kann es jedoch bei der Charakterisierung nicht ankommen, da der Wortlaut kein hinreichend sicheres Abgrenzungskriterium bildet[1459]. Ebenso wenig relevant ist es, dass die Richtlinie nationale Vorschriften berührt, die in einigen Mitgliedstaaten wie zum Beispiel Deutschland aus nationaler Sicht zum Lauterkeitsrecht gezählt werden. Bereits grundsätzlich kommt es für die Einordnung nicht darauf an, auf welche nationalen Rechtsgebiete sich eine europäische Regelung auswirkt[1460]. Hier beeinflusst die Richtlinie 2005/29/EG zudem ganz unterschiedliche nationale Rechtsgebiete und wurde dementsprechend in höchst unterschiedlichen nationalen Regelungszusammenhängen und -gebieten umgesetzt[1461]. Teilweise wurden ihre Regelungen in Werbegesetze, in Verbraucherschutzgesetze, in das Bürgerliche Gesetzbuch oder in Spezialgesetze zur Bekämpfung unlauterer Geschäftspraktiken integriert. Aus der Perspektive der entsprechenden Mitgliedstaaten könnte die Richtlinie daher auch jenen anderen Rechtsgebieten zuzuordnen sein. Relevant ist jedoch alleine eine unionsrechtliche Sichtweise.

Die Frage der Lauterkeitsrechtszugehörigkeit beantworten demnach sachliche Kriterien. Entscheidend ist damit alleine, ob der materielle Regelungsgehalt dem historischen Verständnis vom Lauterkeitsrecht als mitbewerberschützendem Wettbewerbsverhaltensrecht in seiner Konkretisierung durch die Kerntatbestände hinreichend nahesteht[1462]. Dies ist fraglich, da genuines Lauterkeitsrecht dem historischen Ausgangspunkt gemäß horizontal mitbewerberbezogen, der materielle Regelungsgehalt der Richtlinie jedoch vertikal auf den Schutz der Verbraucher ausgerichtet ist: Entgegen ihrer vordergründigen Zielsetzung bildet die Richtlinie kein umfassendes Recht zur lauterkeitsrechtlichen Beurteilung geschäftlichen Verhaltens, sondern beschränkt sich auf das Vertikalverhältnis und dabei weiter auf den Schutz von Verbrauchern[1463]. Auch wenn die Richtlinie dem Wettbewerberschutz

---

1458 *Henning-Bodewig*, GRUR Int. 2005, 629, 631.

1459 Siehe oben S. 179 (Unbestimmtheit des Wortlauts).

1460 Siehe oben S. 211 (Identifikationsproblematik der Rechtsvergleichung).

1461 *Schulte-Nölke/Busch*, ZEuP 2004, 99, 116; Piper/Ohly/Sosnitza-*Ohly*, Einf. B Rn. 32a; ein Überblick über die Umsetzungsgesetzgebung in den einzelnen Staaten findet sich auf der Website der GD Gesundheit und Verbraucher, abrufbar unter http://ec.europa.eu/consumers/rights/index_en.htm.

1462 Siehe oben S. 215 (Alternativer Ansatz: Autonome Identifikation aufgrund hinreichender Sachnähe zum traditionellen Mitbewerberschutz (Kerntatbestandsnähe)).

1463 Die Einschränkung wurde in der Literatur insbesondere deswegen heftig kritisiert, weil Verbraucher- und Mitbewerberschutz weitgehend eine Einheit bilden und

nicht völlig neutral gegenübersteht[1464], wird der Schutz der Interessen der Mitbewerber aus dem unmittelbarer materiellen Zweck des Unlauterkeitsverbots grundsätzlich ausgeklammert[1465]. Im Folgenden soll zunächst genauer dargelegt werden, wie der Regelungsgehalt ausgestaltet ist und inwieweit Mitbewerberinteressen davon berührt werden (1), um ihn danach mit Blick auf seine lauterkeitsrechtliche Relevanz zu analysieren (2).

(1) Regelungsgehalt: Schutz der Verbraucher vor unlauteren Geschäftspraktiken

Der Regelungsgehalt der Richtlinie äußert sich in erster Linie darin, welches konkrete Verhalten sie nach welchen Kriterien beurteilt. Dementsprechend ist zweckmäßigerweise zunächst zu klären, wie der sachgegenständliche Regelungsbereich abzugrenzen ist, den die Richtlinie mit dem Begriff der Geschäftspraxis[1466] beschreibt (i). Daran anschließend ist der Beurteilungsmaßstab der „Unlauterkeit" mit seinen maßgeblichen

---

sich nicht trennen lassen; die Einheit rechtstheoretisch begründend bereits *Kraft*, Interessenabwägung, S. 207, 209 ff.; *Schricker*, GRUR Int. 1970, 32, 41 ff.; *Beater*, Verbraucherschutz und Schutzzweckdenken, S. 31 ff.; zur Kritik an der mit der Richtlinie praktizierten Trennung siehe *Henning-Bodewig*, GRUR Int. 2002, 389, 396; *Henning-Bodewig*, in: FS Tilmann, S. 157 ff.; *Micklitz/Keßler*, GRUR Int. 2002, 885, 895; *Henning-Bodewig/Schricker*, GRUR Int. 2002, 319, 322; *Beater*, ZEuP 2003, 11, 46 ff.; *Gamerith*, WRP 2003, 143, 162 ff.; *Gamerith*, WRP 2005, 391, 413 ff. (mit umfassender Darstellung der in der Literatur vorgetragenen Argumente); *Geis*, in: FS Tilmann, S. 126 f.; *Köhler/Lettl*, WRP 2003, 1019, 1033, 1039, 1051; *Sosnitza*, GRUR 2003, 739, 741; *Apostolopoulos*, WRP 2004, 841, 844, 854 f.; *Glöckner*, WRP 2004, 936, 939 („wesensmäßige Verknüpfung von Verbraucher- und Wettbewerberinteressen im Wettbewerb"); *Veelken*, WRP 2004, 1, 7 f. („missverständlich und nicht überzeugend"); *Mäsch*, EuR 2005, 625, 638; *Hilty*, in: Unfair Competition, S. 7; *Keßler*, WRP 2007, 714, 717 (weil dadurch die normative Verankerung in der wettbewerbspolitischen Konzeption des Binnenmarktes negiert werde); *Schuhmacher*, in: Unfair Competition, S. 132; *Drexl*, in: Lauterkeitsrecht und Acquis, S. 251 („Gefahr, falsche Abwägungsergebnisse und damit Wertungswidersprüche hervorzubringen"); aus der Rechtsprechung siehe Oberster Gerichtshof Österreichs, Beschl. v. 11.3.2008, 4 Ob 225/07b (Stadtrundfahrten), GRUR Int. 2009, 342, 355; a. A. dagegen *Fezer*, WRP 2009, 1163 ff., der einen „Dualismus der Lauterkeitsrechtsordnungen des b2c-Geschäftsverkehrs und des b2b-Geschäftsverkehrs im UWG" vertritt und von einer rechtsinhaltlichen Trennung zwischen verbraucherbezogenem und mitbewerberbezogenem Lauterkeitsrecht ausgeht.

1464 *Drexl*, in: Lauterkeitsrecht und Acquis, S. 234.

1465 Vergl. insbesondere Erwägungsgrund 8; dagegen beziehen vor allem diejenigen Autoren den Mitbewerber in die Schutzzwecke der Richtlinie mit ein, die den Zweck der Richtlinie vor allem in der Binnenmarktförderung durch die Reinhaltung des Wettbewerbs vor Verzerrungen sehen, vergl. *Veelken*, WRP 2004, 1, 6; *Leistner*, ZEuP 2009, 56, 59.

1466 *Köhler*, WRP 2009, 109, 110 Fn. 6 bevorzugt den Begriff der „Geschäftspraktik".

Wertungskriterien zu analysieren, dem die Geschäftspraktiken unterworfen sind (ii). Über das relevante Verhalten und den maßgeblichen Beurteilungsmaßstab hinaus kann sich der Regelungsgehalt der Richtlinie auch auf die Rechtsfolgenseite erstrecken, wenn sie Vorgaben zum Sanktionssystem macht (iii).

(i) Sachgegenständlicher Regelungsbereich: „Geschäftspraktiken“

Der Regelungsbereich der Richtlinie wird sachgegenständlich durch den Begriff der Geschäftspraxis abgesteckt[1467]. Darunter fällt gemäß der Definition des Art. 2 lit. d) „jede Handlung, Unterlassung, Verhaltensweise oder Erklärung, kommerzielle Mitteilung einschließlich Werbung und Marketing eines Gewerbetreibenden, die unmittelbar mit der Absatzförderung, dem Verkauf oder der Lieferung eines Produkts an Verbraucher zusammenhängt“. Dementsprechend gilt die Richtlinie gemäß ihrem Art. 3 Abs. 1 nur für unlautere Geschäftspraktiken im Vertikalverhältnis zwischen Unternehmen[1468] und Verbrauchern[1469] (sogenannter Business to Consumer oder B2C-Bereich)[1470]. Die Beschränkung des Anwendungsbereichs kommt auch in Erwägungsgrund 6 deutlich zum Ausdruck. Danach „erfasst und berührt [die Richtlinie] nicht die nationalen Rechtsvorschriften in Bezug auf unlautere Geschäftspraktiken, die lediglich die wirtschaftlichen Interessen von

---

1467 *Veelken*, WRP 2004, 1, 7.

1468 Wie aus Art. 2 lit. d) folgt, sind mit Unternehmen Gewerbetreibende gemeint. Gemäß Art. 2 lit. b) ist Gewerbetreibender „jede natürliche oder juristische Person, die im Geschäftsverkehr ... im Rahmen ihrer gewerblichen, handwerklichen oder beruflichen Tätigkeit handelt, und jede Person, die im Namen oder Auftrag des Gewerbetreibenden handelt“.

1469 Gemäß Art. 2 lit. a) ist Verbraucher „jede natürliche Person, die im Geschäftsverkehr im Sinne dieser Richtlinie zu Zwecken handelt, die nicht ihrer gewerblichen, handwerklichen oder beruflichen Tätigkeit zugerechnet werden können“.

1470 Doch selbst im B2C-Bereich sind nicht alle Verhaltensweisen erfasst. Eine persönliche Einschränkung ergibt sich insbesondere aus Art. 3 Abs. 8 und 9. Eine sachliche Einschränkung folgt aus der Definition des Ausdrucks „Geschäftspraktiken“. Nach Art. 2 lit. d) fallen darunter nur solche Verhaltensweisen, welche „mit der Absatzförderung, dem Verkauf oder der Lieferung eines Produkts“ zusammenhängen. Nicht dagegen werden solche Verhaltensweisen eines Gewerbetreibenden gegenüber Verbrauchern erfasst, die mit der Nachfrage oder dem Bezug zusammenhängen, wie das zum Beispiel bei Ankauf von Gebrauchtwagen oder Antiquitäten bei Verbrauchern durch darauf spezialisierte Händler der Fall ist. Kritisch dazu *Köhler/Lettl*, WRP 2003, 1019, 1035; die Beschränkung des Anwendungsbereichs (und nicht der Bewertungsgrundlage) begrüßen dagegen *Veelken*, WRP 2004, 1, 11 als sinnfällig „im sukzessiven Prozess einer fortschreitenden europäischen Harmonisierung des Lauterkeitsrecht[s]“; sowie *Leistner*, ZEuP 2009, 56, 60 f. mit dem Hinweis darauf, dass zumindest die Beschränkung auf das Vertikalverhältnis rechtspolitisch alternativlos gewesen sei, auch wenn die Ausklammerung des Mitbewerberschutzes im Vertikalverhältnis problematisch ist.

Mitbewerbern schädigen oder sich auf ein Rechtsgeschäft zwischen Gewerbetreibenden beziehen". Ungeregelt bleiben sollen damit zunächst Handlungen, die wie die Kerntatbestände unmittelbar ausschließlich im Horizontalverhältnis gegen den Mitbewerber wirken, weil sie sich unmittelbar gegen seine Interessen richten und auf einen Erfolg in seiner Sphäre abzielen[1471]. Ausgeschlossen sind zudem Geschäftspraktiken im Vertikalverhältnis gegenüber Nichtverbrauchern.

Deutlich ist damit, dass eine Geschäftspraxis vertikal auf den Verbraucher bezogen sein muss. Fraglich ist jedoch, wie stark der Verbraucherbezug ausgestaltet sein muss, damit die Geschäftspraxis noch vom Regelungsbereich der Richtlinie erfasst wird. In der Rechtsprechung des EuGH[1472] und weitgehend auch in der Literatur[1473] besteht zumindest Einigkeit, dass die Geschäftspraxis mindestens dazu geeignet sein muss, den Verbraucher in seiner geschäftlichen Entscheidung zu beeinflussen (sogenanntes Relevanzerfordernis). Das Relevanzerfordernis kann zum einen daraus abgeleitet werden, dass die Definition der Geschäftspraxis in Art. 2 lit. d) einen Zusammenhang mit der Absatzförderung voraussetzt, der unmittelbar sein muss[1474]. Zum anderen folgt es indirekt auch daraus, dass der Richtliniengeber den Anwendungsbereich technisch unsauber mit dem Beurteilungsmaßstab vermengt und der Beurteilungsmaßstab das Relevanzerfordernis ebenfalls aufweist[1475]: Gemäß Art. 3 Abs. 1 gilt die Richtlinie für unlautere Geschäftspraktiken „im Sinne des Artikels 5"; Art. 5 Abs. 2 lit. b) setzt voraus, dass die Geschäftspraxis dazu geeignet ist, das wirtschaftliche Verhalten des Durchschnittsverbrauchers wesentlich zu beeinflussen, was in Art. 2 lit. e) präzisiert wird und demnach nur

---

1471 *Köhler/Lettl*, WRP 2003, 1019, 1033; *Schulte-Nölke/Busch*, ZEuP 2004, 99, 100; *Mäsch*, EuR 2005, 625, 638 nennt als Beispiel die „Nachahmung von Konkurrenzprodukten"; *Drexl*, in: Lauterkeitsrecht und Acquis, S. 234; aus dem Bereich des Horizontalverhältnisses nennt *Leistner*, ZEuP 2009, 56, 80 als Beispiele „Anschwärzungen und persönliche Bezugnahme, wettbewerbsrechtlichen Geheimnis- und zumal Leistungsschutz"; Köhler/Bornkamm-*Köhler*, Einl. Rn. 3.57.

1472 Vergl. EuGH v. 23.4.2009, verb. Rs. C-261 u. C-299/07 (VTB-VAB NV u. Galatea), Slg. 2009, I-2949, Rn. 49 f.; EuGH v. 14.1.2010, Rs. C-304/08 (Plus), Slg. 2010, I-217, Rn. 35 ff.; EuGH v. 9.11.2010, Rs. C-540/08 (Mediaprint), GRUR 2011, 76 ff., noch nicht in Slg.

1473 Vergl. *Köhler/Lettl*, WRP 2003, 1019, 1034 f.; *Veelken*, WRP 2004, 1, 8 f.; *Glöckner/Henning-Bodewig*, WRP 2005, 1311, 1320; *Köhler*, GRUR 2005, 793, 800; *Hecker*, WRP 2006, 640, 642; *Brömmelmeyer*, GRUR 2007, 295, 299; *Keßler*, WRP 2007, 714, 719; *Fezer*, WRP 2009, 1163, 1173; a. A. *Sosnitza*, WRP 2006, 1, 5.

1474 Die Auslegung des Merkmals des unmittelbaren Zusammenhangs ist umstritten, insbesondere MüKo UWG-*Micklitz*, EG E Rn. 66 setzt sich dafür ein, das Merkmal im Sinne einer unmittelbaren Kommunikationsbeziehung zwischen Gewerbetreibendem und Verbraucher auszulegen; vergl. zur Auslegung auch *Glöckner/Henning-Bodewig*, WRP 2005, 1311, 1326; *Köhler*, WRP 2007, 1393; *Köhler*, WRP 2009, 109, 111; *Kulka*, DB 2008, 1548, 1551; *Sosnitza*, WRP 2008, 1014, 1016 ff.

1475 *Veelken*, WRP 2004, 1, 8; *Dohrn, T.*, Generalklausel UGP, S. 33; *Glöckner*, IIC 2010, 570, 576 f.

vorliegt bei „Anwendung einer Geschäftspraxis, um die Fähigkeit des Verbrauchers, eine informierte Entscheidung zu treffen, spürbar zu beeinträchtigen und damit den Verbraucher zu einer geschäftlichen Entscheidung zu veranlassen, die er anderenfalls nicht getroffen hätte".

Das Relevanzerfordernis besteht aus zwei Merkmalen. Zunächst muss die geschäftliche Entscheidung des Verbrauchers berührt werden. Nicht zum Anwendungsbereich gehören damit Geschäftspraktiken, die ausschließlich Interessen im Bereich der Gesundheit oder anderen in Erwägungsgrund 9 genannten Bereichen tangieren[1476]. Über die Berührung hinaus muss die Geschäftspraxis dazu geeignet sein, die geschäftliche Entscheidung zu beeinflussen. An Verbraucher gerichtete neutrale Geschäftspraktiken ohne diesen Beeinflussungseffekt liegen außerhalb des Anwendungsbereichs der Richtlinie. Dazu gehört zum Beispiel das Ansprechen von Personen auf der Straße zu Verkaufszwecken[1477]. Selbst nach der strengen Rechtsprechung der deutschen Gerichte schafft die gezielte Direktansprache für sich genommen noch keine psychische Zwangslage[1478]. Ein weiteres Beispiel könnten Lockvogelangebote in der Werbung bieten, bei denen die beworbene Ware nicht verkauft, sondern lediglich den Kunden in das Ladenlokal locken sollen. Hier könnte der Beeinflussungseffekt hinsichtlich der beworbenen Kaufaufforderung fehlen, da es von vornherein nicht zu einer entsprechenden Geschäftsentscheidung des angesprochenen Verbrauchers hinsichtlich des konkret beworbenen Produktes kommen kann[1479]. Trotzdem ist die Fallgestaltung ausdrücklich in Nr. 5 von Anhang I als irreführende Geschäftspraxis aufgeführt. Daraus kann geschlossen werden, dass ein abstrakter Beeinflussungseffekt ausreichend ist. Wenn auch nicht hinsichtlich des konkret beworbenen Produktes, so wird der in den Laden gelockte Verbraucher doch hinsichtlich der anderen dort angebotenen ähnlichen Produkte in seiner Geschäftsentscheidung beeinflusst, auf die er beabsichtigt ausweichen soll.

Die Beeinflussung der geschäftlichen Entscheidung kann im Übrigen jedoch potentiell unterschiedliche Folgen haben: Zum einen kann sie in einem negativen Sinn die wirtschaftlichen Interessen des Verbrauchers beeinträchtigen und den Verbraucher insoweit schädigen. Zum anderen kann die Beeinflussung den

---

1476 Laut EuGH v. 9.11.2010, Rs. C-540/08 (Mediaprint), GRUR 2011, 76 ff., noch nicht in Slg., Rn. 26 listet der Erwägungsgrund „Ausnahmen vom Anwendungsbereich" auf.

1477 *Köhler/Lettl*, WRP 2003, 1019, 1045 (keine geschäftliche Relevanz, sondern nur eine Beeinträchtigung der Privatsphäre des Verbrauchers); *Brömmelmeyer*, GRUR 2007, 295, 299; im ersten Richtlinienvorschlag wurden „Anreize wie das unentgeltliche Anbieten von Tee oder Kaffee oder die kostenlose Beförderung zum Geschäftsbetrieb" genannt, Vorschlag für eine Richtlinie über unlautere Geschäftspraktiken, KOM(2003) 356 endg., S. 13 Rn. 54.

1478 BGH v. 9.9.2004, I ZR 93/02 (Ansprechen in der Öffentlichkeit II), NJW 2005, 1050; OLG Bremen v. 22.7.2005, 2 W 54/2005, 24 W 54/05, OLGR Bremen 2005, 618.

1479 GK-*Schricker*, Einl. F 339.

Verbraucher im Gegenteil auch positiv zu einer geschäftlichen Entscheidung veranlassen, die seinen Interessen sehr viel mehr entspricht, weil sie ihm wahrheitsgemäß etwa ein größeres Angebot zu niedrigeren Preisen ermöglicht, wie dies zum Beispiel beim Verstoß gegen Ladenschlussvorgaben oder dem Verkauf unter Einstandspreis der Fall ist. Hier wird unmittelbar lediglich der Mitbewerber geschädigt. Problematisch sind damit Geschäftspraktiken, die den Verbraucher lediglich als Werkzeug einsetzen, um letztendlich den Mitbewerber zu treffen. Hier ist zwar die Handlung vertikal ausgerichtet; der Erfolg weist jedoch einen starken Horizontalbezug auf, weil der eigentlich missbilligte Teilerfolg unmittelbar nur beim Mitbewerber eintritt.

Fraglich ist damit, ob der Regelungsbereich der Richtlinie auch diese Fälle mit horizontalem Erfolgselement erfasst, bei denen der missbilligte Teilerfolg allein beim Mitbewerber eintritt oder aber die Richtlinie stattdessen voraussetzt, dass die Geschäftspraxis den Verbraucher gerade *schädlich* beeinflussen kann und damit ein missbilligter Teilerfolg vertikal beim Verbraucher eintritt. Für die letztgenannte enge Auslegung spricht auf den ersten Blick der Zweck der Richtlinie und ihre Beschränkung auf den „B2C"-Bereich. Sowohl Art. 1 als auch Erwägungsgrund 6 grenzen die Angleichungswirkungen der Richtlinie auf diejenigen Rechtsvorschriften der Mitgliedstaaten über unlautere Geschäftspraktiken ein, die die wirtschaftlichen Interessen der Verbraucher unmittelbar schädigen. Gleichermaßen hat auch die Kommission in der Begründung des ersten Vorschlags den Anwendungsbereich der Richtlinie beschrieben. Nicht erfasst werden sollten Handlungen, die „die wirtschaftlichen Interessen der Verbraucher nicht beeinträchtigen, etwa sklavische Nachahmungen (bei denen es keine Rolle spielt, ob für den Verbraucher eine Verwechslungsgefahr besteht) oder Schlechtmachen eines Mitbewerbers." Erfasst werden sollten lediglich „Handlungen, ... die *tatsächlich* den wirtschaftlichen Interessen der Verbraucher schaden, wie z.B. Marketing unter Ausnutzung einer Verwechslungsgefahr (das die Gefahr der Verwechslung mit unterscheidungskräftigen Zeichen und/oder Produkten eines Mitbewerbers begründet)"[1480]. Dafür spricht auch, dass der maßgebliche Unterschied zwischen dem „B2C"- und dem „B2B"-Bereich in den problematischen Fällen gerade dadurch markiert wird, wo der missbilligte Erfolg der Handlung eintritt[1481]. Die Richtlinie möchte beide Bereiche strikt voneinander trennen und sich auf die Regelung des „B2C"-Bereiches beschränken. Wer den Trennungsgedanken ernst nehmen will, muss für den Anwendungsbereich eine Schädigung der Verbraucherinteressen verlangen.

1480 Vorschlag für eine Richtlinie über unlautere Geschäftspraktiken, KOM(2003) 356 endg., S. 12 Nr. 40.

1481 Siehe oben S. 218 (Horizontalbezug der Schutzrichtungselemente als wesentliches Merkmal der Kerntatbestandsnähe).

Der EuGH legt den Zusammenhang zwischen der Geschäftspraxis und der Absatzförderung jedoch weit aus[1482]. Gemäß seiner Rechtsprechung kommt es auf die mögliche schädliche Auswirkung der Geschäftspraxis beim Verbraucher nicht an[1483]. Nach dem EuGH genügt es vielmehr, wenn die Geschäftspraxis Verbraucher in ihrem wirtschaftlichen Verhalten beeinflussen kann, selbst wenn sie deren wirtschaftliche Interessen nicht oder höchstens mittelbar und indirekt verletzt. Insoweit liegt der missbilligte Erfolg der Geschäftspraxis nicht beim Verbraucher. Damit geht der Anwendungsbereich weit über den Regelungszweck hinaus und erfasst auch solche an Verbraucher adressierten Geschäftspraktiken wie zum Beispiel die nicht-irreführende Anschwärzung des Konkurrenten[1484], die nicht-irreführende Nachahmung seiner Produkte, der Verstoß gegen Ladenschlussvorgaben oder der Verkauf unter Einstandspreis, die zunächst nicht den Verbraucher, sondern vermittelt über ihn vielmehr den Mitbewerber schädigen[1485]. Ausreichend ist damit, dass die Handlung ein Vertikalelement aufweist und auf den Verbraucher zielt. Irrelevant ist der Vertikalbezug des tatbestandsgemäßen Erfolges. Entsprechend weit reicht der Anwendungsbereich der Richtlinie in das Horizontalverhältnis hinein. Weite Bereiche der klassisch mitbewerberbezogenen Fallreihen werden durch die Richtlinie stillschweigend mitgeregelt[1486]. Nicht erfasst werden lediglich solche „B2B“-Fälle, in denen bereits die Handlung ausschließlich auf den Mitbewerber zielt, ohne dabei Gefühle oder das Vertrauen der Verbraucher auszunutzen (wie beispielsweise die Betriebsspionage oder die Beseitigung von fremden Werbematerialien)[1487].

Neben dem Relevanzerfordernis ist der Anwendungsbereich durch weitere Merkmale gekennzeichnet. So folgt aus der Richtlinie außerdem, dass das Verhalten des Unternehmers eine generell-abstrakte Breitenwirkung besitzen muss[1488]. Erfasst werden sollen nicht individuell-konkrete Verbraucherbeeinflussungen, sondern Marktstrategien, die potentiell Auswirkungen auf viele Verbraucher haben, auch wenn damit die Verletzung von Pflichten aus individuellen

---

1482 EuGH v. 23.4.2009, verb. Rs. C-261 u. C-299/07 (VTB-VAB NV u. Galatea), Slg. 2009, I-2949, Rn. 49 f.; EuGH v. 14.1.2010, Rs. C-304/08 (Plus), Slg. 2010, I-217, Rn. 35 ff.; EuGH v. 9.11.2010, Rs. C-540/08 (Mediaprint), GRUR 2011, 76 ff., noch nicht in Slg.

1483 Dazu umfassend und kritisch *Glöckner*, IIC 2010, 570 ff.

1484 A. A. ausdrücklich Köhler/Bornkamm-*Köhler*, § 4 Rn. 7.2, da die nicht irreführende Anschwärzung nicht den Schutz der Verbraucher bezweckt.

1485 *Glöckner*, IIC 2010, 570, 577, 583 ff.; vergl. auch *Gamerith*, WRP 2005, 391, 420 f., der die Fälle zur Vermeidung von Schutzlücken erfassen möchte; ebenso MüKo UWG-*Micklitz*, EG E Rn. 69.

1486 *Glöckner*, in: Lauterkeitsrecht und Acquis, S. 269.

1487 Dazu und zu weiteren Beispielen vergl. *Köhler*, GRUR 2005, 793, 801 f.; weitgehender MüKo UWG-*Micklitz*, EG E Rn. 69, dem die Einbeziehung sogar dieser Fälle in den Anwendungsbereich der Richtlinie vertretbar erscheint.

1488 *Apostolopoulos*, WRP 2004, 841, 846 („Breitenwirksamkeit“).

Rechtsverhältnissen wie zum Beispiel Verträgen einhergeht[1489]. Darauf deutet bereits die Verwendung des Begriffs der Geschäftspraxis hin. Im Gegensatz zu einer Einzelhandlung besteht eine Praxis in einem geplanten, durch eine Strategie gekennzeichneten und für eine Vielzahl von Fällen gleich ausgerichteten Verhaltensmuster. Dementsprechend bevorzugt sie bei den Sanktionsmechanismen ein kollektives Schutzsystem[1490]. Der kollektivschützende Ansatz wird in der Verordnung 2009/22/EG über Unterlassungsklagen bekräftigt. Ausweislich ihres Art. 1 Abs. 1 dient sie dem Schutz der Kollektivinteressen der Verbraucher. Diesen Schutzzweck billigt sie gemäß der Auflistung in ihrem Anhang I auch der Richtlinie 2005/29/EG zu. Gleichzeitig stellt sie in ihrem Erwägungsgrund 3 klar, dass unter den Kollektivinteressen der Verbraucher „die Interessen zu verstehen [sind], bei denen es sich nicht um eine Kumulierung von Interessen durch einen Verstoß geschädigter Personen handelt. Dies gilt unbeschadet von Individualklagen der durch einen Verstoß geschädigten Personen."

Im Übrigen ist der sachgegenständliche Regelungsbereich weit gefasst. Denn hinsichtlich des Abwicklungsprozesses eines Geschäfts bestimmt Art. 3 Abs. 1 großzügig, dass die Richtlinie für die erfassten Geschäftspraktiken „vor, während und nach Abschluss eines ... Handelsgeschäfts" gilt. Gleichermaßen gilt nach Erwägungsgrund 13 „das generelle Verbot für unlautere Geschäftspraktiken ... auch nach Abschluss eines Vertrages und während dessen Ausführung". Die Richtlinie ist damit nicht nur im Vorfeld des Geschäfts für die Anbahnung eines Vertrages relevant[1491], sondern auch bei dessen Durchführung und Abwicklung[1492]. Außerdem ist der sachgegenständliche Regelungsbereich der Richtlinie nicht auf Handlungen innerhalb eines Wettbewerbsverhältnisses beschränkt. Es ist nicht erforderlich, dass der Handelnde eine Wettbewerbsförderungsabsicht besitzt[1493]. Damit fallen auch die Veröffentlichungen der Presse oder von Verbraucherschutzorganisationen unter den Anwendungsbereich der Richtlinie[1494].

1489 A. A. *Dohrn, T.*, Generalklausel UGP, S. 55 ff., der über den systematischen Charakter der Pflichtverletzung hinaus eine Irreführung der Verbraucher verlangt.

1490 *Gamerith*, WRP 2005, 391, 403 f.

1491 Lediglich mittelbar der Absatzförderung dienende Maßnahmen der Imageförderung wie z. B. public relation oder Sponsoring fallen dagegen nicht unter den Begriff der Geschäftspraktik, *Henning-Bodewig*, GRUR Int. 2005, 629, 630 f.; kritisch *Köhler/Lettl*, WRP 2003, 1019, 1034 f.; *Steinbeck*, WRP 2006, 632, 635.

1492 *Köhler/Lettl*, WRP 2003, 1019, 1035; *Ahrens*, in: FS Loewenheim, S. 409; kritisch wegen der Vermischung vom Lauterkeits- mit dem Vertragsrecht *Drexl*, in: Lauterkeitsrecht und Acquis, S. 242.

1493 *Veelken*, WRP 2004, 1, 7; *Fezer*, WRP 2006, 781, 786; *Keßler*, WRP 2007, 714, 720; *Dohrn, T.*, Generalklausel UGP, S. 21 (zumindest „wahrscheinlich"); *Köhler*, GRUR 2005, 793, 795 setzt an die Stelle das Kriterium des unmittelbaren Zusammenhangs zwischen dem Verhalten und der Verbraucherbeeinflussung.

1494 *Glöckner*, IIC 2010, 570, 589 ff.

(ii) Bewertungsmaßstab: „Unlauterkeit"

Der Bewertungsmaßstab der Richtlinie wird mit dem Rechtsbegriff der Unlauterkeit bezeichnet[1495]. Da sich der Zweck der Richtlinie auf den Schutz der Verbraucher konzentriert, ist auch der der Bewertungsmaßstab zu Lasten des Mitbewerberschutzes verbraucherrechtlich geprägt[1496]. Das Verdikt der Unlauterkeit, wie es in Art. 5 Abs. 2 definiert ist, setzt immer einen Verbraucherbezug voraus. Insoweit muss eine Geschäftspraxis gemäß lit. a) den „Erfordernissen der beruflichen Sorgfaltspflicht" widersprechen, zu denen nach der Definition in Art. 2 lit. h) nur solche Pflichten gehören, die üblicherweise gegenüber Verbrauchern angewendet werden[1497].

Unmittelbar Interessen der Mitbewerber dient die Richtlinie allein hinsichtlich des Zugangs zu nationalen Teilmärkten. Gemäß Art. 4 dürfen die Mitgliedstaaten den freien Dienstleistungsverkehr und den freien Warenverkehr nicht aus Gründen, die mit dem durch diese Richtlinie angeglichenen Bereich zusammenhängen, einschränken. Diese Binnenmarktklausel dient zunächst weniger den Verbrauchern, sondern vielmehr grenzüberschreitend tätigen Unternehmen[1498]. Die Berücksichtigung ihrer Marktzugangsinteressen führt aber nicht dazu, die Interessen der Konkurrenten bei der Bewertung des Marktverhaltens stärker zu berücksichtigen[1499]. Die unternehmerischen Binnenmarktinteressen und die unternehmerischen Lauterkeitsinteressen unterscheiden sich qualitativ und dürfen nicht gleichgesetzt werden[1500]. Auf den materiellen Bewertungsmaßstab der Lauterkeit und die Frage,

---

1495 *Veelken*, WRP 2004, 1, 15.

1496 Kritisch dazu *Beater*, Unl. Wettb. (2011), § 8 Rn. 669; *Drexl*, in: Lauterkeitsrecht und Acquis, S. 235 (die Nichtberücksichtigung der ebenfalls betroffenen Interessen der Konkurrenten stärkt die Position des Unternehmers gegenüber den Verbrauchern); anders *Veelken*, WRP 2004, 1, 6, der die Interessen der marktbeteiligten Unternehmen als zumindest implizit mitberücksichtigt sieht; dem folgt *Leistner*, ZEuP 2009, 56, 59 mit dem Hinweis auf die institutionelle Rückbindung der Schutzziele der Richtlinie in einem System unverzerrten Wettbewerbs im Binnenmarkt.

1497 *Fezer*, WRP 2009, 1163, 1167; kritisch insoweit Harte/Henning-*Schünemann*, § 3 Rn. 182; kritisch im Übrigen mit Blick auf die unpräzise Terminologie *Köhler/Lettl*, WRP 2003, 1019, 1036 f.; *Glöckner*, WRP 2004, 936, 940; *Köhler*, GRUR 2005, 793, 796; *Seichter*, WRP 2005, 1087, 1090; *Henning-Bodewig*, WRP 2010, 1094, 1099 (auch die restliche Definition sei „ebenso umfassend wie umständlich wie letztlich vage"); vergl. im Gegensatz dazu *Fezer*, WRP 2009, 1163, 1167 („Die Generalklausel der UGP-RL ist in einer präzisen und bündigen Sprache formuliert.").

1498 *Brömmelmeyer*, GRUR 2007, 295, 296 f.

1499 Vergl. *Henning-Bodewig*, GRUR Int. 2005, 629, 630 („Der grundsätzliche Ansatz bleibt davon jedoch unberührt.").

1500 Allgemein zur Unterscheidung zwischen Binnenmarkt- und materiellen Lauterkeitsinteressen der Unternehmen *Beater*, GRUR Int. 2000, 963, 968 f.; anders jedoch *Leistner*, ZEuP 2009, 56, 59, der hier unternehmerische Binnenmarkt- und Lauterkeitsinteressen gleichsetzt, da die Richtlinie den Binnenmarkt durch ein System unverzerrten Wettbewerbs herstellen will, zu dem auch die Lauterkeit im Interesse der Mitbewerber zählt; dem folgend *Obergfell*, in: Vollharmonisierung, S. 169.

inwieweit dabei Konkurrenteninteressen eine Rolle spielen, wirken sich die Binnenmarktklausel und alle darauf bezogenen Unternehmensinteressen nicht aus. Damit jedoch bleibt der materielle Maßstab bei der Bewertung der Lauterkeit ein vornehmlich verbraucherrechtlicher. In der lauterkeitsrechtlichen Abwägung spielen Interessen der Mitbewerber grundsätzlich keine Rolle[1501]. Eine Ausnahme bilden allerdings die Fälle, in denen der missbilligte Erfolg alleine beim Mitbewerber liegt. Sie können wegen der weiten Auslegung des Relevanzerfordernisses in den Anwendungsbereich der Generalklausel fallen[1502]. Für sie muss ein eigener Beurteilungsmaßstab gelten, da das ausdrücklich in der Richtlinie normierte Beurteilungskriterium allein den Schutz der Verbraucher bezweckt und sich damit nicht dazu eignet, die ebenfalls von der Richtlinie erfassten mitbewerberbezogenen Fälle zu beurteilen[1503]. Da in diesen Fällen der missbilligte Erfolg alleine beim Mitbewerber liegt, muss die Bewertung dieser Geschäftspraktiken dementsprechend auch Interessen der Mitbewerber berücksichtigen. In diesen Fällen dient das Verbot als unlauter mithin ausnahmsweise unmittelbar auch deren Interessen.

Nach dem Vorstehenden ist zumindest klar, dass die Richtlinie den Verbraucherschutz als solchen in ihr Schutzkonzept einbezieht. Offen ist jedoch, welche Verbraucherinteressen im Lichte der Richtlinie schutzwürdig sind. Hinsichtlich der Schutzobjekte scheint die Richtlinie außerwettbewerbliche Schutzanliegen auf den ersten Blick aus dem Bereich der zulässigen Bewertungskriterien zu verbannen[1504]. So ist in der Richtlinie durchgängig von den wirtschaftlichen Interessen der Verbraucher die Rede[1505]. Insbesondere Art. 1 beschränkt den Zweck der Richtlinie ausdrücklich auf den Schutz der wirtschaftlichen Interessen der Verbraucher. Darunter fällt im Wesentlichen das Interesse des Verbrauchers an einer informierten und freien Entscheidung[1506]. Entsprechend setzen sowohl die Generalklausel[1507] als auch die Tatbestände der Irreführung und der aggressiven Praktiken immer die Relevanz der Praxis für eine geschäftliche Entscheidung des Verbrauchers

---

1501 *Drexl*, in: Lauterkeitsrecht und Acquis, S. 235.

1502 Siehe oben S. 261.

1503 *Glöckner*, IIC 2010, 570, 582 f.

1504 Weitgehend *Veelken*, WRP 2004, 1, 5 f., 16 f., der bereits im Ausgangspunkt die Richtlinie in der wettbewerbspolitischen Konzeption des Binnenmarktes verankert und aus dem Primärrecht eine ausschließliche Interpretation am Konzept der „workable competition" ableitet; ebenso *Keßler*, WRP 2007, 714, 717.

1505 Vergl. Richtlinie 2005/29/EG über unlautere Geschäftspraktiken, Erwägungsgründe 6, 8, 9 und 12.

1506 *Köhler*, GRUR 2005, 793, 796; *Keßler*, WRP 2007, 714, 718 („Markttransparenz" sowie individuelle Rationalität des Entscheidungsaktes); *Dohrn, T.*, Generalklausel UGP, S. 39 ff.; *Schmidt, C.*, GRUR 2009, 353, 355; umfassend MüKo UWG-*Micklitz*, EG E Rn. 39 ff.

1507 Richtlinie 2005/29/EG über unlautere Geschäftspraktiken, Art. 5 Abs. 2 lit. b) iVm. Art. 2 lit. e).

voraus[1508]. Damit sollen Lüge und Aggression nicht als unmoralisches Verhalten unterbunden werden, sondern nur insoweit, als sie wettbewerbsbezogen sind[1509]. Andere Interessen – wie zum Beispiel das Interesse, die Privatsphäre zu wahren und vor unerwünschter Werbung verschont zu bleiben oder das Interesse an der Unversehrtheit von Leben und Gesundheit – werden davon nicht erfasst[1510]. Als lauterkeitsrechtliche Bewertungskriterien scheiden insbesondere Sitte und Moral aus[1511]. So weist die Richtlinie nicht nur die Aufrechterhaltung der Medienvielfalt oder den Schutz des Mittelstandes als irrelevant für ihre Beurteilungskriterien zurück[1512], sondern grenzt sich in Erwägungsgrund 9 und Art. 3 ausdrücklich gegen eine Reihe anderer Beurteilungskriterien ab. Dazu gehören Aspekte aus „den Bereichen Vertragsrecht, Schutz des geistigen Eigentums, Sicherheit und Gesundheitsschutz im Zusammenhang mit Produkten, Niederlassungsbedingungen und Genehmigungsregelungen, einschließlich solcher Vorschriften, die sich im Einklang mit dem Gemeinschaftsrechts auf Glücksspiele beziehen, sowie die Wettbewerbsregeln der Gemeinschaft und die nationalen Rechtsvorschriften zur Umsetzung derselben."[1513] Mithin reguliert die Richtlinie selbst den begrenzten Bereich der Geschäftspraktiken gegenüber Verbrauchern nicht umfassend, sondern nur hinsichtlich eines bestimmten Ausschnitts[1514].

Namentlich *Sosnitza* sieht allerdings in dem sogenannten Kulturvorbehalt die Möglichkeit, innerhalb des Regelungsbereichs der Richtlinie über die wirtschaftlichen Interessen hinausgehend auch lediglich kulturell bedingte Empfindsamkeiten

1508 Mit ähnlichen Formulierungen wird verlangt, dass die Praxis den Verbraucher „tatsächlich oder voraussichtlich zu einer geschäftlichen Entscheidung veranlasst, die er ansonsten nicht getroffen hätte", vergl. *Henning-Bodewig*, GRUR Int. 2007, 986, 989.

1509 *Veelken*, WRP 2004, 1, 5 f.; *Keßler*, WRP 2007, 714, 721 f.; MüKo UWG-*Micklitz*, EG E Rn. 115 („Lauterkeit nicht als eine moralische Kategorie,... sondern als Ausdruck eines funktionsbezogenen Wettbewerbskonzepts"); wortgleich auch *Micklitz*, in: FS Bernd Stauder, S. 304.

1510 *Köhler/Lettl*, WRP 2003, 1019, 1032; *Apostolopoulos*, WRP 2004, 841, 847 („Bei diesen Geschäftspraktiken geht es nur um solche, die die wirtschaftlichen Interessen der Verbraucher beeinträchtigen, also nicht um Fragen des Geschmacks, des Anstandes oder der sozialen Verantwortung"); *Köhler*, GRUR 2005, 793, 794; *Seichter*, WRP 2005, 1087, 1089; *Hecker*, WRP 2006, 640, 642; *Busch*, in: Lauterkeitsrecht in Europa, S. 12; relativierend unter Hinweis auf Nr. 14 und 16 des Anhangs MüKo UWG-*Micklitz*, EG E Rn. 36.

1511 MüKo UWG-*Micklitz*, EG E Rn. 115 ff.

1512 EuGH v. 9.11.2010, Rs. C-540/08 (Mediaprint), GRUR 2011, 76 ff., Rn. 26, noch nicht in Slg. (das Ziel gehöre nicht zu den „Ausnahmen von ihrem Anwendungsbereich"); zustimmend *Leible/Jahn*, EuZW 2010, 947, 950; *Glöckner*, IIC 2010, 570, 582; *Haberkamm*, WRP 2011, 296, 297.

1513 Richtlinie 2005/29/EG über unlautere Geschäftspraktiken, Erwägungsgrund 9.

1514 *Schuhmacher*, in: Unfair Competition, S. 131.

der Verbraucher im Rahmen der Lauterkeitswertung zu berücksichtigen[1515]. Der Kulturvorbehalt wird in Erwägungsgrund 7 formuliert. Danach „bezieht sich [die Richtlinie] nicht auf die gesetzlichen Anforderungen in Fragen der guten Sitten und des Anstands, die in den Mitgliedstaaten sehr unterschiedlich sind", da „Geschäftspraktiken wie beispielsweise das Ansprechen von Personen auf der Straße zu Verkaufszwecken in manchen Mitgliedstaaten aus kulturellen Gründen unerwünscht sein [können]. Die Mitgliedstaaten sollten daher im Einklang mit dem Gemeinschaftsrecht in ihrem Hoheitsgebiet weiterhin Geschäftspraktiken aus Gründen der guten Sitten und des Anstands verbieten können, auch wenn diese Praktiken die Wahlfreiheit des Verbrauchers nicht beeinträchtigen." Darin liege eine „modifizierte Bereichsausnahme als versteckte Öffnungsklausel" von der grundsätzlich angestrebten Vollharmonisierung[1516]. In der Öffnungsklausel beschreibe der Richtliniengeber abschließend den eng umgrenzten Bereich kultureller Gründe der guten Sitten und des Anstands, der zusätzlich zu den wirtschaftlichen Interessen ein richtliniengemäßes lauterkeitsrechtliches Verbot tragen könne. Lediglich in diesem Bereich dürfe das nationale Recht der Mitgliedstaaten über die Richtlinie hinausgehen.

Dem steht jedoch die eindeutige Absicht des Richtliniengebers entgegen, im Regelungsbereich der Richtlinie nicht nur Mindeststandards zu schaffen, sondern eine vollständige Harmonisierung herbeizuführen[1517]. Laut Erwägungsgrund 13 soll das Verbot unlauterer Geschäftspraktiken das „*einzige*, gemeinsame generelle Verbot"[1518] darstellen. Damit wäre es unvereinbar, im Regelungsbereich der Richtlinie neben den von ihr anerkannten wirtschaftlichen Verbraucherinteressen weitere Interessen heranzuziehen, um ein richtliniengemäßes Verbot zu begründen. Unterschiedliche Standards wären die zwingende Folge. Der Kulturvorbehalt stellt lediglich klar, dass die Richtlinie nicht alle Arten von Geschäftspraktiken reglementiert. Sie erfasst allein solche Geschäftspraktiken, die an Verbraucher adressiert sind und ihn in seiner Entscheidungsfreiheit beeinträchtigen können[1519]. Daneben existieren an Verbraucher gerichtete Geschäftspraktiken, die diesen Beeinträchtigungseffekt nicht besitzen, weil sie dem Verbraucher weder positiv eine interessengerechtere Entscheidung ermöglichen noch ihn negativ in eine psychische Zwangslage versetzen, sondern insoweit als neutral bewertet werden müssen. Dazu gehört gerade

---

1515 *Sosnitza*, WRP 2006, 1, 4 ff.; vergl auch *Steinbeck*, WRP 2006, 632, 633; *Leistner*, ZEuP 2009, 56, 70 f.

1516 *Sosnitza*, WRP 2006, 1, 7.

1517 *Brömmelmeyer*, GRUR 2007, 295, 299; vergl. zur Absicht vollständiger Harmonisierung Richtlinie 2005/29/EG über unlautere Geschäftspraktiken, Erwägungsgründe 6, 11, 12, 13, u. 15; *Köhler/Lettl*, WRP 2003, 1019, 1035; *Apostolopoulos*, WRP 2004, 841, 854; *Henning-Bodewig*, GRUR Int. 2005, 629, 630; *Köhler*, GRUR 2005, 793; *Kulka*, DB 2008, 1548, 1549.

1518 Hervorhebung durch den Verfasser.

1519 Zum Relevanzerfordernis als Merkmal des sachgegenständlichen Regelungsbereichs siehe oben S. 259 (Sachgegenständlicher Regelungsbereich: „Geschäftspraktiken").

das in der Erklärung zum Kulturvorbehalt angeführte Beispiel des Ansprechens von Personen auf der Straße zu Verkaufszwecken[1520]. Da diese Art von neutralen Geschäftspraktiken nicht unter den Anwendungsbereich der Richtlinie fällt und damit auch nicht dem Diktat der Vollharmonisierung unterliegt, kann sie weiterhin aus richtlinienfremden, also zum Beispiel kulturellen Gründen untersagt werden[1521]. Damit eröffnet der Kulturvorbehalt eine Ausnahme von der Binnenmarktklausel des Art. 4. Die Binnenmarktklausel betrifft gerade Regelungsgebiete, die zwar nicht unter die Richtlinie fallen, aber zumindest mit dem angeglichenen Bereich zusammenhängen[1522]. Dort soll grundsätzlich jede mitgliedstaatliche Einschränkung des freien Waren- und Dienstleistungsverkehrs ausgeschlossen sein, was insbesondere die Rechtfertigung durch zwingende Erfordernisse des Gemeinwohls im Sinne der Cassis-Rechtsprechung ausschließt. Wegen des Kulturvorbehalts könnte das Ansprechen zu Verkaufszwecken von den Mitgliedstaaten jedoch untersagt werden, obwohl es mit dem angeglichenen Bereich zusammenhängt und den freien Waren- und Dienstleistungsverkehr beschränken kann.

(iii) Offenheit der Sanktionsinstrumente

Für die Bestimmung des Charakters der Normen sind auch ihre Sanktionsinstrumente von Bedeutung[1523]. Insoweit gewährt die Richtlinie jedoch einen äußerst großen Spielraum. Den wichtigen und in den nationalen Rechtsordnungen höchst unterschiedlich ausgestalteten[1524] Bereich der Rechtsdurchsetzung harmonisiert die Richtlinie gerade nicht[1525]. Stattdessen eröffnet Art. 11 eine breites Spektrum von Möglichkeiten.

1520 So ausdrücklich *Brömmelmeyer*, GRUR 2007, 295, 299; vergl. bereits *Köhler/Lettl*, WRP 2003, 1019, 1045 (keine geschäftliche Relevanz, sondern nur eine Beeinträchtigung der Privatsphäre des Verbrauchers).

1521 *Veelken*, WRP 2004, 1, 8; *Glöckner/Henning-Bodewig*, WRP 2005, 1311, 1320 (kritisch mit Blick auf die weiterhin möglichen Unterschiede im Schutzniveau der nationalen Rechtsordnungen); *Köhler*, GRUR 2005, 793, 800; Köhler/Bornkamm-*Köhler*, § 7 Rn. 9; *Ohly*, WRP 2006, 1401, 1410 f.; *Brömmelmeyer*, GRUR 2007, 295, 299; *Keßler*, WRP 2007, 714, 719; im Ergebnis auch *Dohrn, T.*, Generalklausel UGP, S. 36; *Busch*, in: Lauterkeitsrecht in Europa, S. 13, der als weitere Beispiele die „Scheibenwischerwerbung“ und die Werbung auf Friedhöfen nennt; aus der Rechtsprechung vergl. BGH v. 22.4.2010, I ZR 29/09 (Grabmalwerbung), GRUR 2012, 1113, 1114 Rn. 14.

1522 *Veelken*, WRP 2004, 1, 15; *Gamerith*, WRP 2005, 391, 411; a. A. *Leistner*, ZEuP 2009, 56, 67 f., der in der Vorschrift lediglich eine deklaratorische Festschreibung des Vollharmonisierungscharakters innerhalb des Anwendungsbereichs sieht.

1523 Siehe oben S. 218 (Horizontalbezug der Schutzrichtungselemente als wesentliches Merkmal der Kerntatbestandsnähe).

1524 Siehe oben S. 194 (Hauptdivergenzen: Lauterkeitsrecht als sozialinteressenschützendes „Recht des Marktes“?).

1525 Kritisch *Schulte-Nölke/Busch*, ZEuP 2004, 99, 104; *Alexander*, GRUR Int. 2005, 809, 810; *Henning-Bodewig*, GRUR Int. 2005, 629, 634; Harte/Henning-*Glöckner*, Einl. B

Zum einen kann die Rechtsdurchsetzung weitgehend im Interesse der Verbraucher ausgestaltet werden. So steht es den Mitgliedstaaten sogar offen, als zivilrechtliche Folge eines Verstoßes gegen das Verbot unlauterer Geschäftspraktiken dem einzelnen Verbraucher schuldrechtliche Individualansprüche zuzugestehen[1526]. Daneben ermöglicht es die Richtlinie aber vor allem, Verbraucherinteressen im Sinne ihres abstrakt-generellen Schutzes[1527] in kollektiven Verfahren durchzusetzen. Insbesondere können sie von privaten Verbraucherverbänden oder von öffentlichen Stellen klageweise vor den Zivilgerichten durchgesetzt werden. Denkbar ist aber auch eine verwaltungsrechtliche Kontrolle[1528], bei der Behörden unmittelbar Maßnahmen ergreifen. Ausdrücklich zugelassen werden auch Sanktionssysteme der Selbstkontrolle, solange die dort getroffenen Entscheidungen gerichtlich oder behördlich überprüfbar sind. Ergänzend wirkt sich die Richtlinie 2009/22/EG über Unterlassungsklagen[1529] auf die Durchsetzungsmechanismen der Richtlinie 2005/29/EG aus: Die Unterlassungsklagen-Richtlinie führt die Richtlinie über unlautere Geschäftspraktiken in ihrem Anhang I als unter ihren Anwendungsbereich fallend auf. Auch die Unterlassungsklagen-Richtlinie lässt gemäß ihrem Erwägungsgrund 10 für den Schutz kollektiver Verbraucherinteressen ausdrücklich sowohl ein rein zivilrechtliches als auch ein Behördenmodell zu[1530]. Eine punktuelle Vereinheitlichung im Bereich der Rechtsdurchsetzung bewirkt allein die Verordnung 2006/2004/EG über die Zusammenarbeit im Verbraucherschutz[1531], die die Richtlinie 2005/29/EG ebenfalls in ihrem Anhang aufführt und hinsichtlich der Durchsetzungsmechanismen flankiert[1532]. Die Verordnung betont nochmals die Verwaltungskontrolle, indem sie die Mitgliedstaaten zur Benennung

---

Rn. 98 („Regulierungsdefizit“); *Glöckner*, in: Lauterkeitsrecht und Acquis, S. 269 f.; *Leistner*, ZEuP 2009, 56, 77 f.; *de Cristofaro*, GRUR Int. 2010, 1017 („die bezweckte Vollharmonisierung der nationalen Rechtsordnungen [ist] auf dieser Ebene (bislang) fehlgeschlagen“).

1526 *Apostolopoulos*, WRP 2004, 841, 851 Fn. 100; *de Cristofaro*, GRUR Int. 2010, 1017, 1018 f.; anders dagegen *Gamerith*, WRP 2005, 391, 404, der von einem ausdrücklichen Ausschluss individueller Klagen von Einzelpersonen spricht.

1527 Siehe oben S. 263.

1528 *Veelken*, WRP 2004, 1, 28; *Gamerith*, WRP 2005, 391, 404.

1529 Richtlinie 2009/22/EG des Europäischen Parlaments und des Rates vom 23. April 2009 über Unterlassungsklagen zum Schutz der Verbraucherinteressen (kodifizierte Fassung), ABl. L 110/30 v. 1.5.2009; zur Vorgängerrichtlinie 98/27/EG umfassend *Maurer*, Unterlassungsklagen, S. 40 ff.

1530 *Baetge*, ZZP 1999, 329, 335 ff.; Piper/Ohly/Sosnitza-*Ohly*, Einf. C Rn. 39.

1531 Verordnung (EG) Nr. 2006/2004 des Europäischen Parlaments und des Rates vom 27. Oktober 2004 über die Zusammenarbeit zwischen den für die Durchsetzung der Verbraucherschutzgesetze zuständigen nationalen Behörden („Verordnung über die Zusammenarbeit im Verbraucherschutz“), ABl. L 364/1 v. 9.12.2005.

1532 *Apostolopoulos*, WRP 2004, 841, 853 f.; *Henning-Bodewig*, GRUR Int. 2005, 629.

von Verbraucherschutzbehörden verpflichtet[1533]. Damit müssen nunmehr auch Staaten, die bislang ein rein zivilrechtliches Lauterkeitskonzept verfolgten, zumindest für den B2C-Bereich eine nationale Behörde zur Bekämpfung von unlauteren Geschäftspraktiken einrichten[1534].

Zum anderen kann die Rechtsdurchsetzung gemäß der Richtlinie aber auch weitgehend die Interessen der Mitbewerbern berücksichtigen. Im Rahmen eines zivilrechtlichen Sanktionssystems wird die Klagebefugnis ausdrücklich auch ihnen zugestanden, soweit sie nach dem nationalen Recht ein berechtigtes Interessen an der Bekämpfung unlauterer Geschäftspraktiken haben[1535]. Entsprechend müssen Verbrauchern auch keine Individualansprüche gewährt werden[1536].

(2) Genuine Lauterkeitszugehörigkeit des materiellen Regelungsgehalts aufgrund eines hinreichenden Horizontalbezuges

Nach dem Vorstehenden konzentriert sich der materielle Regelungsgehalt der Richtlinie auf das Vertikalverhältnis zwischen dem anbietenden Wettbewerber und dem nachfragenden Verbraucher. Problematisch ist, ob die Dominanz des Verbraucherschutzes der Zuordnung zum Lauterkeitsrecht gemäß dem Kriterium der Kerntatbestandsnähe entgegensteht. Fraglich ist, ob die Tatbestände der Richtlinie einen hinreichenden Horizontalbezug aufweisen. Bei der Schutzrichtungsanalyse ist die Gestaltung der tatbestandsmäßige Handlung hinsichtlich des Anwendungsbereiches, der Zielrichtung und des Inhalts einer eventuellen Äußerung zu untersuchen; beim tatbestandsmäßigen Erfolg ist fraglich, worin er liegt, bei wem er eintritt und wie stark eventuelle Teilerfolge jeweils missbilligt werden[1537].

Tatbestandlich konzentriert sich die Richtlinie auf den Schutz der Verbraucher im Vertikalverhältnis. Interessen der Mitbewerber werden nur mittelbar als Reflex berücksichtigt. Entsprechend ist der Regelungsbereich der Richtlinie sowohl hinsichtlich der erfassten Sachgegenstände (Geschäftspraktiken) als auch hinsichtlich des Beurteilungsmaßstabs (Unlauterkeit) gestaltet. Immer wird die Relevanz des Verhaltens für die Verbraucherentscheidung gefordert. Im Vordergrund steht daher der Schutz des Verbrauchers, der Schutz seines Interesses an einer bewussten und

---

1533 Verordnung 2006/2004/EG über die Zusammenarbeit im Verbraucherschutz, Art. 4 Abs. 1.

1534 Kritisch zu einem Behördenmodell bereits *Schricker*, GRUR Int. 1973, 694; kritisch zu einer entsprechenden Verpflichtung durch die Richtlinie *Henning-Bodewig*, in: FS Schricker, S. 714; grundsätzlich begrüßend dagegen *Glöckner*, Europäisches Lauterkeitsrecht, S. 79.

1535 Relativierend *Hilty*, in: Unfair Competition, S. 11, der meint, dass damit „not really the protection of the competitor as such“ verbunden sei.

1536 *Alexander*, GRUR Int. 2005, 809, 813; *Augenhofer*, WRP 2006, 169, 172.

1537 Siehe oben S. 218 (Horizontalbezug der Schutzrichtungselemente als wesentliches Merkmal der Kerntatbestandsnähe).

freien geschäftlichen Entscheidung. Dementsprechend wird der lauterkeitsrechtliche Kerntatbestand der Anschwärzung[1538] nicht geregelt[1539].

Die Betonung der Verbraucherinteressen spricht zunächst dafür, die Richtlinie dem Verbrauchervertragsrecht zuzuordnen[1540]. Dementsprechend verbraucherrechtlich wurde die Richtlinie im Recht Großbritanniens umgesetzt[1541]. Dort war insbesondere die Regierung der Meinung, dass, da die Richtlinie nicht die Beziehungen zwischen Mitbewerbern regele, sondern lediglich den Schutz des Verbrauchers bezwecke, sie im Bereich der Reglementierung unfairer Geschäftspraktiken (unfair trading practises) umzusetzen sei und gerade nicht im Bereich der Regeln des Common-Law, die den unlauteren Wettbewerb (unfair competition) betreffen, welche von den vorgenannten zu unterscheiden seien[1542]. In materieller Hinsicht ist in der Tat auffällig, dass die Richtlinie weit in den Bereich des Vertragsrechts hineinreicht, da sie gemäß Art. 3 Abs. 1 nicht nur vor, sondern auch „während und nach Abschluss eines ... Handelsgeschäfts" gilt und mithin auch die Durchführung und Abwicklung von Verträgen erfasst[1543]. Damit jedoch wird die traditionell – zum Beispiel in Deutschland – gezogene dogmatische Trennung zwischen dem Lauterkeits- und dem Vertragsrecht verwischt[1544]. Zudem bezieht sich die Richtlinie in Art. 7 Abs. 4 lit. e) und in Anhang II auf vertragsrechtliche

---

1538 Siehe oben S. 192 (Kerntatbestände: Schutz vor Herkunftstäuschung, vor Anschwärzung und von Betriebsgeheimnissen).

1539 *Apostolopoulos*, WRP 2004, 841, 844; *Glöckner*, IIC 2010, 570, 583 weist darauf hin, dass wegen den unterbliebenen Einschränkung des Anwendungsbereichs durch den EuGH auf solche Geschäftspraktiken, die Verbraucherinteressen direkt beeinträchtigen, die Anschwärzung von der Richtlinie erfasst wird, solange sie nicht irreführend ist.

1540 So insbesondere *Davis*, in: Unfair Competition, S. 186 f.; vergl. auch *Köhler*, GRUR 2005, 793, 794, der die Richtlinie letztendlich trotz ihrer Verbraucherorientierung dem Lauterkeitsrecht zurechnet; daneben könnte die Richtlinie auch dem Kartellrecht zugeordnet werden, da sie sich gemäß ihrem Erwägungsgrund 3 gegen Wettbewerbsverzerrungen richte, so hegt *Podszun*, in: Lauterkeitsrecht und Acquis, S. 177„eine gewisse Sympathie dafür, dass man die Richtlinie zum Kartellrecht zählt"; *Hoeren*, BB 2008, 1182 zählt die Richtlinie zum Werberecht, da sie als Reaktion auf die Einführung des Herkunftslandprinzips im Werberecht durch die Richtlinie 2000/31/EG über den elektronischen Geschäftsverkehr entstand; auf die Abgrenzungsschwierigkeiten hinweisend auch *Obergfell*, in: Vollharmonisierung, S. 170 f.

1541 Siehe unten S. 330 (Consumer Protection from Unfair Trading Regulations 2008).

1542 *Davis*, in: Unfair Competition, S. 186 f.

1543 MüKo UWG-*Micklitz*, EG E Rn. 73; *Kulka*, DB 2008, 1548 („greift tief in Regelungsbereiche ein, die bisher dem Bürgerlichen Recht vorbehalten waren"); *Ahrens*, in: FS Loewenheim, S. 407 spricht zurückhaltender von einer „Brücke" zum Bürgerlichen Recht.

1544 Siehe dazu *Apostolopoulos*, WRP 2004, 841, 845 ff.; *Köhler*, GRUR 2005, 793, 794; *Drexl*, in: Lauterkeitsrecht und Acquis, S. 242 f.

Informationspflichten[1545]. Damit stellt sich zumindest die Frage, ob die Richtlinie nicht auch vertragsrechtliche Regeln enthält[1546].

Zwar konzentriert sich die Richtlinie auf den ersten Blick auf Aspekte des Verbraucherschutzes. Allerdings wird der Mitbewerberschutz nicht vollständig außer Acht gelassen. Es existieren Fälle, die wegen der weiten Auslegung des Relevanzerfordernisses in den Anwendungsbereich der Generalklausel fallen können, obwohl der missbilligte Erfolg alleine beim Mitbewerber liegt,[1547] und die deswegen nur unter Berücksichtigung der betroffenen Mitbewerberinteressen als unlauter zu untersagen sind[1548]. Der Anwendungsbereich setzt nicht voraus, dass die mögliche Entscheidungsbeeinflussung den Verbraucher tatsächlich schädigt[1549]. Im Gegenteil erfasst die Richtlinie auch solche Geschäftspraktiken, die unmittelbar gerade nicht den Verbraucher, sondern vielmehr den Mitbewerber schädigen, wie zum Beispiel die nicht-irreführende Anschwärzung des Konkurrenten, die nicht-irreführende Nachahmung seiner Produkte, der Verstoß gegen Ladenschlussvorgaben oder der Verkauf unter Einstandspreis[1550]. Hier liegt der missbilligte Erfolg nicht beim Verbraucher, sondern beim Mitbewerber. Damit erfasst der Anwendungsbereich mit Blick auf die Wirkung auch ein Verhalten im Horizontalverhältnis[1551].

Auch kann der Regelungsgehalt der Richtlinie ausreichend vom Verbrauchervertragsrecht abgegrenzt werden, obwohl sich der von ihr geregelte Bereich bis in die Vertragsabwicklung hineinzieht[1552]. Das Vertragsrecht regelt individuelle Ansprüche aus konkreten Rechtsverhältnissen. Im Gegensatz dazu verwirklichen die Tatbestände der Richtlinie einen abstrakt-generellen Schutz[1553]; unterbunden werden strategische Verhaltensmuster mit Breitenwirkung[1554]. Sie gewährt auch kein Vertragslösungsrecht im Falle unlauter zustande gekommener Verträge[1555]. Folgerichtig grenzt sich auch die Richtlinie selbst vom Vertragsrecht ab, indem sie in Erwägungsgrund 9 ausdrücklich festlegt, dass sie „nicht die individuellen Klagen von Personen [berührt], die durch eine unlautere Geschäftspraxis geschädigt

---

1545 *Schmidt, M.*, JZ 2007, 78, 80.

1546 Vergl. *Drexl*, in: Lauterkeitsrecht und Acquis, S. 242 f.

1547 Siehe oben S. 261.

1548 Siehe oben S. 265 (Bewertungsmaßstab: „Unlauterkeit").

1549 *Glöckner*, IIC 2010, 570 ff.

1550 *Glöckner*, IIC 2010, 570, 577, 583 ff.

1551 Vergl. *Glöckner*, in: Lauterkeitsrecht und Acquis, S. 269, der darauf hinweist, dass weite Bereiche klassisch mitbewerberbezogener Fallreihen durch die Richtlinie stillschweigend mitgeregelt wurden.

1552 Vergl. allgemein zur Abgrenzung des Vertrags- vom Lauterkeitsrecht *Köhler*, GRUR 2003, 265, 267; *Schmidt, M.*, JZ 2007, 78 ff.; *Beater*, Unl. Wettb. (2011), § 1 Rn. 87 ff.

1553 *Apostolopoulos*, WRP 2004, 841, 846 („Breitenwirksamkeit"); *Eppe*, WRP 2005, 808, 813.

1554 Siehe oben S. 263.

1555 Mit diesem Argument wird auch die Qualifizierung des deutschen UWG als Verbraucherschutzgesetz zurückgewiesen, vergl. MüKo UWG-*Sosnitza*, § 1 Rn. 12.

wurden. Sie berührt ferner nicht die gemeinschaftlichen und nationalen Vorschriften in den Bereichen Vertragsrecht,...".

Entscheidend ist letztendlich, dass der Regelungsgehalt der Richtlinie eng mit den lauterkeitsrechtlichen Kerntatbeständen verbunden ist. So werden in Art. 6 mit der allgemeinen Irreführung und der vergleichenden Irreführung zwei Kerntatbestände des Lauterkeitsrechts[1556] reglementiert. Art. 6 regelt damit Sachverhalte, die auch unter die Beispieltatbestände von Art. 10bis Abs. 3 PVÜ subsumiert werden können. Die Reglementierung wirkt sich allgemein auf den Charakter der gesamten Verordnung aus, da sie laut Art. 5 Abs. 4 lit. a) als Beispiel dafür gedacht ist, den Anwendungsbereich und Beurteilungsmaßstab des generellen Verbots unlauterer Geschäftspraktiken zu konkretisieren[1557].

Zwar stehen insbesondere bei der allgemeinen Irreführung in Art. 6 Abs. 1 RL 2005/29/EG anders als in Art. 10bis Abs. 3 Nr. 3 PVÜ die Interessen der getäuschten Verbraucher und damit das Vertikalverhältnis klar im Vordergrund. In der Richtlinie werden die bei einer Irreführung ebenfalls berührten Interessen von Mitbewerbern in der Lauterkeitswertung nicht berücksichtigt. Dementsprechend setzt der Anwendungsbereich von vornherein nicht voraus, dass die Irreführungshandlung in einem Wettbewerbsverhältnis erfolgen muss. Zudem muss sich die Irreführung auf Umstände beziehen, die nicht in der Sphäre des Wettbewerbers, sondern im eigenen Umfeld liegen. So richten sich bei der allgemeinen Irreführung die in Art. 6 Abs. 1 abschließend[1558] aufgezählten Bezugspunkte der Irreführung allein auf die eigenen Verhältnisse des Geschäftstreibenden[1559]. Die inhaltliche Bezugnahme auf den Konkurrenten oder dessen Produkt ist nicht erfasst; gerade in ihr manifestiert sich jedoch der Mitbewerberbezug der Irreführung[1560]. Darüber hinaus fehlt auch dem Irreführungserfolg ein Bezug auf den Mitbewerber, da er alleine die Sphäre der Verbraucher betrifft. Denn auch der Irreführungstatbestand beinhaltet das Relevanzerfordernis und setzt damit voraus, dass die Irreführung den Verbraucher „in jedem Fall tatsächlich oder voraussichtlich zu einer geschäftlichen Entscheidung veranlasst, die er ansonsten nicht getroffen hätte"[1561]. Bei Ermittlung der Relevanz zur Einwirkung auf die Verbraucherentscheidung werden die Interessen

---

1556 Zur Verwechslungsgefahr siehe oben S. 192 (Kerntatbestände: Schutz vor Herkunftstäuschung, vor Anschwärzung und von Betriebsgeheimnissen), zur allgemeinen Irreführung siehe oben S. 158 und Fn. 747.

1557 Vergl. *Veelken*, WRP 2004, 1, 19; MüKo UWG-*Micklitz*, EG E Rn. 175.

1558 *Hoeren*, BB 2008, 1182, 1185; a. A. MüKo UWG-*Micklitz*, EG F Rn. 178.

1559 Kritisch *Köhler/Lettl*, WRP 2003, 1019, 1039; *Veelken*, WRP 2004, 1, 20.

1560 Siehe oben S. 218 (Horizontalbezug der Schutzrichtungselemente als wesentliches Merkmal der Kerntatbestandsnähe).

1561 Vergl. *Köhler/Lettl*, WRP 2003, 1019, 1040; *Hoeren*, BB 2008, 1182, 1184 meint, dass wegen des unklaren Wortlauts von Art. 6 Abs. 1 („oder") die Relevanz lediglich bei einer Täuschung durch sachlich richtige Angaben erforderlich sei; dagegen *Henning-Bodewig*, GRUR Int. 2007, 986, 989 Fn. 31 („zweifelhaft"); für das Relevanzerfordernis auch bei unwahren Angaben ebenso *Steinbeck*, WRP 2006, 632, 635.

des Werbenden alleine gegen relevante Interessen der Verbraucher abgewogen[1562]. Interessen der Mitbewerber, die ein Irreführungsverbot mit Blick auf das Horizontalverhältnis zusätzlich begründen könnten, können dagegen nicht berücksichtigt werden[1563].

Trotzdem lässt sich der Irreführungstatbestand des Art. 6 Abs. 1 RL 2005/29/EG mit dem entsprechenden lauterkeitsrechtlichen Kerntatbestand, wie er in Art. 10bis Abs. 3 Nr. 3 PVÜ formuliert ist, in Einklang bringen. Dabei schaden weder der fehlende Mitbewerberbezug des Inhalts der Irreführungshandlung noch der vertikale Verbraucherfokus des Irreführungserfolges. So setzt selbst Art. 10bis Abs. 3 Nr. 3 PVÜ nicht voraus, dass unwahre Angaben über den Ursprung der Waren gemacht werden. Ganz im Gegenteil ist ein entsprechender Vorschlag bei der Revision der PVÜ gescheitert[1564]. Zudem ist das Lauterkeitsrecht der PVÜ hinsichtlich der Schutzzwecke offen[1565]. Es schreibt nicht vor, ob der Tatbestand der allgemeinen Irreführung zwingend allein Mitbewerberinteressen dienen muss. Damit lässt es offen, ob der Kerntatbestand auch Verbraucherinteressen oder sogar vornehmlich Verbraucherinteressen dienen kann.

Noch deutlicher entspricht der Verwechslungstatbestand des Art. 6 Abs. 2 lit. a) RL 2005/29/EG dem entsprechendem Kerntatbestand des Art. 10bis Abs. 3 Nr. 1 PVÜ. Zwar beruht auch hier das Verbot unmittelbar alleine darauf, dass Interessen der betroffenen Verbraucher verletzt werden[1566]. Der tatbestandsmäßige Erfolg vernachlässigt horizontale Elemente. Ob der Konkurrent im Horizontalverhältnis durch die Verwechslungsgefahr tatsächlich geschädigt wurde und etwa eine Rufausnutzung, eine Verunglimpfung oder eine Produktnachahmung vorliegt, ist für die Verwechslung unbeachtlich. Die ebenfalls in der Verwechslung liegende Behinderung von Mitbewerbern und die Ausbeutung fremder Leistungen sind von der Richtlinie gerade nicht betroffen[1567]. Dagegen bezieht die tatbestandsmäßige Handlung horizontale Elemente in den Tatbestand ein. Das betrifft insbesondere den Inhalt der Äußerung. So muss sich bei der verwechselnden Irreführung nach Art. 6 Abs. 2 lit. a) der Vergleich gerade auf fremde Produkte oder Kennzeichen des Konkurrenten beziehen; insoweit sind die Zurechnungsinteressen der betroffenen Mitbewerber Grundlage des Tatbestands[1568]. Konkretisiert wird der

---

1562 *Köhler/Lettl*, WRP 2003, 1019, 1040.

1563 Was in der Konsequenz zu einem schwächeren Verbraucherschutz führt, da die Wahrscheinlichkeit steigt, dass in der Abwägung die Interessen des Werbenden gegenüber (allein) den Interessen der Verbraucher überwiegen, siehe *Drexl*, in: Lauterkeitsrecht und Acquis, S. 235.

1564 *Ulmer*, Unlauterer Wettbewerb I, S. 23; *Henning-Bodewig*, IIC 1999, 166, 172.

1565 Siehe oben S. 228.

1566 Deswegen fällt zum Beispiel die rein vergleichende Werbung ohne Irreführung der Verbraucher nicht in den Anwendungsbereich der Richtlinie, *Veelken*, WRP 2004, 1, 9.

1567 *Schulte-Nölke/Busch*, ZEuP 2004, 99, 100.

1568 *Köhler/Lettl*, WRP 2003, 1019, 1050; entsprechend *Henning-Bodewig*, GRUR Int. 2007, 986, 988 („Die Einbeziehung dieser auf den ersten Blick eher dem

Verwechslungstatbestand durch das per-se Verbot in Nr. 13 von Anhang I. Darin geht es um die beabsichtigte Herkunftstäuschung. Diese Ausprägung des Verwechslungstatbestandes dient deutlich dem horizontalen Mitbewerberschutz und ist demgemäß eigentlich dem B2B-Bereich zuzuordnen[1569].

Im Ergebnis ist die Richtlinie sachlich über ihre Beispieltatbestände der allgemeinen Irreführung und der vergleichenden Irreführung ausreichend eng mit den klassischen Kerntatbeständen des traditionellen Lauterkeitsrechts verbunden. Das gilt umso mehr, als auch die Generalklausel Fälle der alleinigen Mitbewerberschädigung erfasst. Damit lässt sich gut begründen, dass die Richtlinie mit ihrer nur grundsätzlichen Beschränkung auf den Verbraucherschutz „zwar nur einen Ausschnitt aus dem Recht des unlauteren Wettbewerbs regelt, aber doch dem Lauterkeitsrecht zuzuordnen ist"[1570]. Mithin enthält sie genuines Lauterkeitsrecht und bildet damit zumindest in Teilen ein einheitlich unionsrechtliches Referenzmodell vom Lauterkeitsrecht ab.

cc) Richtlinie 2006/114/EG über irreführende und vergleichende Werbung

Die Richtlinie 2006/114/EG über irreführende und vergleichende Werbung[1571] bildet eine produkt- und medienübergreifende Reglementierung einer besonderes wichtigen geschäftlichen Verhaltensweise. In Abstimmung mit der Richtlinie 2005/29/EG führt sie die frühere Richtlinie 84/450/EWG über irreführende Werbung mit ihrer Ergänzung durch die Richtlinie 97/55/EG über vergleichende Werbung fort. Der Grund für die unionsrechtliche Reglementierung zunächst der irreführenden und später auch der vergleichenden Werbung lag vor allem in der Erkenntnis, dass die unterschiedlichen nationalen Regelungskonzepte und Schutzniveaus der Mitgliedstaaten in diesem Bereich grenzüberschreitende Werbekampagnen erschweren, damit den freien Verkehr von Waren und Dienstleistungen behindern und mithin den Binnenmarkt hemmen[1572]. Konsequenterweise ruht die Richtlinie auf der Binnenmarktkompetenz des Art. 95 EGV. Daneben manifestieren sich in ihr jedoch auch materiellrechtliche Vorstellungen zu Art und Umfang des Schutzes vor

---

Mitbewerberschutz verhafteten Thematik..."); vergl. allgemein auch *Beater*, Unl. Wettb. (2011), § 16 Rn. 1485.

1569 *Köhler*, GRUR 2005, 793, 799; MüKo UWG-*Micklitz*, EG F Rn. 192 („Praktiken, die gängig den B2B Beziehungen zugeordnet werden"); *Schuhmacher*, in: Unfair Competition, S. 132; *Hoeren*, BB 2008, 1182, 1189.

1570 So im Ergebnis auch *Köhler*, GRUR 2005, 793, 794; ähnlich *Wadlow*, EIPR 2006, 433, 435.

1571 Richtlinie 2006/114/EG des Europäischen Parlaments und des Rates vom 12. Dezember 2006 über irreführende und vergleichende Werbung, ABl. L 376/21 v. 27.12.2006.

1572 Richtlinie 2006/114/EG über irreführende und vergleichende Werbung, Erwägungsgrund 2 f., 5; *Hasselblatt*, Vergleichende Werbung in der EG, S. 302 u. 305; GK-*Schricker*, Einl. F 331 f.

irreführender und vergleichender Werbung, die möglicherweise auf ein gemeineuropäisches Referenzmodell von Lauterkeitsrecht übertragen werden können.

(1) Regelungsgehalt: Schutz vor irreführender und vergleichender Werbung

In materieller Hinsicht reglementiert die Richtlinie bestimmte Verhaltensweisen mit Blick auf bestimmte Bewertungskriterien. Der sachgegenständliche Regelungsbereich (i) und der Bewertungsmaßstab (ii) werden im Folgenden getrennt voneinander untersucht. Im Bereich der Sanktionierung macht die Richtlinie keine konkreten Vorgaben (iii).

(i) Sachgegenständlicher Regelungsbereich: Irreführende und vergleichende Werbung

Der sachgegenständliche Regelungsbereich der Richtlinie ist auf zwei besondere Formen der Werbung beschränkt. Unter den Regelungsbereich fällt damit ein Verhalten von vornherein nur, wenn es eine Werbung darstellt. Nach der Definition in Art. 2 lit. a) ist Werbung „jede Äußerung bei der Ausübung eines Handels, Gewerbes, Handwerks oder freien Berufs mit dem Ziel, den Absatz von Waren oder die Erbringung von Dienstleistungen, einschließlich unbeweglicher Sachen, Rechte und Verpflichtungen, zu fördern". Das wesentliche Definitionsmerkmal bildet die Absatzförderung. Das Merkmal wirkt sich insbesondere auf zwei Aspekte des Regelungsbereichs aus. Zum einen konkretisiert es die notwendigen Adressaten der Werbung. Werbung im Sinne der Richtlinie richtet sich an potentielle Abnehmer[1573]. Wie die Geschäftspraxis muss auch die Werbung im Vertikalverhältnis an die Marktgegenseite gerichtet sein, auch wenn es sich bei der Marktgegenseite nicht zwingend um Verbraucher handeln muss. Zum anderen setzt wie die Geschäftspraxis auch die Werbung nicht voraus, dass sie im Rahmen eines Wettbewerbsverhältnisses erfolgt[1574]. Ausreichend ist, dass zu Zwecken der Absatzförderung gehandelt wird[1575]. In anderer Hinsicht ist der Begriff der Werbung allerdings enger als der der Geschäftspraxis. Reicht der Begriff der Geschäftspraxis in den Bereich der Vertragsabwicklung hinein, werden bei der Werbung Verhaltensweisen nach Vertragsschluss nicht erfasst[1576].

Die Richtlinie reglementiert die Werbung nicht vollumfänglich, sondern lediglich mit Blick auf zwei Teilaspekte: den der Irreführung und den des Vergleichs. Der

---

1573 GK-*Schricker*, Einl. F 338; dem Wortlaut nach ausgeschlossen ist Werbung im Zuge der Nachfrage: vergl. *Köhler/Lettl*, WRP 2003, 1019, 1023; MüKo UWG-*Micklitz*, EG F Rn. 117; Piper/Ohly/Sosnitza-*Ohly*, § 6 Rn. 23.

1574 Vergl. GK-*Schricker*, Einl. F 334.

1575 *Henning-Bodewig*, in: Unfair Competition, S. 113 (insoweit werden insbesondere Äußerungen der Presse nicht erfasst).

1576 *Veelken*, WRP 2004, 1, 20; *Steinbeck*, WRP 2006, 632, 634; Piper/Ohly/Sosnitza-*Ohly*, § 6 Rn. 22.

erste Aspekt ist derjenige der irreführenden Werbung. Eine irreführende Werbung liegt gemäß der Definition in Art. 2 lit. b) nur dann vor, wenn sie „die Personen, an die sie sich richtet oder die von ihr erreicht werden, täuscht oder zu täuschen geeignet ist und infolge der ihr innewohnenden Täuschung ihr wirtschaftliches Verhalten beeinflussen kann oder aus diesen Gründen einen Mitbewerber schädigt oder zu schädigen geeignet ist“. Die Definition verknüpft die drei Elemente Täuschung, Verhaltensbeeinflussung und Schädigung des Mitbewerbers miteinander.

Das erste Element bildet die Eignung zur Täuschung. Es konkretisiert zunächst den Personenkreis, bei dem der Erfolg der Werbebotschaft eintreten muss. Getäuscht werden müssen die Personen, an die sich die Werbung richtet oder die von ihr erreicht werden. Damit ist die Marktgegenseite gemeint. Im Gegensatz zur Richtlinie 2005/29/EG ist der Bereich der Marktgegenseite hier nicht auf Verbraucher, sondern stattdessen auf gewerbliche Abnehmer beschränkt[1577]. Die Täuschungseignung konkretisiert darüber hinaus den Inhalt der Werbebotschaft. Im Zusammenhang mit dem Katalog aus Art. 3 wird deutlich, dass sich die Täuschung grundsätzlich auf Elemente beziehen muss, die in der eigenen Sphäre des Werbenden liegen[1578]. Sachlich existieren dabei Überschneidungen mit dem Irreführungsverbot aus Art. 6 der Richtlinie 2005/29/EG über unlautere Geschäftspraktiken. So fallen die dort genannten Bezugspunkte der Irreführung unter die hier aufgezählten Beispielaspekte[1579].

Das zweite Element bildet die Verhaltensbeeinflussung. Zusätzlich zur Täuschungseignung muss die irreführende Werbung das wirtschaftliche Verhalten der Marktgegenseite beeinflussen können. Damit wird die irreführende Werbung wie die irreführende Geschäftspraxis um ein Relevanzerfordernis ergänzt. Hier wird darüber hinaus der Grund für die Beeinflussungseignung weiter konkretisiert: Er muss bei der irreführenden Werbung gerade in der Täuschungseignung liegen.

Das dritte Element der Definition besteht in der Eignung, einen Mitbewerber zu schädigen. Darin unterscheidet sich die Irreführung hier wesentlich von dem Irreführungstatbestand der Richtlinie 2005/29/EG, der das Element der Mitbewerberschädigung nicht enthält[1580]. Fraglich ist, in welcher Beziehung die

---

1577 Die Beschränkung des Anwendungsbereiches auf Werbung gegenüber Gewerbetreibenden ergibt sich weniger aus der Richtlinie selbst, sondern vielmehr aus der Beschränkung des Anwendungsbereiches der Richtlinie 2005/29/EG auf Verbraucher und dem damit einhergehenden und entsprechend technisch umgesetzten Konzept der Trennung zwischen dem „B2C“- und dem „B2B“-Bereich; *Veelken*, WRP 2004, 1, 19; *Gamerith*, WRP 2005, 391, 428 f.; MüKo UWG-*Micklitz*, EG F Rn. 105 („Eine den Verbraucher irreführende Werbung fällt nicht in den Anwendungsbereich der Richtline“).

1578 GK-*Schricker*, Einl. F 340.

1579 *Henning-Bodewig*, GRUR Int. 2005, 629, 632; a. A. *Köhler/Lettl*, WRP 2003, 1019, 1043 (Katalog der Bezugspunkte der Irreführungsrichtlinie sei weiter).

1580 Insoweit ist es zumindest ungenau, wenn *Veelken*, WRP 2004, 1, 20 meint, dass es im Hinblick auf die sonstigen allgemeinen Voraussetzungen der Irreführung zwischen beiden Richtlinien keinen Unterschied gebe.

Mitbewerberschädigung zum Relevanzerfordernis der Verhaltensbeeinflussung steht. Beschrieben wird die Beziehung mit den Worten „oder aus diesen Gründen". Die Beschreibung lässt zwei Deutungsmöglichkeiten zu. „Aus diesen Gründen" könnte auf das direkt vorangestellte Merkmal der Verhaltensbeeinflussung verweisen. Dann müsste die Verhaltensbeeinflussung immer vorliegen; es wäre lediglich unschädlich, wenn darüber hinaus zusätzlich die Mitbewerberschädigung gegeben wäre. Die Deutung wird jedoch in der Literatur zurückgewiesen[1581]. Wegen der Verknüpfung mit „oder" steht die Mitbewerberschädigung selbstständig als Alternative neben der Beeinflussung des Verhaltens der Marktgegenseite. Damit werden als irreführende Werbung zwei Sachverhaltsalternativen erfasst: Entweder führt die Täuschungseignung zu einer Verhaltensbeeinflussung der Marktgegenseite, oder die Täuschungseignung führt in den Fällen, in denen eine Verhaltensbeeinflussung nicht vorliegt, zu einer Schädigung der Mitbewerber.

Als vergleichende Werbung definiert die Richtlinie in Art. 2 lit. c) „jede Werbung, die unmittelbar oder mittelbar einen Mitbewerber oder die Erzeugnisse oder Dienstleistungen, die von einem Mitbewerber angeboten werden, erkennbar macht". Damit setzt der Tatbestand der vergleichenden Werbung im Unterschied zur Irreführung keine Beeinflussung des Verhaltens des Adressaten voraus. Das Relevanzerfordernis fehlt[1582]. Zudem gehört es tatbestandlich gerade zum Wesen des Vergleichs, dass auf den Mitbewerber oder dessen Produkte gezielt Bezug genommen wird, indem ein individueller Mitbewerber[1583] oder dessen Produkte erkennbar gemacht werden, wobei eine mittelbare Erkennbarkeit, die eine Individualisierung zumindest ermöglicht, ausreicht[1584]. Außerhalb des Tatbestandes liegen somit abstrakte Vergleiche wie beispielsweise grundsätzlich die Alleinstellungswerbung („Ich bin der Beste") oder Systemvergleiche, bei denen lediglich allgemeine Fertigungs-, Vertriebs- oder Anwendungssysteme bzw. allgemeine Produkteigenschaften einander gegenübergestellt werden („Billige Composite Rackets (Graphite-Fiberglas) muten wir Ihnen nicht zu")[1585]. In diesem horizontalen Mitbewerberbezug des Inhalts der Werbebotschaft unterscheidet sich der Tatbestand wesentlich von dem der irreführenden Werbung, der ausschließlich bei (täuschenden) Informationen über die eigene Sphäre einschlägig ist.

1581 GK-*Schricker*, Einl. F 339; Gloy/Loschelder/Erdmann-*Schulte-Beckhausen*, § 9 Rn. 10.

1582 *Köhler*, WRP 2012, 251, 257.

1583 Mitbewerber sind, wessen Produkte „zu einem gewissen Grad substituierbar sind", vergl. EuGH v. 19.4.2007, C-381/05 (De Landtsheer), Slg. 2007, I-3115, Rn. 32 ff.

1584 EuGH v. 19.4.2007, Rs. C-381/05 (De Landtsheer), Slg. 2007, I-3115, Rn. 16; *Sack*, WRP 2001, 327, 334 f.; Harte/Henning-*Glöckner*, Einl. B Rn. 19; Köhler/Bornkamm-*Köhler*, § 4 Rn. 10.137.

1585 *Sack*, GRUR Int. 1998, 263, 270; *Sack*, WRP 2008, 170, 175; *Dilly*, WRP 2005, 467, 473; *Henning-Bodewig*, in: Unfair Competition, S. 117; Piper/Ohly/Sosnitza-*Ohly*, § 6 Rn. 31; a. A. *Faßbender*, EuZW 2005, 42, 43 f.

Ist der Mitbewerber erkennbar, ergibt sich hinsichtlich der konkreten inhaltlichen Aspekte, die miteinander verglichen werden, keine Einschränkung. Die weite Definition in Art. 2 lit. c) erfasst alle Arten der identifizierenden vergleichenden Werbung[1586]. Bezug genommen werden kann damit insbesondere auch auf die persönlichen Verhältnisse des Mitbewerbers wie zum Beispiel Vorstrafen, Staats- und Religionszugehörigkeit oder eine bevorstehende Insolvenz[1587].

(ii) Bewertungsmaßstab: Irreführung und Vergleich

Der Maßstab, nach dem die irreführende und die vergleichende Werbung als unzulässig bewertet werden, kann zunächst mittelbar aus dem Schutzzweck der Richtlinie abgeleitet werden. Neben der Förderung des Binnenmarktes durch die Beseitigung von Handelshemmnissen im Rahmen der Negativintegration ging es dem Richtliniengeber materiellrechtlich um den Schutz der wirtschaftlichen Interessen der Verbraucher und der Gewerbetreibenden, die durch Werbung berührt werden[1588]. Deswegen sollten sowohl objektive Mindestkriterien zur Beurteilung einer Werbung als irreführend[1589] als auch Bedingungen für die zulässige vergleichende Werbung aufgestellt werden[1590]. Dabei sollten die Mindestkriterien und die Bedingungen zunächst unter gleichrangiger Berücksichtigung der Interessen der Anbieter und der Verbraucher sowie der Interessen der Allgemeinheit ausgeformt werden[1591]. Dementsprechend folgte die frühere Richtlinie 84/450/EWG dem Intergrationsmodell und statuierte in ihrem Art. 1 eine Schutzzwecktrias[1592],

---

1586 EuGH v. 25.10.2001, Rs. C-112/99 (Toshiba), Slg. 2001, I-7945, Rn. 30 f.; EuGH v. 8.4.2003, Rs. C-44/01 (Pippig Augenoptik), Slg. 2003, I-3095, Rn. 35; *Sack*, WRP 2001, 327, 336 f.; Harte/Henning-*Glöckner*, Einl. B Rn. 19; kritisch GK-*Schricker*, Einl. F 362.

1587 *Sack*, GRUR Int. 1998, 263, 270; *Faßbender*, EuZW 2005, 42, 43; Harte/Henning-*Glöckner*, Einl. B Rn. 21; relativieren dagegen *Henning-Bodewig*, in: Unfair Competition, S. 116 („not entirely clear").

1588 Richtlinie 2006/114/EG über irreführende und vergleichende Werbung, Erwägungsgrund 4.

1589 Richtlinie 2006/114/EG über irreführende und vergleichende Werbung, Erwägungsgrund 7.

1590 Richtlinie 2006/114/EG über irreführende und vergleichende Werbung, Erwägungsgrund 9.

1591 GK-*Schricker*, Einl. F 333 Fn. 457; *Köhler/Lettl*, WRP 2003, 1019, 1023; *Henning-Bodewig*, in: FS Tilmann, S. 158; auch wenn in den Vorbereitungen zunächst der wettbewerbsrechtliche Schutz der Mitbewerber im Vordergrund stand, verschob sich der Schutzzweck der geplanten Werberegulierung zum Schutz der Verbraucher parallel mit dem Übergang der Federführung von der Generaldirektion Binnenmarkt zur Verbraucherschutzabteilung, siehe *Beier*, GRUR Int. 1984, 61, 70; *Tilmann*, in: Neuordnung des Wettbewerbsrechts, S. 113 f.

1592 „Zweck dieser Richtlinie ist der Schutz der Verbraucher, der Personen, die einen Handel oder ein Gewerbe betreiben oder ein Handwerk oder einen freien Beruf ausüben, sowie der Interessen der Allgemeinheit gegen irreführende Werbung und

um im Einzelfall eine Interessenabwägung zu ermöglichen[1593]. Nachdem jedoch die Richtlinie 2005/29/EG in Art. 6 auch irreführende Geschäftspraktiken gegenüber Verbrauchern erfasst, wurde der in der ursprünglichen Richtlinie bezweckte Verbraucherschutz aus der Schutzzweckbestimmung entfernt und nicht in die neugefasste Richtlinie 2006/114/EG übernommen[1594]. Laut Art. 1 ist Zweck der Richtlinie lediglich „der Schutz von Gewerbetreibenden vor irreführender Werbung und deren unlauteren Auswirkungen sowie die Festlegung der Bedingungen für zulässige vergleichende Werbung". Zumindest hinsichtlich der irreführenden Werbung verlor sie damit ihren ursprünglichen unmittelbaren verbraucherschützenden Zweck und beschränkt sich insoweit auf den unmittelbaren Schutz von Gewerbetreibenden[1595]. Mit Blick auf die Bedingungen für die vergleichende Werbung wird jedoch der Schutzzweck nicht mehr ausdrücklich benannt. Da der sachgegenständliche Regelungsbereich der vergleichenden Werbung von der Richtlinie 2005/29/EG im Wesentlichen nicht erfasst wird, kann sie dessen verbraucherschützenden Teil nicht auf- und aus der neuen Richtlinie 2006/114/EG herausnehmen, so dass es diesbezüglich bei der alten Schutzzwecktrias bleibt[1596].

Konkretisiert wird der Bewertungsmaßstab durch die Gestaltung der Schutzrichtungselemente[1597] und insbesondere durch die tatbestandsmäßige Definitionen von unzulässiger Irreführung und zulässigem Vergleich. Die Voraussetzungen, unter denen eine Irreführung oder ein Vergleich zu untersagen sind, liefern deutliche Hinweise darauf, welche Interessen der Marktgegenseite oder der Mitbewerber die Richtlinie in materieller Hinsicht konkret schützen soll. Setzt die Irreführung bzw. der Vergleich voraus, dass horizontale Elemente im Konkurrenzverhältnis betroffen sind, erstreckt sich auch der Schutzzweck auf eben diese Elemente. Beschränkt sich der Tatbestand dagegen vollständig auf das Vertikalverhältnis zur Marktgegenseite, werden Mitbewerberinteressen vom Tatbestand nicht berührt und unterliegen demgemäß auch nicht seinem Schutz. Im Rahmen der Definitionen von Irreführung und Vergleich vermengt die Richtlinie allerdings dogmatisch unsauber den Bewertungsmaßstab mit dem Regelungsbereich. Der Grund dafür liegt darin, dass sich die Richtlinie auf die Regelung punktueller Bereiche beschränkt. Sie regelt lediglich die irreführende und die vergleichende Werbung.

---

deren unlautere Auswirkungen und die Festlegung der Bedingungen für zulässige vergleichende Werbung.", Art. 1 Richtlinie 84/450/EWG.

1593 Vergl. GK-*Schricker*, Einl. F 342.

1594 *Henning-Bodewig*, in: FS Tilmann, S. 160 spricht kritisch von einer Aushöhlung und Entwertung; *Sosnitza*, WRP 2008, 1014, 1015.

1595 Harte/Henning-*Glöckner*, Einl. B Rn. 10 und 17.

1596 MüKo UWG-*Micklitz*, EG F Rn. 18; *Henning-Bodewig*, in: Unfair Competition, S. 116.

1597 Siehe oben S. 218 (Horizontalbezug der Schutzrichtungselemente als wesentliches Merkmal der Kerntatbestandsnähe).

Deren Definitionen beschreiben daher gleichzeitig sowohl die Beurteilungskriterien als auch den Regelungsbereich.

Die Tatbestände der irreführenden und der vergleichenden Werbung weisen eine interessante Mischung von vertikalen und horizontalen Richtungselementen auf, auch wennt beide Tatbestände zunächst vertikal ausgerichtet sind. Denn eine Werbung liegt nur dann vor, wenn der Absatz gefördert werden soll. Die Absatzförderung richtet sich immer an die Marktgegenseite. Zwar ist damit das zentrale Richtliniemerkmal vertikal ausgerichtet. Zur hier interessierenden Frage der materiellen Schutzzwecke trägt es aber wenig bei. Werbung dient der Absatzförderung und richtet sich naturgemäß immer an die Marktgegenseite. Für die Schutzzweckfrage entscheidend ist dagegen, ob die Marktgegenseite eigenständig um ihrer selbst willen vor der Werbung geschützt werden soll, oder ob vielmehr allein verhindert werden soll, die Marktgegenseite als Instrument zur Schädigung des Konkurrenten einzusetzen. Das hängt wesentlich davon ab, wo der Tatbestand den missbilligten Erfolgseintritt der Werbung lokalisiert. Tatbestandlich liegt er bei der Marktgegenseite, soweit es um ihre Entscheidungsfreiheit geht. Dagegen liegt der relevante Erfolg bei den Mitbewerbern, soweit es um ihr Zuordnungsinteresse geht, dass der Verkehr ihre Produkte oder ihren Ruf auch mit ihnen in Verbindung bringt. Einen wesentlichen Hinweis auf das Schutzsubjekt des Tatbestandes bietet der tatbestandsnotwendige Inhalt der Werbebotschaft: Muss sich die Täuschung auf Umstände in der Sphäre des Mitbewerbers beziehen, dient der Tatbestand vor allem seinem Schutz[1598].

Auch insoweit spiegelt insbesondere der Irreführungstatbestand den Vertikalbezug wider, indem er horizontale Elemente mit einem Bezug zu Mitbewerbern erst einmal ausblendet und sich auf das Vertikalverhältnis und die Marktgegenseite konzentriert. Das betrifft zunächst den Inhalt der Werbebotschaft, wie er tatbestandlich von der Richtlinie im Rahmen des Merkmals der Täuschung vorausgesetzt wird. Statt über Verhältnisse des Konkurrenten muss hier grundsätzlich über die eigene geschäftliche Sphäre getäuscht werden[1599]. Grundsätzlich irrelevant sind Täuschungen über den Mitbewerber oder dessen Produkte. Denn Art. 3 zählt beispielhaft relevante Angaben auf. Alle verweisen auf die eigene Sphäre des Werbenden. Die tatsachenwidrige Anschwärzung des Konkurrenten fällt bereits deswegen nicht unter den Tatbestand. Außerdem hatte insbesondere für die Anschwärzung der erste Richtlinienvorschlag[1600] eine eigene Regelung vorgesehen, die jedoch gerade nicht in die erlassene Richtlinie übernommen worden ist. Bereits diese Beschränkung der Täuschung auf Elemente in der eigenen Sphäre begründet einen deutlichen Vertikalbezug des Irreführungstatbestandes.

1598 Siehe oben S. 218 (Horizontalbezug der Schutzrichtungselemente als wesentliches Merkmal der Kerntatbestandsnähe).

1599 GK-*Schricker*, Einl. F 340.

1600 Vorschlag einer Richtlinie über irreführende und unlautere Werbung, ABl. C 194/3 v. 1.8.1979.

Der Vertikalbezug wird weiter dadurch verstärkt, dass die Täuschung außerdem grundsätzlich dazu geeignet sein muss, gerade das Verhalten der Marktgegenseite im Vertikalverhältnis zu beeinflussen. Dieses Relevanzerfordernis verdeutlicht, dass der Irreführungstatbestand vor allem die Entscheidungsfreiheit der Marktgegenseite schützen will.

Der Vertikalbezug des Irreführungstatbestandes ist in der Richtlinie jedoch nicht absolut ausgestaltet. Aufgeweicht wird er bereits durch eine weite Auslegung der relevanten Angaben, über die getäuscht werden kann. Im Rahmen der weiten Auslegung können auch Elemente aus der Sphäre eines Mitbewerbers darunter fallen. Insoweit wird insbesondere Art. 3 lit. c) weit ausgelegt, wonach auch die gewerblichen, kommerziellen oder geistigen Eigentumsrechte des Werbenden zu berücksichtigen sind. Darunter fällt in weiter Auslegung auch die Anmaßung fremder Rechte, so dass die irreführende Werbung auch das Hervorrufen einer Verwechslungsgefahr erfasst[1601]. Insoweit werden Zuordnungsinteressen der Mitbewerber geschützt. Der Mitbewerberschutz wird weiter dadurch verdeutlicht, dass der Tatbestand in bestimmten Konstellationen sogar völlig auf das Relevanzerfordernis verzichtet. Das ist immer dann der Fall, wenn die Werbung ohne konkreten Anlockeffekt lediglich dazu geeignet ist, die Marktgegenseite zu täuschen, dabei aber Mitbewerber schädigen kann. Auch diese Alternative wird vom Tatbestand erfasst[1602]. Insoweit lässt der Tatbestand die Beeinträchtigung der Entscheidungsfreiheit der Marktgegenseite völlig unberücksichtigt und stellt alleine auf die Beeinträchtigung des Zuordnungsinteresses der Mitbewerber ab.

Anders als der Irreführungstatbestand ist der Tatbestand der vergleichenden Werbung in Art. 2 lit. c) von vornherein mitbewerberbezogen gestaltet. Er konzentriert sich auf das Horizontalverhältnis zwischen den Konkurrenten. Das betrifft zunächst den notwendigen Inhalt der Werbebotschaft. Insoweit ist der Tatbestand der vergleichenden Werbung naturgemäß besonders stark mitbewerberbezogen geprägt, da ein Vergleich nur dann vorliegt, wenn der Mitbewerber oder dessen Produkte erkennbar gemacht werden. Der Wortlaut von Art. 2 lit. c) scheint sogar nicht nur Vergleiche der eigenen mit fremden Produkten, in denen sich die Werbeaussage also auch auf die eigene Sphäre bezieht, sondern darüber hinaus jede einseitige Bezugnahme auf die Sphäre des Mitbewerbers ohne einen Vergleich zu erfassen. Tatsächlich wurden teilweise Aussagen des EuGH in der Rs. *Toshiba*[1603] im Sinne dieser weiten Auslegung interpretiert[1604]. Damit unterläge auch die reine Rufausbeutung der Reglementierung der vergleichenden Werbung. Die Auffassung

1601 GK-*Schricker*, Einl. F 337; teleologisch reduzierend dagegen Gloy/Loschelder/Erdmann-*Schulte-Beckhausen*, § 9 Rn. 16.

1602 GK-*Schricker*, Einl. F 339; Gloy/Loschelder/Erdmann-*Schulte-Beckhausen*, § 9 Rn. 10.

1603 EuGH v. 25.10.2001, Rs. C-112/99 (Toshiba), Slg. 2001, I-7945, Rn. 30 f.

1604 *Sack*, WRP 2001, 327, 336; *Sack*, WRP 2002, 363, 365; später allerdings ausdrücklich aufgegeben, *Sack*, WRP 2008, 170, 174; *Faßbender*, EuZW 2005, 42 f.

wurde jedoch berechtigterweise zurückgewiesen[1605]. Es existiert keine vergleichende Werbung ohne Vergleich. Ein Vergleich und damit die Bezugnahme auf das eigene Angebot des Werbenden ergibt sich als zwangsläufige Folge bereits aus dem Mitbewerberbezug des Tatbestandes[1606]. Die Mitbewerbereigenschaft muss für den Adressaten der Werbebotschaft erkennbar sein; dies setzt die erkennbare Substituierbarkeit der angebotenen Waren voraus[1607], weswegen auch das Warenangebot des Werbenden Inhalt der Werbebotschaft sein muss. Zudem würde die weite Auslegung nicht nur dem Wortlaut der Richtlinie widersprechen, in der neben dem Titel auch an vielen anderen Stellen immer von der „Vergleichenden Werbung" die Rede ist[1608], sondern vor allem auch ihrem Sinn und Zweck, der unter anderem darin liegt, „die Vorteile der verschiedenen vergleichbaren Erzeugnisse objektiv herauszustellen"[1609]. Damit ist der Tatbestand mit Blick auf den Inhalt der Werbebotschaft zwar mitbewerberbezogen, aber nicht rein mitbewerberbezogen gestaltet. Er bleibt auch auf das Angebot des Werbenden bezogen. Insbesondere Fälle bloßer Rufausbeutung unterliegen ihm nicht[1610].

Fraglich bleibt, wo die Richtlinie bei einem unzulässigen Vergleich den missbilligten Erfolg verortet und welche Interessen konkret geschützt werden. Historisch wird das Verbot der vergleichenden Werbung vor allem mit Interessen der Mitbewerber begründet. So wurde früher das vollständige Verbot selbst bei wahrheitsgemäßen Vergleichen damit gerechtfertigt, dass es sich die Mitbewerber nicht gefallen zu lassen brauchen, „in fremden Anpreisungen als Mittel zur Erhöhung der eigenen Leistungsfähigkeit des Anpreisenden verwendet zu werden"[1611]. Auch heutzutage wird das teilweise Verbot damit begründet, dass in Ausnahmefällen der identifizierenden vergleichenden Werbung Mitbewerberinteressen schwerwiegend beeinträchtigt sein können[1612]. Auch die Richtlinie verweist in Art. 4 auf

---

1605 BGH v. 19.5.2011, I ZR 147/09 (Coaching-Newsletter), GRUR 2012, 74 ff.; *Nordemann*, GRUR Int. 2002, 297, 298; *Dilly*, WRP 2005, 467, 472 f.; *Köhler*, GRUR 2005, 273, 278 f.; *Henning-Bodewig*, in: Unfair Competition, S. 116 f.; *Sack*, WRP 2008, 170, 174 ff.; Gloy/Loschelder/Erdmann-*Schulte-Beckhausen*, § 9 Rn. 20; Piper/Ohly/Sosnitza-*Ohly*, § 6 Rn. 36; Köhler/Bornkamm-*Köhler*, § 4 Rn. 48 ff.

1606 *Beater*, in: Lauterkeitsrecht und Acquis, S. 218 („Der Mitbewerberbegriff hat hier die juristische Funktion, den Anwendungsbereich der Regeln über die vergleichende Werbung sachgerecht festzulegen."); Köhler/Bornkamm-*Köhler*, § 6 UWG Rn. 50 f.

1607 Vergl. EuGH v. 19.4.2007, Rs. C-381/05 (De Landtsheer), Slg. 2007, I-3115, Rn. 32 ff. zur Mitbewerbereigenschaft.

1608 *Dilly*, WRP 2005, 467, 472; *Sack*, WRP 2008, 170, 175.

1609 Richtlinie 2006/114/EG über irreführende und vergleichende Werbung, Erwägungsgrund 6; *Henning-Bodewig*, in: Unfair Competition, S. 116 f.; *Sack*, WRP 2008, 170, 175; *Beater*, in: Lauterkeitsrecht und Acquis, S. 218.

1610 *Beater*, in: Lauterkeitsrecht und Acquis, S. 218; Köhler/Bornkamm-*Köhler*, § 6 Rn. 53.

1611 RG v. 6.10.1931, II. 495/30 (Hellegold bzw. Backmalzextrakt), GRUR 1931, 1299, 1301.

1612 Piper/Ohly/Sosnitza-*Ohly*, § 6 Rn. 31.

konkrete Interessen der Mitbewerber, deren Beeinträchtigung ein Verbot der vergleichenden Werbung begründen können[1613]. Die Richtlinie hält vergleichende Werbung für unzulässig, wenn der Vergleich herabsetzend oder verunglimpfend ist und damit zum Beispiel Marken oder den Ruf des Mitbewerbers verletzt (lit. d), wenn der Vergleich den Ruf des Mitbewerbers oder beispielsweise einer Marke unlauter ausnutzt (lit. f), oder wenn der Vergleich zu Verwechslungen führt und damit legitime Zuordnungsinteressen des Mitbewerbers verletzt (litt. g und h)[1614]. Der Tatbestand schützt die Interessen der Mitbewerber umfassend, da er alle Arten des Vergleichs erfasst. Er beschränkt sich nicht nur auf den Vergleich von Waren oder Dienstleistungen, sondern reglementiert auch die Bezugnahme auf Tätigkeiten sowie geschäftliche und sogar persönliche Verhältnisse eines Mitbewerbers. Immer aber stehen die wettbewerbsbezogenen Aspekte der geschützten Interessen im Vordergrund, da der Tatbestand vor allem Wettbewerbsverzerrungen verhindern möchte[1615].

Neben den Interessen der Mitbewerber schützt die Reglementierung der vergleichenden Werbung jedoch gleichberechtigt auch das Informationsinteresse und damit die Entscheidungsfreiheit der Marktgegenseite. Die grundsätzliche Zulässigkeit der vergleichenden Werbung dient dem Aufklärungsinteresse der Marktgegenseite im Vertikalverhältnis[1616]. Ihr ausnahmsweises Verbot wird mit einer Verletzung des Informationsinteresses der Marktgegenseite begründet. Insoweit hält die Richtlinie vergleichende Werbung auch für unzulässig, wenn sie im weiteren Sinne irreführend ist (lit. a – c).

(iii) Offenheit der Sanktionsinstrumente

Aus der Rechtsfolgenseite lassen sich keine Anhaltspunkte für die verfolgten Schutzzwecke gewinnen. Mit Blick auf das Verfahren und die Sanktionen macht die Richtlinie lediglich spärliche Vorgaben und überlässt den Mitgliedstaaten einen weiten Umsetzungsspielraum. Unterlassen wurde der untaugliche Versuch eines Eingriffs in die Behörden- und Gerichtsstruktur sowie die Verfahrensgrundsätze der Mitgliedstaaten; ihnen wird in Art. 5 Abs. 1 lediglich aufgegeben, im Interesse der Gewerbetreibenden und ihrer Mitbewerber sicherzustellen, dass geeignete und wirksame Mittel zur Bekämpfung der irreführenden Werbung vorhanden sind, und zu gewährleisten, dass die Bestimmungen über vergleichende Werbung

---

1613 Der Vergleichstatbestand geht vom Verbotsprinzip aus; Harte/Henning-*Glöckner*, Einl. B Rn. 20 („Missbrauchsprinzip“).

1614 *Beater*, in: Lauterkeitsrecht und Acquis, S. 212 u. 216 f.

1615 Richtlinie 2006/114/EG über irreführende und vergleichende Werbung, Erwägungsgrund 9; Köhler/Bornkamm-*Köhler*, § 6 Rn. 11.

1616 Richtlinie 2006/114/EG über irreführende und vergleichende Werbung, Erwägungsgrund 8; *Beater*, in: Lauterkeitsrecht und Acquis, S. 211 („Für den Verbraucher kann vergleichende Werbung unter Umständen die wichtigsten Kaufinformationen überhaupt liefern.“).

eingehalten werden. Der Artikel lässt ausdrücklich sowohl ein Zivilgerichtsmodell zu, was eher am Mitbewerberschutz orientiert ist, als auch ein eher die Verbraucherinteressen berücksichtigendes Behördenmodell. Gleichermaßen frei sind die Mitgliedstaaten in der Gewährung der Befugnis, sich an Gerichte oder Behörden zu wenden. Es muss lediglich sichergestellt sein, dass „Personen oder Organisationen, die nach dem nationalen Recht ein berechtigtes Interesse am Verbot irreführender Werbung oder an der Regelung vergleichender Werbung haben", ein Vorgehen gestattet ist. Das eröffnet einerseits die Möglichkeit, Verbraucherverbänden die Aktivlegitimation zuzusprechen, verpflichtet auf der anderen Seite aber nicht zur Einführung einer Verbraucherverbandsklage[1617].

(2) Genuine Lauterkeitszugehörigkeit des materiellen Regelungsgehalts aufgrund eines hinreichenden Horizontalbezuges

Die Tatbestände der irreführenden und der vergleichenden Werbung, wie sie in der Richtlinie reglementiert sind, bilden genuines Lauterkeitsrecht. Beide Tatbestände sind hinreichend kerntatbestandsnah ausgeformt, da sie im Wesentlichen Interessen der Mitbewerber schützen. Das gilt auch für den Tatbestand der irreführenden Werbung. Seiner Schutzrichtungselemente weisen einen hinreichenden Horizontalbezug auf. Zwar fällt zunächst die Orientierung am Vertikal- und die Abkehr vom Horizontalverhältnis auf. So muss sich der tatbestandsnotwendige Inhalt der Werbebotschaft nicht auf den Mitbewerber beziehen. Zudem setzt der Tatbestand mit dem Merkmale der Absatzförderung zunächst eine Einflussnahme auf die Marktgegenseite voraus und beschreibt damit ein vertikales Element. Der missbilligte Erfolg liegt gerade in der Beeinflussung der Entscheidungsfreiheit der Marktgegenseite. Entscheidend ist jedoch, dass die Marktgegenseite nicht zwingend beeinflusst werden muss, sondern der Beeinflussungserfolg stattdessen durch eine Schädigung der Interessen der Mitbewerber ersetzt werden kann. Diese mitbewerberschützende Alternative trägt wesentlich zum Horizontalcharakter des Tatbestandes bei. Auch der Tatbestand der vergleichenden Werbung ist mitbewerberschützend gestaltet. So muss sich nicht nur der Inhalt der Werbebotschaft im Wesentlichen auf den Mitbewerber beziehen, sondern auch der missbilligte Erfolg ist in dessen Sphäre zu verorten.

In ihrem Mitbewerberbezug unterscheiden sich die Tatbestände der irreführenden und der vergleichenden Werbung von der Reglementierung der unlauteren Geschäftspraktiken durch die Richtlinie 2005/29/EG, die vordergründig dem vertikalen Verbraucherschutz dient. Im Gegensatz dazu kann die genuine Lauterkeitsrechtszugehörigkeit hier bei der Richtlinie 2006/114/EG über irreführende und vergleichende Werbung gemäß dem relevanten Kriterium der hinreichenden Nähe zu den Kerntatbeständen unproblematisch bejaht werden.

1617 GK-*Schricker*, Einl. F 347.

dd) Zusammenfassung, Lückenfüllung und Ableitung eines kompletten Lauterkeitssekundärrechts

Nachdem feststeht, dass das Sekundärrecht insbesondere in den Richtlinien 2005/29/EG und 2006/114/EG zumindest in Teilen genuines Lauterkeitsrecht enthält und damit einen Beitrag zu einem allgemeinen unionsautonomen Referenzmodell des Lauterkeitsrechts leisten kann, ist zu klären, worin genau dieser Beitrag besteht. Selbst die beiden in lauterkeitsrechtlicher Hinsicht umfassendsten Sekundärrechtsakte bilden zusammengenommen das Lauterkeitsrecht nicht komplett, sondern lediglich fragmentarisch ab. Setzt man die Teile zusammen, ergibt sich ein Bild, welches sowohl mit Blick auf die lauterkeitsrechtlich relevanten Sachverhalte als auch auf die lauterkeitsrechtlichen Beurteilungskriterien lückenhaft erscheint. Fraglich ist, ob dieses Bild mit Hilfe der bestehenden Fragmente umfassend vervollständigt werden kann. Dazu muss zunächst der unmittelbare Lauterkeitsgehalt beider Richtlinien zusammengefasst und auf einen gemeinsamen Nenner gebracht werden (1), um anschließend zu klären, inwieweit sich daraus ein mittelbarer, über den unmittelbaren Regelungsgehalt hinausgehender Lauterkeitsgehalt ableiten lässt, der allgemeingültig auf ein unionsautonomes Referenzmodell übertragen werden und die bestehenden Lücken füllen kann (2).

(1) Zusammenfassung der lauterkeitsrechtlichen Fragmente der Richtlinien 2005/29/EG und 2006/114/EG

Die beiden lauterkeitsrechtlichen Richtlinien besitzen einen unterschiedlichen materiellen Regelungsgehalt. Die Merkmale ihrer Lauterkeitstatbestände beziehen sich in unterschiedlicher Ausprägung auf das Horizontalverhältnis der Mitbewerber untereinander und auf das Vertikalverhältnis zur Marktgegenseite. Insoweit unterscheiden sich in unterschiedlicher Ausprägung die tatbestandsmäßigen Handlungen hinsichtlich des Anwendungsbereiches, der Zielrichtung und des Inhalts einer eventuellen Äußerung. Außerdem divergieren die tatbestandsmäßigen Erfolge dahingehend, worin sie liegen, bei wem sie eintreten und wie stark einzelne Teilerfolge missbilligt werden. Fraglich ist, inwieweit sich zu den Tatbeständen trotzdem einheitliche Aussagen ableiten lassen. Das wird hier hinsichtlich der relevanten Sachverhalte (i) und Bewertungskriterien (ii) versucht.

(i) Sachverhalte im Regelungsbereich beider Richtlinien

Unmittelbar erfassen beide Richtlinie lediglich einen schmalen Ausschnitt aus dem umfassenden Bereich des geschäftlichen Verhaltens. Die Richtlinie 2005/29/EG beschränkt sich auf die Regelung eines Verhaltens, welches die engen Voraussetzungen einer Geschäftspraxis erfüllt. Eine Geschäftspraxis liegt vor, wenn eine Maßnahme eines Gewerbetreibenden der Absatzförderung dient und kollektiv – im Sinne einer Absatzstrategie – an Verbraucher gerichtet sowie dazu geeignet ist, den Verbraucher in seiner geschäftlichen Entscheidung zu beeinflussen[1618]. Es kommt nicht darauf an, ob der Einfluss für den Verbraucher wirtschaftlich schädlich sein kann oder ob daneben zusätzlich andere Interessen der Verbraucher oder Interessen von Mitbewerbern berührt werden. Die Richtlinie 2006/114/EG erfasst nur Verhalten der irreführenden oder der vergleichenden Werbung[1619]. Wesentliches Merkmal ist auch hier die Absatzförderung. Dagegen muss die Maßnahme nicht zwingend dazu geeignet sein, die geschäftliche Entscheidung zu beeinflussen. Bei der irreführenden Werbung kann das Merkmal durch die Eignung, einen Mitbewerber zu schädigen, ersetzt werden. Bei der vergleichenden Werbung kann es von vornherein fehlen.

Obwohl Einzelheiten weitgehend ungeklärt sind, lassen sich doch vorsichtig Gemeinsamkeiten bei den erfassten Sachverhalten feststellen. Charakteristische Gemeinsamkeiten liegen vor allem in den tatbestandlichen Handlungen. Gemeinsam ist allen tatbestandsmäßigen Handlungen der Anwendungsbereich und die Zielrichtung. Maßgeblich sind lediglich Verhaltensweisen eines Gewerbetreibenden; ein Verbraucherverhalten wird nicht erfasst. Dabei ist unerheblich, ob im Rahmen eines Wettbewerbsverhältnisses gehandelt wird. Außerdem muss sich das Unternehmerhandeln immer im Vertikalverhältnis an die Marktgegenseite richten. Diese Zielrichtung ist beiden Richtlinien gemein, auch wenn die Richtlinie 2005/29/EG das Ziel auf Verbraucher verengt. Nicht erfasst werden Handlungen, die sich direkt an Mitbewerber richten, ohne dabei die Marktgegenseite zu instrumentalisieren. Zusätzlich muss das Verhalten immer dazu geeignet sein, die Marktgegenseite in ihrer geschäftlichen Entscheidungsautonomie zu berühren[1620]. Als Marktgegenseite sind lediglich Abnehmer relevant. Nicht erfasst wird das Vertikalverhältnis zu Anbietern. Außerdem existieren Gemeinsamkeiten bei den Äußerungstatbeständen hinsichtlich des Inhalts der Äußerung: bei der allgemeinen Irreführung im Sinne beider Richtlinien ist er selbstbezogen und beschränkt sich auf die eigene Sphäre des Äußernden, bei verwechselnden Geschäftspraktiken und der vergleichenden Werbung ist er horizontal mitbewerberbezogen.

Beim Handlungserfolg kann als Gemeinsamkeit zumindest festgestellt werden, dass bei allen Tatbeständen ein Teilerfolg immer in Form der Beeinflussung der geschäftlichen Entscheidungsfreiheit der Marktgegenseite vorliegen muss. Dieser erforderliche vertikale Teilerfolg entspricht der vertikalen Zielrichtung der Handlung in Richtung der Marktgegenseite. Immer reicht auch die entsprechende Eignung zur Verwirklichung des Teilerfolges aus.

Darüber hinaus berücksichtigen die beiden Richtlinien den Handlungserfolg jedoch uneinheitlich. Das betrifft insbesondere die beim Einsatz der

---

1618 Siehe oben S. 259 (Sachgegenständlicher Regelungsbereich: „Geschäftspraktiken").

1619 Siehe oben S. 259 (Sachgegenständlicher Regelungsbereich: Irreführende und vergleichende Werbung).

1620 Vergl. insbesondere zu diesem Punkt auch MüKo UWG-*Micklitz*, EG F Rn. 125 (erstaunlicher Einklang der Konzepte).

Marktgegenseite als Instrument zur Schädigung des Mitbewerbers wichtige Frage, wo der wesentliche, missbilligte Erfolg eintritt. Speziell bei der irreführenden und der vergleichenden Werbung im Anwendungsbereich der Richtlinie 2006/114/EG kann er sowohl bei der Marktgegenseite in Form einer Beeinträchtigung der Entscheidungsfreiheit als auch auf der Seite der Mitbewerber in Form einer Beeinträchtigung der Zuordnungsinteressen liegen. Erfasst werden dort sowohl Fälle, in denen die Marktgegenseite unmittelbar und direkt betroffen ist, als auch solche, in denen die Marktgegenseite lediglich als Werkzeug eingesetzt wird und der direkte Erfolg unmittelbar nur beim Mitbewerber eintritt. Dagegen muss der eigentlich missbilligte Erfolg im Anwendungsbereich der Richtlinie 2005/29/EG in den allgemeinen Fällen der irreführenden oder verwechselnden Geschäftspraktiken ausschließlich bei der Marktgegenseite zu verorten sein. Im Rahmen der Generalklausel reicht es dagegen aus, wenn der missbilligte Erfolg beim Mitbewerber liegt.

(ii) Bewertungskriterien beider Richtlinien

Die erfassten Verhaltensweisen werden nicht umfassend hinsichtlich ihrer Fairness bewertet, sondern nur hinsichtlich jeweils unterschiedlich beschränkter Bewertungsmaßstäbe. Nach der Richtlinie 2005/29/EG darf eine Geschäftspraxis als unlauter grundsätzlich nur untersagt werden, um das wirtschaftliche Interesse des Verbrauchers an einer informierten und freien Entscheidung zu schützen[1621]. Interessen der Mitbewerber spielen nur ausnahmsweise in den Fällen eine Rolle, die lediglich von der Generalklausel aufgefangen werden und bei denen der missbilligte Erfolg alleine beim Mitbewerber liegt, wie dies zum Beispiel der Fall ist bei der nicht-irreführenden Anschwärzung des Konkurrenten, der nicht-irreführenden Nachahmung seiner Produkte, dem Verstoß gegen Ladenschlussvorgaben oder dem Verkauf unter Einstandspreis[1622]. Auch beim Verwechslungstatbestand nach Art. 6 Abs. 2 lit. a) wird mit dem Zuordnungsinteresse unmittelbar ein Interesse eines Mitbewerbers geschützt. Die geschützten Interessen der Verbraucher und der Mitbewerber sind immer wettbewerbsbezogen[1623]. Andere Schutzanliegen – wie zum Beispiel der Jugend- oder der Gesundheitsschutz – zieht die Richtlinie nicht heran, um die Unlauterkeit zu begründen.

Die Richtlinie 2006/114/EG konkretisiert ihren Bewertungsmaßstab in den Definitionen von unzulässiger Irreführung und zulässigem Vergleich[1624]. Auch hier werden die Marktgegenseite und die Mitbewerber in ihren wettbewerbsbezogenen Interessen geschützt. Der Irreführungstatbestand schützt die Marktgegenseite

1621 Siehe oben S. 265 (Bewertungsmaßstab: „Unlauterkeit").

1622 Die Fälle können wegen der weiten Auslegung des Relevanzerfordernisses in den Anwendungsbereich der Generalklausel fallen, siehe oben S. 267.

1623 Auch bei der nicht-irreführenden Anschwärzung geht es nicht nur um den Schutz der geschäftlichen Ehre des Mitbewerbers, sondern seiner unverfälschten Geschäftschancen im Wettbewerb, vergl. Köhler/Bornkamm-*Köhler*, § 4 Rn. 7.2.

1624 Siehe oben S. 265 (Bewertungsmaßstab: Irreführung und Vergleich).

vor einer Beeinträchtigung ihrer wirtschaftlichen Entscheidungsfreiheit. Der Vergleichstatbestand schützt darüber hinaus auch Interessen der Mitbewerber in zweifacher Hinsicht. Zum einen werden diese zur Vermeidung von Wettbewerbsverzerrungen in ihrem geschäftlichen Ansehen geschützt, zum anderen in ihrem Interesse daran, dass ihre Produkte und deren Eigenschaften von den übrigen Marktteilnehmern ihrem Unternehmen richtig zuordnet werden.

Gemeinsam ist damit beiden Richtlinien, dass sie eine Geschäftspraxis oder eine Werbemaßnahme nur mit Blick auf wirtschaftliche Wettbewerbsinteressen beurteilen. Geschützt werden die geschäftliche Entscheidungsfreiheit der Marktgegenseite sowie geschäftliches Ansehen und Zuordnungsinteressen der Mitbewerber. Sozialethische Kriterien wie der Jugend-, Gesundheits- oder Mittelstandsschutz spielen bei der Bewertung keine Rolle. Dabei werden Regelungen, die allein unmittelbar Interessen der Verbraucher schützen sollen, zumindest formal von solchen getrennt, die allein unmittelbar dem Konkurrentenschutz dienen[1625]. Regeln, die auf einem umfassenden Schutzkonzept beruhen, finden sich hingegen nicht. Insbesondere das Recht der Irreführung ist gespalten. Die Richtlinie 2005/29/EG über unlautere Geschäftspraktiken betont den Schutz der Verbraucher und erfasst den Bereich der allgemeinen Irreführung, der wirtschaftliche Interessen der Verbraucher gefährdet. Richten sich allgemein irreführende Werbeaussagen dagegen an Konkurrenten, wird der Fall ausschließlich von der Richtlinie 2006/114/EG über irreführende und vergleichende Werbung erfasst, die den Konkurrentenschutz betont. Damit entspricht das Unionsrecht zahlreichen nationalen Rechtsordnungen, in denen ebenfalls streng zwischen dem Verbraucherschutz und dem Schutz der Mitbewerberinteressen unterschieden wird.

(2) Abgeleitete Auswirkungen auf das unionsautonome Referenzmodell vom Lauterkeitsrecht

Die lauterkeitsrechtlichen Fragmente der Richtlinien 2005/29/EG und 2006/114/EG lassen sich somit teilweise zu einheitlichen Aussagen hinsichtlich der lauterkeitsrelevanten Sachverhalte und Beurteilungskriterien zusammenfassen. Fraglich bleibt, inwieweit sich dieser unmittelbare Lauterkeitsgehalt verallgemeinern lässt, um damit mittelbar die verbleibenden Lücken zu füllen. Können, mit anderen Worten, die lauterkeitsrelevanten Sachgegenstände und Unlauterkeitskriterien so umfassend aus den Fragmenten abgeleitet werden, dass sie auch mittelbar ein umfassendes unionsautonomes Referenzmodell abschließend bestimmen? So könnte aus den materiellen Beschränkungen der Richtlinien folgen, dass das unionsautonome Referenzmodell entsprechend zu beschränken sei. Sachgegenstände und Bewertungskriterien außerhalb des gemeinsamen fragmentarischen Regelungsbereichs beider Richtlinien würden dann nicht zum allgemeinen Lauterkeitsrecht im sekundärrechtlichen Sinne gehören. Gegebenenfalls bestünde neben

1625 *Beater*, Unl. Wettb. (2011), § 8 Rn. 665.

dem Richtlinienmodell weder Raum für ein alternatives lauterkeitsrechtliches Referenzmodell, welches ein integriertes Lauterkeitskonzept mittels einer Schutzzwecktrias verfolgt, noch die Möglichkeit, als Bewertungskriterien neben den wirtschaftlichen auch materielle Schutzanliegen im Lauterkeitsrecht zu berücksichtigen. Möglicherweise folgt aus der Konzentration auf den Schutz der Marktgegenseite im Umkehrschluss, dass der traditionelle Schutz der Mitbewerber oder auch allgemein der Schutz anderer als rein wirtschaftlicher Werte aus dem Lauterkeitsrecht ausgeschlossen wird[1626].

Im Folgenden sind zwei Fragen zu unterscheiden. Die erste Frage betrifft den Umfang der lauterkeitsrechtlich relevanten Sachverhalte. Insoweit könnte aus der Beschränkung auf den Schutz vor Geschäftspraktiken und Werbung folgen, dass die Reglementierung von anderen geschäftlichen Verhaltensweisen von vornherein nicht mehr zum europäischen Lauterkeitsrecht gehört (i). Die zweite Frage betrifft die Determinierung der autonom europäischen Unlauterkeitskriterien. Selbst wenn es im Rahmen des unionsautonomen Referenzmodells nicht ausgeschlossen sein sollte, auch richtlinienfremde Sachverhalte zu bewerten, beeinflussen die Richtlinien jedoch möglicherweise den Katalog der unionsautonomen lauterkeitsrechtlichen Beurteilungskriterien (ii).

(i) Lauterkeitsrechtliche Relevanz richtlinienexterner Sachverhalte

Problematisch ist, ob auch solche Sachverhalte in einem unionsrechtlich autonomen Sinn lauterkeitsrechtlich relevant sein können, die nicht in den Anwendungsbereich der unionsrechtlichen Lauterkeitsfragmente fallen. Dabei steht die Richtlinie 2005/29/EG aufgrund ihres umfassenden Regelungsbereichs im Vordergrund. Sie bezweckt nicht nur die Reglementierung von irreführender und vergleichender Werbung, sondern erfasst umfassender sämtliche Geschäftspraktiken, die sich an Verbraucher als wichtigstem Beispiel für die Marktgegenseite richten. Wenn selbst die umfassende Richtlinie 2005/29/EG nicht abschließend gemeint ist und sich sogar aus ihr keine allgemeine Beschränkung der lauterkeitsrelevanten Sachverhalte ableiten lässt, kann das bei der insoweit enger gefassten Richtlinie 2006/114/EG erst recht nicht der Fall sein.

Beschränkt die Richtlinie 2005/29/EG das unionsautonome Referenzmodell also auf die Beurteilung von Geschäftspraktiken? Eine Geschäftspraxis muss insbesondere vertikal an die Marktgegenseite (hier: Verbraucher) als Abnehmer gerichtet sein und ihre Entscheidung beeinflussen können. Viele marktstrategische Verhaltensmuster weisen diese Merkmale nicht auf und werden demgemäß nicht vom Anwendungsbereich der Richtlinie erfasst. Außerhalb des Anwendungsbereichs

1626 Vergl. die Fragestellung von *Henning-Bodewig*, in: FS Tilmann, S. 149 ff.; auch *Hoeren*, WRP 2009, 789, 790 verweist auf den Umstand, dass die Richtlinien des Unionsrechts „eigentlich nur eine sich abzeichnende Linie [wiedergeben], wonach Mitbewerberschutz als Zielperspektive des Lauterkeitsrechts ausscheidet.".

liegen insbesondere[1627] Maßnahmen im Horizontalverhältnis, die sich direkt gegen den Mitbewerber richten, ohne dabei den Verbraucher als Werkzeug einzusetzen (wie beispielsweise die Betriebsspionage oder die Beseitigung von fremden Werbematerialien)[1628]. Sie liegen im „B2B"-Bereich mit dem ausgeprägtesten Horizontalbezug, wo sowohl Handlung als auch Erfolg horizontal ausgerichtet sind. Zum anderen betrifft dies jedoch auch Maßnahmen im Vertikalverhältnis. Nicht zum Anwendungsbereich gehören Maßnahmen, die zwar vertikal an Verbraucher zu Zwecken des Absatzes gerichtet sind, denen aber die Relevanz für die geschäftliche Entscheidung des Verbrauchers fehlen. Das ist in vielen Fällen der Belästigung der Fall, die nicht die geschäftliche Entscheidung des Verbrauchers betreffen, sondern allein dessen Privatsphäre[1629]. Andere Maßnahmen richten sich zwar an Verbraucher, sprechen diese dabei aber lediglich als Anbieter an (zum Beispiel beim Ankauf von Gebrauchtwagen oder Antiquitäten bei Verbrauchern durch darauf spezialisierte Händler). Auch sie werden von der Richtlinie nicht reglementiert[1630].

Ob diese richtlinienexternen Bereiche in das unionsautonome Referenzmodell einbezogen werden können, ist je nach Bereich unterschiedlich zu beurteilen. Für den ersten richtlinienexternen Bereich der „B2B"-Maßnahmen im Horizontalverhältnis, die sich ohne Verbraucherbeteiligung direkt gegen den Mitbewerber richten (wie beispielsweise die Betriebsspionage oder die Beseitigung von fremden Werbematerialien), muss die Zugehörigkeit zum allgemeinen Lauterkeitsrecht aus mehreren Gründen bejaht werden[1631]. Der Bereich weist den ausgeprägtesten Horizontalbezug auf, da sich die Handlung ausschließlich gegen den Mitbewerber richtet und auch der Erfolg unmittelbar nur beim Mitbewerber eintritt. Damit gehört er bereits aus historischen Gründen wegen seiner starken Nähe zu den traditionellen Kerntatbeständen zum Lauterkeitsrecht. Insoweit erkennt auch Erwägungsgrund 8 den „B2B"-Bereich ausdrücklich als einen derjenigen „anderen Aspekte des unlauteren Wettbewerbs" an, dessen Harmonierungsbedürftigkeit die Kommission sorgfältig prüfen sollte. Dazu kommt, dass dieser mitbewerberbezogene Bereich bereits jetzt schon vom materiellen Regelungsgehalt der Richtlinie erfasst wird, da auch ein „B2B"-Verhalten mittelbar durchaus Interessen der Verbraucher berühren und damit von der Richtlinie nicht ignoriert werden kann. So können

---

1627 Über die hier aufgezählten wichtigsten Fälle hinaus ist zum Beispiel fraglich, ob vom Anwendungsbereich auch Maßnahmen Dritter zur Förderung fremden Absatzes oder Bezuges ausgeschlossen sind; für den Ausschluss *Köhler*, WRP 2005, 645, 794 f.; für eine Einbeziehung dagegen *Veelken*, WRP 2004, 1, 7; MüKo UWG-*Micklitz*, EG E Rn. 64.

1628 Dazu und zu weiteren Beispielen vergl. *Köhler*, GRUR 2005, 793, 801 f.; *Leistner*, ZEuP 2009, 56, 80.

1629 *Köhler/Lettl*, WRP 2003, 1019, 1045; *Köhler*, GRUR 2005, 793, 800.

1630 Kritisch dazu *Köhler/Lettl*, WRP 2003, 1019, 1035.

1631 *Köhler*, GRUR 2005, 793, 801; *Hoeren*, BB 2008, 1182, 1187; *Hoeren*, WRP 2009, 789, 792 weist auf die mögliche Indizwirkung hin, die sich aus der Auflistung der Geschäftspraktiken in Anhang I der Richtlinie für B2B-Fälle ableiten ließe.

den Verbrauchern in den Beispielfällen mögliche neue, eigene Produktentwicklungen des spionierenden Unternehmens[1632] oder nützliche Informationen vorenthalten werden. Der Schutz von Interessen der Mitbewerber schützt mittelbar immer auch Interessen der Verbraucher[1633]. Der „B2B"-Bereich lässt sich inhaltlich vom „B2C"-Bereich nicht trennen[1634] und wird von der Richtlinie stillschweigend mitgeregelt[1635]. Dementsprechend stellt es die Richtlinie den Mitgliedstaaten mit Blick auf die Rechtsfolgenseite ausdrücklich frei, auch den Mitbewerbern lauterkeitsrechtliche Rechte und Ansprüche zuzubilligen[1636]. Daher folgt aus der Fokussierung auf den Verbraucherschutz durch die Richtlinie keine Zurückweisung des lauterkeitsrechtlichen Mitbewerberschutzes; ein integriertes Lauterkeitsmodell bleibt weiterhin zulässig[1637].

Fraglich ist die Lauterkeitszugehörigkeit ferner für den Bereich der lediglich belästigenden Verhaltensweisen, die sich nicht auf das Entscheidungsverhalten des Verbrauchers auswirken können. Dazu gehört zum Beispiel das Ansprechen von Personen auf der Straße zu Verkaufszwecken. Unmittelbar wird dieser Bereich von der Richtlinie 2005/29/EG nicht erfasst. Teilweise wird in der Literatur behauptet, dass eine lauterkeitsrechtliche Reglementierung nur gemäß dem Kulturvorbehalt laut Erwägungsgrund 7[1638] und damit – zumindest lauterkeitsrechtlich – grundsätzlich nicht möglich sei[1639]. Dem ist jedoch zu widersprechen. Der Kulturvorbehalt enthält eine positive Regulierungsmöglichkeit, aber keine negative Regulierungsbeschränkung. Richtig ist, dass der nationale Gesetzgeber den Bereich jedenfalls im Rahmen des Kulturvorbehalts lauterkeitsrechtlich regeln kann. Dementsprechend heißt es auch in Erwägungsgrund 7, dass die Mitgliedstaaten „im Einklang

---

1632 Vergl. zu den mittelbaren Auswirkungen der Verletzung von Betriebsgeheimnissen *Beater*, Unl. Wettb. (2011), § 19 Rn. 1729.

1633 In der Regel ist der Schutz sogar effektiver, da die Rechtsdurchsetzung eher vom Mitbewerber als vom Verbraucher zu erwarten ist, *Henning-Bodewig*, in: FS Tilmann, S. 157; *Gamerith*, WRP 2005, 391, 414.

1634 Siehe oben S. 181 die in Fn. 1464 zitierte Literatur.

1635 *Glöckner*, in: Lauterkeitsrecht und Acquis, S. 269.

1636 *Köhler/Lettl*, WRP 2003, 1019, 1049; *Kulka*, DB 2008, 1548, 1549 f.

1637 *Lettl*, WRP 2004, 1079, 1090 möchte den Mitbewerberschutz im UWG belassen und lediglich umgekehrt zur Vermeidung von Widersprüchen den Schutz der Verbraucher aus dem UWG herausnehmen, um Verbraucherschutz und Mitbewerberschutz völlig zu trennen; *Glöckner/Henning-Bodewig*, WRP 2005, 1311, 1324; *Henning-Bodewig*, in: FS Schricker, S. 710; *Seichter*, WRP 2005, 1087, 1089; *Fezer*, WRP 2009, 1163, 1165 f. weist lediglich auf die Notwendigkeit der rechtsinhaltlichen Trennung von „B2C"- und „B2B"-Bereich hin, belässt aber beide Bereiche rechtsformal in einem einheitlichen Lauterkeitsgesetz; Harte/Henning-*Schünemann*, § 1 UWG Rn. 3; a. A. *Köhler/Lettl*, WRP 2003, 1019, 1035 („Für inhaltlich abweichende Regelungen der Generalklausel bleibt kein Spielraum.").

1638 Zum Kulturvorbehalt der Richtlinie 2005/29/EG siehe oben S. 267.

1639 *Henning-Bodewig*, GRUR Int. 2005, 629, 633.

mit dem Gemeinschaftsrecht in ihrem Hoheitsgebiet weiterhin Geschäftspraktiken aus Gründen der guten Sitten und des Anstands verbieten können, auch wenn diese Praktiken die Wahlfreiheit des Verbrauchers nicht beeinträchtigen." Daraus folgt jedoch nicht, dass der Bereich im Übrigen negativ aus dem Lauterkeitsrecht ausgeschlossen wird. Der Erwägungsgrund stellt lediglich ausdrücklich klar, dass der Bereich sogar aus kulturellen Gründen reguliert werden kann[1640]. Über dessen lauterkeitsrechtliche Relevanz wird keine Aussage getroffen. Der Erwägungsgrund dient ebenso wenig wie der Rest der Richtlinie dazu, abschließend das Konzept des Lauterkeitsrechts zu definieren. Stattdessen geht es um den Abbau von Hemmnissen für den Binnenmarkt im Anwendungsbereich der Richtlinie. Außerhalb davon liegende Bereiche können von den Mitgliedstaaten weiterhin frei und damit auch lauterkeitsrechtlich reglementiert werden[1641].

Wenn damit sogar die umfassende Richtlinie 2005/29/EG nicht ausschließt, dass auch außerhalb von Geschäftspraktiken liegende Sachverhalte zum nationalen Lauterkeitsrecht gezählt werden können, muss Gleiches erst recht für die Richtlinie 2006/114/EG gelten. Die Richtlinie stellt Regeln nur für den Bereich der irreführenden und vergleichenden Werbung auf. Außerhalb ihres Anwendungsbereiches lassen sich aus ihr keine Vorgaben für das Lauterkeitsrecht ableiten. Insbesondere stellt sie es den Mitgliedstaaten frei, die allgemeine vergleichende Werbung, die keinen Mitbewerber oder dessen Produkte erkennbar macht, von der Richtlinie abweichenden Beurteilungskriterien zu unterwerfen[1642]. Diese abweichenden Kriterien können auch lauterkeitsrechtlich qualifiziert werden, so dass der richtlinienexterne Bereich dem Lauterkeitsrecht unterläge.

(ii) Lauterkeitsrechtliche Relevanz richtlinienexterner Bewertungkriterien

Fraglich ist, ob die Richtlinien ein abschließendes Konzept der Unlauterkeit vorgeben, welches sich auf den Schutz der geschäftlichen Entscheidungsfreiheit der Marktgegenseite sowie des geschäftlichen Ansehens und der Zuordnungsinteressen der Mitbewerber beschränkt und sozialethische Kriterien wie den Jugend-, Gesundheits- oder Mittelstandsschutz unberücksichtigt lässt.

Zumindest innerhalb ihrer sachgegenständlichen Anwendungsbereiche könnten beide Richtlinien abschließend bestimmen, aus welchen Gründen eine Geschäftspraxis sowie eine irreführende oder vergleichende Werbung als unlauter untersagt werden kann. Dafür spricht vor allem, dass die Richtlinien die Tatbestände mit

---

1640 BGH v. 22.4.2010, I ZR 29/09 (Grabmalwerbung), GRUR 2012, 1113, 1114 Rn. 14; Köhler/Bornkamm-*Köhler*, § 7 Rn. 9.

1641 Auch Mankowski räumt inzwischen ein, dass die Definition der Geschäftspraxis nach der Richtlinie für die Definition des Wettbewerbsverhaltens in Art. 6 der Rom II-VO nicht abschließend ist, MüKo UWG-*Mankowski*, IntWettbR Rn. 13a; ebenso P/W/W-*Schaub*, Rom II–VO Art. 6 Rn. 2.

1642 EuGH v. 19.4.2007, Rs. C-381/05 (De Landtsheer), Slg. 2007, I-3115, Rn. 54 f.; Köhler/Bornkamm-*Köhler*, § 4 UWG Rn. 10.137.

Ausnahme der irreführenden Werbung total und vollständig harmonisieren[1643]. Insbesondere die Richtlinie 2005/29/EG strebt eine vollständige Harmonisierung ihres sachgegenständlichen Regelungsbereiches an[1644]. Alleinige richtlinieneigene Voraussetzung zur Untersagung einer Geschäftspraxis als unlauter ist die Verletzung des wirtschaftlichen Interesses des Verbrauchers an einer informierten und freien Entscheidung. Andere Gründe zur Untersagung einer Geschäftspraxis stehen dem nationalen Gesetzgeber nur in den in Erwägungsgrund 9 und Art. 3 ausdrücklich und abschließend aufgezählten, eng umgrenzten Ausnahmefällen zu[1645], die Aspekte aus „den Bereichen Vertragsrecht, Schutz des geistigen Eigentums, Sicherheit und Gesundheitsschutz im Zusammenhang mit Produkten, Niederlassungsbedingungen und Genehmigungsregelungen, einschließlich solcher Vorschriften, die sich im Einklang mit dem Gemeinschaftsrechts auf Glücksspiele beziehen, sowie die Wettbewerbsregeln der Gemeinschaft und die nationalen Rechtsvorschriften zur Umsetzung derselben“[1646] berühren. Diese Ausnahmebereiche zählt die Richtlinie selbst nicht zu den richtlinieneigenen Bewertungskriterien, sondern stuft sie als richtlinienfremd ein. Auch die Richtlinie 2006/114/EG folgt zumindest bei der vergleichenden Werbung dem Konzept der Totalharmonisierung, so dass die Mitgliedstaaten insoweit von den materiellen Standards nicht abweichen dürfen[1647].

Jedoch ist diese Totalharmonisierung nicht so vollständig, wie es auf den ersten Blick scheint[1648]. Hinsichtlich der materiellrechtlichen Reglementierung der irreführenden Werbung schafft die Richtlinie 2006/114/EG nur Mindeststandards[1649]. Gemäß Art. 8 Abs. 1 S. 1 hindert die Richtlinie die Mitgliedstaaten nicht daran, Bestimmungen aufrechtzuerhalten oder zu erlassen, die bei irreführender Werbung einen weiterreichenden Schutz der Gewerbetreibenden und Mitbewerber vorsehen[1650]. Außerdem bestehen allgemein bei allen Irreführungstatbeständen Bewertungsspielräume, wie insbesondere bei der Bewertung von irreführenden Geschäftspraktiken sowie irreführender und vergleichender Werbung. Die

---

1643 Daraus schließt insbesondere MüKo UWG-*Micklitz*, EG E Rn. 107 auf eine „Europäische Lauterkeit als autonomes Konzept“; wortgleich *Micklitz*, in: FS Bernd Stauder, S. 299 ff.

1644 *Köhler*, GRUR 2005, 793; *Steinbeck*, WRP 2006, 632, 633; *Brömmelmeyer*, GRUR 2007, 295, 299; *Hoeren*, BB 2008, 1182; *Kulka*, DB 2008, 1548, 1549.

1645 Vergl. EuGH v. 9.11.2010, Rs. C-540/08 (Mediaprint), GRUR 2011, 76 ff., Rn. 26, noch nicht in Slg.; zustimmend *Haberkamm*, WRP 2011, 296, 298.

1646 Richtlinie 2005/29/EG über unlautere Geschäftspraktiken, Erwägungsgrund 9.

1647 *Henning-Bodewig*, in: Unfair Competition, S. 115.

1648 *Glöckner/Henning-Bodewig*, WRP 2005, 1311, 1320 f. sehen eine allgemeine Freiheit der Mitgliedstaaten bei der Präzisierung offener, interpretationsbedürftiger Begriffe der Richtlinie 2005/29/EG.

1649 *Henning-Bodewig*, in: Unfair Competition, S. 115.

1650 Zu der früher vertretenen Ansicht, dass der Vorbehalt lediglich die Sanktionsseite beträfe und nicht auch das materielle Schutzniveau vergl. die Diskussion bei *Köhler*, GRUR Int. 1994, 396, 397 ff.

Richtlinien legen nicht fest, wie der materielle Maßstab der Irreführung konkret zu bestimmen ist[1651]. Er hängt wesentlich vom herangezogenen Verbraucherleitbild ab. Ein informierter und aufmerksamer Verbraucher lässt sich nicht so schwer in die Irre führen wie ein unachtsamer. Zum relevanten Verbraucherleitbild machen die Richtlinien jedoch keine Vorgabe[1652]. Damit ermöglichen sie es zum Beispiel, Elemente des Jugendschutzes in den Irreführungsschutz zu integrieren.

Spielräume bei den Unlauterkeitskriterien bestehen nicht nur im Bereich der Irreführung, sondern allgemein bei der Bewertung von Geschäftspraktiken im Anwendungsbereich der Richtlinie 2005/29/EG. Sie lässt es in den in Erwägungsgrund 9 und Art. 3 genannten Ausnahmefällen zu, Geschäftspraktiken auch aus Gründen zu reglementieren, die außerhalb der Richtlinie liegen. Diese Bewertungskriterien sind damit zwar richtlinienfremd und gehören nicht zum Lauterkeitskatalog der Richtlinie. Aus der Richtlinienfremdheit folgt jedoch nicht zwingend die Lauterkeitsfremdheit: Untersagungen aus diesen richtlinienfremden Gründen können damit auch in einem umfassenderen Sinne lauterkeitsrechtlich sein[1653]. Deswegen könnte ein Mitgliedstaatn Geschäftpraktiken aus Gründen verbieten, die die Richtlinie zum Bereich des Schutzes des geistigen Eigentums, der Mitgliedstaat jedoch zum Bereich des Lauterkeitsrechts zählt.

Darüber hinaus öffnet sich auch die Richtlinie anderen Kriterien, die sie selbst als lauterkeitsrechtlich bezeichnet. So sollen der Richtlinie gemäß Art. 3 Abs. 4 andere produkt-, medien- und handlungsspezifische Richtlinien mit lauterkeitsrechtlichem Gehalt vorgehen, um damit im Einzelfall das „einzige"[1654] Verbot unlauterer Geschäftspraktiken zu verdrängen[1655]. Damit erweitert sie den Kreis der richtlinieneigenen Lauterkeitskriterien über das zentrale Kriterium der Beeinträchtigung wirtschaftlicher Verbraucherinteressen hinaus. Die Erweiterung auf zusätzliche Bewertungskriterien erscheint auch notwendig. Denn ähnlich wie Art. 10bis Abs. 2 PVÜ wird auch hier die Unlauterkeit letztendlich nach den „anständigen Marktgepflogenheiten und/oder dem allgemeinen Grundsatz von Treu und Glauben"[1656] bestimmt. Ähnlich wie dort bleibt die Definition der Unlauterkeit damit auch hier offen und erzwingt den notwendigen Raum für die Berücksichtigung

1651 *Schricker*, GRUR Int. 1990, 112, 121.

1652 *Glöckner*, Europäisches Lauterkeitsrecht, S. 32.

1653 Gegen die damit einhergehende „Relativität der Begrifflichkeiten" jedoch MüKo UWG-*Micklitz*, EG E Rn. 108; *Micklitz*, in: FS Bernd Stauder, S. 300 f.

1654 Richtlinie 2005/29/EG über unlautere Geschäftspraktiken, Erwägungsgrund 13.

1655 Kritisch *Henning-Bodewig*, GRUR Int. 2005, 629, 630; sich positiv äußernd dagegen *Apostolopoulos*, WRP 2004, 841, 844 f.; ebenso *Schulte-Nölke/Busch*, ZEuP 2004, 99, 109 ff. mit Blick auf die wenig attraktive Alternative der parallelen Anwendung von Lauterkeitsrichtlinie und sektorspezifischen Richtlinien; eine Aufzählung der vorrangigen Regelungen findet sich bei *Köhler/Lettl*, WRP 2003, 1019, 1034; sowie MüKo UWG-*Micklitz*, EG E Rn. 78.

1656 Richtlinie 2005/29/EG über unlautere Geschäftspraktiken, Art. 2 lit. h).

weiterer Kriterien[1657]. Insoweit verbleibt nationalen Gerichten und Behörden ein erheblicher Interpretationsspielraum, den autonomen Lauterkeitsbegriff der Richtlinie nach nationalem Verständnis zu interpretieren[1658]. Insbesondere schließt der Verweis auf die „anständigen" Marktgepflogenheiten die Einbeziehung sozialethischer Kriterien bei der Bewertung selbst richtlinieninterner Sachverhalte nicht von vornherein aus[1659].

Wenn damit die Richtlinien bereits innerhalb ihrer sachgegenständlichen Anwendungsbereiche nicht abschließend definieren, was unlauter bedeutet, muss gleiches erst recht für die Sachverhalte gelten, die nicht von den Richtlinien erfasst werden. Auch hinsichtlich der richtlinienexternen Sachverhalte beschränken die Richtlinien den Kreis der zulässigen Lauterkeitskriterien nicht. Dementsprechend wird in der Literatur zum Beispiel grundsätzlich davor gewarnt, den Inhalt der Richtlinie 2006/114/EG und insbesondere ihre Aussagen zum Mitbewerberschutz mit Blick auf ein unionsautonomes Referenzmodel vom Lauterkeitsrecht „dogmatisch hochzurechnen" und aus ihnen allgemeine Schlüsse über den lauterkeitsrechtlichen Konkurrentenschutz zu ziehen[1660]. Auch hinsichtlich des Unlauterkeitskriteriums der Richtlinie 2005/29/EG wird darauf hingewiesen, dass die Richtlinie nur innerhalb ihres Anwendungsbereichs bindet und damit auch die „autonom europäische Determinierung" der Lauterkeit nicht weiter als der Anwendungsbereich gehen kann[1661]. Außerhalb ihres Anwendungsbereichs kann die Lauterkeit nach anderen Kriterien bestimmt werden. Damit kommt insbesondere eine lauterkeitsrechtliche Beurteilung nach sozialethischen Kriterien in Betracht. Der sozialethische Aspekt gehört bereits zum Kriterienkatalog der Lauterkeit gemäß

1657 *Köhler/Lettl*, WRP 2003, 1019, 1038 verweisen insoweit auf einzelstaatliche Anforderungen, die sich in den Mitgliedstaaten unterscheiden können; *Glöckner/Henning-Bodewig*, WRP 2005, 1311, 1327 f. erblicken darin ein „erhebliches Maß an Offenheit im Hinblick auf die einzubeziehenden Elemente"; *Henning-Bodewig*, GRUR Int. 2005, 629, 631 („bleibt somit letztlich unbeantwortet, was die Unlauterkeit ausmacht"); *Henning-Bodewig*, WRP 2010, 1094, 1099 (die Definition bleibe „ebenso umfassend wie umständlich wie letztlich vage"); a. A. *Micklitz*, in: FS Bernd Stauder, S. 299; MüKo UWG-*Micklitz*, EG E Rn. 107 u. 129, der unter Verweis auf die mit der Richtlinie angestrebten Totalharmonisierung von einem unionsrechtlich autonomen Lauterkeitsbegriff der Richtlinie ausgeht.

1658 *Henning-Bodewig*, WRP 2010, 1094, 1101 f.

1659 *Henning-Bodewig*, WRP 2010, 1094, 1100, die im weiteren zwischen „Unternehmensethik" und „allgemeinen Anstands- oder Geschmacksfragen" unterscheidet und lediglich erstere zum Unlauterkeitsmaßstab der Richtlinie, letztere dagegen zur Öffnungsklausel gemäß Erwägungsgrund 7 zählt.

1660 *Beater*, in: Lauterkeitsrecht und Acquis, S. 217; allgemein zu den Schwierigkeiten einer Übertragung europäischer Standards auf das materielle Lauterkeisrecht bereits *Beater*, GRUR Int. 2000, 963 ff.; *Beater*, Unl. Wettb. (2011), § 8 Rn. 651.

1661 *Henning-Bodewig*, WRP 2010, 1094, 1100; BGH v. 22.4.2010, I ZR 29/09 (Grabmalwerbung), GRUR 2012, 1113, 1114 Rn. 14.

der Richtlinie 2005/29/EG, der die Lauterkeit in Art. 5 Abs. 2 lit. a) unter Berufung auf die berufliche Sorgfalt definiert, wozu gemäß Art. 2 lit. h) auch die „anständigen“ Marktgepflogenheiten gehören, was die Berücksichtigung von sozialethischen Kriterien jedenfalls nicht ausschließt. Selbst wenn das nicht der Fall sein sollte, dann würde es sich dabei jedenfalls um eine Frage des Geschmacks und des Anstands handeln, deren Beantwortung Erwägungsgrund 7 ausdrücklich den Mitgliedstaaten überlässt[1662].

Entscheidend ist letztendlich, dass beide Richtlinien von vornherein keine abschließende Definition der Unlauterkeit als dogmatisches Beurteilungskriterium anstreben. Weder hinter ihnen noch hinter allen anderen unionsrechtlichen Einzelregelungen, die nationale Lauterkeitsrechte berühren, steht ein einheitliches Lauterkeitskonzept[1663]. Rechtstheoretische Grundlage bilden stattdessen immer die Binnenmarktziele[1664]. Aus unionsrechtlicher Perspektive geht es nicht darum, materielle Rechtsgebiete wie zum Beispiel das Lauterkeitsrecht dogmatisch stimmig zu konstruieren, sondern in erster Linie um die Förderung des Binnenmarktes. Beide Ziele unterscheiden sich jedoch qualitativ voneinander und sind prinzipiell nicht miteinander vereinbar[1665]. Der europäische Richtliniengeber wollte selbst mit der Richtlinie 2005/29/EG kein umfassendes und abschließendes Lauterkeitsrecht konzipieren. Vielmehr sollen Handelshemmnisse beseitigt[1666] und der Binnenmarkt durch Einführung eines einheitlichen Verbraucherschutzniveaus[1667] im Bereich der Geschäftspraktiken gegenüber Verbrauchern gefördert werden[1668]. Die Gleichgültigkeit gegenüber einem einheitlichem Lauterkeitskonzept äußert sich auch in Art. 3 Abs. 4 der Richtlinie 2005/29/EG, nach dem „andere Rechtsvorschriften der Gemeinschaft, die besondere Aspekte unlauterer Geschäftspraktiken

---

1662 *Henning-Bodewig*, WRP 2010, 1094, 1100 f., 1104; Köhler/Bornkamm-*Köhler*, § 7 Rn. 9; BGH v. 22.4.2010, I ZR 29/09 (Grabmalwerbung), GRUR 2012, 1113, 1114 Rn. 14.

1663 Vergl. *Mäsch*, EuR 2005, 625, 632 f.

1664 Vergl. bereits *Loewenheim*, in: Harmonisierung, S. 1, der den Binnenmarkt zum Ausgangspunkt aller Harmonisierungsbestrebungen einschließlich derjenigen auf dem Gebiet des Lauterkeitsrechts macht; siehe auch *Fezer*, WRP 2001, 989, 993.

1665 Siehe oben S. 236 (Zieldivergenzen zwischen dem Unions- und dem materiellen Lauterkeitsrecht).

1666 Richtlinie 2005/29/EG über unlautere Geschäftspraktiken, Erwägungsgründe 2 bis 6.

1667 Richtlinie 2005/29/EG über unlautere Geschäftspraktiken, Erwägungsgrund 1.

1668 Gemäß Richtlinie 2005/29/EG über unlautere Geschäftspraktiken, Erwägungsgrund 23 besteht das Ziel der Richtlinie darin, „durch Angleichung der Rechts- und Verwaltungsvorschriften der Mitgliedstaaten über unlautere Geschätspraktiken die durch derartige Vorschriften verursachten Handelshemmnisse zu beseitigen und ein hohes gemeinsames Verbraucherschutzniveau zu gewährleisten“, vergl. auch Erwägungsgrund 12; ebenso *Glöckner*, IIC 2010, 570, 575 („The UCP Directive harmonised the treatment of unfair commercial practices, not unfair competition laws.“).

regeln", der Richtlinie vorgehen. Damit wird die fehlende inhaltliche Abstimmung der punktuellen Regelungen zementiert, anstatt die Unstimmigkeiten in einem einheitlichen Ansatz zu integrieren[1669]. Deswegen ist die Richtlinie innerhalb ihres sachgegenständlichen Anwendungsbereichs zwar abschließend hinsichtlich der Untersagungsgründe; sie ist es aber nicht hinsichtlich deren lauterkeitsrechtlicher Qualifikation. Die Frage, ob das Lauterkeitsrecht neben rein wettbewerblichen Interessen auch sonstige Werte und Ziele transportieren kann, lässt die Richtlinie offen[1670].

d) Zwischenergebnis: Einbeziehung wettbewerbsbezogener Verbraucherinteressen bei sonstiger Werte- und Sanktionsoffenheit

Im Unionsrecht existiert kein umfassendes Lauterkeitsrecht. Ein entsprechender Plan der Kommission wurde nicht realisiert. Das liegt vor allem daran, dass das Unionsrecht und das materielle Lauterkeitsrecht unterschiedliche Ziele verfolgen[1671]. Dem Unionsrecht geht es vor allem um den Binnenmarkt und nicht um die abschließende Konzeption der Lauterkeit. Deswegen berührt das Unionsrecht die nationalen Lauterkeitsrechte lediglich punktuell. Aus den Berührungspunkten lassen sich nur einzelne positive Aussagen zu einem unionsautonomen Referenzmodell eines materiellen Lauterkeitsrechts ableiten. Ein vollständiges Lauterkeitskonzept lässt sich daraus nicht gewinnen. Denn dazu müssten aus den Berührungspunkten nicht nur konkrete lauterkeitsrechtliche Aussagen abgeleitet, sondern die punktuelle Aussage auch auf das gesamte Lauterkeitsrecht verallgemeinert werden können. Das ist jedoch nicht der Fall.

Im Primärrecht scheitert es bereits an der Ableitung konkreter Aussagen zum Lauterkeitsrecht. Die Grundfreiheiten[1672] berühren das Lauterkeitsrecht zunächst, indem sie dessen binnenmarkthemmende Wirkungen beseitigen. Aus dieser Funktion der Grundrechte lassen sich jedoch keine positiven lauterkeitsrechtlichen Vorgaben ableiten, da die Funktion lediglich der negativen Hemmnisbeseitigung dient und sich zudem nicht speziell auf das Lauterkeitsrecht beschränkt. Positive lauterkeitsrechtliche Vorgaben könnten zwar aus dem anerkannten Rechtfertigungsgrund der Lauterkeit des Handelsverkehrs gewonnen werden. Er ist in der Rechtsprechung des EuGH jedoch bislang zu unbestimmt geblieben, um daraus konkrete Aussagen abzuleiten. Ebenso wenig helfen die Wettbewerbsregeln[1673] bei

---

1669 *Glöckner/Henning-Bodewig*, WRP 2005, 1311, 1313; *Mäsch*, EuR 2005, 625, 639.

1670 *Peifer*, in: Lauterkeitsrecht und Acquis, S. 132 unter Berufung auf die Weite des Begriffs der beruflichen Sorgfalt; *Glöckner*, Europäisches Lauterkeitsrecht, S. 502 ff. kommt zu dem gleichen Ergebnis mit Blick auf das gesamte Unionsrecht; ebenso *Leistner*, ZEuP 2009, 56, 86.

1671 Siehe oben S. 236 (Zieldivergenzen zwischen dem Unions- und dem materiellen Lauterkeitsrecht).

1672 Siehe oben S. 241 (Grundfreiheiten).

1673 Siehe oben S. 245 (Wettbewerbsregeln).

der Konkretisierung des Inhalts des materiellen Lauterkeitsrechts. Zwar schützen sie mit dem Wettbewerb nicht nur dessen Freiheit, sondern auch dessen Lauterkeit. Allein deswegen können aber aus den Wettbewerbsregeln keine Lauterkeitskriterien herausgelesen werden, die die lauterkeitsrelevanten Sachverhalte und Beurteilungskriterien konkret und praktisch handhabbar vorgeben.

Im Sekundärrecht dagegen finden sich insbesondere in den Richtlinien 2005/29/EG über unlautere Geschäftspraktiken und 2006/114/EG über irreführende und vergleichende Werbung viele Tatbestände, die konkrete Vorgaben zu bestimmten Sachverhalten und die ihnen unterliegenden Beurteilungskriterien machen[1674]. Die Tatbestände beinhalten genuines Lauterkeitsrecht, da ihre Schutzrichtungselemente einen hinreichenden Horizontalbezug aufweisen und damit dem traditionellen Mitbewerberschutz ausreichend nahestehen[1675]. Damit gehören die normierten Sachverhalte und Beurteilungskriterien zum Lauterkeitsrecht. Schwierigkeiten bestehen hier jedoch bei der Verallgemeinerung der konkreten und entsprechend bruchstückhaften Einzelaussagen auf ein allgemeines unionsautonomes Referenzmodell des Lauterkeitsrechts.

Zwar können die Fragmente in Teilen zu einheitlichen Aussagen zusammengefasst werden[1676]. Demnach unterliegt dem Lauterkeitsrecht das Verhalten eines Unternehmers, welches sich zur Absatzförderung an die Marktgegenseite richtet, in den Fällen, in denen eine Absatzstrategie verfolgt und damit eine Breitenwirkung über den Einzelfall hinaus entfaltet wird. Wenigstens ein Teilerfolg muss immer in Form der Beeinflussung der geschäftlichen Entscheidungsfreiheit der Marktgegenseite vorliegen. Unerheblich ist dagegen, ob im Rahmen eines Wettbewerbsverhältnisses gehandelt wird. Bei der Beurteilung geht es um den Schutz der wettbewerbsbezogenen Interessen der Marktgegenseite und der Mitbewerber. Dabei wird zumindest formal zwischen dem Schutz beider Interessengruppen getrennt. Die Richtlinie 2005/29/EG schützt die Marktgegenseite in ihrem Interesse an einer informierten und freien Entscheidung am Markt. Die Richtlinie 2006/114/EG schützt vor allem die Mitbewerber in ihrem Interesse an ihrem geschäftlichen Ansehen sowie an der richtigen Zuordnung ihrer Produkte und deren Eigenschaften zu ihrem Unternehmen im Geschäftsverkehr. Trotz der formellen Trennung geben beide Richtlinien vor, dass der Schutz kollektiver wettbewerbsbezogener Verbraucherinteressen zum Lauterkeitsrecht gehört. Denn materiell lässt sich der Schutz der Verbraucher als Teil der Marktgegenseite vom Lauterkeitsrecht nicht

---

1674 Zur Richtlinie 2005/29/EG siehe oben S. 258 (Regelungsgehalt: Schutz der Verbraucher vor unlauteren Geschäftspraktiken), zur Richtlinie 2006/114/EG siehe oben S. 195 (Regelungsgehalt: Schutz vor irreführender und vergleichender Werbung).

1675 Zur Richtlinie 2005/29/EG siehe oben S. 191, zur Richtlinie 2006/114/EG siehe oben S. 271 (Genuine Lauterkeitszugehörigkeit des materiellen Regelungsgehalts aufgrund eines hinreichenden Horizontalbezuges).

1676 Siehe oben S. 287 (Zusammenfassung der lauterkeitsrechtlichen Fragmente der Richtlinien 2005/29/EG und 2006/114/EG).

abspalten. Die materielle Zugehörigkeit des Verbraucherschutzes zum Lauterkeitsrecht verdeutlicht bereits dessen Normierung in einem genuin lauterkeitsrechtlichen Rechtsakt[1677]. Dazu kommt, dass der wettbewerbsbezogene Verbraucherschutz sachlich eng mit dem traditionellen Mitbewerberschutz zusammenhängt[1678]. Die Belange der anbietenden Mitbewerber sind mit denjenigen der nachfragenden Verbraucher in einer Weise verflochten, die für den Wettbewerb gerade charakteristisch ist[1679]. Wettbewerb ist ein mehrdimensionales Phänomen, bei dem sich die horizontalen Parallel- und vertikalen Austauschbeziehungen wechselseitig beeinflussen und nicht voneinander zu trennen sind[1680]. Daher kann die Sicherung der Fairness von geschäftlichem Verhalten nur dann sachgerecht sein, wenn dabei nicht nur die Wettbewerbsinteressen der Mitbewerber, sondern auch diejenigen der Verbraucher als eigenständige Schutzobjekte in gegenseitiger Abwägung berücksichtigt werden[1681]. Ansonsten drohen falsche Abwägungsergebnisse und damit Wertungswidersprüche[1682]. Trotz der Konzentration auf die Binnenmarktziele muss deshalb auch der Inhalt unionsrechtlicher Regelungen so gestaltet sein, dass der geregelte Konflikt in materieller Sicht unionsweit sinnfällig und damit unionsweit akzeptiert gelöst wird[1683].

Eine weitere Verallgemeinerung, die ein umfassenderes Bilde von den Zielsetzungen eines unionsautonomen Lauterkeitsrechts geben würde, erlaubt die ohnehin nur grobe Zusammenfassung der lauterkeitsrechtlichen Richtlinienvorgaben indes nicht[1684]. Außerhalb ihrer jeweiligen Regelungsbereiche enthalten die Richtlinien keine Vorgaben für die Ausgestaltung des materiellen Lauterkeitsrechts. So können neben den erfassten Sachverhalten auch andere, richtlinienexterne Sachverhalte wie zum Beispiel das Ansprechen in der Öffentlichkeit zu Verkaufszwecken genuin lauterkeitsrechtlich reglementiert werden. Ebenso wenig beschränken die Richtlinien den Kreis der lauterkeitsrelevanten Beurteilungskriterien. Insbesondere bleibt es möglich, mit Hilfe des Lauterkeitsrechts ein relevantes Verhalten aus sozialethischen Gründen zu untersagen und damit lauterkeitsrechtlich auch Kriterien wie den Jugend-, Gesundheits- oder Mittelstandsschutz zu berücksichtigen. Letztendlich stellen es die Richtlinien dem nationalen Gesetzgeber außerdem

---

1677 Siehe oben S. 271 (Genuine Lauterkeitszugehörigkeit des materiellen Regelungsgehalts aufgrund eines hinreichenden Horizontalbezuges).

1678 Siehe oben S. 103 die in Fn. 746 zitierte Literatur.

1679 *Schricker*, Gesetzesverletzung und Sittenverstoß, S. 245.

1680 *Henning-Bodewig*, in: FS Tilmann, S. 157 (zwei Seiten derselben Medaille); GK-*Schünemann*, Einl. C 3 („Interessenkomplex").

1681 Rechtstheoretisch begründend *Kraft*, Interessenabwägung, S. 207, 209 ff.; *Schricker*, GRUR Int. 1970, 32, 41 ff.; *Beater*, Verbraucherschutz und Schutzzweckdenken, S. 31 ff.; *Beater*, Unlauterer Wettbewerb, § 10 Rn. 21 ff.

1682 *Beier*, IIC 1985, 139, 153; *Drexl*, in: Lauterkeitsrecht und Acquis, S. 251.

1683 Vergl. *Müller-Graff*, NJW 1993, 13, 19 f.

1684 Siehe oben S. 290 (Abgeleitete Auswirkungen auf das unionsautonome Referenzmodell vom Lauterkeitsrecht).

ausdrücklich frei, wie er die Durchsetzung der richtliniengemäßen Lauterkeitsstandards organisiert, und überlassen ihm insoweit in Art. 11 Richtlinie 2005/29/EG und Art. 5 Richtlinie 2006/114/EG nicht nur die Wahl zwischen zivil-, verwaltungs- oder strafrechtlichen Sanktionssystemen, sondern erlauben auch Systeme der freiwilligen Selbstkontrolle.

3. Rechtsquellen auf Ebene der Mitgliedstaaten

Im Rahmen der rechtstheoretisch möglichen Bandbreite[1685] und der internationalen sowie unionsrechtlichen Vorgaben kann der nationale Gesetzgeber gemäß den eigenen ordnungspolitischen Wertungen bestimmen, was und wovor das „Lauterkeitsrecht" seiner Rechtsordnung schützt. Insoweit steht es den Mitgliedstaaten frei, die Grenzen des Rechtsgebietes nach eigenen Vorstellungen zu ziehen und Sozialinteressen in das Lauterkeitsrecht nach eigenem Verständnis zu integrieren. Auf das Kriterium der Kerntatbestandsnähe kommt es nicht an. Wo nationales Lauterkeitsrecht existiert, ist es das, was der Gesetzgeber dazu macht. Die nationalen Gesetzgeber haben ihren ordnungspolitischen Spielraum höchst unterschiedlich genutzt[1686]. Dementsprechend existieren auf nationaler Ebene der Mitgliedstaaten genau genommen so viele divergierende Lauterkeitsrechte, wie es Mitgliedstaaten gibt[1687]. Im Rahmen der Rechtsvergleichung müssen daher Schwerpunkte gesetzt werden. Die einzelnen Lauterkeitsordnungen können je nach Ausgestaltung drei Modellordnungen zugeordnet werden[1688]: Die erste Modellordnung integriert mit

---

1685 Vergl. zur teleologischen Unbestimmtheit des Rechtsgebiets oben S. 199 (Unbestimmtheit teleologischer Erwägungen).

1686 Siehe oben S. 194 (Hauptdivergenzen: Lauterkeitsrecht als sozialinteressenschützendes „Recht des Marktes"?).

1687 Übersichten bei *Henning-Bodewig*, Unfair competition law, S. 69 ff.; *Henning-Bodewig*, GRUR Int. 2010, 273 ff.; Harte/Henning-*Henning-Bodewig*, Einl. E; *Glöckner*, Europäisches Lauterkeitsrecht, S. 341 ff.; Köhler/Bornkamm-*Köhler*, Einl. Rn. 4.1 ff.; Piper/Ohly/Sosnitza-*Ohly*, Einf. B Rn. 34 ff.

1688 Ähnlich *Peukert*, in: Lauterkeitsrecht und Acquis, S. 33; die drei Rechtsordnungen werden als beispielhaft herausgestellt auch von *Henning-Bodewig*, Unfair competition law, S. 2; ähnlich *Sanders*, Unfair Competition Law, S. 6, dabei aber das Englische und Französische Modell zum „system based on common law principles" zusammenfassend; auch *Dehlfing*, Irreführende Werbung, S. 157 ff. beschränkt die rechtsvergleichende Analyse auf die drei Rechtsordnungen; ebenfalls bereits *Saint-Gal*, GRUR Ausl. 1956, 202, 203 ff.; ebenso unterscheidet *Reich*, RabelsZ 56 (1992), 444, 448 mit Blick auf die Rechtsdurchsetzung im Bereich der irreführenden Werbung; siehe auch Piper/Ohly/Sosnitza-*Ohly*, Einf. C Rn. 1, der in Einf. A Rn. 1 zwischen „dualistischen" und „monistischen" Modellen unterscheidet; *de Vrey*, European Unfair Competition Law, S. 5 f.; *Reger*, TRIPS, S. 12; *WIPO*, Unfair Competition, S. 15 f.; *Hilty*, in: Unfair Competition, S. 8 f.; *Ohly*, WRP 2008, 177, 179 f.; *Hucke*, Harmonisierung des Wettbewerbsrechts, S. 120 ff. nimmt das Schutzniveau in den Kreis der Charakterisierungsmerkmale auf und unterscheidet zwischen

Hilfe einer spezialgesetzlichen zivilrechtlichen Generalklausel den lauterkeitsrechtlichen Verbraucher- in den traditionellen Mitbewerberschutz (Integrationsmodell). Dafür steht das Lauterkeitsrecht Deutschlands. Andere Staaten dagegen trennen den Verbraucher- vom traditionellen Mitbewerberschutz: Mitbewerber werden mittels des allgemeinen Deliktsrechts geschützt, wohingegen die Sozialinteressen öffentlich-rechtlich reguliert werden. Als Beispiel kann das Segregationsmodell Frankreichs dienen. Teilweise existiert überhaupt kein eigenständiges Rechtsgebiet zum Schutz vor unlauterem Wettbewerbsverhalten, wie es im Negationsmodell Großbritanniens der Fall ist. Die Ausgestaltung der jeweiligen Modellordnungen wird nachfolgend anhand der Rechtsordnungen der Beispielstaaten repräsentativ verdeutlicht.

a) Integrationsmodell Deutschlands

Das deutsche Recht schützt in einem „integrierten Modell"[1689] durch eine zivilrechtliche Generalklausel umfassend im Interesse aller Marktteilnehmer (Mitbewerber und Verbraucher) und der Allgemeinheit vor unlauteren geschäftlichen Handlungen (aa). Dabei ist umstritten, ob zu den geschützten Interessen nur diejenigen mit einem Bezug zum Wettbewerb gehören, oder ob darüber hinaus auch sozialethische Aspekte berücksichtigt werden können (bb). Jedenfalls dominieren die Sanktionsmittel des Zivilrechts (cc).

aa) Schutzzwecktrias und Generalklausel

Ging die amtliche Begründung zum ersten deutschen Wettbewerbsgesetz von 1909 noch davon aus, dass das UWG unmittelbar nur dem Schutz der Wettbewerber diene[1690], wurde diese anfänglich auch in Lehre und Praxis vorherrschende Meinung rasch überwunden[1691] und die Schutzzwecktrias für das deutsche Lauterkeitsrecht bereits früh in Rechtsprechung[1692] und

---

dem Schutz-, dem Selbstkontroll- und dem Toleranzkonzept; *Beater*, in: FS Schricker, S. 630 weist zudem auf das skandinavische Modell hin, dem weitgehend die Idee eines reinen Behördensystems zugrunde liegt; *Henning-Bodewig*, GRUR Int. 2010, 549, 558 weist zudem auf das „Wettbewerbsmodell" der baltischen Staaten hin, welches die enge Verbindung mit dem Kartellrecht betont; *Schricker*, in: FS Zweigert, S. 538 f.

1689 RegE-UWG 2004, BT-Drucks. 15/1487, S. 16; MüKo UWG-*Sosnitza*, § 1 Rn. 10.

1690 „Der Schutz des konsumierenden Publikums gegen Übervorteilung ist nicht der unmittelbare Zweck eines gegen den unlauteren Wettbewerb gerichteten Gesetzes, wenngleich Maßregeln, die in den gegenseitigen Beziehungen der Gewerbetreibenden Treu und Glauben zu befestigen bestimmt sind, mittelbar auch dem Interesse ihrer Abnehmer entgegenkommen werden", zitiert nach *Schricker*, GRUR Int. 1970, 30, 33.

1691 Vergl. *Samwer*, GRUR 1969, 326, 327; *Schricker*, GRUR Int. 1970, 32, 33.

1692 RG v. 24.1.1928 (Markenverband), RGZ 120, 47, 49; bestätigend RG v. 29.4.1930 (Rundfunknachricht), RGZ 128, 330, 342 f.; vergl. dazu *Samwer*, GRUR 1969, 326,

Literatur[1693] anerkannt. Heutzutage ist die Schutzzwecktrias im deutschen Lauterkeitsrecht unbestritten[1694]. Seit 2004 ist sie zudem in § 1 UWG ausdrücklich festgeschrieben. In seiner aktuellen Fassung dient das UWG gleichrangig[1695] „dem Schutz der Mitbewerber, der Verbraucherinnen und Verbraucher sowie der sonstigen Marktteilnehmer vor unlauteren geschäftlichen Handlungen“[1696] und „schützt zugleich das Interesse der Allgemeinheit an einem unverfälschten Wettbewerb“. Damit beschränkt sich der lauterkeitsrechtliche Schutzzweck nicht auf den individuellen Konkurrentenschutz, sondern erfasst – diesem ebenbürtig und nicht lediglich als Reflex – insbesondere auch den Schutz der Verbraucher[1697].

Der Wandel des Schutzzweckverständnisses vom Konkurrentenschutz zur Schutzzwecktrias spiegelt sich mit großer Verzögerung auch in der Umgestaltung der lauterkeitsrechtlichen Generalklausel wider. In ihrer ursprünglichen Fassung aus dem Jahr 1909 lautete sie: „Wer im geschäftlichen Verkehr zu Zwecken des Wettbewerbs Handlungen vornimmt, die gegen die guten Sitten verstoßen, kann auf Unterlassung und Schadensersatz in Anspruch genommen werden.“ Wesentlich geändert wurde sie zum ersten Mal im Zuge der Reform des UWG im Jahr 2004[1698]. Die Änderungen bilden die Integration des sozialrechtlichen Gedankens in das Lauterkeitsrecht ab. Dementsprechend wurde die zentrale Anwendungsvoraussetzung nicht mehr mit dem Begriff der Handlungen im geschäftlichen Verkehr zu Zwecken des Wettbewerbs beschrieben, sondern als Wettbewerbshandlung[1699] charakterisiert. Das Unwerturteil bestand nicht mehr in einem Verstoß gegen die

327; *Beater*, Unlauterer Wettbewerb, § 3 Rn. 88 ff.; *Schricker*, GRUR Int. 1970, 32, 33 f.; *Beier*, GRUR Int. 1984, 61, 63.

1693 *Ulmer*, GRUR 1937, 769, 772 f.; *Burmann*, WRP 1967, 71, 73; *Schwartz*, GRUR 1967, 333, 349; *Nastelski*, GRUR 1969, 322 ff.; *Samwer*, GRUR 1969, 326, 327; *Schricker*, GRUR Int. 1970, 32, 34 mit weiteren Nachweisen in Fn. 17; *Baudenbacher*, GRUR 1981, 19 f.; *Kraft*, Interessenabwägung, S. 193 ff.

1694 Harte/Henning-*Schünemann*, § 1 Rn. 10 („Kaum noch nötige Klarstellung“, die „seit Langem“ von niemandem mehr bestritten würde.); *Glöckner*, Europäisches Lauterkeitsrecht, S. 337 ff. („In Deutschland entspricht sie der ganz herrschenden Meinung“.).

1695 Köhler/Bornkamm-*Köhler*, § 1 Rn. 45.

1696 Harte/Henning-*Schünemann*, § 1 Rn. 10 weist auf die Befremdlichkeit hin, die Verbraucher auch in der weiblichen Textform als „Verbraucherinnen“ zu benennen; kritisch auch *Sosnitza*, GRUR 2003, 793, 741 f., der die Verwendung der weiblichen Sprachform als sprachlichen „Missgriff“ bezeichnet; anerkennend dagegen Fezer-*Fezer*, § 1 Rn. 14 Fn. 16.

1697 RegE-UWG 2004, BT-Drucks. 15/1487, S. 15.

1698 Köhler/Bornkamm-*Köhler*, § 3 Rn. 3.

1699 Vergl. zum Begriff der Wettbewerbshandlung als zentralen Anwendungsvoraussetzung des gesamten Lauterkeitsrechts *Fezer*, in: FS Schricker, S. 674 ff.

guten Sitten[1700], sondern in der Unlauterkeit des Verhaltens. Gleichzeitig wurde ein Relevanzkriterium eingeführt: Unlautere Wettbewerbshandlungen sind seitdem nur dann verboten, wenn die Handlung dazu geeignet ist, den Wettbewerb zum Nachteil der Mitbewerber, der Verbraucher oder der sonstigen Marktteilnehmer nicht nur unerheblich zu beeinträchtigen. Außerdem wurde die konkrete Rechtsfolgenandrohung der Unterlassung oder des Schadensersatzes in ein allgemeines Verbot der Unzulässigkeit umgewandelt. Alle Änderungen mündeten in der Formulierung: „Unlautere Wettbewerbshandlungen, die geeignet sind, den Wettbewerb zum Nachteil der Mitbewerber, der Verbraucher oder der sonstigen Marktteilnehmer nicht nur unerheblich zu beeinträchtigen, sind unzulässig".

Die zweite Änderung der Generalklausel wurde notwendig, um das deutsche Lauterkeitsrecht den unionsrechtlichen Vorgaben der Richtlinie 2005/29/EG über unlautere Geschäftspraktiken anzupassen. § 3 UWG enthält nunmehr drei Generalklauseln mit unterschiedlicher Struktur und unterschiedlicher Funktion. In Absatz 1 lebt mit deutlichen textlichen Änderungen[1701] die ursprüngliche Generalklausel weiter[1702]. Der Begriff der Wettbewerbshandlung wurde durch denjenigen der geschäftlichen Handlung ersetzt. Damit wurde der Umfang der lauterkeitsrelevanten Sachverhalte erweitert. Das UWG erfasst nunmehr auch ein Verhalten bei und nach Vertragsschluss[1703]. Dessen Unzulässigkeit ergibt sich nach wie vor aus dem Kriterium der Unlauterkeit und einem Relevanzkriterium, welches allerdings nicht mehr auf eine Wettbewerbsbeeinträchtigung, sondern stattdessen klarstellend[1704] auf die Eignung abstellt, „die Interessen von Mitbewerbern, Verbrauchern oder sonstigen Marktteilnehmern spürbar zu beeinträchtigen". Absatz 2 erfasst geschäftliche Handlungen gegenüber Verbrauchern und dient der Umsetzung der Generalklausel des Art. 5 Abs. 2 und 3 Richtlinie 2005/29/EG. Absatz 3 schließlich bezieht sich nur auf bestimmte geschäftliche Handlungen gegenüber Verbrauchern, die in einem Anhang aufgelistet und per se als unzulässig angesehen werden, wodurch Art. 5 Abs. 5 Richtlinie 2005/29/EG samt deren Verbotsliste in das deutsche Lauterkeitsrecht umgesetzt werden soll. Die Aufspaltung der Generalklausel hat jedoch die grundsätzliche integrative Konzeption des deutschen Lauterkeitsrechts nicht verändert[1705].

1700 Zur Entwicklung des Begriffs *Schricker*, Gesetzesverletzung und Sittenverstoß, S. 186 ff; zum dogmengeschichtlichen Hintergrund zwischen Wertethik und Wettbewerbsfunktionalität GK-*Schünemann*, Einl. D 1–97.

1701 Harte/Henning-*Schünemann*, § 3 Rn. 1 f. kritisiert dabei den überbetonten Wunsch nach Europarechtskonformität.

1702 Köhler/Bornkamm-*Köhler*, § 3 Rn. 4.

1703 *Köhler*, WRP 2009, 109, 110 („Funktionserweiterung").

1704 Zur rechtspolitischen Kritik am früheren Tatbestandsmerkmal der Wettbewerbsbeeinträchtigung *Köhler*, WRP 2008, 10, 11.

1705 *Henning-Bodewig*, GRUR Int. 2010, 549, 560.

Konkretisiert werden die Generalklauseln durch verschiedene spezielle Verbotstatbestände[1706], die Fälle auflisten, welche „insbesondere“[1707] unlautere geschäftliche Handlungen darstellen. Die Beispielsfälle konkretisieren nicht nur die Wertungsgrundlage der Unlauterkeit, sondern auch die lebenssachverhaltliche Handlung, die der lauterkeitsrechtlichen Wertung allein unterliegen soll[1708]. Damit bilden die gesetzlichen Beispiele für unlautere gesetzliche Handlungen umfassende Auslegungshilfen bei der inhaltlichen Bestimmung der Charakteristika des deutschen Lauterkeitsrechts. Zu den speziellen Verbotstatbeständen gehören die Tatbestände der „schwarzen Liste“ nach dem UWG-Anhang gemäß § 3 Abs. 3 UWG, der Beispielskatalog des § 4 UWG, die kleinen Generalklauseln des § 5 Abs. 1 S. 1 UWG zur Irreführung samt dem dazugehörigen Beispielskatalog in S. 2 und Abs. 2 sowie des § 7 Abs. 1 S. 1 UWG zur unzumutbaren Belästigung samt des dazugehörigen Beispielskatalog in S. 2 und Abs. 2 und der Regelung zur vergleichenden Werbung in § 6 Abs. 2 UWG.

bb) Wettbewerbsfunktionale oder ethische Schutzzweckbestimmung?

Die Etablierung der Schutzzwecktrias ist lediglich der erste Schritt hin zu einer umfassenden Bestimmung der lauterkeitsrechtlich relevanten Interessen. Denn damit stehen nur die Schutzsubjekte fest. Davon zu trennen ist die Frage nach den Schutzobjekten und damit nach den konkret geschützten Interessen[1709]. Die Schutzzweckbestimmung in § 1 UWG konkretisiert lediglich das geschützte Interesse der Allgemeinheit, welches sich jedenfalls auf das Interesse an einem unverfälschten Wettbewerb bezieht. Im Übrigen schweigt die Norm insbesondere zu den geschützten Interessen der Mitbewerber und der Verbraucher sowie dazu, wie ihr Verhältnis zu dem geschützten Allgemeininteresse an einem unverfälschten Wettbewerb gestaltet ist. Damit bestehen bei der Auslegung der Schutzzweckbestimmung Spielräume. Diskutiert wird insbesondere, ob der Schutzzweck des deutschen Lauterkeitsrechts rein wettbewerbsfunktional zu verstehen ist oder ob darüber hinaus auch ethische Werte vom Lauterkeitsschutz umfasst sind[1710].

Ein Teil der Literatur ordnet die geschützten Interessen der Verbraucher und der Mitbewerber dem Allgemeininteresse an einem unverfälschten Wettbewerb unter und beschränkt den Zweck des Lauterkeitsrechts demgemäß auf den Schutz

1706 Harte/Henning-*Schünemann*, § 3 Rn. 54 ff.; Köhler/Bornkamm-*Köhler*, § 1 Rn. 8.

1707 So ausdrücklich § 4 UWG.

1708 Harte/Henning-*Schünemann*, § 3 Rn. 59 ff.

1709 Für *Glöckner*, in: Lauterkeitsrecht und Acquis, S. 272 ist dies die Grundsatzfrage („Was wollen wir eigentlich schützen?“); *Beater*, Unl. Wettb. (2011), § 13 Rn. 971; RegE-UWG 2004, BT-Drucks. 15/1487, S. 16.

1710 In der Diskussion wird teilweise tief ausgeholt und nicht davor zurückgeschreckt, Meinungen in die Nähe nationalsozialistischen Gedankenguts zu bringen, vergl. insbesondere Harte/Henning-*Schünemann*, § 1 Rn. 90; sich dagegen wehrend Fezer-*Fezer*, § 1 Rn. 72 Fn. 66.

wettbewerbsbezogener Interessen[1711]. Ausgangspunkt dieser Ansicht bildet die Auffassung, dass das Lauterkeitsrecht wie das Kartellrecht mit dem funktionierenden Wettbewerb den selben Schutzzweck verwirklicht[1712]. Dementsprechend sei das geschützte Allgemeininteresse in § 1 UWG ausdrücklich auf das Interesse an einem unverfälschten Wettbewerb festgelegt. Darin sei eine abschließende Festlegung zu sehen[1713]. Das Schutzobjekt bezeichne ausschließlich den Wettbewerb als Institution[1714]. Der Schutz sonstiger Allgemeininteressen wie etwa der Schutz der Rechtspflege, der Arbeitnehmerschutz, der Umweltschutze oder der Tierschutz sei keine Aufgabe des Lauterkeitsrechts[1715]. Dementsprechend schütze das Lauterkeitsrecht auch Verbraucher nicht vor geschmackloser Werbung, vor jeglichen Eingriffen in ihre Privatsphäre oder vor unwirtschaftlicher Haushaltsführung, sondern vor allem ihr Interesse an einer informierten und freien Entscheidung am Markt[1716]. Als Begründung wird neben dem Wortlaut von § 1 UWG vor allem darauf verwiesen, dass nur ein rein wettbewerbsbezogenes Verständnis der zu schützenden Interessen die beliebige und damit uferlose Instrumentalisierung des Rechtsgebiets verhindere[1717]. Es bestünde die Gefahr, nicht nur unlauteren, sondern auch lediglich als störend empfundenen Wettbewerb zu unterdrücken.

1711 *Geis*, in: FS Tilmann, S. 128 („Das UWG hat den Wettbewerb zu schützen. Andere Gesetze haben andere Schutzzwecke."); *Beater*, ZEuP 2003, 11, 45 (moralische oder ethische Aspekte bildeten grundsätzlich keinen sinnvollen wettbewerbsrechtlichen Maßstab); *Schünemann*, WRP 2004, 925, 930 f.; Harte/Henning-*Schünemann*, § 1 Rn. 87 ff.; *Scherer*, WRP 2006, 401, 403; MüKo UWG-*Sosnitza*, § 1 Rn. 14 f. u. 30 ff.; *Wuttke*, WRP 2007, 119, 122 ff.; *Podszun*, WRP 2009, 509 f.; RegE-UWG 2004, BT-Drucks. 15/1487, S. 16.

1712 Vergl. *Köhler*, WRP 2005, 645, 646 (zwischen Lauterkeits- und Kartellrecht bestünden „keine substantiellen Unterschiede").

1713 Harte/Henning-*Schünemann*, § 1 Rn. 85.

1714 *Schünemann*, WRP 2004, 925, 935; Köhler/Bornkamm-*Köhler*, § 1 Rn. 42.

1715 MüKo UWG-*Sosnitza*, § 1 Rn. 32 ff.; *Glöckner*, in: Lauterkeitsrecht und Acquis, S. 278 f.; *Beater*, Unl. Wettb. (2011), § 29 Rn. 2453 ff.; Köhler/Bornkamm-*Köhler*, § 1 Rn. 41.

1716 *Schünemann*, WRP 2004, 925, 932 f.; Harte/Henning-*Schünemann*, § 1 Rn. 65 ff. (geschützt wird vor allem das Interesse an einer informierten und freien Entscheidung); MüKo UWG-*Sosnitza*, § 1 Rn. 28; in diesem Sinn plädieren auch *Micklitz/Keßler*, WRP 2003, 919 ff. für einen Funktionswandel des UWG zu einer normativen Verfassung der Marktkommunikation; anders dagegen Köhler/Bornkamm-*Köhler*, § 1 Rn. 20, der den Schutz der Interessen der Verbraucher auch auf den Schutz sonstige Rechte wie das allgemeine Persönlichkeitsrecht und Rechtsgüter wie die Gesundheit und die Freiheit des Verbrauchers erstreckt; differenzierend *Scherer*, WRP 2006, 401, 404 (ein generelles Interesse wie zum Beispiel das Interesse an der Gesundheit wird erst dann berücksichtigt, wenn es für die Marktentscheidung relevant wird); ähnlich *Wuttke*, WRP 2007, 119, 123 (sekundäre Schutzfunktion).

1717 Harte/Henning-*Schünemann*, § 1 Rn. 90 (so werde „mit ominösen ‚allgemeinen Gemeinschaftsgütern' und ihrem Schutz qua Wettbewerbsrecht(!) einem

Andere dagegen sehen im Schutz der Allgemeinheit einen nachrangigen Auffangtatbestand mit Bedeutung nur für Fälle, die außerhalb der reinen Wettbewerbsbeeinträchtigung liegen[1718]. In erster Linie gehe es dem Lauterkeitsrecht um den Schutz der Interessen von Mitbewerbern und Verbrauchern. Die Allgemeinheit stehe dahinter zurück, weil in ihr die eigentlichen Schutzsubjekte mit ihren Interessen an einem funktionierenden Wettbewerb bereits enthalten seien. Damit sei der Schutz der Allgemeinheit nur in den Fällen schlechthin unerträglichen Verhaltens heranzuziehen, in denen die (wirtschaftlichen) Interessen der Mitbewerber und der Verbraucher nicht berührt sind, wie zum Beispiel bei der Verletzung der Menschenwürde, der Diffamierung von Personen oder Menschengruppen in ihrer Weltanschauung oder der Verherrlichung von Gewalt als Mittel der Werbung[1719].

Am weitesten legen die Schutzzweckbestimmung diejenigen aus, die die Einbettung des Lauterkeitsrechts in die Gesamtrechtsordnung und insbesondere den Wertekanon der Verfassung betonen[1720]. Damit ruhe auch das Lauterkeitsrecht auf einem rechtsethischen Fundament. Daraus folge, dass auch das Lauterkeitsrecht ethische Werte berücksichtigen und schützen müsse[1721]. Dafür böten die Allgemeininteressen im Wettbewerb, die Interessen sowohl der Mitbewerber als auch der Verbraucher seien, ausreichend Platz[1722]. Ethische Werte seien dem Wettbewerb nicht wesensfremd, da der Wettbewerb die Grundlage des gesamten Wirtschaftssystems darstelle und die gesamten Lebensumstände jedes Einzelnen beeinflusse[1723]. Sie seien zugleich und neben dem Institutionenschutz des Wettbewerbs zu berücksichtigen[1724]. Insoweit gingen die Schutzzwecke des Lauterkeitsrechts über diejenigen des Kartellrechts hinaus[1725]. Auch die Rechtsprechung tendierte – nicht nur vor der ausdrücklichen Festlegung des geschützten Allgemeininteresses in § 1 UWG auf das Interesse an einem unverfälschten Wettbewerb – dazu, ethische Werte in der lauterkeitsrechtlichen Beurteilung zu berücksichtigen[1726],

---

dogmatischen wie axiologischen Synkretismus im Lauterkeitsrecht jedenfalls im Ergebnis Tor und Tür" geöffnet).

1718 *Ullmann*, GRUR 2003, 817, 821.

1719 *Ullmann*, GRUR 2003, 817, 821.

1720 *Nastelski*, GRUR 1969, 322, 323; Fezer-*Fezer*, § 1 Rn. 82.

1721 A. A. ausdrücklich Harte/Henning-*Schünemann*, § 1 Rn. 91, für den auch die rein wettbewerbsfunktionale Schutzzweckbestimmung „vorzüglich in den Wertekanon der Verfassung" eingefügt und auch „freiheits- und verantwortungsethisch fest verankert" ist; *Podszun*, WRP 2009, 509 (Verwirklichung der Artt. 12, 2 Abs. 1 GG).

1722 Fezer-*Fezer*, § 1 Rn. 74 ff.

1723 *Nastelski*, GRUR 1969, 322, 324.

1724 Fezer-*Fezer*, § 1 Rn. 83.

1725 Vergl. Immenga/Mestmäcker-*Rehbinder*, § 22 GWB Rn. 16 (beide Rechtsgebiete besäßen unterschiedliche Schutzzwecke).

1726 BGH v. 20.10.1988, I ZR 219/87 (Umweltengel), BGHZ 105, 277; BGH v. 20.10.1988, I ZR 238/87 (... aus Altpapier), GRUR 1991, 546; BGH v. 18.5.1995, I ZR 91/93 (Busengrapscher), GRUR 1995, 592; BGH v. 6.7.1995, I ZR 110/93 (Kinderarbeit),

sondern lässt sie auch unter der Geltung des neuen UWG nicht außer acht[1727].

cc) Dominanz der zivilgerichtlichen Durchsetzung

Verstöße gegen das deutsche Lauterkeitsrechts werden in aller Regel dadurch sanktioniert, dass gegen den Verletzer vor den Zivilgerichten Unterlassungsansprüche geltend gemacht werden. Klagebefugt ist nicht nur der betroffene Mitbewerber. Die berührten Interessen der Verbraucher können nach § 8 Abs. 3 Nr. 3 UWG auch von Verbraucherschutzverbänden geltend gemacht werden. Individuelle Ansprüche werden dem einzelnen Verbraucher dagegen nicht zuerkannt.

Nur ausnahmsweise existieren vereinzelt Straf- und Ordnungswidrigkeitentatbestände[1728]. Ausnahmsweise sind besonders grobe Verstöße gemäß den §§ 16 bis 19 UWG strafrechtlich sanktioniert. Außerdem existieren zur Durchführung der Verordnung 2006/2004/EG über die Zusammenarbeit im Verbraucherschutz laut § 2 VSchDG Behörden, um im Rahmen der Verordnung tätig zu werden. Dabei sollen sie selbst jedoch gemäß § 7 VSchDG nur nachrangig eine Unterlassungsanordnung aussprechen und zunächst Verbände als „Dritte" mit der Einreichung von Unterlassungsklagen beauftragen. In der Praxis spielen diese Behördenbefugnisse kaum eine Rolle[1729].

b) Segregationsmodell Frankreichs

In Frankreich existiert kein spezielles Gesetz gegen den unlauteren Wettbewerb[1730]. Der lauterkeitsrechtliche Schutz der Mitbewerber ist eine Entwicklung der Rechtsprechung[1731] und wird auf Grundlage der allgemeinen deliktischen Generalklauseln des Code Civil (im Folgenden kurz: CC) gewährt, deren Auslegung einer lauterkeitsrechtlichen Generalklausel nahekommt[1732]. Nur die insoweit gewährten Ansprüche werden unter der Bezeichnung „*Action en Concurrence Déloyale*" zusammengefasst[1733]. Auf den ersten Blick unverbunden daneben steht

---

GRUR 1995, 595; BGH v. 6.7.1995, I ZR 239/93 (Ölverschmutzte Ente), GRUR 1995, 598; BGH v. 6.7.1995, I ZR 180/94 (H.I.V. POSITIVE), GRUR 1995, 600.

1727 So mit Blick auf den Jugendschutz BGH v. 12.7.2007, I ZR 18/04 (Jugendgefährdende Medien bei eBay), BGHZ 173, 188; kritisch Harte/Henning-*Schünemann*, § 1 Rn. 89; dagegen sieht *Henning-Bodewig*, WRP 2010, 1094, 1103 Fn. 78 in dem Urteil keine Rückkehr zur moralisierenden Betrachtungsweise.

1728 Piper/Ohly/Sosnitza-*Ohly*, § 8 Rn. 85.

1729 *Alexander*, WRP 2009, 683, 685.

1730 Köhler/Bornkamm-*Köhler*, Einl. Rn. 4.7; GK-*Schricker*, Einl. F 246; *Henning-Bodewig*, Unfair competition law, S. 113; *Sonnenberger/Dammann*, Wirtschaftsrecht, Rn. IV 134; Harte/Henning-*Henning-Bodewig*, Einl. E Rn. 172.

1731 *Krasser*, Unlauterer Wettbewerb IV (Frankreich), S. 3 f.

1732 *Ulmer*, GRUR Int. 1973, 135, 138.

1733 *Henning-Bodewig*, GRUR Int. 2010, 549, 550.

der Verbraucherschutz[1734] durch den *Code de la Consommation* (im Folgenden kurz: CCons), der umfassende Regelungen von Marketing und Werbung enthält. Die *Concurrence Déloyale* des CC und die Regelungen des CCons besitzen unterschiedliche Ansätze, die nach dem Schutzsubjekt differenzieren[1735]. Damit hat sich in Frankreich ein Modell entwickelt, in dem ein geschäftliches Verhalten grundsätzlich getrennt nach unterschiedlichen Vorschriften bewertet wird, je nachdem, ob in erster Linie ein Mitbewerber oder aber der private Letztverbraucher betroffen ist[1736].

aa) *Concurrence Déloyale*

Die *Action en Concurrence Déloyale* wird auf der Grundlage der Artt. 1382, 1383 CC gewährt. Sie dient dem traditionellen, deliktsrechtlichen Schutz des Konkurrenten, von dem die Marktgegenseite wie insbesondere der Verbraucher höchstens reflexartig und indirekt profitiert[1737]. Dementsprechend steht die Möglichkeit zur Klage Konsumentenverbänden nicht zu, sondern ist dem einzelnen Mitbewerber und ausnahmsweise berufständischen Organisationen vorbehalten[1738]. Neben Schadensersatz kann auf Unterlassen geklagt werden[1739]. Ansprüche des Mitbewerbers setzten ein fehlerhaftes Verhalten (*Faute*), einen Schaden (*Préjudice*) und einen zwischen ihnen vorliegenden ursächlichen Zusammenhang (*Lien de Causalité*) voraus[1740]. Die Voraussetzungen entsprechen denjenigen der allgemeinen deliktischen

---

1734 Köhler/Bornkamm-*Köhler*, Einl. Rn. 4.7; Piper/Ohly/Sosnitza-*Ohly*, Einf. B Rn. 38.

1735 Harte/Henning-*Henning-Bodewig*, Einl. E Rn. 176; Piper/Ohly/Sosnitza-*Ohly*, Einf. B Rn. 31 und 38.

1736 *Bernhard*, IPR des unlauteren Wettbewerbs, S. 79; GK-*Schricker*, Einl. F 246; *Henning-Bodewig*, Unfair competition law, S. 114 f.; *Henning-Bodewig*, GRUR Int. 2010, 273, 277; *Lucas-Schloetter*, in: Lauterkeitsrecht in Europa, S. 237 f. („strikte Trennung zwischen dem Recht des unlauteren Wettbewerbs einerseits und dem Verbraucherschutzrecht andererseits").

1737 *Schmidt Szalewski*, in: FS Schricker, S. 751 („controlling the loyalty of the relations between competitors"); GK-*Schricker*, Einl. F 247; *Sonnenberger/Dammann*, Wirtschaftsrecht, Rn. IV 144; *Lucas-Schloetter*, in: Lauterkeitsrecht in Europa, S. 248 („Aufgabe des Rechts des unlauteren Wettbewerbs ist in Frankreich lediglich der Schutz der Mitbewerber, nicht aber der Verbraucher oder der Allgemeinheit.").

1738 *Vogel*, Französisches Wettbewerbsrecht, S. 42; *Sonnenberger/Dammann*, Wirtschaftsrecht, Rn. IV 155; *Lucas-Schloetter*, in: Lauterkeitsrecht in Europa, S. 248; a. A. *Keßler/Micklitz*, Harmonisierung, S. 92 (auch der einzelne Verbraucher könne, wenn er durch ein wettbewerbswidriges Verhalten einen Schaden erleidet, gerichtlich gegen den Verursacher vorgehen).

1739 *Keßler/Micklitz*, Harmonisierung, S. 95; *Vogel*, Französisches Wettbewerbsrecht, S. 45 f.; *Sonnenberger/Dammann*, Wirtschaftsrecht, Rn. IV 155.

1740 *Krasser*, Unlauterer Wettbewerb IV (Frankreich), S. 49; *Langer*, WRP 1991, 11, 13; *Keßler/Micklitz*, Harmonisierung, S. 94; *Sonnenberger/Dammann*, Wirtschaftsrecht, Rn. IV 146; *Henning-Bodewig*, GRUR Int. 2010, 273, 276; *Lucas-Schloetter*, in: Lauterkeitsrecht in Europa, S. 244.

Vorschriften der Artt. 1382, 1383 CC. Die Generalklausel des Art. 1382 CC lautet: "*Tout fait quelconque de l'homme, qui cause à autrui un dommage, oblige celui par la faute duquel il est arrivé, à le réparer.*" Art. 1383 CC erstreckt die notwendige Fehlerhaftigkeit des schadensstiftenden Verhaltens auf besondere Erscheinungsformen der faute: "*Chacun est responsable du dommage qu'il a causé non seulement par son fait, mais encore par sa négligence ou par son imprudence.*"

(1) Fehlerhaftes Verhalten (*Faute*)

Das Erfordernis des fehlerhaften Verhaltens (*Faute*) steht in der Praxis der *Concurrence Déloyale* deutlich im Vordergrund[1741]. Allgemein deliktsrechtlich ist ein Verhalten fehlerhaft, wenn es Gesetzen oder Handelsbräuchen widerspricht[1742]. Speziell im Anwendungsbereich der *Concurrence Déloyale* ist ein Verhalten fehlerhaft, wenn es unlauter ist[1743]. Die Unlauterkeit wird nach speziellen Maßstäben bestimmt, die sich unabhängig vom allgemeinen Deliktsrecht vor dem Hintergrund der problematischen Konkretisierung der Handels- und Gewerbefreiheit entwickelt haben[1744]. Für die Bewertung eines Verhaltens als unlauter ist demnach entscheidend, ob es den anständigen Gepflogenheiten widerspricht[1745].

In Konkretisierung der *Faute* hat die Rechtsprechung typische Tatbestandsgruppen entwickelt[1746]. Die Kasuistik umfasst zunächst die lauterkeitsrechtlichen

---

1741 *Henning-Bodewig*, Unfair competition law, S. 114 („key element"); *Henning-Bodewig*, GRUR Int. 2010, 273, 276; allgemein zu dem Merkmal umfassend *Krasser*, Unlauterer Wettbewerb IV (Frankreich), S. 57 ff.; *Lucas-Schloetter*, in: Lauterkeitsrecht in Europa, S. 245 (es komme „in der Praxis bei der Beurteilung der Begründetheit der Wettbewerbsklage fast ausschließlich auf die faute an").

1742 *Krasser*, Unlauterer Wettbewerb IV (Frankreich), S. 58; *Vogel*, Französisches Wettbewerbsrecht, S. 39.

1743 Damit bestimmt die Auslegung der faute maßgeblich, was der Begriff „unlauterer Wettbewerb" in Frankreich bedeutet, vergl. *Marsh*, GRUR Ausl. 1964, 493; *Krasser*, Unlauterer Wettbewerb IV (Frankreich), S. 49; *Keßler/Micklitz*, Harmonisierung, S. 94 („Im Wesentlichen entspricht der Begriff ‚faute' jedoch dem der Unlauterkeit.").

1744 *Krasser*, Unlauterer Wettbewerb IV (Frankreich), S. 51.

1745 *Krasser*, Unlauterer Wettbewerb IV (Frankreich), S. 66 ff.; Harte/Henning-*Henning-Bodewig*, Einl. E Rn. 174; *Sonnenberger/Dammann*, Wirtschaftsrecht, Rn. IV 148 verweisen ähnlich auf die Verletzung von usages professionnels und den Gedanken des Rechtsmissbrauchs; *Lucas-Schloetter*, in: Lauterkeitsrecht in Europa, S. 245 f.

1746 *Langer*, WRP 1991, 11, 13 ff.; *Keßler/Micklitz*, Harmonisierung, S. 94; GK-*Schricker*, Einl. F 247; *Sonnenberger/Dammann*, Wirtschaftsrecht, Rn. IV 148; Harte/Henning-*Henning-Bodewig*, Einl. E Rn. 174; *Lucas-Schloetter*, in: Lauterkeitsrecht in Europa, S. 247; mit einem umfassenden Überblick über die leicht variierenden Einteilungen in der französischen Literatur *Krasser*, Unlauterer Wettbewerb IV (Frankreich), S. 83 ff.; für umfassende Beschreibungen der jeweiligen Tatbestände vergl. *Vogel*, Französisches Wettbewerbsrecht, S. 47 ff.

Kerntatbestände[1747]: Geschützt wird vor Verwechslung (*Confusion*), vor Anschwärzung (*Dénigrement*) und vor parasitärer Ausnutzung fremder Leistungen (*Parasitisme*)[1748], worunter auch Betriebsgeheimnisse fallen können[1749]. Darüber hinaus wird mit der *Concurrence Déloyale* allgemein die individuelle Behinderung untersagt (*Désorganisation*). Der Schutz erstreckt sich außerdem auf Fälle der Irreführung (*Tromperie*). Die Tatbestände sind vornehmlich traditionell horizontal ausgestaltet, da sie schwerpunktmäßig vor der Verletzung individuell zuordenbarer Interessen schützen[1750]. Das trifft auch auf den Tatbestand der Irreführung zu, da auch er die Möglichkeit der Schädigung des Konkurrenten voraussetzt, die mit Hilfe des Wettbewerbsverhältnisses und dem daran anknüpfenden Gedanken der Kundenumleitung begründet werden kann[1751].

Als grundsätzliche Gemeinsamkeit muss das fehlerhafte Verhalten im Anwendungsbereich der *Concurrence Déloyale* in der Regel den Charakter einer Wettbewerbshandlung tragen[1752]. Darin unterscheidet sich die *Concurrence Déloyale* von einem allgemeindeliktischen Verhalten. Nicht in jedem fehlerhaften Verhalten durch Behinderung der geschäftlichen Tätigkeit oder Eingriffen in den Gewerbebetrieb liegt zwangsläufig eine Wettbewerbshandlung[1753]. Für eine Wettbewerbshandlung ist es wesentlich, dass die Parteien in einem Wettbewerbsverhältnis stehen und zu Zwecken des Wettbewerbs gehandelt wird. Insbesondere an das Wettbewerbsverhältnis werden jedoch keine strengen Anforderungen gestellt[1754]. Ausreichend ist es, wenn die im Streit stehende Tätigkeit des Verletzers einem Ausschnitt aus dem Tätigkeitsbereich des Verletzten ähnelt und sich insoweit beide Parteien an den gleichen Kundenkreis wenden[1755]. In bestimmten Fällen der Ausbeutung fremder Leistungen ist ein Wettbewerbsverhältnis gar nicht erforderlich[1756].

1747 Siehe oben S. 192.

1748 Vergl. dazu umfassend *Schmidt Szalewski*, in: FS Schricker, S. 754 ff.

1749 *Krasser*, Unlauterer Wettbewerb IV (Frankreich), S. 254 f.

1750 Vergl. GK-*Schricker*, Einl. F 247.

1751 *Krasser*, Unlauterer Wettbewerb IV (Frankreich), S. 55; *Szönyi*, GRUR Int. 1996, 83, 88 stellt fest, dass in der Rechtsprechung zur vergleichenden Werbung der Aspekt einer Möglichen Verbrauchertäuschung keine Rolle spielt.

1752 *Krasser*, Unlauterer Wettbewerb IV (Frankreich), S. 52 ff.

1753 Z. B. bei der Abwerbung von Arbeitnehmern, beim Boykott oder bei der Diskriminierung, *Krasser*, Unlauterer Wettbewerb IV (Frankreich), S. 57.

1754 Vergl. *Vogel*, Französisches Wettbewerbsrecht, S. 39 f.; *Lucas-Schloetter*, in: Lauterkeitsrecht in Europa, S. 247; weitergehend *Sonnenberger/Dammann*, Wirtschaftsrecht, Rn. IV 147, die dem Wettbewerbsverhältnis heutzutage jegliche Bedeutung absprechen.

1755 *Krasser*, Unlauterer Wettbewerb IV (Frankreich), S. 52.

1756 *Vogel*, Französisches Wettbewerbsrecht, S. 40; *Henning-Bodewig*, Unfair competition law, S. 123; *Sonnenberger/Dammann*, Wirtschaftsrecht, Rn. IV 147; Harte/Henning-*Henning-Bodewig*, Einl. E Rn. 216.

(2) Schaden (*Préjudice*) und ursächlicher Zusammenhang (*Lien de Causalité*)

Nach allgemeinen deliktsrechtlichen Grundsätzen setzt auch die *Concurrence Déloyale* voraus, dass dem Kläger durch das Verhalten des Beklagten ein nachweisbarer Schaden (*Préjudice*) entstanden ist[1757]. Das Schadenserfordernis verdeutlicht den individualschützenden Charakter der *Concurrence Déloyale*. Sie ist keine allgemeine Strafe für fehlerhaftes Verhalten und kann nur von demjenigen geltend gemacht werden, welcher in irgendeiner Weise durch das fehlerhafte Verhalten nachteilig betroffen ist[1758]. Allerdings werden an den Schadensnachweis nur geringe Anforderungen gestellt. Anerkannt werden auch immaterielle Schäden[1759]. Der Schadensbegriff wird sehr weit ausgelegt[1760] und bei gegebener Unlauterkeit des Verhaltens oft vermutet[1761]. Teilweise wird ein individueller Schaden als haftungsbegründendes Erfordernis überhaupt abgelehnt[1762].

Die geringen Anforderungen an das Schadenserfordernis sind in erster Linie der Tatsache geschuldet, dass der Nachweis eines konkreten Schadens den Konkurrenten des Handelnden - wenn überhaupt - nur schwer gelingt[1763], da er im Rahmen eines Wettbewerbsverhältnisses oft lediglich in einer Entziehung von Kunden und damit einhergehenden Absatz- und Umsatzverlusten besteht, die dem Handelnden nur schwer zuzurechnen sind[1764]. Durch die Vernachlässigung des Schadens konnte sich die Rechtsprechung ein Stück weit von der individualrechtlichen Vorstellung der *Concurrence Déloyale* lösen und wirksamen Schutz auch gegen irreführende Werbung und andere unlautere Handlungen gewähren, bei denen der Schwerpunkt auf der Verletzung von Sozialinteressen liegt[1765].

bb) *Code de la Consommation*

Der *Code de la Consommation*[1766] regelt in erster Linie die Beziehungen von Unternehmen zum privaten Letztverbraucher[1767]. Der gesamte CCons fasst zahlreiche,

---

1757 *Keßler/Micklitz*, Harmonisierung, S. 94; *Sonnenberger/Dammann*, Wirtschaftsrecht, Rn. IV 153.

1758 *Krasser*, Unlauterer Wettbewerb IV (Frankreich), S. 79.

1759 *Vogel*, Französisches Wettbewerbsrecht, S. 41 f.; *Sonnenberger/Dammann*, Wirtschaftsrecht, Rn. IV 153.

1760 *Mermillod*, Concurrence Déloyale, S. 69 f., 72 ff.; *Beater*, Unl. Wettb. (2011), § 1 Rn. 19; *Lucas-Schloetter*, in: Lauterkeitsrecht in Europa, S. 244 verweist insbesondere darauf, dass selbst ein „trouble commercial" ausreiche.

1761 *Keßler/Micklitz*, Harmonisierung, S. 95; *Vogel*, Französisches Wettbewerbsrecht, S. 40 f.; *Sonnenberger/Dammann*, Wirtschaftsrecht, Rn. IV 153.

1762 *Roubier*, Propriété Industrielle I, S. 507 ff.

1763 *Mermillod*, Concurrence Déloyale, S. 75 f.

1764 Siehe oben S. 202.

1765 *Ulmer*, GRUR Ausl. 1962, 273, 276.

1766 Abrufbar unter www.legifrance.gouv.fr.

1767 Harte/Henning-*Henning-Bodewig*, Einl. E Rn. 175; *Henning-Bodewig*, GRUR Int. 2010, 273, 276; Piper/Ohly/Sosnitza-*Ohly*, Einf. B Rn. 38.

vorher in unterschiedlichsten Rechtsgebieten zerstreute Einzelvorschriften zusammen[1768] und regelt den Verbraucher- und Konsumentenschutz endgültig als eigenständiges Rechtsgebiet gegenüber anderen schon bestehenden Materien wie beispielsweise dem Wirtschafts-, Arbeits- oder auch dem Immaterialgüterrecht[1769].

(1) Materieller Verbraucherschutz

Die insgesamt fünf Bücher des CCons regeln Verbraucherinformation und Vertragsschluss (*Livre Ier: Information des Consommateurs et Formation des Contrats*), die Sachmängelhaftung des Verkäufers und die Sicherheitsanforderungen in Bezug auf die verkauften Produkte (*Livre II: Conformité et Sécurité des Produits et des Services*), die verschiedenen Arten der Verbraucherkredite und deren Zulässigkeit (*Livre III: Endettement*), die Verbraucherverbände und deren Klageberechtigung (*Livre IV: Les Associations de Consommateurs*) sowie die staatlichen Institutionen zum Verbraucherschutz und deren Organe (*Livre V: Les Institutions*). Das erste Buch über Verbraucherinformation und Vertragsschluss wird aus vier Titeln gebildet, von denen der zweite in den Art. L.120-1 bis L.122-15 verbotene Geschäftspraktiken reglementiert (*Pratiques Commerciales*)[1770].

Dieser zweite Titel über verbotene Geschäftspraktiken enthält viele gemeinhin mit dem Lauterkeitsrecht in Verbindung gebrachte Tatbestände. In ihm werden vor allem Bestimmungen aus dem Bereich der Werbung und des Marketings zusammengefasst. Auch die Richtlinie 2005/29/EG wurde hier umgesetzt. Das einleitende „*Chapitre Préliminaire*" beinhaltet mit Art. L.120-1 S. 1 CCons eine verbraucherschützende Generalklausel[1771], die jegliche unlautere Geschäftspraxis verbietet[1772]. Zudem definiert der Artikel in Satz 2 die Unlauterkeit. Danach ist eine Geschäftspraxis unlauter, wenn sie den Erfordernissen der beruflichen Sorgfalt widerspricht und dazu geeignet ist, das wirtschaftliche Verhalten der Verbraucher wesentlich zu beeinflussen[1773]. Art. L.120-1 CCons entspricht Art. 5 der Richtlinie 2005/29/

1768 *Witz/Wolter*, ZEuP 1995, 35; *Keßler/Micklitz*, Harmonisierung, S. 92; Grabitz/Hilf IV-*Micklitz*, Sekundärrecht nach A 2 Rn. 25.

1769 Aktuelle Informationen, GRUR Int. 1994, 87; *Szönyi*, GRUR Int. 1996, 83 (der Code stellt „für das Verbraucherrecht eine Art offiziellen Anerkennungsakt dar").

1770 Im dritten Titel wurde in Art. L.132-1 beispielsweise die Richtlinie 93/13 EWG über Missbräuchliche Klauseln in Verbraucherverträgen umgesetzt, Grabitz/Hilf IV-*Pfeiffer*, Sekundärrecht A 5 vor Art. 1 Rn. 61.

1771 Piper/Ohly/Sosnitza-*Ohly*, Einf. B Rn. 38.

1772 Die Generalklausel des Art. L.120-1 S. 1Cod. Cons. lautet: „Les pratiques commerciales déloyales sont interdites."

1773 Art. L.120-1 S. 2 CCons lautet: „Une pratique commerciale est déloyale lorsqu'elle est contraire aux exigences de la diligence professionnelle et qu'elle altère, ou est susceptible d'altérer de manière substantielle, le comportement économique du consommateur normalement informé et raisonnablement attentif et avisé, à l'égard d'un bien ou d'un service."

EG[1774]. Im folgenden „*Chapitre Ier*" sind an speziellen Geschäftspraktiken (*Pratiques Commerciales Réglementées*) unter anderem irreführende Geschäftspraktiken (Art. L.121-1 ff.), aggressive Geschäftspraktiken (Art. L.121-11 ff.), vergleichende Werbung (Art. L.121-8 ff.), Zugaben, Koppelungsgeschäfte, Gewinnspiele, Schneeballsysteme, Ursprungsbezeichnungen und der Verkauf unter Einstandspreis geregelt[1775]. Problematisch dabei ist jedoch, dass sich viele Tatbestände nicht eindeutig auf den vertikalen Verbraucherschutz beschränken lassen, sondern zumindest daneben auch direkt Interessen der Mitbewerber dienen[1776]. Damit regelt der CCons teilweise auch im Horizontalverhältnis die Beziehungen der Mitbewerber untereinander.

Mit Blick auf die geschützten Verbraucherinteressen stehen die wirtschaftlichen Interessen des Verbrauchers als Marktbeteiligten deutlich im Vordergrund. Die Beschränkung auf wirtschaftliche Interessen erklärt sich damit, dass es dem Gesetzgeber in erster Linie um die Funktionsfähigkeit des Marktmechanismus geht, in dem der Verbraucher als Abnehmer eine wichtige Rolle spielt[1777]. Nur insoweit und beschränkt auf seine Rolle am Markt soll der Verbraucher geschützt werden. Dazu muss er vor allem in der Lage sein, eine informierte und freie Geschäftsentscheidung treffen zu können. Der Schutz der Informiertheit wird dadurch besonders hervorgehoben, dass der CCons bereits in seinem Beginn im ersten Kapitel des ersten Buches als allgemeines Rechtsprinzip den Anbietern generelle Informationspflichten auferlegt[1778]. Andere Interessen spielen dagegen bei der Regulierung des geschäftlichen Verhaltens durch den CCons keine besondere Rolle. Insbesondere wird Werbung nicht alleine deswegen untersagt, weil sie belästigt, schockiert oder diskriminiert[1779].

(2) Erweiterte Durchsetzungsbefugnisse

Sanktioniert sind die Vorschriften des CCons in der Regel straf- und verwaltungsrechtlich[1780]. Ihre Durchsetzung obliegt damit grundsätzlich dem Staat. Die Ermittlung von Verstößen erfolgt durch eine Behörde (*Direction Générale de la*

1774 *Henning-Bodewig*, GRUR Int. 2010, 273, 277.

1775 Harte/Henning-*Henning-Bodewig*, Einl. E Rn. 175; *Henning-Bodewig*, GRUR Int. 2010, 273, 277.

1776 *Szönyi*, GRUR Int. 1996, 83, 88; Harte/Henning-*Henning-Bodewig*, Einl. E Rn. 175; *Henning-Bodewig*, GRUR Int. 2010, 273, 276 f.

1777 *Szönyi*, GRUR Int. 1996, 83, 97.

1778 *Szönyi*, GRUR Int. 1996, 83, 87.

1779 *Dreier/Von Lewinski*, in: Werbung in Europa, Frankreich, Rn. 152 ff. (Grenzen in Bezug auf die Anständigkeit der Werbung werden lediglich durch allgemeine Strafrechtsvorschriften wie das Verbot des Verstoßes gegen die guten Sitten gezogen); Harte/Henning-*Henning-Bodewig*, Einl. E Rn. 199.

1780 Harte/Henning-*Henning-Bodewig*, Einl. E Rn. 175; *Lucas-Schloetter*, in: Lauterkeitsrecht in Europa, S. 243.

Concurrence et de la Répression des Fraudes)[1781]. Bei einem begründeten Verdacht wird die Angelegenheit an den Staatsanwalt weitergeleitet[1782].

Daneben können auch der betroffene Mitbewerber und Verbraucher sowie Verbraucherverbände (*Associations*)[1783] ein Strafverfahren einleiten und im Wege des Adhäsionsverfahrens (*Action Civile*) als Prozesspartei (*Partie Civile*) zivilrechtliche Ansprüche, die sich aus einer Verletzung der Straftatbestände des CCons ergeben können, vor den Strafgerichten geltend machen[1784]. In der Praxis kommt der *Action Civile* eine wichtige Bedeutung zu[1785]. Dabei müssen auch die Verbraucherverbände einen Schaden darlegen, an den jedoch nur geringe Anforderungen gestellt werden, da er auch immateriell sein kann und oft nicht beziffert, sondern lediglich in symbolischer Höhe von einem Euro geltend gemacht wird[1786]. Daneben geht es um Naturalrestitution, die sich auf die Beendigung des unlauteren Verhaltens richtet. Außerdem kommt gemäß Art. 421-2 CCons auch ein eigener Unterlassungsanspruch der Verbraucherverbände in Betracht[1787]. Da bei der Action Civile die beteiligten Parteien als „Hilfsstaatsanwälte" tätig werden, steht trotz der zivilrechtlichen Ansprüche der Gedanke der Strafverfolgung und die Verhinderung von Straftaten unter spezial- und generalpräventiven Gesichtspunkten im Vordergrund, wozu der der zivilrechtliche Anspruch lediglich als Ansporn dienen soll[1788].

Darüber hinaus können Mitbewerber und Verbraucherverbände auch außerhalb eines Strafverfahrens die Tatbestände des CCons durchsetzen. Geschädigten Mitbewerbern kann in diesem Fall das Instrument der *Concurrence Déloyale* zur Verfügung stehen[1789]. Verstößt ein Konkurrent gegen die Straftatbestände des CCons, kann darin ein fehlerhaftes Verhalten (*Faute*) im Sinne der *Concurrence Déloyale* liegen[1790]. Das ist vor allem bei denjenigen Regelungen des CCons

---

1781 Harte/Henning-*Henning-Bodewig*, Einl. E Rn. 223.

1782 Vergl. zu den strafrechtlichen Sanktionen *Lucas-Schloetter*, in: Lauterkeitsrecht in Europa, S. 315 f.

1783 Vergl. zur Öffnung der Adhäsionsklage für Interessenverbände insbesondere *Sachsen Gessaphe*, ZZP 1999, 3, 28; *Keßler/Micklitz*, Harmonisierung, S. 119 ff.; *Kühnberg*, ZfRV 2005, 106, 108 f.

1784 *Beier*, IIC 1985, 139, 145; *Dreier/von Lewinski*, in: Werbung in Europa, Frankreich, Rn. 82; *Szönyi*, GRUR Int. 1996, 83, 96 f.; *Sachsen Gessaphe*, ZZP 1999, 3, 20; *Keßler/Micklitz*, Harmonisierung, S. 93; *Vogel*, Französisches Wettbewerbsrecht, S. 36; GK-*Schricker*, Einl. F 246 („Brücke zur herkömmlichen zivilrechtlichen Haftung"); Harte/Henning-*Henning-Bodewig*, Einl. E Rn. 223.

1785 *Sachsen Gessaphe*, ZZP 1999, 3, 4; *Keßler/Micklitz*, Harmonisierung, S. 93.

1786 *Mäsch*, ZEuP 2003, 375, 384.

1787 *Szönyi*, GRUR Int. 1996, 83, 96; *Mäsch*, ZEuP 2003, 275, 385; *Lucas-Schloetter*, in: Lauterkeitsrecht in Europa, S. 319.

1788 *Mäsch*, ZEuP 2003, 375, 393 f.; vorsichtiger auch *Reich*, RabelsZ 56 (1992), 444, 487.

1789 *Sonnenberger/Dammann*, Wirtschaftsrecht, Rn. IV 145.

1790 *Keßler/Micklitz*, Harmonisierung, S. 94; *Sonnenberger/Dammann*, Wirtschaftsrecht, Rn. IV 148.

möglich, die sich nicht eindeutig auf das Verhältnis zwischen Unternehmen und Verbraucher beschränken, sondern teilweise auch die Beziehung von Unternehmen untereinander betreffen[1791], wie es bei der täuschenden Werbung der Fall ist[1792]. Auch Verbraucherverbände können gemäß den Art. L.421-1 bis 421-5 CCons unabhängig von einem Strafverfahren Sanktionen gegen Verletzungen des CCons anstoßen. Sie sind mit der *Action Civile* nicht auf das Adhäsionsverfahren vor den Strafgerichten beschränkt, sondern können die Klage auch vor den Zivilgerichten erheben[1793]. Im Unterschied zum Adhäsionsverfahren muss die Klage dann gerade nicht mit einer Verletzung der strafrechtlichen Vorschriften des CCons begründet werden[1794]. Wird derselbe Sachverhalt jedoch auch strafrechtlich gewürdigt, ist der Zivilrichter an die Tatsachenfeststellungen des Strafrichters gebunden; ein vorher anhängiges Zivilverfahren muss solange ausgesetzt werden, bis das insoweit vorrangige Strafverfahren beendet ist[1795].

c) Negationsmodell Großbritanniens

Großbritannien[1796] kennt kein systematisch eigenständiges Lauterkeitsrecht, weswegen auch keine speziellen Regelungen gegen unlauteres Wettbewerbsverhalten existieren[1797]. Die Existenz eines eigenständigen Lauterkeitsrechts wird verneint,

---

1791 Kritisch zur Regelung des Mitbewerberschutzes im CCons *Henning-Bodewig*, GRUR Int. 2010, 273, 276.

1792 *Sonnenberger/Dammann*, Wirtschaftsrecht, Rn. IV 145.

1793 *Szönyi*, GRUR Int. 1996, 83, 96; *Maurer*, Unterlassungsklagen, S. 29; *Keßler/Micklitz*, Harmonisierung, S. 123; *Kühnberg*, ZfRV 2005, 106, 110; *Lucas-Schloetter*, in: Lauterkeitsrecht in Europa, S. 319.

1794 *Kühnberg*, ZfRV 2005, 106, 112; a. A. wohl *Lucas-Schloetter*, in: Lauterkeitsrecht in Europa, S. 319 f.

1795 *Keßler/Micklitz*, Harmonisierung, S. 93.

1796 Terminologisch werden hier die Rechte Englands, Wales und Schottlands (gemeinsam: Großbritannien) einbezogen. Zwar weist das schottische Recht im Einzelnen Besonderheiten auf. Es hat sich aber dem englischen Recht weitgehend angenähert, *Westerholt*, Unlauterer Wettbewerb VI (Großbritannien und Nordirland), S. 5 ff.; *Boyle*, WRP 1990, 159 Fn. 1; *Bernhard*, IPR des unlauteren Wettbewerbs, S. 93; *Bodewig*, GRUR Int. 2004, 543 Fn. 4; zum irischen Lauterkeitsrecht siehe *Bodewig*, GRUR Int. 2004, 827 ff.

1797 *Saint-Gal*, GRUR Ausl. 1956, 202, 205; *Marsh*, GRUR Ausl. 1964, 493; *Nothhelfer*, GRUR Ausl. 1966, 434; *Westerholt*, Unlauterer Wettbewerb VI (Großbritannien und Nordirland), S. 1; *Boyle*, WRP 1990, 159; *Ohly*, Richterrecht und Generalklausel, S. 19; *Dehlfing*, Irreführende Werbung, S. 51; *Schricker/Henning-Bodewig*, WRP 2001, 1367, 1378 f.; *Bodewig*, GRUR Int. 2004, 543; Harte/Henning-*Bodewig*, Einl. E Rn. 257; *Grassie*, JIPLP 2006, 107; *Henning-Bodewig*, Unfair competition law, S. 138; GK-*Schricker*, Einl. F 312; *de Vrey*, European Unfair Competition Law, S. 203; *Dickinson*, Rome II, Rn. 6.01 und 6.16; *Wadlow*, JIPLP 2009, 789; *Beater*, Unl. Wettb. (2011), § 5 Rn. 406; Köhler/Bornkamm-*Köhler*, Einl. Rn. 4.9; *Müller*, in: Lauterkeitsrecht in Europa, S. 163.

obwohl Großbritannien durch den Beitritt zur PVÜ[1798] gemäß deren Art. 10bis verpflichtet ist, einen wirksamen Schutz gegen unlauteren Wettbewerb zu gewähren[1799]. An einer Systematik oder dogmatischen Aufarbeitung von Wesen und Zielsetzung der Bekämpfung unlauteren Wettbewerbs etwa im Rahmen eines *Tort of Unfair Competition* fehlt es insbesondere im Common Law der Rechtsprechung[1800]. Auch im Gesetzesrecht sucht man vergeblich nach einem allgemeinen generalklauselartigen Verbot unlauteren Wettbewerbs[1801]. Wenn sich die Literatur „etwas verschämt“[1802] mit der Materie beschäftigt, wird auf Vorstellungen der kontinental-europäischen Rechte oder Art. 10bis PVÜ zurückgegriffen[1803].

Als Grund für die fehlende Entwicklung eines eigenständigen Lauterkeitsrechts inklusive einer Generalklausel, die das gesamte Rechtsgebiet in seiner rechtstheoretischen Unbestimmtheit aufnehmen könnte, wird vor allem auf die richterliche Zurückhaltung verwiesen, die im Fall Mogul Steamship v. McGregor, Gow & Co. erstmals geäußert wurde und wegen der „Doctrin of Precedent“ (auch als „Stare Decisis“ bezeichnet) immer noch von Bedeutung ist[1804]: „*To draw a line between fair and unfair competition, between what is reasonable and unreasonable, passes the power of the courts*“[1805]. Die englischen Gerichte haben damit – ähnlich wie das deutsche Reichsgericht vor Inkrafttreten des UWG[1806] – ein Misstrauen gegen eine lauterkeitsrechtliche Generalklausel artikuliert, welches bis heute fortwirkt[1807]. Es fußt auf einer zutiefst liberalen Grundüberzeugung, die der Wettbewerbsfreiheit

1798 Das Vereinigte Königreich ist Mitglied der Pariser Verbandsübereinkunft von 1883 und hat deren Stockholmer Fassung vom 14.7.1967 im Jahr 1970 ratifiziert: *Westerholt*, Unlauterer Wettbewerb VI (Großbritannien und Nordirland), S. 16.

1799 *Robertson/Horton*, EIPR 1995, 568; *Ohly*, Richterrecht und Generalklausel, S. 19; *Ohly*, in: Werbung in Europa, Großbritannien, Rn. 1; *Schricker/Henning-Bodewig*, WRP 2001, 1367, 1379.

1800 L'Oreal SA & Ors v Bellure NV & Ors [2007] EWCA Civ 968 Rn. 161, abrufbar unter www.bailii.org; *Schwartz*, GRUR 1967, 333, 346; *de Vrey*, European Unfair Competition Law, S. 256; *Dickinson*, Rome II, Rn. 6.01.

1801 *Westerholt*, Unlauterer Wettbewerb VI (Großbritannien und Nordirland), S. 1; *Boyle*, WRP 1990, 159; *Glöckner*, Europäisches Lauterkeitsrecht, S. 356.

1802 *Honig*, GRUR Ausl. 1959, 286.

1803 *Westerholt*, Unlauterer Wettbewerb VI (Großbritannien und Nordirland), S. 2 mit entsprechenden Nachweisen; *Robertson/Horton*, EIPR 1995, 568.

1804 *Boyle*, WRP 1990, 159 f.; *Robertson/Horton*, EIPR 1995, 568; *Cornish*, Intellectual Property, Rn. 1–20; *Ohly*, in: Neuordnung des Wettbewerbsrechts, S. 76 ff.; *Glöckner*, Europäisches Lauterkeitsrecht, S. 356 f.; *de Vrey*, European Unfair Competition Law, S. 205; *Davis*, in: Unfair Competition, S. 195.

1805 Mogul Steamship v. McGregor, Gow & Co. [1889] 23 QBD 598 (625 f.), dazu *Westerholt*, Unlauterer Wettbewerb VI (Großbritannien und Nordirland), S. 10 ff.

1806 *Veelken*, ZVglRWiss 92 (1993), 241, 243 f.

1807 GK-*Schricker*, Einl. F 312; bereits *Honig*, GRUR Ausl. 1959, 286; *Cornish*, Intellectual Property, Rn. 1–18.

ein hohes Gewicht einräumt[1808]. Deren Einschränkung erscheint konsequenterweise nur in Einzelfällen unter besonderen, klar definierten Bedingungen gerechtfertigt[1809]. Der Gesetzgeber stünde bei der Schaffung einer lauterkeitsrechtlichen Generalklausel außerdem vor einem weiteren, speziell dem Common Law immanenten methodologischen Problem[1810]: Denn neben dem Richterrecht erlässt der Gesetzgeber lediglich in begrenzten und eng auszulegenden Ausnahmefällen zusätzliche zivilrechtliche Vorschriften[1811]. Die Begrenzung verlangt detailgenaue Formulierungen, die sich jedoch nicht mit den notwendigerweise unbestimmten Rechtsbegriffen einer Generalklausel vertragen.

Dennoch existiert ein weites Feld von Einzelregelungen, die geschäftliches Verhalten steuern und dabei funktional dem Lauterkeitsrecht nach kontinentaleuropäischem Verständnis zuzuordnen wären[1812], insbesondere weil sie mit Blick auf ihre Schutzelemente eine hinreichende Nähe zu den lauterkeitsrechtlichen Kerntatbeständen aufweisen[1813]. Drei unterschiedliche Regulierungsansätze werden verfolgt: Wirtschaftliche Sachverhalte werden durch die vom Fallrecht gewährten Klagemöglichkeiten, einige gesetzliche Vorschriften sowie staatlich anerkannte und geförderte Kodizes der Selbstkontrolle der Wirtschaft reglementiert[1814]. Diese Ansätze werden allgemein als ausreichend angesehen, um die Verpflichtung nach Art. 10bis Abs. 1 PVÜ zur Gewährleistung eines wirksamen Schutzes vor unlauterem Wettbewerb zu erfüllen[1815]. Jede Einzelregelung lässt sich entweder einem

---

1808 *Robertson/Horton*, EIPR 1995, 568 („...leaving the market-place to determine its own morality without the force of legal sanction."); *Schricker/Henning-Bodewig*, WRP 2001, 1367, 1378; *de Vrey*, European Unfair Competition Law, S. 265 („allegiance to a pro-competitive policy").

1809 *De Vrey*, European Unfair Competition Law, S. 205, macht außerdem auf die praktische Überlegung aufmerksam, dass sich die Gerichte keiner Klageflut aussetzen wollten, in der sie über die Rechtfertigung von Werbeaussagen hätten urteilen müssen; ebenso *Cornish*, Intellectual Property, Rn. 1–19.

1810 *Ohly*, in: Neuordnung des Wettbewerbsrechts, S. 77 f.; *Schricker/Henning-Bodewig*, WRP 2001, 1367, 1378.

1811 *Zweigert/Kötz*, Rechtsvergleichung, § 18 III; *Bodewig*, GRUR Int. 2004, 543, 544.

1812 *Westerholt*, Unlauterer Wettbewerb VI (Großbritannien und Nordirland), S. 2 ff.; *Boyle*, WRP 1990, 159; *Bodewig*, GRUR Int. 2004, 543 f.; Harte/Henning-*Bodewig*, Einl. E Rn. 257; GK-*Schricker*, Einl. F 313; *Wadlow*, JIPLP 2009, 789 („... a rather disparate collection of laws, which collectively add up to not very much."); Köhler/Bornkamm-*Köhler*, Einl. Rn. 4.9.

1813 Siehe zur Methode der Identifikation lauterkeitsrechtlicher Vorschriften oben S. 215 (Alternativer Ansatz: Autonome Identifikation aufgrund hinreichender Sachnähe zum traditionellen Mitbewerberschutz (Kerntatbestandsnähe)).

1814 *Boyle*, WRP 1990, 159; GK-*Schricker*, Einl. F 313; Harte/Henning-*Bodewig*, Einl. E Rn. 257; *Henning-Bodewig*, GRUR Int. 2010, 273, 280.

1815 *Honig*, GRUR Ausl. 1959, 286, 289; *Westerholt*, Passing-Off, S. 10; zweifelnd *Robertson/Horton*, EIPR 1995, 568, 572; zweifelnd auch *Alkin*, JIPLP 2008, 48, 50 ff. hinsichtlich der Fallgruppen „malicious falsehood" und „free-riding".

mitbewerberschützenden oder einem davon zu trennenden verbraucherschützenden Bereich zuordnen[1816].

aa) Zivilrechtliche Klagemöglichkeiten des Fallrechts (*Torts*)

Die Rechtsprechung des Common Law[1817] hat im Bereich des *Law of Torts* für eine abschließende Reihe von nunmehr anerkannten Tatbeständen des Fallrechts zivilrechtliche Klagemöglichkeiten entwickelt, mit denen im Wettbewerb zumindest ein fragmentarischer Schutz gewährleistet[1818] und insbesondere die lauterkeitsrechtlichen Kerntatbestände[1819] verfolgt werden können[1820]. Diese Klagemöglichkeiten des Fallrechts dienen grundsätzlich dem Schutz des einzelnen, unmittelbar betroffenen Wettbewerbers[1821].

(1) *Passing-Off*

Unter den traditionellen zivilrechtlichen Klagemöglichkeiten besitzt der hergebrachte *Tort* des *Passing-Off* (Hervorrufen von Verwechslungen) die historisch[1822] größte Bedeutung[1823]. Hinter dem *Tort* steht das Prinzip, dass niemand das Recht besitzt, seine Produkte als diejenigen eines anderen auszugeben[1824]. Aus dieser

---

1816 *Ohly*, Richterrecht und Generalklausel, S. 19 und 46 f.; *Ohly*, in: Werbung in Europa, Großbritannien, Rn. 3; *Davis*, in: Unfair Competition, S. 186 weist zudem darauf hin, dass die Trennung aufrechtzuerhalten sei, obwohl das Fallrecht einerseits und das Gesetzesrecht andererseits teilweise die gleichen Sachverhalte regele; *Müller*, in: Lauterkeitsrecht in Europa, S. 164 u. 180 („Eine Fusion von Verbraucher- und Konkurrentenschutz hat bislang nicht stattgefunden").

1817 Zum großen Teil abrufbar unter www.bailii.org.

1818 *Robertson/Horton*, EIPR 1995, 568, 569 („piecemeal fashion"); *Ohly*, in: Werbung in Europa, Großbritannien, Rn. 4; Köhler/Bornkamm-*Köhler*, Einl. Rn. 4.9.

1819 Siehe oben S. 192 (Kerntatbestände: Schutz vor Herkunftstäuschung, vor Anschwärzung und von Betriebsgeheimnissen).

1820 *Saint-Gal*, GRUR Ausl. 1956, 202, 205; *Ladas*, Patents, S. 1696 f.; *Westerholt*, Unlauterer Wettbewerb VI (Großbritannien und Nordirland), S. 13; *Boyle*, WRP 1990, 159, 161; *Beater*, Unlauterer Wettbewerb, § 1 Rn. 8.

1821 *Schwartz*, GRUR 1967, 333, 346; *Ulmer*, GRUR Int. 1973, 135, 138; *Westerholt*, Unlauterer Wettbewerb VI (Großbritannien und Nordirland), S. 31; *Boyle*, WRP 1990, 159; *Bernhard*, IPR des unlauteren Wettbewerbs, S. 92 („Der Schutz von Konsumenten ist nicht in die wettbewerbsrechtlich relevanten Deliktstatbestände integriert worden."); *Bodewig*, GRUR Int. 2004, 543, 544; Harte/Henning-*Bodewig*, Einl. E Rn. 270; *Ohly*, in: Werbung in Europa, Großbritannien, Rn. 3.

1822 Zur geschichtlichen Entwicklung umfassend *Westerholt*, Unlauterer Wettbewerb VI (Großbritannien und Nordirland), S. 93 ff.

1823 *Saint-Gal*, GRUR Ausl. 1956, 202, 206; *Bodewig*, GRUR Int. 2004, 543, 545; GK-*Schricker*, Einl. F 314; *de Vrey*, European Unfair Competition Law, S. 233.

1824 „Nobody has any right to represent his goods as the goods of somebody else", Reddaway v. Banham [1896] AC 199, 204, 13 RPC 218, 224.

Grundregel entwickelten die englischen Gerichte eine Vielzahl von Anwendungsmöglichkeiten[1825]. Wirtschaftshistorisch vergleichbar mit der Schaffung wettbewerbsrechtlicher Schutztatbestände in anderen Rechtsordnungen[1826] wurde der *Tort* ständig neuen Entwicklungen im Geschäftsleben angepasst und zu einem umfassenden Schutz des Mitbewerbers vor Verwechslungsgefahren im geschäftlichen Verkehr ausgebaut[1827]. Die klassische Klage des *Passing-Off* gründet auf einer Täuschung der Marktgegenseite (*misrepresentation*), die zu einer Verwechslungsgefahr (*risk of deception*) und damit einhergehend zu einer Ausnutzung fremden geschäftlichen Ansehens (*goodwill*) führt und letztendlich in einen Schaden (*damage*) mündet[1828].

Das Handlungselement der Täuschung (*misrepresentation*) ist ein zentrales Merkmal des Tatbestands[1829]. Die Täuschung ist nicht auf spezielle Handlungsformen beschränkt[1830]. Insbesondere muss nicht im Rahmen eines Wettbewerbsverhältnisses

---

1825 *Adams*, Journal BL 1985, 26, 28; *Holyoak*, Journal BL 1993, 444, 449.

1826 *Westerholt*, Unlauterer Wettbewerb VI (Großbritannien und Nordirland), S. 93.

1827 *Saint-Gal*, GRUR Ausl. 1956, 202, 206; GK-*Schricker*, Einl. F 314; Köhler/Bornkamm-*Köhler*, Einl. Rn. 4.9; *Müller*, in: Lauterkeitsrecht in Europa, S. 164 („beeindruckendes Spektrum an Fallvarianten und Schutzrichtungen").

1828 Beispielsweise H. P. Bulmer Ltd. and Showerings Ltd. v. J. Bollinger s. a. and Champagne lanson pere et fils [1978] RPC 79; vergl. *Westerholt*, Unlauterer Wettbewerb VI (Großbritannien und Nordirland), S. 148 ff.; *Kroher*, GRUR Int. 1982, 92, 93 f.; *Ohly*, in: Werbung in Europa, Großbritannien, Rn. 25; *Bodewig*, GRUR Int. 2004, 543, 544; Harte/Henning-*Bodewig*, Einl. E Rn. 258; *Henning-Bodewig*, Unfair competition law, S. 139; *de Vrey*, European Unfair Competition Law, S. 234; *Müller*, in: Lauterkeitsrecht in Europa, S. 165; teilweise hat die Rechtsprechung seit der Advocaat-Entscheidung zusätzlich verlangt, dass die Täuschungshandlung vorsätzlich von einem Kaufmann gegenüber Verbrauchern zu begehen sei: Erven Warwink B. V. v. Townend and Sons Ltd. [1979] FSR 397; GRUR Int. 1980, 120 ff.; ebenso Taittinger and Others v. Allbev Ltd. and Oterhs [1993] 2 CLMR 741; Chocosuisse Union des Fabricants de Chocolat v. Cadbury Ldt. [1998] RPC 117, [1999] Rpc 866; davon ist die Rechtsprechung in neueren Entscheidungen jedoch wieder abgerückt: Consorzio Del Prosciutto Di Parma v. Mark & Spencer Plc [1991] RPC 351, CA; Reed Executive Plc and another v. Reed Business Information Ltd. and another [2002] EWCA 1015 (CH); vergl. *Carty*, EIPR 1996, 629; *Cornish*, Intellectual Property, Rn. 16–05 f.

1829 *Adams*, Journal BL 1985, 26, 29 f.; *Robertson/Horton*, EIPR 1995, 568, 569 („The essence of this action is customer confusion."); *Ohly*, in: Werbung in Europa, Großbritannien, Rn. 108 (der Goodwill wird nicht schlechthin, sondern allein gegen täuschende Angaben geschützt); *de Vrey*, European Unfair Competition Law, S. 236; *Davis*, in: Unfair Competition, S. 190 („At the centre of the tort of passing off is deception.").

1830 „It would be impossible to enumerate or classify all the possible ways in which a man may make the false representation relied on.", Spalding v. Gamage [1915] 32 RPC 273, 284; vergl. *Westerholt*, Passing-Off, S. 139.

(*common field of activity*) getäuscht werden[1831]. Zwar wurde das Vorliegen eines Wettbewerbsverhältnisses teilweise ausdrücklich zur Anspruchsvoraussetzung erhoben[1832]. Bedeutung erlangte es vor allem in den Fällen, in denen Berufs- oder Standesorganisationen (*professional associations*) ihren Goodwill verteidigen, der von ihnen selbst nicht gewerblich genutzt wird[1833]. Als funktional eigenständiges Merkmal wurde es jedoch bald wieder aufgegeben[1834]. Inhaltlich ist das Handlungselement horizontal mitbewerberbezogen geprägt. Zwar muss sich die Täuschung auf das eigene Angebot beziehen. Dabei muss das eigene Angebot jedoch mit einem Konkurrenten in Verbindung gebracht werden: In erster Linie werden Täuschungen darüber erfasst, ob das eigene Produkt von einem bestimmten Konkurrenten stammt. Kunden sollen Produkte nur demjenigen Hersteller zuordnen, der auch tatsächlich ihr Hersteller ist[1835]. Die Täuschungshandlung beschränkt sich jedoch nicht auf unzutreffende Angaben hinsichtlich der betrieblichen Herkunft von Waren oder Leistungen, sondern erfasst auch die Qualitätstäuschung, soweit mit der Qualität eine bestimmte betriebliche Herkunft verbunden wird[1836]. Der Kunde wählt ein bestimmtes Produkt nicht nur, weil es von einem bestimmten Hersteller stammt, sondern vor allem, weil er mit der Herkunft eine bestimmte Qualität verbindet. Die Behauptung falscher Qualität unterliegt dem *Passing-Off*-Verbot selbst dann, wenn dabei auf die „richtige" Herkunft hingewiesen wird[1837]. Ein Beispiel bildet der Verkauf von gebrauchter Ware aus dem Unternehmen des Klägers als

---

1831 *Ohly*, in: Werbung in Europa, Großbritannien, Rn. 104; *Davis*, in: Unfair Competition, S. 192; *Müller*, in: Lauterkeitsrecht in Europa, S. 169.

1832 McCulloch v. May [1948] 65 RPC 58, 66 f.; *Schwartz*, GRUR 1967, 333, 346.

1833 *Westerholt*, Passing-Off, S. 29 ff.; *Kroher*, GRUR Int. 1982, 92, 94; *de Vrey*, European Unfair Competition Law, S. 235.

1834 Lego Systems v. Lego M. Lemelstrich [1983] FSR 155; Mirage Studios v. Counter Feat Clothing Co Ltd. [1991] FSR 145.

1835 Clock Ltd. v. Clock House Hotel Ltd. [1936] 53 RPC 269 CA; United Biscuits v. Asda [1997] RPC 513; vergl. *Ohly*, in: Werbung in Europa, Großbritannien, Rn. 109; *de Vrey*, European Unfair Competition Law, S. 248 ff.; was „Verbindung" in diesem Zusammenhang bedeutet und ob insoweit ein gewisses Mindestmaß an Nähe vorgetäuscht werden muss, wird aktuell vor allem in den Fällen des unlizenzierten character und personality merchandising problematisiert, vergl. *Vaver*, IIC 1978, 541 ff.; *Adams*, Journal BL 1985, 26, 33; *Holyoak*, Journal BL 1993, 444, 449 ff.; *Carty*, EIPR 1996, 629, 630 (für ein insoweit sehr weites Verständnis); *Ohly*, in: Werbung in Europa, Großbritannien, Großbritannien Rn. 114 f.; *de Vrey*, European Unfair Competition Law, S. 248 ff.

1836 *Westerholt*, Unlauterer Wettbewerb VI (Großbritannien und Nordirland), S. 140; *Kroher*, GRUR Int. 1982, 92, 95; *Bodewig*, GRUR Int. 2004, 543, 544; *Davis*, in: Unfair Competition, S. 192 f.

1837 *Westerholt*, Unlauterer Wettbewerb VI (Großbritannien und Nordirland), S. 143 ff.; *Ohly*, in: Werbung in Europa, Großbritannien, Rn. 110; a. A. *Schwartz*, GRUR 1967, 333, 346 (auch im Fall der reinen Qualitätstäuschung müsse auf die Herkunft der Ware hingewiesen werden).

fabrikneu[1838]. Entsprechend verboten worden sind auch täuschende Angaben über die Zusammensetzung eines Produkts oder der Verkauf von Ware als erstklassig, wenn sie tatsächlich minderwertig war, selbst wenn die Ware mit dem richtigen Kennzeichen auf die wahre Herkunft hinwies[1839].

Als weiteres Tatbestandsmerkmal des *Passing-Off* muss die Täuschung zu der Gefahr führen, dass die Marktgegenseite Mitbewerber miteinander verwechselt (*risk of deception*)[1840]. Ohne eine damit einhergehende Verwechslungsgefahr schützt *Passing-Off* selbst vor sklavischer Nachahmung nicht[1841]. Je stärker sich die Tätigkeitsbereiche von Kläger und Beklagtem gleichen, desto eher ist davon auszugehen, dass die Täuschung auch zu einer Verwechslungsgefahr führt[1842]. In dem Merkmal der Verwechslungsgefahr spiegelt sich der Vertikalbezug des Tatbestands. Die Verwechslungsgefahr betrifft zum einen die Zielrichtung der Täuschungshandlung: Sie muss sich unmittelbar zunächst an die Marktgegenseite richten. Zum anderen verdeutlicht das Merkmal, dass zumindest ein deliktischer Teilerfolg immer auch im Vertikalverhältnis bei der Marktgegenseite liegt, die der Tatbestand vor einer Täuschung schützen will[1843].

Das eigentliche Schutzgut des *Passing-Off* ist jedoch der Goodwill[1844] als Teil des gesamten Unternehmensvermögens[1845]. *Passing-Off* setzt zunächst voraus, dass der Kläger einen Goodwill besitzt. Der Goodwill ist der Inbegriff aller Vorstellungen, die die Geschäftspartner und Verbrauchen über das Unternehmen haben und die sie dazu bewegen, gerade diesen Unternehmen in ihren geschäftlichen Entscheidungen zu berücksichtigen[1846]. Er wird dem Unternehmen als Vermögensposition

---

1838 Morris Motors v. Lilley [1959] 1 WLR 118.

1839 Spalding v. Gamage [1915] 32 RPC 273.

1840 *Nothhelfer*, GRUR Ausl. 1966, 434, 437 sieht darin auch das Abgrenzungsmerkmal zu den Anschwärzungs-Torts, insbesondere zur Injurious Falsehood; *Kroher*, GRUR Int. 1982, 92, 93; *Carty*, EIPR 1996, 487; *de Vrey*, European Unfair Competition Law, S. 237 f.

1841 Hodgkinson Corby Ltd. and Another v. Ward Mobility Services Ltd. [1995] FSR 169; *Davis*, in: Unfair Competition, S. 190.

1842 *Kroher*, GRUR Int. 1982, 92, 93 f.; *de Vrey*, European Unfair Competition Law, S. 235; *Westerholt*, Passing-Off, S. 16.

1843 Vergl. *Kroher*, GRUR Int. 1982, 92, 93.

1844 *Bodewig*, GRUR Int. 2004, 543, 544; *Westerholt*, Passing-Off, S. 65; *Kroher*, GRUR Int. 1982, 92, 92 und 95 („weil Passing off in erster Linie den Goodwill als vermögenswertes Recht des Gewerbetreibenden schützen will und Verbraucherinteressen nur inzident im Auge hat"); *Henning-Bodewig*, Unfair competition law, S. 138; *Müller*, in: Lauterkeitsrecht in Europa, S. 164 f.

1845 *Westerholt*, Passing-Off, S. 74 f.

1846 *Kroher*, GRUR Int. 1982, 92, 97; *Beater*, Unlauterer Wettbewerb, § 22 Rn. 74; Lord McNaghten in Inland Revenue v. Muller & Co's Margarine Ltd [1901] AC 217: "What is goodwill? It is a thing very easy to describe, very difficult do define. It is the benefit and advantage of a good name, reputation and connection of a business. It is the attractive force that brings in custom. It is one thing that

zugeordnet (*personal property*)[1847]. Bezieht sich die Zuordnung des Goodwill normalerweise auf einen individuellen Mitbewerber, kann sie sich im Einzelfall auch auf eine Mitbewerbergesamtheit (class of traders) erstrecken (*community goodwill*). Wurde ein community goodwill zunächst hinsichtlich geographischer Herkunftshinweise anerkannt[1848], ist er später auch auf Qualitätshinweise erstreckt worden[1849]. Der Goodwill ist dann in erster Linie an die Zugehörigkeit zu der Gemeinschaft gebunden[1850]. Es genügt nicht, dass der Goodwill bei einem Mitbewerber bestehen: Darüber hinaus muss die Wertschätzung in den Augen des Publikums durch die Täuschung auf einen anderen Mitbewerber übertragen werden (sogenannter Imagetransfer[1851]). Auf andere Formen der Kundentäuschung ist er nicht anwendbar[1852]. *Passing-Off* begeht damit nicht, wer lediglich irreführend das eigene Produkt besser darstellt, als es in Wirklichkeit ist, ohne dabei den Goodwill der Konkurrenz auf sich zu übertragen. Letztendlich muss die Ausnutzung des Goodwill den Beklagten nicht nur besserstellen, sondern gleichzeitig den Kläger in seinem Goodwill schädigen[1853]. Das Element des Schadens wird allerdings weit ausgelegt. So reicht es aus, dass eine Beeinträchtigung des Goodwill wahrscheinlich erscheint[1854], was bereits der Fall ist, wenn eine Täuschung inklusive Verwechslungsgefahr vorliegt[1855]. Deswegen werden die wahrscheinliche Beeinträchtigung

---

distinguishes an old established business from a new business at its first start. The goodwill of a business must emanate from a particular centre or source. However widely extended or diffused its influence may be, goodwill is worth nothing unless it has power of attraction sufficient to bring customers home to the source from which it emanates.".

1847 *Kroher*, GRUR Int. 1982, 92, 93; auch wenn aus dem Schutz kein subjektives Recht erwächst, vergl. *Westerholt*, Passing-Off, S. 100 ff.

1848 Bollinger v. Costa Brave Wine Ltd. [1960] RPC 16, [1961] RPC 116; Wine Products Lts. v. Mackenzie & Co. Ltd. [1969] RPC 1; John Walker & Sons Ltd. v. Henry Ost & Co. Ltd. [1970] FSR 13.

1849 Erven Warwink B. V. v. Townend and Sons Ltd. [1979] FSR 397; GRUR Int. 1980, 120 ff.

1850 *Westerholt*, Passing-Off, S. 80; *de Vrey*, European Unfair Competition Law, S. 251; kritisch bei reinen Qualitätshinweisen wie in der Advocaat-Entscheidung *Kroher*, GRUR Int. 1982, 92, 95.

1851 Köhler/Bornkamm-*Köhler*, § 4 Rn. 9.53.

1852 Schulke & Mayr Ltd. and Another v. Alkapharm Ltd. [1997] FSR 161; *Westerholt*, Passing-Off, S. 1; *Carty*, EIPR 1996, 629, 632; *Davis*, in: Unfair Competition, S. 190.

1853 *De Vrey*, European Unfair Competition Law, S. 241; *Carty*, EIPR 1996, 487, 488; eine konkrete Vermögensschädigung ist nicht erforderlich: *Ohly*, in: Werbung in Europa, Großbritannien, Großbritannien Rn. 113.

1854 *Ohly*, in: Werbung in Europa, Großbritannien, Großbritannien Rn. 113.

1855 *Westerholt*, Unlauterer Wettbewerb VI (Großbritannien und Nordirland), S. 147; *Kroher*, GRUR Int. 1982, 92, 93; *de Vrey*, European Unfair Competition Law, S. 241; *Davis*, in: Unfair Competition, S. 191.

des Goodwill und damit das Vorliegen eines Schadens regelmäßig vermutet[1856]. Die Zuordnung des Goodwill zu einem Mitbewerber, die Notwendigkeit seiner Übertragung auf einen anderen und die Voraussetzung des Schadens manifestieren den horizontalen Charakter des Tatbestandes in besonderer Weise.

Zu einem allgemeinen „Tort of Unfair Competition" hat sich der Tatbestand des *Passing-Off* noch nicht entwickelt[1857], obwohl er aufgrund der Weite[1858] seiner Tatbestandsmerkmale am ehesten die Funktion einer lauterkeitsrechtlichen Generalklausel übernehmen könnte[1859]. Dazu müsste sich das Grundprinzip des *Torts*, dass niemand das Recht besitze, seine Produkte als diejenigen eines anderen auszugeben, verallgemeinern lassen zu der Regel, dass niemand ernten dürfe, was ein anderer gesät hat[1860]. Der Schutz vor Verwechslungen durch Täuschung (*misrepresentation*) müsste sich zu einem Schutz vor der Ausbeutung geschäftlichen Potentials an sich wandeln (*misappropriation*)[1861]. Das ist bisher jedoch nicht der Fall. Zwar hat die Rechtsprechung den Anwendungsbereich des *Torts* im Laufe der Zeit vergrößert, indem einzelne Merkmale immer weiter gefasst wurden[1862]. So kann nunmehr grundsätzlich der Goodwill auch einer Mitbewerbergesamtheit (*class of traders*) zugeordnet werden. Die Täuschung kann nunmehr grundsätzlich auch in einer reinen Qualitätstäuschung liegen, solange damit auch ein Herkunftshinweis verbunden ist. Auch das Schadenselement schränkt den Tatbestand nicht wesentlich ein. Die Weite des Tatbestandes provoziert die Diskussion, ob sich *Passing-Off* bereits zu *Unfair Competition* entwickelt habe[1863] oder solch eine Erweiterung zumindest wünschenswert sei. Dafür wird auf vermeintliche Schutzlücken im mitbewerberschützenden Common Law hingewiesen[1864], dessen Schutzniveau sich an den im verwaltungsrechtlich geprägten Gesetzesrecht immer weiter ausgebauten Verbraucherschutz angleichen müsse, um Mitbewerbern entsprechende privatrechtliche Durchsetzungsmöglichkeiten zu verleihen[1865]; dagegen werden

1856 *Kroher*, GRUR Int. 1982, 92, 93; *Carty*, EIPR 1996, 487 ff.; *Ohly*, in: Werbung in Europa, Großbritannien, Großbritannien Rn. 113; *de Vrey*, European Unfair Competition Law, S. 241.

1857 *Cornish*, Intellectual Property, Rn. 1–15; *Davis*, in: Unfair Competition, S. 198.

1858 Kritischer: Unbestimmtheit, z. B. *Carty*, EIPR 1996, 629 („elusive nature of the definition").

1859 Harte/Henning-*Henning-Bodewig*, Einl. E Rn. 258; *Henning-Bodewig*, Unfair competition law, S. 138; *Adams*, Journal BL 1985, 26, 32.

1860 *Adams*, Journal BL 1985, 26; *Adams*, EIPR 1992, 259.

1861 *Carty*, EIPR 1996, 629.

1862 Übersicht bei *de Vrey*, European Unfair Competition Law, S. 247 ff.

1863 Verneinend *Adams*, Journal BL 1985, 26, 33.

1864 *Robertson/Horton*, EIPR 1995, 568, 580 f.

1865 In diese Richtung gingen bereits die Ausführungen von Lord Diplock in Erven Warnink Besloten Vennootschap and Another Appellants v. J. Townend & Sons (Hull) Ltd. And Another Respondents [1979] AC 731; vergl. auch Tiscali UK Ltd. v. British Telecommunications Plc. [2008] WL 5263950, Rn. 5 („There is no reason to suppose that if the Claimant succeeds in establishing an infringement of these

die Rechtssicherheit und die wirtschaftliche Handlungsfreiheit betont[1866]. Je mehr geschäftliche Verhaltensweisen verboten werden, desto weniger Möglichkeiten stehen Konkurrenten zur Eroberung neuer Märkte zur Verfügung; die Wettbewerbsintensität wird gedämpft[1867]. In der Rechtsprechung wird der Standpunkt vertreten, dass es keinen Schutz gegen Ausbeutung an sich und erst recht keine allgemeine Klage gegen unlauteren Wettbewerb gebe[1868]. Der Gesetzgeber habe bewusst darauf verzichtet, in gesetzliche Vorschriften (wie insbesondere in die *Consumer Protection from Unfair Trading Regulations*) auch individuelle Klagerechte von Mitbewerbern aufzunehmen[1869]. Damit werden viele Fälle von geschäftlichen Täuschungs- oder Aneignungshandlungen nicht vom Tatbestand des *Passing-Off* erfasst, obwohl sie unter die Definition der Unlauterkeit im Sinne von Art. 10bis fallen[1870]. Beispiele bilden Täuschungen über die eigenen Produkte ohne einen Bezug zur Konkurrenz oder die Aneignung von prägenden Designelementen ohne eine damit einhergehende Verwechslungsgefahr.

(2) Sonstige *Economic Torts*

Neben dem *Passing-Off* gibt es eine Reihe weiter sogenannter *Economic Torts*[1871], die primär dem Schutz wirtschaftlicher Interessen dienen[1872] und damit insbesondere auch Wettbewerbsverhalten betreffen können. Dazu gehören zum Beispiel *Torts*

---

new regulations, aimed at the protection of consumers and businesses, this could not serve as ‚unlawful means' for the purpose of establishing that tort"); mit Blick auf die Umsetzung der Richtlinie 2005/29/EG über unlautere Geschäftspraktiken auch *Morcom*, EIPR 2007, 125, 127; dazu auch *Müller*, in: Lauterkeitsrecht in Europa, S. 186 f.

1866 *Adams*, EIPR 1992, 259, 260 f.; *Carty*, EIPR 1996, 629, 632; *Cornish*, Intellectual Property, Rn. 1–17; *Alkin*, JIPLP 2008, 48, 53.

1867 *Schricker*, GRUR Int. 1970, 32, 40; *Schricker*, IIC 1991, 788, 793; *Keßler*, WRP 1990, 73, 78.

1868 Cadbury-Schweppes Prop. Ltd. v. Pub Squash Co. Prop. Ltd. (Privy Council) [1981] RPC 429; Swedac v. Magnet & Southerns [1989] 1 FSR 243; Hodgkinson & Corby Ltd. and Roho Inc. v. Wards Mobility Services Ltd. [1995] FSR 169 („I turn to consider the law and begin by identifying what is not the law. There is no tort of copying. There is no tort of taking a man's market or customers. Neither the market nor the customers are the plaintiff's own. There is no tort of making use of another's goodwill as such. There is no tort of competition.").

1869 Phillip McGuffick v. The Royal Bank of Scotland Plc. [2009] WL 2958770, Rn. 91 f.

1870 *Adams*, EIPR 1992, 259, 260.

1871 *Cornish*, Intellectual Property, Rn. 2–12 ff.; *Bodewig*, GRUR Int. 2004, 543, 545; *Müller*, in: Lauterkeitsrecht in Europa, S. 164.

1872 *Carty*, Economic Torts, S. 1; *Hager*, in: FS von Hoffmann, S. 792 (Schutz von reinen Vermögensschäden).

wie *Inducement to Breach of Contract*[1873], *Intimidation*[1874], *Conspiracy*[1875] oder *Breach of Statutory Duties*[1876]. Teilweise wurde vorgeschlagen, die einzelnen Economic Torts unter einem umfassenden *Tort of Unlawful Interference with Trade* zusammenzufassen, was sich jedoch in der Rechtsprechung bislang nicht durchsetzen konnte[1877]. Unterschiedlich beurteilt wird zudem, welche der *Economic Torts* speziell dem Lauterkeitsrecht zuzuordnen sind[1878]. Während teilweise allen *Economic Torts* lauterkeitsrechtliche Relevanz zugesprochen wird[1879], ist man andererseits der Meinung, neben dem *Passing-Off* lediglich den Schutz vor Anschwärzung[1880], allenfalls zusätzlich den von Betriebsgeheimnissen[1881] zum Lauterkeitsrecht zu zählen. Gemäß dem Kriterium der Kerntatbestandsnähe[1882] werden vorliegend nur diejenigen *Torts* dem Lauterkeitsrecht zugeordnet, die den lauterkeitsrechtlichen Kerntatbeständen hinreichend nahestehen. In Betracht kommen damit *Torts*, die Schutz gegen Anschwärzung oder von Betriebsgeheimnissen bieten.

Schutz gegen Anschwärzung durch die Behauptung unwahrer Tatsachen bieten zwei *Torts*: „*Malicious Falsehood*" und „*Defamation*"[1883]. Neben dem *Passing-Off*

1873 Anstiftung zum Vertragsbruch oder Verhinderung der Vertragserfüllung, *Cornish*, Intellectual Property, Rn. 2–15; vergl. auch *Müller*, in: Lauterkeitsrecht in Europa, S. 178 ff.

1874 Bedrohung von Dritten zur Verhinderung von Vertragsabschlüssen mit dem Kläger, *Cornish*, Intellectual Property, Rn. 2–16.

1875 Gemeinsame Aktionen von Wettbewerbern, um einen Konkurrenten zu schädigen (z. B. mittels eines Bykotts), *Cornish*, Intellectual Property, Rn. 2–13.

1876 Der Tort erfasst den Bruch gesetzlicher Vorschriften, deren Zweck gerade in der Verhinderung der durch den Bruch entstandenen Schäden liegt, was nachzuweisen in der Praxis erhebliche Schwierigkeiten bereitet (z. B. wurde der Trade Description Act bislang nicht als Schutzgesetz gewertet), *Bodewig*, GRUR Int. 2004, 543, 545; *Müller*, in: Lauterkeitsrecht in Europa, S. 176.

1877 *Cornish*, Intellectual Property, Rn. 2–17; *Bodewig*, GRUR Int. 2004, 543, 545.

1878 Vergl. *Davis*, in: Unfair Competition, S. 187 f.

1879 *Carty*, Economic Torts, S. 2 („The common law having no general tort of unfair competition, the economic torts represent its chosen method to attack excessive (rather than simply aggressive) competition or economic endeavourt, whether through diversion of custom or attacks on commercial links. Although most commentators concentrate on the tort of passing off to assiss the potential for a development of a tort of unfair competition, all the economic torts merit analysis as part of this assessment..."); entsprechend bezieht *Müller*, in: Lauterkeitsrecht in Europa, S. 164 ff. in ihren Länderbericht alle Economic Torts mit ein.

1880 *Davis*, in: Unfair Competition, S. 188.

1881 *Adams*, EIPR 1992, 259, 260; *Robertson/Horton*, EIPR 1995, 568, 569.

1882 Siehe oben S. 215 (Alternativer Ansatz: Autonome Identifikation aufgrund hinreichender Sachnähe zum traditionellen Mitbewerberschutz (Kerntatbestandsnähe)).

1883 *Nothhelfer*, GRUR Ausl. 1966, 434, 435 ff.; *Beater*, Unlauterer Wettbewerb, § 1 Rn. 8; *Boyle*, WRP 1990, 159, 161; *Ladas*, Patents, S. 1696 ff.; *Westerholt*, Unlauterer Wettbewerb VI (Großbritannien und Nordirland), S. 13.

wird der wettbewerbsrechtliche Mitbewerberschutz im Wesentlichen durch sie geprägt[1884]. Der Tatbestand der *Malicious Falsehood* erfasst allgemein nachweislich falsche Angaben[1885], die mindestens grobfahrlässig[1886] zu einem Schaden führen[1887]. Inhaltlich muss sich die falsche Angabe im Gegensatz zum *Passing-Off* auf die Sphäre des Klägers beziehen; Falschangaben über eigene Produkte sind vom *Tort* nicht erfasst[1888]. Der Schaden muss nicht zwingend in einer Beeinträchtigung des guten Rufs liegen[1889]. Ausreichend ist es, wenn zum Beispiel ein Handelsname herabgesetzt[1890], ein Urheberrecht angezweifelt[1891] oder ein sportlicher Titel beeinträchtigt wird[1892]. Speziell der gute Ruf wird vor Herabsetzung in der Öffentlichkeit durch den *Tort of Defamation* geschützt[1893]. Darin verkörpert sich der allgemeine Ehrenschutz; geschütztes Rechtsgut ist die äußere Ehre (*reputation*)[1894] auch von Unternehmen[1895]. Über die Ehrverletzung hinaus kommt es – anders als bei *Malicious Falsehood* – weder auf ein Verschulden an, noch zunächst auf die Unwahrheit der Äußerung, deren Wahrheitsgehalt von Beklagten lediglich im Einzelfall als Verteidigungsgrund vorgebracht werden kann[1896].

Betriebs- und Geschäftsgeheimnisse und allgemein vertrauliche Informationen werden durch den *Tort of Breach of Confidence* geschützt. Voraussetzungen sind, dass die Information nicht bereits öffentlich war, eine Pflicht zur Vertraulichkeit bestand und der ursprüngliche Inhaber der Information durch die pflichtverletzende

1884 *Robertson/Horton*, EIPR 1995, 568, 569 Fn. 11; *de Vrey*, European Unfair Competition Law, S. 203; *Bodewig*, GRUR Int. 2004, 543, 545; *Ohly*, in: Werbung in Europa, Großbritannien, Großbritannien Rn. 4; Harte/Henning-*Bodewig*, Einl. E Rn. 259 f.

1885 *Cornish*, Intellectual Property, Rn. 16–49.

1886 *Ohly*, in: Werbung in Europa, Großbritannien, Großbritannien Rn. 75 ff.; *Nothhelfer*, GRUR Ausl. 1966, 434, 438 („maliciously“); *Davis*, in: Unfair Competition, S. 188 („'malicious' in that it is calculated to cause damage“), das Verschuldenserfordernis wird in der Praxis äußerst streng gehandhabt, S. 189.

1887 *Bodewig*, GRUR Int. 2004, 543, 545; Harte/Henning-*Bodewig*, Einl. E Rn. 259; *Müller*, in: Lauterkeitsrecht in Europa, S. 172.

1888 *Bodewig*, GRUR Int. 2004, 543, 545; Harte/Henning-*Bodewig*, Einl. E Rn. 259; *Müller*, in: Lauterkeitsrecht in Europa, S. 172.

1889 *Bodewig*, GRUR Int. 2004, 543, 545.

1890 Royal Baking Powder Co. v. Wright, Crossley & Co. Ltd. [1900] 18 RPC 95.

1891 Dicks v. Brooks [1880] 15 Ch. D. 22.

1892 Serville v. Constance [1954] 71 RPC 146.

1893 *Nothhelfer*, GRUR Ausl. 1966, 434, 435 f.; *Cornish*, Intellectual Property, Rn. 16–52; *Ohly*, in: Werbung in Europa, Großbritannien, Großbritannien Rn. 66 u. 70 ff.; *Bodewig*, GRUR Int. 2004, 543, 545; Harte/Henning-*Bodewig*, Einl. E Rn. 260.

1894 *Nothhelfer*, GRUR Ausl. 1966, 434, 435 f.

1895 McDonald's Corporation and McDonald's Restaurants Ltd. v. Helen Marie Steel and David Morris [1997] EWHC 366; *Müller*, in: Lauterkeitsrecht in Europa, S. 174.

1896 *Marsh*, GRUR Ausl. 1964, 493, 494; *Bodewig*, GRUR Int. 2004, 543, 545.

Weitergabe an einen Dritten geschädigt wurde[1897]. Noch nicht restlos geklärt ist, auf welche dogmatische Art und Weise der *Tort* vertrauliche Information schützt. Teilweise wird der Schutz auf Eigentum, auf Vertrag oder aber allgemein auf *Good Faith* gestützt, wobei letztere Möglichkeit insbesondere im Sinne einer ungerechtfertigten Bereicherung verstanden wird[1898]. Die Rechtsprechung bevorzugt in der Regel trotz starker Kritik[1899] den eigentumsrechtlichen Ansatz[1900], der Betriebsgeheimnisse im Einzelfall auch absolut gegen Dritte zu schützen scheint, wenn etwa strenggenommen kein Vertrauens- oder Vertragsverhältnis gegeben ist[1901].

Die einschlägigen *Economic Torts* decken den Bereich des unlauteren Wettbewerbs nach kontinentaleuropäischer Vorstellung lediglich ausschnittsweise ab[1902]. Im Rahmen der Kundenakquise ist es zum Schutz des redlichen Konkurrenten vor allem untersagt, die Kunden über geschäftliche Beziehungen (Passing-Off) oder über den Konkurrenten an sich (*Malicious Falsehood* und *Defamation*) zu belügen[1903]. Andere Formen der Kundenakquise werden durch das *Law of Torts* nicht sanktioniert[1904]. Abgesehen von bestimmten Einschränkungen durch das Markenrecht ist es deliktsrechtlich insbesondere nicht zu beanstanden, wenn der fremde Ruf ohne Verwechslungsgefahr ausgebeutet, wenn nachgeahmt oder wenn unsachlich geworben wird[1905]. Gleichzeitig dienen die einschlägigen *Torts* nicht alleine speziellen lauterkeitsrechtlichen Zwecken, sondern werden allgemein zivilrechtlich eingesetzt[1906]. Im Bereich des Lauterkeitsrechts, wie er nach kontinentaleuropäischem Verständnis gemeinhin abgesteckt wird, stehen dem geschädigten Mitbewerber nach englischem Recht daher einerseits nur in einem Teilbereich Eingriffsmöglichkeiten zur Verfügung; andererseits erstrecken sich diese Sanktionsinstrumente aber möglicherweise auch auf außerhalb dieser Bereiche gelegene Fälle, die eventuell mit unlauterem Wettbewerb überhaupt nichts zu tun haben[1907].

1897 *Cornish*, Intellectual Property, Rn. 8–09; *Müller*, in: Lauterkeitsrecht in Europa, S. 175.

1898 Vergl. *Maier*, Betriebs- und Geschäftsgeheimnisse, S. 169 ff.; *Cornish*, Intellectual Property, Rn. 8–07; *Müller*, in: Lauterkeitsrecht in Europa, S. 175 f.

1899 Boardman v. Phipps [1967] 2 AC 46, 128; Fraser v. Evans [1969] All ER 8, 11; *Cornish*, Intellectual Property, Rn. 8–49 ff.

1900 Thomas Marshall v. Guinle [1978] 3 WLR 116; G. D. Searle & Co. Ltd. v. Celltech Ltd. [1982] FSR 92, 107 (CA).

1901 Schering Chemicals v. Falkman [1982] QB 1, 27, 38; AG v. Guardian Newspaper (No. 2) [1988] 3 All ER 545, 625, 642 f.

1902 *Ohly*, in: Werbung in Europa, Großbritannien, Großbritannien Rn. 4; *Marsh*, GRUR Ausl. 1964, 493.

1903 *Robertson/Horton*, EIPR 1995, 568, 569, die darüber hinaus das Verbot der Kundenakquise im Wege der Verleitung zum Vertragsbruch durch den Tort des Inducement to Breach of Contract aufzählen.

1904 *Robertson/Horton*, EIPR 1995, 568, 569.

1905 *Ohly*, in: Werbung in Europa, Großbritannien, Großbritannien Rn. 4.

1906 *Wadlow*, JIPLP 2009, 789.

1907 *Marsh*, GRUR Ausl. 1964, 493.

bb) Straf- und verwaltungsrechtliches Gesetzesrecht

Der Schutz der Verbraucher wird durch straf- und verwaltungsrechtliche Gesetze[1908] erreicht, die punktuell verschiedene Einzelbereiche regeln und dabei zumeist unionsrechtliche Vorgaben umsetzten[1909]. In der Vergangenheit zählten zu den wichtigsten der *Trade Description Act* von 1968, der Consumer Protection Act von 1987 und die *Control of Misleading Advertisements Regulations* von 1988[1910]. Um jedoch das nationale Verbraucherschutzregime zu modernisieren und zu vereinfachen[1911], wurden im Jahr 2008 vor allem der dritte Teil des *Consumer Protection Act* und der größte Teil des *Trade Descriptions Act*[1912] ebenso wie die gesamten *Misleading Advertisements Regulations*[1913] aufgehoben[1914] und durch die *Consumer Protection from Unfair Trading Regulations* 2008 (im Folgenden kurz CPRs) und die *Business Protection from Misleading Marketing Regulations* 2008 (im Folgenden kurz BPRs) ersetzt. Allerdings enthalten die neuen Regulations ganz ähnliche oder sogar weitergehende Schutzvorschriften[1915]. Insoweit sind daher Aussagen zu den aufgehobenen Vorschriften in Bezug auf die neuen Regulations weiterhin gültig.

(1) Consumer Protection from Unfair Trading Regulations 2008

Die CPRs setzten die Richtlinie 2005/29/EG über unlautere Geschäftspraktiken in nationales Recht um[1916]. Wie die Richtlinie erfasst der Anwendungsbereich der CPRs nach der Generalklausel der Reg. 3(1) Geschäftspraktiken (*commercial practice*). Der Begriff beinhaltet nach der Legaldefinition der Reg. 2(1) ein denkbar weites Spektrum möglicher Verhaltensweisen[1917]. Eingeschränkt wird der Anwendungsbereich insbesondere dadurch, dass es sich um das Verhalten eines

---

1908 Abrufbar unter www.legislation.gov.uk (auch www.hmso.gov.uk, www.opsi.gov.uk).

1909 *Boyle*, WRP 1990, 159; Köhler/Bornkamm-*Köhler*, Einl. Rn. 4.9; *Cornish*, Intellectual Property, Rn. 1–21; *Bodewig*, GRUR Int. 2004, 543, 548; *Davis*, in: Unfair Competition, S. 185 zählt die Vorschriften nicht zum Bereich der „laws adressing unfair competition", sondern hält sie stattdessen für „consumer protection laws"; Harte/Henning-*Bodewig*, Einl. E Rn. 270; *Müller*, in: Lauterkeitsrecht in Europa, S. 180.

1910 *Bodewig*, GRUR Int. 2004, 543, 545 ff.; *Ohly*, Richterrecht und Generalklausel, S. 46 ff.; Harte/Henning-*Bodewig*, Einl. E Rn. 262 ff.

1911 *Department for Business, Enterprise & Regulatory Reform*, Explanatory Memorandum, Rn. 7.10.

1912 Schedule 4 Part 1 CPRs.

1913 Schedule 4 Part 2 CPRs.

1914 *Office of Fair Trading*, Guidance, Rn. 2.3; *Department for Business, Enterprise & Regulatory Reform*, Explanatory Memorandum, Rn. 3.1 ff.

1915 *Office of Fair Trading*, Guidance, Rn. 2.3.

1916 Harte/Henning-*Bodewig*, Einl. E Rn. 265; vergl. dazu auch *Müller*, in: Lauterkeitsrecht in Europa, S. 181 f. („eng am Wortlaut der Richtlinie").

1917 „... any act, omission, course of conduct, representation or commercial communication (including advertising and marketing)...", Reg. 2(1) CPRs.

Gewerbetreibenden (*trader*[1918]) handeln muss, welches sich direkt (*directly connected*) an einen Verbraucher (*consumer*) richtet. Das vom Anwendungsbereich der CPRs erfasste geschäftliche Verhalten beschränkt sich damit richtliniengemäß[1919] auf den „B2C"-Bereich und erfordert eine Verbindung zum Verbraucher, die ausreichend eng sein muss. Das ist immer dann der Fall, wenn das Verhalten möglicherweise Verbraucherinteressen beeinträchtigt[1920]. Ausreichend ist der direkte Kontakt mit dem Verbraucher. Es ist jedoch darüber hinaus denkbar, dass die Verbindung zum Verbraucher ausreichend eng ist, auch ohne dass der Unternehmer direkt mit dem Verbraucher in Kontakt steht[1921]. So fällt zum Beispiel auch die Verpackungsgestaltung eines Herstellers unter die CPRs, der die Ware ausschließlich an gewerbliche Zwischenhändler veräußert, die sie dann an private Letztverbraucher weiterverkaufen. Trotz fehlendem direkten Kontakt entsteht eine ausreichend enge Verbindung, sobald die Verbraucher mit der Verpackung des Herstellers in Kontakt kommen.

Die CPRs werden aus nationaler Perspektive dem Recht des Verbraucherschutzes zugeordnet[1922]. Insbesondere die britische Regierung ging bei der Umsetzung der Richtlinie 2005/29/EG in die nationalen CPRs davon aus, dass damit lediglich Regelungen mit einem Bezug zu verbraucherschützenden *„unfair trading practices"* und gerade nicht zu wettbewerbsschützenden *„unfair competition"* getroffen seien[1923]. Deutlich wird das bereits an der vom Office of Fair Trading verwendeten Abkürzung CPRs, die dem Buchstaben nach zwar die *„Consumer Protection"* repräsentieren, nicht jedoch das *„Unfair Trading"*. Sachlich gestützt wird die verbraucherschutzrechtliche Charakterisierung durch die Rechtsgrundlage der CPRs. Erlassen wurden sie vom *Secretary of State* für Verbraucherschutz und Werbekontrolle auf Grundlage von Sec. 2(2) des *European Communities Act* 1972[1924]. Dementsprechend werden die CPRs in eine Reihe mit anderen Verbraucherschutzvorschriften gestellt, wie zum Beispiel dem Vertragsrecht der allgemeinen Geschäftsbedingungen[1925].

1918 „... ‚trader' means any person who is acting for purposes relating to his trade, craft, business or profession and anyone acting in the name of or on behalf of a trader...", Reg. 2(1) CPRs.

1919 Vergl. oben S. 259 (Sachgegenständlicher Regelungsbereich: „Geschäftspraktiken").

1920 *Office of Fair Trading*, Guidance, Rn. 4.3 („that has the potential to affect consumers").

1921 *Office of Fair Trading*, Guidance, Rn. 3.2.

1922 *Davis*, in: Unfair Competition, S. 185 („it is submitted that they are more accurately described as consumer protection laws rather than laws addressing unfair competition").

1923 Umfassend *Davis*, in: Unfair Competition, S. 186 f. m.w.N.

1924 Einleitung CPRs.

1925 *Office of Fair Trading*, Guidance, Rn. 4.1.

(2) Business Protection from Misleading Marketing Regulations 2008

Ergänzt werden die CPRs durch die BPRs. Ihre Regelungen dienen der Umsetzung der Richtlinie 2006/114/EG über irreführende und vergleichende Werbung[1926] und ersetzten die von den CPRs aufgehobenen und widerrufenen Vorschriften wie zum Beispiel weite Teile der widerrufenen *Misleading Advertisements Regulations* 1988[1927] hinsichtlich des zwischenunternehmerischen Horizontalverhältnisses (B2B)[1928]. Dem Verbraucherschutz können die Regelungen alleine deswegen zugeordnet werden, weil sich der Akt der Werbung immer an die Marktgegenseite richten muss, die zumindest im Fall der vergleichenden Werbung auch durch Verbraucher repräsentiert werden kann. Bei der irreführenden Werbung beschränkt Reg. 3(2)(a) die relevante Marktgegenseite allerdings auf Gewerbetreibende. Dort werden zudem nicht nur die Interessen des gewerblichen Abnehmers im Vertikalverhältnis geschützt, sondern auch die Interessen der Mitbewerber im Horizontalverhältnis. Denn die irreführende Werbung ist nicht nur dann verboten, wenn sie gemäß Reg. 3(2)(a) voraussichtlich das wirtschaftliche Verhalten des gewerblichen Abnehmers beeinflusst, sondern auch dann, wenn sie gemäß Reg. 3(2)(b) voraussichtlich Konkurrenten schädigt. Damit wäre materiellrechtlich zumindest die Regulierung der irreführenden Werbung eigentlich dem traditionellen Mitbewerberschutz zuzuordnen[1929]. Zu einer Vermischung mit den mitbewerberschützenden *Torts*, indem etwa Regelungsaspekte der irreführenden Werbung im Rahmen des *Passing-Off* durch die Rechtsprechung berücksichtigt werden, ist es jedoch nicht gekommen[1930].

(3) Weitgehend behördliche Durchsetzung

Zuständig für die Durchsetzung sowohl der CPRs als auch der BPRs sind die sogenannten *Enforcement Authorities*, Reg. 19(1) CPRs bzw. Reg. 13(1) BPRs[1931]. Die jeweils gleichlautenden Reg. 2(1) CPRs/BPRs verstehen darunter das *Office of Fair Trading* (im Folgenden kurz OFT) und lokale staatliche Stellen[1932]. Bei der

---

1926 *Department for Business, Enterprise & Regulatory Reform*, Explanatory Memorandum, Rn. 4.2; *Müller*, in: Lauterkeitsrecht in Europa, S. 182.

1927 *Office of Fair Trading*, B2B Promotions, S. 3.

1928 *Department for Business, Enterprise & Regulatory Reform*, Explanatory Memorandum, Rn. 7.14.

1929 Hinsichtlich der Einordnung des entsprechenden Tatbestandes der Richtlinie 2006/114/EG zum horizontalen Mitbewerberschutz siehe oben S. 271 (Genuine Lauterkeitszugehörigkeit des materiellen Regelungsgehalts aufgrund eines hinreichenden Horizontalbezuges).

1930 Phillip McGuffick v. The Royal Bank of Scotland Plc. [2009] WL 2958770, Rn. 91 f.; *Müller*, in: Lauterkeitsrecht in Europa, S. 180.

1931 Die Regulations lauten übereinstimmend: „It shall be the duty of every enforcement authority to enforce these Regulations."

1932 „‚[E]nforcement authority' means the OFT, every local weights and measures authority in Great Britain (within the meaning of section 69 of the Weights and

Rechtsdurchsetzung stehen den *Enforcement Authorities* verschiedene Mittel zur Verfügung[1933], aus denen sie nach eigenem Ermessen unter Berücksichtigung aller Umstände des Einzelfalls dasjenige auswählen, welches sowohl bewährt als auch angemessen ist, Reg. 19(4) CPRs bzw. Reg. 13(4) BPRs[1934]. Dabei können grundsätzlich zwei Wege unterschieden werden. Zum einen sind Verstöße strafbewehrt, Reg. 13 CPRs bzw. Reg. 7 BPRs[1935]. Zum anderen können neben der strafrechtlichen Verfolgung gerichtliche Unterlassungsanordnungen (sogenannte *Enforcement Orders*) beantragt werden[1936]. Bezüglich der CPRs wurde dafür Teil 8 des *Enterprise Act* 2002 erweitert[1937]; in den BPRs ist dieses Instrument in Reg. 15 BPRs geregelt[1938]. Die Beantragung einer *Enforcement Order* stellt allerdings erst das letzte einer Reihe weniger schwerwiegender Mittel dar. Insbesondere das OFT setzt seinen Schwerpunkt auf Präventivmaßnahmen wie Aufklärung und Beratung[1939]. Auch wird im Einzelfall eine gerichtliche Unterlassungsverfügung erst beantragt, nachdem der Gewerbetreibende vergeblich zur Einhaltung der Vorschriften ermahnt worden ist. An Stelle einer gerichtlichen Unterlassungsverfügung kann sich der Gewerbetreibende auch freiwillig der *Enforcement Authority* unterwerfen und zusagen, die *Regulations* in Zukunft einzuhalten (sogenannte *Undertakings*)[1940]. Dem Gerichtsweg vorgezogen wird auch das bewährte Mittel, den Verstoß zunächst im Rahmen der Selbstkontrolle zu unterbinden[1941]. In Großbritannien obliegt damit die Durchsetzung lauterkeitsrechtlicher Vorschriften, die dort insbesondere auch die

---

Measure Act 1985(1)) and the Department of Enterprise, Trade and Investment in Northern Ireland".

1933 Vergl. zu den zur Verfügung stehenden Mitteln *Office of Fair Trading*, Guidance, Rn. 11.2.

1934 Die Regulations lauten übereinstimmend: „ In determining how to comply with its duty of enforcement every enforcement authority shall have regard to the desirability of encouraging control of" unfair commercial practices bzw. advertising which is misleading and comparative advertising which is not permitted „by such established means as it considers appropriate having regard to all the circumstances of the particular case."

1935 Die Regulations lauten gleich: „A person guilty of an offence... shall be liable (a) on summary conviction, to a fine not exceeding the statutory maximum; or (b) on conviction on indictment, to a fine or imprisonment for a term not exceeding two years or both.

1936 *Office of Fair Trading*, B2B Promotions, S. 13; *Office of Fair Trading*, Guidance, Rn. 11.16 ff. (sogenanntes Civil Enforcement).

1937 Reg. 26 CPRs; siehe auch *Department for Business, Enterprise & Regulatory Reform*, Explanatory Memorandum, Rn. 7.7.

1938 *Department for Business, Enterprise & Regulatory Reform*, Explanatory Memorandum, Rn. 7.16.

1939 *Office of Fair Trading*, Guidance, Rn. 11.5.

1940 Reg. 16 BPRs.

1941 *Office of Fair Trading*, B2B Promotions, S. 14; *Office of Fair Trading*, Guidance, Rn. 11.6 ff. (sogenannte Established Means).

Richtlinien 2005/29/EG sowie 2006/114/EG in nationales Recht umsetzen, grundsätzlich öffentlichen Stellen[1942]. Damit sind in Großbritannien weder die Mitbewerber oder die Verbraucher noch grundsätzlich private Vereinigungen wie insbesondere Verbände dazu befugt, die Lauterkeit von Geschäftspraktiken zwischen Unternehmen und Verbrauchern durchzusetzen.

Eine Ausnahme besteht jedoch für die Durchsetzung der CPRs. Hier billigt Teil 8 des *Enterprise Act* auch Verbänden die Befugnis zu, *Enforcement Orders* zu beantragen. Neben den genannten *Enforcement Authorities* können für jeweils bestimmte Verstöße gemäß der jeweiligen Verbandssatzung auch sogenannte *Designated Enforcer* (Sec. 215(3)[1943]) oder sogenannte *Community Enforcer* (Sec. 215(4)[1944]) einen Antrag bei Gericht stellen. Als *Designated Enforcer* können vom *Secretary of State* solche Verbände benannt werden, deren Zweck im Schutz kollektiver Verbraucherinteressen besteht, Sec. 213(2)[1945]. Dazu können nach Sec. 213(4) ausdrücklich auch nicht-öffentliche Einrichtungen zählen[1946]. Die *Community Enforcers* sind laut Sec. 213(5) qualifizierte Einrichtungen zum Schutz von Verbraucherinteressen im Sinne des Art. 3 der Richtlinie 2009/22/EG über Unterlassungsklagen. Sie sind jedoch auf die Geltendmachung von sogenannten *Community Infringements* beschränkt. Dazu zählt nach Sec. 212 ein Verhalten, welches gegen umgesetztes Richtlinienrecht oder die zulässige Erweiterung von Minimumstandards solcher Richtlinien verstößt, die gemäß Sec. 210(7) in Anhang 13 aufgelistet sind, und dabei kollektive Verbraucherinteressen beeinträchtigt. In der Liste findet sich in Ziff. 9C auch die Richtlinie 2005/29/EG über unlautere Geschäftspraktiken. Sie wurde in Großbritannien durch die CPRs umgesetzt. Damit können auch Verbände Verstöße gegen die CPRs verfolgen, indem sie *Enforcements Orders* beantragen.

cc) Werbeselbstkontrolle

Die dritte Quelle lauterkeitsrechtlicher Vorschriften bildet die Selbstkontrolle der Wirtschaft, die bestehende Schutzlücken füllt[1947] und von größter praktischer

1942 *Wadlow*, JIPLP 2009, 789, 796; *Dickinson*, Rome II, Rn. 6.23 Fn. 60; *Müller*, in: Lauterkeitsrecht in Europa, S. 214.

1943 „A designated enforcer may make an application for an enforcement order in respect of an infringement to which his designation relates."

1944 „A Community enforcer may make an application for an enforcement order in respect of a Community infringement."

1945 „A designated enforcer is any person or body (whether or not incorporated) which the Secretary of State (a) thinks has as one of its purposes the protection of the collective interests of consumers, and (b) designates by order."

1946 „The Secretary of State may designate a person or body which is not a public body only if the person or body (as the case may be) satisfies such criteria as the Secretary of State specifies by order."

1947 *Ohly*, in: Werbung in Europa, Großbritannien, Großbritannien Rn. 3.

Relevanz ist[1948]. Auch sie dient vornehmlich dem Schutz von Verbraucherinteressen[1949]. Zur Umsetzung der Selbstkontrolle im praktisch wichtigsten Bereich, nämlich der Werbung, haben sich Verbände der Werbewirtschaft und der Medienunternehmer zu zwei Institutionen – dem *Committee of Advertising Practice* (CAP) und dem *Broadcast Committee of Advertising Practice* (BCAP) – zusammengeschlossen und in zwei Codes Standards für die Werbung entwickelt: dem *British Code of Advertising, Sales Promotion and Direct Marketing* (CAP-Code) und dem *Code of Broadcast Advertising Code* (BCAP-Code)[1950]. Durchgesetzt werden diese sogenannten *Advertising Codes* von der unabhängigen *Advertising Standards Authority* (ASA)[1951].

Die Codes stellen materielle Kriterien auf, um die Zulässigkeit von Werbemaßnahmen zu bestimmen. Dabei orientieren sie sich am Integrationsmodell[1952]. So formuliert am Beginn des CAP-Code Rule 1.1 generalklauselartig: „*Marketing communications should be legal, decent, honest and truthful.*“ Daran anschließend wird nicht nur das Interesse der Mitbewerber bei der Regulierung von Werbung hervorgehoben[1953], sondern auch das der Verbraucher[1954] und der Allgemeinheit[1955]. Hinsichtlich der Art der geschützten Interessen werden nicht nur rein wirtschaftliche Interessen geschützt. Rule 4.1 CAP-Code verbietet allgemein anstößige Werbung[1956], um Anstößiges mit Blick auf Rasse, Religion, Geschlecht, sexueller Orientierung,

---

1948 GK-*Schricker*, Einl. F 317; *Bodewig*, GRUR Int. 2004, 543, 544; zu dem insoweit wichtigsten Kodex, dem „British Code of Advertising, Sales Promotin and Direct Marketing“ siehe insbesondere *Jergolla*, WRP 2003, 432 ff.; *Jergolla*, WRP 2003, 606 ff.

1949 *Westerholt*, Unlauterer Wettbewerb VI (Großbritannien und Nordirland), S. 32.

1950 Beide abrufbar unter www.bcap.org.uk; mit dem BCAP-Code wurden im Jahr 2010 aus Gründen der Übersichtlichkeit der vormals bestehende British Code of Advertising, Sales Promotion and Direct Marketing (CAP-Code), der Radio Advertising Standards Code sowie die TV Codes, wiederum unterteilt in den TV Advertising Standards Code, die Rules on Scheduling of Television Advertisements und den Code for Text Services zusammengefasst; *Jergolla*, WRP 2003, 606, 607; Harte/Henning-*Bodewig*, Einl. E Rn. 268; *Müller*, in: Lauterkeitsrecht in Europa, S. 183.

1951 Ausführliche Informationen zur ASA sind auf ihren Webseiten unter www.asa.org.uk zu finden.

1952 Piper/Ohly/Sosnitza-*Ohly*, Einf. Rn. 40; *Müller*, in: Lauterkeitsrecht in Europa, S. 184.

1953 „Marketing communications must respect the principles of fair competition generally accepted in business“, Rule 1.6 CAP-Code.

1954 „Marketers should deal fairly with consumers“, Rule 1.9 CAP-Code.

1955 „Marketing communications must be prepared with a sense of responsibility to... society“, Rule 1.3 CAP-Code.

1956 „Marketing communications must not contain anything that is likely to cause serious or widespread offence. Particular care must be taken to avoid causing offence on the grounds of race, religion, gender, sexual orientation, disability or age.“, Rule 4.1 CAP-Code.

Behinderungen oder Alter zu verhindern[1957]. Fürsorglich gebietet auch Rule 8.2, bei Verkaufsveranstaltungen mit den Umworbenen respektvoll umzugehen und unnötige Enttäuschungen zu vermeiden[1958]. Daneben zielen die Regelungen des CAP-Codes auch auf den Gesundheitsschutz, wenn zum Beispiel Rule 12.2 bestimmt, dass *„[m]arketers must not discourage essential treatment for conditions for which medical supervision should be sought.“* Ebenfalls der Gesundheitsschutz steht zum Beispiel hinter der Rule 13.5 für Werbung für Diäts- und Schlankheitsmittel, die vorsieht, dass *„[m]arketers must be able to show that their diet plans are nutritionally well-balanced“*. Noch deutlicher wird vor den Rules 15.1 ff. für Werbung für Nahrung und Nahrungsergänzungsmittel auf den Gesundheitsschutz verwiesen. Demnach muss Werbung mit der *Public Health Policy* sowie mit Vorschriften zur Lebensmittelsicherheit im Einklang stehen. Der Jugendschutz wird am Beginn der Regelungen für Werbung für Glücksspiele (Rules 16.1 ff.) und Lotterien (Rules 17.1 ff.) betont[1959].

Sanktioniert werden Verstöße gegen die *Advertising Codes* durch die ASA. Ihr steht eine Reihe von Instrumenten zur Verfügung[1960]. Am wirksamsten hat sich dabei erwiesen, dass die ASA ihre Entscheidungen veröffentlichen kann[1961]. Durch das Druckmittel der negativen Publicity erreicht die ASA, dass jährlich eine beträchtliche Anzahl von beanstandeten Werbemaßnahmen zurückgenommen wird. Als letztes Mittel kann die ASA auch das OFT einschalten, welches anschließend eine gerichtliche Unterlassungsanordnung (*Enforcement Order*) beantragen kann[1962].

d) Zwischenergebnis: Unterschiede bei der Berücksichtigung ethischer Werten und der Befugnis zur Durchsetzung von Sanktionen

Internationale[1963] und europäische[1964] Tatbestände des Lauterkeitsrechts machen den nationalen Gesetzgebern wenig Vorgaben, wie sie ihr nationales Lauterkeitsrecht

---

1957 *Müller*, in: Lauterkeitsrecht in Europa, S. 191; vergl. zu Fällen anstößiger Werbung, Angst erregender Werbung und Schockwerbung mit Blick auf den alten Advertising Code auch *Jergolla*, WRP 2003, 431, 437 ff.

1958 „Promoters must conduct their promotions equitably, promptly and efficiently and be seen to deal fairly and honourably with participants and potential participants. Promoters must avoid causing unnecessary disappointment.“, Rule 8.2 CAP-Code.

1959 „The rules in this section are designed to ensure that marketing communications for gambling products are socially responsible, with particular regard to the need to protect children, young persons under 18 and other vulnerable persons from being harmed or exploited by advertising that features or promotes gambling.“; ein gleichlautendes Prinzip gilt für Lotterien.

1960 Vergl. *Jergolla*, WRP 2003, 431, 432; *Müller*, in: Lauterkeitsrecht in Europa, S. 214 f.

1961 *Müller*, in: Lauterkeitsrecht in Europa, S. 215.

1962 *Jergolla*, WRP 2003, 431, 432; Harte/Henning-*Bodewig*, Einl. E Rn. 302.

1963 Siehe oben S. 235 (Zwischenergebnis: Traditioneller Mitbewerberschutz bei sonstiger Werte- und Sanktionsoffenheit).

1964 Siehe oben S. 299 (Zwischenergebnis: Einbeziehung wettbewerbsbezogener Verbraucherinteressen bei sonstiger Werte- und Sanktionsoffenheit).

auszugestalten haben. Im Gegenteil gewähren die Richtlinien 2005/29/EG und 2006/114/EG den Mitgliedstaaten insbesondere hinsichtlich der Sanktionssysteme ausdrücklich einen äußerst weiten Spielraum. Die Freiheiten wurden auf der nationalen Ebene in unterschiedlicher Art ausgiebig genutzt. Drei Modelle können unterschieden werden:

Das Lauterkeitsrecht Deutschlands folgt einem Integrationsmodell, bei dem mit Hilfe einer zivilrechtlichen Generalklausel die Interessen der Mitbewerber, der Marktgegenseite – insbesondere der Verbraucher – und der Allgemeinheit gleichberechtigt geschützt werden. Dabei werden teilweise auch ethische Werte in der lauterkeitsrechtlichen Beurteilung berücksichtigt. Frankreichs Segregationsmodell trennt dagegen den zivilrechtlichen Mitbewerberschutz durch die *Concurrence Déloyale* grundsätzlich vom straf- und verwaltungsrechtlichen Schutz der Verbraucher durch den *Code de la Consommation.* Teilweise wird jedoch die Abgrenzung nicht eingehalten. So öffnet sich die mitbewerberschützende *Concurrence Déloyale* Kollektivinteressen der Verbraucher und der Allgemeinheit durch eine weite Auslegung von maßgeblichen Schutzelementen des Tatbestands[1965]: Das Tatbestandsmerkmal des Wettbewerbsverhältnisses wird sehr weit ausgelegt, teilweise bis hin zur gänzlichen Verzichtbarkeit; gleiches gilt für das Merkmal des individuellen Schadens, das ebenfalls weit gefasst, teilweise sogar ohne Belang ist[1966]. Umgekehrt können Verstöße gegen den verbraucherschützenden *Code de la Consommation* auch von Mitbewerbern und Verbänden im Rahmen der *Action Civile* geltend gemacht werden. Hinsichtlich der Art der geschützten Interessen stehen im Lauterkeitsrecht Frankreichs wirtschaftliche Interessen im Vordergrund. Ethische Werte dagegen werden lauterkeitsrechtlich nicht geschützt.

Vergleichsweise besondere Eigenheiten zeigen die lauterkeitsrechtlichen Tatbestände Großbritanniens. Im Rahmen eines Negationsmodells schützen sie nur fragmentarisch vor unlauterem Geschäftsverhalten, da dem nationalen Rechtsverständnis ein umfassendes, auf einer Generalklausel beruhendes Lauterkeitsrecht fremd ist. Der Schutz der Mitbewerber vor bestimmten Verhaltensweisen im Wettbewerb wird durch verschiedene sogenannte *Economic Torts* gewährt, unter denen der Tort des *Passing-Off* die größte Bedeutung besitzt. In Umsetzung der Richtlinien 2005/29/EG und 2006/114/EG wird die Marktgegenseite durch die Consumer Protecion from Unfair Trading Regulations 2008, die *Business*

1965 Vergl. zur Bestimmung der Schutzrichtung lauterkeitsrechtlicher Tatbestände oben S. 218 (Horizontalbezug der Schutzrichtungselemente als wesentliches Merkmal der Kerntatbestandsnähe).

1966 *Beater*, ZEuP 2003, 11, 22 dagegen meint, dass dies nur in Ausnahmefälle geschehe, die die grundsätzliche Trennung nicht in Frage stellen würden („... kein Instrument, das wettbewerbliche Kollektivinteressen als solche erfassen kann.").

Protection from Misleading Marketing Regulations 2008 sowie verschiedene Codes im Rahmen der Selbstkontrolle geschützt. Dabei spielen auch ethische Werte eine Rolle, so dass der Schutz auch Anstößiges mit Blick auf Rasse, Religion, Geschlecht, sexueller Orientierung, Behinderungen oder Alter erfasst und zudem ebenfalls Aspekte des Gesundheits- und des Jugendschutzes Berücksichtigung finden. Durchgesetzt wird dieser Schutz der Marktgegenseite mit einem Behördensystem. Nur teilweise sind Verbände berechtigt, die Initiative bei der Sanktionierung von Verstößen zu ergreifen.

4. *Zusammenfassung und Ergebnis: Sachrechtsvielfalt als Sanktionsvielfalt*

Anhand einer Analyse lauterkeitsrelevanter Vorschriften im internationalen, europäischen und nationalen Recht[1967] lässt sich auf sachrechtlicher Ebene teilweise konkretisieren, welche Schutzzwecke einem unionsautonomen Referenzmodell vom Lauterkeitsrecht entsprechen. Weitergehenden Erkenntnissen steht entgegen, dass internationale und europäische Lauterkeitsnormen prinzipiell Spielräume sowohl hinsichtlich der Schutzsubjekte als auch mit Blick auf die Schutzobjekte und die Sanktionsmittel gewähren: So gehen die internationalen Rechtsquellen der PVÜ und des TRIPS vom traditionellen Mitbewerberschutz aus, ohne weiteren Vorgaben zu machen[1968]. Das Unionsrecht bezieht immerhin wettbewerbliche Verbraucherinteressen in das Lauterkeitsrecht mit ein, verzichtet aber auf eine explizite Berücksichtigung außerwettbewerblicher ethischer Werte bei der lauterkeitsrechtlichen Beurteilung und überlässt darüber hinaus den Mitgliedstaaten ausdrücklich die Wahl des Sanktionssystems[1969]. Diese Freiheit haben die Mitgliedstaaten genutzt und drei verschiedene Modelle zum Schutz der Lauterkeit etabliert. Gemeinsam ist ihnen der traditionelle Schutz der Mitbewerber mit Hilfe des Zivilrechts. Gemeinsam ist ihnen auch das Bestreben, den Verbraucher zumindest in seinen marktfunktionalen Interessen mit Hilfe des Lauterkeitsrechts zu schützen. Im übrigen jedoch unterscheiden sie sich im Bereich des Verbraucherschutzes nicht nur bei der Berücksichtigung ethischer Werte, sondern insbesondere hinsichtlich des Sanktionssystems. Die Unterschiede betreffen erstens den Umfang der strafrechtlichen Sanktionierung, der einerseits wie in Frankreich praktisch den gesamten B2C-Bereich umfasst und andererseits wie in Deutschland auf bestimmte Einzelfälle beschränk ist. Zweitens existieren nur in einzelnen

---

1967 Zur Methodik siehe oben S. 215 (Alternativer Ansatz: Autonome Identifikation aufgrund hinreichender Sachnähe zum traditionellen Mitbewerberschutz (Kerntatbestandsnähe)).

1968 Siehe oben S. 235 (Zwischenergebnis: Traditioneller Mitbewerberschutz bei sonstiger Werte- und Sanktionsoffenheit).

1969 Siehe oben S. 299 (Zwischenergebnis: Einbeziehung wettbewerbsbezogener Verbraucherinteressen bei sonstiger Werte- und Sanktionsoffenheit).

Rechtsordnungen wie zum Beispiel in Großbritannien öffentliche Stellen oder Institutionen der freiwilligen Selbstkontrolle, die eigenständig und ohne die Einschaltung eines Gerichts Maßnahmen ergreifen können. Drittens bestehen Differenzen bei der gerichtlichen Durchsetzung von Unterlassungsansprüchen hinsichtlich der Frage der dafür zuständigen und im Verfahren klagebefugten Stellen. Das können privatrechtlich organisierte Verbände oder öffentlich-rechtlich organisierte Verwaltungsbehörden sein. Die Unterschiede bei der Sanktionierung der Verletzung lauterkeitsrechtlicher Verbraucherinteressen wurden durch europäisches Sekundärrecht nicht harmonisiert, sondern im Gegenteil anerkannt sowohl durch Art. 11 Richtlinie 2005/29/EG und Art. 5 Richtlinie 2006/114/EG als auch durch Art. 3 Richtlinie 2009/22/EG über Unterlassungsklagen.

Damit bedeutet die Sachrechtsvielfalt im Wesentlichen nicht mehr als eine Sanktionsvielfalt beim Verbraucherschutz: Die Vielfalt der Sachrechte äußert sich nicht darin, dass der Verbraucher überhaupt als lauterkeitsrechtliches Schutzsubjekt zu gelten hat, sondern in der Art und Weise seines Schutzes. Die Sanktionsvielfalt ist vor allem darauf zurückzuführen, dass lauterkeitsrechtlicher Verbraucherschutz auch im öffentlichen Interesse liegt. Wo diese Einschätzung überwiegt, wird er dementsprechend vor allem hoheitlich mit den Mitteln des Straf- und Verwaltungsrechts sanktioniert und auf Sanktionsebene vom Mitbewerberschutz getrennt eigenständig behandelt.

C. Unlauteres Wettbewerbsverhalten im einheitlichen Kollisionsrecht

Fraglich ist, wie der Anknüpfungsgegenstand des unlauteren Wettbewerbsverhaltens in Art. 6 Rom II-VO auf der Ebene des Kollisionsrechts unionsautonom[1970] auszulegen ist. Als Grundlage dienen dabei die im Sachrecht gefundenen Charakteristika[1971]. Dennoch bedeutet ein Begriff im Kollisionsrecht nicht zwangsläufig das gleiche wie sein Pendant im Sachrecht[1972]; auch im Unionsrecht unterscheiden sich kollisionsrechtliche und sachrechtliche Begriffe[1973]. Für die internationalprivatrechtliche Qualifikation ist daher letztendlich das Telos des Kollisionsrechts entscheidend[1974].

1970 Zur Notwendigkeit der unionsautonomen Bestimmung des Begriffsinhalts siehe oben S. 172 (Unionsautonome Bestimmung des Begriffsinhalts).

1971 Siehe oben S. 176 (Relevanz des Sachrechts für die kollisionsrechtliche Begriffsbestimmung).

1972 *Heinze*, in: FS Kropholler, S. 111; *von Bar/Mankowski*, IPR Band I, § 7 Rn. 173; *von Hoffmann/Thorn u. a.*, IPR, § 6 Rn. 30; *Knöfel*, RdA 2006, 269, 272.

1973 *Kropholler*, IPR, § 16 II 2; *Grünberger*, ZVglRWiss 108 (2009), 134, 137.

1974 *Von Bar/Mankowski*, IPR Band I, § 7 Rn. 173 ff.; *Heinze*, in: FS Kropholler, S. 111; *Knöfel*, RdA 2006, 269, 272; *Grünberger*, ZVglRWiss 108 (2009), 134, 137.

Problematisch ist die kollisionsrechtliche Auslegung insbesondere vor dem Hintergrund der nationalen Sachrechtsvielfalt bei der Berücksichtigung ethischer Werte und der Befugnis zur Durchsetzung von Sanktionen. Mit dieser Sachrechtsvielfalt einher geht auf der kollisionsrechtlichen Ebene eine entsprechende Unsicherheit bei der Auslegung des Anknüpfungsgegenstandes[1975]. In Betracht kommt zum einen ein äußerst weites Verständnis, welches von einer den Verbraucherschutz umfassenden Schutzzwecktrias ausgeht und darüber hinaus neben den reinen Wettbewerbsinteressen auch ethische Aspekte wie den Jugend- oder den Gesundheitsschutz in den Lauterkeitstelos aufnimmt. Zum anderen könnte der Anknüpfungsgegenstand auch äußerst eng im Sinne eines streng traditionell mitbewerberschützenden Verständnisses unter Ausklammerung des Verbraucherschutzes ausgelegt werden. Eine vermittelnde Auslegung könnte zwar hinsichtlich der Schutzsubjekte von einer Trias ausgehen, sich dabei hinsichtlich der Schutzobjekte jedoch auf die rein marktfunktionalen Interessen beschränken. Die herrschende Meinung legt der Auslegung des Anknüpfungsgegenstandes eine Schutzzwecktrias unter Einschluss des Verbraucherschutzes zugrunde (I). Das Selbstverständnis soll jedoch vor dem Hintergrund der Sanktionsvielfalt, die in den Mitgliedstaaten gerade mit Blick auf den Schutz der Verbraucher herrscht, und der unterschiedlichen Einbeziehung ethischer Werte in den nationalen Lauterkeitsrechten kritisch untersucht werden (II).

I. Modernes wettbewerbsfunktionales Konzept der herrschenden Meinung

Die Rom II-VO suggeriert oberflächlich ein Verständnis vom unlauteren Wettbewerbsverhalten, das eine Trias von Schutzsubjekten unter Einschluss der Verbraucher postuliert. Entsprechend weit legen soweit ersichtlich alle Literaturstimmen den Anknüpfungsgegenstand aus, ohne jedoch auf die Sachrechtsvielfalt und die zweigleisige rechtstatsächliche Entwicklung des lauterkeitsrechtlichen Verbraucherschutzes einzugehen[1976]. Vor allem für die deutsche Literatur ist

---

1975 *Ohly*, GRUR Int. 2001, 899, 905 spricht insbesondere dann von „interessanten Qualifikationsproblemen", wenn eine Sachrechtsordnung überhaupt kein dem Anknüpfungsgegenstand korrespondierendes Sachrechtsgebiet kennt, wie dies zum Beispiel in Großbritannien hinsichtlich des Lauterkeitsrechts der Fall ist.

1976 *Stone*, EuLF [D] 2004, 213, 226 f.; *Buchner*, GRUR Int. 2005, 1004, 1008; *Mankowski*, GRUR Int. 2005, 634, 635 f.; MüKo UWG-*Mankowski*, IntWettbR Rn. 11 und 136 ff.; *Garcimartín Alférez*, EuLF [E] 2007, 77, 85 f.; *Junker*, NJW 2007, 3675, 3679; *Leible/ Lehmann*, RIW 2007, 721, 729; *Handig*, GRUR Int. 2008, 24, 26; *Handig*, wbl 2008, 1, 6; *Lindacher*, GRUR Int. 2008, 453; *Ofner*, ZfRV 2008, 13, 18; *Wagner, G.*, IPRax 2008, 1, 8; Fezer-*Hausmann/Obergfell*, Einl. I Rn. 25; *Henning-Bodewig*, in: Lauterkeitsrecht und Acquis, S. 19; *Henning-Bodewig*, GRUR Int. 2010, 549, 552; *Kadner Graziano*, RabelsZ 73 (2009), 1, 56; *Obergfell*, in: Vollharmonisierung, S. 167 f.; Piper/Ohly/Sosnitza-*Ohly*, Einf. B Rn. 17; MüKo BGB XI-*Drexl*, IntUnlWettbR Rn. 112; Staudinger IntWirtschR (2010)-*Fezer/Koos*, Rn. 390 u. 395; *Mansel/Thorn u. a.*,

selbstverständliche Grundlage aller kollisionsrechtlichen Überlegungen, dass das Lauterkeitsrecht einer Trias von Schutzzwecken zu dienen bestimmt sei, wie sie auch in § 1UWG zum Ausdruck kommt[1977]. Sachlich wird die Schutzzwecktrias mit dem Wortlaut des Erwägungsgrundes 21 Rom II-VO begründet, nach dem die Kollisionsnorm im Bereich des unlauteren Wettbewerbs nicht nur die Wettbewerber, sondern auch die Verbraucher und die Öffentlichkeit schützen und das reibungslose Funktionieren der Marktwirtschaft sicherstellen soll. Daraus wird geschlossen, dass die das Lauterkeitsrecht charakterisierende Funktion darin liege, den Markt zum Schutz der Wettbewerber, der Marktgegenseite (wie insbesondere der privaten Letztverbraucher) sowie des öffentlichen Interesses der Allgemeinheit zu ordnen. Auch die Beschreibung des Anknüpfungsmerkmals in Art. 6 Abs. 1 Rom II-VO als Gebiet, in dem „die Wettbewerbsbeziehungen oder die kollektiven Interessen der Verbraucher beeinträchtigt worden sind", entspreche einem marktfunktionalen Verständnis vom Lauterkeitsrecht im Sinne der Schutzzwecktrias[1978]. Denn die Sonderanknüpfung sei vor allem dann gerechtfertigt, wenn das Lauterkeitsrecht im Sinne eines Marktordnungsrechts, also im Sinne des Schutzes der Wettbewerbsgleichheit und der kollektiven Interessen der Marktbeteiligten, und nicht im Sinne eines individuellen Wettbewerberschutzes verstanden wird[1979]. Zudem wird der in Art. 6 Abs. 4 Rom II-VO angeordnete Ausschluss der Rechtswahl meist mit den berührten Interessen Dritter sowie der Allgemeinheit begründet, über die der Einzelne nicht disponieren dürfe[1980]. Des weiteren wird darauf hingewiesen, dass bereits die Europäische Kommission in ihrem Verordnungsvorschlag auf „das Funktionieren des Marktes" als makro-ökonomisches Ziel des Lauterkeitsrechts verwiesen hat[1981] und damit einem insoweit weiten marktfunktionalen Verständnis vom Lauterkeitsrecht unter Zugrundelegung der Schutzzwecktrias gefolgt sei[1982].

IPRax 2010; *Rudolf*, ÖJZ 2010, 300, 303 f.; P/W/W-*Schaub*, Art. 6 Rom II–VO Rn. 2; Palandt-*Thorn*, Art. 6 Rom II–VO Rn. 2; jurisPK-BGB-*Wurmnest*, Art. 6 Rom II Rn. 2; *Beater*, Unl. Wettb. (2011), § 9 Rn. 735 ff.; Köhler/Bornkamm-*Köhler*, Einl. Rn. 5.29; Rauscher-*Unberath/Cziupka*, Art. 6 Rom II–VO Rn. 18 u. 21; unklar *Honorati*, in: Unification, S. 145 ff., die zwar einerseits von einem marktfunktionalen Verständnis auszugehen scheint („Unfair competition as a market-oriented body of rules"), andererseits aber auf S. 148 betont, dass Sozialinteressen lediglich „indirectly" vom Schutz profitierten.

1977 Beispielhaft *Junker*, NJW 2007, 3675, 3679 („Inhaltlich entsprechen diese Vorschriften den Prinzipien, welche die deutsche Rechtsprechung schon bisher aus der allgemeinen Deliktskollisionsregel abgeleitet hat.").

1978 MüKo BGB XI-*Drexl*, IntUnlWettbR Rn. 3 und 110.

1979 *Honorati*, in: Unification, S. 150 f.; MüKo BGB XI-*Drexl*, IntUnlWettbR Rn. 112.

1980 Köhler/Bornkamm-*Köhler*, Einl. Rn. 5.46; *Wagner, G.*, IPRax 2008, 1, 8; *Sujecki*, EWS 2009, 310, 316; *Leible/Lehmann*, RIW 2007, 721, 730 f.

1981 Vorschlag der Kommission, KOM(2003) 427 endg., S. 18.

1982 *Handig*, GRUR Int. 2008, 24, 26; *Dickinson*, Rome II, Rn. 6.02.

II. Kritik am herrschenden Konzept aufgrund der nationalen Sachrechtsvielfalt

In der Tat liegt es nahe, dem kollisionsrechtlichen Anknüpfungsgegenstand die Schutzzwecktrias zugrunde zu legen. So spricht auch das sachrechtliche Verständnis vom Lauterkeitsrecht zunächst für eine Trias von Schutzzwecken unter Einbeziehung der Interessen der Verbraucher. Zumindest in materieller Hinsicht lässt sich der Mitbewerber- nicht vom Verbraucherschutz trennen, weswegen der lauterkeitsrechtliche Verbraucherschutz teilweise zwar formal in anderen Rechtsakten als der Mitbewerberschutz reglementiert ist, materiell jedoch in einen umfassenden Lauterkeitsschutz einbezogen wird. Zumindest insoweit ist die Schutzzwecktrias im Sachrecht sowohl auf europäischer[1983] als auch auf nationaler[1984] Ebene anerkannt[1985]. Was sachrechtlich zusammengehört, dürfte möglicherweise auch kollisionsrechtlich nicht voneinander getrennt werden. Die Abspaltung der Verbraucherinteressen aus dem Lauterkeitsrecht könnte die Bewertung eines einheitlichen Sachverhalts unangemessen und interessenwidrig verformen. Die Konkurrenteninteressen würden gemäß Art. 6 Abs. 1 Rom II-VO einheitlich anhand der Marktordnung bewertet und ausgeglichen. Hinsichtlich der Verbraucherinteressen hingegen bestünde die Gefahr, dass sie anders angeknüpft und demgemäß nach den Vorstellungen einer anderen Rechtsordnung durchgesetzt würden. Bereits grundsätzlich wird konstatiert, dass die Anwendung verschiedener Kollisionsnormen für verschiedene Teile eines einheitlichen Sachverhalts materiellrechtliche Sinnzusammenhänge auseinanderreißt[1986]. Die Feststellung gilt auch für lauterkeitsrechtliche Sachverhalte.

Allerdings besteht die Übereinkunft nur insoweit, dass die Verbraucher durch das Lauterkeitsrecht überhaupt zu schützen seien. Tiefgreifende Divergenzen zeigen sich dagegen vor allem bei der Art und Weise des lauterkeitsrechtlichen Verbraucherschutzes. Mit Blick auf die Sanktionierung herrscht im Sachrecht eine Vielfalt, deren Ursache unterschiedliche Ansichten vom lauterkeitsrechtlichen Verbraucherschutz sind, die mal mehr dessen öffentliche, mal mehr dessen zivilrechtliche Seite hervorheben; dementsprechend wird auf Sanktionsebene der

---

1983 Siehe oben S. 299 (Zwischenergebnis: Einbeziehung wettbewerbsbezogener Verbraucherinteressen bei sonstiger Werte- und Sanktionsoffenheit).

1984 Siehe oben S. 336 (Zwischenergebnis: Unterschiede bei der Berücksichtigung ethischer Werten und der Befugnis zur Durchsetzung von Sanktionen).

1985 Vergl. im Ergebnis auch *Hague Conference on Private International Law*, Note on Unfair Competition, S. 9 („broadly accepted"); *Dethloff*, Europäisierung des Wettbewerbsrechts, S. 41 f.; *Schricker/Henning-Bodewig*, WRP 2001, 1367 f.; *Henning-Bodewig*, GRUR Int. 2002, 389, 391 („Europakonsens"); *Henning-Bodewig*, in: FS Tilmann, S. 159 („der integrierte Schutz" sei „überwiegend anerkannt"); MüKo UWG-*Mankowski*, IntWettbR Rn. 25; *Keßler*, WRP 2007, 714, 717 (in den Mitgliedstaaten der Gemeinschaft überwiege das „Einheitsmodell").

1986 *Schack*, in: Liber Amicorum Gerhard Kegel, S. 187.

Verbraucherschutz teilweise vom Mitbewerberschutz getrennt[1987]. Die sanktionsrechtliche Trennung wirkt sich maßgeblich auf die lauterkeitsrechtliche Bewertung eines geschäftlichen Verhaltens aus: Es stellt einen erheblichen Unterschied dar, ob die funktional lauterkeitsrechtlichen Bestimmungen von Zivilgerichten (wie zum Beispiel im Integrationsmodell Deutschlands), von Verwaltungsbehörden (wie zum Beispiel im Segregationsmodell Frankreichs) oder in erster Linie von den Institutionen der freiwilligen Werbeselbstkontrolle gehandhabt werden (wie es zum Beispiel häufig im Negationsmodell Großbritanniens der Fall ist)[1988]. Damit existiert eine faktische Trennung, die es auch auf kollisionsrechtlicher Ebene als hinnehmbar, wenn nicht gar geboten erscheinen lässt, den Verbraucherschutz vom Anknüpfungsgegenstand auszunehmen. Wenn es für rein inländische Lauterkeitssachverhalte akzeptiert ist, dass die verschiedenen Schutzsubjekte von unterschiedlichen inländischen Institutionen geschützt werden, kann für grenzüberschreitende Sachverhalte nichts anderes gelten.

Darüber hinaus besteht Uneinigkeit hinsichtlich der Frage, ob das Lauterkeitsrecht allein den rein marktfunktionalen Interessen der Verbraucher zu dienen bestimmt ist. Selbst wenn man mit der herrschenden Meinung übereinstimmt, dass das Lauterkeitsrecht durch die Schutzzwecktrias charakterisiert wird, wirft jedenfalls die notwendige Konkretisierung[1989] der Schutzinteressen Probleme auf. Insbesondere lässt sich aus der Geltung der Schutzzwecktrias nicht automatisch ein rein marktfunktionales Lauterkeitskonzept ableiten. Entgegen *Mankowski*[1990] ist die Trias von Schutzzwecken keineswegs klar umrissen[1991]. Dementsprechend konzentrieren sich in der deutschen lauterkeitsrechtlichen Diskussion unter Geltung der Schutzzwecktrias die Zweifelsfragen nunmehr auf den Inhalt der geschützten Interessen[1992]. Auch für das europäische Sachrecht ist die Frage nach der normativ-sozialen Aufladung des Lauterkeitsrechts bislang unbeantwortet. Für das europäische Kollisionsrecht muss sie jetzt beantwortet werden[1993].

1987 Siehe oben S. 338 (Zusammenfassung und Ergebnis: Sachrechtsvielfalt als Sanktionsvielfalt).

1988 Piper/Ohly/Sosnitza-*Ohly*, Einf. B Rn. 32; vergl. auch *Beater*, Unl. Wettb. (2011), § 1 Rn. 53 mit Hinweisen auf Unterschiede bei der Sachverhaltsermittlung und Ermessensspielräumen.

1989 Den Zusammenhang zwischen Schutzsubjekt und Schutzobjekt erläutert GK-*Schünemann*, Einl. C 1 ff.; *Schricker*, Gesetzesverletzung und Sittenverstoß, S. 237 f. (der Ermittlung der konkret geschützten Interessen kommt größte Bedeutung zu); *Beater*, Verbraucherschutz und Schutzzweckdenken, S. 6 (die Schutzzwecke müssen über den konkreten Einzelfall hinaus abstrakt mit Inhalt gefüllt werden).

1990 *Mankowski*, GRUR Int. 2005, 634, 636.

1991 *Veelken*, ZVglRWiss 92 (1993), 241, 248 f.

1992 Harte/Henning-*Schünemann*, § 1 UWG Rn. 13; ebenso bereits *Schricker*, GRUR Int. 1970, 32, 39 f. mit Bezug auf die Interessen der Verbraucher.

1993 *Leistner*, ZEuP 2009, 56, 86 ff.; *Peifer*, in: Lauterkeitsrecht und Acquis, S. 125 ff.

1. Wortlaut von Art. 6 Rom II-VO und Erwägungsgrund 21

Es ist nicht zwingend, den Verbraucher als unmittelbares Schutzsubjekt unter den kollisionsrechtlichen Anknüpfungsgegenstand zu fassen. Der Wortlaut von Art. 6 Rom II-VO und von Erwägungsgrund 21 steht durchaus einer Interpretation offen, die den Schutz sowohl der marktfunktionalen als auch der ethischen Interessen der Verbraucher nur mittelbar als unselbständigen Reflex des Schutzes der Interessen der Mitbewerber begreift und das eigenständige Schutzsubjekt einzig in den Mitbewerbern sieht. Zunächst spricht der Begriff des Schuldverhältnisses dafür, den lauterkeitsrechtlichen Verbraucherschutz vom lauterkeitsrechtlichen Mitbewerberschutz zu trennen. „Schuldverhältnis" bedeutet eine rechtliche Sonderbeziehung zwischen bestimmten Parteien. Eine unerlaubte Handlung führt zwischen dem Handelnden und jedem einzelnen Geschädigten zu unterschiedlichen Schuldverhältnissen. Damit wäre es möglich, auch bei der Anknüpfung zwischen den Schuldverhältnissen zu unterscheiden[1994] und im Lauterkeitsrecht die Beziehung zum Wettbewerber anders anzuknüpfen als die Beziehung zum Verbraucher.

Um im nächsten Schritt den lauterkeitsrechtlichen Verbraucherschutz aus Art. 6 Rom II-VO zu verbannen und zu dem Ergebnis einer streng konkurrentenbezogenen Auslegung des Anknüpfungsgegenstandes zu gelangen, muss bei der Analyse des Wortlauts allein zwischen dem hier interessierenden Anknüpfungsgegenstand „unlauteres Wettbewerbsverhalten" und dem Anknüpfungsmerkmal „Marktort" getrennt werden. Dann wird deutlich, dass sich die in Art. 6 Abs. 1 Rom II-VO ausdrücklich erwähnten kollektiven Verbraucherinteressen nicht auf den Anknüpfungsgegenstand, sondern ausschließlich auf das Anknüpfungsmerkmal beziehen („ ... ist das Recht des Staates anzuwenden, in dessen Gebiet ... die kollektiven Interessen der Verbraucher ... beeinträchtigt werden."). Auch Erwägungsgrund 21 beschreibt zunächst lediglich die Interessen, die auf kollisionsrechtlicher Ebene zur Anknüpfung an den Marktort führen[1995] und trifft unmittelbar keine Aussage über den Anknüpfungsgegenstand und die Funktion des Lauterkeitsrechts im Sinne des Kollisionsrechts[1996]. Demgemäß stellt Satz 3 des Erwägungsgrundes ausdrücklich klar, dass das kollisionsrechtliche Ziel des Schutzes von Verbrauchern und Öffentlichkeit „durch eine Anknüpfung *an* das Recht des Staates, in dessen Gebiet ... die kollektiven Interessen der Verbraucher beeinträchtigt worden sind"[1997], im Allgemeinen erreicht wird.

Die Nennung von kollektiven Verbraucher- und Allgemeininteressen würde sich somit allein auf das Anknüpfungsmerkmal „Marktort" beziehen. Diesbezüglich kann sie als Hinweis darauf gedeutet werden, dass jene Interessen durch die Wahl des Anknüpfungsmerkmals „Marktort" zumindest mittelbar mitgeschützt

1994 *Symeonides*, in: FS Jayme, S. 939.
1995 Siehe dazu MüKo BGB XI-*Drexl*, IntUnlWettbR Rn. 2 und 112.
1996 A. A. MüKo BGB XI-*Drexl*, IntUnlWettbR Rn. 112.
1997 Erwägungsgrund 21 Satz 3, Hervorhebung durch den Verfasser.

würden[1998]: Selbst wenn der Anknüpfungsgegenstand vom Schutz lediglich der Interessen der Wettbewerber ausgeht, würde die Kollisionsnorm in ihrer Gesamtheit die Sozialinteressen nicht negieren, sondern sie (nur) als unselbständige, reflexartig vom Schutz der eigentlich und primär geschützten Wettbewerber profitierende Begleiterscheinung berücksichtigen. Im Rahmen des Anknüpfungsmerkmals würde der Schutz der Sozialinteressen zumindest insoweit mitbeachtet. Dahinter stünde die Erkenntnis, dass eine unlautere Praktik weitaus eher auf Initiative des unternehmerischen Mitbewerbers beendet wird als vom privaten Letztverbraucher, der eher davor zurückschreckt, Klage zu erheben, am Marktort aber zumindest mittelbar von der Untersagung profitiert[1999].

Darüber hinaus steht der Wortlaut der engen mitbewerberschützenden Interpretation nicht nur offen, sondern spricht sogar positiv dafür. So ist in der Überschrift von Art. 6 Rom II-VO allein von „Wettbewerb“ die Rede. Auch die Abs. 1 und 2 setzten speziell als Anknüpfungsgegenstand ein „Wettbewerbs“-verhalten voraus. Damit scheint der Anknüpfungsgegenstand Rechtsfragen vorauszusetzen, die nicht auf einem allgemeinen Marktverhalten, sondern vielmehr auf einem Verhalten in einem Wettbewerbsverhältnis beruhen.

2. *Systematische Einordnung des lauterkeitsrechtlichen Schutzes marktfunktionaler Verbraucherinteressen und ethischer Werte bei der primären Qualifikation*

Im Stadium der primären Qualifikation werden Rechtsfragen den jeweils passenden Anknüpfungsgegenständen zugewiesen[2000]. Systematisch sind dabei zwei Möglichkeiten denkbar, weswegen Rechtsfragen aus dem Bereich des lauterkeitsrechtlichen Verbraucherschutzes nicht dem Anknüpfungsgegenstand von Art. 6 Abs. 1 und 2 Rom II-VO unterliegen könnten: Zum einen könnte es sich dabei um etwas anderes als eine „Zivil- und Handelssache“ handeln, so dass die Rechtsfrage von vornherein nicht dem Anwendungsbereich der Rom II-VO unterliegen würde (a). Zum anderen könnte die Rechtsfrage von Eingriffsnormen beantwortet werden, deren Regelungsgehalt statutsunabhängig im Rahmen von Art. 16 Rom II-VO zu berücksichtigen wäre (b).

1998 A. A. MüKo BGB XI-*Drexl*, IntUnlWettbR Rn. 110, für den Sozialinteressen nur dann beeinträchtigt werden können, wenn das Verhalten marktbezogen ist.

1999 Vergl. *Henning-Bodewig*, in: FS Tilmann, S. 157.

2000 Siehe oben S. 160 (Erster Schritt: Primäre Qualifikation (als Merkmal des Tatbestandes)).

a) *Zivil- und Handelssachen bei einzelnen Sanktionen durch private Organisationen und öffentliche Stellen*

Um unter den Anknüpfungsgegenstand des unlauteren Wettbewerbsverhaltens gefasst werden zu können, müsste der lauterkeitsrechtliche Verbraucherschutz zunächst dem sachlichen Anwendungsbereich der Rom II-VO unterliegen. Er wird in Art. 1 Abs. 1 S. 1 Rom II-VO von vornherein auf „Zivil- und Handelssachen" beschränkt[2001]. Auf öffentlich-rechtliche Sachverhalte ist die Verordnung gerade nicht anwendbar. Dementsprechend bezieht sich auch die Anknüpfung in Art. 6 Abs. 1 und 2 Rom II-VO ausschließlich auf das Lauterkeitsprivatrecht[2002]. Fraglich ist, ob der Verbraucherschutz aus einer europäischen Perspektive eine Zivil- und Handelssache darstellt, obwohl er national teilweise verwaltungs- oder strafrechtlich sanktioniert ist. Im Segregationsmodell Frankreichs und im Negationsmodell Großbritanniens liegt der lauterkeitsrechtliche Verbraucherschutz überwiegend in öffentlicher Hand und wird nicht vom individuell Betroffenen, sondern stattdessen vom Staatsanwalt, von einer Verwaltungsbehörde wie dem OFT oder von einer Institution der Selbstkontrolle wie der ASA durchgesetzt. Dahinter steht die nationale Wertung, dass der lauterkeitsrechtliche Verbraucherschutz nicht im privaten, sondern im öffentlichen Allgemeininteresse besteht[2003]. Selbst im zivilrechtlich ausgerichteten Integrationsmodell Deutschlands wird der lauterkeitsrechtliche Verbraucherschutz lediglich von Verbraucherverbänden im Kollektivinteresse verfolgt. Anstatt die Anknüpfung von lauterkeitsrechtlichen Fragestellungen mit öffentlichem oder zumindest kollektivem Einschlag der Rom II-VO zu überlassen, könnten die Fälle sachgerechter unter entsprechenden Normen des Wirtschaftskollisionsrechts[2004] behandelt werden. Den Anknüpfungen des Wirtschaftskollisionsrechts geht es gerade darum, staatliche Interessen zusätzlich neben den privaten Interessen zu berücksichtigen[2005]. Im öffentlichen internationalen Lauterkeitsrecht würde es keine mehrseitige Verweisungsnorm geben; an deren Stelle könnte zum Beispiel ein Anerkennungsmechanismus ausländischer Behördenentscheidungen

---

2001 Der Wortlaut ist zwar noch enger gefasst und setzt zusätzlich das Vorliegen eines Schuldverhältnisses voraus; das ist jedoch unbeachtlich, da Schuldverhältnisse nicht den Gegenstand der Qualifikation bilden können, vergl. oben S. 160 (Erster Schritt: Primäre Qualifikation (als Merkmal des Tatbestandes)).

2002 Ausdrücklich hinsichtlich Art. 6 Abs. 1 und 2 Rom II-VO *Beater*, Unl. Wettb. (2011), § 9 Rn. 729 („gilt also nicht für Straftatbestände und verwaltungsrechtliche Vorschriften"); für das internationale Kartellrecht *Mankowski*, IPRax 2010, 389, 395; allgemein *Kozyris*, AJCL 56 (2008), 471, 479 („if states have some public ‚interest' beyond a good ‚reason' why their law should be preferred in a particular context, they should articulate and pursue it through public law").

2003 Siehe oben S. 197 (Segregation eines öffentlichen Verbraucherschutzes vom allgemeindeliktischen Mitbewerberschutz).

2004 *Drobnig*, RabelsZ 52 (1988), 1 ff.; *Basedow*, RabelsZ 52 (1988), 8 ff.

2005 *Drobnig*, RabelsZ 52 (1988), 1, 2.

treten[2006]. Das (private) Lauterkeitskollisionsrecht der Rom II-VO dagegen könnte auf reine internationalprivatrechtliche Fälle beschränkt werden.

Allgemein ist bei der Bestimmung des sachlichen Anwendungsbereichs zu beachten, dass die Rom II-VO kein isolierter Einzelakt, sondern Teil des Gesamtvorhabens des europäischen Gesetzgebers einer umfassenden Vereinheitlichung des internationalen Prozess- und Privatrechts in der Union ist[2007]. Zum einen steht die Rom II-VO – zumindest was die Abgrenzung des sachlichen Anwendungsbereichs betrifft[2008] – in einer Reihe mit den übrigen sekundärrechtlichen Kollisionsakten

---

2006 Vergl. *Mankowski*, in: 75 Jahre Max-Planck-Institut, S. 603.

2007 Haager Programm, ABl. C 53/1 v. 3.3.2005, S. 13; *Heiss/Loacker*, JBl 2007, 613, 615; *Leible*, in: Gemeinschaftsrecht und IPR, S. 32; *Jayme/Kohler, C.*, IPRax 2007, 493, 494 (Ziel sei die Abstimmung mit der Rom I-VO und der EuGVO); *Heinze*, in: FS Kropholler, S. 105 f.; *Kramer*, NIPR 2008, 414; *von Hein*, RabelsZ 73 (2009), 461, 464 („children of a European legislative family, [where] the Rom II Regulation assumes the role of the oldest sibling"); MüKo BGB X-*Junker*, Rom–II Vorb. Art. 1 Rn. 33, Art. 1 Rn. 10; ausführlich *Würdinger*, RabelsZ 75 (2011), 102 ff.; *Czepelak*, EurRevPL 2010, 705, 715 ff. kritisiert ausführlich den dabei vom Gesetzgeber gewählten Ansatz, sich bei den konkreten Rechtsakten jeweils auf Einzelgebiete zu beschränken („creeping codification").

2008 Eine andere Frage ist, ob sich aus der Zusammenschau der Kollisionsrechtsakte bereits ein „allgemeiner Teil" eines europäischen IPR ableiten lässt, siehe dazu *Kieninger*, in: FS von Hoffmann, S. 184 ff.; dies verneinend *Schaub*, JZ 2005, 328, 335 (kein vollständiges kollisionsrechtliches System aus Rom I und II, und auch unter Einbeziehung des im Sekundärrecht kodifizierten IPR seien im Ergebnis „Entwicklungstendenzen nur teilweise erkennbar", S. 337); *Jayme/Kohler, C.*, IPRax 2006, 537, 541 (fehlende Kodifikationsidee); *Sonnenberger*, in: FS Kropholler, S. 228; *Sonnenberger*, IPRax 2011, 325 (weswegen in der Kommentierung des IPR im MüKo die allgemeine Einleitung vor dem Komplex des europäischen IPR steht); *Heinze*, in: FS Kropholler, S. 126 f. (zumindest teilweise); *Leible*, in: Gemeinschaftsrecht und IPR, S. 54 (zumindest rudimentär); *Kohler, C.*, IPRax 2011, 419 (jedenfalls schade es generell der einheitlichen Begriffsbildung und der Kohärenz der Maßnahmen, wenn der Gesetzgeber lediglich schrittweise ohne eine Kodifikationsidee vorgeht); auch *Czepelak*, EurRevPL 2010, 705, 720 f. kritisiert die fehlende Einheitlichkeit in der Terminologie; folglich stehen in der Wissenschaft die Entwicklung allgemeiner Lehren des europäischen IPR und die Kodifikation eines allgemeinen Teils im Zentrum der Debatten, siehe *Jayme*, IPRax 2012, 103 f.; eine Konsolidierung wird angestrebt vom Europäischen Rat, Stockholmer Programm, Ratsdokument 17024/09, S. 24 („Der Europäische Rat hebt ferner hervor, wie wichtig es ist, mit der Arbeit zur Konsolidierung der im Bereich der justiziellen Zusammenarbeit in Zivilsachen bislang angenommenen Rechtsinstrumente zu beginnen. Zuallererst sollte das Unionsrecht durch eine Straffung der bestehenden Instrumente kohärenter gestaltet werden. Ziel sollte es sein, die Kohärenz und die Nutzerfreundlichkeit der Rechtsinstrumente sicherzustellen und somit ihre effizientere und einheitlichere Anwendung zu gewährleisten."); ebenso vom Europäischen Parlament, Entschließung des Parlaments, P7_TA(2010)0304, A7-0219/2010, S. 5

der Union und insbesondere der Rom I-VO[2009]. Zum anderen sind die unionsrechtlichen Kollisionsakte wie die Rom II-VO eingebettet in das Zuständigkeits- und Vollstreckungsregime der EuGVO. Die Auslegung der Merkmale des sachlichen Anwendungsbereichs hat daher unionsautonom unter der systematischen Einbeziehung der Rom I-VO und der EuGVO sowie unter der Berücksichtigung der diesbezüglich ergangenen Rechtsprechung des EuGH zu erfolgen[2010]. Das betrifft insbesondere die Auslegung des Begriffs der Zivil- und Handelssache; insoweit kann auf die Rechtsprechung des EuGH zu Art. 1 Abs. 1 EuGVO zurückgegriffen werden[2011].

Bei der Parallelbegrifflichkeit in Art. 1 Abs. 1 EuGVO geht der EuGH davon aus, dass Zivil- und Handelssachen nicht positiv zu beschreiben, sondern lediglich negativ von den in S. 2 genannten öffentlich-rechtlichen Materien abzugrenzen sind. Demnach darf der Streitgegenstand weder eine Steuer- und Zollsache, noch eine verwaltungsrechtliche Angelegenheit sein oder die Haftung des Staates im Rahmen der Ausübung hoheitlicher Rechte betreffen. Dies ist autonom auf der Grundlage der Zielsetzung und Systematik der EuGVO sowie nach den allgemeinen Rechtsgrundsätzen zu bestimmen, die sich aus der Gesamtheit der innerstaatlichen Rechtsordnungen ergeben[2012]. Unbeachtlich ist dem Wortlaut von

---

Ziff. 1 („...meint, dass... letztlich eine umfassende Kodifizierung des Internationalen Privatrechts angestrebt werden könnte").

2009 *Hau*, in: Grünbuch Vertragsrecht, S. 21 f.; insbesondere auch *von Hein*, RabelsZ 73 (2009), 461, 464 („family structures"); *Mansel/Thorn u. a.*, IPRax 2009, 1 f. identifizieren „zahlreiche Parallelen" zwischen Rom I und II; *Würdinger*, RabelsZ 75 (2011), 102, 118, 124 spricht von einem „Konkordanzgebot auf der horizontalen Auslegungsachse"; kritisch dagegen *Brand*, GPR 2008, 298 („wagemutiges Unterfangen", da es an einer „einheitlichen übergreifenden Kodifikationsidee" fehle); vorsichtig auch *Jayme/Kohler, C.*, IPRax 2006, 537, 540 („Die Koordinierung zwischen den einzelnen Vorhaben ist nur schwach ausgebildet oder bleibt ganz aus."); *Jayme/Kohler, C.*, IPRax 2007, 493 mit Bezug auf Rom I und II („Bemühungen um eine gewisse kodifikatorische Kohärenz").

2010 Erwägungsgrund 7; Vorschlag der Kommission, KOM(2003) 427 endg., S. 8; *Huber/Bach*, IPRax 2005, 73, 74; *Stone*, EU PIL, S. 331 f.; *Garcimartín Alférez*, EuLF [E] 2007, 77, 80; *Heiss/Loacker*, JBl 2007, 613, 618 f.; *Junker*, NJW 2007, 3675, 3676 f.; MüKo BGB X-*Junker*, Art. 1 Rom II–VO Rn. 10; *Leible/Lehmann*, RIW 2007, 721, 722; *Wagner, G.*, IPRax 2008, 1, 2; *Kramer*, NIPR 2008, 414, 416; *von Hein*, ZEuP 2009, 6, 12.

2011 *Huber/Bach*, IPRax 2005, 73, 74; *Hohloch*, YPIL 9 (2007), 1, 15 f.; *Junker*, NJW 2007, 3675, 3676 f.; *Heiss/Loacker*, JBl 2007, 613, 618; *Leible/Lehmann*, RIW 2007, 721, 722; *Dickinson*, Rome II, Rn. 3.263; *Wagner, G.*, IPRax 2008, 1, 2; *Kramer*, NIPR 2008, 414, 416; *Sujecki*, EWS 2009, 310, 311; *von Hein*, ZEuP 2009, 6, 12; *Grünberger*, ZVglRWiss 108 (2009), 134, 136; Rauscher-*Unberath/Cziupka*, Art. 1 Rom II–VO Rn. 7 (zumindest sei eine entsprechende „Orientierung... sinnvoll").

2012 EuGH v. 14.10.1976, Rs. 29/76 (LTU), Slg. 1976, 1541 Rn. 3; Geimer/Schütze-*Geimer*, Art. 1 EuGVO Rn. 2; *Kropholler/von Hein*, Europäisches Zivilprozessrecht, Art. 1 EuGVO Rn. 3.

Art. 1 Ab. 1 EuGVO nach die Art der Gerichtsbarkeit, vor der eine Sache verhandelt wird[2013]. Entscheidend ist allein, ob das im Einzelfall dem Streit zugrunde liegende Rechtsverhältnis darauf zurückzuführen ist, dass hoheitliche Befugnisse ausgeübt worden sind[2014]. Hoheitliche Befugnisse werden in der Regel nur dann ausgeübt, wenn sie von den im Verhältnis zwischen Privatpersonen geltenden Regeln abweichen[2015]. Eine eindeutige und allgemeingültige Definition fehlt jedoch bislang[2016]. Daher ist für jedes Sanktionsinstrument einzeln zu untersuchen, inwieweit bei der Verfolgung kollektiver Verbraucherinteressen durch private Organisationen (aa) oder öffentliche Stellen (bb) hoheitliche Befugnisse ausgeübt werden.

aa) Sanktionsmittel privater Verbraucherverbände

Private Verbraucherverbände zur Durchsetzung lauterkeitsrechtlicher Verbraucherinteressen existieren in jeder der drei Modellordnungen. Sie setzten kollektive Verbraucherinteressen vor allem vor Zivilgerichten mit dem Instrument der Unterlassungsklage durch (1). In Frankreich besteht darüber hinaus die Möglichkeit des Adhäsionsverfahrens vor Strafgerichten (2).

(1) Zivilrechtliche Unterlassungsklagen

Verbraucherverbände sind insbesondere dazu befugt, in der Union als „qualifizierte Einrichtungen" im Sinne von Art. 3 lit. b) Richtlinie 2009/22/EG Unterlassungsklagen zu erheben. Das gilt nach Art. 11 Richtlinie 2005/29/EG und Art. 5 Richtlinie 2006/114/EG insbesondere für den Bereich des lauterkeitsrechtlichen Verbraucherschutzes. Teilweise wurde in der Klagetätigkeit die Ausübung hoheitlicher Befugnisse gesehen. Diese weite Auffassung hat die Regierung Großbritanniens in ihrer Stellungnahme zur Rs. *Henkel* vertreten[2017]. Darin stellte sie auf die

---

2013 EuGH v. 16.12.1980, Rs. C-814/79 (Rüffer), Slg. 1980, 3807 Rn. 13; *Schlosser*, EU-Zivilprozessrecht, Art. 1 EuGVVO Rn. 4; Geimer/Schütze-*Geimer*, A.1 Art. 1 Rn. 4; *Kropholler/von Hein*, Europäisches Zivilprozessrecht, Art. 1 EuGVO Rn. 12 f.; Rauscher-*Mankowski*, Art. 1 Brüssel I–VO Rn. 3.

2014 EuGH v. 14.10.1976, Rs. 29/76 (LTU), Slg. 1976, 1541 Rn. 4; EuGH v. 16.12.1980, Rs. C-814/79 (Rüffer), Slg. 1980, 3807 Rn. 8 u. 15; EuGH v. 1.10.2002, Rs. C-167/00 (Henkel), Slg. 2002, I-08111 Rn. 26; Czernich/Tiefenthaler/Kodek-*Czernich*, Art. 1 Rn. 9; *Stone*, EuLF [D] 2004, 213, 214; *Huber/Bach*, IPRax 2005, 73, 74; *Garcimartín Alférez*, EuLF [E] 2007, 77, 80; *Leible/Lehmann*, RIW 2007, 721, 722; *Wagner, G.*, IPRax 2008, 1, 2; Geimer/Schütze-*Geimer*, A.1 Art. 1 Rn. 9 u. 11; MüKo BGB X-*Junker*, Art. 1 Rom II–VO Rn. 11; *Kropholler/von Hein*, Europäisches Zivilprozessrecht, Art. 1 EuGVO Rn. 6; Rauscher-*Mankowski*, Art. 1 Brüssel I–VO Rn. 3.

2015 EuGH v. 21.4.1993, Rs. C-172/91 (Sonntag), Slg. 1993, I-01963 Rn. 22; *Hess*, IPRax 1994, 10, 12; *Kropholler/von Hein*, Europäisches Zivilprozessrecht, Art. 1 EuGVO Rn. 3; Rauscher-*Mankowski*, Art. 1 Brüssel I–VO Rn. 3.

2016 *Schlosser*, EU-Zivilprozessrecht, Art. 1 EuGVVO Rn. 10.

2017 EuGH v. 1.10.2002, Rs. C-167/00 (Henkel), Slg. 2002, I-08111 Rn. 25.

wahrgenommenen Interessen ab. Eine hoheitliche Tätigkeit werde immer schon dann ausgeübt, wenn es nicht um die Geltendmachung individueller Interessen einzelner Privatrechtssubjekte, sondern um die kollektiver Interessen gehe. Dementsprechend meinte sie, dass eine Verbraucherorganisation bei der Klagetätigkeit zur Untersagung missbräuchlicher Klauseln in Verträgen eine „im Allgemeininteresse liegende Aufgabe" wahrnehme, „die im Schutz der Gesamtheit der Verbraucher bestehe; ihre Befugnis zur Erhebung von Klagen auf Unterlassung rechtswidriger Verhaltensweisen von Gewerbetreibenden folge allein aus dem Gesetz und nicht aus privatrechtlichen Beziehungen im Zusammenhang mit Verträgen zwischen Gewerbetreibenden und Verbrauchern."[2018] Bestätigt wird dieses Ergebnis mit Blick auf die Rom II-VO dadurch, dass sich kein Artikel der Rom II-VO unmittelbar auf öffentliche Interessen bezieht. Im Gegenteil geht es bei der Anknüpfung alleine darum, privatrechtliche Interessen zum Ausgleich zu bringen. Ganz in diesem Sinne heißt es in Erwägungsgrund 16, dass die Bestimmungen „einen angemessenen Interessenausgleich zwischen Personen, deren Haftung geltend gemacht wird, und Geschädigtem gewährleisten"[2019].

In der Tat erscheint es mit Blick auf die verfolgten Kollektivinteressen zunächst zweifelhaft, ob die privaten Verbraucherverbände lediglich Befugnisse wahrnehmen, die ebenso Privatpersonen zustehen und damit nicht hoheitlich sind. Als verfolgte Kollektivinteressen kommen zwei Interessenarten in Betracht. Denkbar ist, dass die Verbände die abgeleiteten und gebündelten Individualinteressen der Verbraucher wahrnehmen. Darum geht es bei der Verbandsklage jedoch unmittelbar gerade nicht. Im Gegensatz zu Sammel- und Musterklagen bündelt die Verbandsklage nicht die individuellen Interessen jedes betroffenen Verbrauchers[2020]. Demgemäß stellt Erwägungsgrund 3 der Richtlinie 2009/22/EG über Unterlassungsklagen zum Schutz der Verbraucherinteressen klar, dass unter den Kollektivinteressen der Verbraucher Interessen zu verstehen sind, „bei denen es sich *nicht* um eine Kumulierung von Interessen durch einen Verstoß geschädigter Personen handelt."[2021] Vielmehr geht es bei der Verbandsklage um die generell-abstrakte Einhaltung der Lauterkeitsvorschriften unabhängig davon, ob im Einzelfall Interessen konkreter Verbraucher verletzt sind[2022]. Der Verband klagt unmittelbar nur als Wahrer der Lauterkeitsordnung und nicht als Eigentümer oder Stellvertreter von Verbraucherinteressen[2023]. Die Wahrung der Rechtsordnung ist ein öffentliches

---

2018 EuGH v. 1.10.2002, Rs. C-167/00 (Henkel), Slg. 2002, I-08111 Rn. 25.
2019 *Symeonides*, in: FS Jayme, S. 938.
2020 Vergl. *Rott/Von der Ropp*, ZZP Int. 2004, 3, 9; *Tamm*, EuZW 2009, 439, 440.
2021 Erwägungsgrund 3 Richtlinie 2009/22/EG, Hervorhebung durch den Verfasser.
2022 Vergl. *Schmidt, E.*, NJW 2002, 25, 29 f. („Fallübergreifender Datenbedarf").
2023 *Baetge*, ZZP 1999, 329, 330 (es geht bei der Verbandsklage „nicht primär um die Durchsetzung subjektiver Rechte, sondern in erster Linie darum, dem objektiven Recht, also öffentlichen Interessen Geltung zu verschaffen"); *Schmidt, E.*, NJW 2002, 25, 30 (die Verbraucherinteressen „gehören" den Verbänden nicht, sondern sind ihnen nur zu deren effektiver Gewährleistung anvertraut worden); *Tamm*,

Anliegen im Interesse der Allgemeinheit. Deswegen wird allgemein herausgestellt, dass es bei Verbandsklagen um die Wahrnehmung öffentlicher Interessen selbst dann geht, wenn sie von Privaten im Wege des Zivilprozesses verfolgt werden[2024]. Damit rücken bei Verbraucherverbandsklagen insbesondere im Lauterkeitsbereich privatrechtliche Interessen weit in den Hintergrund. Dementsprechend kann die gerichtliche Kontrolle im Bereich des lauterkeitsrechtlichen Verbraucherschutzes gerade nicht von jedermann eingeleitet werden. In allen drei Modellordnungen ist die Klagebefugnis auf Verbände beschränkt. Der im Einzelfall betroffene Verbraucher erhält gerade kein individuelles Klagerecht.

Trotzdem haben nicht nur der EuGH[2025], sondern auch die Literatur[2026] angenommen, dass bei der Verfolgung kollektiver Interessen durch private Verbraucherverbände eine Zivil- und Handelssache vorliegen kann. In der Erhebung einer Unterlassungsklage mit dem Ziel, die Verwendung missbräuchlicher Klauseln in Verträgen zu verhindern, liege keine Ausübung einer hoheitlichen Tätigkeit, sondern lediglich die Wahrnehmung von Befugnissen, die denen im Verhältnis zwischen Privatpersonen geltenden allgemeinen Rechtsvorschriften entsprächen: Erstens würde sich der Streitgegenstand auf Verträge und damit Rechtsverhältnisse des Privatrechts beschränken, und zweitens könne die Kontrolle jener Privatrechtsverhältnisse genauso von jedermann eingeleitet werden. Unbeachtlich sei es dagegen, dass das unmittelbar wahrgenommene Kollektivinteresse nicht in der Bündelung der Individualinteressen der Verbraucher besteht, sondern stattdessen dem öffentlichen Interesse an der Wahrung der Lauterkeitsordnung entspricht. So hat auch der EuGH in der Rs. *Henkel* zwar ausdrücklich festgestellt, dass bei der Verfolgung der Verwendung missbräuchlicher Klauseln in Verbraucherverträgen zwischen dem Verbraucherschutzverein und dem die Klauseln verwendenden Gewerbetreibenden keine vertragliche Beziehung besteht[2027] und die Verbraucherschutzorganisation vielmehr „auf der Grundlage eines Rechts tätig, das ihr gesetzlich verliehen wurde, um die Untersagung der Verwendung von Klauseln zu erwirken, die nach dem Urteil des Gesetzgebers in den Beziehungen zwischen

EuZW 2009, 439, 440 (Verbände klagen „in einem ihnen selbst zugeordneten Anliegen als Repräsentanten von Konsumentenpositionen").

2024 *Schmidt, E.*, NJW 2002, 25, 27, der darüber hinaus in Fn. 34 bemerkt, dass diese Qualifikation nicht ernstlich angefochten werde; *Kühnberg*, ZfRV 2005, 106, 107 („Förderung eines öffentlichen Interesses").

2025 EuGH v. 1.10.2002, Rs. C-167/00 (Henkel), Slg. 2002, I-08111 Rn. 30.

2026 *Reich*, RabelsZ 56 (1992), 444, 457; *Maurer*, Unterlassungsklagen, S. 9; *Mäsch*, ZEuP 2003, 375, 389; *Michailidou*, IPRax 2003, 223; *Rott/von der Ropp*, ZZP Int. 2004, 3, 5; *Dickinson*, Rome II, Rn. 3.266; *Fawcett/Carruthers*, Private International Law, S. 810; *Kohler, K.*, Verbraucherverbandsklage, S. 113; Grabitz/Hilf IV-*Micklitz/Rott*, A 25 Art. 2 Rn. 30; Rauscher-*Mankowski*, Art. 1 Brüssel I–VO Rn. 3; *Kropholler/von Hein*, Europäisches Zivilprozessrecht, Art. 1 EuGVO Rn. 6; Geimer/Schütze-*Geimer*, A.1 Art. 1 Rn. 19.

2027 EuGH v. 1.10.2002, Rs. C-167/00 (Henkel), Slg. 2002, I-08111 Rn. 38.

Gewerbetreibenden und privaten Endverbrauchern unzulässig sind."[2028] Trotzdem verneinte er ein hoheitliches Handeln. In der Literatur wird diese Argumentation teilweise auf Unterlassungsklagen bei Lauterkeitsverstößen übertragen[2029].

Dem ist zuzustimmen. Private Verbände üben nicht bereits deswegen hoheitliche Befugnisse aus, weil sie öffentliche Kollektivinteressen verfolgen. Unbeachtlich sind sowohl der kollektive als auch der öffentliche Charakter des Interesses. Auf den kollektiven Charakter kommt es nicht an, weil auch der individuelle Verbraucher von der Klagetätigkeit der Verbände zumindest mittelbar profitiert. Unmittelbar bezweckt die Verbandsklage zwar keinen konkret-individuellen, sondern einen abstrakt-generellen Schutz, um präventiv das Marktverhalten zu regulieren. Dementsprechend unterliegen insbesondere der Richtlinie 2005/29/EG allein Geschäftspraktiken, worunter ausschließlich ein strategisches Verhalten mit Breitenwirkung zu verstehen ist[2030]. Mittelbar werden dadurch aber auch die individuellen Geschäftsbeziehungen einzelner Verbraucher geschützt und kompensatorische Eingriffe überflüssig gemacht[2031]. Wird eine bestimmte unlautere Geschäftspraxis im kollektiven Interesse zu Gunsten eines Verbandes untersagt, werden dadurch mittelbar auch die individuellen Interessen jedes einzelnen betroffenen Verbrauchers gewahrt. Der mittelbare Individualschutz reicht aus, um die Klagetätigkeit im Kollektivinteresse entgegen der Ansicht der Regierung Großbritanniens nicht der Allgemeinheit, sondern dem Individualinteresse jedes Verbrauchers zuzuordnen. Dass die Repräsentation der Verbraucherinteressen in Form der Verbandsklage erfolgt, hat lediglich prozesspraktische Gründe. Damit kann eine Vielzahl von Einzelverfahren individuell betroffener Verbraucher zusammengefasst werden. Zum einen wird so die uferlose Ausdehnung des Kreises der Klageberechtigten verhindert, die auf die Anerkennung einer Popularklage hinauslaufen würde, da bei Verstößen gegen lauterkeitsrechtliche Verbraucherschutzvorschriften so gut wie jeder Verbraucher in seinen Interessen verletzt ist[2032]. Zum anderen wird die prozessuale Unterlegenheit des einzelnen Verbrauchers gegenüber dem unlauteren Unternehmen ausgeglichen. Der Verbraucher würde einen Prozess

---

2028 EuGH v. 1.10.2002, Rs. C-167/00 (Henkel), Slg. 2002, I-08111 Rn. 39.

2029 *Maurer*, Unterlassungsklagen, S. 9 (zumindest bei Klagen von privaten Verbraucherverbänden); *Michailidou*, IPRax 2003, 223, 225; *Rott/von der Ropp*, ZZP Int. 2004, 3, 7; *Dickinson*, Rome II, Rn. 6.25 (zumindest bei „actions by a non-public body"); Geimer/Schütze-*Geimer*, A.1 Art. 1 Rn. 18.

2030 Siehe oben S. 263.

2031 *Mäsch*, ZEuP 2003, 375, 393; vergl. auch *Köhler*, GRUR 2003, 265, 267 („der Unterlassungsanspruch [dient] dem präventiven Schutz der Verbraucher vor einer möglichen Gefährdung ihrer Entscheidungsfreiheit").

2032 Vergl. bereits *Samwer*, GRUR 1969, 326, 330; *Köhler*, GRUR 2003, 265, 267; ebenso verweist die Begründung des Gesetzentwurfes für das UWG 2004 darauf, dass individuelle Verbraucherklagerechte „zu sehr hohen Belastungen für die Wirtschaft führen und... einen erheblichen Standortnachteil zur Folge" haben würden, BT-Drucks. 15/1487, 22.

nicht nur wegen sein Unerfahrenheit scheuen, sondern das Risiko und die Mühe vor allem wegen seiner relativ geringen Teilbeeinträchtigung kaum auf sich nehmen[2033].

Auch der öffentliche Charakter der verfolgten Kollektivinteressen ist vorliegend unbeachtlich. Denn letztendlich kommt es auf die Art der verfolgten Interessen nicht an[2034]. Statt auf die verfolgten Interessen stellt der EuGH darauf ab, wie die Interessen verfolgt werden. Der hoheitliche Charakter des Handels folgt nicht aus dem verfolgten Zweck, sondern aus der Art und Weise des Handelns. Damit ähneln die Abgrenzungskriterien des EuGH denjenigen der deutschen Sonderrechtstheorie, nach der im Rahmen von § 40 Abs. 1 S. 1 VwGO öffentlich-rechtlich Streitigkeiten bestimmt werden[2035]. Öffentliche Allgemeininteressen müssen nicht mit öffentlich-rechtlichen Mitteln, sondern können stattdessen auch mit Instrumenten des Privatrechts verfolgt werden. Privatrechtliches Handeln ist insbesondere dadurch gekennzeichnet, dass Interessen nicht selbst, sondern lediglich klageweise mit gerichtlicher Hilfe durchgesetzt werden können[2036]. Dann werden lediglich Befugnisse wahrgenommen, die den im Verhältnis zwischen Privatpersonen geltenden allgemeinen Rechtsvorschriften entsprechen. Das ist bei zivilrechtlichen Unterlassungsklagen privatrechtlich organisierter Verbraucherverbände der Fall.

(2) Zivilrechtliche Adhäsionsklagen

In Frankreich können Verbraucherverbände im Wege des Adhäsionsverfahrens zivilrechtliche Ansprüche vor Strafgerichten geltend machen[2037]. Teilweise wird darin die Übernahme staatlicher Hoheitsaufgaben durch die privaten Verbraucherverbände gesehen, da wegen des engen Zusammenhangs mit der strafrechtlichen Sanktion auch im Adhäsionsverfahren[2038] der Zweck der Strafverfolgung und -verhinderung im Vordergrund stünde und die Verbraucherverbände lediglich als

2033 Grünbuch über kollektive Rechtsdurchsetzungsverfahren für Verbraucher, KOM(2008) 794 endg., S. 4 f.; *Baetge*, ZZP 1999, 329, 330; *Kühnberg*, ZfRV 2005, 106; *Tamm*, EuZW 2009, 439.

2034 Ausdrücklich *Dutta*, ZZP Int. 2006, 208. 212.

2035 *Dutta*, ZZP Int. 2006, 208, 213; *Schlosser*, EU-Zivilprozessrecht, Art. 1 EuGVVO Rn. 10; Rauscher-*Mankowski*, Art. 1 Brüssel I–VO Rn. 3; zweifelnd dagegen *Rauscher*, ZZP Int. 2002, 324, 325.

2036 *Rauscher*, ZZP Int. 2002, 324, 325; Grabitz/Hilf IV-*Micklitz/Rott*, A 25 Art. 2 Rn. 31; *Schlosser*, EU-Zivilprozessrecht, Art. 1 EuGVVO Rn. 10 (zumindest „Indizwirkung"); *Kropholler/von Hein*, Europäisches Zivilprozessrecht, Art. 1 EuGVO Rn. 6 (Unterwerfung unter eine gerichtliche Kontrolle); Rauscher-*Mankowski*, Art. 1 Brüssel I–VO Rn. 3.

2037 Siehe oben S. 315 (Erweiterte Durchsetzungsbefugnisse).

2038 Siehe oben S. 315 (Erweiterte Durchsetzungsbefugnisse).

„Hilfsstaatsanwälte“ tätig würden[2039]. Der Ansicht ist jedoch nicht zu folgen. Trotz des engen Zusammenhangs mit dem Strafrecht werden die Verbände im Adhäsionsverfahren nicht hoheitlich tätig[2040]. Zum einen kommt es insoweit auch hier weder auf den kollektiven noch den öffentlichen Charakter der verfolgten Interessen an. Entscheidend ist vielmehr, dass der Verband wie jedes andere Rechtssubjekt gerichtliche Hilfe in Anspruch nehmen muss. Dabei ist die Art der Gerichtsbarkeit gemäß dem Wortlaut von Art. 1 Ab. 1 EuGVO irrelevant[2041]. Dem Anwendungsbereich unterliegen insbesondere zivilrechtliche Ansprüche, die vor Strafgerichten geltend gemacht werden[2042]. Zum anderen ist in Art. 5 Nr. 4 EuGVO ein besonderer Gerichtsstand für diese Verfahrensart normiert. Damit muss es für die Einordnung außer Betracht bleiben, dass die Klage auf eine mit Strafe bedrohte Handlung gestützt wird. Denn ansonsten würde der besondere Gerichtsstand der Adhäsionsklage seines Anwendungsbereiches beraubt und keinen Sinn ergeben[2043].

bb) Sanktionsmittel öffentlicher Stellen

Das Vorliegen einer Zivil- und Handelssache ist vor allem dann fraglich, wenn öffentliche Stellen handeln, um Verstöße gegen lauterkeitsrechtliche Verbraucherschutzvorschriften zu sanktionieren.

(1) Zivilrechtliche Unterlassungsklagen

Zweifelhaft ist das Vorliegen einer Zivil- und Handelssache, wenn öffentliche Stellen Unterlassungsklagen vor Zivilgerichten erheben[2044]. Neben privaten Verbänden sind auch öffentliche Stellen als „qualifizierte Einrichtungen“ im Sinne von Art. 3 lit. a) Richtlinie 2009/22/EG, Art. 11 Richtlinie 2005/29/EG und Art. 5 Richtlinie 2006/114/EG zu Unterlassungsklagen im Bereich des lauterkeitsrechtlichen Verbraucherschutzes befugt. Als öffentliche Stellen mit entsprechender Befugnis kommen nicht nur das OFT Großbritanniens in Betracht, sondern auch die *Ordres* in Frankreich oder die Industrie- und Handelskammern sowie Handwerkskammern in Deutschland[2045]. Möglicherweise liegt in der Verfolgung von Kollektivinteressen

---

2039 *Mäsch*, ZEuP 2003, 375, 393 ff.; *Reich*, RabelsZ 56 (1992), 444, 487 weist zwar auch auf den Zusammenhang hin, zieht daraus aber nicht die Konsequenz, sondern bewertet die Verbraucherschutzvorschriften lediglich als Eingriffsnormen.

2040 *Reich*, RabelsZ 56 (1992), 444, 458; Grabitz/Hilf IV-*Micklitz/Rott*, A 25 Art. 2 Rn. 32; Rauscher-*Mankowski*, Art. 1 Brüssel I–VO Rn. 4; a. A. wegen der dabei im Vordergrund stehenden Strafverfolgung und -verhinderung *Mäsch*, ZEuP 2003, 375, 393 ff.

2041 Siehe oben S. 157 Fn. 1250.

2042 *Kropholler/Von Hein*, Europäisches Zivilprozessrecht, Art. 1 EuGVO Rn. 13.

2043 *Reich*, RabelsZ 56 (1992), 444, 458; Grabitz/Hilf IV-*Micklitz/Rott*, A 25 Art. 2 Rn. 32.

2044 Zweifelnd bereits *Jayme/Kohler, C.*, IPRax 1997, 385, 392; *Mäsch*, ZEuP 2003, 375, 389.

2045 *Michailidou*, IPRax 2003, 223, 224; hinsichtlich der deutschen Industrie- und Handelskammern sowie Handwerkskammern ist *Baetge*, ZZP 1999, 329, 336 f. anderer

zumindest dann eine hoheitliche Tätigkeit, wenn sie von öffentlichen Stellen wahrgenommen wird.

Der EuGH hat die Fallkonstellation bislang nicht entschieden[2046]. Die Literatur geht teilweise von einer hoheitlichen Tätigkeit aus[2047]. Zur Begründung wird zum einen auf die Person des Klägers abgestellt. Demnach würden öffentliche Stellen grundsätzlich hoheitlich handeln. Dazu wird eine Parallele zur Rs. *Rüffer* gezogen, in der der EuGH die Zahlungsklage einer öffentlichen Stelle zur Beitreibung des Kostenersatzes für die hoheitliche Bergung eines Schiffswracks als hoheitliche Tätigkeit qualifizierte[2048]. Gleichermaßen entschied der EuGH in der Rs. *LTU*, dass in der Zahlungsklage einer öffentlichen Stelle zur Beitreibung von Gebühren für die Luftüberwachung eine hoheitliche Tätigkeit liegt[2049]. Auch deutet die Argumentation in der Rs. *Henkel* im Umkehrschluss darauf, dass Unterlassungsklagen öffentlicher Stellen keine Zivil- und Handelssachen seien: Dort hatte der EuGH das Vorliegen einer Zivil- und Handelssache unter anderem damit bejaht, dass der Kläger privatrechtlich organisiert sei[2050]. Zum anderen wird die „Sanktionsstruktur"[2051] zum entscheidenden Abgrenzungsmerkmal erhoben und eine hoheitliche Tätigkeit bejaht, wenn die Entscheidung zur Klage von einem öffentlichen Interesse abhängt[2052]. Deswegen behaupten Teile der britischen Literatur, Klagen im Zusammenhang mit der Richtlinie 2005/29/EG würden wohl nie unter den Anwendungsbereich der Rom II-VO fallen[2053].

Die Mehrzahl der Literaturstimmen interpretiert die angeführte Rechtsprechung des EuGH allerdings richtigerweise dahingehend, dass es auch bei Unterlassungsklagen öffentlicher Stellen allein auf den Charakter des Handelns ankommt, der keineswegs immer hoheitlich sein muss[2054]. Auch öffentliche Stellen können

---

Auffassung, da sie nicht speziell für den Schutz von Verbraucherinteressen zuständig sind.

2046 *Rott/Von der Ropp*, ZZP Int. 2004, 3, 7; Grabitz/Hilf IV-*Micklitz/Rott*, A 25 Art. 2 Rn. 31.

2047 *Reich*, RabelsZ 56 (1992), 444, 457 f.; *Maurer*, Unterlassungsklagen, S. 9 f.

2048 EuGH v. 16.12.1980, Rs. C-814/79 (Rüffer), Slg. 1980, 3807 Rn. 8; *Maurer*, Unterlassungsklagen, S. 9.

2049 EuGH v. 14.10.1976, Rs. 29/76 (LTU), Slg. 1976, 1541 Rn. 4.

2050 EuGH v. 1.10.2002, Rs. C-167/00 (Henkel), Slg. 2002, I-08111 Rn. 30.

2051 *Reich*, RabelsZ 56 (1992), 444, 456.

2052 *Reich*, RabelsZ 56 (1992), 444, 457; ähnlich *Stone*, EuLF [D] 2004, 213, 214 (keine Zivil- und Handelssache seien insbesondere Streitigkeiten zwischen Privatunternehmen und einer Behörde wegen Maßnahmen, welche die Behörde im Rahmen ihrer öffentlichen Aufgaben durchgeführt hat).

2053 *Wadlow*, JIPLP 2009, 789, 796.

2054 *Rauscher*, ZZP Int. 2002, 324 f.; Czernich/Tiefenthaler/Kodek-*Czernich*, Art. 1 Rn. 9 („Irrelevant ist dagegen, ob an dem Rechtsverhältnis ein Hoheitsträger als Träger von Privatrechten beteiligt ist."); *Dutta*, ZZP Int. 2006, 208, 212; *Kadner Graziano*, RabelsZ 73 (2009), 1, 51; Grabitz/Hilf IV-*Micklitz/Rott*, A 25 Art. 2 Rn. 31; Geimer/Schütze-*Geimer*, A.1 Art. 1 Rn. 8 f.; Huber-*Bach*, Art. 1 Rn. 7; *Kropholler/von Hein*,

privatrechtlich handeln[2055]. Die Ausführungen des EuGH in der Rs. *Sonntag* bestätigen diese Auffassung. Obwohl die Streitsache im Zusammenhang mit dem Verhalten eines Lehrers einer öffentlichen Schule stand, ging der EuGH von einem privatrechtlichen Handeln aus[2056]. Dementsprechend lag in den Rs. *Rüffer* und *LTU* alleine deswegen keine Zivil- und Handelssache vor, weil die Tätigkeit der öffentlichen Stellen im Zusammenhang mit der Ausübung hoheitlicher Befugnisse stand[2057].

Ob mit der Unterlassungsklage hoheitliche Befugnisse ausgeübt werden, entscheidet demnach – wie bei privaten Verbraucherverbänden – die Art und Weise des Handelns. Unbeachtlich sind sowohl der kollektive als auch der öffentliche Charakter der mit der Klage verfolgten Interessen. Damit handeln auch Behörden wie das OFT bei der Klagetätigkeit nicht hoheitlich, weil sie bei der Interessendurchsetzung wie jeder andere Private auch handeln und auf gerichtliche Hilfe angewiesen sind[2058]. Das gilt insbesondere dann, wenn die Klagetätigkeit nationale Grenzen überschreitet, weil die Behörde spätestens mit dem Grenzübertritt jegliche eventuell bestehenden inländischen Hoheitsbefugnisse verliert[2059]. Außerdem liegen – selbst bei inländischer Tätigkeit – Hoheitsbefugnisse generell nicht vor. Denn eine Ausübung hoheitlicher Befugnisse kommt von vornherein nur bei Angelegenheiten in Betracht, die das Souveränitätsverhältnis zwischen einem Staat und dem seinem Recht unterworfenen Bürgern berühren. Das Souveränitätsverhältnis ist jedoch nicht betroffen, wenn Unterlassungsklagen wegen der Verletzung lauterkeitsrechtlicher Verbraucherschutztatbestände erhoben werden. Denn die Mitgliedstaaten haben sich durch die Richtlinie 2009/22/EG dazu verpflichtet, Unterlassungsklagen auch ausländischer öffentlicher Stellen zuzulassen. Insoweit haben sie sich ihrer Souveränität begeben, die demzufolge durch richtliniengemäße Unterlassungsklagen nicht tangiert werden kann.

Europäisches Zivilprozessrecht, Art. 1 EuGVO Rn. 6; Rauscher-*Mankowski*, Art. 1 Brüssel I–VO Rn. 3a („Was ein beliebiger Privater auch machen könnte, ist nicht spezifisch hoheitlich.“).

2055 Rauscher-*Mankowski*, Art. 1 Brüssel I–VO Rn. 3.

2056 EuGH v. 21.4.1993, Rs. C-172/91 (Sonntag), Slg. 1993, I-01963 Rn. 22.

2057 Vergl. auch EuGH v. 15.2.2007, Rs. C-292/05 (Lechouritou), Slg. 2007, I-01519 Rn. 31 („So können zwar bestimmte Verfahren, in denen sich eine Behörde und eine Privatperson gegenüberstehen, unter das Brüsseler Übereinkommen fallen, doch verhält es sich anders, wenn die Behörde einen Rechtsstreit im Zusammenhang mit der Ausübung hoheitlicher Befugnisse führt.“).

2058 *Rott/Von der Ropp*, ZZP Int. 2004, 3, 8; Grabitz/Hilf IV-*Micklitz/Rott*, A 25 Art. 2 Rn. 31; Rauscher-*Mankowski*, Art. 1 Brüssel I–VO Rn. 4.

2059 *Hess*, IPRax 1994, 10, 12; *Rott/von der Ropp*, ZZP Int. 2004, 3, 7 f.; Grabitz/Hilf IV-*Micklitz/Rott*, A 25 Art. 2 Rn. 31.

(2) Strafrechtliche Sanktionsmittel

Anders als mit dem Adhäsionsverfahren werden mit den eigentlich strafrechtlichen Sanktionsmitteln hoheitliche Befugnisse ausgeübt[2060], weswegen keine Zivil- und Handelssache vorliegt und sie nicht vom Anwendungsbereich der EuGVO und damit auch der Rom II-VO erfasst werden. Folglich unterliegen dem Anknüpfungsgegenstand des Lauterkeitskollisionsrechts von Art. 6 Rom II-VO keine Rechtsfragen, die sich auf strafrechtliche Sanktionen eines unlauteren Verhaltens beziehen[2061].

In Frankreich werden die strafrechtlichen Vorschriften des CCons zu irreführende Geschäftspraktiken (Art. L.121-1 ff.) einseitig nach Art. L.121-5 angeknüpft[2062]. Danach ist der CCons anwendbar, wenn in Frankreich gehandelt wurde oder sich die Irreführung in Frankreich auswirkt[2063]. Vergleichbar ist die Kollisionsrechtslage in Deutschland. Für das Lauterkeitsstrafrecht der §§ 16 bis 19 UWG gelten die Kollisionsnormen des Internationalen Strafrechts, wie sie in den §§ 3 bis 7 StGB geregelt sind[2064]. Danach gilt deutsches Strafrecht im Wesentlichen, wenn die Tat in Deutschland begangen wurde oder sie sich gegen inländische oder international geschützte Rechtsgüter richtete.

(3) Verwaltungsrechtliche Sanktionsmittel

Vor Beantragung einer gerichtlichen Unterlassungsanordnung (*Enforcement Order*) stehen den zuständigen Stellen in Großbritannien andere Sanktionsmittel zur Verfügung, die sie eigenständig einsetzen. Insbesondere das OFT kann mit Gewerbetreibenden auch verpflichtende Selbstbeschränkungen (*Undertakings*) vereinbaren; die ASA kann im Rahmen der Werbeselbstkontrolle ihre Entscheidungen veröffentlichen und eine negative Publicity erzeugen.

Hier sprechen zwei Aspekte gegen das Vorliegen einer Zivil- und Handelssache. Zum einen handelt es sich um eine hoheitliche Tätigkeit, da die öffentliche Stelle ohne Hilfe der Zivilgerichte befugt ist, das Sanktionsmittel selbstständig einzusetzen. Damit werden Befugnisse wahrgenommen, die Privatpersonen nicht zur

---

2060 *Reich*, RabelsZ 56 (1992), 444, 548; Grabitz/Hilf IV-*Micklitz/Rott*, A 25 Art. 2 Rn. 32; *Kropholler/von Hein*, Europäisches Zivilprozessrecht, Art. 1 EuGVO Rn. 13.

2061 jurisPK-BGB-*Wurmnest*, Art. 6 Rom II–VO Rn. 8; *Beater*, Unl. Wettb. (2011), § 9 Rn. 729; Huber-*Illmer*, Art. 6 Rn. 12.

2062 *Ehrich*, Der internationale Anwendungsbereich des deutschen und französischen Rechts gegen irreführende Werbung, S. 95; die ältere Literatur verweist insoweit auf Art. 44 Abs. 2 Loi n° 73-1193 du 27 décembre 1973 („Loi Royer"), *Bernhard*, IPR des unlauteren Wettbewerbs, S. 184 f.; allerdings wurde der Artikel durch Art. 4 Loi n°93-949 du 26 juillet 1993 aufgehoben; teilweise wird jedoch immer noch auf Art. 44 Abs. 2 Loi Royer Bezug genommen, Fezer-*Hausmann/Obergfell*, Einl. I Rn. 87.

2063 „Le délit est constitué dès lors que la publicité est faite, reçue ou perçue en France.", Art. L.121-5 CCons.

2064 Fezer-*Hausmann/Obergfell*, Einl. I Rn. 42.

Verfügung stehen. Zum anderen und unabhängig davon verpflichtet der Regelungsgehalt der Rom II-VO allein Gerichte[2065]. Die Qualifikation einer Behörde als Gericht setzt voraus, dass ihr Funktionen der Rechtsprechung übertragen wurden, die von sachlich unabhängigen Personen wahrgenommen werden[2066]. Das ist allerdings bei Behörden in der Regel nicht der Fall. Bereits deswegen wird die Behörde nicht das Kollisionsrecht der Rom II-VO heranziehen, um zu beurteilen, ob ihr Verhalten rechtmäßig ist. Demgemäß bilden insbesondere Maßnahmen der ASA im Rahmen der Werbeselbstkontrolle einen Teil der nicht-staatlichen Verfahren, die – wie die Schiedsgerichtsbarkeit – in Art. 1 Abs. 2 ausdrücklich vom Anwendungsbereich der EuGVO ausgenommen sind[2067]. Zudem kann der internationale Anwendungsbereich von Werbeselbstkontrollsystemen selbst dann nicht von der Rom II-VO bestimmt werden, wenn die Sache an das OFT zum Erlass einer gerichtlichen Unterlassungsanordnung (*Enforcement Order*) abgegeben wurde. Eine internationalprivatrechtliche Zuweisung ist nur bei international austauschbaren Rechtsnormen möglich. Dazu gehören Regelungen von Werbeselbstkontrollsystemen nicht. Sie gelten nur kraft Vereinbarung und nicht für Außenstehende, die sich den Regelungen nicht unterworfen haben[2068].

b) Eingriffsnormen im Bereich des lauterkeitsrechtlichen Verbraucherschutzes

Zwar fällt der lauterkeitsrechtliche Verbraucherschutz in großen Teilen unter den Anwendungsbereich der Rom II-VO. Er bildet solange eine Zivil- und Handelssache, wie er mit Hilfe der Gerichte durchgesetzt und nicht mit den Mitteln des Strafrechts sanktioniert wird. Denn insoweit kommt es auf die Art der geschützten Interessen und insbesondere auf deren kollektiven sowie öffentlichen Charakter nicht an, sondern allein auf die Art und Weise der Interessendurchsetzung, in der keine Ausübung hoheitlicher Befugnisse liegen darf. Mit ihrer Unterlassungsklagetätigkeit üben weder private Verbände noch öffentliche Stellen hoheitliche Befugnisse aus.

Jedoch könnten Regelungen zum lauterkeitsrechtlichen Verbraucherschutz wegen ihres kollektiven und öffentlichen Charakters gemäß Art. 16 Rom II-VO Eingriffsnormen sein[2069]. Damit würde ihr internationaler Anwendungsbereich nicht von der Lauterkeitskollisionsnorm des Art. 6 Rom II-VO bestimmt werden[2070].

2065 *Dickinson*, Rome II, Rn. 3.38 u. 3.76.

2066 *Schlosser*, EU-Zivilprozessrecht, Art. 32 EuGVVO Rn. 4.

2067 *Reich*, RabelsZ 56 (1992), 444, 459.

2068 *Beater*, Unl. Wettb. (2011), § 1 Rn. 65.

2069 Bereits *Savigny*, System, S. 278 wollte deliktische Rechtsfragen wegen des zwingenden Charakters des Deliktsrechts immer der lex fori unterstellen; zumindest für Verbraucherschutzvorschriften vorstellbar hält dies Huber-*Fuchs*, Art. 16 Rn. 9; ebenso *Ofner*, ZfRV 2008, 13, 23, selbst wenn die Verbraucherschutznormen individualschützend sein sollten.

2070 Fragwürdig ist es dagegen, wie Staudinger IntWirtschR (2010)-*Fezer/Koos*, Rn. 675 umgekehrt zu argumentieren und dem lauterkeitsrechtlichen Verbraucherschutz

Stattdessen werden Eingriffsnormen vorrangig und statutsunabhängig berücksichtigt[2071]. Folglich ordnet Art. 16 Rom II-VO als Öffnungsklausel[2072] an, dass „[d]iese Verordnung" und damit auch Art. 6 „nicht die Anwendung der nach dem Recht des Staates des angerufenen Gerichts geltenden Vorschriften [berührt], die ohne Rücksicht auf das für das außervertragliche Schuldverhältnis maßgebende Recht den Sachverhalt zwingend regeln." Die statutsunabhängige Berücksichtigung würde jedoch nur dann Probleme aufwerfen, wenn erstens im Bereich des lauterkeitsrechtlichen Verbraucherschutzes überhaupt Eingriffsnormen existieren (aa) und zweitens deren Berücksichtigung von der lauterkeitskollisionsrechtlichen Anknüpfung abweichen würde (bb).

aa) Lauterkeitsrechtlicher Schutz durch Eingriffsnormen

Fraglich ist, ob der lauterkeitsrechtliche Schutz marktfunktionaler Verbraucherinteressen oder ethischer Werte teilweise in Eingriffsnormen geregelt ist. Dem Wortlaut von Art. 16 Rom II-VO nach sind Eingriffsnormen solche Vorschriften, die ohne Rücksicht auf das im Übrigen maßgebliche Recht den Sachverhalt zwingend regeln. Um zu bestimmen, was unter einer in diesem Sinne zwingenden Regelung zu verstehen ist, kann auf Art. 9 Abs. 1 Rom I-VO und die diesem Artikel zugrunde liegende Rechtsprechung des EuGH in der Rs. *Arblade*[2073] zurückgegriffen werden[2074]. Demnach kommt es – im Gegensatz zur Einordnung als Zivil- und Handelssache – hier auf das öffentliche Interesse an der Einhaltung der Regelung an. Zwingend ist eine Regelung, deren Einhaltung für die Wahrung des öffentlichen Interesses eines Staates, insbesondere seiner politischen, sozialen oder wirtschaftlichen Organisation, entscheidend ist. Das ist der Fall, wenn die Regelung nicht nur dem Ausgleich der betroffenen individuellen Interessen Privater, sondern vor allem der Durchsetzung öffentlicher Interessen dient[2075]. Wann schwerpunktmäßig

---

jegliche Eingriffsqualität von vornherein abzusprechen, da dies Art. 6 Rom II-VO widerspräche.

2071 MüKo BGB X-*Junker*, Art. 16 Rom II–VO Rn. 29; vergl. auch *Schnyder*, in: FS Tuğrul, S. 395 („Sonderanknüpfungscharakter").

2072 Zur Charakterisierung als Öffnungsklausel vergl. MüKo BGB X-*Sonnenberger*, Einl. IPR Rn. 48.

2073 EuGH v. 23.11.1999, Rs. C-369/96 (Arblade), Slg. 1999, I-08453.

2074 Vorschlag der Kommission, KOM(2003) 427 endg., S. 27; *Garcimartín Alférez*, EuLF [E] 2007, 77, 90; *Freitag*, IPRax 2009, 109, 112; *von Hein*, ZEuP 2009, 6, 24; *Kadner Graziano*, RabelsZ 73 (2009), 1, 72; MüKo BGB X-*Junker*, Art. 16 Rom II–VO Rn. 13; MüKo BGB X-*Sonnenberger*, Einl. IPR Rn. 41 ff.; Rauscher-*Jakob/Picht*, Art. 16 Rom II–VO Rn. 4; Huber-*Fuchs*, Art. 16 Rn. 6; wegen des unterschiedlichen Wortlauts dagegen zweifelnd *Heiss/Loacker*, JBl 2007, 613, 644.

2075 *Von Bar/Mankowski*, IPR Band I, § 4 Rn. 91; MüKo UWG-*Mankowski*, IntWettbR Rn. 383; *Schnyder*, in: FS Tuğrul, S. 395 („spezifische Allgemeininteressen, in deren Verfolgung der Staat imperativ die Beachtung solcher Normen verlangt", die „ohne Rücksicht auf subjektive Rechte gelten" sollen); vergl. auch *Kropholler*, IPR, § 52

öffentliche Interessen verfolgt werden, ist jedoch gerade im Bereich des Wirtschaftsrechts nur schwierig zu konkretisieren und weithin noch ungelöst[2076]. Das kann jedenfalls dann der Fall sein, wenn der Staat mit einer Regelung nicht nur ein öffentliches Interesse verfolgen, sondern dieses Interesse notfalls auch zu Lasten entgegenstehender privater Interessen durchsetzten will. Fraglich ist, ob lauterkeitsrechtliche Vorschriften in diesem Sinn öffentliche Interessen zu Lasten von Interessen betroffener Privater bevorzugen, wenn sie marktfunktionale Interessen der Verbraucher (1) oder ethische Werte (2) schützen.

(1) Besonderes öffentliches Interesse am Schutz marktfunktionaler Verbraucherinteressen

In seinem marktfunktionalen Kern geht es beim lauterkeitsrechtlichen Verbraucherschutz gemäß den Richtlinien 2005/29/EG und 2006/114/EG um das Interesse der Verbraucher an einer informierten und freien Marktentscheidung[2077]. Dieses marktfunktionale Verbraucherinteresse schützt der Staat, um das Funktionieren der Marktmechanismen zu gewährleisten. Es ist damit markt- und in letzter Konsequenz auch gesellschaftsgestaltend. Insoweit manifestiert sich im lauterkeitsrechtlichen Verbraucherschutz ein wesentliches öffentliches Interesse, welches die Zuordnung zum Kreis der Eingriffsnormen begründen kann[2078]. Dementsprechend zählen in Frankreich die Verbraucherschutzvorschriften des CCons und insbesondere das Verbot der irreführenden Werbung zu den „*Lois de Police*" selbst dann, wenn sie zivilrechtliche Unterlassungsansprüche begründen[2079]. In Frankreich werden gemäß Art. 3 *Code Civile* auf ähnliche Weise wie nach Art. 16 Rom II-VO sogenannte *Lois de Police* einseitig angeknüpft[2080], zu denen insbesondere solche Normen gehören, deren Beachtung notwendig ist, um einen Grundbestand der ökonomischen und sozialen Ordnung in Frankreich zu sichern.

Für die eingriffsrechtliche Sonderanknüpfung spricht außerdem, dass das Deliktsrecht im Allgemeinen und der lauterkeitsrechtliche Verbraucherschutz im Besonderen einen engen Zusammenhang mit dem Strafrecht aufweisen[2081].

IX 3 a); *von Hoffmann/Thorn u. a.*, IPR, § 10 Rn. 93 („Eingriffsnormen sind politische wie wirtschaftspolitische Vorschriften, die nicht der Gerechtigkeit zwischen Privaten, sondern den Interessen des Staates dienen.").

2076 *Drobnig*, RabelsZ 52 (1988), 1, 3.

2077 Siehe oben S. 289 (Bewertungskriterien beider Richtlinien).

2078 Vergl. *Schnyder*, in: FS Tuğrul, S. 397; darauf hinweisend auch MüKo BGB X-*Sonnenberger*, Einl. IPR Rn. 36.

2079 Vergl. *Reich*, RabelsZ 56 (1992), 444, 486 f.; Fezer-*Hausmann/Obergfell*, Einl. I Rn. 87; *Niggemann*, IPRax 2009, 444, 448.

2080 „Les lois de police et de sûreté obligent tous ceux qui habitent le territoire.", Art. 3 CC.

2081 Vergl. *Von Hoffmann*, in: FS Henrich, S. 285 ff.; *Siems*, RIW 2004, 662, 664; zur Verschränkung zwischen dem öffentlichen und dem privaten Kartellrecht siehe auch *von Bar*, in: FS Ferid, S. 14 f.

Oft überschneiden sich die Schutzgüter. Gerade die lauterkeitsrechtlichen Interessen der Verbraucher werden verstärkend auch mit strafrechtlichen Sanktionen geschützt. In diesen Fällen zieht eine Verletzungshandlung nicht nur deliktsrechtliche, sondern auch strafrechtliche Folgen nach sich[2082]. Beim lauterkeitsrechtlichen Verbraucherschutz ist das insbesondere in Frankreich der Fall[2083]. Dort können Verbraucher im Wege des Adhäsionsverfahrens deliktsrechtliche Ansprüche auf die Verletzung strafrechtlicher Normen stützen[2084]. Dabei steht die Strafverfolgung bzw. -verhinderung sogar im Vordergrund[2085]. Aufgrund dieses Zusammenhangs könnten nicht nur der hoheitliche Strafanspruch, sondern auch die deliktsrechtlichen Folgen der Handlung als Eingriffsnormen gemäß den öffentlichen Interessen eines Staates anzuknüpfen sein[2086]. Das Prinzip der Einheit der Rechtsordnung könnte es gebieten, ihr einen einmal durch öffentlich-strafrechtliche Verweisungsregeln zugewiesenen Sachverhalt nicht wieder durch internationalprivatrechtliche Überlegungen zu entziehen, da es ansonsten zu widersprüchlichen Wertungen und Verhaltensanreizen kommen könnte[2087]: So könnte eine grenzüberschreitende Werbemaßnahme nach dem Strafrecht am Handlungsort untersagt, nach dem Deliktsrecht am Marktort jedoch gebilligt sein. Dagegen könnte zwar auf funktionale Besonderheiten des Deliktsrechts verwiesen werden, welches im Interesse Privater einen Schaden ausgleichen und nicht wie das Strafrecht im öffentlichen Interesse ein sozialschädliches Verhalten unterbinden soll; damit seien beide Rechtsgebiete funktional voneinander zu unterscheiden[2088]. Die funktionale Trennung scheint jedoch beim lauterkeitsrechtlichen Verbraucherschutz aufgehoben: Dort geht es auch dann, wenn er wie im Integrationsmodell Deutschlands deliktsrechtlich sanktioniert wird, in erster Linie um die Durchsetzung von Unterlassungsansprüchen[2089] und damit um die Unterbindung des unlauteren Verhaltens im kollektiven Verbraucherinteresse. Außerdem scheint auch das Unionsrecht in den Richtlinien 2005/29/EG und 2006/114/EG die Einheit von Straf- und Deliktsrecht im Bereich des lauterkeitsrechtlichen Verbraucherschutzes zu betonen, da die Richtlinien beide Sanktionssysteme gleichrangig zulassen.

Dennoch sind verbraucherschützende Lauterkeitsvorschriften in ihrem marktfunktionalen Kern keine Eingriffsnormen, obwohl sie auch einem wesentlichen

---

2082 *Von Bar*, Gemeineuropäisches Deliktsrecht I, § 6 Rn. 601.

2083 Siehe oben S. 315 (Erweiterte Durchsetzungsbefugnisse).

2084 Auf den besonders engen Zusammenhang zwischen Strafe und zivilrechtlichem Ausgleich im Adhäsionsverfahren hinweisend auch *von Hoffmann*, in: FS Henrich, S. 288; *Mäsch*, ZEuP 2003, 375, 393 f.

2085 Siehe oben S. 315 (Erweiterte Durchsetzungsbefugnisse).

2086 Vergl. *Reich*, RabelsZ 56 (1992), 444, 487; *Mäsch*, ZEuP 2003, 375, 393 ff.

2087 *Siems*, RIW 2004, 662, 664 f.; vergl. im kartellrechtlichen Zusammenhang auch *von Bar*, in: FS Ferid, S. 15.

2088 *Von Bar*, Gemeineuropäisches Deliktsrecht I, § 1 Rn. 4; *von Hein*, Günstigkeitsprinzip, S. 49 ff.; *von Hoffmann*, in: FS Henrich, S. 287.

2089 *Handig*, GRUR Int. 2008, 24, 25.

öffentlichen Interesse an funktionierenden Märkten dienen. Zum einen wird dieses Interesse staatsfern verwirklicht. Unmittelbar zieht sich der Staat aus der Steuerung der Märkte zurück. Ihr Funktionieren wird lediglich mittelbar dadurch gewährleistet, dass der Staat den Marktakteuren bestimmte private Interessen zubilligt und zur eigenverantwortlichen Durchsetzung zuweist. Insoweit wird das öffentliche Interesse privatisiert. Gegenüber den privaten Interessen rückt es in den Hintergrund und kann bereits deswegen den Eingriffscharakter nicht begründen[2090]. Zum anderen werden die privaten Verbraucherinteressen nicht zu Gunsten des öffentlichen Interesses an funktionierenden Märkten und damit einhergehend zu Lasten der Interessen der Mitbewerber besonders betont. Das marktfunktionale Verbraucherinteresse wird im Rahmen der Lauterkeitsordnung gerade nicht zwingend und zu Lasten des entgegenstehenden Interesses der Mitbewerber durchgesetzt. Vielmehr sind im Marktgeschehen die Interessen der nachfragenden Verbraucher mit den Interessen der anbietenden Mitbewerber zu einer untrennbaren Einheit verflochten[2091]. Ein sachgerechtes Unlauterkeitsurteil muss den Interessen beider Marktgruppen gleichgewichtig Rechnung tragen[2092]. Keinesfalls dürfen die Interessen der Verbraucher im öffentlichen Interesse an einem funktionierenden Markt zu Lasten der Interessen der Mitbewerber höher bewertet werden, da die sachfremde Übergewichtung der Verbraucherinteressen die Marktmechanismen stören würde. Insoweit entspricht das öffentliche Interesse am lauterkeitsrechtlichen Verbraucherschutz lediglich dem allgemeinen Staatsinteresse an einer sachgerechten Lauterkeitsordnung. Es bildet aber kein zwingend übergeordnetes Interesse, welches zu Lasten der Interessen privater Schutzsubjekte verwirklicht würde. Bereits aus diesem Grund sind Regelungen, die den Verbraucher im Einklang mit den Mitbewerbern lediglich als Teil des Marktmechanismus schützen, keine Eingriffsnormen[2093]. Deswegen bleibt das private Lauterkeitsrecht auch dann Privatrecht, wenn es im Lauterkeitsrecht auch um den Schutz öffentlicher Interessen geht und bei der privatrechtlichen Lauterkeitsgesetzgebung ein marktsteuerndes und marktgestaltendes Interesse des Staates mitschwingt.

Zudem grenzt sich der lauterkeitsrechtliche Verbraucherschutz als Teil des Deliktsrechts ausreichend vom Strafrecht ab[2094], obwohl er dem Strafrecht

---

2090 Vergl. MüKo BGB X-*Sonnenberger*, Einl. IPR Rn. 66 („Schutz der Verbraucher und Mitbewerber steht im Vordergrund, auch wenn zugleich Marktschutz verfolgt wird."); *Mankowski*, IPRax 2010, 389, 396; Harte/Henning-*Glöckner*, Einl. C Rn. 99.

2091 Siehe oben S. 103 die in Fn. 746 zitierte Literatur und die Ausführungen auf S. 301.

2092 Rechtstheoretisch begründend *Kraft*, Interessenabwägung, S. 207, 209 ff.; *Schricker*, GRUR Int. 1970, 32, 41 ff.; *Beater*, Verbraucherschutz und Schutzzweckdenken, S. 31 ff.

2093 MüKo UWG-*Mankowski*, IntWettbR Rn. 384; vergl. auch *Kropholler*, IPR, § 52 IX 3 a).

2094 *Von Bar*, Gemeineuropäisches Deliktsrecht I, § 1 Rn. 4; *von Hein*, Günstigkeitsprinzip, S. 49 ff.; *von Hoffmann*, in: FS Henrich, S. 287; *Lüttringhaus*, Grenzüberschreitender Diskriminierungsschutz, S. 312.

funktional hinsichtlich des Schutzobjekts (Interessen der Verbraucher) und des Regelungsziels (Verhaltensunterbindung) nahesteht. Wesentlich ist die dogmatische Trennung. Das Strafrecht verkörpert die Ausübung hoheitlicher Macht; die Strafsanktion bildet ein repressives Mittel des Staates[2095]. Dem Deliktsrecht dagegen geht es um den Interessenausgleich zwischen Privaten. Dieser Interessenausgleich muss nicht hoheitlich ausgestaltet sein. Möglich ist es auch, dass wie im Integrationsmodell in weiten Teilen nicht dem Staat, sondern lediglich den betroffenen Interessengruppen Ansprüche gewährt werden, die sie wie jederman vor den Zivilgerichten durchzusetzen haben[2096]. Die dogmatische Trennung will auch das Unionsrecht mit den Richtlinien 2005/29/EG und 2006/114/EG nicht überwinden. Sie stellen beide Sanktionssysteme lediglich hinsichtlich ihres Ergebnisses gleich, indem sie beiden Systemen zubilligen, ein geeignetes und wirksames Mittel zur Bekämpfung unlauterer Geschäftspraktiken und irreführender Werbung zu sein[2097]. Damit ist aber keine Gleichstellung auch der Art und Weise verbunden, auf welche die unterschiedlichen Sanktionssysteme dieses Ziel erreichen. Die dogmatische Trennung wird auch dann nicht aufgehoben, wenn es um die zivilrechtlichen Haftungsfolgen der Verletzung einer strafrechtlichen Vorschrift geht. Kommt es bei der deliktsrechtlichen Sanktionierung auf die Frage an, ob strafrechtliche Vorschriften verletzt worden sind, können sie als zivilrechtliche Hilfsnormen nach internationalprivatrechtlichen Grundsätzen angewandt werden, da es gerade nicht um eine strafrechtliche Rechtsfolge geht[2098].

(2) Besonderes öffentliches Interesse am Schutz ethischer Werte

Fraglich bleibt damit nur, ob einzelne lauterkeitsrechtliche Verbraucherschutznormen bestimmter nationaler Rechtsordnungen zumindest dann Eingriffsnormen darstellen können, wenn sie vom nationalen Gesetzgeber entsprechend den Kriterien von Art. 16 Rom II-VO gestaltet wurden und ausnahmsweise den lauterkeitsrechtlichen Schutz der Verbraucher übermäßig zu Lasten der Mitbewerber betonen. Der funktionale Zusammenhang zwischen den lauterkeitsrechtlichen Interessen der Verbraucher und der Mitbewerber wird nicht in allen Rechtsordnungen gleichermaßen anerkannt. Unproblematisch ist das allein im Integrationsmodell. Dort werden alle beteiligten Interessen im Rahmen einer umfassenden Generalklausel gegeneinander abgewogen. Das gilt für das Segregations- und das Negationsmodell jedoch nicht. Dort wird der lauterkeitsrechtliche Verbraucherschutz grundsätzlich vom lauterkeitsrechtlichen Schutz der Mitbewerber getrennt. Auch wenn

---

2095 *Von Bar*, Gemeineuropäisches Deliktsrecht I, § 6 Rn. 600.

2096 Zur Einordnung dieser Ansprüche als (nicht hoheitliche) Zivil- und Handelssache siehe oben S. 349 (Zivilrechtliche Unterlassungsklagen).

2097 Vergl. Art. 11 Abs. 1 Richtlinie 2005/29/EG und der gleichlautende Art. 5 Abs. 1 Richtlinie 2006/114/EG.

2098 *Von Hoffmann*, in: FS Henrich, S. 287; ebenso im Ergebnis auch *Siems*, RIW 2004, 662, 665 (umfassende Anwendung des Deliktsstatuts).

anerkannt ist, dass der Verbraucherschutz einen Teil des Lauterkeitsrechts bildet, wird er doch grundsätzlich getrennt vom Mitbewerberschutz reglementiert. Die Trennung unterstützt die Bildung eigener, spezifisch verbraucherlauterkeitsrechtlicher Bewertungskriterien, die den lauterkeitsrechtlichen Verbraucher- stärker als den Mitbewerberschutz gewichten können. Möglicherweise sind daher die französischen verbraucherschützenden Lauterkeitsnormen des CCons nicht nur „*Lois de Police*" im Sinne der französischen Rechtsordnung, sondern Eingriffsnormen im Sinne von Art. 16 Rom II-VO.

Im Allgemeinen ist es denkbar, eine nationale Lauterkeitsvorschrift, die übermäßig den Verbraucher schützt, unabhängig von der Qualifikation des lauterkeitsrechtlichen Verbraucherschutzes in anderen Rechtsordnungen als Eingriffsnorm zu werten. Denn grundsätzlich ergibt sich aus der fraglichen nationalen Norm selbst, ob sie die Voraussetzungen einer Eingriffsnorm erfüllt[2099]. Dabei wird der Spielraum des nationalen Gesetzgebers jedoch durch das Unionsrecht begrenzt[2100]. Die besonderen öffentlichen Interessen, die der nationalen Eingriffsnorm zugrunde liegen, müssen insbesondere mit den Grundfreiheiten vereinbar sein, zum Beispiel weil sie als zwingende Gründe des Allgemeininteresses anerkannt sind[2101]. Das ist in der Regel der Fall, wenn das Lauterkeitsrecht Interessen der Verbraucher nicht nur aus marktfunktionalen, sondern zusätzlich auch aus ethischen Erwägungen schützt. Hinsichtlich marktfunktionaler Kriterien wird das Gleichgewicht zwischen den Interessen der Verbraucher und der Mitbewerber durch die Richtlinien 2005/29/EG und 2006/114/EG abschließend totalharmonisiert[2102]. Gleichzeitig lassen die Richtlinien jedoch ethische Kriterien zu, nach denen ein Verhalten als unlauter untersagt werden kann. Demnach können die lauterkeitsrechtlichen Verbraucherinteressen insbesondere dadurch betont werden, dass ihnen außerwettbewerbliche Interessen wie der Jugend- oder der Gesundheitsschutz hinzugefügt werden. Die Betonung dieses dann umfassenden lauterkeitsrechtlichen Verbraucherschutzes kann zu Lasten des entgegenstehenden lauterkeitsrechtlichen Mitbewerberschutzes gehen. Ist das der Fall, kann folglich von einem lauterkeitsrechtlichen Verbraucherschutz gesprochen werden, der aufgrund eines besonderen öffentlichen Interesses am Jugend- oder Gesundheitsschutz zu Lasten des entgegenstehenden lauterkeitsrechtlichen Mitbewerberschutzes durchgesetzt wird. Gerade Regelungen zur Reglementierung von Werbung für Heilmittel werden als Eingriffsnormen bewertet, weil sie mit dem Gesundheitsschutz ein besonderes öffentliches Interesse verfolgen[2103]. Zudem ist insbesondere der Gesundheitsschutz gemäß Art. 36 AEUV

2099 *Siems*, RIW 2004, 662, 665; Rauscher-*Jakob/Picht*, Art. 16 Rom II–VO Rn. 5.

2100 Vorschlag der Kommission, KOM(2003) 427 endg., S. 27; MüKo BGB X-*Junker*, Art. 16 Rom II–VO Rn. 12.

2101 EuGH v. 23.11.1999, Rs. C-369/96 (Arblade), Slg. 1999, I-08453 Rn. 31.

2102 Siehe oben S. 294 (Lauterkeitsrechtliche Relevanz richtlinienexterner Bewertungkriterien).

2103 MüKo UWG-*Mankowski*, IntWettbR Rn. 386; Staudinger IntWirtschR (2010)-*Fezer/Koos*, Rn. 675.

ein anerkannter Grund, um eine Beeinträchtigung der Grundfreiheiten zu rechtfertigen. Derartige verbraucherschützende Lauterkeitsregelungen könnten damit Eingriffsnormen im Sinne von Art. 16 Rom II-VO darstellen.

Gemäß diesen Kriterien kommen die französischen Lauterkeitsnormen des CCons nicht als Eingriffsnormen in Betracht. Sie beschränken sich darauf, die wirtschaftlichen Interessen der Verbraucher als Marktbeteiligte zu schützen[2104]. Andere Gründe, die ein besonderes öffentliches Interesse an einem übermäßigen Verbraucherschutz rechtfertigen könnten, sind nicht ersichtlich. Anders liegt der Fall bei den *Advertising Codes* der Werbeselbstkontrolle in Großbritannien. Sie untersagen ein Verhalten auch aus ethischen Gründen sowie aus Gründen des Jugend- und des Gesundheitsschutzes als unlauter[2105]. Dadurch wird der Verbraucher im Vergleich zu einem rein marktfunktional begründeten Schutz stärker zu Lasten der Mitbewerber geschützt. Der stärkere Schutz basiert auf einem besonderen öffentlichen Interesse. Zwar könnten die *Advertising Codes* daher zumindest aus diesem Grund Eingriffsnormen sein. Dagegen spricht aber ihr Ursprung als Selbstkontrollvorschriften: Sie werden nicht vom Gesetzgeber erlassen und binden zudem nur diejenigen, die sich ihnen unterworfen haben. Damit verkörpern sie unmittelbar kein öffentliches Interesse des Staates. Im Ergebnis sind deswegen auch die *Advertising Codes* der Werbeselbstkontrolle trotz des außerwettbewerblichen, ethischen Schutzzwecks keine Eingriffsnormen.

bb) Eingriffsnormen einer ausländischen lex causae

Selbst wenn einzelne Regelungen im Bereich des lauterkeitsrechtlichen Verbraucherschutzes wegen ihrer außerwettbewerblichen Schutzzwecke als Eingriffsnorm zu qualifizieren sein sollten, wäre das unproblematisch, solange deren eingriffsrechtliche Berücksichtigung mit der kollisionsrechtlichen Anknüpfung nach Art. 6 Abs. 1 Rom II-VO übereinstimmt. Voraussetzung für diesen Einklang ist jedoch vor allem, dass Art. 16 Rom II-VO es zulässt, parallel zum Lauterkeitsstatut auch ausländische Eingriffsnormen einer am ausländischen Marktort herrschenden ausländischen lex causae zu berücksichtigen. Ob das der Fall ist, ist jedoch umstritten.

Unmittelbar bezieht sich Art. 16 Rom II-VO alleine auf inländische Eingriffsnormen der lex fori. Das folgt nicht nur aus dem eindeutigen Wortlaut, der nur von der Anwendung „der nach dem Recht des Staates des angerufenen Gerichts geltenden Vorschriften“ spricht, sondern auch der Entstehungsgeschichte. Der Vorschlag, auch ausländische Eingriffsnormen zu erfassen,[2106] wurde nicht in die endgültige Verordnung übernommen[2107]. Demnach schweigt Art. 16 Rom II-VO zur

2104 Siehe oben S. 314 (Materieller Verbraucherschutz).

2105 Siehe oben S. 334 (Werbeselbstkontrolle).

2106 Vorschlag der Kommission, KOM(2003) 427 endg., Art. 12 u. Begründung auf S. 27; Geänderter Vorschlag der Kommission, KOM(2006) 83 endg., Art. 13.

2107 Vergl. Mitteilung der Kommission, KOM(2006) 566 endg., S. 4.

Anwendung ausländischer Eingriffsnormen. Umstritten ist, wie das Schweigen zu verstehen ist. Teilweise wird das Schweigen sehr weit als Verbot gedeutet, weswegen eine Berücksichtigung ausländischer Eingriffsnormen nicht zulässig sei[2108]. Im Gegensatz dazu geht ein Teil der Literatur davon aus, dass es den mitgliedstaatlichen Gerichten gestattet sei, ausländische Eingriffsnormen zumindest aufgrund eigener nationaler Kollisionsregeln zu berücksichtigen, da es Art. 16 Rom II-VO nicht ausdrücklich untersage[2109]. Eine vermittelnde Ansicht spricht sich zumindest für die Berücksichtigung von Eingriffsnormen der lex causae aus[2110].

Die erstgenannte Ansicht erweitert den Regelungsbereich von Art. 16 Rom II-VO auf das implizite Verbot, ausländische Eingriffsnormen zu berücksichtigen. Für nationale Sonderwege bleibt insoweit kein Platz. Damit einher geht der Vorteil, die Rom II-VO vollständig auch hinsichtlich der Berücksichtigung von Eingriffsnormen einheitlich anzuwenden[2111]. Das Argument ist wesentlich. Im Aspekt der Vereinheitlichung des Kollisionsrechts als solche erschöpft sich die binnenmarktspezifische Förderwirkung[2112]; allein die Vereinheitlichung als solche begründet daher letztendlich die Kompetenz zum Erlass der Rom II-VO. Die Auslegung von Art. 16 Rom II-VO muss mithin das Vereinheitlichungspotenzial des Artikels soweit wie notwendig ausschöpfen.

Unnötig könnte das implizite Verbot der Berücksichtigung ausländischer Eingriffsnormen jedoch für Eingriffsnormen der lex causae sein. Dadurch würden die Wahlmöglichkeiten mit Blick auf die relevanten Rechtsordnungen nicht schrankenlos ausgeweitet, da insoweit neben der lex fori nur die lex causae zur Verfügung stünde und mögliche Eingriffsnormen damit nicht jeder dritten Rechtsordnung entnommen werden können[2113]. Zudem könnten Eingriffsnormen der lex causae aus sachlichen Gründen zwingend zu berücksichtigen sein. Wäre dies der Fall, verbliebe den nationalen Gerichten der Mitgliedstaaten bei der grundlegenden Frage, ob den Eingriffsnormen der lex causae Wirkung zu verleihen ist, kein

---

2108 *Ofner*, ZfRV 2008, 13, 23; *Staudinger, A.*, AnwBl 2008, 8, 12; *Wagner, G.*, IPRax 2008, 1, 15; jurisPK-BGB-*Pabst*, Art. 16 Rn. 9; Huber-*Fuchs*, Art. 16 Rn. 30.

2109 *Garcimartín Alférez*, EuLF [E] 2007, 77, 90; *von Hein*, VersR 2007, 440, 446; *von Hein*, ZEuP 2009, 6, 24; *Heiss/Loacker*, JBl 2007, 613, 644; *Leible/Lehmann*, RIW 2007, 721, 726; *Leible*, RIW 2008, 257, 263; *Kadner Graziano*, RabelsZ 73 (2009), 1, 72; Staudinger IntWirtschR (2010)-*Fezer/Koos*, Rn. 675; *Junker*, RIW 2010, 257, 286; MüKo BGB X-*Junker*, Art. 16 Rom II–VO Rn. 25 ff.; MüKo BGB X-*Sonnenberger*, Einl. IPR Rn. 49; wohl auch *Fawcett/Carruthers*, Private International Law, S. 851.

2110 *Heiss/Loacker*, JBl 2007, 613, 644; *Dickinson*, Rome II, Rn. 15.25; Rauscher-*Jakob/Picht*, Art. 16 Rom II–VO Rn. 10.

2111 Rauscher-*Jakob/Picht*, Art. 16 Rn. 9; Huber-*Fuchs*, Art. 16 Rn. 29.

2112 Siehe oben S. 120 (Zwischenergebnis zur Binnenmarktförderung durch die Anknüpfung an den Marktort).

2113 Rauscher-*Jakob/Picht*, Art. 16 Rom II–VO Rn. 10.

Ermessenspielraum[2114], so dass auch diesbezüglich die Einheitlichkeit der Anwendung gewahrt wäre. Für die Berücksichtigung von Eingriffsnormen der lex causae spricht vor allem ihr enger Zusammenhang mit dem relevanten Sachverhalt. Gleichermaßen werden auch Eingriffsnormen der lex fori zur Beurteilung eines Sachverhalts nur dann hinzugezogen, wenn sie einen hinreichend engen Bezug zu ihm aufweisen (sogenannter hinreichender Inlandsbezug)[2115]. Nur dann kann der Eingriffsnorm ein eigener Anwendungswille unterstellt werden. Eingriffsnormen der lex causae erfüllen dieses Berücksichtigungskriterium des Inlandsbezuges im Bereich des lauterkeitsrechtlichen Verbraucherschutzes immer. Denn die Marktortanknüpfung berücksichtigt die Steuerungsinteressen der beteiligten Staaten und ist so gestaltet, dass als lex causae die Rechtsordnung des Staates berufen wird, der daran das größte zwingende öffentliche Interesse besitzt, weil dessen Steuerungsinteressen im Einzelfall am meisten betroffen sind[2116]. Darin liegt auch das Inlandsinteresse des Forumstaates an der Berücksichtigung einer ausländischen Eingriffsnorm der lex causae[2117]: Dieses Inlandsinteresse, eine ausländische Eingriffsnorm zu berücksichtigen, wird maßgeblich vom engen Zusammenhang zum Sachverhalt bestimmt; der enge Zusammenhang besteht in der Regel gerade bei Eingriffsnormen der lex causae. Dazu kommt ein argumentum a fortiori. Wenn die Rom II-VO die Beantwortung einer Rechtsfrage dem jeweiligen Statut der lex causae überlässt, muss das erst recht für Eingriffsnormen der lex causae gelten, die aufgrund ihres zwingenden Charakters für die lex causae besonders bedeutungsvoll sind[2118]. Damit beruht der Einklang von Lauterkeitsstatut und relevantem Eingriffsrecht auch nicht auf der vielfach kritisierten Lehre von der sogenannten Einheitsanknüpfung[2119] (allgemein auch lex causae-Theorie und speziell im Schuldrecht auch Schuldstatutstheorie genannt[2120]), sondern auf der Übereinstimmung der Anknüpfungsmerkmale von *Lauterkeits*statut und Eingriffsrecht im speziellen

---

2114 Vergl. zum Ermessensspielraum bei der Wirkungsverleihungsbefugnis ausländischer Eingriffsnormen im Rahmen von Art. 9 Abs. 3 Rom I-VO *Freitag*, IPRax 2009, 109, 111 f.

2115 MüKo BGB X-*Junker*, Art. 16 Rom II–VO Rn. 20; Rauscher-*Jakob/Picht*, Art. 16 Rn. 7; vergl. auch *Kropholler*, IPR, § 3 II 2.

2116 *Wagner, G.*, IPRax 2008, 1, 15; MüKo BGB X-*Junker*, Art. 16 Rom II–VO Rn. 21; vergl. auch MüKo BGB XI-*Drexl*, IntUnlWettbR Rn. 5 f.; differenzierend dagegen *Martiny*, in: Die Anknüpfung an den Markt, S. 406 f., der darauf hinweist, dass die Anknüpfung an den „Markt" zu pauschal sei und mit unterschiedlichen Kriterien konkretisiert werden könne, weswegen „eine praktikable Einheitslösung, welche über eine Marktortanknüpfung Schuldrecht und international zwingendes Recht zusammenführt, allenfalls im Einzelfall zu erwarten" sei.

2117 Vergl. *Kropholler*, IPR, § 52 X 3 b) a. E.

2118 Rauscher-*Jakob/Picht*, Art. 16 Rom II–VO Rn. 10.

2119 Kritisch zum Beispiel *von Bar/Mankowski*, IPR Band I, § 4 Rn. 120; *Kropholler*, IPR, § 52 X 1; MüKo BGB X-*Sonnenberger*, Einl. IPR Rn. 47.

2120 *Von Bar/Mankowski*, IPR Band I, § 4 Rn. 119.

Fall des unlauteren Wettbewerbs[2121]. Für die Eingriffsnormen der lex fori bedeutet dies, dass sie nur dann berücksichtigt werden, wenn die lex fori gleichzeitig auch die lex causae ist. Konsequenterweise sollten die Eingriffsnormen der lex causae auch dann berücksichtigt werden, wenn sie im Einzelfall nicht gleichzeitig zur lex fori gehören[2122].

3. Binnenmarktfördernder Zweck der Vereinheitlichung des Lauterkeitskollisionsrechts

Sinn und Zweck der Rom II-VO ist es, den Binnenmarkt zu fördern, indem ein kollisionsrechtlicher Entscheidungseinklang hergestellt wird. Der Entscheidungseinklang ermöglicht es den Parteien eines Lauterkeitsrechtsstreits vor allem vorprozessual wesentlich leichter als zuvor, das anzuwendende nationale Lauterkeitsrecht zu ermitteln und führt außerdem dazu, dass sie an ihrem Heimatgerichtsstand nicht mehr mit einer relativ ungünstigen Verweisung rechnen müssen; das ermutigt nicht nur zum grenzüberschreitenden Handel, sondern beseitigt auch Wettbewerbsverzerrungen. Das spricht für einen möglichst umfassenden Entscheidungseinklang in so vielen Bereichen wie möglich und damit auch für eine weite Auslegung des lauterkeitskollisionsrechtlichen Anknüpfungsgegenstandes. Denn je weiter der Anknüpfungsgegenstand ausgelegt wird, desto weiter ist der Anwendungsbereich der Kollisionsnorm und damit auch der Bereich, in dem ein Einklang hinsichtlich des anwendbaren Rechts herrscht.

Ein Entscheidungseinklang bei lauterkeitsrechtlichen Entscheidungen zum Schutz der Verbraucher oder ethischer Werte kann nur hergestellt werden, wenn auch diese Lauterkeitsaspekte einen Teil des Anknüpfungsgegenstandes bilden. Deren Einbeziehung ist jedoch mit Blick auf die Zweckerreichung in dreierlei Hinsicht untersuchungswürdig: Einerseits erscheint die mittels des kollisionsrechtlichen Entscheidungseinklangs erstrebte Binnenmarktförderung von vornherein dort überflüssig, wo bereits das Sachrecht hinreichend harmonisiert war (a); zumindest wird die Binnenmarktförderung maßgeblich erschwert, wo die Einbeziehung zu wesentlicher Rechtsunsicherheit führt (b). Auf der anderen Seite könnte die Einbeziehung sachlich zwingend sein, wenn die verbraucher- oder sozialschützenden Lauterkeitsaspekte auch auf kollisionsrechtlicher Ebene nicht vom Mitbewerberschutz getrennt werden dürften (c).

2121 Vergl. MüKo BGB X-*Sonnenberger*, Einl. IPR Rn. 52.

2122 Kritisch jedoch MüKo BGB X-*Sonnenberger*, Einl. IPR Rn. 58, der dafür einen Legitimationsgrund in Form eines Inlandsinteresses an der Anwendung fremder Eingriffsnormen voraussetzt; zu den verschiedenen Möglichkeiten der Berücksichtigung (direkte kollisionsrechtliche Sonderanknüpfung oder indirekte materiellrechtliche Berücksichtigung) am Beispiel des deutschen Kollisionsrechts siehe MüKo BGB X-*Junker*, Art. 16 Rom II–VO Rn. 25 ff.

a) *Sinnlosigkeit der Kollisionsrechtsvereinheitlichung aufgrund des bereits harmonisierten Sachrechts?*

Vordergründig erscheint es gerade im Bereich des lauterkeitsrechtlichen Verbraucherschutzes zweifelhaft, ob ein kollisionsrechtlicher Entscheidungseinklang auch insoweit den Binnenmarkt fördern kann. Möglicherweise ist die Zweckerreichung von vornherein unmöglich, da die Hemmnisse, die die Rom II-VO beseitigt, im Bereich des lauterkeitsrechtlichen Verbraucherschutzes von vornherein nicht bestanden. Wäre dies der Fall, könnte die Vereinheitlichung insoweit nicht auf der Binnenmarktkompetenz ruhen; der lauterkeitsrechtliche Verbraucherschutz müsste bereits aus diesem Grund vom Anwendungsbereich der Rom II-VO und insbesondere von deren Art. 6 ausgenommen werden. Grenzüberschreitende Handelshemmnisse und damit auch die Kompetenz zur Kollisionsrechtsvereinheitlichung fehlen insbesondere dann, wenn bereits das Sachrecht vereinheitlicht ist. Gerade der lauterkeitsrechtliche Verbraucherschutz wird jedoch bereits auf Ebene des Sachrechts durch die Richtlinien 2005/29/EG und 2006/114/EG umfassend harmonisiert[2123]. Das spricht zunächst gegen dessen kollisionsrechtliche Vereinheitlichung.

Zu beachten ist allerdings, dass die Harmonisierung nicht so umfassend ist, wie es auf den ersten Blick scheint. Sie erfasst nicht den gesamten Bereich des lauterkeitsrechtlichen Verbraucherschutzes[2124]. In bestimmten Teilbereichen kann er von den Mitgliedstaaten weiterhin unterschiedlich ausgestaltet werden. Gesetzgeberische Freiheiten bestehen nicht nur bei der Reglementierung der irreführenden Werbung, bei der die Richtlinie 2006/114/EG von vornherein nur Mindeststandards setzt[2125], sondern auch darüber hinaus. Insbesondere verbieten es beide Richtlinien nicht, den Schutz ethischer Werte lauterkeitsrechtlich zu verwirklichen. Insoweit bleibt es selbst innerhalb der mitgliedstaatlichen Lauterkeitsrechte bei unterschiedlichen Lauterkeitsstandards[2126]. Darüber hinaus erfasst Art. 6 Rom II-VO auch Drittstaatensachverhalte und verweist auch auf die Lauterkeitsrechte von Drittstaaten. Sie können selbst in den Teilbereichen des lauterkeitsrechtlichen Verbraucherschutzes voneinander abweichen, die die Richtlinien für die Mitgliedstaaten abschließend vereinheitlichen. Damit fördert auch die

---

2123 Vergl. *Schack*, in: Liber Amicorum Gerhard Kegel, S. 196 ff.; *Veelken*, WRP 2004, 1, 13 (zumindest „[i]m Idealfall darf es im Hinblick auf den materiellen Verbotstatbestand [der Richtlinie 2005/29/(EG)]... keinen Unterschied machen, nach den Rechtsvorschriften welchen Mitgliedstaats Geschäftspraktiken eines Unternehmens beurteilt werden".

2124 Siehe oben S. 290 (Abgeleitete Auswirkungen auf das unionsautonome Referenzmodell vom Lauterkeitsrecht).

2125 Richtlinie 2006/114/EG über irreführende und vergleichende Werbung, Art. 8 Abs. 1 S. 1.

2126 Vergl. *Kreuzer*, in: Gemeinsames Privatrecht, S. 497; *Ohly*, GRUR Int. 2001, 899, 906 f.; *Remien*, CMLRev. 38 (2001), 53, 63; *Furrer*, SZIER 2008, 7, 14.

Kollisionsrechtsvereinheitlichung des lauterkeitsrechtlichen Schutzes von marktfunktionalen Verbraucherinteressen und ethischen Werten den Binnenmarkt. Die Vereinheitlichung der sozialrelevanten Aspekte des Lauterkeitskollisionsrechts ist binnenmarktspezifisch in dem gleichen Maße gerechtfertigt wie die Vereinheitlichung des übrigen, allein auf den Konkurrentenschutz bezogenen Teils.

b) Binnenmarkthemmende Rechtsunsicherheit aufgrund der kollisionsrechtlichen Integration des lauterkeitsrechtlichen Schutzes ethischer Werte?

Die kollisionsrechtliche Integration des lauterkeitsrechtlichen Schutzes ethischer Werte könnte auf kollisionsrechtlicher Ebene eine untragbare Rechtsunsicherheit nach sich ziehen. Denn weil deren Schutz im Bereich des Lauterkeitsrechts nicht allgemein anerkannt ist, erscheint es äußerst schwierig, die relevanten ethischen Werte zu identifizieren und zu definieren. Die Schwierigkeiten werden dadurch verschärft, dass sich Vorstellungen vom Sozialen und Kulturellen selbst dort unterscheiden, wo deren lauterkeitsrechtlicher Schutz grundsätzlich akzeptiert ist. Generell hat insbesondere die Union Schwierigkeiten, autonome Moralvorstellungen zu entwickeln, die nicht an das Funktionieren des Binnenmarktes geknüpft sind[2127]. Eine weite Auslegung des Anknüpfungsgegenstandes unter Einbeziehung ethischer Werte könnte daher zu dessen untragbarer Konturenlosigkeit führen[2128], was wiederum die Rechtssicherheit unzumutbar beeinträchtigen könnte. Dagegen würde die enge Auslegung der Schutzzwecktrias als wirtschaftspolitisch neutraler Wertmaßstab ohne die Berücksichtigung „wettbewerbsfremder" Interessen den kleinsten gemeinsamen Nenner der verschiedenen Lauterkeitsordnungen bilden und hätte damit wohl die größte Chance, allgemein akzeptiert zu werden. Die Legitimation des Wesens des Lauterkeitsrechts wird dann nicht aus einer wie auch immer zu bestimmenden Rechtsordnung bezogen, sondern aus der „Natur der Sache"[2129]. Zudem bietet sich für ein wettbewerbsfunktional verstandenes Lauterkeitsrecht im Unionsrecht zumindest ein autonomer Anhaltspunkt[2130]. Auf der Ebene des Kollisionsrechts verdeutlicht bereits die Zusammenfassung des Lauterkeits- und des Kartellkollisionsrechts in Art. 6 Rom II-VO die Anerkennung der wettbewerblichen Funktion des Rechtsgebiets, nicht jedoch seine ethischen Zielsetzungen. Die Beschränkung des Anknüpfungsgegenstandes auf ein

---

2127 Vergl. MüKo UWG-*Micklitz*, EG E Rn. 116; wortgleich *Micklitz*, in: FS Bernd Stauder, S. 305.

2128 Ebenso mit Blick auf das Sachrecht *Leistner*, ZEuP 2009, 56, 88; vergl. auch *Ohly*, WRP 2008, 177, 182.

2129 Harte/Henning-*Schünemann*, § 3 Rn. 202; *Kraft*, Interessenabwägung, S. 69 ff.

2130 *Schünemann*, WRP 2004, 925, 931; *Veelken*, WRP 2004, 1, 6, 17; MüKo UWG-*Micklitz*, EG E Rn. 116; *Brömmelmeyer*, GRUR 2007, 295, 296 f.; *Keßler*, WRP 2007, 714, 717.

wettbewerbsfunktionales Lauterkeitsverständnis wäre einfacher und damit auch rechtssicherer.

Das Problem der Rechtssicherheit sollte jedoch für sich genommen nicht überbewertet werden. Bei der Schaffung neuer Rechtsakte sind Definitionsspielräume unvermeidbar; anfänglich bestehende Unklarheiten können im Vorlageverfahren gemäß Art. 267 AEUV[2131] durch die Rechtsprechung des EuGH ausgeräumt werden. Zudem beseitigt die Einbeziehung der ethischen Werte das schwierige Problem, zwischen marktfunktionalen und wettbewerbsfremden Interessen unterscheiden zu müssen. Auch der Umweltschutz kann zu einem Wettbewerbsinteresse werden, wenn Unternehmen mit besonderer Umweltverträglichkeit werben und Kaufentscheidungen nach Umweltschutzgesichtspunkten motiviert sind. Insoweit führt die Einbeziehung sogar zu einem Mehr an Rechtssicherheit.

c) Binnenmarkthemmende Anwendungsprobleme bei der kollisionsrechtlichen Integration des lauterkeitsrechtlichen Schutzes von Verbraucherinteressen?

Fraglich ist, inwieweit die kollisionsrechtliche Integration des lauterkeitsrechtlichen Schutzes von Verbraucherinteressen zu Anwendungsproblemen führt, weil der Verbraucherschutz nicht nur mit privatrechtlichen Mitteln durchgesetzt wird, sondern in unterschiedlichem Umfang auch hoheitlich sanktioniert ist[2132]. Die Sanktionssysteme unterscheiden sich in vielen Aspekten, von denen insbesondere zwei zu maßgeblichen Problemen bei der Anwendung des internationalprivatrechtlichen Lauterkeitsrechts führen können. Zum einen beruhen die Sanktionssysteme auf unterschiedlichen Arten von Rechtsnormen. Wenn die Rechtsordnung am Marktort auf hoheitlichen Normen beruht, droht die Gefahr eines Normenmangels, wenn die hoheitlichen Normen bei der sekundären Qualifikation nicht unter den privatrechtlichen Anknüpfungsgegenstand gefasst werden können (aa). Zum anderen bedienen sich die Sanktionssysteme bei grenzüberschreitenden Sachverhalten unterschiedlicher Anknüpfungen: nur das internationalen Privatrechts knüpft Lauterkeitsfragen an den Marktort, während für das internationale öffentliche Recht bzw. Strafrecht in der Regel der Handlungsort maßgeblich ist[2133]. Hier kann es zu einer Normenhäufung und Kumulation der Sanktionsmittel kommen (bb). Die Disharmonien könnten bei der Sanktionierung das Verhältnismäßigkeitsprinzip verletzen[2134], welches insbesondere Art. 13 S. 2 Richtlinie 2005/29/EG europarechtlich vorgibt. Danach müssen die Sanktionen zur Umsetzung des lauterkeitsrechtlichen Verbraucherschutzes der Richtlinie verhältnismäßig sein. Dagegen könnte eine enge Auslegung des Anknüpfungsgegenstandes die

2131 Ehemals Art. 234 EGV.

2132 Vergl. zur ähnlichen Problematik beim grenzüberschreitenden Diskriminierungsschutz *Lüttringhaus*, Grenzüberschreitender Diskriminierungsschutz, S. 303 ff.

2133 Siehe oben S. 357 (Strafrechtliche Sanktionsmittel).

2134 Vergl. *Lüttringhaus*, Grenzüberschreitender Diskriminierungsschutz, S. 303.

Anwendungsprobleme von vornherein vermeiden, dementsprechend dem Verhältnismäßigkeitsprinzip wesentlich besser entsprechen und insoweit vorzuziehen sein.

aa) Normenmangel

Bei der grenzüberschreitenden zivilrechtlichen Durchsetzung des Verbraucherschutzes könnte es zu einem Normenmangel kommen, wenn die hoheitlichen Normen eines öffentlichen Sanktionssystems bei der sekundären Qualifikation nicht unter den privatrechtlichen Anknüpfungsgegenstand gefasst werden können. Die Gefahr besteht insbesondere, wenn die Rechtsordnung am Marktort die lauterkeitsrechtlichen Verbraucherinteressen durch Behörden verfolgt und hoheitlich, insbesondere strafrechtlich verwirklicht. Dann kennt sie für den geltend gemachten Anspruch möglicherweise keinen privatrechtlichen Schutz. Es wird befürchtet, dass ein weit verstandener Anknüpfungsgegenstand die Rechtsfrage exklusiv zwar zunächst aufnehmen würde, jedoch nur um sie sodann „in die Leere" der Marktordnung zu stoßen[2135], in der sich eine privatrechtliche Verbotsnorm nicht finden ließe.

Die Bedenken vermögen es jedoch nicht, den Verbraucherschutz überzeugend aus dem Anknüpfungsgegenstand zu verbannen. Denn auch die segregations- und negationsgemäßen Marktordnungen sind nicht in dem Maße leer an international austauschbaren Lauterkeitsnormen, wie es zunächst erscheint. Zwar wird der lauterkeitsrechtliche Verbraucherschutz dort vor allem straf- und verwaltungsrechtlich garantiert. Dennoch liegt darin zum einen nicht zwingend die Ausübung hoheitlicher Befugnisse. Insbesondere liegt kein hoheitliches Handeln vor, wenn eine öffentliche Stelle zivilrechtliche Unterlassungsklagen erhebt und sich demgemäß bei der Sanktionierung gerichtlicher Hilfe bedient[2136]. Zum anderen bestehen auch in segregations- oder negationsgemäßen Marktordnungen neben den straf- und verwaltungsrechtlichen Sanktionsmitteln stets auch privatrechtliche Sanktionsmöglichkeiten[2137]. In allen Modellordnungen können zivilrechtliche Unterlassungsklagen von privaten Verbraucherverbänden geltend gemacht werden. Gleichermaßen setzt die Adhäsionsklage einen zivilrechtlichen Anspruch durch. Damit bilden die lauterkeitsrechtlichen Verbraucherschutzvorschriften, die den Maßstab der privatrechtlichen Sanktionierung normieren, die Grundlage von „Zivil- und Handelssachen" und sind demgemäß international austauschbar. Sie

2135 So in der Tat MüKo BGB XI-*Drexl*, IntUnlWettbR Rn. 21; siehe auch *Veelken*, WRP 2004, 1, 13 (es werden „zwar Ermächtigungsgrundlagen für das behördliche Eingreifen, nicht indessen notwendige privatrechtliche Abwehr- oder Schadensersatzansprüche bestehen, die die Gerichte... anwenden könnten"); *Beater*, Unl. Wettb. (2011), § 9 Rn. 750.

2136 Siehe oben S. 349 (Zivilrechtliche Unterlassungsklagen).

2137 Siehe oben S. 349 (Sanktionsmittel privater Verbraucherverbände).

finden sich in allen Modellordnungen. Zu einem Normenmangel kann es damit kaum kommen.

bb) Normenhäufung

Das zweite Problemfeld betrifft den Fall der Normenhäufung. Wegen der dogmatischen Trennung zwischen dem privaten Lauterkeitsrecht und dem öffentlichen, insbesondere strafrechtlichen Lauterkeitsrecht[2138] und unterschiedlichen Anknüpfungsmerkmalen des internationalen Privatrechts (bei Lauterkeitsfragen der Marktort) und des internationalen öffentlichen Rechts bzw. Strafrechts (in der Regel der Handlungsort[2139]) kann es dazu kommen, dass Unternehmen mit Sitz an einem Herkunftsort, an dem die Verbraucherinteressen mit einem Behördenmodell durchgesetzt werden, hinsichtlich ihrer grenzüberschreitenden Tätigkeit am Marktort, an dem ein privatrechtliches Integrationsmodell herrscht, mit Blick auf die Verbraucherinteressen in paralleler Anwendung verschiedener Sanktionsmittel an zwei unterschiedlichen Maßstäben gemessen werden: Zunächst würden sie behördlich durch ihre Heimatrechtsordnung des Herkunftsortes kontrolliert; dazu könnte eine zweite, diesmal zivilgerichtliche Kontrolle ihres Verhaltens am Marktort kommen[2140]. Ein Beispiel bilden Telefonanrufe vom Herkunftsland aus an Verbraucher in einem anderen Marktstaat ohne deren Zustimmung (sogenanntes *cold calling*). Die Tätigkeit könnte zum einen durch die Behörden des Herkunftslandes reglementiert werden. Den Einwand, dass der Schutz ausländischer Verbraucher im Marktstaat nicht Sache der Behörden des Herkunftsstaates sei[2141], hat der EuGH in der Rs. *Alpine Investments* zurückgewiesen. Er stellte ausdrücklich fest, dass der Herkunftsstaat das Verhalten des Unternehmens im eigenen Land am ehesten regeln kann, auch wenn es sich an Verbraucher in einem anderen Mitgliedstaat richtet[2142]. Für die Zuständigkeit der Behörden im Herkunftsstaat hinsichtlich der

---

2138 Siehe oben S. 360 (Besonderes öffentliches Interesse am Schutz marktfunktionaler Verbraucherinteressen).

2139 Siehe oben S. 357 (Strafrechtliche Sanktionsmittel).

2140 Dazu allgemein *Siems*, RIW 2004, 662, 663 ff.; vergl. mit Blick auf das Antidiskriminierungsrecht *Lüttringhaus*, Grenzüberschreitender Diskriminierungsschutz, S. 320 ff.; vergl. in anderem Zusammenhang auch den Hinweis von *Ohly*, WRP 2006, 1401, 1407 f.

2141 So jedoch kritisch *Remien*, CMLRev. 38 (2001), 53, 84; *Roth, W.-H.*, IPRax 2006, 338, 341; *Stadler*, JZ 2009, 121, 123 unter Verweis auf satzungsmäßige Beschränkungen und knapper Ressourcen; allgemein bereits *von Wilmowsky*, RabelsZ 62 (1998), 1, 24 (insbesondere das Gebot der Erforderlichkeit schieße es grundsätzlich aus, dass ein Mitgliedstaat Maßnahmen zum Schutz von Rechtsgütern ergreift, die in einem anderen Mitgliedstaat angesiedelt sind).

2142 EuGH v. 10.5.1995, Rs. C-384/93 (Alpine Investments), Slg. 1995, I-1141, Rn. 48, der Sachverhalt handelte von Telefonanrufen an Privatleute ohne deren Zustimmung („cold calling"), die ein die Unternehmen mit Sitz in den Niederlanden u. a. nach

Auslandstätigkeit einheimischer Unternehmen spricht außerdem die öffentlich-rechtliche Interpretation des Herkunftslandprinzips[2143]. Zum anderen droht die privatrechtliche Sanktionierung durch Zivilgerichte anhand des Lauterkeitsrechts des Marktortes. Einer zivilgerichtlichen Entscheidung steht insbesondere nicht entgegen, dass der Sachverhalt bereits von anderen Behörden beurteilt wurde, da sich die Artt. 25 f. und 27 ff. EuGVO nur auf eine entgegenstehende Rechtskraft oder Rechtshängigkeit gerichtlicher Verfahren bezieht. Behörden sind in der Regel keine Gerichte[2144]. Deswegen ist mit der parallelen Anwendung der unterschiedlichen Sanktionssysteme nicht nur eine Doppelbelastung verbunden, sondern auch die Gefahr sich widersprechender Verhaltensgebote.

Die Problematik könnte kollisionsrechtlich gelöst werden. Denkbar wäre es, den lauterkeitsrechtlichen Verbraucherschutz nicht in den internationalprivatrechtlichen Anknüpfungsgegenstand einzubeziehen und demgemäß nicht an den Marktort zu knüpfen, sondern stattdessen parallel zum internationalen öffentlichen Recht dem Privatrecht des Herkunftsortes zu unterstellen[2145]. Dadurch, dass die Anknüpfung zivilrechtlicher Ansprüche den öffentlichen Sanktionen folgt, würden Wertungswidersprüche zwischen dem Privatrecht und dem öffentlichen Recht vermieden. Allerdings würden damit andere Nachteile in Kauf genommen, die im Ergebnis schwerer wögen als die drohenden Wertungswidersprüche. Denn selbst wenn in Einzelfällen das öffentliche Verhaltensgebot des Herkunftsortes vom privaten Verhaltensgebot des Marktortes abweichen sollte, kann der darin liegende faktische Widerspruch zumindest dogmatisch aufgelöst werden. Denn dogmatisch können das öffentliche und das private Lauterkeitsrecht hinreichend voneinander getrennt werden[2146]: dem öffentlichen Lauterkeitsrecht geht es um die Durchsetzung hoheitlicher Macht, dem privaten Lauterkeitsrecht dagegen in erster Linie um den Interessenausgleich zwischen Privaten. Unterschiedliche Verhaltensgebote würden daher auf unterschiedlichen Arten von Geboten beruhen; ein Widerspruch läge demgemäß nicht vor. Außerdem würde die Anknüpfung an den Herkunftsort gravierende Nachteile mit sich bringen. Zum einen würde die Chance vergeben, den kollisionsrechtlichen europäischen Entscheidungseinklang möglichst breit auszugestalten und ihn auch auf Rechtsfragen zu erstrecken, die Aspekte des lauterkeitsrechtlichen Verbraucherschutzes betreffen. Zum anderen wäre jede Anknüpfung des privaten lauterkeitsrechtlichen Verbraucherschutzes an einen anderen Ort als den Marktort sachwidrig. Sachwidrig wäre insbesondere die Anknüpfung an den Herkunftsort, wie sie das öffentliche Kollisionsrecht vorsehen würde. Alleine die Marktortanknüpfung stellt sicher, sowohl formal allen

---

Belgien, Frankreich und Großbritannien tätigte, was von den niederländischen Behörden untersagt wurde.

2143 Siehe oben S. 72 und insbesondere die in Fn. 570 zitierte Literatur.

2144 Vergl. *Schlosser*, EU-Zivilprozessrecht, Art. 32 EuGVVO Rn. 4.

2145 Vergl. *Von Hoffmann*, in: FS Henrich, S. 285 ff.; *Siems*, RIW 2004, 662, 664.

2146 Siehe oben S. 166 und insbesondere die in Fn. 1330 zitierte Literatur.

an einem nationalen Markt konkurrierenden Wettbewerbern die gleichen Wettbewerbsbedingungen zu garantieren als auch inhaltlich dem nationalen Marktstaat die Hoheit über die Umsetzung seiner Wirtschaftspolitik zu belassen[2147]. Damit entspricht sie auch den öffentlichen Steuerungsinteressen der beteiligten Staaten und wäre mithin auch bei der Anknüpfung öffentlich-rechtlicher Eingriffsnormen sachgemäß[2148]. Das Problem wurzelt daher nicht im internationalen Privatrecht, sondern in der Herkunftslandanknüpfung des internationalen öffentlichen Rechts. Konsequenterweise sollte es dort gelöst werden. Dabei muss insbesondere kritisch hinterfragt werden, warum Behörden des Herkunftsstaates ausländische Verbraucher im Marktstaat schützen sollen[2149]. Die Marktortanknüpfung des internationalen Lauterkeitsprivatrechts dagegen sollte davon unbelastet auch für den lauterkeitsrechtlichen Verbraucherschutz gelten.

4. Zusammenfassung und Ergebnis: Internationalprivatrechtliche Unbedenklichkeit der „öffentlichen" bzw. „kollektiven" Sanktionierung

Vorstehend wurde untersucht, welchen Einfluss die sachrechtliche Sanktionsvielfalt auf die Auslegung des kollisionsrechtlichen Anknüpfungsgegenstandes besitzt. Die Sanktionsvielfalt äußert sich darin, dass die segregations- und negationsgemäßen Lauterkeitsordnungen den Verbraucherschutz nicht konsequent mit dem traditionellen Mitbewerberschutz verbinden: Zwar wird der Verbraucherschutz als selbstständiger Schutzzweck des Lauterkeitsrecht anerkannt, mit Blick auf die Sanktionierung wird ihm jedoch eine Sonderstellung eingeräumt, indem nicht den betroffenen Verbrauchern privatrechtliche Ansprüche, sondern stattdessen privaten Verbänden oder öffentlichen Stellen Sanktionsmittel kollektiver bzw. öffentlich-rechtlicher Art zugebilligt werden.

Für die kollisionsrechtliche Ebene folgt aus dieser Art kollektiver bzw. öffentlicher Sanktionierung des lauterkeitsrechtlichen Verbraucherschutzes jedoch nicht zwingend, dass er als öffentliche Materie von vornherein eine Sonderstellung abseits des privaten Lauterkeitskollisionsrechts des Art. 6 Rom II-VO einnehmen müsste. Im Gegenteil bilden auch kollektive bzw. öffentliche Sanktionsmittel grundsätzlich eine Zivilsache im Sinne von Art. 1 Abs. 1 S. 1 Rom II-VO[2150]. Wie bei der Parallelnorm des Art. 1 Abs. 1 EuGVO liegt eine Zivilsache erst dann nicht mehr vor, wenn bei der Sanktionierung hoheitliche Befugnisse ausgeübt werden. Dagegen sprechen hier vor allem zwei Aspekte: So profitiert bei der Verbandsklage

2147 *Grundmann*, RabelsZ 67 (2003), 246, 274; MüKo UWG-*Mankowski*, IntWettbR Rn. 138; *Garcimartín Alférez*, EuLF [E] 2007, 77, 86; *Wadlow*, JIPLP 2009, 789, 793.

2148 Siehe oben S. 365 (Eingriffsnormen einer ausländischen lex causae).

2149 Vergl. oben die in Fn. 1373 zitierte Literatur.

2150 Siehe oben S. 345 (Systematische Einordnung des lauterkeitsrechtlichen Schutzes marktfunktionaler Verbraucherinteressen und ethischer Werte bei der primären Qualifikation).

auch der individuelle Verbraucher; die Repräsentation der Verbraucherinteressen in Form der Verbandsklage hat lediglich prozesspraktische Gründe. Außerdem werden die Ansprüche klageweise mit gerichtlicher Hilfe durchgesetzt; damit ist auch die Art und Weise der Sanktionierung nicht hoheitlich. Hoheitlich wird nur in den Fällen gehandelt, in denen der Staat einen Strafanspruch durchsetzt[2151] oder eine öffentliche Stelle eigenständig und ohne gerichtliche Hilfe ein Sanktionsmittel einsetzt, wie dies zum Beispiel bei der Vereinbarung verpflichtender Selbstbeschränkungen oder bei der Veröffentlichung von Entscheidungen bei der Kontrolle von Werbung der Fall sein kann[2152].

Der öffentliche Charakter der geschützten Verbraucherinteressen führt für sich alleine genommen auch nicht zwingend dazu, ihm dienende Lauterkeitsvorschriften als Eingriffnormen gemäß Art. 16 Rom II-VO zu qualifizieren. Eingriffsnormen liegen insbesondere nicht bereits dann vor, wenn sie lediglich dem marktfunktionalen Interesse an einer informierten und freien Marktentscheidung zu dienen bestimmt sind[2153]. Diese Verbraucherinteressen werden nicht zu Lasten der entgegenstehenden Interessen der Mitbewerber überbetont, sondern nur in dem Maße geschützt, welches für eine sachgemäße Lauterkeitsordnung zwingend ist. Der lauterkeitsrechtliche Verbraucherschutz kann nur dort auf besondere staatliche Schutzanliegen zurückgeführt werden, wo zusätzlich außerwettbewerbliche Interessen geschützt und zum Beispiel besondere Aspekte des Jugend- oder des Gesundheitsschutzes realisiert werden[2154]. Damit ist – wenn überhaupt – allein der schmale Teilbereich des lauterkeitsrechtlichen Schutzes ethischer Werte in Eingriffnormen niedergelegt. Sie können im Rahmen von Art. 16 Rom II-VO weitgehend parallel zum Lauterkeitsstatut des Marktortes durchgesetzt werden, weswegen in der Regel ein kollisionsrechtlicher Einklang zwischen dem Lauterkeitsstatut und den Eingriffsnormen der Marktordnung herrscht. Die Öffnungsklausel des Art. 16 Rom II-VO erlaubt den Mitgliedstaaten zum einen die Berücksichtigung von Eingriffsnormen der lex causae, zum anderen werden die Mitgliedstaaten die Freiheit grundsätzlich entsprechend nutzen, da alleine die Anwendung der Eingriffsnorm der Marktordnung aufgrund des engen Bezugs zum Sachverhalt den Steuerungsinteressen der beteiligten Staaten am besten gerecht wird[2155].

Die kollisionsrechtliche Integration des lauterkeitsrechtlichen Verbraucherschutzes und des Schutzes ethischer Werte dient im wesentlichen dem Ziel, das Kollisionsrecht möglichst umfassend zu vereinheitlichen und damit den kollisionsrechtlichen Entscheidungseinklang in privatrechtlichen Gerichtsverfahren

2151 Siehe oben S. 357 (Strafrechtliche Sanktionsmittel).
2152 Siehe oben S. 357 (Verwaltungsrechtliche Sanktionsmittel).
2153 Siehe oben S. 360 (Besonderes öffentliches Interesse am Schutz marktfunktionaler Verbraucherinteressen).
2154 Siehe oben S. 363 (Besonderes öffentliches Interesse am Schutz ethischer Werte).
2155 Siehe oben S. 365 (Eingriffsnormen einer ausländischen lex causae).

auf möglichst viele Rechtsfragen auszudehnen[2156]. Dass parallel dazu ein System hoheitlicher Sanktionierung besteht, schafft keine maßgeblichen Anwendungsprobleme: So droht kein Normenmangel, da selbst in Lauterkeitsordnungen mit primär hoheitlichem Sanktionssystem zumindest auch international austauschbare Lauterkeitsnormen existieren[2157]. Ebensowenig darf das Problem einer Normenhäufung überbewertet werden, das sich allein wegen angemaßter Zuständigkeiten von Behörden stellt, die sich nicht nur zum Schutz der inländischen Verbraucher in ihrem Herkunftsstaat, sondern auch der ausländischen Verbraucher im ausländischen Marktstaat berufen fühlen[2158].

III. Eigenständigkeit der Sonderanknüpfung des europäischen internationalen Lauterkeitsrechts

Auch wenn sich die Grenzen des Anknüpfungsgegenstandes des unlauteren Wettbewerbsverhaltens umreißen lassen, ist weiterhin fraglich, inwieweit er sich vom allgemeinen Anknüpfungsgegenstand der unerlaubten Handlung emanzipiert hat und in seiner Anwendung unabhängig und eigenständig von der allgemeinen Kollisionsnorm des Art. 4 Rom II-VO ist. Systematisch bildet das unlautere Wettbewerbsverhalten lediglich den Unterfall einer allgemeinen unerlaubten Handlung[2159]. Damit könnten die Kollisionsregeln für die allgemeine unerlaubte Handlung auch für die spezielle Handlung des unlauteren Wettbewerbsverhaltens gelten. Insbesondere könnten die allgemeine Ausnahme- (gemeinsamer gewöhnlicher Aufenthalt) und Ausweichanknüpfung (offensichtlich engere Verbindung) des Art. 4 Abs. 2 und 3 Rom II-VO nicht nur im Rahmen von Art. 6 Abs. 2 Rom II-VO, sondern auch von Abs. 1 angewendet werden. Geklärt werden muss mithin das Verhältnis zwischen Art. 6 und Art. 4 Rom II-VO. Problematisch ist, inwieweit Art. 6 Rom II-VO eine eigenständige Sonderanknüpfung des europäischen internationalen Lauterkeitsrechts normiert. Die Wirkung von Art. 6 Abs. 1 Rom II-VO könnte sich darin beschränken, lediglich den Ort des Schadenseintritts und damit das Anknüpfungsmerkmal zu präzisieren, um darüber hinaus hinsichtlich des Ankcüpfungsgegenstandes keine eigenständige Regelung zu treffen.

Gegen eine eigenständige Sonderanknüpfung spricht der Wortlaut von Erwägungsgrund 21. Danach stellt „die Sonderregel nach Artikel 6 [...] keine Ausnahme von der allgemeinen Regel nach Artikel 4 Absatz 1 dar, sondern vielmehr eine Präzisierung derselben“[2160]. Die Diktion entspricht dem gemeinsamen Standpunkt im

2156 Siehe oben S. 368 (Binnenmarktfördernder Zweck der Vereinheitlichung des Lauterkeitskollisionsrechts).

2157 Siehe oben S. 372 (Normenmangel).

2158 Siehe oben S. 373 (Normenhäufung).

2159 Laut Erwägungsgrund 19 eine „besondere“ unerlaubte Handlung; ebenso *Koos*, EuLF [E] 2006, 145.

2160 Erwägungsgrund 21.

Rat[2161] und der Rechtsprechung des Bundesgerichtshofs[2162]. Sie könnte so verstanden werden, dass Art. 6 Abs. 1 Rom II-VO hinsichtlich des Anwendungsbereiches, wie er im Anknüpfungsgegenstand fixiert ist, keine abschließende Ausnahme darstellt und damit die Anknüpfung gemäß der allgemeinen Regel aufgelockert werden kann[2163]. Die Regelungswirkung von Art. 6 Abs. 1 Rom II-VO würde sich darauf beschränken, lediglich das Anknüpfungsmerkmal der allgemeinen Regel „Schadensort" für den Sonderfall des Lauterkeitsrechts zu präzisieren. Art. 6 Abs. 1 Rom II-VO würde mit dem Anknüpfungsmerkmal „Marktort" nur einen Teilaspekt der Anknüpfung regeln und sich für die übrigen Regelungsaspekte auf die allgemeine Kollisionsnorm beziehen. Auch die Kommission stellte in ihrem geänderten Entwurf klar, dass mit der Kollisionsregel zum Lauterkeitsrecht keine von der allgemeinen Kollisionsnorm inhaltlich abweichende Bestimmung eingeführt wird, sondern nur der Ort des Schadenseintritts konkretisiert wird[2164]. Bereits das Parlament war in seinem ersten Entwurf der Meinung, dass die allgemeinen Kollisionsnormen durchaus in der Lage seien, die betreffende Situation zu regeln[2165].

Abgesehen von diesem vordergründigen Verständnis der Äußerungen des Verordnungsgebers lassen sich allerdings nur Argumente finden, die für die Eigenständigkeit des internationalen Lauterkeitsrechts der Rom II-VO sprechen. So ist der Wortlaut von Erwägungsgrund 21 nicht eindeutig. Er könnte sich statt auf den Anknüpfungsgegenstand auf das Anknüpfungsmerkmal beziehen und nichts weiter bedeuten, als dass ebenso wie allgemein im Deliktskollisionsrecht auch im Lauterkeitskollisionsrecht an die Konsequenzen einer Handlung und nicht an das Verhalten selbst angeknüpft wird[2166]. Insoweit wäre es nicht verwunderlich, dass Art. 6 Abs. 1 Rom II-VO „keine Ausnahme" darstellen soll. Darüber hinaus wird in Erwägungsgrund 21 über die Anwendbarkeit von Art. 4 Abs. 2 und 3 Rom II-VO keine ausdrückliche Aussage getroffen. Falls eine solche in den Wortlaut interpretiert werden sollte, spräche er eher gegen die Einbeziehung der Ausnahme- und Ausweichklausel. Denn der Erwägungsgrund bezieht sich ausdrücklich nur auf eine Ausnahme von Art. 4 Abs. 1 Rom II-VO. Die Absätze 2 und 3 werden nicht genannt. Letztendlich spricht auch die Wahl des Wortes „Sonderregel" eher dafür, von einem eigenständigen Sonderstatut auszugehen.

2161 Gemeinsamer Standpunkt, ABl. C 289E/68 v. 28.11.2006, S. 80.

2162 BGH, Urteil vom 9.7.2009 – Xa ZR 19/08, NJW 2009, 3371, 3372 Rn. 19.

2163 *Dickinson*, Rome II, Rn. 6.12; auf die Problematik hinweisend auch *Koos*, EuLF [E] 2006, I–145 („The Private International Law of Unfair Competition in dogmatic respect would not emancipate itself from the Private International Law of Torts."); so in der Tat *Garcimartín Alférez*, EuLF [E] 2007, 77, 83.

2164 Geänderter Vorschlag, KOM(2006) 83 endg., S. 6.

2165 Bericht des Rechtsausschusses, PE 349.977v03-00, S. 42.

2166 *Dickinson*, Rome II, Rn. 6.13; *von Hein*, ZEuP 2009, 6, 17 (verfolgt „ebenfalls einen an der Rechtsgutsverletzung orientierten Ansatz"); *von Hein*, RabelsZ 73 (2009), 461, 492 ff.; diesem Verständnis folgt wohl auch Köhler/Bornkamm-*Köhler*, Einl. UWG Rn. 5.32.

Systematisch ist deutlich, dass lediglich Art. 6 Abs. 2 Rom II-VO ausdrücklich auf Art. 4 Rom II-VO verweist, nicht aber auch Abs. 1. Daraus folgt, dass die beiden unterschiedlichen Situationen – unlauteres Wettbewerbsverhalten im allgemeinen und unlauteres Wettbewerbsverhalten, das ausschließlich die Interessen eines bestimmten Wettbewerbers beeinträchtigt – auch unterschiedlich behandelt werden sollen[2167]. Nur in der letztgenannten Situation soll Art. 4 Rom II-VO anwendbar sein. Wäre die Anwendung der allgemeinen Ausnahme- und Ausweichanknüpfung im Lauterkeitskollisionsrecht selbstverständlich, hätte es des ausdrücklichen Verweises in Abs. 2 nicht bedurft. Die Eigenständigkeit des Lauterkeitskollisionsrechts wird weiter dadurch verdeutlicht, dass Art. 6 Abs. 4 Rom II-VO für diesen Bereich die Rechtswahl ausdrücklich ausschließt, wogegen sie im allgemeinen Deliktsrecht nach Art. 14 Rom II-VO zugelassen wird.

Die systematischen Argumente werden durch teleologische Erwägungen bestätigt. Allgemein dienen die Sonderregeln der Rom II-VO wie beispielsweise Art. 6 dem Bestreben des Verordnungsgebers, Rechtssicherheit durch eindeutige Anknüpfungen zu schaffen[2168]. Ist die Qualifikationsproblematik einmal bewältigt und Art. 6 Rom II-VO für anwendbar erklärt, soll die Kollisionsnorm ihren Bereich vollständig und abschließend regeln. Zudem unterscheiden sich die Anknüpfungsregeln im Lauterkeitskollisionsrecht wegen der lauterkeitsrechtlichen Besonderheiten substantiell vom allgemeinen Deliktskollisionsrecht[2169]. Es geht nicht darum, die engste Verbindung zu einer individuellen Rechtsgutsverletzung zu finden. In Art. 6 Abs. 1 Rom II-VO finden die Wettbewerber als Individuen keine Erwähnung. Genannt werden nur die Wettbewerbsbeziehungen und die kollektiven Interessen der Verbraucher. Denn der Sinn und Zweck speziell des Lauterkeitskollisionsrechts ist es vielmehr insbesondere, die Wettbewerbsgleichheit zu sichern[2170]. Auf einem Markt tätige Wettbewerber sollen nicht unterschiedlichen Verhaltensregeln unterliegen. Daneben soll Art. 6 Abs. 1 Rom II-VO sicherstellen, dass Staaten die Regelungshoheit über das Verhalten auf ihren Märkten behalten[2171]. Dem würde es völlig widersprechen, wenn Art. 6 Rom II-VO lediglich eine Präzisierung von Art. 4 Abs. 1 Rom II-VO darstellen würde, dessen Einbettung in die allgemeinen Deliktskollisionsregeln auch die Anwendung der allgemeinen Ausnahme- und Ausweichklausel zuließe. Auch die Kommission stellte bereits früh fest, dass die Vorschriften über den gemeinsamen Aufenthalt und die Ausweichklausel im Allgemeinen nicht für den Bereich des Lauterkeitsrechts passen[2172].

2167 *Dickinson*, Rome II, Rn. 6.11.

2168 *Benecke*, RIW 2003, 830, 836.

2169 Auch wenn die Eigenständigkeit nicht notwendigerweise eine eigene Kollisionsnorm erfordert: *Buchner*, GRUR Int. 2005, 1004, 1008 f.

2170 Vorschlag der Kommission, KOM(2003) 427 endg., S. 18.

2171 MüKo UWG-*Mankowski*, IntWettbR Rn. 138; *Garcimartín Alférez*, EuLF [E] 2007, 77, 86; *Wadlow*, JIPLP 2009, 789, 793.

2172 Vorschlag der Kommission, KOM(2003) 427 endg., S. 18.

Zusammenfassung und Ergebnisse

Teil 1: Kollisionsrechtseinheit im Binnenmarkt

A. Entwicklung und *travaux préparatoires*

1. Die Rom II-VO bildet einen Teil des Gesamtvorhabens des europäischen Gesetzgebers, das internationale Prozess- und Privatrecht in der Union zu vereinheitlichen. Sie folgt dem vereinheitlichten Zuständigkeits-, Annerkennungs- und Vollstreckungsregime, wie es nunmehr in der EuGVO niedergelegt ist. Außerdem ergänzt sie das vereinheitlichte internationale Privatrecht um Kollisionsregeln für außervertragliche Schuldverhältnisse, in dem Kollisionsregeln für vertragliche Schuldverhältnisse bereits bestanden, wie sie jetzt in der Rom I-VO normiert sind.
2. Zweck der Rom II-VO ist es, auf dem Gebiet der außervertraglichen Schuldverhältnisse einen kollisionsrechtlichen Entscheidungseinklang im Binnenmarkt herzustellen. Dazu wurde eine Reihe von Vorschlägen diskutiert. Während über die Notwendigkeit des Entscheidungseinklangs und seine Ausweitung auf Sachverhalte mit einem Bezug zu Drittstaaten grundsätzlich Einigkeit bestand, war die konkrete inhaltliche Gestaltung weitgehend umstritten. Gegen das Parlament, das ein flexibles Anknüpfungssystem nach angloamerikanischem Vorbild vorschlug, setzte sich die Kommission mit einem traditionellen Anknüpfungssystem durch, welches im Interesse der Rechtssicherheit eine feste Grundanknüpfung – bei Ausweichmöglichkeit in begrenzten Ausnahmefällen – mit einer Reihe von Sonderanknüpfungen für spezielle Deliktstypen kombiniert. Insbesondere wurde mit Art. 6 Rom II-VO eine Sonderanknüpfung für außervertragliche Schuldverhältnisse aus unlauterem Wettbewerbsverhalten geschaffen. Danach werden Lauterkeitsdelikte grundsätzlich nicht an den Herkunftsort, sondern in Konkretisierung der allgemeindeliktischen Grundanknüpfung des Erfolgsortes an den Marktort geknüpft. In der Diskussion wurde vor allem auf die Schwierigkeiten hingewiesen, den Anknüpfungsgegenstand zu definieren und sinnvoll mit dem Herkunftslandprinzip umzugehen. Eine spezielle Regelung für Multistate-Lauterkeitsdelikte wurde nicht getroffen.

B. Gemeinschaftskompetenz zur Vereinheitlichung des internationalen Lauterkeitsrechts

3. Erlassen wurde die Rom II-VO am 11. Juli 2007 auf der Grundlage von Art. 61 lit. c) in Verbindung mit Art. 65 EGV in der damaligen Fassung. Art. 65 EGV setzt voraus, dass darauf beruhende Maßnahmen „für das reibungslose Funktionieren des Binnenmarktes erforderlich“ sind. Dazu reicht es aus, wenn eine

Maßnahme entweder die Grundfreiheiten zu verwirklichen hilft, um damit den Zugang zu mitgliedstaatlichen Teilmärkten zu erleichtern, oder Wettbewerbsverzerrungen beseitigt, um die Binnenmarkteinheit zu stärken. Kollisionsrechtliche Maßnahmen auf dem Gebiet des Lauterkeitsrechts berühren beide Binnenmarktvoraussetzungen (siehe Teil 1: B.I.1.a): Binnenmarktrelevanz lauterkeitskollisionsrechtlicher Maßnahmen).

4. Bereits die Vereinheitlichung des Kollisionsrechts als solche (das „Ob“ der Vereinheitlichung) führt ungeachtet ihrer konkreten inhaltlichen Gestaltung dazu, dass der Zugang zu den mitgliedstaatlichen Teilmärkten erleichtert wird, da auf grenzüberschreitendem Handel beruhende Ansprüche einfacher durchzusetzen sind. Im Erkenntnisverfahren kann das anzuwendende Sachrecht leichter bestimmt werden; gleichzeitig wird das Sachrechts-Shopping zwischen mehreren zuständigen Gerichten beseitigt. Im grenzüberschreitenden Vollstreckungsverfahren nimmt die Freizügigkeit der gerichtlichen Entscheidung zu, weil der Entscheidung kein anerkennungshinderndes Sachrecht zugrunde gelegt werden kann. Darüber hinaus wird eine gewisse (Binnen-)Markteinheit hergestellt, weil Standortnachteile durch ein relativ ungünstiges Kollisionsrecht des Heimatgerichtsstandes beseitigt werden (siehe Teil 1: B.I.1.b): Ob: Binnenmarktförderung durch die Vereinheitlichung des Lauterkeitskollisionsrechts als solche).
5. Die konkrete inhaltliche Gestaltung des Lauterkeitskollisionsrechts in Form der Marktortanknüpfung (das „Wie“ der Vereinheitlichung) ist binnenmarktangemessen. Zwar hemmt sie teilweise den Binnenmarkt. Denn die Anknüpfung lauterkeitsrechtlicher Fragen an das Recht des Marktortes hat zur Folge, dass sich Anbieter im grenzüberschreitenden Handel über das Marktortrecht informieren (Informationslast) und sich auf alle Rechtsordnungen einstellen müssen, in denen sich ihr Handeln auswirken kann (Anpassungslast). Doch widerspricht die Marktortanknüpfung zum einen nicht unmittelbar den Grundfreiheiten. Diese enthalten keine versteckten Kollisionsregeln und besitzen damit insbesondere keinen gegen die Marktortanknüpfung sprechenden kollisionsrechtlichen Gehalt. Zum anderen müssen die binnenmarkthemmenden Nachteile hinter den kollisionsrechtlichen Vorteilen zurückstehen. Vor allem beeinträchtigt die Marktortanknüpfung die Binnenmarktvoraussetzungen nur marginal; gleichzeitig ist sie kollisionsrechtlich ohne Alternative, da nur sie zur Wettbewerbsgleichheit auf nationalen Teilmärkten führt und die nationale Umsetzungshoheit bei der Marktregulierung anerkennt. Konsequenterweise führt auch Art. 27 Rom II-VO nicht dazu, dass die bisherigen Ausformungen des Herkunftslandprinzips im Sekundärrecht wie insbesondere in der Richtlinie 2000/31/EG über den elektronischen Geschäftsverkehr die Anknüpfung an den Marktort verdrängen (siehe Teil 1: B.I.1.c): Wie: Binnenmarktangemessenheit der Marktortanknüpfung).
6. Mit Blick auf den räumlichen Regelungsgegenstand (das „Was“ der Vereinheitlichung) beschränkt sich die Rom II-VO nicht auf Binnenmarktsachverhalte, bei denen von vornherein nur die Kollision mitgliedstaatlicher Rechtsordnungen in

Frage steht, sondern bezieht auch sogenannte Drittstaatensachverhalte mit ein, bei denen sich ein oder mehrere Elemente – etwa der Sitz der an einem Streit beteiligten Parteien oder der betroffene Markt – in Drittstaaten befinden. Die Einbeziehung ist kompetenzgemäß. Zum einen wird die Kompetenz nicht durch Art. 299 EGV beschränkt, der lediglich den Geltungsbereich des europäischen Sekundärrechts auf das Gebiet der Mitgliedstaaten begrenzt. Zum anderen fördert die Einbeziehung von Drittstaatensachverhalten in den Regelungsgegenstand stets zumindest eine der Binnenmarktvoraussetzungen. Dies gilt selbst vor dem Hintergrund, dass sich der Fördereffekt binnenmarktintern auswirken muss und damit lediglich auf die Förderung des binnenmarktinternen Handels- und Titelverkehrs sowie die Wettbewerbseinheit im Binnenmarkt abzustellen ist. Denn für die spezifische Förderwirkung reicht es aus, wenn lediglich eine der Binnenmarktvoraussetzungen in nur schwachem Maße durch mittelbare Effekte gefördert wird. Beispielsweise ist das selbst dann der Fall, wenn sich die Binnenmarktbelegenheit darauf reduziert, dass ein mitgliedstaatliches Gericht aufgrund einer Gerichtsstandsvereinbarung zwischen den Parteien für einen Rechtsstreit international zuständig ist, der im Übrigen nur Elemente mit einem Bezug zu Drittstaaten aufweist. Auch in diesem Fall erhöht ein einheitliches Kollisionsrecht für Binnenmarkt- und Drittstaatensachverhalte zumindest die Rechtsanwendungssicherheit im Binnenmarkt (siehe Teil 1: B.I.1.d): Was: Binnenmarktförderung durch die Einbeziehung von Sachverhalten mit Drittstaatenbezug).

7. Auch im Übrigen entspricht das Lauterkeitskollisionsrecht der Rom II-VO der Kompetenzgrundlage. Die Ermächtigung umfasst sachlich den Bereich des Lauterkeitsrechts (siehe Teil 1: B.I.2.: Sachlicher Umfang) und ermöglicht den Erlass von Verordnungen (siehe Teil 1: B.I.3.: Umsetzungsinstrument). Gegen die Kompetenzmäßigkeit sprechen auch weder das Subsidiaritätsprinzip noch der Grundsatz der Verhältnismäßigkeit. Weder stellen völkerrechtliche Übereinkommen der Mitgliedstaaten eine gleichwertige Alternative dar (siehe Teil 1: B.II.: Subsidiarität angesichts der Möglichkeit von völkerrechtlichen Übereinkommen der Mitgliedstaaten) noch die vollständige Vereinheitlichung des Sachrechts (siehe Teil 1: B.III.: Verhältnismäßigkeit angesichts der Möglichkeit der Vereinheitlichung des Sachrechts).

Teil 2: Sachrechtsvielfalt und Anknüpfungsgegenstand

A. Qualifikation

8. Der sachliche Anwendungsbereich des europäischen Lauterkeitskollisionsrechts wird durch den Anknüpfungsgegenstand begrenzt. Er wird in Art. 6 Rom II-VO mit den Worten „außervertragliches Schuldverhältnis aus unlauterem Wettbewerbsverhalten" beschrieben. Darunter fallen – als Gegenstand der primären Qualifikation – Rechtsfragen aus dem Bereich des privaten

Lauterkeitsrechts. Was „Lauterkeitsrecht“ in diesem Zusammenhang bedeutet, ist unionsautonom zu bestimmen. Nur dadurch kann der bezweckte europäische Entscheidungseinklang hergestellt werden. Die unionsautonome Definition ist frei von der Sichtweise einzelner nationaler Rechtsordnungen zu ermitteln. Zu berücksichtigen sind vielmehr die Querbezüge innerhalb des Unionsrechts auf europäischer Ebene. Insoweit kann von einer funktionalen Qualifikation anhand der (unionsrechtlichen) lex fori gesprochen werden.

B. Unlauteres Wettbewerbsverhalten in vielfältigen Sachrechten

9. Die Auslegung des Anknüpfungsgegenstandes hat sich an der Funktion des maßgeblichen Sachrechts zu orientieren. Maßgeblich für die unionsautonome Auslegung des lauterkeitskollisionsrechtlichen Anknüpfungsgegenstandes ist ein unionsautonomes Referenzmodell vom Lauterkeitssachrecht. Das Referenzmodell setzt sich aus den lauterkeitsrechtlichen Teilen von Sachrechtsordnungen auf internationaler, europäischer und nationaler Ebene zusammen (siehe Teil 2: B.I.: Relevanz des Sachrechts für die kollisionsrechtliche Begriffsbestimmung).
10. Zwar können diese lauterkeitsrechtlichen Teile jeder Sachrechtsordnung rechtsvergleichend untersucht werden. Sie sind jedoch vorab unionsautonom zu identifizieren. Dabei ist größte Sorgfalt geboten, um einen Zirkelschluss zu vermeiden. Abgrenzungsschwierigkeiten folgen systemimmanent und unvermeidbar aus der notwendigen Unbestimmtheit des Wortlauts des Schutzgegenstandes und der Offenheit der möglichen Schutzzwecke. Dementsprechend haben sich die unterschiedlichen Lauterkeitsordnungen auseinanderentwickelt. Die Hauptdivergenzen betreffen den lauterkeitsrechtlichen Schutz der Verbraucher und den ethischer Werte (sogenannte Sozialinteressen). Die wesentlichen Fragen lauten daher einerseits, ob identifikationsrelevante lauterkeitsrechtliche Schutzzwecke auch unmittelbar Interessen der Verbraucher umfassen, und andererseits, ob die Schutzzwecke rein wettbewerbsfunktional zu interpretieren sind oder daneben ethische Werte – beispielsweise im Bereich des Gesundheits- oder Jugendschutzes – berücksichtigt werden können (siehe Teil 2: B.II.1.: Unbestimmtheit des Wortlauts bis 4.: Identifikationsproblematik der Rechtsvergleichung).
11. Es wird ein Ansatz entwickelt, die Identifikationsproblematik bei der Suche nach untersuchungsrelevanten Sachrechtsvorschriften durch das Kriterium der hinreichenden Kerntatbestandsnähe zu lösen. Der historische Rückblick verdeutlicht, dass das Lauterkeitsrecht aller Rechtsordnungen im traditionellen Mitbewerberschutz wurzelt. Der traditionelle Mitbewerberschutz wird durch die lauterkeitsrechtlichen Kerntatbestände des Schutzes vor Herkunftstäuschungen, vor Anschwärzung und von Betriebsgeheimnissen geprägt. Das Kriterium der Kerntatbestandsnähe ist damit als Ansatz historisch gesichert

und dazu geeignet, mit Blick auf die Sozialinteressen auch die Weiterentwicklung des Lauterkeitsrechts sachlich begründet einzufangen. Um festzustellen, ob ein Tatbestand den Kerntatbeständen ausreichend nahesteht, sind dessen Handlungs- und Erfolgselemente nach ihrer jeweiligen Schutzrichtung (vertikal oder horizontal) zu untersuchen. Bei der tatbestandsmäßigen Handlung sind der Anwendungsbereich, die Zielrichtung und der notwendige Inhalt einer eventuellen Äußerung von Interesse. Beim tatbestandsmäßigen Erfolg ist zu klären, worin er liegt, bei wem er eintritt und wie stark eventuelle Teilerfolge jeweils missbilligt werden. Ebenso ist die Sanktionierung relevant, die privat- oder öffentlich-rechtlich ausgestaltet sein kann. Aus der Gesamtschau aller Elemente ergibt sich die Wertung, inwieweit ein hinreichender Horizontalbezug besteht (siehe Teil 2: B.II.5.: Alternativer Ansatz: Autonome Identifikation aufgrund hinreichender Sachnähe zum traditionellen Mitbewerberschutz (Kerntatbestandsnähe)).

12. Auf internationaler Ebene bestätigen die lauterkeitsrechtliche Generalklausel in Art. 10bis Abs. 2 PVÜ und die spezifischen Teilregelungen des TRIPS-Übereinkommens (Art. 22 Abs. 2 und Art. 39) die Eigenständigkeit der Rechtsmaterie. Das internationale Lauterkeitsrecht dient traditionell im Kern dem Schutz der Interessen der Mitbewerber, wobei der Schutz handlungs- und nicht rechtsgutsbezogen ausgestaltet ist. Es schließt die sozialschützende Weiterentwicklung nicht aus, gibt allerdings auch nicht zwingend vor, ob und ggf. inwieweit das Lauterkeitsrecht seine Schutzzwecke über den Schutz der Mitbewerber hinaus erweitern muss (siehe Teil 2: B.III.1.: Internationale Rechtsquellen).
13. Auf europäischer Ebene existiert kein umfassendes Lauterkeitsrecht. Dem Unionsrecht geht es in erster Linie negativ um den Abbau von Handelshemmnissen und nicht positiv um die inhaltliche Ausgestaltung eines Rechtsgebietes. Im Primärrecht enthalten weder die Grundfreiheiten – auch nicht über den Umweg der Anerkennung der Lauterkeit des Handelsverkehrs als zwingendes Erfordernis zur Rechtfertigung einer Beeinträchtigung – noch die kartellrechtlichen Wettbewerbsregeln konkrete Vorgaben zum Lauterkeitsrecht. Im Sekundärrecht finden sich insbesondere in den Richtlinien 2005/29/EG über unlautere Geschäftspraktiken und 2006/114/EG über irreführende und vergleichende Werbung viele Tatbestände, die teilweise genuines Lauterkeitsrecht enthalten. Ein vollständiges Bild ergeben die Teile nicht. Im Kern unterliegt den Tatbeständen das Verhalten eines Unternehmers, welches sich zur Absatzförderung an die Marktgegenseite richtet, wenn es eine Absatzstrategie verfolgt und damit eine Breitenwirkung über den Einzelfall hinaus entfalten kann. Wenigstens ein Teilerfolg muss immer in der Beeinflussung der geschäftlichen Entscheidungsfreiheit der Marktgegenseite liegen. Unerheblich ist dagegen, ob im Rahmen eines Wettbewerbsverhältnisses gehandelt wird. Mit Blick auf die Schutzzwecke wird immerhin deutlich, dass die wettbewerbsfunktionalen Verbraucherinteressen materiell in das Lauterkeitsrecht

einbezogen werden, auch wenn sie formal von den Interessen der Mitbewerber getrennt sind. Darüber hinaus bleibt offen, ob und ggf. inwieweit außerwettbewerbliche ethische Werte lauterkeitsrechtlich zu schützen sind. Auch die Wahl des Sanktionssystems wird den Mitgliedstaaten überlassen (siehe Teil 2: B.III.2.: Rechtsquellen des Unionsrechts).

14. Auf nationaler Ebene haben die Mitgliedstaaten von ihrer Freiheit zur Gestaltung des Lauterkeitsrechts Gebrauch gemacht. Mit dem Integrationsmodell Deutschlands, dem Segregationsmodell Frankreichs und dem Negationsmodell Großbritanniens haben sich drei Modelle zum Schutz vor unlauterem Wettbewerbsverhalten etabliert. Gemeinsam ist ihnen der traditionelle Schutz der Mitbewerber, der in allen Modellen zivilrechtlich sanktioniert ist. Auch werden stets zumindest die wettbewerbsfunktionalen Interessen der Verbraucher geschützt. Im Übrigen ist der Verbraucherschutz unterschiedlich gestaltet. Unterschiede bestehen nicht nur bei der Berücksichtigung ethischer Werte, sondern insbesondere hinsichtlich des Sanktionssystems. Die Unterschiede betreffen erstens den Umfang der strafrechtlichen Sanktionierung, der sich einerseits wie in Frankreich praktisch auf den gesamten B2C-Bereich erstreckt, sich jedoch andererseits – wie in Deutschland – lediglich auf bestimmte Einzelfälle beschränkt. Zweitens existieren in bestimmten Rechtsordnungen – wie zum Beispiel in Großbritannien – öffentliche Stellen oder Institutionen der freiwilligen Selbstkontrolle, die eigenständig und ohne die Einschaltung eines Gerichts Maßnahmen ergreifen können. Drittens bestehen Differenzen hinsichtlich der Frage, welche Stellen für die gerichtliche Durchsetzung von Unterlassungsansprüchen zuständig und im Verfahren klagebefugt sind. Das können privatrechtlich organisierte Verbände oder öffentlich-rechtlich organisierte Verwaltungsbehörden sein (siehe Teil 2: B.III.3.: Rechtsquellen auf Ebene der Mitgliedstaaten).
15. Damit konkretisiert sich die Sachrechtsvielfalt – neben der unterschiedlichen Berücksichtigung ethischer Werte – im Wesentlichen in der Sanktionsvielfalt beim Verbraucherschutz: Die Vielfalt der Sachrechte äußert sich nicht darin, ob der Verbraucher überhaupt als lauterkeitsrechtliches Schutzsubjekt zu gelten hat, sondern in der Art und Weise, in der die Verletzungen seiner Interessen sanktioniert sind. Die Sanktionsvielfalt ist vor allem darauf zurückzuführen, dass der lauterkeitsrechtliche Verbraucherschutz auch im öffentlichen Interesse besteht. Wo diese Einschätzung überwiegt, kann er dementsprechend auch hoheitlich mit den Mitteln des Straf- und Verwaltungsrechts sanktioniert sein. Obwohl der Verbraucherschutz damit materiell überall in das Lauterkeitsrecht integriert ist, wird er auf Sanktionsebene teilweise dennoch vom Mitbewerberschutz getrennt (siehe Teil 2: B.III.4.: Zusammenfassung und Ergebnis: Sachrechtsvielfalt als Sanktionsvielfalt).

C. Unlauteres Wettbewerbsverhalten im einheitlichen Kollisionsrecht

16. Die unterschiedliche Einbeziehung ethischer Werte und die sachrechtliche Sanktionsvielfalt im lauterkeitsrechtlichen Verbraucherschutz müssen bei der kollisionsrechtlichen Auslegung des Anknüpfungsgegenstandes berücksichtigt werden. Im Ergebnis kann der lauterkeitsrechtliche Verbraucherschutz unter den vereinheitlichten lauterkeitsprivatrechtlichen Anknüpfungsgegenstand gefasst werden. Zwar wird er teilweise öffentlich-rechtlich sanktioniert. Daraus folgt jedoch nicht zwingend, dass er als öffentliche Materie von vornherein eine Sonderstellung außerhalb des privaten Lauterkeitskollisionsrechts des Art. 6 Rom II-VO einnehmen müsste. Solange die Ansprüche klageweise mit gerichtlicher Hilfe durchgesetzt werden, bilden auch Klagen im kollektiven Interesse von privaten Verbraucherverbänden oder öffentlichen Stellen eine Zivilsache im Sinne von Art. 1 Abs. 1 S. 1 Rom II-VO. Der öffentliche Charakter der geschützten Verbraucherinteressen führt für sich alleine genommen auch nicht zwingend dazu, ihm dienende Lauterkeitsvorschriften als Eingriffnormen gemäß Art. 16 Rom II-VO zu qualifizieren. Die marktfunktionalen Verbraucherinteressen überwiegen nicht zu Lasten der entgegenstehenden Interessen der Mitbewerber und zu Gunsten besonderer staatlicher Schutzanliegen, sondern werden nur soweit geschützt, wie es einer sachgemäßen Lauterkeitsordnung entspricht. Wo zusätzlich ethische Werte und damit außerwettbewerbliche Interessen geschützt und zum Beispiel besondere Aspekte des Jugend- oder des Gesundheitsschutzes berücksichtigt werden, kann dieser schmale Teilbereich lauterkeitsrechtlicher Eingriffnormen im Rahmen von Art. 16 Rom II-VO weitgehend parallel zum Lauterkeitsstatut des Marktortes durchgesetzt werden, weswegen in der Regel ein kollisionsrechtlicher Einklang zwischen dem Lauterkeitsstatut und den Eingriffsnormen der Marktordnung herrscht (siehe Teil 2: C.II.2.: Systematische Einordnung des lauterkeitsrechtlichen Schutzes marktfunktionaler Verbraucherinteressen und ethischer Werte bei der primären Qualifikation).
17. Gleichzeitig wird der lauterkeitsrechtliche Verbraucherschutz vor allem mit strafrechtlichen Mitteln hoheitlich sanktioniert. Die unterschiedlichen Modellordnungen ziehen den Kreis der hoheitlichen Sanktionierung unterschiedlich weit. Daraus erwachsen in grenzüberschreitenden Lauterkeitsfällen zwei diskutierte Problemkonstellationen. Erstens wird befürchtet, dass das (in einem kollisionsrechtlichen Sinn) private Sanktionssystem einen Normenmangel erleiden könnte, wenn die Rechtsordnung am Marktort hoheitlich geprägt ist und keine austauschbare private Lauterkeitsnorm kennt. Ein Normenmangel ist jedoch kaum vorstellbar, da selbst die hoheitlich geprägten Marktordnungen gemäß dem Segregations- und Negationsmodell zusätzlich über international austauschbare private Lauterkeitsnormen verfügen, die den lauterkeitsrechtlichen Verbraucherschutz umfassend verwirklichen. Zweitens

erscheint eine Normenhäufung möglich, da sich das (in einem kollisionsrechtlichen Sinn) private Sanktionssystem teilweise mit dem hoheitlichen Sanktionssystem überschneidet. Ein grenzüberschreitendes Wettbewerbsverhalten könnte nicht nur privat nach Marktortrecht, sondern gleichzeitig hoheitlich nach Herkunftsrecht sanktioniert werden. Das Problem wird jedoch nicht so sehr durch die Rom II-VO hervorgerufen, sondern vielmehr durch eine ausufernde Zuständigkeit von Behörden, die sich unter Berufung auf das Herkunftslandprinzip anmaßen, nicht nur zum Schutz der inländischen Verbraucher in ihrem Herkunftsstaat, sondern auch der ausländischen Verbraucher im ausländischen Marktstaat berufen zu sein. Dementsprechend sollte das Problem dort und nicht im Rahmen der Rom II-VO gelöst werden (siehe Teil 2: C.II.3.c): Binnenmarkthemmende Anwendungsprobleme bei der kollisionsrechtlichen Integration des lauterkeitsrechtlichen Schutzes von Verbraucherinteressen?).

18. Letztendlich sprechen Sinn und Zweck der Rom II-VO, im Wege der Herstellung eines kollisionsrechtlichen Entscheidungseinklangs den Binnenmarkt zu fördern, für einen möglichst umfassenden Entscheidungseinklang und damit auch für eine weite Auslegung des lauterkeitskollisionsrechtlichen Anknüpfungsgegenstandes. Demgemäß müssen nicht nur der lauterkeitsrechtliche Verbraucherschutz, sondern auch der lauterkeitsrechtliche Schutz ethischer Werte in den Entscheidungseinklang einbezogen werden. Eine damit vielleicht zunächst einhergehende Rechtsunsicherheit dürfte systemimmanent in nicht allzu langer Zeit durch die Rechtsprechung des EuGH nach Vorlagen durch die nationalen Gerichte gemäß Art. 267 AEUV beseitigt sein (siehe Teil 2: C.II.3.b): Binnenmarkthemmende Rechtsunsicherheit aufgrund der kollisionsrechtlichen Integration des lauterkeitsrechtlichen Schutzes ethischer Werte?).
19. Innerhalb seines sachlichen Anwendungsbereiches normiert Art. 6 Rom II-VO eine eigenständige Sonderanknüpfung des europäischen internationalen Lauterkeitsrechts. Auf ein unlauteres Wettbewerbsverhalten sind die allgemeine Ausnahmeanknüpfung (gemeinsamer gewöhnlicher Aufenthalt) und Ausweichanknüpfung (offensichtlich engere Verbindung) des Art. 4 Abs. 2 und 3 Rom II-VO in der Regel nicht anwendbar. Lauterkeitsrechtliche Rechtsfragen sind wegen der Eigenheiten des Rechtsgebiets in der Regel sinnvollerweise an den Marktort anzuknüpfen. Nur so ist gesichert, dass auf nationalen Märkten Wettbewerbsgleichheit der Marktteilnehmer und Regelungshoheit der Marktstaaten herrschen. Das wäre nicht der Fall, wenn Art. 6 Rom II-VO lediglich als eine Präzisierung von Art. 4 Abs. 1 Rom II-VO verstanden würde und die Einbettung der Lauterkeitskollisionsnorm in die allgemeinen Deliktskollisionsregeln auch die Anwendung der allgemeinen Ausnahme- und Ausweichklausel zuließe (siehe Teil 2: C.III.: Eigenständigkeit der Sonderanknüpfung des europäischen internationalen Lauterkeitsrechts).

Literaturverzeichnis

ABN AMRO, Consultation on a Council Regulation on the Law applicable to Non-Contractual Obligations, 2002, abrufbar unter http://ec.europa.eu/justice/news/consulting_public/rome_ii/news_summary_rome2_en.htm, abgerufen am 18.06.2009, zit.: Consultation.

Adams, John, Is there a Tort of Unfair Competition?, Journal BL 1985, S. 26–33.

--- Unfair Competition: Why a Need is Unmet, EIPR 1992, S. 259–261.

Advertising Association, European Commission consultation on a preliminary draft proposal for a Council Regulation on the law applicable to non-contractual obligations, 2002, abrufbar unter http://ec.europa.eu/justice/news/consulting_public/rome_ii/news_summary_rome2_en.htm, abgerufen am 18.06.2009, zit.: Consultation.

Ahrens, Hans-Jürgen, Das Verhältnis von UWG und Vertragsrecht aufgrund der EU-Richtlinie über unlautere Geschäftspraktiken, in: Schutz von Kreativität und Wettbewerb: Festschrift für Ulrich Loewenheim zum 75. Geburtstag, herausgegeben von Reto M. Hilty, Josef Drexl und Wilhelm Nordemann, München 2009, S. 407–421, zit.: FS Loewenheim.

AIPPI, Sitzung des Geschäftsführenden Ausschusses in Kopenhagen vom 12.-18. Juni 1994, GRUR Int. 1994, S. 1023–1032.

Alexander, Christian, Die Sanktions- und Verfahrensvorschriften der Richtlinie 2005/29/EG über unlautere Geschäftspraktiken im Binnenmarkt - Umsetzungsbedarf in Deutschland?, GRUR Int. 2005, S. 809–815.

--- Gemeinschaftsrechtliche Perspektiven der kollektiven Rechtsdurchsetzung, WRP 2009, S. 683–690.

Alexandridou, Elisa, Das Recht des unlauteren Wettbewerbs in den Mitgliedstaaten der Europäischen Wirtschaftsgemeinschaft: Gutachten erstattet im Auftrag der Kommission der Europäischen Wirtschaftsgemeinschaft vom Institut für Ausländisches und Internationales Patent-, Urheber- und Markenrecht der Universität München, Band VII, Griechenland, herausgegeben von Eugen Ulmer, München [u.a.] 1994, zit.: Unlauterer Wettbewerb VII (Griechenland).

Alkin, Tom, Should there be a Tort of „Unfair Competition" in English Law?, JIPLP 2008, S. 48–54.

AMAZON, European Commission (JHA) Consultation on a Preliminary draft Proposal for a Council Regulation on the law applicable to Non-contractual Obligations ("Rome II " Regulation), 2002, abrufbar unter http://ec.europa.eu/justice/news/consulting_public/rome_ii/news_summary_rome2_en.htm, abgerufen am 18.06.2009, zit.: Consultation.

Apostolopoulos, Haris, Neuere Entwicklungen im europäischen Lauterkeitsrecht: Problematische Aspekte und Vorschläge, WRP 2004, S. 841–857.

Augenhofer, Susanne, Individualrechtliche Ansprüche des Verbrauchers bei unlauterem Wettbewerbsverhalten des Unternehmers, WRP 2006, S. 169–178.

Bach, Ivo, Zurück in die Zukunft - die dogmatische Einordnung der Rechtsscheinvollmacht im gemeineuropäischen IPR, IPRax 2011, S. 116–121.

Baetge, Dietmar, Das Recht der Verbandsklage auf neuen Wegen. Zu den Auswirkungen der EG-Richtlinie über Unterlassungsklagen zum Schutz der Verbraucherinteressen auf die Verbandsklage in Deutschland, ZZP 1999, S. 329–351.

Baetzgen, Oliver, Internationales Wettbewerbs- und Immaterialgüterrecht im EG-Binnenmarkt: Kollisionsrecht zwischen Marktspaltung („Rom II") und Marktintegration (Herkunftslandprinzip), Köln, Berlin [u.a.] 2007, zit.: Binnenmarkt.

Baeumer, Ludwig, Das Recht des unlauteren Wettbewerbs in den Mitgliedstaaten der Europäischen Wirtschaftsgemeinschaft: Gutachten erstattet im Auftrag der Kommission der Europäischen Wirtschaftsgemeinschaft vom Institut für Ausländisches und Internationales Patent-, Urheber- und Markenrecht der Universität München, Band II, 2. Halbband, Niederlande, herausgegeben von Eugen Ulmer, München [u.a.] 1967, zit.: Unlauterer Wettbewerb II 2 (Niederlande).

Von Bar, Christian, Grundfragen des Internationalen Deliktrechts, JZ 1985, S. 961–969.

--- Internationales Wettbewerbsbeschränkungsrecht zwischen Sach- und Kollisionsrecht, in: Festschrift für Murad Ferid zum 80. Geburtstag am 11. April 1988, Frankfurt am Main 1988, S. 13–37, zit.: FS Ferid.

--- Gemeineuropäisches Deliktsrecht. Erster Band. Die Kernbereiche des Deliktsrechts, seine Angleichung in Europa und seine Einbettung in die Gesamtrechtsordnungen, München 1996, zit.: Gemeineuropäisches Deliktsrecht I.

Von Bar, Christian/ Mankowski, Peter, Internationales Privatrecht. Band I. Allgemeine Lehren, 2. Aufl. München 2003, zit.: IPR Band I.

Baratta, Roberto, The Process of Characterization in the EC Conflict of Laws: Suggesting a Flexible Approach, YPIL 6 (2004), S. 155–169.

Basedow, Jürgen, Wirtschaftskollisionsrecht. Theoretischer Versuch über die ordnungspolitischen Normen des Forumstaates, RabelsZ 52 (1988), S. 8–40.

--- Qualifikation, Vorfrage und Anpassung im Internationalen Zivilverfahrensrecht, in: Materielles Recht und Prozeßrecht und die Auswirkungen der Unterscheidung im Recht der internationalen Zwangsvollstreckung: eine rechtsvergleichende Grundlagenuntersuchung, herausgegeben von Peter F. Schlosser, Bielefeld 1992, S. 131–156, zit.: Internationale Zwangsvollstreckung.

--- Der kollisionsrechtliche Gehalt der Produktfreiheiten im europäischen Binnenmarkt: favor offerentis, RabelsZ 59 (1995), S. 1–55.

--- Europäisches Internationales Privatrecht, NJW 1996, S. 1921–1929.

--- Die Harmonisierung des Kollisionsrechts nach dem Vertrag von Amsterdam, EuZW 1997, S. 609.

--- The communitarization of the conflict of laws under the treaty of Amsterdam, CMLRev. 37 (2000), S. 687–708.

--- European Conflict of Laws under the Treaty of Amsterdam, in: International Conflict of Laws for the Third Millennium: Essays in Honor of Friedrich K. Juenger, herausgegeben von Patrick J. Borchers und Joachim Zekoll, Ardsley, NY 2001, S. 175–192, zit.: FS Juenger.

--- Was wird aus der Haager Konferenz für Internationales Privatrecht?, in: Festschrift für Werner Lorenz zum 80. Geburtstag, herausgegeben von Thomas Rauscher und Heinz-Peter Mansel, München 2001, S. 463–482, zit.: FS Lorenz.

--- Die Vergemeinschaftung des Kollisionsrechts nach dem Vertrag von Amsterdam, in: Systemwechsel im europäischen Kollisionsrecht, herausgegeben von Jürgen Baur und Heinz-Peter Mansel, München 2002, S. 19–46, zit.: Systemwechsel.

--- Dienstleistungsrichtlinie, Herkunftslandprinzip und Internationales Privatrecht, EuZW 2004, S. 423–424.

--- The Recent Development of the Conflict of Laws - Some Comparative Observations, in: Japanese and European Private International Law in Comparative Perspective, herausgegeben von Jürgen Basedow, Harald Baum und Yuko Nishitani, Tübingen 2008, S. 3–18, zit.: Japanese and European PIL.

--- The Communitarisation of Private International Law, RabelsZ 73 (2009), S. 455–460.

Baudenbacher, Carl, Machtbedingte Wettbewerbsstörungen als Unlauterkeitstatbestände - Zugleich Beitrag zum Verhältnis von UWG und GWB, GRUR 1981, S. 19–29.

Baums, Theodor, Rechtsnorm und richterliche Entscheidung im Wettbewerbsrecht. Der Beitrag Rudolf Callmanns zur deutschen und amerikanischen Rechtsentwicklung, GRUR Int. 1992, S. 1–10.

BDI, Stellungnahme zum EU-Vorentwurf eines Vorschlags für eine Verordnung des Rates über das auf außervertragliche Schuldverhältnisse anzuwendende Recht, 2002, abrufbar unter http://ec.europa.eu/justice/news/consulting_public/ rome_ii/news_summary_rome2_en.htm, abgerufen am 18.06.2009, zit.: Stellungnahme.

Beater, Axel, Schutzzweckdenken im Recht gegen den unlauteren Wettbewerb, JZ 1997, S. 916–922.

--- Verbraucherschutz und Schutzzweckdenken im Wettbewerbsrecht, Tübingen 2000, zit.: Verbraucherschutz und Schutzzweckdenken.

--- Zum Verhältnis von europäischem und nationalem Wettbewerbsrecht - Überlegungen am Beispiel des Schutzes vor irreführender Werbung und des Verbraucherbegriffs, GRUR Int. 2000, S. 963–974.

--- Unlauterer Wettbewerb, München 2002, zit.: Unlauterer Wettbewerb.

--- Europäisches Recht gegen unlauteren Wettbewerb - Ansatzpunkte, Grundlagen, Entwicklung, Erforderlichkeit, ZEuP 2003, S. 11–50.

--- Rechtsvergleichende und europarechtliche Bemerkungen zum neuen § 4 Nr. 11 UWG, in: Perspektiven des geistigen Eigentums und Wettbewerbsrechts: Festschrift für Gerhard Schricker zum 70. Geburtstag, herausgegeben von Ansgar Ohly, Theo Bodewig, Thomas Dreier u. a., München 2005, S. 629–640, zit.: FS Schricker.

--- Mehr oder weniger Konkurrentenschutz durch Europäisches Lauterkeitsrecht?, in: Lauterkeitsrecht und Acquis Communautaire, herausgegeben von Reto Hilty und Frauke Henning-Bodewig, Berlin, Heidelberg 2009, S. 207–221, zit.: Lauterkeitsrecht und Acquis.

--- Unlauterer Wettbewerb, neubearb. Aufl. Tübingen 2011, zit.: Unl. Wettb. (2011).

Beier, Friedrich-Karl, Hundert Jahre Pariser Verbandsübereinkunft: Ihre Rolle in Vergangenheit, Gegenwart und Zukunft, GRUR Int. 1983, S. 339–347.

--- Entwicklung und gegenwärtiger Stand des Wettbewerbsrechts in der Europäischen Wirtschaftsgemeinschaft, GRUR Int. 1984, S. 61–71.

--- The Law of Unfair Competition in the European Community: Its Development and Present Status, IIC 1985, S. 139–164.

Benecke, Martina, Auf dem Weg zu „Rom II" - Der Vorschlag für eine Verordnung zur Angleichung des IPR der außervertraglichen Schuldverhältnisse, RIW 2003, S. 830–837.

Bernasconi, Christophe, Der Qualifikationsprozess im internationalen Privatrecht, Zürich 1997, zit.: Qualifikationsprozess.

Bernhard, Peter, Cassis de Dijon und Kollisionsrecht - am Beispiel des unlauteren Wettbewerbs, EuZW 1992, S. 437–443.

--- Das internationale Privatrecht des unlauteren Wettbewerbs in den Mitgliedstaaten der EG, Baden-Baden 1994, zit.: IPR des unlauteren Wettbewerbs.

Besse, Dirk, Die justizielle Zusammenarbeit in Zivilsachen nach dem Vertrag von Amsterdam und das EuGVÜ, ZEuP 1999, S. 107–122.

--- Die Vergemeinschaftung des EuGVÜ, Baden-Baden 2001, zit.: Vergemeinschaftung des EuGVÜ.

Biehler, Gernot, The Limits of Rome II, in: The Rome II Regulation on the law applicable to non-contractual obligations: a new international litigation regime, herausgegeben von John Ahern und William Binchy, Leiden [u.a.] 2009, S. 277–288, zit.: Limits.

Bischoff, Jan, Besprechung des Gutachtens 1/03 des EuGH vom 7. 2. 2006, EuZW 2006, S. 295–301.

BITKOM, Stellungnahme des BITKOM zu „Rom II", 2002, abrufbar unter http://ec.europa.eu/justice/news/ consulting_public/rome_ii/news_summary_rome2_en.htm, abgerufen am 18.06.2009, zit.: Stellungnahme.

Bleckmann, Albert, Zur Problematik der Cassis de Dijon-Rechtsprechung des Europäischen Gerichtshofs, GRUR Int. 1986, S. 172–183.

Bock, Yves, Rechtsangleichung und Regulierung im Binnenmarkt: zum Umfang der allgemeinen Binnenmarktkompetenz, Baden-Baden 2005, zit.: Binnenmarkt.

Bodewig, Theo, Elektronischer Geschäftsverkehr und Unlauterer Wettbewerb, GRUR Int. 2000, S. 475–483.

--- Das Recht des unlauteren Wettbewerbs in Großbritannien: Ein Dreiklang von Fallrecht, Gesetzesrecht und Selbstkontrolle, GRUR Int. 2004, S. 543–558.

--- Das Recht des unlauteren Wettbewerbs in Irland, GRUR Int. 2004, S. 827–831.

Boele-Woelki, Katharina, Unification and Harmonization of Private International Law in Europe, in: Private Law in the International Arena: From National Conflict Rules Towards Harmonization and Unification, Liber Amicorum Kurt Siehr, herausgegeben von Jürgen Basedow, Isaak Meier, Anton Schnyder u. a., The Hague 2000, S. 61–77, zit.: Liber Amicorum Kurt Siehr.

Boele-Woelki, Katharina/ Van Ooik, Roland, The communitarization of private international law, YPIL 4 (2002), S. 1–36.

De Boer, Th. M., Party Autonomy and Its Limitations in the Rome II Regulation, YPIL 9 (2007), S. 19–29.

Bornkamm, Joachim, Markenrecht und wettbewerbsrechtlicher Kennzeichenschutz. Zur Vorrangthese der Rechtsprechung, GRUR 2005, S. 97–102.

Boyle, Martin, Das Recht des unlauteren Wettbewerbs in Großbritannien, WRP 1990, S. 159–165.

Brand, Oliver, Grundstock für ein europäisiertes Kollisionsrecht. Das Gesetz zur Anpassung der Vorschriften des Internationalen Privatrechts an die Rom-II-VO, GPR 2008, S. 298–302.

British Bankers' Association, Consultation on a preliminary draft proposal for a Council Regulation on the law applicable to non-contractual obligations

(Rome II), 2002, abrufbar unter http://ec.europa.eu/justice/news/consulting_public/ rome_ii/news_summary_rome2_en.htm, abgerufen am 18.06.2009, zit.: Consultation.

British Telecommunications plc, Law Applicable to Non-Contractual Obligations („Rome II") - EC-Consultation, abrufbar unter http://ec.europa.eu/justice_home/news/consulting_public/rome_ii/british_telecommunications_en.pdf, abgerufen am 05.08.2009, zit.: Consultation.

Brödermann, Eckart/ Iversen, Holger, Europäisches Gemeinschaftsrecht und Internationales Privatrecht, Tübingen 1994, zit.: Gemeinschaftsrecht und IPR.

Brömmelmeyer, Christoph, Der Binnenmarkt als Leitstern der Richtlinie über unlautere Geschäftspraktiken, GRUR 2007, S. 295–302.

Buchner, Benedikt, Rom II und das Internationale Immaterialgüter- und Wettbewerbsrecht, GRUR Int. 2005, S. 1004–1012.

Bücken, Alexander, Intertemporaler Anwendungsbereich der Rom II-VO, IPRax 2009, S. 125–128.

Bundesministerium der Justiz, Vorentwurf eines Vorschlags für eine Verordnung des Rates über das auf außervertragliche Schuldverhältnisse anzuwendende Recht, abrufbar unter http://ec.europa.eu/justice_home/news/consulting_public/ rome_ii/minist_just_allem_de.pdf, abgerufen am 05.08.2009, zit.: Stellungnahme.

Bundesverband deutscher Banken, Preliminary Draft Proposal of the European Commission for a Council Regulation on the Law Applicable to Non-Contractual Obligations, abrufbar unter http://ec.europa.eu/justice_home/news/ consulting_public/rome_ii/asoc_german_bank_en.pdf, abgerufen am 05.08.2009, zit.: Preliminary Draft Proposal.

Burmann, Hans, Wettbewerb als sinnvariabler Rechts- und Wirtschaftsbegriff, WRP 1967, S. 240–248.

--- Strukturwandel des Werbe- und Wettbewerbsrechts, WRP 1967, S. 71–76.

Busch, Christoph, Lauterkeitsrecht in Europa: Acquis communautaire, in: Lauterkeitsrecht in Europa: Eine Sammlung von Länderberichten zum Recht gegen unlauteren Wettbewerb, herausgegeben von Martin Schmidt-Kessel und Silvan Schubmehl, Berlin 2011, S. 1–66, zit.: Lauterkeitsrecht in Europa.

Bydlinski, Franz, System und Prinzipien des Privatrechts, Wien [u.a.] 1996, zit.: System und Prinzipien.

Calliess, Christian, Nach dem „Tabakwerbung-Urteil" des EuGH - Binnenmarkt und gemeinschaftsrechtliche Kompetenzverfassung im neuen Licht, Jura 2001, S. 311–318.

Calliess, Christian/ Ruffert, Matthias (Hrsg.), EUV-EGV: das Verfassungsrecht der Europäischen Union mit Europäischer Grundrechtecharta, Kommentar, 3. Aufl. München 2007, zit.: Calliess/Ruffert (3.)-*Bearbeiter.*

--- EUV/AEUV: Das Verfassungsrecht der Europäischen Union mit Europäischer Grundrechtecharta, 4. Aufl. Neuwied [u.a.] 2011, zit.: Calliess/Ruffert (4.)-*Bearbeiter.*

Callmann, Rudolf, Der unlautere Wettbewerb: Kommentar zum Gesetz gegen den unlauteren Wettbewerb mit Notverordnung vom 9. März 1932 und zu den materiellrechtlichen Vorschriften des Gesetzes zum Schutze der Warenbezeichnungen, 2. Aufl. Mannheim 1932, zit.: Der unlautere Wettbewerb.

Carruthers, Janeen M./ Crawford, Elizabeth B., Variations on a Theme of Rome II. Reflections on Proposed Choice of Law Rules for Non-Contractual Obligations: Part I, EdinLR 9 (2005), S. 65–97.

--- Variations on a Theme of Rome II. Reflections on Proposed Choice of Law Rules for Non-Contractual Obligations: Part II., EdinLR 9 (2005), S. 238–266.

Carty, Hazel, Passing Off at the Crossroads, EIPR 1996, S. 629–632.

--- Heads of Damage in Passing Off, EIPR 1996, S. 487–493.

--- An Analysis of the Economic Torts, 2. Aufl. 2010, zit.: Economic Torts.

Cavers, David, The Common Market's Draft Conflicts Convention on Obligations: Some Preventive Law Aspects, SCLR 1975, S. 603–626.

CBI, Letter from the CBI, 2004, abrufbar unter http://www.publications.parliament.uk/pa/ld200304/ldselect/ldeucom/ 66/66we06.htm, abgerufen am 22.06.2009, zit.: Letter from the CBI.

Chafee, Zechariah, Unfair Competition, Harvard LRev. 53 (1940), S. 1289–1321.

Chrocziel, Peter, Die eingeschränkte Geltung des Gesetzes gegen Unlatueren Wettbewerb für EG-Ausländer, EWS 1991, S. 173–179.

Collins, Lawrence, Memorandum by the Hon Mr Justice Lawrence Collins, 2004, abrufbar unter http://www.publications.parliament.uk/pa/ld200304/ldselect/ldeucom/66/4021102.htm, abgerufen am 19.06.2009, zit.: Memorandum.

Collins, Lawrence/ Dicey, Albert Venn/ Morris, John Humphrey Carlile, Dicey and Morris on the conflict of laws, herausgegeben von Albert Venn Dicey, 14. Aufl. London 2006, zit.: Conflict of Laws.

Cornish, William R., Intellectual Property: Patents, Copyright, Trade Marks and Allied Rights, 4. Aufl. London 1999, zit.: Intellectual Property.

De Cristofaro, Giovanni, Die zivilrechtlichen Folgen des Verstoßes gegen das Verbot unlauterer Geschäftspraktiken: eine vergleichende Analyse der Lösungen der EU-Mitgliedstaaten, GRUR Int. 2010, S. 1017–1025.

Czepelak, Marcin, Would We Like to Have a European Code of Private International Law?, EurRevPL 2010, S. 705–728.

Czernich, Dietmar/ Tiefenthaler, Stefan/ Kodek, Georg (Hrsg.), Kurzkommentar Europäisches Gerichtsstands- und Vollstreckungsrecht: EuGVO und Lugano-Übereinkommen, 2. Aufl. Wien 2003, zit.: Czernich/Tiefenthaler/Kodek-*Bearbeiter.*

Dauses, Manfred A. (Hrsg.), Handbuch des EU-Wirtschaftsrecht, 30. Aufl. München 2012, zit.: EU-Wirtschaftsrecht-*Bearbeiter.*

Davis, Jennifer, Unfair Competition Law in the United Kingdom, in: Law Against Unfair Competition: Towards a New Paradigm in Europe?, herausgegeben von Reto M. Hilty, Berlin [u.a.] 2007, S. 183–198, zit.: Unfair Competition.

Dehlfing, Thomas, Das Recht der irreführenden Werbung in Deutschland, Großbritannien und Frankreich, Frankfurt am Main, Berlin [u.a.] 1999, zit.: Irreführende Werbung.

Deinert, Olaf, Das Herkunftslandprinzip und seine Bedeutung für das Internationale Deliktsrecht, EWS 2006, S. 445–454.

Department for Business, Enterprise & Regulatory Reform, Explanatory Memorandum to the Consumer Protection from Unfair Trading Regulations 2008 and the Business Protection from Misleading Marketing Regulations 2008, 2008, abrufbar unter www.legislation.gov.uk, abgerufen am 18.02.2011, zit.: Explanatory Memorandum.

Dethloff, Nina, Europäisierung des Wettbewerbsrechts: Einfluss des europäischen Rechts auf das Sach- und Kollisionsrecht des unlauteren Wettbewerbs, Tübingen 2001, zit.: Europäisierung des Wettbewerbsrechts.

Deutsche Vereinigung für gewerblichen Rechtsschutz und Urheberrecht, Stellungnahme zum Richtlinien-Vorschlag Vergleichende Werbung der EG-Kommission KOM (91) KOM Jahr 1991 Seite 147 endg. - SYN 343, GRUR 1992, S. 370–372.

Deutscher Industrie- und Handelskammertag, Stellungnahme zum Vorentwurf eines Vorschlags für eine Verordnung des Rates über das auf außervertragliche Schuldverhältnisse anzuwendende Recht, abrufbar unter http://ec.europa.eu/ justice_home/news/consulting_public/rome_ii/deutscher_industrie_handelskammertage_de.pdf, abgerufen am 05.08.2009, zit.: Stellungnahme.

Deutscher Rat für IPR, Stellungnahme der 2. Kommission des Deutschen Rates für Internationales Privatrecht zum Vorentwurf eines Vorschlags der Europäischen Kommission für eine Verordnung des Rates über das auf außervertragliche Schuldverhältnisse anzuwendende Recht, abrufbar unter http://ec.europa.eu/justice_home/news/ consulting_public/rome_ii/deutscher_rat_internat_privatrecht_de.pdf, abgerufen am 05.08.2009, zit.: Stellungnahme.

Dickinson, Andrew, Cross-Border Torts in EC Courts - A Response to the Proposed „Rome II" Regulation, EBLR 13 (2002), S. 369–388.

--- European Private International Law: Embracing New Horizons or Mourning the Past?, JPIL 2005, S. 197–236.

--- The Rome II Regulation: The Law Applicable to Non-Contractual Obligations, Oxford 2008, zit.: Rome II.

--- Tick, Tock: Temporal Application of the Rome II Regulation Referred to the CJEU, 2010, abrufbar unter http://conflictoflaws.net/2010/tick-tock-temporal-application-of-the-rome-ii-regulation-referred-to-the-cjeu/, abgerufen am 07.09.2011, zit.: Temporal Application.

Dietz, Adolf, Die Einführung von Gesetzen gegen den unlauteren Wettbewerb in ehemals sozialistischen Staaten Mittel- und Osteuropas, GRUR Int. 1994, S. 649–670.

Dilly, Torsten, Vergleichende Werbung ohne Vergleich? Zugleich eine Anmerkung zu den BGH-Entscheidungen „Genealogie der Düfte", „Aluminiumräder" und „Bestellnummernübernahme", WRP 2005, S. 467–473.

Dingemann, Kathrin, Zwischen Integrationsverantwortung und Identitätskontrolle: Das „Lissabon"-Urteil des Bundesverfassungsgerichts, ZEuS 2009, S. 491–528.

Dohrn, Heike, Die Kompetenzen der Europäischen Gemeinschaft im Internationalen Privatrecht, Tübingen 2004, zit.: Kompetenzen.

Dohrn, Thomas, Die Generalklausel der Richtlinie über unlautere Geschäftspraktiken - ihre Interpretation und Umsetzung, Köln, München 2008, zit.: Generalklausel UGP.

Domínguez Pérez, Eva, Nachahmung und ungerechtfertigte Ausnutzung fremder Leistungen im spanischen Recht gegen unlauteren Wettbewerb, GRUR Int. 2001, S. 1017–1025.

Dörner, Heinrich, Qualifikation im IPR - ein Buch mit sieben Siegeln?, StAZ 1988, S. 345–352.

Drappatz, Thomas, Die Überführung des internationalen Zivilverfahrensrechts in eine Gemeinschaftskompetenz nach Art. 65 EGV, Tübingen 2002, zit.: Überführung des IZVR.

Drasch, Wolfgang, Das Herkunftslandprinzip im internationalen Privatrecht: Auswirkungen des europäischen Binnenmarktes auf Vertrags- und Wettbewerbsstatut, Baden-Baden 1997, zit.: Das Herkunftslandprinzip im internationalen Privatrecht.

Dreier, Thomas/ Von Lewinski, Silke, Recht der Werbung in Europa: Frankreich, in: Recht der Werbung in Europa, herausgegeben von Gerhard Schricker, Baden-Baden 1995, zit.: Werbung in Europa, Frankreich.

Drexl, Josef, Mehr oder weniger Verbraucherschutz durch Europäisches Lauterkeitsrecht?, in: Lauterkeitsrecht und Acquis Communautaire, herausgegeben von Reto Hilty und Frauke Henning-Bodewig, Berlin, Heidelberg 2009, S. 227–255, zit.: Lauterkeitsrecht und Acquis.

--- Zum Verhältnis von lauterkeits- und kartellrechtlicher Anknüpfung nach der Rom II-VO, in: Festschrift für Klaus J. Hopt zum 70. Geburtstag am 24. August 2010, herausgegeben von Stefan Grundmann, Brigitte Haar, Hanno Merkt u. a., Berlin, New York 2010, S. 2711–2732, zit.: FS Hopt.

Drobnig, Ulrich, Das Profil des Wirtschaftskollisionsrechts. Einführende Bererkungen zum Symposium „Extraterritoriale Anwendung von Wirtschaftsrecht", RabelsZ 52 (1988), S. 1–7.

Dutta, Anatol, Anmerkung zum Urteil des EuGH v. 15.2.2007 in der Rs. C-292/05, ZZP Int. 2006, S. 208–220.

--- Europäische Integration und nationales Privatrecht nach dem Vertrag von Lissabon: die Rolle des Internationalen Privatrechts, EuZW 2010, S. 530–534.

Ehrich, Mirko, Der internationale Anwendungsbereich des deutschen und französischen Rechts gegen irreführende Werbung: freie Wahl von Form und Mittel, Rom II und Herkunftslandprinzip, Frankfurt am Main 2006, zit.: Der internationale Anwendungsbereich des deutschen und französischen Rechts gegen irreführende Werbung.

Eppe, Mark, Verbraucherschutz im UWG und BGB, WRP 2005, S. 808–813.

Europäischer Konvent, CONV 850/03, Entwurf eines Vertrags über eine Verfassung für Europa v. 18. Juli 2003, 2003, abrufbar unter http://european-convention.eu.int/docs/Treaty/cv00850.de03.pdf, abgerufen am 06.07.2009, zit.: CONV 850/03, Entwurf eines Vertrags über eine Verfassung für Europa v. 18. Juli 2003.

Faßbender, Kurt, Zum Erfordernis einer richtlinienkonformen Auslegung des Begriffs der vergleichenden Werbung, EuZW 2005, S. 42–45.

Fawcett, James/ Carruthers, Janeen M., Private International Law, 14. Aufl. Oxford [u.a.] 2008, zit.: Private International Law.

Fentiman, Richard, Memorandum by Richard Fentiman, 2004, abrufbar unter http://www.publications.parliament.uk/pa/ ld200304/ldselect/ldeucom/66/66we10.htm, abgerufen am 19.06.2009, zit.: Memorandum.

Fezer, Karl-Heinz, Diskriminierende Werbung - Das Menschenbild der Verfassung im Wettbewerbsrecht, JZ 1998, S. 265–275.

--- Modernisierung des deutschen Rechts gegen den unlauteren Wettbewerb auf der Grundlage einer Europäisierung des Wettbewerbsrechts, WRP 2001, S. 989–1022.

--- Objektive Theorie der Lauterkeit im Wettbewerb, in: Perspektiven des geistigen Eigentums und Wettbewerbsrechts: Festschrift für Gerhard Schricker zum 70. Geburtstag, herausgegeben von Ansgar Ohly, Theo Bodewig, Thomas Dreier u. a., München 2005, S. 671–679, zit.: FS Schricker.

--- Plädoyer für eine offensive Umsetzung der Richtlinie über unlautere Geschäftspraktiken in das deutsche UWG. Originärer Verbraucherschutz durch

Lauterkeitsrecht als Paradigma der europäischen Rechtsharmonisierung, WRP 2006, S. 781–790.

--- Der Dualismus der Lauterkeitsrechtsordnungen des b2c-Geschäftsverkehrs und des b2b-Geschäftsverkehrs im UWG, WRP 2009, S. 1163–1175.

Fezer, Karl-Heinz (Hrsg.), Kommentar zum Gesetz gegen den unlauteren Wettbewerb (UWG): §§ 1 - 4 UWG, 2. Aufl. München 2009, zit.: Fezer-*Bearbeiter.*

Fezer, Karl-Heinz/ Koos, Stefan, Das gemeinschaftsrechtliche Herkunftslandprinzip und die e-commerce-Richtlinie, IPRax 2000, S. 349–354.

Fikentscher, Wolfgang, Wettbewerb und gewerblicher Rechtsschutz: die Stellung des Rechts der Wettbewerbsbeschränkungen in der Rechtsordnung, München, Berlin 1958, zit.: Wettbewerb.

--- Das Verhältnis von Kartellrecht und Recht des unlauteren Wettbewerbs im deutschen und europäischen Recht, in: Probleme des europäischen Rechts: Festschrift für Walter Hallstein zu seinem 65. Geburtstag, Frankfurt am Main 1966, S. 127–161, zit.: FS Hallstein.

--- Wirtschaftsrecht, Band II, Deutsches Wirtschaftsrecht, München 1983, zit.: Wirtschaftsrecht II.

--- Wirtschaftsrecht, Band I, Weltwirtschaftsrecht, europäisches Wirtschaftsrecht, München 1983, zit.: Wirtschaftsrecht I.

--- Die umweltsoziale Marktwirtschaft - als Rechtsproblem, Heidelberg 1991, zit.: Umweltsoziale Marktwirtschaft.

--- Wettbewerbsrecht im TRIPS-Agreement der Welthandelsorganisation - Historische Anknüpfung und Entwicklungschancen, GRUR Int. 1995, S. 529–534.

Fiorini, Aude, The Evolution of European Private International Law, ICLQ 57 (2008), S. 696–984.

Flessner, Axel, Friktionen zwischen der internationalen und der europäischen Vereinheitlichung des Privatrechts, in: Die richtige Ordnung, Festschrift für Jan Kropholler zum 70. Geburtstag, herausgegeben von Dietmar Baetge, Jan von Hein und Michael von Hinden, Tübingen 2008, S. 23–37, zit.: FS Kropholler.

Franzen, Martin, Privatrechtsangleichung durch die Europäische Gemeinschaft, Berlin [u.a.] 1999, zit.: Privatrechtsangleichung.

Freitag, Robert, Die kollisionsrechtliche Behandlung ausländischer Eingriffsnormen nach Art. 9 Abs. 3 Rom I-VO, IPRax 2009, S. 109–116.

Fricke, Martin, Kollisionsrecht im Umbruch - Perspektiven für die Versicherungswirtschaft, VersR 2005, S. 726–741.

Fuchs, Angelika, Zum Kommissionsvorschlag einer „Rom II"-Verordnung, GPR 2003, S. 100–105.

Funke, Rainer, Das deutsche Wettbewerbsrecht im europäischen Binnenmarkt, WRP 1991, S. 550–556.

Furrer, Andreas, Die Rolle des IPR im Europäischen Privatrecht, SZIER 2008, S. 7–30.

Gamerith, Helmut, Neue Herausforderungen für ein europäisches Lauterkeitsrecht. Studie für den Arbeitskreis „UWG" des Bundesministeriums für Wirtschaft und Arbeit, WRP 2003, S. 143–172.

--- Der Richtlinienvorschlag über unlautere Geschäftspraktiken - Möglichkeiten einer harmonischen Umsetzung; Studie für den Arbeitskreis „UWG" des Bundesministeriums für Wirtschaft und Arbeit, WRP 2005, S. 391–437.

Gamm, Otto-Friedrich von, Vorschlag der EG-Kommission für eine Richtlinie des Rates über vergleichende Werbung und zur Änderung der Richtlinie 84/450/EWG über irreführende Werbung, ABl EG Nr L 250 v 19-9-1984, S. 17, WRP 1992, S. 143–147.

Garcimartín Alférez, Francisco J., The Rome II Regulation: On the Way Towards a European Private International Law Code, EuLF [E] 2007, S. 77–91.

Gebauer, Martin, Internationales Privatrecht und Warenverkehrsfreiheit in Europa, IPRax 1995, S. 152–156.

--- Historische Dimensionen des Europäischen Kollisionsrechts, JZ 2011, S. 213–221.

Geimer, Reinhold/ Schütze, Rolf A. (Hrsg.), Europäisches Zivilverfahrensrecht: Kommentar zur EuGVVO, EuEheVO, EuZustellungsVO, zum Lugano-Übereinkommen und zum nationalen Kompetenz- und Anerkennungsrecht, 3. Aufl. München 2010, zit.: Geimer/Schütze-*Bearbeiter.*

Geis, Norbert, Das Lauterkeitsrecht in der rechtspolitischen Diskussion, in: Festschrift für Winfried Tilmann: zum 65. Geburtstag, herausgegeben von Erhard Keller, Clemens Plassmann und Andreas von Falck, Köln 2003, S. 121–133, zit.: FS Tilmann.

Ghidini, Gustavo, Introduzione allo studio della pubblicità commerciale, Milano 1968, zit.: Pubblicità commerciale.

--- La concorrenza sleale (Giurisprudenza sistematica di diritto civile e commerciale), 3. Aufl. Torrino 2001, zit.: La concorrenza sleale.

Giuliano, Mario/ Lagarde, Paul, Bericht über das Übereinkommen über das auf vertragliche Schuldverhältnisse anzuwendende Recht, ABl. C 282/1, 1980, S. 1–50.

Glöckner, Jochen, Wettbewerbsverstöße im Internet - Grenzen einer kollisionsrechtlichen Problemlösung, ZVglRWiss 99 (2000), S. 278–309.

--- Neueste Entwicklungen im internationalen und europäischen Lauterkeitsrecht, in: Neueste Entwicklungen im europäischen und internationalen Immaterialgüterrecht, herausgegeben von Carl Baudenbacher und Jürg Simon, Basel [u.a.] 2002, zit.: Neueste Entwicklungen.

--- Richtlinienvorschlag über unlautere Geschäftspraktiken, deutsches UWG oder die schwierige Umsetzung von europarechtlichen Generalklauseln, WRP 2004, S. 936–945.

--- Ist die Union reif für die Kontrolle an der Quelle?, WRP 2005, S. 795–808.

--- Europäisches Lauterkeitsrecht, München 2006, zit.: Europäisches Lauterkeitsrecht.

--- Zweckmehrheit im System des Europäischen Wettbewerbsschutzes, in: Gewerbliche Schutzrechte und ihre Durchsetzung: Festschrift für Tilman Schilling zum 70. Geburtstag am 29. Juli 2007, herausgegeben von Marcus Grosch und Eike Ullmann, Köln, Berlin [u.a.] 2007, zit.: FS Schilling.

--- Keine klare Sache: der zeitliche Anwendungsbereich der Rom II-Verordnung, IPRax 2009, S. 121–124.

--- Entwicklungslinien des Lauterkeitsrechts, in: Lauterkeitsrecht und Acquis Communautaire, herausgegeben von Reto Hilty und Frauke Henning-Bodewig, Berlin, Heidelberg 2009, S. 263–289, zit.: Lauterkeitsrecht und Acquis.

--- The Scope of Application of the UCP Directive – "I Know What You Did Last Summer", IIC 2010, S. 570–592.

Glöckner, Jochen/ Henning-Bodewig, Frauke, EG-Richtlinie über unlautere Geschäftspraktiken: Was wird aus dem „neuen" UWG?, WRP 2005, S. 1311–1335.

Göhre, Stefan, Frischer Wind aus Brüssel? Der Vorschlag der Europäischen Kommission für eine Verordnung über Verkaufsförderung im Binnenmarkt und das Grünbuch der Europäischen Kommission zum Verbraucherschutz in der Europäischen Union, WRP 2002, S. 36–47.

Grabitz, Eberhard/ Hilf, Meinhard/ Nettesheim, Martin (Hrsg.), Das Recht der Europäischen Union, Band I, EUV/EGV, 40. Aufl. München 2009, zit.: Grabitz/ Hilf I-*Bearbeiter.*

--- Das Recht der Europäischen Union, Band IV, Sekundärrechte, A. Verbraucher- und Datenschutzrecht, 40. Aufl. München 2009, zit.: Grabitz/Hilf IV-*Bearbeiter.*

--- Das Recht der Europäischen Union, EUV/AEUV, 46. Aufl. München 2011, zit.: Grabitz/Hilf/Nettesheim-*Bearbeiter.*

Grandpierre, Andreas, Herkunftsprinzip kontra Marktortanknüpfung: Auswirkungen des Gemeinschaftsrechts auf die Kollisionsregeln im Wettbewerbsrecht, Frankfurt am Main, Berlin [u.a.] 1999, zit.: Herkunftsprinzip kontra Marktortanknüpfung.

Grassie, Gill, EU Directive on Unfair Commercial Practices - a UK Perspective, JIPLP 2006, S. 107–112.

Van der Grinten, Paulien, Abolishing Exequatur in the European Union: An Alternative, in: Crossing borders: essays in European and private international law, nationality law and islamic law in honour of Frans van der Velden, herausgegeben von Paulien van der Grinten und Ton Heukels, Deventer 2006, S. 71–83, zit.: Crossing borders.

Groeben, Hans von der/ Schwarze, Jürgen (Hrsg.), Kommentar zum Vertrag über die Europäische Union und zur Gründung der Europäischen Gemeinschaft, Band 1: Art. 1 - 53 EUV, Art. 1 - 80 EGV; Band 2: Art. 81 - 97 EGV; Band 3: Art. 98 - 188 EGV; Band 4: Art. 198 - 314 EGV, 6. Aufl. Baden-Baden 2003, zit.: von der Groeben/Schwarze-*Bearbeiter*.

Grothe, Helmut, Die „ausländische Kapitalgesellschaft & Co.“: Zuverlässigkeit grenzüberschreitender Grundtypvermischungen und Anknüpfung des Gesellschaftsstatuts unter besonderer Berücksichtigung des europäischen Gemeinschaftsrechts, Köln, München 1989, zit.: Die „ausländische Kapitalgesellschaft & Co.“

Grünberger, Michael, Das Urheberrechtsstatut nach der Rom II-VO, ZVglRWiss 108 (2009), S. 134–177.

Grundmann, Stefan, Binnenmarktkollisionsrecht - vom klassischen IPR zur Integrationsordnung, RabelsZ 64 (2000), S. 457–477.

--- Das Internationale Privatrecht der E-Commerce-Richtlinie - was ist kategorial anders im Kollisionsrecht des Binnenmarkts und warum?, RabelsZ 67 (2003), S. 246–297.

Haberkamm, Markus, Wirklich nichts Neues? Das EuGH-Urteil Mediaprint und seine Implikationen für die UGP-Richtlinie, WRP 2011, S. 296–301.

Haberstumpf, Helmut, Neue Entwicklungen im Software-Urheberrecht, NJW 1991, S. 2105–2111.

Hager, Günter, Haftung für vorsätzlich verursachte Vermögensschäden (Economic Torts) im englischen Recht, in: Grenzen überwinden - Prinzipien bewahren. Festschrift für Bernd von Hoffmann zum 70. Geburtstag am 28. Dezember 2011, herausgegeben von Herbert Kronke und Karsten Thorn, 2011, S. 791–802, zit.: FS von Hoffmann.

Hague Conference on Private International Law, Note on Conflict of Laws on the Question of Unfair Competition: Background and Updated, Prel. Doc. No 5, April 2000, 2000, abrufbar unter www.hcch.net/upload/wop/gen_pd5e.pdf, abgerufen am 03.12.2010, zit.: Note on Unfair Competition.

Haines, Charles Grove, Efforts to Define Unfair Competition, YLJ 29 (1919), S. 1–28.

Hallstein, Walter, Angleichung des Privat- und Prozessrechts in der Europäischen Wirtschaftsgemeinschaft, RabelsZ 28 (1964), S. 211–231.

Hamburg Group for Private International Law, Comments on the European Commissions's Draft Proposal for a Council Regulation on the Law Applicable to Non-Contractual Obligations, RabelsZ 67 (2003), S. 1–56.

Handig, Christian, The Unfair Commercial Practices Directive - A Milestone in the European Unfair Competition Law?, EBLR 2005, S. 1117–1132.

--- Neues im Internationalen Wettbewerbsrecht - Auswirkungen der Rom II-Verordnung, GRUR Int. 2008, S. 24–31.

--- Rom II-VO - Auswirkungen auf das Internationale Wettbewerbs- und Immaterialgüterrecht, wbl 2008, S. 1–12.

Handler, Milton, Unfair Competition, Iowa LRev. 21 (1936), S. 175–262.

Harte-Bavendamm, Henning, Wettbewerbsrechtlicher Schutz von Computerprogrammen, CR 1986, S. 615–621.

Harte-Bavendamm, Henning/ Henning-Bodewig, Frauke (Hrsg.), Gesetz gegen den unlauteren Wettbewerb (UWG), 2. Aufl. München 2009, zit.: Harte/ Henning-*Bearbeiter*.

Hartley, Trevor C., Choice of Law for Non-Contractual Liability: Selected Problems Under the Rome II Regulation, ICLQ 57 (2008), S. 899–908.

Hartwieg, Oskar, Die Klassifikation von Mobiliarsicherheiten im grenzüberschreitenden Handel, RabelsZ 57 (1993), S. 607–643.

Hartwig, Henning, Das Verhältnis von Werbung und Umwelt und seine wettbewerbsrechtlichen Grenzen, Berlin 1999, zit.: Werbung und Umwelt.

Hasselblatt, Fabian, Die vergleichende Werbung in der Europäischen Gemeinschaft für die Zeit nach Maastricht und Amsterdam: unter besonderer Berücksichtigung der Errichtung des europäischen Binnenmarktes, Köln, Berlin, Bonn, München 2002, zit.: Vergleichende Werbung in der EG.

Hau, Wolfang, Rahmenbedingungen einer Vergemeinschaftung des Internationalen Vertragsrechts, in: Das Grünbuch zum Internationalen Vertragsrecht: Beiträge zur Fortentwicklung des Europäischen Kollisionsrecht der vertraglichen Schuldverhältnisse, herausgegeben von Stefan Leible, München 2004, S. 13–24, zit.: Grünbuch Vertragsrecht.

Hecker, Manfred, Die Richtlinie über unlautere Geschäftspraktiken: Einige Gedanken zu den „aggressiven Geschäftspraktiken“ - Umsetzung in das deutsche Recht, WRP 2006, S. 640–647.

Heermann, Peter/ Hirsch, Günter (Hrsg.), Münchener Kommentar zum Lauterkeitsrecht, Band 1: Grundlagen des Wettbewerbsrechts, Internationales Wettbewerbs- und Wettbewerbsverfahrensrecht, Europäisches Gemeinschaftsrecht - Grundlagen und sekundärrechtliche Maßnahmen, §§ 1–4 UWG, München 2006, zit.: MüKo UWG-*Bearbeiter*.

Hefermehl, Wolfgang/ Baumbach, Adolf (Hrsg.), Wettbewerbsrecht: Gesetz gegen den unlauteren Wettbewerb, Zugabeverordnung, Rabattgesetz und Nebengesetze, 22. Aufl. München 2001, zit.: Baumbach/Hefermehl-*Bearbeiter*.

Von Hein, Jan, Das Günstigkeitsprinzip im Internationalen Deliktrecht, Tübingen 1999, zit.: Günstigkeitsprinzip.

--- Die Kodifikation des europäischen Internationalen Deliktsrechts - Zur geplanten EU-Verordnung über das auf außervertragliche Schuldverhältnisse anzuwendende Recht, ZVglRWiss 102 (2003), S. 528–562.

--- Die Kodifikation des europäischen IPR der außervertraglichen Schuldverhältnisse vor dem Abschluss?, VersR 2007, S. 440–452.

--- Die Ausweichklausel im europäischen Internationalen Deliktsrecht, in: Die richtige Ordnung, Festschrift für Jan Kropholler zum 70. Geburtstag, herausgegeben von Dietmar Baetge, Jan von Hein und Michael von Hinden, Tübingen 2008, S. 553–571, zit.: FS Kropholler.

--- Europäisches Internationales Deliktsrecht nach der Rom II-Verordnung, ZEuP 2009, S. 6–33.

--- Of Older Siblings and Distant Cousins: The Contribution of the Rome II Regulation to the Communitarisation of Private International Law, RabelsZ 73 (2009), S. 461–508.

Von Hein, Jan/ Kropholler, Jan, From Approach to Rule Orientation in American Tort Conflict?, in: Law and Justice in a Multistate World. Essays in Honor of Arthur T. von Mehren, herausgegeben von Symeon C. Symeonides und James A. R. Nafziger, Ardsley, NY 2002, S. 317–340, zit.: Law and Justice.

Heinrich, Michael, Der rechtliche Schutz von Datenbanken, WRP 1997, S. 275–283.

Heinze, Christian, Bausteine eines Allgemeinen Teils des europäischen Internationalen Privatrechts, in: Die richtige Ordnung, Festschrift für Jan Kropholler zum 70. Geburtstag, herausgegeben von Dietmar Baetge, Jan von Hein und Michael von Hinden, Tübingen 2008, S. 105–127, zit.: FS Kropholler.

Heinze, Christian/ Dutta, Anatol, Ungeschriebene Grenzen für europäische Zuständigkeiten bei Streitigkeiten mit Dtrittstaatenbezug, IPRax 2005, S. 224–230.

Heiss, Helmut/ Loacker, Leander D., Die Vergemeinschaftung des Kollisionsrechts der außervertraglichen Schuldverhältnisse durch Rom II, JBl 2007, S. 613–646.

Hellner, Michael, The Country of Origin Principle in the E-commerce Directive - A Conflict with Conflict of Laws?, EurRevPL 2004, S. 193–213.

--- Unfair Competition and Acts Restricting Free Competition, YPIL 9 (2007), S. 49–69.

Helms, Tobias, Internationales Verfahrensrecht für Familiensachen in der Europäischen Union, FamRZ 2002, S. 1593–1602.

Henning-Bodewig, Frauke, Schockierende Werbung, WRP 1992, S. 533–539.

--- Der internationale Schutz gegen unlauteren Wettbewerb, in: Neuordnung des Wettbewerbsrechts, 11. Ringberg-Symposium des Max-Planck-Instituts für ausländisches und internationales Patent-, Urheber- und Wettbewerbsrecht, 14. bis 18. Juni 1997, Schloß Ringberg, Tegernsee, herausgegeben von Gerhard Schricker, Baden-Baden 1999, S. 21–45, zit.: Neuordnung des Wettbewerbsrechts.

--- International Protection Against Unfair Competition - Art. 10bis Paris Convention, TRIPS and WIPO Model Provisions, IIC 1999, S. 166–190.

--- Das Europäische Wettbewerbsrecht: Eine Zwischenbilanz, GRUR Int. 2002, S. 389–398.

--- Das Europäische Lauterkeitsrecht: B2C, B2B oder doch besser beides?, in: Festschrift für Winfried Tilmann: zum 65. Geburtstag, herausgegeben von Erhard Keller, Clemens Plassmann und Andreas von Falck, Köln 2003, S. 149–160, zit.: FS Tilmann.

--- Die Richtlinie 2005/29/EG über unlautere Geschäftspraktiken, GRUR Int. 2005, S. 629–634.

--- Das neue UWG - von Brüsseler Gnaden?, in: Perspektiven des geistigen Eigentums und Wettbewerbsrechts: Festschrift für Gerhard Schricker zum 70. Geburtstag, herausgegeben von Ansgar Ohly, Theo Bodewig, Thomas Dreier u. a., München 2005, S. 705–714, zit.: FS Schricker.

--- Unfair competition law: European Union and member states, The Hague 2006, zit.: Unfair competition law.

--- Secondary Unfair Competition Law, in: Law Against Unfair Competition: Towards a New Paradigm in Europe?, herausgegeben von Reto M. Hilty, Berlin [u.a.] 2007, S. 111–125, zit.: Unfair Competition.

--- Relevanz der Irreführung, UWG-Nachahmungsschutz und die Abgrenzung Lauterkeitsrecht/IP-Rechte, GRUR Int. 2007, S. 986–990.

--- Was gehört zum Lauterkeitsrecht?, in: Lauterkeitsrecht und Acquis Communautaire, herausgegeben von Reto Hilty und Frauke Henning-Bodewig, Berlin, Heidelberg 2009, S. 9–26, zit.: Lauterkeitsrecht und Acquis.

--- Nationale Eigenständigkeit und europäische Vorgaben im Lauterkeitsrecht, GRUR Int. 2010, S. 549–563.

--- Die Bekämpfung unlauteren Wettbewerbs in den EU-Mitgliedstaaten: eine Bestandsaufnahme, GRUR Int. 2010, S. 273–287.

--- UWG und Geschäftsethik, WRP 2010, S. 1094–1105.

Henning-Bodewig, Frauke/ Schricker, Gerhard, Stellungnahme des Max-Planck-Instituts für ausländisches und internationales Patent-, Urheber- und Wettbewerbsrecht zum Grünbuch zum Verbraucherschutz in der EU KOM (2002) 531 endg., GRUR Int. 2002, S. 319–323.

Herberger, Maximilian/ Martinek, Michael/ Rüßmann, Helmut u. a. (Hrsg.), juris Praxiskommentar BGB, Band 6 - Internationales Privatrecht, 5. Aufl. Saarbrücken 2010, zit.: jurisPK-BGB-*Bearbeiter*.

Herweg, Cornelia, Die Vereinheitlichung des internationalen Erbrechts im Europäischen Binnenmarkt, Baden-Baden 2004, zit.: Vereinheitlichung des internationalen Erbrechts.

Hess, Burkhard, Amtshaftung als „Zivilsache" im Sinne von Art. 1 Abs. 1 EuGVÜ, IPRax 1994, S. 10–17.

--- Die „Europäisierung" des internationalen Zivilprozessrechts durch den Amsterdamer Vertrag - Chancen und Gefahren, NJW 2000, S. 23–32.

--- Die Integrationsfunktion des Europäischen Zivilverfahrensrechts, IPRax 2001, S. 389–396.

--- Europäisches Zivilprozessrecht: Ein Lehrbuch, Heidelberg, München, Landsberg [u.a.] 2010, abgerufen am 09.05.2012, zit.: EuZPR.

Hilty, Reto, The Law Against Unfair Competition and Its Interfaces, in: Law Against Unfair Competition: Towards a New Paradigm in Europe?, herausgegeben von Reto M. Hilty, Berlin [u.a.] 2007, S. 1–52, zit.: Unfair Competition.

Hirse, Thomas, Die Ausweichklausel im Internationalen Privatrecht: Methodentheoretische und -kritische Gedanken zur Konkretisierung einer besonderen kollisionsrechtlichen Generalklausel, Tübingen 2006, zit.: Ausweichklausel.

Hoeren, Thomas, Vorschlag für eine EU-Richtlinie über E-Commerce - Eine erste kritische Analyse, MMR 1999, S. 192–199.

--- Das neue UWG - der Regierungsentwurf im Überblick, BB 2008, S. 1182–1192.

--- Das neue UWG und dessen Auswirkungen auf den B2B-Bereich, WRP 2009, S. 789–794.

Von Hoffmann, Bernd, The Relevance of European Community Law, in: European Private International Law, herausgegeben von Bernd von Hoffmann, Nijmegen 1998, S. 19–37, zit.: European PIL.

--- Sonderanknüpfung zwingender Normen im Internationalen Deliktsrecht - Eine kollisionsrechtliche Skizze, in: Festschrift für Dieter Henrich zum 70. Geburtstag: 1. Dezember 2000, Bielefeld 2000, S. 283–296, zit.: FS Henrich.

Von Hoffmann, Bernd/ Thorn, Karsten/ Firsching, Karl, Internationales Privatrecht: einschließlich der Grundzüge des Internationalen Zivilverfahrensrechts, 9. Aufl. München 2007, zit.: IPR.

Hohloch, Gerhard, Kollisionsrecht in der Staatengemeinschaft - Zu den Strukturen eines internationalen Privat- und Verfahrensrecht in der Europäischen Union, in: Festschrift für Hans Stoll zum 75. Geburtstag, herausgegeben von Gerhard

Hohloch, Rainer Frank und Peter Schlechtriem, Tübingen 2001, S. 533–551, zit.: FS Stoll.

--- The Rome II Regulation: An Overview. Place of Injury, Habitual Residence, Closer Connection and Substantive Scope: The Basic Principles, YPIL 9 (2007), S. 1–18.

Holl, Volker, Der Gerichtsstand des Erfüllungsortes nach Art. 5 Nr. 1 EuGVÜ bei einem „claim for restitution based on unjust enrichment", IPRax 1998, S. 120–122.

Holyoak, Jon, United Kingdom Character Rights and Merchandising Rights Today, Journal BL 1993, S. 444–457.

Honig, Frederick, Das Wettbewerbsrecht in Großbritannien, GRUR Ausl. 1959, S. 286–289.

Honorati, Costanza, The Law Applicable to Unfair Competition, in: The Unification of Choice of Law Rules on Torts and Other Non-Contractual Obligations in Europe: The „Rome II" Proposal, herausgegeben von Alberto Malatesta, Padova 2006, S. 127–158, zit.: Unification.

Hörnle, Julia, The UK Perspective on the Country of Origin Rule in the E-commerce Directive - A Rule of Administrative Law Applicable to Private Law Disputes?, IJLIT 12 (2004), S. 333–364.

Huber, Peter (Hrsg.), Rome II Regulation: Pocket Commentary, München 2011, zit.: Huber-*Bearbeiter*.

Huber, Peter/ Bach, Ivo, Die Rom II-VO, IPRax 2005, S. 73–84.

Hucke, Anja, Erforderlichkeit einer Harmonisierung des Wettbewerbsrechts in Europa, Baden-Baden 2001, abgerufen am 11.05.2012, zit.: Harmonisierung des Wettbewerbsrechts.

Immenga, Ulrich/ Mestmäcker, Ernst-Joachim (Hrsg.), Wettbewerbsrecht, Band 2. GWB, Kommentar zum Deutschen Kartellrecht, 4. Aufl. München 2007, zit.: Immenga/Mestmäcker-*Bearbeiter*.

--- Wettbewerbsrecht, Band 1. EU/Teil 1, Kommentar zum Europäischen Kartellrecht, 5. Aufl. München 2012, zit.: Immenga/Mestmäcker-*Bearbeiter*.

Institut für ausländisches und internationales Privat- und Wirtschaftsrecht der Universität Heidelberg, Kurze Stellungnahme zu einigen zentralen Aspekten des Vorentwurfs eines Vorschlags für eine Verordnung des Rates über das auf außervertragliche Schuldverhältnisse anzuwendende Recht, abrufbar unter http://ec.europa.eu/justice_home/news/ consulting_public/rome_ii/ universitat_heidelberg_de.pdf, abgerufen am 05.08.2009, zit.: Stellungnahme.

International Chamber of Commerce, ICC Comments on the Consultation on a Preliminary Draft Proposal for a Council Regulation on the Law Applicable to Non-Contractual Obligations ('Rome II'), abrufbar unter http://ec.europa.eu/

justice_home/news/consulting_public/rome_ii/intern_chamb_com_icc_en.pdf, abgerufen am 05.08.2009, zit.: Comments.

International Federation of the Phonographic Industry, IFPI Comments on the Consultation on a Preliminary Draft Proposal for a Council Regulation on the Law Applicable to Non-Contractual Obligations ('Rome II'), abrufbar unter http://ec.europa.eu/justice_home/news/consulting_public/rome_ii/ifpi_en.pdf, abgerufen am 05.08.2009, zit.: Comments.

Israël, Jona, Conflicts of Law and the EC after Amsterdam. A Change for the Worse?, Maastricht Journal 2000, S. 81–99.

Jacobs, Rainer/ Lindacher, Walter/ Teplitzky, Otto (Hrsg.), UWG, Gesetz gegen den unlauteren Wettbewerb, Großkommentar, Erster Band, Einleitung; §§ 1 bis 12, Berlin, New York 2006, zit.: GK-*Bearbeiter.*

Jauernig, Othmar/ Berger, Christian/ Mansel, Heinz-Peter u. a. (Hrsg.), Bürgerliches Gesetzbuch: mit Allgemeinem Gleichbehandlungsgesetz (Auszug), Kommentar, 13. Aufl. München 2009, zit.: Jauerning BGB-*Bearbeiter.*

Jayme, Erik, Ein internationales Privatrecht für Europa: Reden zur Verleihung des Landesforschungspreises Baden-Württemberg 1989, Heidelberg 1991, zit.: Ein internationales Privatrecht für Europa.

--- Entwurf eines EU-Übereinkommens über das auf außervertragliche Schuldverhältnisse anwendbare Recht, IPRax 1999, S. 298.

--- Zum Jahrtausendwechsel: Das Kollisionsrecht zwischen Postmoderne und Futurismus, IPRax 2000, S. 165–171.

--- Europa: Auf dem Weg zu einem interlokalen Kollisionsrecht?, in: Vergemeinschaftung des europäischen Kollisionsrechts: Vorträge aus Anlaß des fünfzigjährigen Bestehens des Instituts für Internationales und Ausländisches Privatrecht der Universität zu Köln, herausgegeben von Heinz-Peter Mansel, Köln, Berlin [u.a.] 2001, S. 31–40, zit.: Vergemeinschaftung.

--- Zur Kodifikation des Allgemeinen Teils des Europäischen Internationalen Privatrechts - 20 Jahre GEDIP - Tagung in Brüssel, IPRax 2012, S. 103–104.

Jayme, Erik/ Kohler, Christian, Das Internationale Privat- und Verfahrensrecht der EG 1991 - Harmonisierungsmodell oder Mehrspurigkeit des Kollisionsrechts, IPRax 1991, S. 361–369.

--- Europäisches Kollisionsrecht 1997 - Vergemeinschaftung durch „Säulenwechsel"?, IPRax 1997, S. 385–401.

--- Europäisches Kollisionsrecht 1999 - Die Abendstunde der Staatsverträge, IPRax 1999, S. 401–413.

--- Europäisches Kollisionsrecht 2000: Interlokales Privatrecht oder universelles Gemeinschaftsrecht?, IPRax 2000, S. 454–465.

--- Europäisches Kollisionsrecht 2002: Zur Wiederkehr des Internationalen Privatrechts, IPRax 2002, S. 461–471.

--- Europäisches Kollisionsrecht 2003: Der Verfassungskonvent und das Internationale Privat- und Verfahrensrecht, IPRax 2003, S. 485–495.

--- Europäisches Kollisionsrecht 2006: Eurozentrismus ohne Kodifikationsidee?, IPRax 2006, S. 537–550.

--- Europäisches Kollisionsrecht 2007: Windstille im Erntefeld der Integration, IPRax 2007, S. 493–506.

Jergolla, Maren, Die britische Werbeselbstkontrolle anhand des Advertising Code - eine Gegenüberstellung mit der Rechtslage in Deutschland, WRP 2003, S. 431–449.

--- Der neue British Code of Advertising, Sales Promotion and Direct Marketing. Ein Überblick über die Novellierung der Regeln des britischen Werbeselbstkontrollsystems der Advertising Standards Authority und des Committee of Advertising Practice, WRP 2003, S. 606–609.

Junker, Abbo, Das Internationale Privat- und Verfahrensrecht im Zugriff der Europäischen Union, in: Privatrecht in Europa: Vielfalt, Kollision, Kooperation; Festschrift für Hans Jürgen Sonnenberger zum 70. Geburtstag, herausgegeben von Michael Coester, Dieter Martiny und Prinz von Sachsen Gessaphe Karl August, München 2004, S. 417–432, zit.: FS Sonnenberger.

--- Die Rom II-Verordnung: Neues Internationales Deliktsrecht auf europäischer Grundlage, NJW 2007, S. 3675–3682.

--- Der Reformbedarf im Internationalen Deliktsrecht nach der Rom II-Verordnung drei Jahre nach ihrer Verabschiedung, RIW 2010, S. 257–269.

Kadner Graziano, Thomas, Das auf außervertragliche Schuldverhältnisse anzuwendende Recht nach Inkrafttreten der Rom II-Verordnung, RabelsZ 73 (2009), S. 1–77.

Katzenberger, Paul, Kollisionsrecht des unlauteren Wettbewerbs, in: Neuordnung des Wettbewerbsrechts, 11. Ringberg-Symposium des Max-Planck-Instituts für ausländisches und internationales Patent-, Urheber- und Wettbewerbsrecht, 14. bis 18. Juni 1997, Schloß Ringberg, Tegernsee, herausgegeben von Gerhard Schricker, Baden-Baden 1999, S. 218–230, zit.: Neuordnung des Wettbewerbsrechts.

Kegel, Gerhard/ Schurig, Klaus, Internationales Privatrecht: ein Studienbuch, 9. Aufl. München 2004, zit.: IPR.

Keller, Max/ Siehr, Kurt, Allgemeine Lehren des internationalen Privatrechts, Zürich 1986, zit.: Allgemeine Lehren.

Kerly, Duncan Mackenzie, Kerly's law of trade marks and trade names, herausgegeben von R. G. Lloyd, 8. Aufl. London 1960, zit.: On Trade Marks.

Keßler, Jürgen, Wettbewerbstheoretische Aspekte des Irreführungsverbotes -- eine ökonomische und dogmengeschichtliche Analyse., WRP 1990, S. 73–85.

--- Lauterkeitsschutz und Wettbewerbsordnung - zur Umsetzung der Richtlinie 2005/29/EG über unlautere Geschäftspraktiken in Deutschland und Österreich, WRP 2007, S. 714–722.

Keßler, Jürgen/ Micklitz, Hans W., Die Harmonisierung des Lauterkeitsrechts in den Mitgliedstaaten der Europäischen Gemeinschaft und die Reform des UWG, Baden-Baden 2003, zit.: Harmonisierung.

Kieninger, Eva-Maria, Das Europäische IPR vor der Kodifikation?, in: Grenzen überwinden - Prinzipien bewahren. Festschrift für Bernd von Hoffmann zum 70. Geburtstag am 28. Dezember 2011, herausgegeben von Herbert Kronke und Karsten Thorn, 2011, S. 184–197, zit.: FS von Hoffmann.

Kim, Byung-Il, Rechtsgrundlagen des Schutzes vor unlauterem Wettbewerb in Korea, GRUR Int. 1997, S. 237–249.

Kindler, Peter, Vom Staatsangehörigkeits- zum Domizilprinzip: das künftige internationale Erbrecht der Europäischen Union, IPRax 2010, S. 44–50.

Klauer, Irene, Die Europäisierung des Privatrechts: der EuGH als Zivilrichter, Baden-Baden 1998, zit.: Europäisierung des Privatrechts.

Klinke, Ulrich, Kollisionsnormen und Gemeinschaftsrecht. Zur Architektur des europäischen Vaterhauses, in: Liber Amicorum Gerhard Kegel, herausgegeben von Heinz-Peter Mansel und Hilmar Krüger, München 2002, S. 1–32, zit.: Liber Amicorum Gerhard Kegel.

Knaak, Roland, Der Schutz geographischer Angaben nach dem TRIPS-Abkommen, GRUR Int. 1995, S. 642–652.

--- The Protection of Geographical Indications According to the TRIPs Agreement, in: From GATT to TRIPs: The Agreement on Trade Related Aspects of Intellectual Property Rights, herausgegeben von Friedrich-Karl Beier und Gerhard Schricker, Weinheim [u.a.] 1996, S. 117–140, zit.: From GATT to TRIPs.

Knöfel, Oliver, Kommendes Internationales Arbeitsrecht - Der Vorschlag der Kommission der Europäischen Gemeinschaften vom 15.12.2005 für eine „Rom I"-Verordnung, RdA 2006, S. 269–281.

--- Internationales Arbeitskampfrecht nach der Rom II-Verordnung, EuZA 2008, S. 228,250.

Knöpfle, Robert, Der Rechtsbegriff „Wettbewerb" und die Realität des Wirtschaftslebens, Köln, Berlin [u.a.] 1966, zit.: „Wettbewerb" und die Realität.

Koenig, Christian/ Kühling, Jürgen, Der Streit um die neue Tabakproduktrichtlinie, EWS 2002, S. 12–20.

Kohler, Christian, La Cour de Justice des Communautés Européennes et le Droit International Privé, Droit International Privé 1993, S. 71–84.

--- Interrogations sur les sources du droit international privé européen après le traité d'Amsterdam, Revue Critique 88 (1999), S. 1–30.

--- Die Revision des Brüsseler und des Luganer Übereinkommens über die gerichtliche Zuständigkeit und die Vollstreckung gerichtlicher Entscheidungen in Zivil- und Handelssachen - Generalia und Gerichtsstandsproblematik, in: Revision des EUGVÜ - neues Schiedsverfahrensrecht: ein Forschungsbericht, herausgegeben von Peter Gottwald, Bielefeld 2000, S. 1–35, zit.: Revision des EuGVÜ.

--- Europäisches Kollisionsrecht zwischen Amsterdam und Nizza, ZEuS 2001, S. 575–593.

--- Systemwechsel im europäischen Anerkennungsrecht: Von der EuGVVO zur Abschaffung des Exequaturs, in: Systemwechsel im europäischen Kollisionsrecht, herausgegeben von Jürgen Baur und Heinz-Peter Mansel, München 2002, S. 147–163, zit.: Systemwechsel.

--- Der europäische Justizraum für Zivilsachen und das Gemeinschaftskollisionsrecht, IPRax 2003, S. 401–412.

--- Verständigungsschwierigkeiten zwischen europäischem Gemeinschaftsrecht und internationalem Privatrecht, in: Festschrift für Erik Jayme, Band I, herausgegeben von Heinz-Peter Mansel, Thomas Pfeiffer, Herbert Kronke u. a., München 2006, S. 445–459, zit.: FS Jayme.

--- Musterhaus oder Luftschloss? Zur Architektur einer Kodifikation des Europäischen Kollisionsrechts - Tagung in Toulouse am 17./18.3.2011, IPRax 2011, S. 419–420.

Köhler, Helmut, Irreführungs-Richtlinie und deutsches Wettbewerbsrecht, GRUR Int. 1994, S. 396–402.

--- UWG-Reform und Verbraucherschutz, GRUR 2003, S. 265–272.

--- Zur Umsetzung der Richtlinie über unlautere Geschäftspraktiken, GRUR 2005, S. 793–802.

--- Was ist „vergleichende Werbung"?, GRUR 2005, S. 273–280.

--- Zur Konkurrenz lauterkeitsrechtlicher und kartellrechtlicher Normen, WRP 2005, S. 645–654.

--- „Wettbewerbshandlung" und „Geschäftspraktiken" - Zur richtlinienkonformen Auslegung des Begriffs der Wettbewerbshandlung und zu seiner Definition im künftigen UWG, WRP 2007, S. 1393–1397.

--- Das Verhältnis des Wettbewerbsrechts zum Recht des geistigen Eigentums; Zur Notwendigkeit einer Neubestimmung auf Grund der Richtlinie über unlautere Geschäftspraktiken, GRUR 2007, S. 548–554.

--- Zur richtlinienkonformen Auslegung und Neuregelung der „Bagatellklausel" in § 3 UWG, WRP 2008, S. 10–15.

--- Die UWG-Novelle 2008, WRP 2009, S. 109–117.

--- Richtlinienkonforme Gesetzgebung statt richtlinienkonforme Auslegung: Plädoyer für eine weitere UWG-Novelle, WRP 2012, S. 251–260.

Köhler, Helmut/ Bornkamm, Joachim/ Baumbach, Adolf u. a. (Hrsg.), Gesetz gegen den unlauteren Wettbewerb, 29. Aufl. München 2011, zit.: Köhler/ Bornkamm-*Bearbeiter*.

Köhler, Helmut/ Lettl, Tobias, Das geltende europäische Lauterkeitsrecht, der Vorschlag für eine EG-Richtlinie über unlautere Geschäftspraktiken und die UWG-Reform, WRP 2003, S. 1019–1057.

Kohler, Josef, Das Recht des Markenschutzes, Würzburg 1884, zit.: Das Recht des Markenschutzes.

--- Der unlautere Wettbewerb: Darstellung des Wettbewerbsrechts, Berlin u.a 1914, zit.: Der unlautere Wettbewerb.

Kohler, Kristin, Die grenzüberschreitende Verbraucherverbandsklage nach dem Unterlassungsklagengesetz im Binnenmarkt, Frankfurt am Main [u.a.] 2008, zit.: Verbraucherverbandsklage.

König, Detlef, Vereinheitlichung des internationalen Schuldrechts in der Europäischen Gemeinschaft, EuR 1975, S. 289–318.

Koos, Stefan, Europäischer Lauterkeitsmaßstab und globale Integration: Beitrag zu einer weltmarktorientierten Sichtweise des nationalen und gemeinschaftlichen Wettbewerbsrechts, München 1996, zit.: Europäischer Lauterkeitsmaßstab.

--- Grundsätze des Lauterkeitskollisionsrechts im Lichte der Schutzzwecke des UWG, WRP 2006, S. 499–509.

--- Possible Effects of the Market Place Rule as Provided in the Amended Proposal of the Rome II Regulation, EuLF [E] 2006, S. 145–146.

Kort, Michael, Zur „multistate"-Problematik grenzüberschreitender Fernsehwerbung, GRUR Int. 1994, S. 594–602.

Kotuby, Charles, External Competence of the European Community in the Hague Conference on Private International Law: Community Harmonization and Worldwide Unification, NILR 2001, S. 1–30.

Koziol, Helmut/ Thiede, Thomas, Kritische Bemerkungen zum derzeitigen Stand des Entwurfs einer Rom II-Verordnung, ZVglRWiss 106 (2007), S. 235–247.

Kozyris, Phaedon John, Rome II: Tort Conflicts on the Right Track! A Postscript to Symeon Symeonides' „Missed Opportunity", AJCL 56 (2008), S. 471–497.

Kraft, Alfons, Interessenabwägung und gute Sitten im Wettbewerbsrecht, München; Berlin 1963, zit.: Interessenabwägung.

Kramer, Xandra E., The Rome II Regulation on the Law Applicable to Non-Contractual Obligations: The European Private International Law Tradition Continued, NIPR 2008, S. 414–424.

Krasser, Rudolf, Das Recht des unlauteren Wettbewerbs in den Mitgliedstaaten der Europäischen Wirtschaftsgemeinschaft: Gutachten erstattet im Auftrag der Kommission der Europäischen Wirtschaftsgemeinschaft vom Institut für Ausländisches und Internationales Patent-, Urheber- und Markenrecht der

Universität München, Band IV, Frankreich, herausgegeben von Eugen Ulmer, München [u.a.] 1967, zit.: Unlauterer Wettbewerb IV (Frankreich).

--- The Protection of Trade Secrets in the TRIPs Agreement, in: From GATT to TRIPs: The Agreement on Trade Related Aspects of Intellectual Property Rights, herausgegeben von Friedrich-Karl Beier und Gerhard Schricker, Weinheim [u.a.] 1996, S. 216–225, zit.: From GATT to TRIPs.

Kreuzer, Karl Friedrich, Die Europäisierung des internationalen Privatrechts - Vorgaben des Gemeinschaftsrechts, in: Gemeinsames Privatrecht in der Europäischen Gemeinschaft, herausgegeben von Peter-Christian Müller-Graff, 2. Aufl. Baden-Baden 1999, S. 457–542, zit.: Gemeinsames Privatrecht.

--- Die Vollendung der Kodifikation des deutschen Internationalen Privatrechts durch das Gesetz zum Internationalen Privatrecht der außervertraglichen Schuldverhältnisse und Sachen vom 21.5.1999, RabelsZ 65 (2001), S. 383–462.

--- Zu Stand und Perspektiven des Europäischen Internationalen Privatrechts - Wie europäisch soll das Europäische Internationale Privatrecht sein? -, RabelsZ 70 (2006), S. 1–88.

--- Gemeinschaftskollisionsrecht und universales Kollisionsrecht: Selbstisolation, Koordination oder Integration?, in: Die richtige Ordnung, Festschrift für Jan Kropholler zum 70. Geburtstag, herausgegeben von Dietmar Baetge, Jan von Hein und Michael von Hinden, Tübingen 2008, S. 129–150, zit.: FS Kropholler.

Kroher, Jürgen, Die neuere Entwicklung der Passing off-Klage im englischen Recht, GRUR Int. 1982, S. 92–102.

Kropholler, Jan, Zur Kodifikation des Internationalen Deliktsrechts, ZfRV 1975, S. 256–267.

--- Anmerkungen zum Beschluß des BGH v. 22.6.1983 (VIII ZB 14/82), JZ 1983, S. 905–907.

--- Die Auslegung von EG-Verordnungen zum Internationalen Privat- und Verfahrensrecht, in: Aufbruch nach Europa: 75 Jahre Max-Planck-Institut für Privatrecht, herausgegeben von Jürgen Basedow, Tübingen 2001, S. 583–594, zit.: FS Max-Planck-Institut.

--- Internationales Privatrecht: einschließlich der Grundbegriffe des internationalen Zivilverfahrensrechts, 6. Aufl. Tübingen 2006, zit.: IPR.

Kropholler, Jan/ Von Hein, Jan, Europäisches Zivilprozeßrecht: Kommentar zu EuGVO, Lugano-Übereinkommen und Europäischem Vollstreckungstitel, 9. Aufl. Frankfurt am Main 2011, zit.: Europäisches Zivilprozessrecht.

Kugelmann, Dieter, Die Dienstleistungs-Richtlinie der EG zwischen der Liberalisierung von Wachstumsmärkten und europäischem Sozialmodell, EuZW 2005, S. 327–331.

Kühnberg, Stefanie, Die konsumentenschützende Verbandsklage, ZfRV 2005, S. 106–115.

Kulka, Michael, Der Entwurf eines „Ersten Gesetzes zur Änderung des Gesetzes gegen den unlauteren Wettbewerb", DB 2008, S. 1548–1557.

Kur, Annette, Die „geschlechtsdiskriminierende Werbung" im Recht der nordischen Länder, WRP 1995, S. 790–796.

--- Die Harmonisierung des Lauterkeitsrechts durch Angleichungsmaßnahmen in angrenzenden Bereichen, in: Neuordnung des Wettbewerbsrechts, 11. Ringberg-Symposium des Max-Planck-Instituts für ausländisches und internationales Patent-, Urheber- und Wettbewerbsrecht, 14. bis 18. Juni 1997, Schloß Ringberg, Tegernsee, herausgegeben von Gerhard Schricker, Baden-Baden 1999, S. 116–138, zit.: Neuordnung des Wettbewerbsrechts.

Ladas, Stephen Pericles, Patents, Trademarks, and Related Rights: National and International Protection, Cambridge, Mass. 1975, zit.: Patents.

Lagarde, Paul, Internationales Privatrecht und Europarecht, in: Denationalisierung des Privatrechts?, herausgegeben von Eva-Maria Kieninger, Tübingen 2005, S. 1–18, zit.: Internationales Privatrecht und Europarecht.

Lando, Ole, The EC Draft Convention on the Law Applicable to Contractual and Non-Contractual Obligations, RabelsZ 38 (1974), S. 6–55.

Langer, Jörg, Das französische Wettbewerbsrecht, WRP 1991, S. 11–16.

Larenz, Karl/ Canaris, Claus-Wilhelm, Methodenlehre der Rechtswissenschaft, 3. Aufl. Berlin [u.a.] 1995, zit.: Methodenlehre.

Lavranos, Nikolaos, Case Law, Opinion 1/03, Lugano Convention, (Full Court) of 7 February 2006, CMLRev. 43 (2006), S. 1087–1100.

Lehmann, Matthias, Zur Beurteilung der Urheberrechtsfähigkeit von Computerprogrammen in der Rechtsprechung des BGH, CR 1991, S. 150–151.

Leible, Stefan, Kollisionsrechtlicher Verbraucherschutz im EVÜ und in EG-Richtlinien, in: Europäische Rechtsangleichung und nationale Privatrechte, herausgegeben von Hans Schulte-Nölke und Reiner Schulze, Baden-Baden 1999, S. 353–392, zit.: Europäische Rechtsangleichung.

--- Das Herkunftslandprinzip im IPR - Fata Morgana oder neue Metaregel?, in: Neue Entwicklungen in der Dienstleistungs- und Warenverkehrsfreiheit, herausgegeben von Annette Nordhausen, Baden-Baden 2002, S. 71–88, zit.: Neue Entwicklungen.

--- Die Bedeutung des Internationalen Privatrechts im Zeitalter der neuen Medien, Stuttgart, München [u.a.] 2003, zit.: Neue Medien.

--- Der Beitrag der Rom II-Verordnung zu einer Kodifikation der allgemeinen Grundsätze des Europäischen Kollisionsrechts, in: Europäisches Gemeinschaftsrecht und IPR: Ein Beitrag zur Kodifikation der allgemeinen Grundsätze des europäischen Kollisionsrechts; Symposium Wien 1. Dezember 2006 aus Anlass des 10-jährigen Bestehens des Ludwig-Boltzmann-Institutes für Europarecht, herausgegeben von Gerte Reichelt, Wien 2007, S. 31–54, zit.: Gemeinschaftsrecht und IPR.

--- Rechtswahl im IPR der außervertraglichen Schuldverhältnisse nach der Rom II-Verordnung, RIW 2008, S. 257–264.

Leible, Stefan/ Engel, Andreas, Der Vorschlag der EG-Kommission für eine Rom II-Verordnung - Auf dem Weg zu einheitlichen Anknüpfungsregeln für außervertragliche Schuldverhältnisse in Europa, EuZW 2004, S. 7–17.

Leible, Stefan/ Jahn, David, Nationale verbraucherschützende Regelung zum Erhalt der Medienvielfalt gemeinschaftsrechtswidrig, EuZW 2010, S. 947–951.

Leible, Stefan/ Lehmann, Matthias, Die neue EG-Verordnung über das auf außervertragliche Schuldverhältnisse anzuwendende Recht („Rom II"), RIW 2007, S. 721–735.

--- Die Verordnung über das auf vertragliche Schuldverhältnisse anzuwendende Recht („Rom I"), RIW 2008, S. 528–544.

Leible, Stefan/ Staudinger, Ansgar, Art. 65 EGV im System der EG-Kompetenzen, EuLF [D] 2001, S. 225–300.

Leistner, Matthias, Richtiger Vertrag und lauterer Wettbewerb: eine grundlagenorientierte Studie unter besonderer Berücksichtigung der europäischen Perspektive, Tübingen 2007, zit.: Richtiger Vertrag und lauterer Wettbewerb.

--- Bestand und Entwicklungsperspektiven des Europäischen Lauterkeitsrechts, ZEuP 2009, S. 56–90.

Lenz, Carl Otto/ Borchardt, Klaus-Dieter (Hrsg.), EU- und EG-Vertrag: Kommentar zu dem Vertrag über die Europäische Union und zu dem Vertrag zur Gründung der Europäischen Gemeinschaft, 4. Aufl. Köln 2006, zit.: Lenz/Borchardt (4.)-*Bearbeiter*.

Lettl, Tobias, Gemeinschaftsrecht und neues UWG, WRP 2004, S. 1079–1132.

Lindacher, Walter, Zum Internationalen Privatrecht des unlauteren Wettbewerbs, WRP 1996, S. 645–652.

--- Die internationale Dimension lauterkeitsrechtlicher Unterlassungsansprüche: Marktterritorialität versus Universalität, GRUR Int. 2008, S. 453–459.

Linke, Hartmut, Die Europäisierung des Internationalen Privat- und Verfahrensrechts, Traum oder Traume?, in: Einheit und Vielfalt des Rechs, Festschrift für Reinhold Geimer zum 65. Geburtstag, herausgegeben von Rolf Schütze, München 2002, S. 529–554, zit.: FS Geimer.

Loewenheim, Ulrich, Suggestivwerbung, unlauterer Wettbewerb, Wettbewerbsfreiheit und Verbraucherschutz, GRUR 1975, S. 99–110.

--- Das Recht zur Bekämpfung unlauteren Wettbewerbs in der EG, in: Harmonisierung des Rechts gegen den unlauteren Wettbewerb in der EG?

Referate einer FIW-Veranstaltung, herausgegeben von Forschungsinstitut für Wirtschaftsverfassung und Wettbewerb e. V., Köln ; München u.a 1993, S. 1–9, zit.: Harmonisierung.

Lohrberg, Wolfgang, Voraussetzungen, Grenzen und rechtssystematische Einordnung des Abwehreinwandes im Recht gegen den unlauteren Wettbewerb, Münster 1979, zit.: Abwehreinwand.

Loschelder, Michael/ Erdmann, Willi (Hrsg.), Handbuch des Wettbewerbsrechts, 4. Aufl. München 2010, zit.: Gloy/Loschelder/Erdmann-*Bearbeiter*.

Lucas-Schloetter, Agnès, Länderbericht Frankreich, in: Lauterkeitsrecht in Europa: Eine Sammlung von Länderberichten zum Recht gegen unlauteren Wettbewerb, herausgegeben von Martin Schmidt-Kessel und Silvan Schubmehl, Berlin 2011, S. 237–322, zit.: Lauterkeitsrecht in Europa.

Ludwig, Babett, Irreführende und vergleichende Werbung in der Europäischen Gemeinschaft, Baden-Baden 1995, zit.: Werbung in der EG.

Lüttringhaus, Jan D., Grenzüberschreitender Diskriminierungsschutz: das internationale Privatrecht der Antidiskriminierung, Tübingen 2010, zit.: Grenzüberschreitender Diskriminierungsschutz.

Maier, Antonia, Der Schutz von Betriebs- und Geschäftsgeheimnissen im schwedischen, englischen und deutschen Recht, Köln, Berlin [u.a.] 1998, zit.: Betriebs- und Geschäftsgeheimnisse.

Makarov, Alexander, Theorie und Praxis der Qualifikation, in: Internationales Recht, Kollisionsrecht und int ernationales Zivilprozeessrecht, Europäisches Recht: Festschrift für Hans Dölle, herausgegeben von Ernst von Caemmerer, Arthur Nikisch und Konrad Zweigert, 2. Aufl. Tübingen 1963, S. 149–177, zit.: FS Dölle.

Mankowski, Peter, Internet und Internationales Wettbewerbsrecht, GRUR Int. 1999, S. 909–921.

--- Das Herkunftslandprinzip als Internationales Privatrecht der e-commerce-Richtlinie, ZVglRWiss 100 (2001), S. 137–181.

--- Binnenmarkt-IPR, in: Aufbruch nach Europa: 75 Jahre Max-Planck-Institut für Privatrecht, herausgegeben von Jürgen Basedow, Ulrich Drobnig, Reinhard Ellger u. a., Tübingen 2001, S. 595–615, zit.: 75 Jahre Max-Planck-Institut.

--- Herkunftslandprinzip und deutsches Umsetzungsgesetz zur e-commerce-Richtlinie, IPRax 2002, S. 257–266.

--- Wider ein Herkunftslandprinzip für Dienstleistungen im Binnenmarkt, IPRax 2004, S. 385–395.

--- Was soll der Anknüpfungsgegenstand des (europäischen) Internationalen Wettbewerbsrechts sein?, GRUR Int. 2005, S. 634–637.

--- Ausgewählte Einzelfragen zur Rom II-VO: Internationales Umwelthaftungsrecht, Internationales Kartellrecht, renvoi, Parteiautonomie, IPRax 2010, S. 389–402.

Mansel, Heinz-Peter, Zum Systemwechsel im europäischen Kollisionsrecht nach Amsterdam und Nizza, in: Systemwechsel im europäischen Kollisionsrecht, herausgegeben von Jürgen Baur und Heinz-Peter Mansel, München 2002, S. 1–15, zit.: Systemwechsel.

--- Anerkennung als Grundprinzip des Europäischen Rechtsraums: Zur Herausbildung eines europäischen Anerkennungs-Kollisionsrechts: Anerkennung statt Verweisung als neues Strukturprinzip des Europäischen internationalen Privatrechts?, RabelsZ 70 (2006), S. 651–731.

Mansel, Heinz-Peter/ Thorn, Karsten/ Wagner, Rolf, Europäisches Kollisionsrecht 2008: Fundamente der Europäischen IPR-Kodifikation, IPRax 2009, S. 1–23.

--- Europäisches Kollisionsrecht 2009: Hoffnungen durch den Vertrag von Lissabon, IPRax 2010, S. 1–27.

--- Europäisches Kollisionsrecht 2010: Verstärkte Zusammenarbeit als Motor der Vereinheitlichung?, IPRax 2011, S. 1–30.

Marsh, Norman, Unlauterer Wettbewerb und englisches Recht - Eine Einführung unter besonderer Berücksichtigung des passing off, GRUR Ausl. 1964, S. 493–499.

Martiny, Dieter, Die Anknüpfung an den Markt, in: Festschrift für Ulrich Drobnig zum siebzigsten Geburtstag, herausgegeben von Jürgen Basedow, Klaus Hopt und Hein Kötz, Tübingen 1998, S. 389–408, zit.: Die Anknüpfung an den Markt.

Mäsch, Gerald, Studentenbund als Staatsanwalt im Cyberspace - Wie weit reicht die französische Verbandsklage?, ZEuP 2003, S. 375–397.

--- Europäisches Lauterkeitsrecht - von Gesetzen und Würsten, EuR 2005, S. 625–641.

Maurer, Kristin, Grenzüberschreitende Unterlassungsklagen von Verbraucherschutzverbänden, Münster [u.a.] 2001, zit.: Unterlassungsklagen.

Meier, Gert, Die Lauterkeit des Handelsverkehrs: Zur Einwirkung des Art. 30 EWGV auf Auslegung und Anwendung der Generalklauseln des deutschen Wettbewerbsrechts, GRUR Int. 1993, S. 219–221.

Mermillod, Louis, Essai sur la notion de concurrence déloyale en France et aux états-unis, Paris 1954, zit.: Concurrence Déloyale.

Meyer, Andreas, Produktspezifische Werberegelungen im Europäsichen Gemeinschaftsrecht, in: Neuordnung des Wettbewerbsrechts, 11. Ringberg-Symposium des Max-Planck-Instituts für ausländisches und internationales Patent-, Urheber- und Wettbewerbsrecht, 14. bis 18. Juni 1997, Schloß Ringberg, Tegernsee, herausgegeben von Gerhard Schricker, Baden-Baden 1999, S. 93–111, zit.: Neuordnung des Wettbewerbsrechts.

Meyer-Cording, Ulrich, Die Grundbegriffe des Wettbewerbsrechts, WuW 1962, S. 461–474.

Michaels, Ralf, EU Law as Private International Law? Reconceptualising the Country-of-Origin Principle as Vested-Rights Theory, JPIL 2006, S. 195–242.

--- Die europäische IPR-Revolution: Regulierung, Europäisierung, Mediatisierung, in: Die richtige Ordnung, Festschrift für Jan Kropholler zum 70. Geburtstag, herausgegeben von Dietmar Baetge, Jan von Hein und Michael von Hinden, 2008, S. 151–173, zit.: FS Kropholler.

Michailidou, Chrisoula, Internationale Zuständigkeit bei vorbeugenden Verbandsklagen (zu EuGH, 1.10.2002 - Rs. C-167/00 - VKI/Karl Heinz Henkel), IPRax 2003, S. 223–227.

Micklitz, Hans W., Das Konzept der Lauterkeit in der Richtlinie 2005/29/EG, in: Droit de la consommation: Liber amicorum Bernd Stauder, herausgegeben von Luc Thévenoz und Norbert Reich, Baden-Baden [u.a.] 2006, S. 297–312, zit.: FS Bernd Stauder.

Micklitz, Hans W./ Bultmann, Fritz/ Howells, Geraint u. a., The Feasibility of a General Legislative Framework on Fair Trading, 2000, abrufbar unter http://ec.europa.eu/dgs/health_consumer/library/surveys/, abgerufen am, zit.: Micklitz-Gutachten.

Micklitz, Hans W./ Keßler, Jürgen, Europäisches Lauterkeitsrecht - Dogmatische und ökonomische Aspekte einer Harmonisierung des Wettbewerbsverhaltensrechts im europäischen Binnenmarkt, GRUR Int. 2002, S. 885–901.

--- Funktionswandel des UWG, WRP 2003, S. 919–936.

Morcom, Christopher, Gowers: A Glimmer of Hope for UK Compliance with Article 10bis of the Paris Convention, EIPR 2007, S. 125–127.

Morse, Robin, Memorandum by Professor Robin (CGJ) Morse, 2004, abrufbar unter http://www.publications.parliament.uk/ pa/ld200304/ldselect/ldeucom/66/66we15.htm, abgerufen am 24.06.2009, zit.: Memorandum.

Müller, Sandra, Länderbericht England, in: Lauterkeitsrecht in Europa: Eine Sammlung von Länderberichten zum Recht gegen unlauteren Wettbewerb, herausgegeben von Martin Schmidt-Kessel und Silvan Schubmehl, Berlin 2011, S. 163–216, zit.: Lauterkeitsrecht in Europa.

Müller-Graff, Peter-Christian, Ordnungspolitische Divergenzen und wettbewerbliche Lauterkeit in der Verfassung des Gemeinsamen Marktes, in: Einigkeit und Recht und Freiheit: Festschrift für Karl Carstens zum 70. Geburtstag am 14. Dezember 1984, herausgegeben von Bodo Börner, Hermann Jahrreiß und Klaus Stern, Köln, Berlin [u.a.] 1984, S. 209–230, zit.: FS Carstens.

--- Europäisches Gemeinschaftsrecht und Privatrecht - Das Privatrecht in der europäischen Integration, NJW 1993, S. 13–23.

--- Die ziviljustizielle Zusammenarbeit im „Raum der Freiheit, der Sicherheit und des Rechts“ im System des Europäischen Verfassungsvertrages, in: Festschrift für Erik Jayme, Band II, herausgegeben von Heinz-Peter Mansel, Thomas Pfeiffer, Herbert Kronke u. a., München 2006, S. 1323–1337, zit.: FS Jayme.

Müller-Graff, Peter-Christian/ Kainer, Friedmann, Die justizielle Zusammenarbeit in Zivilsachen in der Europäischen Union, DRiZ 2000, S. 350–354.

Nadelmann, Kurt, The EEC Draft of a Convention on the Law Applicable to Contractual an Non-Contractual Obligations, AJCL 1973, S. 584–592.

--- Impressionism and Unification of Law: The EEC Draft Convention on the Law Applicable to Contractual an Non-Contractual Obligations, AJCL 1976, S. 1–21.

Nastelski, Karl, Schutz der Allgemeinheit im Wettbewerbsrecht, GRUR 1969, S. 322–326.

Niggemann, Friedrich, Eingriffsnormen auf dem Vormarsch, IPRax 2009, S. 444–451.

Nordemann, Matthias, Neuere Entwicklungen im Recht der vergleichenden Werbung, GRUR Int. 2002, S. 297–303.

North, Peter, Memorandum by Sir Peter North, 2004, abrufbar unter http://www.publications.parliament.uk/pa/ld200304/ ldselect/ldeucom/66/4012902.htm, abgerufen am 19.06.2009, zit.: Memorandum.

Nothhelfer, Norbert, Anschwärzung und täuschende Werbung im englischen Recht, GRUR Ausl. 1966, S. 434–440.

Obergfell, Eva Inés, Vollharmonisierung im Lauterkeitsrecht, in: Vollharmonisierung im Europäischen Verbraucherrecht?, herausgegeben von Michael Stürner, Berlin, New York 2010, S. 159–175, zit.: Vollharmonisierung.

Office of Fair Trading, Consumer Protection from Unfair Trading. Guidance on the UK Regulations (May 2008) implementing the Unfair Commercial Practice Directive, 2008, abrufbar unter www.oft.gov.uk, abgerufen am 18.02.2011, zit.: Guidance.

--- Business to Business Promotions and Comparative Advertisements. A Quick Guide to the Business Protection from Misleading Marketing Regulations 2008, 2009, abrufbar unter www.oft.gov.uk, abgerufen am, zit.: B2B Promotions.

Ofner, Helmut, Die Rom II-Verordnung - Neues Internationales Privatrecht für außervertragliche Schuldverhältnisse in der Europäischen Union, ZfRV 2008, S. 13–24.

Ohly, Ansgar, Richterrecht und Generalklausel im Recht des unlauteren Wettbewerbs: ein Methodenvergleich des englischen und des deutschen Rechts, Köln, Berlin [u.a.] 1997, zit.: Richterrecht und Generalklausel.

--- Die Bemühungen um eine Rechtsvereinheitlichung auf EU-Ebene von den Anfängen bis zur Richtlinie über irreführende Werbung von 1984, in: Neuordnung des Wettbewerbsrechts, 11. Ringberg-Symposium des Max-Planck-Instituts für ausländisches und internationales Patent-, Urheber- und Wettbewerbsrecht, 14. bis 18. Juni 1997, Schloß Ringberg, Tegernsee, herausgegeben von Gerhard Schricker, Baden-Baden 1999, S. 69–80, zit.: Neuordnung des Wettbewerbsrechts.

--- Herkunftslandprinzip und Kollisionsrecht, GRUR Int. 2001, S. 899–908.

--- Recht der Werbung in Europa: Großbritannien, in: Recht der Werbung in Europa, herausgegeben von Gerhard Schricker, Baden-Baden 2002, zit.: Werbung in Europa, Großbritannien.

--- Das Herkunftslandprinzip im Bereich vollständig angeglichenen Lauterkeitsrechts - Überlegungen zur Binnenmarktklausel der Richtlinie über unlautere Geschäftspraktiken und zum BGH-Urteil „Arzneimittelwerbung im Internet", WRP 2006, S. 1401–1412.

--- Bausteine eines europäischen Lauterkeitsrechts, WRP 2008, S. 177–185.

Von Overbeck, A.E./ Volken, Paul, Das Internationale Deliktsrecht im Vorentwurf der EWG, RabelsZ 38 (1974), S. 56–78.

Pache, Eckhard/ Knauf, Matthias, Wider die Beschränkung der Vorlagebefugnis unterinstanzlicher Gerichte im Vorabentscheidungsverfahren - zugleich ein Beitrag zu Art. 68I EG, NVwZ 2004, S. 16–21.

Palandt, Otto (Hrsg.), Bürgerliches Gesetzbuch: mit Nebengesetzen insbesondere mit Einführungsgesetz (Auszug) einschließlich Rom I- und Rom-II Verordnungen, Allgemeines Gleichbehandlungsgesetz (Auszug), BGB-Informationspflichten-Verordnung, Unterlassungsklagengesetz, Produkthaftungsgesetz, Erbbaurechtsverordnung, Wohnungseigentumsgesetz, Lebenspartnerschaftsgesetz, Gewaltschutzgesetz, 69. Aufl. München 2010, zit.: Palandt-*Bearbeiter*.

Peifer, Karl-Nikolaus, Schutz ethischer Werte im Europäischen Lauterkeitsrecht oder rein wirtschaftliche Betrachtungsweise?, in: Lauterkeitsrecht und Acquis Communautaire, herausgegeben von Reto Hilty und Frauke Henning-Bodewig, Berlin, Heidelberg 2009, S. 125–144, zit.: Lauterkeitsrecht und Acquis.

Peukert, Alexander, Güterzuordnung als Rechtsprinzip, Tübingen 2008, zit.: Güterzuordnung.

--- Die Ziele des Primärrechts und ihre Bedeutung für das Europäische Lauterkeitsrecht: Auflösungserscheinungen eines Rechtsgebiets?, in: Lauterkeitsrecht und Acquis Communautaire, herausgegeben von Reto Hilty und Frauke Henning-Bodewig, Berlin, Heidelberg 2009, S. 27–63, zit.: Lauterkeitsrecht und Acquis.

Pfeiffer, Thomas, Die Entwicklung des Internationalen Vertrags-, Schuld- und Sachenrechts 1997–1999, NJW 1999, S. 3674–3687.

Pflüger, Martin, Reichweite internationalrechtlicher Vorgaben, in: Lauterkeitsrecht und Acquis Communautaire, herausgegeben von Reto Hilty und Frauke Henning-Bodewig, Berlin, Heidelberg 2009, S. 65–93, zit.: Lauterkeitsrecht und Acquis.

Piekenbrock, Andreas, Die Bedeutung des Herkunfstlandprinzips im europäischen Wettbewerbsrecht, GRUR Int. 2005, S. 997–1004.

Piper, Henning/ Ohly, Ansgar (Hrsg.), Gesetz gegen den unlauteren Wettbewerb: mit Preisangabenverordnung; Kommentar, 5. Aufl. München 2010, zit.: Piper/Ohly/Sosnitza-*Bearbeiter*.

Podszun, Rupprecht, Spezielle Wettbewerbsförderung durch Europäisches Lauterkeitsrecht: Plädoyer für ein allgemeines Europäisches Wettbewerbsrecht, in: Lauterkeitsrecht und Acquis Communautaire, herausgegeben von Reto Hilty und Frauke Henning-Bodewig, Berlin, Heidelberg 2009, S. 151–180, zit.: Lauterkeitsrecht und Acquis.

--- Der „more economic approach" im Lauterkeitsrecht, WRP 2009, S. 509–518.

Posch, Willibald, The „Draft Reglulation Rome II" in 2004: Its Past and Future Perspectives, YPIL 6 (2004), S. 129–154, abgerufen am 26.08.2011.

Prütting, Hanns/ Wegen, Gerhard/ Weinreich, Gerd (Hrsg.), BGB: Kommentar, 5. Aufl. Köln 2010, zit.: P/W/W-*Bearbeiter*.

Rabel, Ernst, Das Problem der Qualifikation, RabelsZ 5 (1931), S. 241–288.

Rauscher, Thomas, Anmerkung zum Urteil des EuGH v. 14.11.2002 in der Rs. C-271/00, ZZP Int. 2002, S. 324–329.

Rauscher, Thomas (Hrsg.), Europäisches Zivilprozess- und Kollisionsrecht EuZPR/ EuIPR, Berlin 2011, zit.: Rauscher-*Bearbeiter*.

Rauscher, Thomas/ Wax, Peter/ Wenzel, Joachim (Hrsg.), Münchener Kommentar zur Zivilprozeßordnung: mit Gerichtsverfassungsgesetz und Nebengesetzen, Band 3, §§ 946–1086 - EGZPO, GVG, EGGVG, UKlaG, Internationales Zivilprozessrecht, München 2008, zit.: MüKo ZPO-*Bearbeiter*.

Rebmann, Kurt/ Säcker, Franz-Jürgen/ Rixecker, Roland (Hrsg.), Einführungsgesetz zum Bürgerlichen Gesetzbuche (Art. 1 - 46), Internationales Privatrecht, 4. Aufl. München 2006, zit.: MüKo BGB X (4.)-*Bearbeiter*.

Rebmann, Kurt/ Säcker, Franz-Jürgen/ Rixecker, Roland u. a. (Hrsg.), Münchener Kommentar zum Bürgerlichen Gesetzbuch, Band 2: Schuldrecht, Allgemeiner Teil (§§ 241 - 432), 5. Aufl. München 2007, zit.: MüKo BGB II-*Bearbeiter*.

--- Münchener Kommentar zum Bürgerlichen Gesetzbuch, Band 10: Internationales Privatrecht, Rom I-Verordnung, Rom II-Verordnung, Einführungsgesetz zum Bürgerlichen Gesetzbuche (Art. 1–24), 5. Aufl. München 2010, zit.: MüKo BGB X-*Bearbeiter*.

--- Münchener Kommentar zum Bürgerlichen Gesetzbuch, Band 11: Internationales Wirtschaftsrecht, Einführungsgesetz zum Bürgerlichen

Gesetzbuche (Art. 50-245), 5. Aufl. München 2010, zit.: MüKo BGB XI-*Bearbeiter*.

Reger, Gerald, Der internationale Schutz gegen unlauteren Wettbewerb und das TRIPS-Übereinkommen, Köln, Berlin, Bonn, München 1999, zit.: TRIPS.

Reich, Norbert, Binnenmarkt als Rechtsbegriff, EuZW 1991, S. 203–210.

--- Rechtsprobleme grenzüberschreitender irreführender Werbung im Binnenmarkt - dargestellt am deutschen, französischen und englischen Recht unter besonderer Berücksichtigung des EG-Rechts -, RabelsZ 56 (1992), S. 444–520.

Reichold, Hermann, Unlautere Werbung mit der „Realität"? Unlauterkeitsmaßstäbe bei produktunabhängiger Image-Werbung, WRP 1994, S. 219–225.

Reimer, Dietrich, Das Recht des unlauteren Wettbewerbs in den Mitgliedstaaten der Europäischen Wirtschaftsgemeinschaft: Gutachten erstattet im Auftrag der Kommission der Europäischen Wirtschaftsgemeinschaft vom Institut für Ausländisches und Internationales Patent-, Urheber- und Markenrecht der Universität München, Band III, Deutschland, herausgegeben von Eugen Ulmer, München [u.a.] 1968, zit.: Unlauterer Wettbewerb III (Deutschland).

Remien, Oliver, Einheit, Mehrstufigkeit und Flexibilität im europäischen Privat- und Wirtschaftsrecht, RabelsZ 62 (1998), S. 627–647.

--- European Private International Law, the European Community and its Emerging Area of Freedom, Security and Justice, CMLRev. 38 (2001), S. 53–86.

Ripert, Georges, Traité élémentaire de droit commercial, 2. Aufl. Paris 1951, zit.: Droit Commercial.

Robertson, Aidan/ Horton, Audrey, Does the United Kingdom or the European Community Need an Unfair Competition Law?, EIPR 1995, S. 568–582.

Rohe, Matthias, Binnenmarkt oder Interessenverband? Zum Verhältnis von Binnenmarktziel und Subsidiaritätsprinzip nach dem Maastricht-Vertrag, RabelsZ 61 (1997).

Röhrenbach, Peter, Wettbewerbsrecht in Spanien, WRP 1990, S. 307–310.

Rösler, Hannes, Die Vorlagepraxis der EU-Mitgliedstaaten, EuR 2012, S. 392–408.

Roth, Hans Peter, Anmerkung zum Urteil des EuGH v. 25.10.2011, verb. Rs. C-509/09 und C-161/10 (eDate Advertising), CR 2011, S. 811–813.

Roth, Wulf-Henning, Der Einfluß des Europäischen Gemeinschaftsrechts auf das Internationale Privatrecht, RabelsZ 55 (1991), S. 623–673.

--- Die Grundfreiheiten und das Internationale Privatrecht - das Beispiel Produkthaftung -, in: Gedächtnisschrift für Alexander Lüderitz, herausgegeben von Haimo Schack, München 2000, S. 635–657, zit.: GS Lüderitz.

--- Der Einfluss der Grundfreiheiten auf das internationale Privat- und Verfahrensrecht, in: Systemwechsel im europäischen Kollisionsrecht, herausgegeben von Jürgen Baur und Heinz-Peter Mansel, München 2002, S. 47–63, zit.: Systemwechsel.

--- Methoden der Rechtsfindung und Rechtsanwendung im Europäischen Kollisionsrecht, IPRax 2006, S. 338–347.

--- Rechtssetzungskompetenzen für das Privatrecht in der Europäischen Union, EWS 2008, S. 401–415.

Rott, Peter/ Von der Ropp, Anja, Stand der grenzüberschreitenden Unterlassungsklage in Europa, ZZP Int. 2004, S. 3–21.

Roubier, Paul, Le droit de la propriété industrielle. I, Partie générale. 1, Les droits privatifs. 2, Les actions en justice, Paris 1952, zit.: Propriété Industrielle I.

--- Le droit de la propriété industrielle. II, Partie spéciale. 3, Les créations nouvelles. 4, Les signes distinctifs, Paris 1954, zit.: Propriété Industrielle II.

Rudisch, Bernhard, Der Beitritt Österreichs zum Römer Schuldvertragsübereinkommen. Gründe, Hintergründe und Konsequenzen, IPRax 1999, S. 70–106.

Rudolf, Claudia, Europäisches Kollisionsrecht für außervertragliche Schuldverhältnisse - Rom II-VO, ÖJZ 2010, S. 300–307.

Sachsen Gessaphe, Karl August Prinz von, Das kränkelnde deutsche Adhäsionsverfahren und sein französischer Widerpart der action civile, ZZP 1999, S. 3–35.

Sack, Rolf, Art. 30, 36 EG-Vertrag und das internationale Wettbewerbsrecht, WRP 1994, S. 281–293.

--- Auswirkungen der Art. 30, 36 und 59 ff. EG-Vertrag auf das Recht gegen den unlauteren Wettbewerb, GRUR 1998, S. 871–887.

--- Die Bedeutung der EG-Richtlinien 84/450/EWG und 97/55/EG über irreführende und vergleichende Werbung für das deutsche Wettbewerbsrecht, GRUR Int. 1998, S. 263–272.

--- Vergleichende Werbung nach der UWG-Novelle, WRP 2001, S. 327–349.

--- Die Toshiba-Entscheidung des EuGH zur vergleichenden Werbung, WRP 2002, S. 363–367.

--- Internationales Lauterkeitsrecht nach der Rom II-VO, WRP 2008, S. 845–865.

--- Vergleichende Werbung ohne Vergleich?, WRP 2008, S. 170–176.

Saint-Gal, Ives, Unlauterer und parasitärer Wettbewerb - (Concurrence Déloyale et Concurrence Parasitaire), GRUR Ausl. 1956, S. 202–210.

Samwer, Sigmar-Jürgen, Verbraucherschutz und Wettbewerbsrecht, GRUR 1969, S. 326–331.

Sanders, Anselm Kamperman, Unfair competition law: the protection of intellectual and industrial creativity, Oxford 1997, zit.: Unfair Competition Law.

Savigny, Friedrich Karl von, System des heutigen römischen Rechts, Berlin 1849, zit.: System.

Schack, Haimo, Die EG-Kommission auf dem Holzweg von Amsterdam, ZEuP 1999, S. 805–808.

--- Das IPR - ein Buch mit sieben Siegeln, reif für das moderne Antiquariat?, in: Liber Amicorum Gerhard Kegel, herausgegeben von Heinz-Peter Mansel und Hilmar Krüger, München 2002, S. 179–198, zit.: Liber Amicorum Gerhard Kegel.

Schaub, Renate, Die Neuregelung des Internationalen Deliktsrechts in Deutschland und das europäische Gemeinschaftsrecht, RabelsZ 66 (2002), S. 18–65.

--- Grundlagen und Entwicklungstendenzen des europäischen Kollisionsrechts, JZ 2005, S. 328–337.

Scherer, Inge, Marktverhaltensregeln im Interesse der Marktbeteiligten - Funktionsorientierte Ausrichtung des neuen Rechtsbruchtatbestandes in § 4 Nr. 11 UWG, WRP 2006, S. 401–406.

Schlosser, Peter F., Europäisch-autonome Interpretation des Begriffs „Vertrag oder Ansprüche aus einem Vertrag“ i.S.v. Art. 5 Nr. 1 EuGVÜ?, IPRax 1984, S. 65–68.

--- EU-Zivilprozessrecht: EuGVVO, AVAG, VTVO, MahnVO, BagatellVO, HZÜ, EuZVO, HBÜ, EuBVO, Kommentar, 3. Aufl. München 2009, zit.: EU-Zivilprozessrecht.

Schluep, Walter R., Die Europaverträglichkeit des schweizerischen Lauterkeitsrechts, in: Un droit européen de la concurrence déloyale en formation?: Actes du colloque de Lausanne, herausgegeben von Bernard Dutoid, Genève 1994, S. 67–96, zit.: Droit européen de la concurrence déloyale.

Schmid, Gregor, Tagungsbericht, in: Neuordnung des Wettbewerbsrechts, 11. Ringberg-Symposium des Max-Planck-Instituts für ausländisches und internationales Patent-, Urheber- und Wettbewerbsrecht, 14. bis 18. Juni 1997, Schloß Ringberg, Tegernsee, herausgegeben von Gerhard Schricker, Baden-Baden 1999, S. 253–281, zit.: Neuordnung des Wettbewerbsrechts.

Schmidt, Christof, Unlauter und darüber hinaus ..., GRUR 2009, S. 353–356.

Schmidt, Eike, Verbraucherschützende Verbandsklagen, NJW 2002, S. 25–30.

Schmidt, Marlene, Zur Annäherung von Lauterkeitsrecht und Verbraucherprivatrecht, JZ 2007, S. 78–84.

Schmidt Szalewski, Joanna, Recent French Cases on Unfair Competition, in: Perspektiven des geistigen Eigentums und Wettbewerbsrechts: Festschrift für Gerhard Schricker zum 70. Geburtstag, herausgegeben von Ansgar Ohly, Theo Bodewig, Thomas Dreier u. a., München 2005, S. 751–761, zit.: FS Schricker.

Schnyder, Anton, „Zwingendes“ Recht im internationalen Wirtschaftsrecht nach der neueren Rechtsprechung des EuGH, in: Systemwechsel im europäischen Kollisionsrecht, herausgegeben von Jürgen Baur und Heinz-Peter Mansel, München 2002, S. 89–98, zit.: Systemwechsel.

--- Zum Kreis sonderanknüpfungsfähiger „Eingriffsnormen“ im Internationalen Privatrecht, in: Festschrift - Liber Amicorum Tuğrul Ansay: Zum 75. Geburtstag/ In Honour of his 75th Birthday, herausgegeben von Sabih Arkan und Aynur Yongalık, Alphen aan den Rijn 2006, S. 389–402, zit.: FS Tuğrul.

Schricker, Gerhard, Das Recht des unlauteren Wettbewerbs in den Mitgliedstaaten der Europäischen Wirtschaftsgemeinschaft: Gutachten erstattet im Auftrag der Kommission der Europäischen Wirtschaftsgemeinschaft vom Institut für Ausländisches und Internationales Patent-, Urheber- und Markenrecht der Universität München, Band V, Italien, herausgegeben von Eugen Ulmer, München [u.a.] 1965, zit.: Unlauterer Wettbewerb V (Italien).

--- Gesetzesverletzung und Sittenverstoß: rechtsvergleichende Untersuchung zur wettbewerbsrechtlichen Haftung bei Verletzung außerwettbewerbsrechtlicher Normen, München 1970, zit.: Gesetzesverletzung und Sittenverstoß.

--- Unlauterer Wettbewerb und Verbraucherschutz, GRUR Int. 1970, S. 32–44.

--- Unfair Competition and Consumer Protection in Western Europe, IIC 1970, S. 415–449.

--- Wettbewerbsrecht und Verbraucherschutz, RabelsZ 36 (1972), S. 315–340.

--- Die Arbeiten zur Angleichung des Rechts des unlauteren Wettbewerbs in den Ländern der Europäischen Wirtschaftsgemeinschaft, GRUR Int. 1973, S. 141–147.

--- Die Rolle des Zivil-, Straf- und Verwaltungsrechts bei der Bekämpfung unlauteren Wettbewerbs, GRUR Int. 1973, S. 694–700.

--- Die Réunion Concurrence déloyale” am 29. und 30. November 1972 in Brüssel, GRUR Int. 1973, S. 147–151.

--- Entwicklungstendenzen im Recht des unlauteren Wettbewerbs, GRUR 1974, S. 579–589.

--- Verbraucherschutz - ein neues Rechtsgebiet? Zugleich eine Besprechung von Eike von Hippel, Verbraucherschutz, GRUR Int. 1976, S. 315–322.

--- Wettbewerbsrechtliche Aspekte des Verbraucherschutzes, RabelsZ 40 (1976), S. 535–578.

--- Unfair Competition and Consumer Protection - New Developments, IIC 1977, S. 185–227.

--- Probleme der Europäischen Angleichung des Rechts des unlauteren Wettbewerbs, in: Festschrift für Konrad Zweigert zum 70. Geburtstag, herausgegeben von Herbert Bernstein, Ulrich Drobnig und Hein Kötz, Tübingen 1981, S. 537–574, zit.: FS Zweigert.

--- Die Bekämpfung der irreführenden Werbung in den Mitgliedstaaten der EG, GRUR Int. 1990, S. 112–121.

--- Die europäische Angleichung des Rechts des unlauteren Wettbewerbs - ein aussichtsloses Unterfangen?, GRUR Int. 1990, S. 771–777.

--- European Harmonization of Unfair Competition Law - A Futile Venture?, IIC 1991, S. 788–801.

--- Einführung in das portugiesische Recht des unlauteren Wettbewerbs, GRUR Int. 1994, S. 819–829.

--- Twenty-Five Years of Protection Against Unfair Competition, IIC 1995, S. 782–801.

--- Hundert Jahre Gesetz gegen den unlauteren Wettbewerb - Licht und Schatten, GRUR Int. 1996, S. 473–479.

--- Bemerkungen zum internationalen Schutz gegen unlauteren Wettbewerb, in: Festschrift für Wolfgang Fikentscher zum 70. Geburtstag, herausgegeben von Bernhard Großfeld, Rolf Sack, Thomas Möllers u. a., Tübingen 1998, zit.: FS Fikentscher.

--- Einführung in das Recht der Werbung - Internationales und Europäisches Recht, in: Recht der Werbung in Europa, herausgegeben von Gerhard Schricker, Baden-Baden 2002, zit.: Werbung in Europa, Einführung.

Schricker, Gerhard/ Henning-Bodewig, Frauke, Elemente einer Harmonisierung des Rechts des unlauteren Wettbewerbs in der Europäischen Union, WRP 2001, S. 1367–1407.

Schricker, Gerhard/ Wunderlich, Detlef, Das Recht des unlauteren Wettbewerbs in den Mitgliedstaaten der Europäischen Wirtschaftsgemeinschaft: Gutachten erstattet im Auftrag der Kommission der Europäischen Wirtschaftsgemeinschaft vom Institut für Ausländisches und Internationales Patent-, Urheber- und Markenrecht der Universität München, Band II, 1. Halbband, Belgien und Luxemburg, herausgegeben von Eugen Ulmer, München [u.a.] 1967, zit.: Unlauterer Wettbewerb II 1 (Belgien, Luxemburg).

Schroeter, Ulrich, UN-Kaufrecht und Europäisches Gemeinschaftsrecht: Verhältnis und Wechselwirkungen, München 2005, zit.: UN-Kaufrecht und EG-Recht.

--- Europäischer Verfassungsvertrag und Europäisches Privatrecht, ZEuP 2006, S. 515–551.

--- Alleinige Außenzuständigkeit der EG im Bereich des Internationalen Zivilvervahrensrechts: Anmerkung zu EuGH, Gutachten 1/03 vom 7. Februar 2006 - Zuständigkeit der Gemeinschaft für den Abschluss des neuen Übereinkommens von Lugano, GPR 2006, S. 203–205.

Schuhmacher, Wolfgang, The Unfair Commercial Practices Directive, in: Law Against Unfair Competition: Towards a New Paradigm in Europe?, herausgegeben von Reto M. Hilty, Berlin [u.a.] 2007, S. 127–137, zit.: Unfair Competition.

Schulte-Nölke, Hans/ Busch, Christoph, Der Vorschlag der Kommission für eine Richtlinie über unlautere Geschäftspraktiken KOM (2003) 356 endg., ZEuP 2004, S. 99–117.

Schultz, Hans-Jürgen, Unlauterer Wettbewerb in Italien, WRP 1991, S. 556–561.

Schulze, Götz, Vorlagebeschluss zur intertemporalen Anwendung der Rom II-VO, IPRax 2011, S. 287–288.

Schünemann, Wolfgang B., Wettbewerbsrecht im Wandel?, WRP 2002, S. 1345–1349.

--- „Unlauterkeit" in den Generalklauseln und Interessenabwägung nach neuem UWG, WRP 2004, S. 925–936.

--- Der Beitrag der Ökonomik für das Europäische Lauterkeitsrecht, in: Lauterkeitsrecht und Acquis Communautaire, herausgegeben von Reto Hilty und Frauke Henning-Bodewig, Berlin, Heidelberg 2009, S. 97–121, zit.: Lauterkeitsrecht und Acquis.

Schwartz, Gustav, Verfolgung unlauteren Wettbewerbs im Allgemeininteresse, GRUR 1967, S. 333–350.

Schwartze, Andreas, Internationales Forum Shopping mit Blick auf das günstigste Sachrecht, in: Grenzen überwinden - Prinzipien bewahren. Festschrift für Bernd von Hoffmann zum 70. Geburtstag am 28. Dezember 2011, herausgegeben von Herbert Kronke und Karsten Thorn, 2011, S. 425–423, zit.: FS von Hoffmann.

Schwarze, Jürgen/ Becker, Ulrich/ Hatje, Armin u. a. (Hrsg.), EU-Kommentar, 2. Aufl. Baden-Baden 2009, zit.: Schwarze-*Bearbeiter.*

Scott, Andrew, The Scope of „Non-Contractual Obligations", in: The Rome II Regulation on the Law Applicable to Non-Contractual Obligations: A New International Litigation Regime, Leiden [u.a.] 2009, S. 57–83, zit.: Rome II Regulation.

Seichter, Dirk, Der Umsetzungsbedarf der Richtlinie über unlautere Geschäftspraktiken, WRP 2005, S. 1087–1095.

Shao, J., Irreführende Werbung als unlautere Wettbewerbshandlung im chinesischen UWG, GRUR Int. 1995, S. 752–756.

Siehr, Kurt, Zum Vorentwurf eines EWG-Übereinkommens über das Internationale Schuldrecht, BB 1973, S. 569–587.

Siems, Mathias, Führen alle Wege aus dem Dschungel nach Rom? - Möglichkeiten und Grenzen der Vereinheitlichung des internationalen Privatrechts, GPR 2003, S. 66–71.

--- Die Harmonisierung des Internationalen Deliktsrechts und die „Einheit der Rechtsordnung", RIW 2004, S. 662–667.

Sonnenberger, Hans Jürgen, Europarecht und Internationales Privatrecht, ZVglRWiss 95 (1996), S. 3–47.

--- Der Persönlichkeitsrechtsschutz nach den Artt. 40–42 BGB, in: Festschrift für Dieter Henrich zum 70. Geburtstag: 1. Dezember 2000, herausgegeben von Peter Gottwald, Erik Jayme und Dieter Schwab, Bielefeld 2000, S. 575–591, zit.: FS Henrich.

--- Privatrecht und Internationales Privatrecht im künftigen Europa: Fragen und Perspektiven, RIW 2002, S. 489–498.

--- Kommissions-Vorschlag für eine Rahmenrichtlinie des Europäischen Parlaments und des Rates über Dienstleistungen im Binnenmarkt, KOM (2004) 2, RIW 2004, S. 321–323.

--- Randbemerkungen zum Allgemeinen Teil eines europäisierten IPR, in: Die richtige Ordnung, Festschrift für Jan Kropholler zum 70. Geburtstag, herausgegeben von Dietmar Baetge, Jan von Hein und Michael von Hinden, 2008, S. 227–246, zit.: FS Kropholler.

--- Grenzen der Verweisung durch europäisches internationales Privatrecht, IPRax 2011, S. 325–335.

Sonnenberger, Hans Jürgen/ Dammann, Reinhard, Französisches Handels- und Wirtschaftsrecht, 3. Aufl. Frankfurt am Main 2008, zit.: Wirtschaftsrecht.

Sonnentag, Michael, Zur Europäisierung des Internationalen außervertraglichen Schuldrechts durch die geplante Rom II-Verordnung, ZVglRWiss 105 (2006), S. 256–312.

Sosnitza, Olaf, Das Koordinatensystem des Rechts des unlauteren Wettbewerbs im Spannungsfeld zwischen Europa und Deutschland. Zum Regierungsentwurf zur Reform des UWG vom 9. 5. 2003, GRUR 2003, S. 739–746.

--- Die Richtlinie über unlautere Geschäftspraktiken - Voll- oder Teilharmonisierung?, WRP 2006, S. 1–7.

--- Der Gesetzentwurf zur Umsetzung der Richtlinie über unlautere Geschäftspraktiken, WRP 2008, S. 1014–1034.

Spickhoff, Andreas, Das Internationale Privatrecht der sog. Internet-Delikte - Art. 40–42 EGBGB, „Rom II“ und Herkunftslandprinzip, in: Die Bedeutung des Internationalen Privatrechts im Zeitalter der neuen Medien, herausgegeben von Stefan Leible, Stuttgart; München [u.a.] 2003, S. 89–120, zit.: Bedeutung des IPR.

Spindler, Gerald, Herkunftslandprinzip und Kollisionsrecht - Binnenmarktintegration ohne Harmonisierung? Die Folgen der Richtlinie im elektronischen Geschäftsverkehr für das Kollisionsrecht, RabelsZ 66 (2002), S. 633–709.

Stadler, Astrid, Grenzüberschreitender kollektiver Rechtsschutz in Europa, JZ 2009, S. 121–133.

Staudinger, Ansgar, Rom, Brüssel, Berlin und Amsterdam: Chiffren eines Europäischen Kollisionsrechts für Verbraucherverträge, ZfRV 2000, S. 93–105.

--- Rechtsvereinheitlichung innerhalb Europas: Rom I und Rom II, AnwBl 2008, S. 8–16.

--- Existenzvernichtender Eingriff und Haftung des Gesellschafters. Aktuelle sach- und kollisionsrechtliche Zweifelsfragen, AnwBl 2008, S. 316–326.

Staudinger, Jürgen von (Hrsg.), J. von Staudingers Kommentar zum Bürgerlichen Gesetzbuch mit Einführungsgesetz und Nebengesetzen: Einführungsgesetz zum Bürgerlichen Gesetzbuche/IPR (Internationales Privatrecht - Allgemeiner Teil), Einleitung zum IPR, Art 3 - 6 EGBGB: Anhang zu Art 4 EGBGB: Länderberichte zum Renvoi und zur Unteranknüpfung bei Mehrrechtsstaaten; Anhang I zu Art 5 EGBGB: Grundlagen des Staatsangehörigkeitsprinzips; Anhang II zu Art 5 EGBGB: Die deutsche Staatsangehörigkeit; Anhang III zu Art 5 EGBGB: Ausländisches Staatsangehörigkeitsrecht; Anhang IV zu Art 5 EGBGB: Das internationale Flüchtlingsrecht, Berlin 2003, zit.: Staudinger EinlIPR (2003)-*Bearbeiter.*

--- J. von Staudingers Kommentar zum Bürgerlichen Gesetzbuch mit Einführungsgesetz und Nebengesetzen: Einführungsgesetz zum Bürgerlichen Gesetzbuche/ IPR, Internationales Wirtschaftsrecht (IPR des KartellR, LauterkeitsR, MarkenR, PatentR und UrheberR), Berlin 2010, zit.: Staudinger IntWirtschR (2010)-*Bearbeiter.*

Steinbeck, Anja, Richtlinie über unlautere Geschäftspraktiken: Irreführende Geschäftspraktiken - Umsetzung in das deutsche Recht, WRP 2006, S. 632–639.

Stone, Peter, Der Vorschlag für die Rom II-Verordnung über das auf außervertragliche Schuldverhältnisse anzuwendende Recht, EuLF [D] 2004, S. 213–230.

--- EU Private International Law: Harmonization of Laws, Cheltenham [u.a.] 2006, zit.: EU PIL.

Streber, Albert Christian, Die internationalen Abkommen der Bundesrepublik Deutschland zum Schutz geographischer Herkunftsangaben, Köln, Berlin [u.a.] 1994, zit.: Internationale Abkommen.

Streinz, Rudolf (Hrsg.), EUV, EGV: Vertrag über die Europäische Union und Vertrag zur Gründung der Europäischen Gemeinschaft, München 2003, zit.: Streinz-*Bearbeiter.*

Streinz, Rudolf, Europarecht, 8. Aufl. Heidelberg 2008, zit.: Europarecht.

Struycken, A. V. M., Das Internationale Privatrecht der Europäischen Gemeinschaft im Verhältnis zu Drittstaaten und zur Haager Konferenz, ZEuP 2004, S. 276–295.

Stumpf, Cordula, EG-Rechtssetzungskompetenzen im Erbrecht, EuR 2007, S. 291–316.

Stuyck, Jules/ Terryn, Evelyne/ Dyck, Tom van, Confidence through Fairness? The new Directive on Unfair Business-to-Consumer Commercial Practices in the Internal Market, CMLRev. 43 (2006), S. 107–152.

Sujecki, Bartosz, Die Rom II-Verordnung, EWS 2009, S. 310–319.

Symeonides, Symeon C., Tort Conflicts and Rome II: A View from Across, in: Festschrift für Erik Jayme, Band I, herausgegeben von Heinz-Peter Mansel, Thomas Pfeiffer, Herbert Kronke u. a., München 2006, S. 935–954, zit.: FS Jayme.

--- Rome II: A Centrist Critique, YPIL 9 (2007), S. 149–173.

--- Rome II and Tort Conflicts: A Missed Opportunity, AJCL 2008, S. 173–221.

Szönyi, Catherine, Das französische Werbe- und Verbraucherrecht. Bemerkungen zum Code de la consommation, GRUR Int. 1996, S. 83–98.

Tamm, Marina, Die Bestrebungen der EU-Kommission im Hinblick auf den Ausbau des kollektiven Rechtsschutzes für Verbraucher, EuZW 2009, S. 439–443.

Tebbens, Duintjer, Les conflicts de lois en matière de publicité déloyale à l'épreuve du droit communautaire, Revue Critique 83 (1994), S. 451–481.

--- Buchbesprechung zu M. Wandt, Internationale Produkthaftung, NILR 1997, S. 442–445.

Thiede, Thomas/ Ludwichowska, Katarzyna, Die Haftung bei grenzüberschreitenden unerlaubten Handlungen, ZVglRWiss 106 (2007), S. 92–103.

Thünken, Alexander, Die EG-Richtlinie über den elektronischen Geschäftsverkehr und das internationale Privatrecht des unlauteren Wettbewerbs, IPRax 2001, S. 15–22.

Tilmann, Winfried, Das UWG und seine Generalklausel, GRUR 1991, S. 796–799.

--- Die Richtlinie über vergleichende Werbung, in: Neuordnung des Wettbewerbsrechts, 11. Ringberg-Symposium des Max-Planck-Instituts für ausländisches und internationales Patent-, Urheber- und Wettbewerbsrecht, 14. bis 18. Juni 1997, Schloß Ringberg, Tegernsee, herausgegeben von Gerhard Schricker, Baden-Baden 1999, S. 112–115, zit.: Neuordnung des Wettbewerbsrechts.

UK House Of Lords, 8th Report of Session 2003–04 „The Rome II Regulation", Report with Evidence (HL Paper 66), 2004, abrufbar unter http://www.publications.parliament.uk/pa/ld200304/ldselect/ldeucom/66/6602.htm, abgerufen am 19.06.2009, zit.: 8th Report 2003–04.

Ullmann, Eike, Das Koordinatensystem des Rechts des unlauteren Wettbewerbs im Spannungsfeld von Europa und Deutschland, GRUR 2003, S. 817–825.

Ulmer, Eugen, Sinnzusammenhänge im modernen Wettbewerbsrecht: ein Beitrag zum Aufbau des Wettbewerbsrechts, Berlin 1932, zit.: Sinnzusammenhänge.

--- Wandlungen und Aufgaben im Wettbewerbsrecht, GRUR 1937, S. 769–773.

--- Das Recht des unlauteren Wettbewerbs im Gemeinsamen Markt, GRUR Ausl. 1962, S. 273–283.

--- Das Recht des unlauteren Wettbewerbs in den Mitgliedstaaten der Europäischen Wirtschaftsgemeinschaft: Gutachten erstattet im Auftrag der Kommission der Europäischen Wirtschaftsgemeinschaft vom Institut für Ausländisches und Internationales Patent-, Urheber- und Markenrecht der Universität München, Band I, Vergleichende Darstellung mit Vorschlägen zur Rechtsangleichung, herausgegeben von Eugen Ulmer, München [u.a.] 1965, zit.: Unlauterer Wettbewerb I.

--- Die Bekämpfung des unlauteren Wettbewerbs im Gemeinsamen Markt, GRUR Int. 1973, S. 135–140.

Vaver, David, The Protection of Character Merchandising - A Survey of Some Common Law Jurisdictions, IIC 1978, S. 541–561.

Veelken, Winfried, Nationales Lauterkeitsrecht und Europäisches Gemeinschaftsrecht, ZVglRWiss 92 (1993), S. 241–281.

--- Gemeinschaftsrechtliche Einwirkungen im Recht des unlauteren Wettbewerbs, EWS 1993, S. 377–386.

--- Sachnormzwecke im Internationalen Wettbwerbsrecht, in: Aufbruch nach Europa: 75 Jahre Max-Planck-Institut für Privatrecht, herausgegeben von Jürgen Basedow, Ulrich Drobnig, Reinhard Ellger u. a., Tübingen 2001, S. 293–316, zit.: 75 Jahre Max-Planck-Institut.

--- Kundenfang gegenüber dem Verbraucher. Bemerkungen zum EG-Richtlinienentwurf über unlautere Geschäftspraktiken, WRP 2004, S. 1–30.

Vogel, Louis, Französisches Wettbewerbs- und Kartellrecht, Heidelberg 2003, zit.: Französisches Wettbewerbsrecht.

De Vrey, Rogier W., Towards a European unfair competition law: a clash between legal families; a comparative study of English, German and Dutch law in light of existing European and international legal instruments, Leiden [u.a.] 2006, zit.: European Unfair Competition Law.

Wadlow, Christopher, The International Law of Unfair Competition - The British Origins of Article 10bis of the Paris Convention for the Protection of Industrial Property, 2002, abrufbar unter http://www.oiprc.ox.ac.uk/EJWP0403.pdf, abgerufen am, zit.: British Origins of Art. 10bis PVÜ.

--- Unfair Competition in Community Law (Part 1): The Age of the „Classical Model“, EIPR 2006, S. 433–441.

--- Unfair Competition in Community Law (Part 2): Harmonisation Becomes Gridlocked, EIPR 2006, S. 469–473.

--- The New Private International Law of Unfair Competition and the „Rome II“ Regulation, JIPLP 2009, S. 789–797.

Wagner, Gerhard, Internationales Deliktsrecht, die Arbeiten an der Rom II-Verordnung und der Europäische Deliktsgerichtsstand, IPRax 2006, S. 372–390.

--- Die neue Rom II-Verordnung, IPRax 2008, S. 1–17.

Wagner, Rolf, Ein neuer Anlauf zur Vereinheitlichung des IPR für außervertragliche Schuldverhältnisse auf EU-Ebene, EuZW 1999, S. 709–714.

--- Vom Brüsseler Übereinkommen über die Brüssel I-Verordnung zum Europäischen Vollstreckungstitel, IPRax 2002, S. 75–95.

--- EG-Kompetenz für das Internationale Privatrecht in Ehesachen?, RabelsZ 68 (2004), S. 119–153.

--- Zur Vereinheitlichung des Internationalen Privat- und Zivilverfahrensrechts sieben Jahre nach In-Kraft-Treten des Amsterdamer Vertrags, EuZW 2006, S. 424–428.

--- Zur Kompetenz der Europäischen Gemeinschaft in der justiziellen Zusammenarbeit in Zivilsachen, IPRax 2007, S. 290–293.

--- Das Vermittlungsverfahren zur Rom II-Verordnung, in: Die richtige Ordnung, Festschrift für Jan Kropholler zum 70. Geburtstag, herausgegeben von Dietmar Baetge, Jan von Hein und Michael von Hinden, Tübingen 2008, S. 715–731, zit.: FS Kropholler.

--- Aktuelle Entwicklungen in der europäischen justiziellen Zusammenarbeit in Zivilsachen, NJW 2010, S. 1707–1712.

Von Walter, Axel, Rechtsbruch als unlauteres Marktverhalten: Tatbestand und Anwendungsbereich des § 4 Nr. 11 UWG in Abgrenzung zur Fallgruppe „Vorsprung durch Rechtsbruch“, Tübingen 2007, zit.: Rechtsbruch als unlauteres Marktverhalten.

Weinand, Armin, Europarecht und Recht gegen den unlauteren Wettbewerb: Entwicklung und Harmonisierung des Rechts gegen den unlauteren Wettbewerb im EG-Rechtssystem, Baden-Baden 1998, zit.: Europarecht und Recht gegen den unlauteren Wettbewerb.

Weintraub, Russell J., The Choice-of-Law Rules of the European Community Regulation on the Law Applicable to Non-Contractual Obligations: Simple and Predictable, Consequences-Based, or Neither?, TILJ 43 (2008), S. 401–426.

Weitbrecht, Andreas/ Mühle, Jan, Europäisches Kartellrecht 2009, EuZW 2010, S. 327–333.

Weller, Marc-Philippe, Anknüpfungsprinzipien im Europäischen Kollisionsrecht: Abschied von der „klassischen“ IPR-Dogmatik?, IPRax 2011, S. 429–437.

Von Westerholt, Hartwig, Die passing off-Klage im englischen Recht: Grundzüge der Schutzes vor Verwechslungsgefahr im Wettbewerb, Köln, Berlin [u.a.] 1976, zit.: Passing-Off.

--- Das Recht des unlauteren Wettbewerbs in den Mitgliedstaaten der Europäischen Wirtschaftsgemeinschaft: Gutachten erstattet im Auftrag der Kommission der Europäischen Wirtschaftsgemeinschaft vom Institut für Ausländisches und Internationales Patent-, Urheber- und Markenrecht der Universität München, Band VI, Vereinigtes Königreich von Großbritannien und Nordirland, herausgegeben von Eugen Ulmer, München [u.a.] 1980, zit.: Unlauterer Wettbewerb VI (Großbritannien und Nordirland).

Wiebe, Andreas, Die „guten Sitten" im Wettbewerb - eine europäische Regelungsaufgabe?, WRP 2002, S. 283–293.

Wiesner, Peter/ Wiedmann, Daniel, Die Dienstleistungsrichtlinie - Marktöffnung oder Abschottung?, ZIP 2005, S. 1210–1216.

Wilderspin, Michael, Die Vergemeinschaftung des internationalen Schuldrechts (Rom I, Rom II): Stand und Perspektiven, in: Systemwechsel im europäischen Kollisionsrecht, herausgegeben von Jürgen Baur und Heinz-Peter Mansel, München 2002, S. 77–87, zit.: Systemwechsel.

Von Wilmowsky, Peter, EG-Vertrag und kollisionsrechtliche Rechtswahlfreiheit, RabelsZ 62 (1998), S. 1–37.

Windisch, Ernst, Gewerblicher Rechtsschutz und Urheberrecht im zwischenstaatlichen Bereich, Berlin 1969, zit.: Gewerblicher Rechtsschutz.

WIPO, Protection Against Unfair Competition, Analysis of the Present World Situation presented by the International Bureau of WIPO, Genf 1994, zit.: Unfair Competition.

Witz, Claude/ Wolter, Gerhard, Das neue französische Verbrauchergesetzbuch, ZEuP 1995, S. 35–44.

Würdinger, Markus, Das Prinzip der Einheit der Schuldrechtsverordnungen im Europäischen Internationalen Privat- und Verfahrensrecht. Eine methodologische Untersuchung über die praktische Konkordanz zwischen Brüssel I-VO, Rom I-VO und Rom II-VO, RabelsZ 75 (2011), S. 102–126.

Wuttke, Tobias, Die Bedeutung der Schutzzwecke für ein liberales Wettbewerbsrecht (UWG). Zugleich eine Anmerkung zu BGH I ZR 234/03 - Warnhinweis II, WRP 2007, S. 119–127.

Zuleeg, Manfred, Die Europäische Gemeinschaft als Rechtsgemeinschaft, NJW 1994, S. 545–549.

Zweigert, Konrad/ Drobnig, Ulrich, Einheitliches Kaufgesetz und Internationales Privatrecht, RabelsZ 29 (1965), S. 146–165.

Zweigert, Konrad/ Kötz, Hein, Einführung in die Rechtsvergleichung auf dem Gebiete des Privatrechts, 3. Aufl. Tübingen 1996, zit.: Rechtsvergleichung.

www.ingramcontent.com/pod-product-compliance
Ingram Content Group UK Ltd.
Pitfield, Milton Keynes, MK11 3LW, UK
UKHW022106051026
15623UKWH00003B/703

9 783631 814055